Arbeitsgruppe Pädagogisches Museum (Hg.)

Heil Hitler, Herr Lehrer

Volksschule 1933-1945
Das Beispiel Berlin

Erarbeitet von Norbert Franck (Redaktion)
und Gesine Asmus (Bildredaktion)

Rowohlt

AUSTELLUNG

Norbert Franck
Andreas Hallbauer
Josephine Hildebrand
Volker Hoffmann
Dirk H. Müller
Otfried Scholz
Rita Weber
Klaus Wiese
Ilona Zeuch

Ausstellungsredaktion:
Norbert Franck
Andreas Hallbauer
Klaus Wiese
Ilona Zeuch (verantwortlich)

Bildrecherche:
Gesine Asmus

Künstlerische Gestaltung:
Karl Heinz Buller
Waltraut Mau

Produktion:
Dieter Kramer

Geschäftsführung:
Karl-Walter Beise

Die Ausstellung findet vom
15. Oktober bis 18. Dezember 1983
in den Räumen der Volkshochschule Schöneberg,
Barbarossaplatz 5, Berlin 30, statt.

Öffnungszeiten:
Täglich 10–18 Uhr
(Montags geschlossen)

BUCH ZUR AUSSTELLUNG

Redaktion:
Norbert Franck

Bildrecherche, Bildredaktion
und Gestaltung:
Gesine Asmus

Text:
Norbert Franck
Andreas Hallbauer
Volker Hoffmann

Interviews:
Sylvia Conradt
Kirsten Heckmann-Janz

Arbeitsgruppe Pädagogisches Museum

Gesine Asmus, Karl-Walter Beise, Karl-Heinz Buller,
Norbert Franck, Andreas Hallbauer,
Josephine Hildebrand, Volker Hoffmann, Diethart Kerbs,
Gabriele Larsen, Nils Larsen, Waltraut Mau,
Dirk H. Müller, Georg Rückriem, Otfried Scholz,
Rita Weber, Klaus Wiese, Ilona Zeuch
Anschrift: c/o Karl-Walter Beise
Blumenthalstr. 18
1000 Berlin 30
Tel. (030) 2618741

Redaktion im Verlag:
Wolfgang Müller

1. Auflage Oktober 1983

Satz Sabon (Linotron 404)
Gesamtherstellung Clausen & Bosse, Leck
Printed in Germany
ISBN 3 498 00016 0

INHALT

Dank

Viele unterstützten die Arbeit an der Ausstellung. Wir danken

- dem Senator für Kulturelle Angelegenheiten von Berlin für die finanzielle Förderung unseres Projekts;
- dem Leiter der Volkshochschule Schöneberg, Manfred Meisner, und dem Stadtrat für Volksbildung von Schöneberg, Ottokar Luban, für die Bereitstellung der Ausstellungsräume;
- unseren Leihgebern, ohne deren Hilfe die Hilfe nicht zustande gekommen wäre:
  Archiv Gräfer
  Beiersdorf AG, Hamburg
  Berlin Museum
  Blindenbildungsanstalt Steglitz
  Klaus Borrmeister
  Heinz Bressel
  Dieter Claessens
  Deutsche Kinemathek
  Roswitha Dorwarth
  Hans-Wolf Ebert
  Ilse Feddern-Bollensdorf
  Karl-Heinz Gebhard
  Günter Götze
  Goethe-Oberschule
  Gottfried-Röhl-Schule
  Horst Häker
  Hans-Bredow-Oberschule
  Heimatarchiv Charlottenburg
  Heimatmuseum und -archiv Neukölln
  Heinrich-Goebel-Oberschule
  Heinrich-von-Kleist-Oberschule
  Herrmann-Sander-Schule
  Wolfram Hoppe
  Humboldt-Hain-Schule
  Ursula Jatzek
  Diethart Kerbs
  Arno Klönne
  Klosterfeld-Schule
  Konkordia-Schule
  Herbert Kraft
  Kunstbibliothek Berlin
  Landesarchiv Berlin
  Horst Mastmann
  Herbert Meyer, Hamburg
  Winfried Mogge, Archiv der deutschen Jugendbewegung, Burg Ludwigstein
  Eva Moritz
  Pädagogisches Zentrum Berlin
  Christel Reckenfelder-Bäumer
  Axel Reibe
  Ingeborg Reinelt
  Anne Reuter-Rautenberg, Staatliche Kunsthalle Karlsruhe
  Peter Rhode
  Sammlung Grübling/Diederich, Frankfurt am Main
  Sammlung Janoschka
  Scharmützelsee-Grundschule
  Silberstein-Schule
  Herbert Sommer
  Fritz Sotscheck
  Horst Spandow
  Michael Stremlau
  Süd-Schule
  Helmut Teiner, Westfälisches Schulmuseum
  Anni Tillner
  Ernst Vaterrodt
  Firma Voss und Co.
  Bodo Wacker, Schulmuseum Bohlenbergerfeld
  Werkbund-Archiv
  Hildegard Westhäuser
  Klaus Wiese
  Werner Zeuch
- den Kolleginnen und Kollegen der Berliner Schulen, die uns wichtiges Quellenmaterial zur Verfügung stellten, das erst den Versuch ermöglichte, die Geschichte der Berliner Volksschulen zu dokumentieren;
- unseren vielen Interviewpartnern und -partnerinnen, deren Berichte – auch wenn sie aus Platzgründen im vorliegenden Band nicht aufgenommen sind – für uns eine wertvolle Hilfe waren;
- der Berliner Geschichtswerkstatt, Claus-Peter Groß, Detlev Peukert (Essen), Nelly Rühling (Frankfurt am Main), Ingrid Rauschenbach, Christiane Tillner für Hilfen und Hinweise unterschiedlicher Art;
- den ungenannt Bleibenden, deren Unterstützung bzw. Exponate uns erst nach Redaktionsschluß erreichten.

Einleitung

Über 90 Prozent aller Schülerinnen und Schüler verließen die Schule während der Zeit des Nationalsozialismus mit einem Abschluß- oder Abgangszeugnis der Volksschule. Trotz der Bedeutung dieses Schultyps für die Bevölkerungsmehrheit wurde er in der Schulgeschichtsschreibung bislang gegenüber dem höheren Schulwesen stark vernachlässigt. Unserer Auffassung nach resultiert diese Vernachlässigung nur zum Teil aus der weitaus schwierigeren Quellenlage im Volksschulbereich. Sie bringt vielmehr auch zum Ausdruck, welcher Schulbildung noch immer die größere öffentliche Beachtung geschenkt wird. Auch die autobiographischen Berichte über die Schulzeit im Faschismus, die in den letzten Jahren erschienen, stammen fast ausnahmslos aus der Feder von Absolventen des Gymnasiums. Volksschüler(-innen) kamen, jedenfalls vor einer breiteren Öffentlichkeit, mit ihren Schulerfahrungen noch nicht zu Wort.

Wir wollen nicht in den vielstimmigen Chor der Klagen darüber einstimmen, daß die Geschichte der Volksschule im Nationalsozialismus noch nicht geschrieben ist. Das vorliegende Buch will vielmehr einige Anhaltspunkte und Materialien zur Geschichte der Volksschul-*Wirklichkeit* in den Jahren 1933–45 beitragen. Hierbei geht es nicht um Theoriebildung oder die Schließung von Forschungslücken im engeren Sinne, sondern darum, über die bereits dokumentierten offiziellen Verlautbarungen, Lehrpläne usw. der Zeit hinaus möglichst dicht an den Volksschulalltag heranzukommen.

Der Kernteil des Buches entstand parallel zur Ausstellung «Berliner Volksschule im Nationalsozialismus 1933–45». Ausgangspunkt war das Unbehagen darüber, daß die Schule in der NS-Zeit bisher überwiegend aus der Perspektive der politisch Verantwortlichen, der Planer und Verwalter des Erziehungssystems dargestellt wurde. Häufig führte dieser Blickwinkel dazu, von der Bildungspolitik bruchlos auf reale Bildungsprozesse zu schließen. Eine solche Gleichsetzung ist jedoch nur dann möglich, wenn man unterstellt, zentrale Gesetze und Erlasse hätten das Schulleben unmittelbar bestimmt, wenn man Proklamationen und Hitler-Reden mit der Schulwirklichkeit verwechselt. Vorstellungen, die von vornherein von einem totalen Führerstaat ausgehen, halten wir schon deshalb für unfruchtbar, weil sie die Menschen zu passiven Objekten, zu Statisten der gesellschaftlichen Entwicklung herabstufen (und sie damit auch aus der Verantwortung entlassen). Es gab zu keinem Zeitpunkt der zwölf Jahre des «Tausendjährigen Reiches» eine lineare Kette nach dem Muster Führerbefehl →Lehrplan →Lehrverhalten →Schülerverhalten. Bestimmungen, Anweisungen usw. mußten zunächst stets durch die Köpfe und Herzen der Menschen hindurch, die sie befolgen bzw. umsetzen sollten, und wurden von ihnen, je nach Verarbeitung bzw. Beurteilung, übernommen, modifiziert oder ignoriert.

Diesem Gesichtspunkt gilt unser besonderes Interesse. Zweifellos ist es wichtig, auf die Unmenschlichkeit nationalsozialistischer Erziehungsziele, die Irrationalität nationalsozialistischer Unterrichtsinhalte usw. hinzuweisen. Dieser Nachweis allein sagt jedoch noch wenig über den tatsächlichen Verlauf pädagogischer Prozesse aus. Wie wirkten sich die Eingriffe der Nationalsozialisten in das Schulwesen im Unterricht aus? Wie schlugen sich ihre Erziehungsziele in den schulischen Interaktionsprozessen nieder? Welche Wirkungen erzielten die verordneten Unterrichtsinhalte? Und wie erzielten sie Wirkungen? Nur durch beständige Indoktrination?

Unsere Grundlagen für Antworten auf diese Fragen nach dem Volksschulalltag sind zum einen – meistens auf Dachböden und in Kellern Berliner Volksschulen aufgestöberte – Schulchroniken und Schulakten. Wir haben nicht die Chroniken und Akten sämtlicher Berliner Volksschulen durchforstet. Auf dem Gebiet des einstigen Groß-Berlin existieren heute als Resultat des Nationalsozialismus Berlin-Ost und Berlin-West. Nur in Einzelfällen gelang es uns, Quellen von Schulen aus Bezirken der heutigen DDR-Hauptstadt einzusehen. Auch fehlten uns Zeit und Mittel, um in allen Volksschulen im Westteil der Stadt nach Dokumenten aus der NS-Zeit zu suchen. Gleichwohl können Auswahl und Umfang der gesichteten Quellen von Volksschulen aus den verschiedensten Bezirken der Stadt, Schulen mit unterschiedlicher Vorgeschichte und politisch-sozialer Zusammensetzung der Lehrer und Schüler (bzw. Eltern), als repräsentativ für die Berliner Volksschulen angesehen werden. Zum anderen haben wir eine Vielzahl von Gesprächen mit Berlinerinnen und Berlinern geführt, die die Volksschule in der Zeit des Nationalsozialismus als Schüler(-innen) oder Lehrer(-innen) miterlebt haben. Schließlich wurden uns aufgrund von Aufrufen in Presse und Rundfunk Tagebücher, Schulhefte und andere wichtige Alltagsdokumente zur Verfügung gestellt, die das Bild ergänzten.

Eine alltagsgeschichtlich orientierte Darstellung mag manchem Historiker als «schmuddelige» Geschichtsschreibung erscheinen. Wir sehen in einer solchen Orientierung keinen Niveauverlust. Nach unserer Auffassung bedeutet sie vor allem einen Perspektivenwechsel. Gegenüber einer Geschichtsschreibung, die die Jahre 1933–45 in den Bannkreis der Pole

«Terror» und «Widerstand» zwängt, rückt sie das Leben «zwischen» diesen Polen in den Vordergrund. Für unser Thema heißt das: Statt ein durchgängiges Schreckensbild von der «Schule der Diktatur» zu zeichnen, heben wir die Gleichzeitigkeit von Unterdrückung und alltäglichem Schüler-, Kinder-, Jugendleben, von Repression und Zustimmung hervor. Statt das Bild von einem durchgängig reglementierten, eingeengten Leben der Kinder und Jugendlichen zu entwerfen, denen die Ideale des Dritten Reiches «eingehämmert» wurden, fragen wir danach, ob und wie es den Nationalsozialisten gelang, Hoffnungen und Sehnsüchte aufzugreifen und so mit ihrer Ideologie und Politik zu verknüpfen, daß Schüler sich freiwillig für die Ideen und Ziele des Dritten Reiches einsetzten. Statt heldenhaften politischen Widerstands, der von sechs- bis vierzehnjährigen Volksschülern ohnehin nicht erwartet werden konnte (und in der erwachsenen Bevölkerung zwar anzutreffen war, gleichwohl aber Ausnahme blieb), zeigen sich unterschiedliche Formen der kleinen Verweigerung und unspektakulären Mitmenschlichkeit. Das Schulleben im Faschismus ging nicht im «Gleichschritt» auf und beschränkte sich nicht auf «Indoktrination». Den Versuch eines totalen Zugriffs auf Kinder und Jugendliche galt es als *Versuch* und nicht als allesumfassende Realität darzustellen. Wir hoffen, daß wir einen Eindruck davon vermitteln können, wie weit, inwiefern und warum er gelingen oder nicht gelingen konnte.

Das Beispiel *Berliner* Volksschule läßt sich nicht umstandslos verallgemeinern. Die vielfältigen regionalen Besonderheiten und Traditionen, die das Schulwesen in den einzelnen Ländern Deutschlands kennzeichneten, konnte selbst die zentralistische NS-Herrschaft nicht vollständig beseitigen. Eine Darstellung der Geschichte der Berliner Volksschule beschreibt demnach noch nicht die Schulwirklichkeit beispielsweise in Bayern. Das Beispiel Berlin ist jedoch insofern aufschlußreich, als die Schulen und die Schuladministration der Reichshauptstadt sich im unmittelbaren Blickfeld der einflußreichen preußischen Landes- und der Reichsschulverwaltung befanden, Berlin zudem über das wohl entwickelste Volksschulwesen verfügte und daher Maßnahmen, Probleme und Konsequenzen nationalsozialistischer Volksschulpolitik hier besonders deutlich zutage traten.

Wie das Beispiel Berlin nicht «den» Alltag der rund 50000 Volksschulen im Dritten Reich abbilden kann, so verbinden wir mit der Konzentration auf diesen Schultyp nicht den Anspruch, alle Aspekte der Volksschulgeschichte dieser Zeit zu behandeln. Statt mit einer Daten- und Faktenfülle aufzuwarten, versuchen wir, Hauptentwicklungslinien der Berliner Volksschule im Nationalsozialismus nachzuzeichnen. Am Ende jedes Kapitels findet sich ein chronologischer Überblick über die Schulentwicklung des behandelten Zeitabschnitts. Er führt vor allem Daten von überregionaler Bedeutung auf, die sich auf Gesetze, Maßnahmen, Ereignisse usw. von unterschiedlicher Tragweite beziehen. Aufgrund der in einem Überblick gebotenen Kürze wurde meist auf Hinweise über die Verwirklichung von Gesetzen und Verordnungen verzichtet. Es gilt daher zu beachten, daß von einem Gesetz oder Erlaß nicht direkt auf seine Durchsetzung in der Schulrealität geschlossen werden kann.

Den Berichten von Zeitzeugen liegen Gespräche zugrunde, die wir mit Berlinerinnen und Berlinern in der Zeit zwischen August 1982 und April 1983 geführt haben. Aus der Vielzahl der Interviews konnten wir aus Platzgründen nur einige berücksichtigen. Innerhalb dieser Auswahl mußten wir uns zudem auf Auszüge beschränken. Bei der Auswahl haben wir versucht, die Unterschiede, die auch im Dritten Reich im Schüler- bzw. Lehreralltag existierten, möglichst plastisch werden zu lassen.

Die Erlebnisberichte kommentieren wir nicht. Es lag uns fern, unsere Gesprächspartner(-innen) zu belobigen, zu korrigieren oder zu belehren. Die Leserin, der Leser ist aufgefordert, die Berichte zu unserer Darstellung bzw. eigenen Schulerinnerungen in Beziehung zu setzen. Auch dann, wenn keine Übereinstimmung besteht, sollten die Aussagen der Zeitzeugen nicht vorschnell als «Verzerrung» oder «Verdrängung» etikettiert werden. Die NS-Herrschaft versuchte zwar, möglichst alle Bereiche des gesellschaftlichen Lebens zu durchdringen; daß sie dieses Ziel erreicht habe, kann aber nur aus solchen theoretischen Konstrukten gefolgert werden, die die vielschichtig gegliederte Lebenspraxis der Menschen übersehen. Der Gehalt der Erinnerungen an das Leben im Nationalsozialismus läßt sich nicht an der Elle messen, ob dieses Leben und Erleben sich einer Theorie fügt. Der Lebensprozeß der einzelnen ist eine Frage der Empirie und nicht deduzierbar. Es ist also zwischen dem Wirklichkeitsgehalt der Erinnerungen und ihrer Bewertung zu unterscheiden.

Umgekehrt: Aus der Summe der Alltagserfahrungen einer Personengruppe läßt sich noch keine Bestätigung für eine alte oder neue Theorie der Volksschule im Faschismus ableiten. «Oral history», auch noch so extensiv und intensiv betrieben, kann die theoretische Bearbeitung einer Wirklichkeitserscheinung nicht ersetzen. Dies ist aber, wie eingangs erwähnt, nicht unser Anliegen.

Mit unseren Gesprächspartnern(-innen) hatten wir vereinbart, ihren Nachnamen nicht auszuschreiben. Mit dieser Vereinbarung sollte ein freimütiges Berichten erleichtert werden.

Das Buch wurde von einem Team der Arbeitsgruppe Pädagogisches Museum im Zusammenhang mit dem Ausstellungsprojekt konzipiert. Norbert Franck war verantwortlicher Redakteur und verfaßte den Text über die Schule, der im ersten

Abschnitt des Kapitels über 1933 maßgeblich auf der Quellenforschung von Volker Hoffmann aufbaut; er schrieb die Ausführungen auf den Bildseiten zu Politik und Alltag der Weimarer Republik und der Jahre 1933–45, in die Anregungen von Dirk H. Müller und Otfried Scholz einflossen, und stellte die Literaturempfehlungen am Ende des Buches zusammen. Andreas Hallbauer zeichnet für die beiden Abschnitte über die Hitler-Jugend verantwortlich. Sylvia Conradt und Kirsten Heckmann-Janz führten und bearbeiteten die Interviews. Gesine Asmus forschte nach Dokumenten aller Art und besorgte Bildredaktion und Gestaltung.

Drei Beiträge entstanden unabhängig von der Diskussion innerhalb der Arbeitsgruppe Pädagogisches Museum.

Rolf Nemitz fragt in seinem Theoriebeitrag in praktischer Absicht, was wir von der Analyse der Volksschule im Nationalsozialismus über die «normale», die Schule von heute lernen können. Er wendet sich gegen die in der Literatur gängige Vorstellung vom unpolitischen Pädagogischen «an sich», das durch die Nationalsozialisten politisiert worden sei, und fragt nach der Modifikation des Politischen im Pädagogischen; statt von der gleichfalls üblichen Gegensatzkonstruktion Ideologie (Integration) contra Wissen (Qualifikation) auszugehen, untersucht er «Wissen» als eine Form von Integration. Hilde Schramm berichtet in ihrem Aufsatz über Erfahrungen und Probleme mit der Behandlung des Themas «Nationalsozialismus» im schulischen und außerschulischen Bereich, was uns nützlicher erscheint als vordergründige Aktualisierungen oder zeigefingerhaftes «was lehrt uns das?». Thomas Schmid baten wir um einen nach vorn gerichteten Rückblick. Sein Essay reflektiert aus der Perspektive des Jahres 2033 Entwicklungstendenzen der vor uns liegenden fünf Jahrzehnte.

Norbert Franck
für die Arbeitsgruppe

DIE ZEIT VOR 1933 – BILDER UND DOKUMENTE

Nach dem Zusammenbruch des Kaiserreichs 1918 findet keine radikale Gesellschafts- und keine grundlegende Schulreform statt. Schulwesen und Unterricht bleiben in der Weimarer Republik vielfach von den undemokratischen Strukturen und dem autoritären Geist der Vergangenheit geprägt. Die demokratische Verfassung läßt zwar fortschrittliche Reformen zu. Jedoch bilden das politische Klima und die in den Krisenjahren leeren Staatskassen – in denen während der Inflationsjahre in Berlin selbst das Geld für Schulbänke fehlt, so daß in den oberen Klassen Ziegelsteine unter die nicht mitwachsenen Schulbänke gelegt werden müssen (wie das Foto von 1923 zeigt) – massive Reformbarrieren. Nur dort, wo – wie in Berlin – die Arbeiterbewegung stark ist, gelingen immer wieder gefährdete Einschnitte in das selektive dreigliedrige Schulwesen, setzen sich hier und da fortschrittliche Unterrichtsinhalte und -methoden durch.

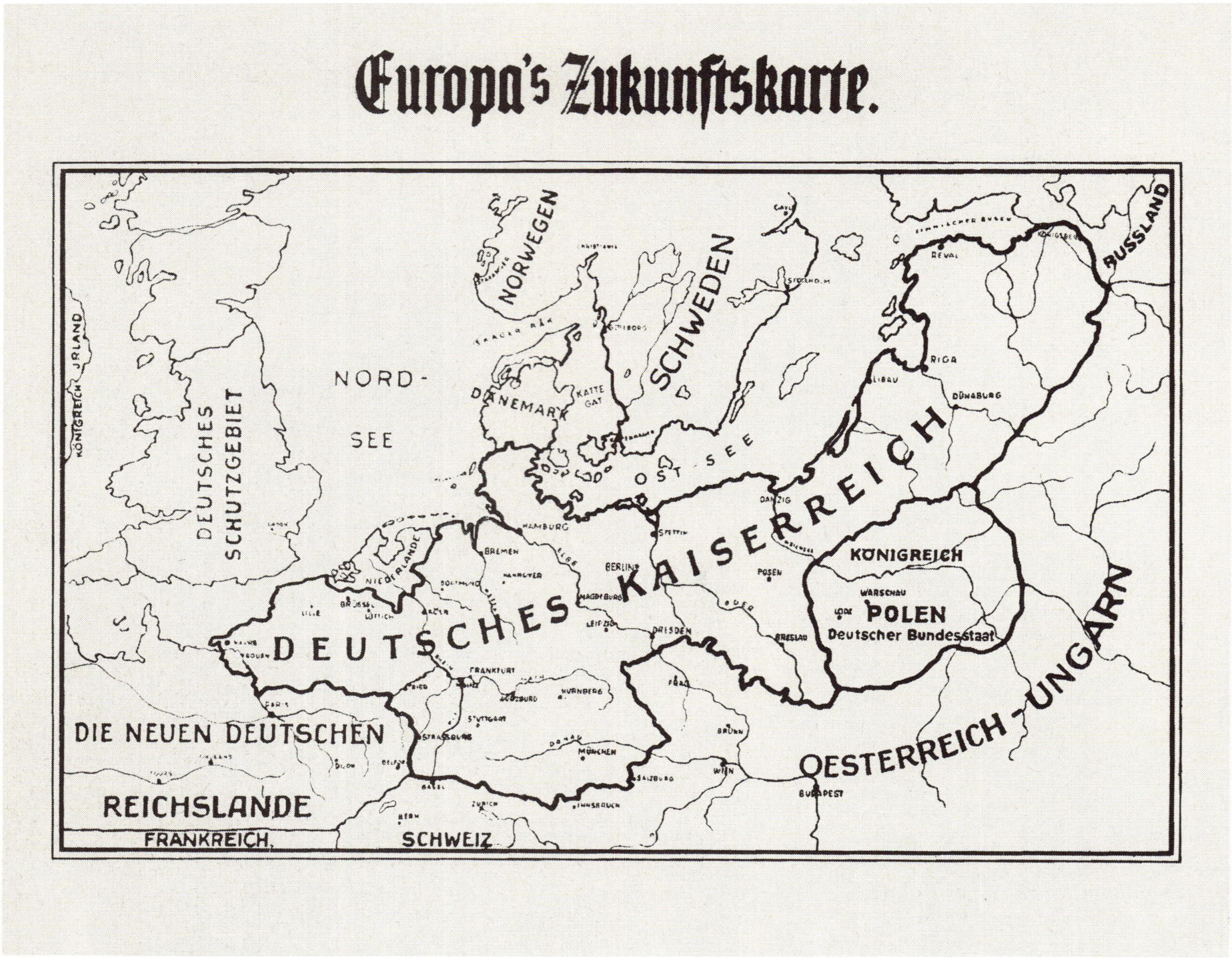

Wie sich die Herrschenden die Ausdehnung des deutschen Staatsgebietes nach dem Ersten Weltkrieg vorstellten.

Begeisterte Untertanen: Kriegsfreiwillige Unter den Linden

Wollen wir dieses alte deutsche Kulturland (Belgien) wieder in irgendeiner Form, sei es als Ganzes, sei es in seinen Teilen, dem Deutschen Reich einverleiben, so müssen wir konsequent sein und dürfen die fremdrassige, degenerierte Wallonenbevölkerung nicht mit übernehmen, sondern müssen sie ihren Freunden, den Franzosen und Engländern zur Verwendung und Entschädigung überlassen ...

(Aus einer Denkschrift des Herzogs Johann Albrecht von Mecklenburg, Vorsitzender des deutschen Kolonialvereins und ab 1917 Ehrenvorsitzender der Vaterlandspartei, vom Frühjahr 1915)

Kinder aus gutem Hause: Gymnasiasten feiern Kaisers Geburtstag

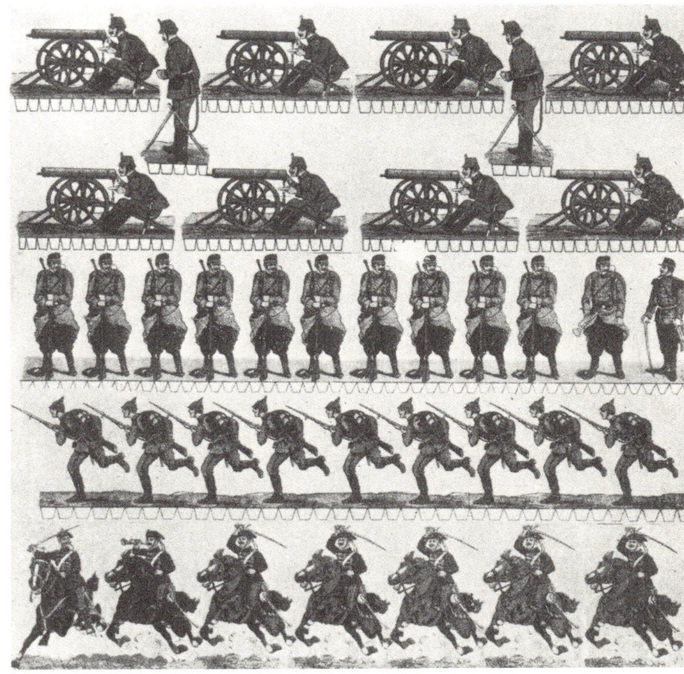

Militarismus im Kinderzimmer: Papiersoldaten zum Ausschneiden

Festnahme bei einem Streik in Berlin-Moabit, 1910

Deutschland kommt auf dem Schlachtfeld zur Welt. Nach dem Sieg Preußens und seiner Verbündeten über Frankreich ruft Bismarck 1871 in Versailles den König von Preußen zum Kaiser von Deutschland aus. Der Flickenteppich deutscher Einzelstaaten wird unter preußischer Vorherrschaft zum Deutschen Reich zusammengeschlossen.

Wie Deutschland spät und – ohne Beteiligung der Bevölkerung – «von oben» zum einheitlichen Nationalstaat gemacht wird, so setzt auch die industriell-kapitalistische Entwicklung Jahrzehnte später ein als in anderen westeuropäischen Staaten. Dafür vollzieht sie sich dann um so rascher: Deutschland steigt nach der Jahrhundertwende zur zweitstärksten Industriemacht der Welt auf.

Doch längst haben sich die anderen Großmächte Kolonien und Einflußsphären gesichert, durch deren rücksichtslose Ausbeutung sie ihre Macht ausbauen. Um die Abhängigkeit vom Weltmarkt zu verringern und Absatzmärkte zu sichern, drängen Deutschlands Herren zur gewaltsamen Neuaufteilung der Weltkarte – und entfesseln 1914 den Ersten Weltkrieg.

Mit dem industriellen Aufschwung nach der Reichsgründung 1871 geht kein grundlegender demokratischer Fortschritt einher. Preußen-Deutschland ist – so Wilhelm Liebknecht, Mitbegründer der Sozialdemokratie – «eine fürstliche Versicherungsanstalt gegen die Demokratie», ein Land, in dem es als Tugend gilt, der Obrigkeit bedingungslos zu gehorchen. Die wachsende Arbeiterbewegung wird von Polizei und Justiz verfolgt. Mangel an demokratischen Traditionen und Erfahrungen, der auf Jahrhunderte bornierten feudal-absolutistischen Kleinstaatendaseins zurückgeht, verbindet sich mit spezifisch preußischem Militarismus und prägt zusammen mit der propagierten Kriegsideologie nachhaltig die politisch-ideologische Haltung großer Bevölkerungsteile: Sie jubeln begeistert, als im August 1914 deutsche Soldaten nach Belgien, Luxemburg und Frankreich ziehen. Auch die Spitzen der Sozialdemokratie und der freien Gewerkschaften unterstützen die als «Verteidigung» deklarierte Aggression.

Friedrich Ebert begrüßt die heimkehrenden Fronttruppen – kein distanzierendes Wort über die imperialistischen Kriegsziele

Teilnehmer des Ersten Weltkrieges

Eure Opfer und Taten sind ohne Beispiel. Kein Feind hat Euch überwunden. Erst als die Übermacht der Gegner an Menschen und Material immer drückender wurde, haben wir den Kampf aufgegeben. (...) Allen Schrecken habt Ihr mannhaft widerstanden ..., sei es in den Kreidefelsen der Champagne, in den Sümpfen Flanderns oder auf dem elsässischen Bergrücken, sei es im unwirtlichen Rußland oder im heißen Süden. Unendliche Leiden habt Ihr erduldet, unvergängliche, fast übermenschliche Taten vollbracht ... Ihr habt die Heimat vor feindlichem Einfall geschützt, Ihr habt Euren Frauen und Kindern, Euren Eltern den Mord und Brand des Krieges ferngehalten, Deutschlands Fluren und Werkstätten vor Verwüstung und Zerstörung bewahrt. Dafür dankt Euch die Heimat in überströmendem Gefühl.

(Ansprache Friedrich Eberts an die heimkehrenden Truppen am 10. Dezember 1918)

Der vom Kaiserreich angezettelte Krieg um die Vorherrschaft in Europa geht verloren. Um die Monarchie zu retten, wird im Oktober 1918 unter der Führung von Prinz Max von Baden eine Regierung mit Beteiligung der SPD gebildet. Doch das alte System ist nicht mehr zu retten: Das Ausland macht die Abdankung des Kaisers zur Voraussetzung für einen Waffenstillstand; Arbeiter und Soldaten streiken bzw. verweigern den Gehorsam und setzen ihre Vorgesetzten ab. In vielen Städten bilden sich revolutionäre Arbeiter- und Soldatenräte. Um diese Entwicklung zu kanalisieren, fordert schließlich auch die SPD-Führung die Abdankung des Kaisers. Friedrich Ebert: «Wenn der Kaiser nicht abdankt, dann ist die soziale Revolution unvermeidlich. Ich aber will sie nicht, ja, ich hasse sie wie die Sünde.» Max von Baden tritt als Kanzler zurück. Ebert wird sein Nachfolger. Wilhelm II. flieht nach Holland.

Am 9. November ruft der Sozialdemokrat Scheidemann gegen 13 Uhr die «freie deutsche Republik» aus, drei Stunden später Karl Liebknecht von der Spartakusgruppe die «sozialistische Republik». Die beiden Proklamationen kennzeichnen die Strömungen in der Arbeiterbewegung, die das Machtvakuum nach dem Zusammenbruch der Hohenzollern-Dynastie zu füllen suchen: Die SPD strebt eine bürgerlich-demokratische Verfassung an und will in Wirtschaft und Gesellschaft schrittweise gemeinwirtschaftliche und sozialstaatliche Institutionen verankern. Die sozialistische und kommunistische Bewegung fordern eine Räteverfassung und die Vergesellschaftung der Produktionsmittel.

Das Konzept der Partei Eberts ist erfolgreich. Um ihre Ruhe-und-Ordnung-Politik durchzusetzen, ist sie bereit, auf Arbeiter schießen zu lassen: Im Januar 1919 werden zur Niederschlagung des Spartakusaufstandes republikfeindliche Freikorps eingesetzt.

Aus den Wahlen zur Nationalversammlung vom 19. Januar 1919 geht die SPD als stärkste Partei hervor. Am 6. Februar tritt in Weimar das Parlament zusammen und wählt Ebert zum Reichspräsidenten. Ministerpräsident Scheidemann (SPD) bildet eine Regierung aus Vertretern von SPD, Zentrum und der Deutschen Demokratischen Partei («Weimarer Koalition»).

Damit ist ein Prozeß abgeschlossen, der zwar zur parlamentarischen Demokratie führte, das allgemeine Wahlrecht, auch für Frauen, die Koalitions-, Versammlungs- und Pressefreiheit sowie auf sozialem Gebiet unter anderem den Achtstundentag und die Arbeitslosenunterstützung brachte, die Grundlagen der gesellschaftlichen Machtverhältnisse des abgewirtschafteten Kaiserreichs, die Produktionsverhältnisse, den Militär- und Staatsapparat jedoch weitgehend unangetastet ließ. – Die erste deutsche Demokratie beginnt mit einer schweren Hypothek.

Revolutionäre Truppen prägen das Stadtbild Berlins: November 1918

Arbeiterrat der AEG Hennigsdorf, Berlin

Die weiblichen Mitglieder der ersten Nationalversammlung

Das Rad der Geschichte soll zurückgedreht werden: Kapp-Putschisten auf dem Potsdamer Platz, März 1920

Rechte Optik: Fortschritt = Bolschewismus

Die Sühne der politischen Morde

	Politische Morde begangen von Links-stehenden	Politische Morde begangen von Rechts-stehenden	Gesamtzahl
Gesamtzahl der Morde	22	354	376
davon ungesühnt	4	326	330
teilweise gesühnt	1	27	28
gesühnt	17	1	18
Zahl der Verurteilungen	38	24	
Geständige Täter freigesprochen	–	23	
Geständige Täter befördert	–	3	
Dauer der Einsperrung pro Mord	15 Jahre	4 Monate	
Zahl der Hinrichtungen	10	–	
Geldstrafe pro Mord	–	2 Papiermark	

(E. J. Gumbel: Vier Jahre politischer Mord. Berlin 1922, *S. 81)*

Kinder auf der Suche nach Eßbarem, 1919

Straßenhändler beim Einkauf im Engros-Laden

Nach einer kurzen Phase der Verunsicherung kommen die reaktionären Kräfte – begünstigt durch eine Regierung, die nur von links eine Gefahr ausgehen sieht – wieder an die Oberfläche. Schon im Januar 1919 fordern sie in Zeitungen und Flugblättern offen dazu auf, die Führer der gerade gegründeten Kommunistischen Partei zu ermorden und setzen dafür Belohnungen aus. Den Aufforderungen folgen bald Taten. Am 15. Januar werden Karl Liebknecht und Rosa Luxemburg umgebracht. Die Rechte verübt in der folgenden Zeit noch Hunderte – meist ungesühnte – politische Morde.

Im März 1920 putschen unter der Leitung des Generallandschaftsdirektors Kapp, des Generals v. Lüttwitz – der im Januar 1920 vom Reichswehrminister Noske (SPD) in Berlin gegen demonstrierende Arbeiter eingesetzt worden war und auf dessen Befehl 42 Arbeiter erschossen und 105 verwundet wurden – und des ehemaligen Berliner Polizeipräsidenten Papst Teile der Reichswehr, Freikorps und neuentstandene paramilitärische Verbände. Die Brigade Ehrhardt marschiert mit Hakenkreuz am Stahlhelm am 13. März in Berlin ein. Die Reichsregierung flieht. Ein Generalstreik läßt die Konterrevolution jedoch schon bald zusammenbrechen. Die meisten Kapp-Putschisten gehen straffrei aus. 1920 wie in den folgenden Jahren wird gegen die Reaktion nicht ernsthaft vorgegangen. Gegen links loszuschlagen, dazu ist der Staatsapparat jederzeit bereit.

Wie das politische so belastet auch das ökonomische Erbe des Kaiserreichs die Weimarer Republik. Zum Erbe des Krieges, der mit Schuldverschreibungen finanziert worden war, gehört die Inflation. Um diese Schulden zu begleichen und die von den Siegermächten auferlegten Reparationsleistungen aufzubringen, druckt der Staat beständig mehr Geld und heizt damit die Inflation an. Die Schere zwischen Lohn- und

Ende 1923: Die Millionen sind nur noch zum Basteln brauchbar

Preisentwicklung öffnet sich immer weiter, die Verelendung der Lohnabhängigen und des um seine Ersparnisse gebrachten Mittelstandes nimmt dramatische Formen an: 1923 werden mancherorts bis zu 20 Prozent der Schulanfänger wegen Unterernährung zurückgestellt. In Berlin-Pankow sind 1922 30 Prozent der Schulabgänger aus demselben Grund berufsunfähig.

Von der Inflation profitieren Großindustrie und Großgrundbesitz. Die Industrie erzielt riesige Exportgewinne, da sie die Löhne in wertloser deutscher Währung zahlt und im Ausland harte Devisen kassiert. Hypotheken und Darlehen werden mit entwertetem Geld zurückgezahlt.

Im November 1923 wird eine Währungsreform durchgeführt. Aus 1 000 000 000 000 Mark wird eine Goldmark.

Der wirtschaftliche Aufschwung wird von einer Blüte der Kulturindustrie begleitet; es entstehen Vergnügungsstätten aller Art

Gegenkultur: «Arbeiter Illustrierte Zeitung»

Kleine-Leute-Laszivität: Verkäuferinnen während der Mittagspause, um 1930

Die «Goldenen Zwanziger»

Noch können sie sich zeigen: Lesben und Transvestiten im «El Dorado»

Die «goldenen zwanziger Jahre» währen – für die einfachen Leute, und nicht einmal für alle – nur knapp fünf Jahre. Ab 1924 geht es in Deutschland wirtschaftlich aufwärts. Ausländische Geldanleihen fließen ins Land, die Produktion wird angekurbelt und nach amerikanischem Muster modernisiert. Löhne und Gehälter erreichen wieder das Vorkriegsniveau. Rationalisierungen haben indes auch in den Jahren des Booms zwischen einer und zwei Millionen Arbeitslose zur Folge.

An der kulturellen Blüte, in der das Deutschland der zwanziger Jahre steht, am Glanz und Glitter der großen Städte hat die einfache Bevölkerung nur bescheidenen Anteil. Die Arbeiterbewegung sucht der industriellen Kommerzkultur, die einen gigantischen Aufschwung erlebt, eine eigenständige Kultur entgegenzusetzen. Die hohen Auflagen ihrer Presse- und Buchproduktion, die Mitgliederzahlen von Sport- und Kulturvereinen zeugen von dem Bedürfnis nach eigenständiger Artikulation und Freizeitgestaltung. Doch bleiben kleinbürgerliche Wertmuster und Normen weitgehend unangetastet: Die sozialdemokratischen Verbände verfolgen nur beschränkte Vereinsziele, für die KPD ist Kultur nur Mittel zum politischen Zweck.

Erzielte bei den Reichstagswahlen 1924 die reaktionäre Deutschnationale Volkspartei hohe Stimmengewinne und zogen erstmals Nationalsozialisten ins Parlament ein, so gehören sie bei den Wahlen nach der wirtschaftlichen Stabilisierung zu den großen Verlierern: 1928 schrumpft die republikfeindliche Rechte von 26,1 auf 16,8 Prozent der Wählerstimmen. Allerdings kennzeichnet die Wahl des kaisertreuen Generalfeldmarschalls von Hindenburg zum Reichspräsidenten (1925) die Kontinuität obrigkeitsstaatlicher Kräfte.

Die AEG führt 1924 den ersten «Wandertisch» (Fließband) ein

Solange wenigstens die Eltern Arbeit hatten, war die Situation einigermaßen erträglich: Arbeitslose Jugendliche

Folgeerscheinung der Krise: Straßenmusikant mit Schlips und Kragen

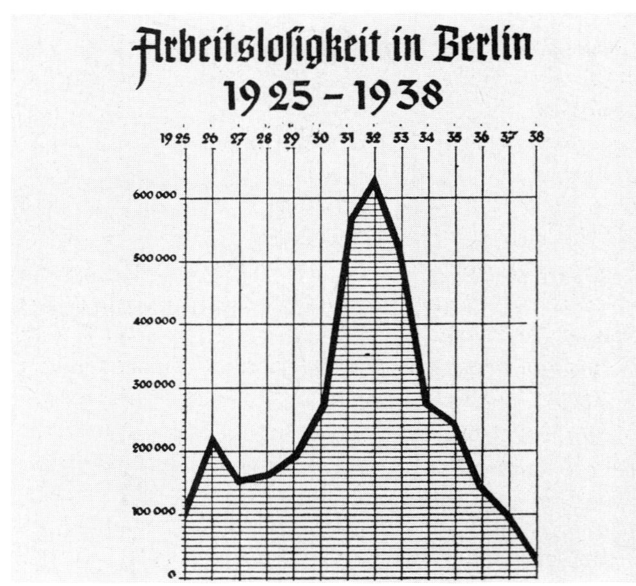

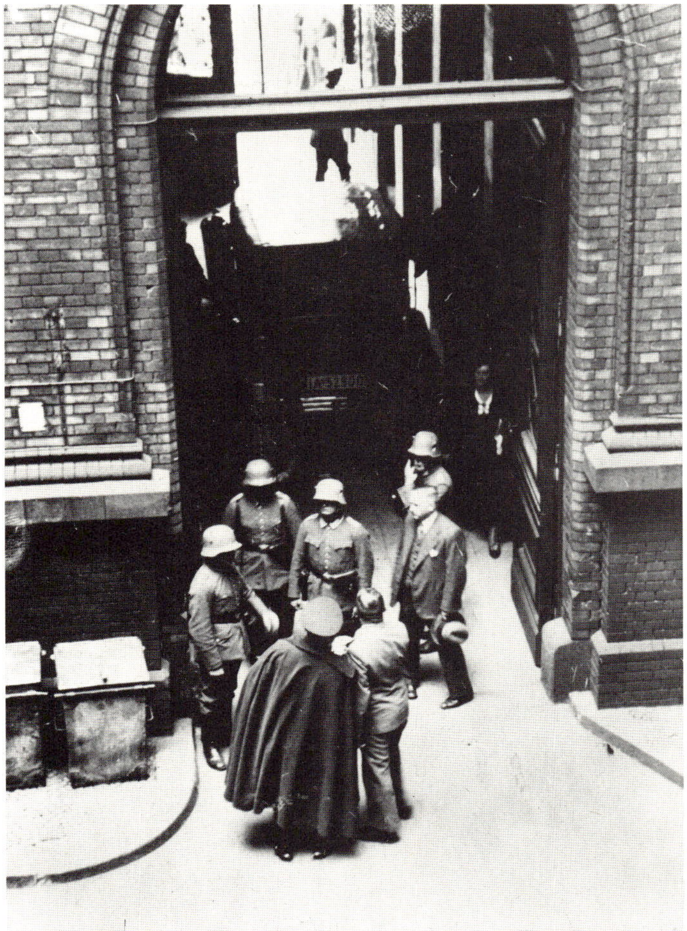

«*Preußenschlag*»: *Verhaftung des Kommandeurs der Berliner Schutzpolizei, 20.7.1932*

Die Rechte mobilisiert gegen die parlamentarische Demokratie

1929 beendet die zweite massive ökonomische Erschütterung innerhalb eines Jahrzehnts die «goldenen Zwanziger». Mit der kapitalistischen Weltwirtschaftskrise, ausgelöst durch den Zusammenbruch der New Yorker Börse am 25. Oktober («Schwarzer Freitag»), spitzen sich in Deutschland die sozialen und politischen Widersprüche zu. Die Zahl der Arbeitslosen und Kurzarbeiter wächst beständig. Gleichzeitig werden die Höhe und Zahlungsdauer der Arbeitslosenunterstützung bzw. Wohlfahrtshilfe gekürzt. Elend, Hunger, Krankheit, katastrophale Wohnverhältnisse, Perspektivlosigkeit bestimmen den Alltag von Millionen Menschen. Die Zahl der Konkurse von Gewerbetreibenden und Handwerkern, der zwangsversteigerten Bauernhöfe erreicht ein nie dagewesenes Ausmaß. Die Industrieproduktion geht erheblich zurück.

Im März 1930 bricht die von Reichskanzler Müller (SPD) geführte Regierung auseinander. Es folgen Präsidialkabinette, die ohne parlamentarische Mehrheit mit Notverordnungen regieren und der Bevölkerung immer neue Lasten aufbürden. Am 20. Juli 1932 wird auf Betreiben des Reichskanzlers von Papen die sozialdemokratische Regierung in Preußen abgesetzt. Im Zuge dieses Staatsstreichs («Preußenschlag»), gegen den SPD und Gewerkschaften außer einer Klage vor dem Staatsgerichtshof nichts unternehmen, wird über Berlin, eine Hochburg der Arbeiterbewegung, und die preußische Provinz Brandenburg der Ausnahmezustand verhängt. Das Kernstück des Reiches geht als republikanische Bastion verloren. Ein entscheidender Schritt zur Entmachtung der Republik ist getan.

Den Rechten geht der Demokratieabbau allerdings noch nicht weit genug. Der Medienzar Hugenberg von der Deutschnationalen Volkspartei und die NSDAP entfesseln eine gigantische Propaganda gegen die Weimarer Republik. Die Schlägertruppen der NSDAP beherrschen die Straßen. Ein Klima der Verunsicherung wird angeheizt.

Kapitalismus = Judentum: Der NS-«Antikapitalismus»

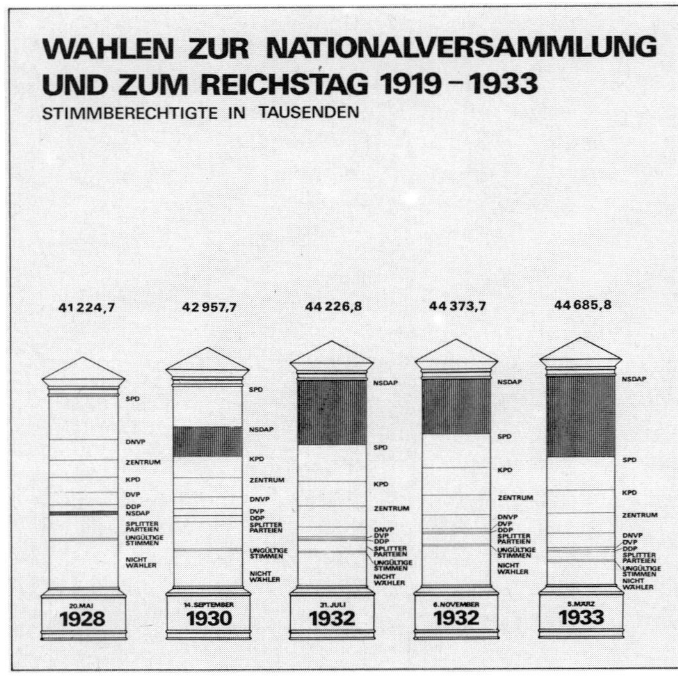

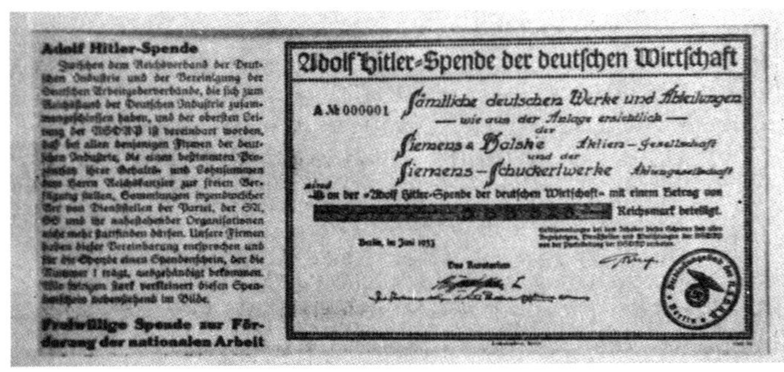

Adolf Hitler-Spende

Zwischen dem Reichsverband der Deutschen Industrie und der Vereinigung der Deutschen Arbeitgeberverbände, die sich zum Reichsstand der Deutschen Industrie zusammengeschlossen haben, und der obersten Leitung der NSDAP ist vereinbart worden, daß bei allen denjenigen Firmen der deutschen Industrie, die einen bestimmten Prozentsatz ihrer Gehalts- und Lohnsummen dem Herrn Reichskanzler zur freien Verfügung stellen, Sammlungen irgendwelcher Art von Dienststellen der Partei, der SA, SS und ihr nahestehender Organisationen nicht mehr stattfinden dürfen. Unsere Firmen haben dieser Vereinbarung entsprochen und für die Spende einen Spendenschein, der die Nummer 1 trägt, ausgehändigt bekommen. Wir bringen stark verkleinert diesen Spendenschein nebenstehend im Bilde.

Freiwillige Spende zur Förderung der nationalen Arbeit

Adolf Hitler-Spende der deutschen Wirtschaft

A № 000001 Sämtliche deutschen Werke und Abteilungen
— wie aus der Anlage ersichtlich —
der
Siemens & Halske Aktien-Gesellschaft
und der
Siemens-Schuckertwerke Aktiengesellschaft
sind
an der «Adolf Hitler-Spende der deutschen Wirtschaft» mit einem Betrag von
[redacted] Reichsmark beteiligt.

Berlin, im Juni 1933

Das Kuratorium

Vor und nach 1933 förderten Industrie und Banken die NSDAP

Was hat der Antisemitismus mit dem Sozialismus zu tun? Ich frage umgekehrt: was hat der Jude mit dem Sozialismus zu tun? Der Sozialismus ist die Lehre von der Arbeit. Wo sah man ihn denn je arbeiten und nicht vielmehr plündern, stehlen, schmarotzen und von dem Schweiß der anderen leben? Wir sind als Sozialisten Judengegner, weil wir im Hebräer die Inkarnation des Kapitalismus, das heißt des Mißbrauchs mit den Gütern des Volkes sehen.

(Joseph Goebbels: Warum sind wir Judengegner? Der Angriff, 30. Juli 1928)

SA wirbt mit einer warmen Suppe für Hitler: Sturmlokal 1932

Die Wirtschaftskrise wird zur gesellschaftlichen Existenzkrise. Die Stimmung, daß es nicht mehr wie bisher weitergehen kann, nimmt zu. Der Arbeiterklasse kann der Kapitalismus nichts mehr bieten; der – mit Hilfe von SPD und Gewerkschaften ausbalancierte – Kompromiß zwischen Lohnarbeit und Kapital gerät ins Wanken. Die Unternehmer wollen die Krise auf Kosten der Arbeiterklasse bewältigen und deren Einfluß zurückdrängen. Der schrittweise Abbau der Errungenschaften der Arbeiterbewegung durch Brüning und Papen bringt jedoch nicht den gewünschten Erfolg, er fördert vielmehr antikapitalistische Stimmungen. Da eine kapitalistische Krisenbewältigung ohne Rückhalt unter den Massen nicht möglich ist, setzen wachsende Teile des Kapitals auf die NSDAP. Hitler kann auf zunehmende Mitglieder- und Stimmenzahlen verweisen. Zulauf erhält die NSDAP vor allem aus den Mittelschichten, die sich aus traditionellen sozialen und politischen Bindungen lösen – sich radikalisieren. Bürgerliche Parteien verlieren parallel zum Wachstum der NSDAP an Stimmen, unter deren Parteimitgliedern Handwerker, Beamte und kleine Kaufleute überrepräsentiert sind. Stärker noch als materielle Not treibt diese ihr gesellschaftlicher Bedeutungsverlust in die Arme der Nazis. Vor 1918 als Säulen des Systems geschätzt, geraten die Mittelschichten nun ins gesellschaftliche Abseits. Ihre Opposition richtet sich gegen «die» Moderne, «das» System und seine Repräsentanten, Proletariat und Kapital: Das Großkapital droht die Kleinbürger ins Proletariat «hinab»zustoßen, in die Klasse, deretwegen sie an gesellschaftlichem Einfluß verloren haben und der gegenüber sie ihre Identität – als nicht-proletarisch – maßgeblich bestimmen. Die Nazis bieten den Mittelschichten die Möglichkeit, sowohl radikal gegen Kapitalisten und «Bonzen» als auch scharf anti-sozialistisch und national aufzutreten.

Die SPD hält an dem System fest, das die Krise hervorbrachte. Die KPD betont Tiefe und Ausweglosigkeit der Krise; sie bekämpft den Wunsch nach privatem Glück als Illusion, und agitiert für die Revolution. Die Nazis stellen dagegen die Wiederherstellung des privaten Glücks in den Mittelpunkt ihrer Propaganda, verknüpfen was im Alltag attraktiv erscheint mit dem Nationalsozialismus. Sie greifen die Sorgen, Nöte und Wünsche der Menschen auf und versprechen eine radikale Änderung. Sie gebärden sich antikapitalistisch, bieten Sündenböcke an und mobilisieren traditionelle Vorurteile. Die NS-Bewegung gibt dem einzelnen die Möglichkeit, Leiden und Frustration aggressiv nach außen zu tragen. Der vereinzelte Arbeitslose erhält in der «Bewegung» wieder einen sozialen Zusammenhang und wird durch eine warme Suppe, materielle Hilfe geködert. Die NSDAP gewinnt so auch unter Arbeitern und vor allem in der Jugend Zustimmung.

Vor 1933 besitzt die HJ keinen großen Einfluß: Spielmannszug 1932

Polizei schützt SPD-Jugend vor Nazi-Überfallen

KPD-Kinderorganisation im Agitationseinsatz

«Man kann mit einer Wohnung einen Menschen genau so gut töten, wie mit einer Axt» (H. Zille). In Berlin wohnten Ende der zwanziger Jahre im Durchschnitt 76 Menschen in einem Haus (in New York 20). 1925 besaßen 6% aller Familien keine Wohnung, 12% teilten eine Wohnung mit anderen Familien, Untermietern (34%) oder Schlafgängern (12%): Mieterstreik in der Köpenicker Straße, September 1932

DAS FUNDAMENT DES «ERZIEHUNGSSTAATES» WIRD GELEGT – DAS JAHR 1933

Sonder-Ausgabe

Berliner Lehrerzeitung

Organ des Lehrerverbandes Berlin

Verantwortlicher Schriftleiter:
Albert Schreiber, Berlin-Steglitz
Zimmermannstr. 26, Fernsprecher: G 2 Steglitz 8513

Verlag: Lehrerverband Berlin
Geschäftsstelle: Berlin C 25, Kurze Str. 3 5
Fernsprecher: E 2 Kupfergraben 0498

14. Jahrg. | Berlin, den 20. April 1933 | Nr. 16a

Dem Volkskanzler Adolf Hitler zum Gruße!

Feiertag ist heute in allen deutschen Landen. Der Volkskanzler feiert seinen 44. und zugleich den ersten Geburtstag als Staatsmann, und alle, alle, denen Deutschlands Größe am Herzen liegt, feiern freudig bewegt mit ihm.

Millionen und Abermillionen deutscher Volksgenossen senden ihre heißen Gebete um volles Gelingen der dem Kanzler von der Vorsehung gestellten gigantischen Aufgabe, Deutschland zu erwecken, Deutschland zu einen, zum Himmel empor. Nie aber auch sind stärkerer Glaube und festere Zuversicht in die Kraft der Hand eines Staatsmannes gesetzt worden, als in die Adolf Hitlers.

Die Weltgeschichte hat durch Gottes Fügung eine wunderbare Wendung genommen, die noch vor Monaten niemand vorauszuahnen wagte. Deutschland ist auf bestem Wege seiner nationalen und politischen Einigung. Was Generationen erstrebten und erhofften, was selbst der Staatskunst eines Bismarck versagt blieb, der Volkskanzler schuf es in Wochen. Seine zielsichere, kraftvolle Hand schmiedete die Einheit Deutschlands über Nacht. Nie soll wieder der Main als Trennungslinie zwischen Nord und Süd genannt und nie wieder darf die volkliche Einheit durch hundert Gruppen und Grüppchen gefährdet werden. Ein Reich, ein Volk, sei künftig keine hohle Phrase mehr. Ein Reich, ein Volk, sei das Leuchtmal künftiger deutscher Größe. Nur über äußerlich geeinte Volksgenossen soll und darf hinfort die Sonne innerhalb der deutschen Reichsgrenzen scheinen

Freilich, auch der größte Staatsmann müßte scheitern, erfreute er sich nicht der Mithilfe aller aufbauwilligen Volkskreise. Der Kampf um die nationale Erneuerung müßte zur Niederlage führen, die geistige und seelische Wiedergeburt des Volkes versanden, wenn nicht jeder von uns zum Einsatz seiner besten Kräfte freudig bereit wäre.

Die deutsche Lehrerschaft kennt innerhalb der gigantischen Front ihren Platz, denn stärker als auf allen anderen Lebens- und Arbeitsgebieten greift das Werk der Neugestaltung des Staats- und Volksgedankens in die Bezirke unserer Erzieherarbeit ein. Will doch die neue Bewegung den Menschen in seiner Ganzheit erfassen und für ihre Ideen, für ihre Aufgaben und Ziele bilden und begeistern. Aus ihrem Geist wird daher auch die innere Formung der Jugend Leben gewinnen müssen, aus ihm wird die deutsche Erzieherschaft die Bereitschaft zur Arbeit am werden Geschlecht zu schöpfen haben. Kein Staat wird darauf verzichten können und dürfen, die tragenden Ideen des staatlichen und volkischen Werdens und Wollens durch die Erziehung in die Jugend hineinzupflanzen und durch sie weiterzutragen in die Zukunft.

Wir wollen uns dieser neuen Aufbauarbeit im Werke der Erziehung hingeben in wahrer Treue und mit unbedingter Wahrhaftigkeit, die stets leuchtende Edelsteine im Kranze der Lehrertugenden gewesen sind. Wir bejahen mit jeder Faser unseres Herzens das nationale Sein, stehen in ernster Pflichthaltung zum neuen Staate und zum Gedanken des nationalen Aufbaus. Als Erzieher sind wir uns bewußt, daß vor allem unsere Jugend das Ja zum Staate finden muß. Jeder von uns wird in wahrer Erziehertreue der starke Wegbahner und der sichere Führer der Jugend sein müssen.

Unser Erziehergewissen soll sich stets daran erinnern, was der Staat, der der alleinige Herr der Schule ist und der diese Herrschaft mit keiner anderen Macht im Staate zu teilen hat, von uns fordert. So gilt auch für uns deutsche Lehrer, was der Reichskanzler Adolf Hitler in der Garnisonkirche in Potsdam sprach:

Nr. 202. 65. Jahrg.
Berlin, Dienstag, 2. Mai 1933.

Abend-Ausgabe 10 Pf.

Berliner Börsen-Courier

Tageszeitung für alle Gebiete

Telefon Merkur 2455—59

Telegr.-Adr.: Börsencourier, Berlin

Alle Führer der freien Gewerkschaften in Schutzhaft

Die Tat im Anfang

Bgtn. Dem Blick auf eineinhalb Millionen froher und begeisterter Menschen, die zum Tag der nationalen Arbeit in das Tempelhofer Feld strömten, war es sichtbar, daß diese Massen nicht um materieller Dinge willen sich zusammengefunden hatten, sondern für eine politische Idee. An diesem 1. Mai ging es nicht um Lohn-

Der Aktionsausschuß zum Schutz der deutschen Arbeit, der unter Führung des Präsidenten des preußischen Staatsrates, Ley, steht, hat heute vormittag im ganzen Reich die Häuser der freien Gewerkschaften besetzen und alle führenden Persönlichkeiten im Interesse der Gleichschaltung der freien Gewerkschaften in Schutzhaft nehmen lassen.

In Berlin wurde das Gewerkschaftshaus am Engelufer von einer Abteilung von 90 SA-Leuten besetzt, ferner wurde das Gewerkschaftshaus an der Inselbrücke sowie die Arbeiterbank besetzt. Der Gewerkschaftsführer Wissel wurde in Schutzhaft genommen. Die Gewerkschaftsführer Leipart und Grassmann wurden wegen Krankheit ins Krankenhaus gebracht.

Weimar, 2. Mai.

Der thüringer Gauleiter der NSDAP, Staatsminister Sauckel, teilte am Dienstag vormittag in einer Pressekonferenz mit, daß zwischen 10 und 11 Uhr sämtliche Gewerkschaftshäuser der freien Gewerkschaften in Deutschland von SA und SS besetzt und alle führenden Gewerkschaftler in Schutzhaft genommen werden, während die Gewerkschaftsangestellten und Gewerkschaftsbeamten die Aufforderung erhielten, ihre Arbeit im Dienste der deutschen Arbeiterschaft weiterzuführen. Damit sei dem der Sozialdemokratie der Nährboden entzogen, auf dem sie bisher weiterexistieren konnte.

Für die Zukunft solle der Arbeiterschaft ein Gewerkschaftswesen garantiert werden, das im Sinne des deutschen Wiederaufbaues und nicht in internationaler Hörigkeit weiterarbeite. Der Leiter der Aktion, Dr. Ley, werde im Laufe des Vormittags dem Reichskanzler Bericht erstatten.

Vermutlich werde Reichskanzler Hitler am Vormittag im Rundfunk selbst das Wort über diese Aktion ergreifen.

Carl von Ossietzky, engagierter Pazifist, 1933 von den Nazis verhaftet, 1934 ins KZ gesperrt

Im Februar 1933 ernennt Göring SA- und SS-Leute zur «Hilfspolizei»

Gegen Frechheit und Anmaßung, für Achtung und Ehrfurcht vor dem unsterblichen deutschen Volksgeist! Verschlinge Flamme auch die Schriften der Tucholsky und Ossietzky!

(«Flammenspruch» bei der Bücherverbrennung am 10. Mai 1933 in Berlin)

Polizei-Razzia, Mai 1933 (Berliner Illustrirte Zeitung)

Aufkleber aus dem Jahre 1933

Am 30. Januar 1933 ernennt Hindenburg Hitler zum Kanzler einer Koalitionsregierung – zu einem Zeitpunkt, da der Siegeszug der NSDAP bereits gebremst ist: Bei den Wahlen am 6. November 1932 verlor sie zwei Millionen Stimmen. Hindenburg gibt mit der Ernennung Hitlers dem Drängen einflußreicher Bankiers und Großindustrieller nach, die an der Rückkehr zu einer parlamentarisch legitimierten Regierung nicht interessiert sind, der Fortsetzung der bisherigen Präsidialkabinette keine Chance einräumen – die aber in Hitler ihren Mann sehen.

Nachdem den Nazis ein Teil der Macht übertragen wurde, greifen sie energisch nach der ganzen Macht. Sie schaffen die Versammlungs-, Meinungs- und Pressefreiheit für ihre Gegner ab; die vom kommissarischen preußischen Ministerpräsident Göring Ende Februar zur Hilfspolizei ernannten Teile der SA terrorisierten und ermordeten Antifaschisten. Nach improvisierten («wilden») werden im März die ersten offiziellen Konzentrationslager eingerichtet. Die Presse berichtet ausführlich darüber.

Bei den Wahlen zum Reichstag am 5. März 1933 erhält die NSDAP 43,9 Prozent der Stimmen. Die 81 Mandate der meist schon eingekerkerten Kommunisten werden annulliert. So können die Nazis – gegen die Stimmen der SPD, mit Unterstützung aller bürgerlichen Parteien – eine Zweidrittelmehrheit für das Ermächtigungsgesetz erreichen. Damit ist das Parlament entmachtet, die Regierung kann nach Belieben schalten und walten. Das tut sie auch: Auf das KPD-Verbot folgt die Zerschlagung der Gewerkschaften, das Verbot der SPD, mißliebige Beamte werden entlassen, politische Gegner systematisch verfolgt, Medien und Verbände «gleichgeschaltet». Im Mai findet mit der Bücherverbrennung die Zerstörung demokratischer Kultur ihren ersten Höhepunkt.

Das gewöhnliche Alltagsleben ist die andere Seite des Jahres 1933, die den Terror zuläßt. Solange die Verfolgung nur Marxisten und radikale Demokraten trifft, reagieren viele mit Gleichgültigkeit. Die alltäglichen Sorgen verhindern vielfach die Wahrnehmung der Tragweite des staatlichen Terrors. Der Rückzug in die vermeintlich unpolitische Privatsphäre trägt zur Stabilisierung des Nationalsozialismus bei, der schrittweise auch in die alltäglichen Lebensvollzüge eindringt.

Die Arbeits-«Armee»: Wahlplakat 1933

21. März: Berliner jubeln dem neuernannten Reichskanzler Hitler zu

Die Produktion von NS-Symbolen läuft ab März auf Hochtouren

Die Nazis bauen den Selbsthilfegedanken in ihre Politik ein

1. Mai: Vom Kampftag der Arbeiterklasse zum Feiertag der Nazis

Anlaufstelle für sozialdemokratische Widerstandskämpfer in Neukölln

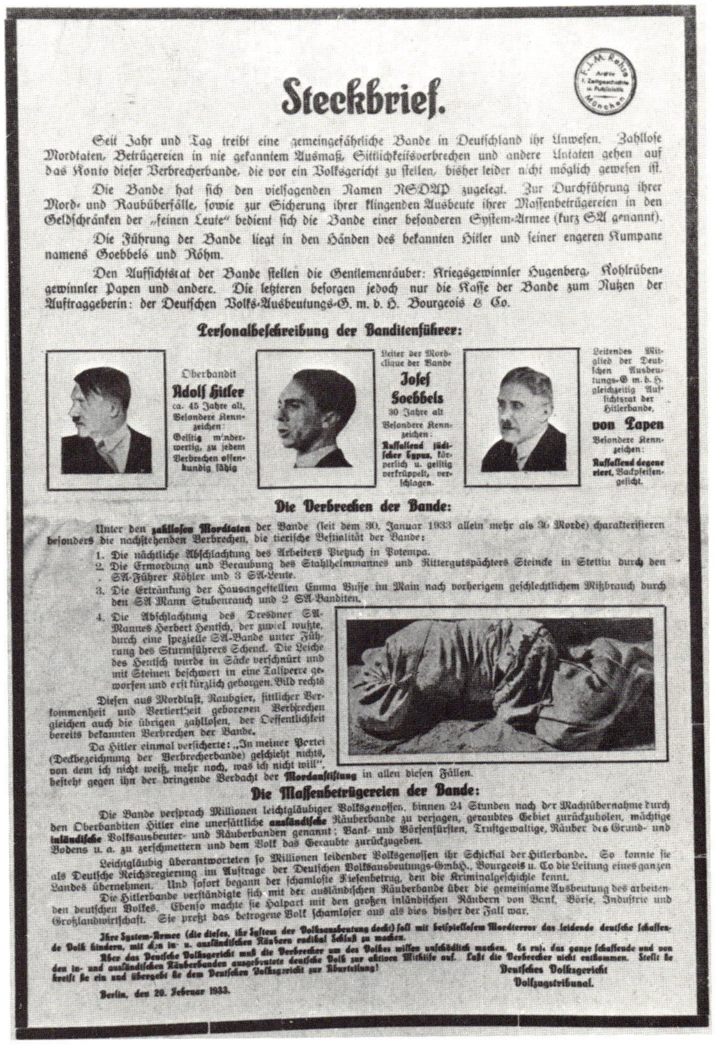

Steckbrief.

Seit Jahr und Tag treibt eine gemeingefährliche Bande in Deutschland ihr Unwesen. Zahllose Mordtaten, Betrügereien in nie gekanntem Ausmaß, Sittlichkeitsverbrechen und andere Untaten gehen auf das Konto dieser Verbrecherbande, die vor ein Volksgericht zu stellen, bisher leider nicht möglich gewesen ist.

Die Bande hat sich den vielsagenden Namen NSDAP zugelegt. Zur Durchführung ihrer Mord- und Raubüberfälle, sowie zur Sicherung ihrer klingenden Ausbeute ihrer Massenbetrügereien in den Geldschränken der „feinen Leute" bedient sich die Bande einer besonderen System-Armee (kurz SA genannt).

Die Führung der Bande liegt in den Händen des bekannten Hitler und seiner engeren Kumpane namens Goebbels und Röhm.

Den Aufsichtsrat der Bande stellen die Gentlemenräuber: Kriegsgewinnler Hugenberg, Kohlrübengewinnler Papen und andere. Die letzteren besorgen jedoch nur die Kasse der Bande zum Nutzen der Auftraggeberin: der Deutschen Volks-Ausbeutungs-G. m. b. H. Bourgeois & Co.

Personalbeschreibung der Banditenführer:

Oberbandit **Adolf Hitler** ca. 45 Jahre alt, Besondere Kennzeichen: Geistig minderwertig, zu jedem Verbrechen offenkundig fähig

Leiter der Mordclique der Bande **Josef Goebbels** 30 Jahre alt Besondere Kennzeichen: **Auffallend jüdischer Typus**, körperlich u. geistig verkrüppelt, verschlagen.

Leitendes Mitglied der Deutschen Ausbeutungs-G. m. b. H. gleichzeitig Aufsichtsrat der Hitlerbande, **von Papen** Besondere Kennzeichen: **Auffallend degeneriert**, Backpfeifengesicht.

Die Verbrechen der Bande:

Unter den **zahllosen Mordtaten** der Bande (seit dem 30. Januar 1933 allein mehr als 36 Morde) charakterisieren besonders die nachstehenden Verbrechen, die tierische Bestialität der Bande:

1. Die nächtliche Abschlachtung des Arbeiters Pietzuch in Potempa.
2. Die Ermordung und Beraubung des Stahlhelmmannes und Rittergutspächters Steincke in Stettin durch den SA-Führer Köhler und 3 SA-Leute.
3. Die Ertränkung der Hausangestellten Emma Busse im Main nach vorherigem geschlechtlichem Mißbrauch durch den SA-Mann Stubenrauch und 2 SA-Banditen.
4. Die Abschlachtung des Dresdner SA-Mannes Herbert Hentsch, der zuviel wußte, durch eine spezielle SA-Bande unter Führung des Sturmführers Schenck. Die Leiche des Hentsch wurde in Säcke verschnürt und mit Steinen beschwert in eine Talsperre geworfen und erst kürzlich geborgen. Bild rechts

Diesen aus Mordlust, Raubgier, sittlicher Verkommenheit und Vertiertheit geborenen Verbrechen gleichen auch die übrigen zahllosen, der Oeffentlichkeit bereits bekannten Verbrechen der Bande.

Da Hitler einmal versicherte: „In meiner Partei (Deckbezeichnung der Verbrecherbande) geschieht nichts, von dem ich nicht weiß, mehr noch, was ich nicht will", besteht gegen ihn der dringende Verdacht der **Mordanstiftung** in allen diesen Fällen.

Die Massenbetrügereien der Bande:

Die Bande versprach Millionen leichtgläubiger Volksgenossen, binnen 24 Stunden nach der Machtübernahme durch den Oberbanditen Hitler eine unersättliche **ausländische** Räuberbande zu verjagen, geraubtes Gebiet zurückzuholen, mächtige **inländische** Volksausbeuter- und Räuberbanden genannt: Bank- und Börsenfürsten, Trustgewaltige, Räuber des Grund- und Bodens u. a. zu zerschmettern und dem Volk das Geraubte zurückzugeben.

Leichtgläubig überantworteten so Millionen leidender Volksgenossen ihr Schicksal der Hitlerbande. So konnte sie als Deutsche Reichsregierung im Auftrage der Deutschen Volksausbeutungs-GmbH., Bourgeois u. Co die Leitung eines ganzen Landes übernehmen. Und sofort begann der schamloseste Riesenbetrug, den die Kriminalgeschichte kennt.

Die Hitlerbande verständigte sich mit der ausländischen Räuberbande über die gemeinsame Ausbeutung des arbeitenden deutschen Volkes. Ebenso machte sie Halpart mit den großen inländischen Räubern von Bank, Börse, Industrie und Großlandwirtschaft. Sie preßt das betrogene Volk schamloser aus als dies bisher der Fall war.

Ihre System-Armee (die dieses, ihr System der Volksausbeutung deckt) soll mit beispiellosem Mordterror das leidende deutsche schaffende Volk hindern, mit den in- u. ausländischen Räubern radikal Schluß zu machen.

Aber das Deutsche Volksgericht muß die Verbrecher um des Volkes willen unschädlich machen. Es ruft das ganze schaffende und von den in- und ausländischen Räuberbanden ausgebeutete deutsche Volk zur aktiven Mithilfe auf. Laßt die Verbrecher nicht entkommen. Stellt sie, kreist sie ein und übergebt sie dem Deutschen Volksgericht zur Aburteilung!

Berlin, den 20. Februar 1933.

**Deutsches Volksgericht
Vollzugstribunal.**

Am 1. Mai 1933 wird zum zweitenmal in der deutschen Geschichte *legal* nicht gearbeitet. Erstmals geschah dies 1919 im Gefolge der Novemberrevolution. Die Nazis erklären den internationalen Kampftag der Arbeiterklasse zum «Tag der nationalen Arbeit». Das ist ein Beispiel dafür, wie sie demokratische Traditionen der Arbeiterbewegung aufgreifen, um – in ihrem Sinne umgearbeitet – die Zustimmung der Bevölkerung zu gewinnen: Statt internationaler Solidarität wird völkischer Nationalismus propagiert, die eigene Nation gegenüber anderen erhöht; der Klassenkampfgedanke wird in Volksgemeinschaftsideologie umgemünzt, die Einheit von «Betriebsführer» und «Gefolgschaft» als Ende der sozialen Gegensätze ausgegeben; statt Protest gegen die Macht der Herrschenden wird die herrschende Macht glanzvoll demonstriert und dem einzelnen Teilhabe an der Macht durch Unterordnung versprochen.

Zustimmung verschafft sich das Regime auch durch vielfältige Sammelaktionen unter dem Motto «Das Volk hilft sich selbst». Dabei wird an Vorstellungen von einer solidarischen Gemeinschaft angeknüpft sowie an berechtigte Vorbehalte gegenüber allumfassender staatlicher Reglementierung. Ausgeblendet bleibt, daß diese Aktionen von einem Staat organisiert werden, der das gesamte gesellschaftliche Leben zu durchdringen sucht.

Das unerschöpfliche Angebot der NS-Organisation an Uniformen, Rangabzeichen und Funktionen vermag bislang unscheinbarer Existenz Bedeutung zu verleihen. Der einfache Hausmeister bekommt als SA-Mann oder Blockwart Macht über den sozial höher gestellten Mieter. Die Uniform verleiht Bedeutung, die Parteifunktion Macht über andere. Hunderttausende werden kleine – geführte – Führer.

Auch die «Ordnungs»maßnahmen der Nazis stoßen auf Zustimmung. Der wilhelminische Untertanengeist begrüßt das harte «Durchgreifen», ist für Ruhe und Ordnung, feste Bezugsgrößen, einen Führer dankbar und nimmt es hin, daß die «Ordnung» terroristisch hergestellt wird.

Der tiefe Graben zwischen SPD und KPD verhinderte eine gemeinsame Abwehr des Faschismus. Selbst nach dem 30. Januar kommt es zu keinem vereinten Widerstand. Zwar wird mehr Widerstand geleistet als die meisten Geschichtsbücher vermitteln, doch er bleibt die – blutig verfolgte – Ausnahme. Die Mehrheit der Deutschen arrangiert sich mit dem neuen Regime. Es ist nicht nur Opportunismus, wenn seit März 1933 eine Flut von Anträgen zur Aufnahme in die NSDAP gestellt werden; am 1. Mai sehen sich die Nazis veranlaßt, einen befristeten Aufnahmestopp zu verhängen.

Zeitzeugen berichten über die «Machtergreifung» in der Schule

Kurt A., geboren 1922 in Berlin-Kreuzberg. Am Elisabethufer hatten seine Eltern ein kleines Zimmer. In der Wohnung gab es kein Wasser, die Toilette war auf dem Hof. Der Vater arbeitete in einer Spritzfabrik, die im Hinterhaus des Hauses lag. Die Mutter war bis zur Geburt des Kindes bei einer Familie «in Stellung» gewesen.

Als ich vier Jahre alt war, zogen wir in die Böckhstraße. Das war eine Parterrewohnung, die aber schon Stube und Küche mit einem langen Korridor hatte. Die Toilette war aber auch hier außen. In dieser Wohnung kam mein Bruder zur Welt. Ostern 1928 bin ich in die Schule gekommen. Meine Schule lag in der Graefestraße. Sie bestand aus zwei Schulgebäuden, die hintereinander lagen. Die Schulhöfe waren miteinander verbunden. Die eine Schule war katholisch, die andere evangelisch. Wir haben uns mit den Katholiken herumgeprügelt. Wir nannten sie Katholiken, konnten uns aber nicht so sehr viel darunter vorstellen. Ich kann mich besinnen – damals war ich so sechs, sieben Jahre –, daß diese Prügeleien doch ganz schön grob waren. Und das, obwohl Lehrer auf dem Schulhof Aufsicht hatten und wir eigentlich immer im Kreis rumgehen sollten. 1930/31, da war ich ja auch schon neun, hatten wir Jungs öfter auf dem Hermannplatz viel Spaß, wenn die Kommunisten und die vom Stahlhelm sich prügelten. Die kamen aus verschiedenen Richtungen, und da gab es ziemlich harte Auseinandersetzungen. Wenn's brenzlig wurde, sind wir immer in einen Hausflur geflüchtet und haben durch die Scheiben geguckt. Am meisten interessierte uns die berittene Polizei, die damals mit Stahlruten draufprügelte. Wir haben uns öfter absetzen müssen, weil Polizisten uns aus den Hausfluren rausschmissen. Ich habe das aber alles nicht in unangenehmer Erinnerung, weil dies alles gewürzt war mit der Schalmeienmusik der Kommunisten.

Eigentlich bin ich in einem ziemlich unpolitischen Elternhaus groß geworden. Die Politik wurde lediglich mal am Rande erwähnt, vielleicht wenn mal Besuch kam, daß die Erwachsenen dann über solche Dinge geredet haben. Ich kann aber sagen, daß in diesem unpolitischen Elternhaus die Eltern doch positiv zu der ganzen Entwicklung standen, als es hieß: Hindenburg hat den Hitler als Reichskanzler ernannt. Da gab es sehr positive Reaktionen. Sie waren nicht überschwenglich, aber man wünschte sich ein bißchen Ordnung, die ja durch dieses Vielparteiensystem ins Schwanken gekommen war. Ich habe aber von meinem Großvater politische Äußerungen gehört. Der hatte eine Schuhmacherei am Schlesischen Bahnhof. Die Schuhmacherei ging ganz gut. Der hat sich öfter politisch geäußert, und zwar sehr positiv zu den Sachen, die oftmals vermischt wurden: Stahlhelm und Deutschnationale und Nazis, das war so ein Brei. Wahrscheinlich haben sie es damals selbst nicht so gut auseinandergehalten.

Aus der Schule in der Graefestraße wurden ganze Klassen verlegt, da der Platz nicht ausreichte. Ich kam in eine Volksschule in der Böckhstraße. In dieser Schule lagen wieder zwei Gebäude nebeneinander. Da war aber die andere Schule eine Mädchenschule. Das war also ein bißchen interessanter, da hatten die Lehrer auch mehr zu tun. Es wurden Zettel rübergereicht. Die Lehrer waren ganz scharf darauf, die Zettel zu erwischen. Jungs und Mädchen wurden sehr streng getrennt. Ich kann mich erinnern, daß solche Zettel gefunden worden sind. Die Lehrer haben ein Mordstheater daraus gemacht.

Mein Vater hatte auch während der Krisenjahre immer Arbeit, und meine Mutter hat mit dem wenigen Geld sehr gut gewirtschaftet, so daß wir keine Not litten. Es gab aber auch Schüler in meiner Klasse, denen es zu Hause sehr schlecht ging. Diese Kinder haben dann auch geklaut. Also keine schweren Diebstähle, aber mal einen Apfel vom Gemüsekarren. Ich würde sagen, daß ungefähr die Hälfte der Schüler schlechter dran war als ich. Schulspeisung gab es für alle Schüler. Das kostete die Woche 25 Pfennige, ich mußte bezahlen, aber einigen wurde es erlassen. Die Schüler haben aber schon selbst darauf geachtet, daß sie bezahlen konnten, denn das wirkte unter den Klassenkameraden sonst nicht so gut. Die Schulbücher mußten ja gekauft werden. Ich habe immer alte Schulbücher gekriegt von älteren Schülern. Wir mußten die Schulbücher ausgesprochen gut pflegen. Da achteten die Eltern drauf, damit sie die weitergeben konnten.

Die Machtergreifung habe ich im Elternhaus erlebt, also politisch erlebt. Wir hatten zu der damaligen Zeit schon einen Radioapparat. Dieser Radioapparat bestand aus einem Lautsprecher, der auf einem Kleiderschrank stand. Neben dem Kleiderschrank war ein kleiner Tisch, darauf stand der Schaltkasten mit vielen Knöpfen – ein monströses Ding. Unter dem Tisch waren Akku und Anoden untergebracht. Das

Zimmer war durchwebt mit Drähten bis zum Fensterbrett, wo wohl die «Erde» festgemacht war. Aus dem Apparat kamen teilweise krächzende Töne, wir haben aber schon richtig Rundfunk gehört. Ich kann mich noch besinnen, daß wir die Machtergreifung miterlebt haben. Da haben wir also Goebbels – der damals kein Begriff für uns war – gehört. Wir haben auch Hitler gehört, auch das habe ich in Erinnerung, natürlich nicht, was er gesagt hat. Wenn ich an meine Gefühle denke, dann kann ich mich besinnen, daß sowohl meine Eltern als auch ich diese kurzen Momente als ergreifend empfunden haben. Ganz ergreifend war natürlich die Kurzrede von Hindenburg.

Wir hatten damals in meinem Elternhaus auch eine ganze Menge von Thälmann gehört. Aber nur als Arbeiterführer, der natürlich längst nicht 'rankam an solche Größen wie Hitler. Ich habe im Freundeskreis meiner Eltern nur ein Ehepaar kennengelernt, die politisch bewußter lebten. Für die war Thälmann etwas anderes, die äußerten sich auch anders. Ich habe sie öfters als überspannt angesehen und auch als etwas sehr Unbequemes.

In meiner Schule wurde zunächst eigentlich gar nicht auf die Machtergreifung eingegangen. Ich kann mich aber erinnern, daß wir – es muß noch '33 gewesen sein – mit der ganzen Klasse Unter den Linden geführt wurden. Da sind wir am Rande auch in die Bäume geklettert – das wurde vom Lehrer geduldet. Hindenburg und Hitler sind mit einem Wagen an uns vorbeigefahren. Die Studenten marschierten auf, die sahen toll aus. Es waren die schlagenden Verbindungen. Ich fand sie gut, weil sie mit einem Degen marschierten und Käppis aufhatten. Und dann waren dort natürlich auch die nationalsozialistischen Verbände. Es war alles sehr straff und sehr prima, und wir fanden, daß es eine tolle Sache war. Hindenburg ist mit Hitler zum Reichspräsidentenpalais gefahren

Der billige «Volksempfänger» diente der Propaganda und Zerstreuung

oder kam vom Reichspräsidentenpalais. Übrigens war Hitler mit Zylinder, nicht etwa in Uniform. Der saß da artig neben Hindenburg. (Fortsetzung Seite 76)

DIETER C., geboren 1921 in Berlin. Sein Vater, ein ehemaliger Berufsoffizier, mußte seine militärische Laufbahn während des Ersten Weltkriegs aufgeben, da er an den Folgen einer Kriegsverletzung erblindete. Er begann ein Universitätsstudium, bei dem er seine spätere Frau, die Mutter von Dieter C., kennenlernte. Gegen Ende der Weimarer Republik bewohnte die Familie am Rande des Arbeiterbezirks Wedding eine Offizierswohnung in dem Invalidenhaus.

Mein Vater war katholisch und politisch uninteressiert, meine Mutter war evangelisch und interessiert. Mein Vater, Jahrgang 1875, war altkonservativ in seiner ganzen Grundhaltung, aber er war ein weicher Mann und von daher zur Liberalität bereit. Meine Mutter wäre heute ganz links gewesen, sie war links-national-liberal, sie hatte sehr viele jüdische Freundinnen.

Mein Vater hatte zur Aufbesserung seiner Pension – und weil er ein sehr aktiver Mann war – drei Geschäftsführerpositionen bei Blindenverbänden. 1932 bestand die Gefahr, daß er alle drei Positionen verlöre, weil diese Blindenverbände im wesentlichen von Spenden lebten. Da herrschte in der Familie eine ganz depressive Stimmung. Wir wären zwar nicht verhungert, aber es hätte eine radikale Einschränkung bedeutet. Das wurde durch den Nationalsozialismus abgewendet, weil diese Verbände dann staatliche Unterstützung bekamen – soweit ich mich erinnern kann. Aber ein halbes Jahr lag der mögliche Verlust wie eine Bleiplatte auf der Familie. Die Not der anderen haben wir aber auch gesehen: An unsere Tür kamen im Schnitt fünfzehn Bettler am Tag. Hätten wir das entsprechende Zeichen an der Tür gehabt – «Hier gibt es nichts» –, dann wären es natürlich weniger gewesen.

Berlin war eine brodelnde Großstadt, mit mehreren Millionen Menschen. Die Ackerstraße hatte 110000 Einwohner. Ein Haus – Ackerstraße 44 – hatte 1450 Einwohner. Ich habe also sehr viel gesehen, aber natürlich nicht eingeordnet. Wir sollten mal in der Schule Zeitungen nennen, und ich glaube, ich habe den «Vorwärts» genannt, der war so schön, weil er einen roten Balken hatte. Da traf mich ein vernichtender, strafender Blick der jungen Lehrerin. Ich war ganz erschreckt und habe diese Meldung sofort zurückgezogen. Ich hatte eben überhaupt keine Ahnung. Wir schrien vom Balkon: «Schwarz, rot, Mostrich!» Aber was dahinterstand, daß das mal eine Befreiungsfahne war, davon ist uns nichts vermittelt worden. Im Geschichtsunterricht sind wir kurz hinter den rö-

Die beengten Wohnverhältnisse prägen das Vater-Mutter-Kind-Spiel: Die Kiste begrenzt das Schlafzimmer, 1930

Schularbeiten auf der Treppe, 1927

mischen Legionen stehengeblieben, mit ein paar Hüpfern zu Bismarck. Wir waren also politische Idioten. Aber erlebt, erlebt haben wir viel. Ich habe erlebt, wie der SA-Sturm «Wessel» mit Steinen beworfen wurde am Wedding. Es entstanden wüste Schlachten, die uns natürlich sehr fasziniert haben. Ich habe erlebt, wie am Freitag spätnachmittag vor den Kneipen die Kämpfe um die Lohntüte entstanden. Die Frauen mußten das Angeschriebene bezahlen, damit sie wenigstens weiter anschreiben lassen konnten. Da wurde wahnsinnig getrunken, 20 Glas Bier waren nichts. Die Kinder wurden losgeschickt, um dem Vater das Geld aus der Tasche zu klauen, damit die Familie jedenfalls über die nächste Woche kommen konnte. Ganz üblich waren auch Messerstechereien, und zwar nicht, um sich totzustechen. Das waren alles große Rituale, teils blutig, aber mit sehr wenig Toten. Das haben wir natürlich auch fasziniert gesehen.

An dem 30. Januar war zu Hause gedämpfte Stimmung. Mein Vater hat – wie für einen Konservativen verständlich – gar nicht so sehr an Hitler gedacht, sondern an die Wiedererstarkung Deutschlands und an Ruhe und Ordnung, also an die Durchsetzung von Anweisungen und Gesetzen, nicht das dauernde Zögern und Hinziehen und dauernde Unklarheit. Meine Mutter wußte: Jetzt ist der Krieg da. Für sie war klar, daß Hitler Krieg bedeuten würde.

Ich bin am 30. Januar los in die Dunkelheit. Ich glaube, ich hatte ein altes Fahrrad und habe das irgendwo angeschlossen, als die Menschenmenge zu dicht wurde. Ich bin zu Fuß weiter in Richtung Unter den Linden. Ich habe dann in der Ferne – weil die Menschenmengen schon gewaltig waren und ich noch etwas klein – die Fackeln scheinen sehen, den ganzen Gestank, das Dröhnen und das Marschieren mitbekommen. Ich war zwiespältig beeindruckt. (Fortsetzung Seite 89)

GÜNTHER G., geboren 1920 in Berlin. Sein Vater starb 1924. Fast fünf Jahre lebte er bei einer Tante im Osten Berlins. Dort wurde er auch 1926 eingeschult. Als die Mutter wieder heiratete, zog er zu ihr und dem Stiefvater nach Britz.

Meine Mutter war vom Lande in die Stadt gekommen. Mit 14 Jahren ging man aus dem Hause «in Stellung», das heißt, man wurde rausgeschmissen. Sie interessierte sich kaum für politische Fragen. Ihr waren Haus und Heim näher. Nach dem Tode meines leiblichen Vaters hat sie fünf Jahre gearbeitet, als Hilfsarbeiterin in einer Druckerei. Dort lernte sie meinen Stiefvater kennen. Er war politisch außerordentlich interessiert, war Kommunist, stand aber wohl eher auf dem rechten Flügel.

Als ich 1929 zu meinen Eltern zog, kam ich zunächst in die 49./50. Schule in Britz. Das war eine Prügelschule. Die beiden Klassenlehrer, die ich dort erlebte, waren kurz vor der Pensionierung. Ich würde heute sagen, sie waren Sadisten. Wir waren in der Klasse etwa 30 bis 35 Schüler und Schülerinnen – es war eine gemischte Schule. Ruhe war schwer reinzubekommen, und dann wurden also von 50 Minuten etwa 20 bis 25 Minuten geprügelt – und das Stunde für Stunde. Da bin ich dann leistungsmäßig derart zurückgefallen, daß sich meine Eltern nach einer anderen Schule umgesehen haben. Bei dem Umhören haben wir das erste Mal von weltlichen Schulen gehört. Ich bin dann nach eineinhalb Jahren an der Prügelschule in die 5. Schule am Mariendorfer Weg gekommen – eine weltliche Schule. Der Schulwechsel war für mich sehr beeindruckend. Nachdem ich fast zwei Jahre nichts gelernt und nur gezittert hatte, wer heute dran war mit Prügel, kam ich auf eine Schule mit einem völlig freien, offenen Lernen, wo niemand gezwungen wurde. Das Lehren war so grundverschieden von der vorherigen Schule, weil es eigentlich kein Lehren, sondern ein Lernen war. Wir machten Halbjahrespläne. Für ein ganzes halbes Jahr wurde ein Gesamtthema gestellt. Als Schüler sahen wir es so: Rechnen und Raumlehre und was es so alles gab, fällt weg. In Wirklichkeit war es ein Gesamtunterricht. Wir beschäftigten uns statistisch und schriftlich, in Ausarbeitungen und Wandzeitungen mit diesem einen Thema. Zum Beispiel eröffnete in Dresden ein Hygiene-Museum so um 1931. Darüber wurde viel gesprochen, und wir haben es uns dann auch als Thema gestellt. Die Themen wurden von der Klassenkonferenz beschlossen. Heute weiß ich, daß der Lehrer uns bei der Themenauswahl gesteuert hat, aber letztendlich waren wir es, die die Themen wählten.

Oft war der Lehrer stundenweise überhaupt nicht im Klassenzimmer. Wir haben also in Arbeitsgemeinschaften gearbeitet oder haben Referate vorgetragen. Ob der Lehrer da war oder nicht, das spielte gar keine Rolle. Die Motivation, das Lernenwollen, war geweckt worden. Die Lehrer wurden übrigens mit «Genosse» und «du» angesprochen, das war für mich, als ich von der «normalen» Schule kam, das Eindrucksvollste.

Die Krisenzeit und die große Arbeitslosigkeit machten sich auch in der Schule bemerkbar. Wir waren fast alles Arbeiterkinder. Fast alle kamen aus Familien, deren Eltern in den zehner und zwanziger Jahren nach Berlin gekommen waren. Dann waren noch einige Kinder von Geschäftsleuten dabei, das waren aber Ausnahmen. Es gab Schüler, die wirklich Not litten. Wir haben zwar nicht über Arbeitslosigkeit oder solche Dinge gesprochen. Aber die, die etwas hatten, teilten ihr Brot mit denen, die nichts hatten. Mein Vater hatte Arbeit, er war Reproduktionsfotograf in einer Druckerei. Unsere wirtschaftliche Lage war verhältnismäßig gut. Aber man merkte es an allen Ecken und Kanten. Es wurde zum Beispiel ein Mittagstisch eingerichtet. Wir haben dann Kinder zwei- oder dreimal die Woche zu uns nach Hause zum Essen eingeladen, die so zumindest zu einer warmen Mahlzeit kamen. Das wurde von den Lehrern angeregt, von den Schülern ausdiskutiert und an die Eltern herangetragen. So kam diese Hilfsaktion zustande. Ich erinnere mich, daß es auch Sammlungen von der Roten Hilfe gab, Kleiderspenden und ähnliches. Ich bekam immer ein Riesenpaket mit Pausenbroten mit in die Schule, und da blieb keine Stulle übrig. Denn es gab viele, die keins mithatten, die sich dann heißhungrig über die Brote hermachten.

Arbeitsgruppen statt Frontalunterricht: Erdkunde in der 45./46. Lebensgemeinschaftsschule

Wir haben uns auch mit den Zeitverhältnissen in einer Schülerzeitschrift beschäftigt. Darin wurde die Not – nicht nur bei uns, sondern – und das war immer ein wesentlicher Punkt – auch in anderen Gegenden der Welt – herausgestellt. Also zum Beispiel bei den Neger- und Indianerkindern und den Kindern in Südamerika. Dieser Solidaritätsgedanke stand im Vordergrund vor der Not des einzelnen.

Die politischen Spannungen und Auseinandersetzungen wurden in der Schule nicht thematisiert. Ich bin aber selber einmal Zeuge von Straßenschlachten geworden – unfreiwilliger Zeuge. Meine Großmutter wohnte in der heutigen Karl-Marx-Straße – sie hieß damals «Berliner Straße». Ich war bei ihr zu Besuch am 1. Mai 1929. Da waren in der Berliner Straße Barrikaden aufgebaut. Das Straßenpflaster war aufgerissen. Auf den Kreuzungen stand die Polizei mit Maschinengewehren. Da habe ich mich auf das Fensterbrett gelegt und nach den Polizisten geguckt. Da wurde sofort geschossen. Es war für meine Großmutter furchtbar, daß die ganze Hausfassade kaputtging. Zum Glück sind die Fenster nicht getroffen worden, sonst wäre ich wahrscheinlich auch noch daran schuld gewesen.

Unsere Schule habe ich nicht als politisch empfunden. Sie ließ jeden nach seiner Façon selig oder glücklich werden, es war keine Beeinflussung da. Ich habe nie genau feststellen können, ob unser Lehrer ein Sozialdemokrat oder ein Kommunist war, das war auch völlig egal. Wir wußten alle, daß unser Rektor, der Bethge, mit Schriftstellernamen hieß er Lobo Frank, daß er Kommunist war. Das interessierte aber überhaupt keinen. Bei Bethge hatten wir eine Zeitlang Musikunterricht. Da habe ich das Lied kennengelernt: «Herrlicher Baikal». «Herrlicher Baikal, du herrliches Meer ... auf einer Tonne will ich dich zwingen.» Das Lied ist aus dem Jahre 1905. Ein aus den ersten Revolutionswirren Verbannter versucht, über den Baikalsee in die Freiheit zu kommen. Das hat mich derartig aufgerührt und erschüttert, aber nicht nur mich alleine, sondern überhaupt die Schüler und Schülerinnen. Wir haben nämlich im Musikunterricht nicht nur gesungen, Bethge beschrieb auch die Hintergründe der Musikstücke oder Lieder.

Nach dem 30. Januar 1933 war an der Schule eine betretene Stimmung. Wie wird es weitergehen? Ich kann mich aber nicht erinnern, daß die politischen Ereignisse im Unterricht thematisiert wurden. Ich würde sagen, alle Lehrer hatten eine furchtbare Angst vor dem, was kam, und bemühten sich also, ihren Dienst zu machen, und nicht mehr und nicht weniger.

Nach den Osterferien 1933 kehrte etwa gut die Hälfte der Klasse in das alte Schulgebäude zurück. Wir wurden aber aufgeteilt, mit anderen Klassen vermischt und bekamen neue Lehrer. Unser Klassenlehrer war versetzt worden. Wir waren dann Schüler der 27. Schule. Aber über die Ereignisse, die sich hinter den Kulissen abspielten, kann ich aus eigener Erfahrung nichts weiter sagen.

Für mich persönlich war erst mal nur der weitere Lebensweg entscheidend. Ich hätte in die Karl-Marx-Schule auf das Gymnasium gehen sollen. Mein Klassenlehrer hatte meine Eltern dauernd bearbeitet, daß sie mich in die Aufbauklasse gehen lassen sollten. Diese Möglichkeit war mir nun genommen. Das hat mich persönlich mehr berührt als alle anderen Veränderungen.

Uns wurde gesagt, die 5. Gemeindeschule sei aufgelöst – von Verbot sprach keiner, die weltliche Schule war nur aufgelöst. Ich kam also in das alte Unterrichtssystem zurück und erwartete, daß wieder geprügelt wurde. Aber wir hatten einen jungen, sehr verständnisvollen Lehrer bekommen. Er hat uns Schüler aus der weltlichen Schule immer als Vorbild hingestellt. Dieser Lehrer war übrigens auch versetzt worden. Er

Solidarität: Wo es geht, bekommen hungrige Nachbarskinder etwas Suppe ab

Razzia im März 1933; gesucht werden Kommunisten und andere politische Gegner des NS-Regimes

hat über das Wissen gestaunt, das wir mitbrachten. Wir waren den anderen wesentlich voraus, und das letzte Schuljahr war für uns langweilig.

Ich kann mich auch erinnern, daß die ganze Klasse zwangsweise zum Konfirmationsunterricht geführt wurde. Da wurde gar nicht gefragt: «Bist du getauft oder bist du jüdisch oder bist du Mohammedaner oder Buddhist.» Die Klasse ging geschlossen zu einer Kirche, die nur ein paar hundert Meter entfernt lag. In dieser Kirche wurden wir dann auch konfirmiert. Ich fand das sehr komisch, denn ich war nie getauft worden. In der Schule hatten wir dann auch Religionsunterricht statt Lebenskunde.

Zu Hause ging die Angst um. 1933 gab es sehr viele Verhaftungen oder besser gesagt: Abholungen, denn es waren keine rechtmäßigen Verhaftungen, sondern es war ein Verschwinden von Menschen. Es begann der große Bücher- und Unterlagentausch. Meinem Vater wurden auch jede Menge Bücher zugetragen. Wir hatten nämlich noch eine Laube in Pichelsdorf an der Scharfen Lanke, und das war natürlich ein günstiges Versteck. So bin ich zu vielen Büchern gekommen, die ich dann 1937/38 auch zu lesen anfing. «Kultur und Sittengeschichte des Proletariats», «Deutsche Arbeiterbewegung», Bücher von Traven, Bücher von der Büchergilde Gutenberg und vom Malik Verlag. Wir haben sie alle aufbewahrt. Seltsamerweise ist dieses Versteck nie durchsucht worden. (Fortsetzung Seite 88)

HELMUTH W. wurde 1902 in Pommern geboren. Nach seiner Lehrerausbildung zog er 1922 nach Berlin und lebte und arbeitete seit 1928 als Volksschullehrer im Bezirk Neukölln.

Ich habe noch die ganz alte Lehrerausbildung durchlaufen. Damals ging man von der Volksschule zur Präparande, von da zum Seminar, legte anschließend die erste Prüfung ab und konnte nach zwei Jahren die zweite Lehramtsprüfung machen.

In den Jahren nach dem Ersten Weltkrieg bin ich wie so viele andere auch jahrelang arbeitslos gewesen. Das war in der Inflationszeit. In diesen Jahren bekamen wir auch keinerlei Unterstützung. Wir waren immer auf der Suche nach irgendeiner Arbeit, um wenigstens unseren Lebensunterhalt finanzieren zu können. 1928 bin ich schließlich in Neukölln als Schulamtsbewerber zum Schuldienst gekommen. Verbeamtet wurde ich aber erst 1936, da war ich bereits 34 Jahre.

Als Volksschullehrer mußte ich praktisch alle Fächer unterrichten, auch wenn mir nicht alle Fächer gleich lagen. Meine Vorliebe gehörte dem Sport, was besonders im Dritten Reich zur Geltung gekommen ist, als die tägliche Turnstunde eingeführt wurde. Ich habe sehr viel Sport geben müssen, weil nur wenige junge Lehrer zur Verfügung standen, die meisten waren eingezogen worden.

Der Stadtrat Kurt Löwenstein und der Reformpädagoge Fritz Karsen, der eine Versuchsschule leitete, hatten Neukölln den Ruf einer sehr fortschrittlichen Schulverwaltung eingebracht. Ich wäre am liebsten Lehrer an dieser Versuchsschule gewesen, kam aber 1928 erst einmal an die 27. Schule am Mariendorfer Weg. Ich war dort der einzige junge Lehrer und habe meinen alten Kollegen manchen Vortrag über die Neuerungen in der Pädagogik halten müssen. Während meiner Arbeitslosigkeit hatte ich genug Gelegenheit und vor allem Zeit gehabt, mich mit den neuen Strömungen auseinanderzusetzen. Während in anderen Schulen doch schon sehr viel Versuche gemacht wurden, lief hier das gesamte Schulgeschehen in den althergebrachten Bahnen. Es war üblich, daß jeder Lehrer immer sein Schuljahr hatte. Wer die erste Klasse hatte, bekam immer wieder eine erste Klasse, wer die zweite hatte, immer wieder eine zweite und so weiter. Die Lehrer waren sehr schön eingearbeitet, nur war ich der Meinung, daß das Menschliche bei diesem sturen und abrupten Wechsel etwas zu kurz kam. Der Unterricht wurde ausschließlich von dem Frage-Antwort-Spiel beherrscht: der Lehrer hielt seinen Vortrag und fragte dann den eben vorgetragenen Stoff wieder ab. Die Kinder saßen in geschlossener Sitzordnung in Reih und Glied in den Viererbänken. Es gab wohl sogar noch Lehrer, die darauf bestanden, daß die Schüler mit gefalteten Händen dasitzen. Ansonsten war es selbstverständlich, daß sie ihre Hände ruhig *auf* den Tischen hielten und sich nur nach Handzeichen mit einer Antwort auf die Frage des Lehrers beteiligten. Die Schularbeiten waren für alle gleich, sie wurden gemacht wie sie aufgegeben wurden, dann vom Lehrer nachgesehen – so wie es auch in einem Schulbetrieb vor dem Krieg üblich war. Zwar waren in demselben Gebäudekomplex noch zwei weltliche Schulen untergebracht, aber von diesem anderen Geist war an unserer Schule nichts zu spüren. Es gab keine Verbindung. Diese weltlichen Schulen galten in meinem Lehrerkollegium als Schulen zweiten Grades, nicht zuletzt deshalb, weil es dort keinen Religionsunterricht gab.

1930 kam ich endlich an die Versuchsschule von Fritz Karsen. Der Unterschied zu dem Schulbetrieb, wie ich ihn bisher kennengelernt hatte, war gewaltig. Hier unterrichteten wir hauptsächlich im Sinne der freien geistigen Tätigkeit nach Gaudig und der Arbeitsschule nach Kerschensteiner, konnten aber auch Versuche in unserer eigenen Richtung machen. Die Schüler wurden direkt ins Unterrichtsgeschehen miteinbezogen und waren dadurch auch viel freier in allen ihren Lebensäußerungen. Wir hatten keinen Religionsunterricht, sondern einen weltanschaulichen Unterricht, so daß wir die 5 oder 6

In den zwanziger Jahren bestimmt in vielen Volksschulklassen noch immer der Geist des Kaiserreiches den Unterrichtsalltag: Berlin 1928

Selbsttätigkeit ist zentrales Prinzip: Unterricht in der Karl-Marx-Schule 1931

Stunden, die sonst für Religion verwendet wurden, für andere Fächer zur Verfügung hatten. So ließ uns schon der Stundenplan genügend Freiheit, in den genannten Versuchsrichtungen zu arbeiten. Das bedeutete auch, ein bißchen ruhiger zu arbeiten, nicht so vom Stoffplan gedrängt zu werden, wie das sonst in unserem Beruf üblich war. Hier hatten wir mehr Zeit und Muße.

Fritz Karsen hat uns einmal gesagt: «Wenn Sie in Erdkunde zum Beispiel Afrika gründlich durchgearbeitet haben, das heißt für mich, daß die Kinder dieses Gebiet aus selbständiger Arbeit und Mitarbeit erarbeitet haben, dann brauchen Sie Asien gar nicht mehr durchzunehmen.» Für ihn leistete ein Lehrer also dann «richtige» Arbeit, wenn es ihm mit seiner Anleitung gelang, den Kindern anhand eines Beispiels die Techniken und Denkschritte zu vermitteln, die sie zum selbständigen Arbeiten befähigten, um sich schließlich unabhängig vom Lehrer andere Gebiete erarbeiten zu können. In diesem Sinn versuchten wir natürlich auch schon bei kleineren Kindern zu arbeiten. Sie sollten von selbst tätig werden und deswegen alles aus ihrem häuslichen Leben, aus ihrem Erlebniskreis, aus der Straße und wo sie sonst waren, das alles sollten sie in den Unterricht einbringen und verarbeiten.

Karsens großer Plan war der Aufbau einer Einheitsschule vom Kindergarten bis zum Abitur, wie es heute die Gesamtschulen durchführen wollen. Dieser Plan scheiterte aber, da

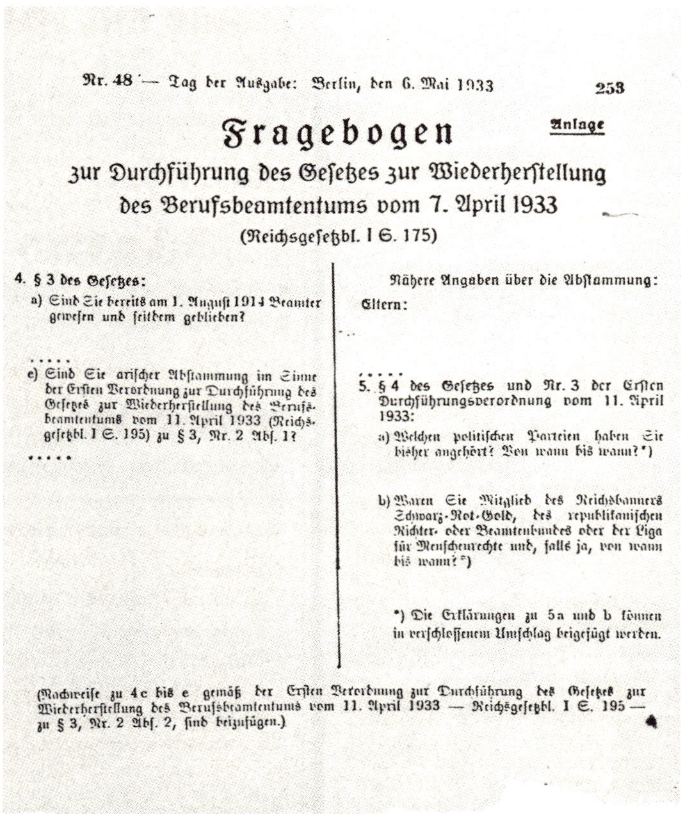

Nr. 48 — Tag der Ausgabe: Berlin, den 6. Mai 1933 253

Anlage

Fragebogen

zur Durchführung des Gesetzes zur Wiederherstellung des Berufsbeamtentums vom 7. April 1933

(Reichsgesetzbl. I S. 175)

4. § 3 des Gesetzes:

a) Sind Sie bereits am 1. August 1914 Beamter gewesen und seitdem geblieben?

.....

e) Sind Sie arischer Abstammung im Sinne der Ersten Verordnung zur Durchführung des Gesetzes zur Wiederherstellung des Berufsbeamtentums vom 11. April 1933 (Reichsgesetzbl. I S. 195) zu § 3, Nr. 2 Abs. 1?

.....

Nähere Angaben über die Abstammung:

Eltern:

.....

5. § 4 des Gesetzes und Nr. 3 der Ersten Durchführungsverordnung vom 11. April 1933:

a) Welchen politischen Parteien haben Sie bisher angehört? Von wann bis wann?*)

b) Waren Sie Mitglied des Reichsbanners Schwarz-Rot-Gold, des republikanischen Richter- oder Beamtenbundes oder der Liga für Menschenrechte und, falls ja, von wann bis wann?*)

*) Die Erklärungen zu 5a und b können in verschlossenem Umschlag beigefügt werden.

(Nachweise zu 4c bis e gemäß der Ersten Verordnung zur Durchführung des Gesetzes zur Wiederherstellung des Berufsbeamtentums vom 11. April 1933 — Reichsgesetzbl. I S. 195 — zu § 3, Nr. 2 Abs. 2, sind beizufügen.)

die Geldmittel aus politischen Gründen nicht bewilligt wurden. In unmittelbarem Zusammenhang mit dieser Idee standen aber seine Projekte – wie er es nannte.

Ich erinnere mich an ein Projekt über den Wasserverkehr, das sich über mehrere Klassenstufen erstreckte. Dieses Sachgebiet wurde nach der altersgemäßen Auffassungsgabe und den geistigen Fähigkeiten der Kinder des ersten bis zehnten Schuljahres zu erarbeiten versucht. Ich unterrichtete ein fünftes Schuljahr, und wir mußten die Provinz Brandenburg stofflich erarbeiten. Wir haben drei bis vier Tage in einer Jugendherberge in Lehnitz zugebracht, um an der Lehnitzer Schleuse Beobachtungen zu machen, mit den Schiffern zu sprechen, und natürlich haben wir auch eine Kanalfahrt auf dem Kahn mitgemacht. Die sechste Klasse beschäftigte sich mehr mit den Schiffahrtsproblemen in Deutschland und die höheren Klassen mit dem Weltverkehr, den Ozeanen und den großen Schiffs- und Verkehrslinien. Am Ende eines solchen Projekts luden sich die Klassen gegenseitig ein, um die jeweiligen Arbeitsergebnisse vorzustellen. Die Kinder hatten immer das Gefühl, nicht nur etwas für sich zu erarbeiten, sondern auch für ihre Mitschüler. Natürlich wurde die gesamte Arbeit auch in Klassenelternversammlungen vorgeführt und häufig auch in einer Ausstellung außerhalb des Schulgebäudes. Ich kann mich noch an eine ganz große Ausstellung erinnern, die in einem Gebäude in der Teupnitzer Straße stattfand.

Den Kindern machte das Lernen Spaß. Eltern haben mir manches Mal gesagt, daß die Kinder in der Schule so angeregt werden würden, daß sie auch zu Hause nicht aufhörten, ihren Wissensdurst zu stillen. Einmal war ich für das Sachgebiet «Museumsbesuche» zuständig. Da kam eine Mutter zu mir und sagte: «Mein Junge zerrt mich ja sonntags in sämtliche Museen.» Die Schüler waren wirklich an allem interessiert, weil sie sehr viel eigene Arbeit einbringen konnten. Darin lag ein wesentlicher Unterschied zur alten Schule.

Neben unserer gab es noch eine ganze Reihe anderer Versuchsschulen, die nach anderen Prinzipien aufgebaut waren. Ich denke an Jensen, an die Gemeinschaftsschule, wo die herrlichsten Aufsätze geschrieben wurden. Fehler wurden niemals angestrichen, um die freie Äußerung der Kinder nicht zu unterdrücken. Ich war allerdings immer der Meinung, man müsse einen gewissen Mittelweg einhalten, denn es soll ja nicht ein Aufsatz geschrieben werden, der von niemandem gelesen werden kann, weil die Rechtschreibung fehlt.

Ungefähr ab 1930 begann sich die immer größer gewordene Arbeitslosigkeit auch an der Schule bemerkbar zu machen. Für Fahrten ins Schullandheim mußten wir zum Beispiel sehr häufig sparen und waren teilweise sogar auf Spenden angewiesen, da viele Eltern für diese Ausflüge kein Geld mehr aufbringen konnten. Trotzdem haben wir die gesellschaftliche oder politische Entwicklung vor 1933 sehr harmlos gesehen. Wir haben gedacht, daß vielleicht eine neue, eine nationalsozialistische Regierung kommen könnte, die sich zwei oder drei Jahre halten kann – falls sie überhaupt an die Macht käme. Schließlich hatten die Nationalsozialisten bei den Novemberwahlen 1932 Verluste einstecken müssen, und da hieß es sogar, daß sie gar nicht an die Macht kommen würden. Und so haben wir ziemlich sorglos dahingelebt und uns kaum Gedanken gemacht, obwohl wir als Schulamtsbewerber immer nur auf ein viertel oder halbes Jahr befristete Verträge hatten. Mit einemmal hieß es dann: «Jetzt kommen die Nazis ran.» Nun waren wir in großer Sorge, was mit uns passieren würde. Das Schuljahr endete im März 1933, und zur selben Zeit wurde die Schule gesperrt, das Lehrerkollegium aufgelöst, und die Lehrer wurden auf andere Schulen verteilt.

Die Auflösung der Schule ging ganz reibungslos vor sich. Die Osterferien waren einfach verlängert worden, und wenn ich mich recht erinnere, begann das neue Schuljahr erst nach dem 1. Mai 1933. Uns Lehrern wurde in einem Schreiben lapidar mitgeteilt, an welcher Schule wir künftig zu arbeiten hätten. Die alten Klassenverbände waren aufgelöst und die

Kinder in verschiedenen Klassen untergebracht worden. Soweit ich das überblicken konnte, war das eine rein organisatorische Angelegenheit. In unserem Schulgebäude waren insgesamt drei Schulen untergebracht. Damals war rechts die Knaben-, links die Mädchen- und in der Mitte des Gebäudes unsere weltliche Schule. Da brauchten nur die mittlere Schule geschlossen, die Mädchen nach links, die Jungen nach rechts verteilt zu werden, und schon gab es die weltliche Schule nicht mehr. Wir hatten Angst. «Was wird mit uns, was fangen sie mit uns an», diese Fragen beschäftigten uns ununterbrochen. Denn jetzt begann die Zeit der Fragebogen, in denen man angeben mußte, in welchen Organisationen man gewesen war und welchen man immer noch angehörte. (Fortsetzung Seite 94)

GERTRAUD S., geboren 1911, war 1933 im letzten Semester ihres Lehrerstudiums an der Pädagogischen Akademie in Halle.

Die Pädagogische Akademie in Halle war durchweg sozialdemokratisch eingestellt, die meisten Dozenten standen der SPD zumindest sehr nahe. Wir Studenten zogen immer in Cliquen zu Wahlversammlungen und politischen Veranstaltungen. Alleine trauten wir uns nicht hin. Wir saßen möglichst oben auf der Empore – damit wir nicht direkt in die Saalschlacht hineingerieten – und hatten unseren Spaß dabei. Am 30. Januar hörten wir, daß ein großer Fackelzug am Abend veranstaltet werden sollte. Also sind wir in das Stadtzentrum gezogen. Als der Fackelzug an uns vorbeikam, entdeckten wir, daß einer unserer Dozenten dabei war. Wir haben geschrien und gebrüllt, denn wir fanden es unerhört.

Der Betrieb an der Akademie ging weiter bis Ostern. Im März waren unsere letzten Prüfungen, danach wurde die Akademie geschlossen und die Dozenten in alle Winde verstreut. Der Direktor kam an ein Gymnasium, von einem der Professoren weiß ich, daß er an eine Dorfschule ging. Der Dozent, der in dem Zug mitmarschiert war, wurde Leiter einer Hochschule für Lehrerbildung. Ich ging mit ein paar Kommilitoninnen in den freiwilligen Arbeitsdienst, denn uns war gesagt worden, daß wir vor 1940 nicht mit einer Lehrerstelle rechnen könnten. Die Universität in Halle war für unser Arbeitsdienstlager zuständig. Zu unserem großen Erstaunen kamen zum Arbeitsdienst fast nur Abiturientinnen. Die stellten sich fürchterlich an, einige waren sogar zu vornehm, einen Scheuerlappen anzufassen. Am Anfang hatten wir eine ganze Menge Krach.

Ich hatte vor allem Schwierigkeiten mit zwei Berliner Mädchen, die meinten, sie müßten einmal die Woche am Nachmittag frei haben, um zum BDM zu gehen. Darüber habe ich lauthals abfällige Bemerkungen gemacht. Eines Tages rief mich unsere Lagerleiterin zu sich und sagte: «Es ist gegen Sie eine Anzeige erstattet worden wegen antinationalsozialistischer Umtriebe.» Ich sagte: «Wieso, was soll ich denn gemacht haben?» – «Sie haben über die beiden Mädchen geredet, die zum BDM gehen. Sie wissen doch, daß ich den beiden dafür frei gegeben habe.» – «Aber ich habe doch gesehen, daß die in der Konditorei saßen und gar nicht zum BDM gegangen sind.» – «Können Sie das beweisen?» – «Ich habe das halt gesehen.» – «Die Universität bittet, daß Sie nach Halle kommen und sich da verantworten.» Ich war sehr beunruhigt, denn wenn ich nicht die vollen 26 Wochen meines Arbeitsdienstes ableistete, würde ich hinterher keinen Fortbildungszuschuß bekommen, also Geld, das mir sonst als stellenlose Lehrerin mit dem ersten Examen zustehen würde. In Halle bin ich von einem Professor vernommen worden, dessen Namen ich später unter den Widerstandskämpfern gefunden habe. Er ließ sich erzählen, was vorgefallen war. «Na», sagte er, «nehmen Sie sich doch ein bißchen zusammen, und sagen Sie es nicht so laut. Ich muß Sie ernsthaft verwarnen, und wenn noch mal etwas vorkommt, dann müssen Sie den Arbeitsdienst verlassen, dann sind Sie nicht tragbar.» Mit diesem Bescheid zog ich ab und war einigermaßen froh.

Im Herbst 1933 kehrte ich nach Berlin zurück und beantragte Fortbildungszuschuß. Er wurde nach dem Einkommen der Eltern berechnet, deshalb bekam ich nur 30 Mark, mußte dafür aber elf Stunden an Berliner Schulen hospitieren. Ich fand diese langen Hospitationen unerträglich und meinte, ich könne dabei nichts lernen. (Fortsetzung Seite 96)

«Säuberung» und deutsche Erziehung

Am 24.5.1933 schrieb Willi Gensch – Rektor der 3. Städtischen Volksschule in Berlin-Friedrichshain – über zwei Seiten hinweg in großer Schrift, der man seine Erregung ansieht, in die von ihm zehn Jahre lang mit gestochenem, gleichmäßigem Schriftzug geführte Schulchronik: «Mit dem 24. Mai 1933 wurde ich zwangsweise von der Leitung der 3. Städt. Volksschule beurlaubt und sehe nun, daß meine Tätigkeit hiermit zu Ende ist. Als letzte Amtspflicht nehme ich hierdurch Abschied von meiner Schule, die ich zehn Jahre geleitet und wünsche, daß das mich betreffende Leid ein Nichts ist gegenüber dem Glück, daß (sic) die Zukunft der Schule und unserem Volke bringen möge.»

Rektor Genschs Nachfolger hielt in der Chronik fest, was ihm für 1933 erwähnenswert schien:

«Am 24.5.1933 wurde mir, Fritz Grabow, die Leitung der 3. Volksschule kommissarisch übertragen.

Am 26.5.1933 wurde eine Feier zur Erinnerung an Schlageter veranstaltet.

Am 17.6.1933 fiel der Unterricht aus, weil fast alle Lehrer bei der Volkszählung beschäftigt waren.

Am 19.6.1933 wurde die Schule von der Arbeitsgemeinschaft der Junglehrer des Schulbezirks besucht. Es sollte gezeigt werden, wie der Film ‹Blutendes Deutschland› im Unterricht ausgewertet werden kann.

Am 23.6.1933 wurde eine V. D. A. Gruppe in der Schule gegründet.

Am Tag der Schulen (Sportfest am 24.6.) beteiligten sich die Schüler mit 2 Dreikampfmannschaften und 1 Staffelmannschaft.

Am 28.6.1933 wurde eine Versaillesfeier veranstaltet.

Am 19.8.1933 beteiligte sich die Schule an der Werbeveranstaltung für deutsche Jugendherbergen im Lustgarten.

Am 11.9.1933 feierten wir die 250. Wiederkehr der Befreiung von der Türkenherrschaft. Es sollte zum Bewußtsein kommen, daß das 3. Reich einmal ein großdeutsches Reich sein wird.

In der Zeit vom 12.–20.9.33 wurde die 7_1 Klasse wegen Scharlacherkrankungen geschlossen.

Am 23.9.1933 verließ die technische Lehrerin Frl. Wulkow die 3. Schule, an der sie seit 1902 ununterbrochen tätig gewesen ist. Sie trat in den Ruhestand.

Am gleichen Tag wurde die Lehrerin Frl. Forkert an die 94. Schule versetzt. Die beiden 5. Klassen wurden zusammengelegt, dadurch wurde eine Lehrkraft überzählig.

Am 10.11.1933 wurde im Gemeinschaftsempfang die Rede des Führers aus den Siemenswerken gehört (anl. der Wahl am 12.11.).

Am 13.11. begannen wir mit einer Feier zur Nagelung des Hitlerjugendschildes.

In der Zeit vom 16.11. bis 23.11.33 wurde die Schule von Schulrat Pech revidiert.

Am 21.11. feierten wir den Tag der deutschen Hausmusik.

Am 19.12.1933 feierten wir mit der Elternschaft eine Weihnachtsfeier, bei der wir arme Kinder beschenkten.»

Waren also nach dem Rektorenwechsel keine – wie es im Amtsdeutsch heißt – «besonderen Vorkommnisse» mehr zu verzeichnen? Lief das Schuljahr ganz normal mit Schulfesten, Scharlach und Schulratsbesuch ab? Andererseits: was bedeutete die Gründung einer Gruppe des V. D. A. (Volksbund für das Deutschtum im Ausland) für die Schule, was war mit der «Nagelung» eines Hitler-Jugend-Schildes verbunden, wurden schon immer die Reden des Reichskanzlers in der Schule gehört? Veränderte sich tatsächlich nichts am gewohnten, staatlich geregelten, ritualisierten Schulalltag, der allenfalls durch einige unwesentliche Elemente und Rituale ergänzt wurde? Oder wurde die Schule völlig aus der gewohnten Bahn geworfen?

Im Alltag der Berliner Schulen war 1933 beides der Fall. In vielen Schulen konnte das alltägliche Leben weitgehend in der üblichen, unspektakulären Weise weitergehen, in anderen vollzogen sich einschneidende Veränderungen. Wie im Alltag des Jahres 1933 überhaupt, hing dies davon ab, von wem, wie und wo das alltägliche Schulleben erlebt bzw. bestimmt wurde. In Berliner Arbeiterbezirken wie dem Wedding – hier erhielt die KPD bei den Reichstagswahlen im März 1933 noch 39,2 Prozent der Stimmen (im Reichsdurchschnitt: 12,3 %), die NSDAP dagegen nur 26 Prozent (gegenüber 43,9 %) – und in Reformschulen griffen die Nationalsozialisten weit härter ein als etwa in den bürgerlichen und ländlichen Bezirken oder in konfessionellen Volksschulen mit konservativem Klima. So berichtet Gerda Zorn, die 1933 eine «Sammelschule» besuchte:

Die Schule «lag im Berliner Norden, Sonnenburger Straße. Eine von progressiven Schulreformern erkämpfte bekenntnisfreie Volksschule, amtlich ‹Sammelschule› genannt. (...) Hier waren vorwiegend Arbeiterkinder aus sozialdemokratischen und kommunistischen Elternhäusern. Die meisten Väter waren wie mein Vater arbeitslos und hätten ihre Kinder nie auf eine ‹höhere› Schule schicken können, die damals noch Schulgeld kostete. In unserer sogenannten weltlichen Schule hatten wir die Chance einer guten Ausbildung. Mein Klassenlehrer, Rektor der Schule, Herr Knief, bereitete uns auf die weiterführende Aufbauschule vor, die kein Schulgeld kostete. Wir gingen gern zur Schule und mochten unseren ‹alten Knief›, einen Sozialdemokraten, der sich um die Schulreform verdient gemacht hatte. (...) Nach den Osterferien erlebten wir, wie unser Knief blaß und unsicher am Beginn der Stunde hinter sein Pult trat. Er sah uns nur an, aber er sagte nichts. Er setzte sich auch nicht. Das Schweigen war bedrükkend. Ich dachte, er ist krank und sollte zu Hause bleiben. Aber dann hörten wir schwere Stiefeltritte den Flur entlangkommen. Sie kamen näher und näher. Die Tür flog auf. In unserer Klasse stand plötzlich ein Mensch in einer braunen SA-Uniform und brüllte ‹Heil Hitler›. Es war das erste Mal, daß wir so unmittelbar mit einem Nazi konfrontiert waren. Und das in unserer Schule! Als wir schwiegen, wandte er sich zu unserem ‹alten Knief› und sagte mit schneidender Stimme: ‹Nun, Herr Knief, haben Sie sich von Ihrer Klasse verabschiedet? Dann darf ich Sie bitten zu gehen – ich möchte mit dem Unterricht beginnen.› Wir waren stumm vor Entsetzen. Was würde Knief machen? Wir waren bereit, zu ihm zu stehen. Nie fühlten wir uns so eins in der Klasse und mit ihm wie in diesem Augenblick. Wir ballten die Fäuste. Nun sag doch schon was, wehre dich! Aber Knief, noch blasser geworden, nahm nur sein Aktentäschchen und seinen Mantel und schlich hinaus, klein und gebeugt.» (die tat Nr. 5, 4.2.1983)

Entlassungen und – wie die Nationalsozialisten es nannten – «Gleichschaltungs»maßnahmen, Angst und Gleichgültigkeit, Spektakuläres und Gewohntes, Zustimmung und Protest kennzeichneten «den» Berliner Schulalltag, nachdem den Nationalsozialisten die Macht übertragen worden war.

Unverhüllte Unterdrückung und das gleichzeitige Bemühen, die Zustimmung der Bevölkerungsmehrheit zu gewinnen, prägte ihre Politik. Diese beiden Seiten bestimmten auch die Maßnahmen im Schulbereich. Sie stehen im Mittelpunkt dieses Kapitels. Zunächst gehen wir auf politische Entlassungen und Disziplinierungen sowie die Auflösung fortschrittlicher Schulstrukturen ein, im weiteren auf die Versuche der Nationalsozialisten, die Zustimmung der Lehrer, Schüler und Eltern für ihre Politik zu gewinnen.

«Fremdkörper» werden beseitigt

Nach der militärischen und politischen Niederlage der Hohenzollern-Dynastie im Jahre 1918 wurde in Deutschland zwar eine parlamentarische Demokratie etabliert, die Grundlagen der gesellschaftlichen Machtverhältnisse des abgewirtschafteten Kaiserreichs, die Produktionsverhältnisse, der Militär- und Staatsapparat blieben jedoch weitgehend unangetastet. Auch im Schulwesen der Weimarer Republik konnten keine umfassenden Reformen durchgesetzt werden. Die Arbeiterbewegung und der «Deutsche Lehrerverein», in dem die überwiegende Mehrheit der Volksschullehrer organisiert war, hatten die Vereinheitlichung des Schulwesens gefordert, sie hatten sich eingesetzt für Weltlichkeit, Öffentlichkeit sowie Durchlässigkeit der Schulen und verlangt, die materiellen Bedingungen der Chancengleichheit für Kinder aus sozial unterprivilegierten Familien herzustellen. Die meisten der provisorischen Landesregierungen, in denen die SPD die stärkste Partei war, unternahmen 1918/19 erste Schritte zur Realisierung dieser Forderungen. Jedoch schon nach einer kurzen Phase der Verunsicherung stellten sich die vormals staatstragenden Kräfte den Reformbestrebungen entschlossen entgegen. Reformen, die im ersten Jahr der neuen Republik nicht durchgesetzt worden waren, hatten ab 1920/21 kaum noch Realisierungschancen. Die Schulartikel der von der SPD-geführten Reichsregierung vorgelegten und am 11. August 1919 verabschiedeten Verfassung, die dem Reich gesetzgeberische Kompetenzen für das Schulwesen einräumte, enthielten bereits weitgehende Zugeständnisse an die Konservativen. Doch selbst das in diesen Artikeln vorgesehene Minimalprogramm einer Schulreform wurde in den folgenden Jahren praktisch zurückgenommen: Von bürgerlichen Parteien regierte Länder übernahmen die Schulartikel der Reichsverfassung nicht in ihre Landesgesetzgebung. SPD-geführte Landesregierungen nahmen unter dem Druck konservativer Kräfte viele ihrer Reformvorstöße wieder zurück oder schwächten sie ab. Die praktische Umsetzung von Reformen wurde zudem dadurch erschwert, daß der Beamtenapparat aus der Kaiserzeit weitgehend unverändert übernommen worden war und daher reformorientierte Kräfte in den Kultusverwaltungen eine Minderheit darstellten. Inflation, Massenarbeitslosigkeit und wirtschaftliche Stagnation trugen ein übriges dazu bei, Reformen zu verhindern.

So wurden die Dreigliedrigkeit, die Undurchlässigkeit und das ausgedehnte Privatschulwesen nicht spürbar angetastet, blieb die Volksschule weitgehend konfessionell geprägt. Der Weimarer Schulkompromiß von 1919 hatte die Simultanschule (christliche Gemeinschaftsschule) als Regelschule vor-

Arbeiterkinder demonstrieren für weltliche Schulen und Kurt Löwenstein, dessen Wahl zum Berliner Stadtschulrat durch die Stadtverordnetenmehrheit nach einer vehementen Kampagne der bürgerlichen Rechtsparteien und christlichen Elternbünde im Dezember 1920 vom zuständigen Oberpräsidenten der Provinz Brandenburg nicht bestätigt wird

gesehen, neben der «auf Antrag von Erziehungsberechtigten Volksschulen ihres Bekenntnisses oder ihrer Weltanschauung» eingerichtet werden konnten (Art. 146, Abs. 2 der Weimarer Verfassung). Näheres sollte durch ein Reichsschulgesetz festgelegt werden, bis zu dessen Verabschiedung die bestehende Rechtslage galt (Art. 174). Die bestehende Rechtslage bedeutete in Preußen und anderen Ländern: Konfessionsschule als Regelfall, Simultanschule als Ausnahme. Dabei blieb es, denn zur Verabschiedung eines Reichsschulgesetzes kam es in der Weimarer Republik nicht mehr. 1927 gab es daher in Deutschland 28750 evangelische und 15216 katholische Bekenntnisschulen. Konfessionsfreie Schulen machten nicht einmal ein Prozent der deutschen Volksschulen aus. (15 Prozent der Volksschulen waren Simultanschulen, die sich vorwiegend in Sachsen, Thüringen, Baden, Hamburg und im preußischen Bezirk Nassau befanden.)

Im Vergleich dazu wies Berlin fortschrittliche Schulstrukturen auf: 53 Schulen, das entsprach rund zehn Prozent der Berliner Volksschulen, waren Sammelschulen ohne Religionsunterricht, in der Umgangssprache «weltliche» Schule genannt. Zehn dieser Schulen waren «Lebensgemeinschaftsschulen», Reformschulen, die im Unterschied zu den Sammelschulen nicht an den Berliner Lehrplan gebunden waren. In der Praxis gestalteten sich die Übergänge zwischen den beiden Schulformen allerdings fließend, da sich die meisten Sammelschulen, aus denen neun der zehn Lebensgemeinschaftsschulen hervorgegangen waren, gleichfalls als Reformschulen verstanden.

Der vergleichsweise hohe Anteil der Sammelschulen ging auf den Einfluß der in Berlin starken Arbeiterbewegung zurück, die die Weltlichkeit der öffentlichen Schule forderte. Diese Stärke zeigte sich unter anderem in den Wahlergebnissen. Selbst bei den Reichstagswahlen im März 1933 erreichten die Nationalsozialisten in Gesamtberlin nicht die Stimmenzahl von SPD und KPD zusammen, in Arbeiterbezirken wie Neukölln oder Wedding erhielten sie nicht einmal soviel Stimmen wie die KPD.

Die meisten Sammelschulen und alle zehn Lebensgemeinschaftsschulen befanden sich in den Berliner Arbeiterbezirken. In Berlin-Neukölln beispielsweise, einer Hochburg von SPD und KPD, gab es elf weltliche, darunter drei Lebensge-

Reichstags-wahl	NSDAP Reichs-durchschnitt	NSDAP Berlin	SPD Reichs-durchschnitt	SPD Berlin	KPD Reichs-durchschnitt	KPD Berlin
31. 7. 1932	37,3 %	28,6 %	21,5 %	27,3 %	14,3 %	27,3 %
6. 11. 1932	33,1 %	25,9 %	20,7 %	23,3 %	16,9 %	31,0 %
5. 3. 1933	43,9 %	34,6 %	18,2 %	21,7 %	12,3 %	24,5 %

meinschaftsschulen; das entsprach fast einem Viertel der Volksschulen des Bezirks. Im Schulwesen bestanden demnach zwischen den 20 Berliner Bezirken zum Teil beträchtliche Unterschiede, die sich aus den unterschiedlichen sozialen Strukturen und politischen Mehrheitsverhältnissen ergaben. Unter dem starken SPD- und KPD-Einfluß entwickelte sich das Schulwesen in Arbeiterbezirken anders als in bürgerlichen, in denen die Anzahl der höheren und Privatschulen besonders hoch war.

Die vergleichsweise starke Position demokratischer Kräfte im Schulbereich Berlins und der schwierige Stand, den die NSDAP bis zu ihrem Machtantritt in Berlin hatte, erklären Eile und Brutalität, mit der die Nationalsozialisten gegen fortschrittliche Lehrer und Schulformen vorgingen. Da die Parteien der Arbeiterbewegung über keine gemeinsame antifaschistische Strategie verfügten, vielmehr einander politisch bekämpften und der Einfluß der Arbeiterbewegung auf das Berliner Schulwesen insgesamt gesehen schwach war, weil sie der Schulpolitik eine eher zweitrangige Bedeutung beimaß und in den Elternbeiräten sowie den Vertretungsorganen der Lehrer bürgerlich-konservative Delegierte dominierten, stießen die Willkürmaßnahmen der neuen Machthaber auf wenig Widerstand.

Kundgebung im Lustgarten am 1. Mai 1923: Kinder fordern ihre Eltern auf, gemeinsam für die Schulreform einzutreten

Entlassungen und Neubesetzungen im Berliner Schulwesen

«Am ersten Schultag nach den Osterferien '33 kam morgens der Rektor rein und begrüßte uns mit Tränen in den Augen. ‹Ich habe hier nichts mehr zu suchen›, sagte er, ‹ich bin aber trotzdem noch mal gekommen, um Ihnen Lebewohl zu sagen.› Er hatte Berufs- und damit Hausverbot erhalten. Rausgesetzt wurde er mit seinen fünfzig Jahren, weil er einmal Sozialdemokrat, eingeschriebenes SPD-Mitglied gewesen war. Die Reaktion im Kollegium war Betroffenheit, bei einigen, vor allem jüngeren Kollegen, die sich seit Januar für den neuen Staat begeisterten, aber auch hämische Schadenfreude. Die Mehrzahl war betroffen und zurückhaltend. Keiner sagte: ‹Donnerwetter, ist das eine Schweinerei!› Mit den Schülern konnte man über den Vorfall nicht sprechen, denn das hätte als Gegenpropaganda ausgelegt werden können. Als Lehrer war man verpflichtet, im rechten Geist zu erziehen.» (Lehrer S., Jahrgang 1902)

Der hier berichteten Entlassung des Rektors einer Volksschule im Bezirk Steglitz waren in Berlin schon andere vorausgegangen. In Thüringen und im Freistaat Hannover, wo schon in den letzten Jahren der Weimarer Republik NSDAP-Kultusminister amtierten, waren bereits vor 1933 Berufsverbote gegen kommunistische und sozialdemokratische Lehrer ausgesprochen worden. Der Nationalsozialistische Lehrerbund hatte in der Augustausgabe 1932 seines Berliner Mitteilungsblattes angedroht, daß unter einer NSDAP-Regierung die «Hauptträger» der Schulpolitik aus dem Berliner Schulwesen «verschwinden» würden. Bereits im Februar 1933 begannen die neuen Machthaber, diese Drohung wahrzumachen. Ende November 1933 konnte der preußische Kultusminister, der Nationalsozialist Rust, bekanntgeben: «Der gesamte Personalbestand der mir unterstellten Schulverwaltung ist einer gründlichen und gewissenhaften Prüfung unterzogen worden. Alle dem erfolgreichen Aufbau des nationalsozialistischen Staates sich offen widersetzenden oder verstärkt widerstrebenden Lehrkräfte sind aus dem Schuldienst entfernt worden oder werden doch in Kürze auf Grund der mir vorliegenden Berichte ihres Amtes enthoben.» (Zentralblatt für die gesamte Unterrichtsverwaltung in Preußen, 1933, S. 317)

Die «gründliche und gewissenhafte» Überprüfung der Lehrer lag maßgeblich in den Händen der eigens zu diesem Zwecke eingerichteten «Ausschüsse politischer Vertrauensmänner». Die Lehrer bezeichneten sie als «Mordkommissionen». Deren Existenz war allgemein bekannt, ihre Zusammensetzung allerdings geheim. Als Rechtsgrundlage – die Nationalsozialisten waren anfangs noch bemüht, ihren Willkürmaßnahmen einen legalen Anstrich zu verschaffen – diente ihnen das am 7. April 1933 verkündete Gesetz zur «Wiederherstellung des Berufsbeamtentums». Das Berufsbeamtentum war in der Weimarer Republik nicht abgeschafft worden, «Wiederherstellung» meinte, wie weiter unten deutlich wird, Sicherstellung der politischen Loyalität gegenüber dem NS-Staat. Das Gesetz gab den Nationalsozialisten die Möglichkeit, ihnen unbequeme Beamte aus dem öffentlichen Dienst auch dann zu entfernen, wenn «die nach dem geltenden Recht hierfür erforderlichen Voraussetzungen nicht vorliegen» (§ 1). Nach § 4 des Gesetzes konnten «Beamte, die nach ihrer bisherigen politischen Betätigung nicht die Gewähr dafür bieten, daß sie jederzeit rückhaltlos für den nationalen Staat eintreten», aus dem Dienst entlassen werden. Die

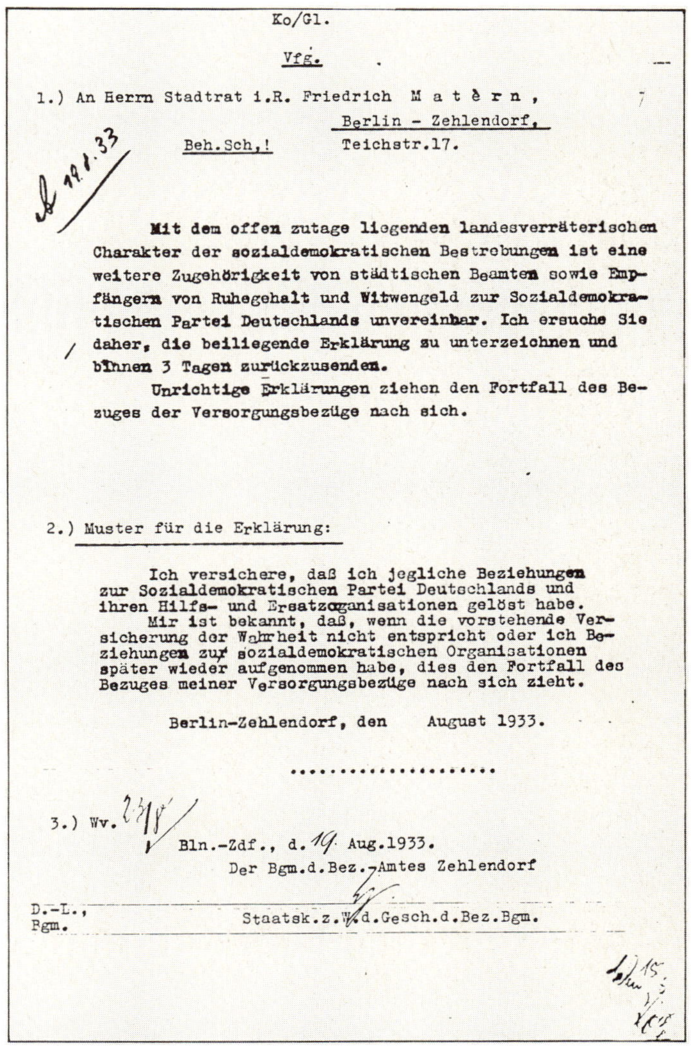

Ko/Gl.

Vfg.

1.) An Herrn Stadtrat i.R. Friedrich M a t è r n ,
Berlin – Zehlendorf,
Beh.Sch,! Teichstr.17.

Mit dem offen zutage liegenden landesverräterischen Charakter der sozialdemokratischen Bestrebungen ist eine weitere Zugehörigkeit von städtischen Beamten sowie Empfängern von Ruhegehalt und Witwengeld zur Sozialdemokratischen Partei Deutschlands unvereinbar. Ich ersuche Sie daher, die beiliegende Erklärung zu unterzeichnen und binnen 3 Tagen zurückzusenden.

Unrichtige Erklärungen ziehen den Fortfall des Bezuges der Versorgungsbezüge nach sich.

2.) Muster für die Erklärung:

Ich versichere, daß ich jegliche Beziehungen zur Sozialdemokratischen Partei Deutschlands und ihren Hilfs- und Ersatzorganisationen gelöst habe.

Mir ist bekannt, daß, wenn die vorstehende Versicherung der Wahrheit nicht entspricht oder ich Beziehungen zur sozialdemokratischen Organisationen später wieder aufgenommen habe, dies den Fortfall des Bezuges meiner Versorgungsbezüge nach sich zieht.

Berlin-Zehlendorf, den August 1933.

....

3.) Wv. 23/8

Bln.-Zdf., d. 19. Aug.1933.
Der Bgm.d.Bez.-Amtes Zehlendorf

D.-L.,
Bgm.

Staatsk.z.W.d.Gesch.d.Bez.Bgm.

im April und Juli folgenden Durchführungsverordnungen bestimmten, daß Beamte, die einer kommunistischen Organisation angehörten oder sich im «kommunistischen Sinne» betätigt hatten, zu entlassen seien und daß die Zugehörigkeit zum öffentlichen Dienst mit einer SPD-Mitgliedschaft nicht zu vereinbaren sei. § 3 verfügte: «Beamte, die nicht arischer Abstammung sind, sind in den Ruhestand zu versetzen. Soweit es sich um Ehrenbeamte handelt, sind sie aus dem Amtsverhältnis zu entlassen.» Ausgenommen von dieser Bestimmung waren Beamte, «die bereits vor dem 1. August 1914 Beamte gewesen sind oder die im Weltkrieg an der Front für das Deutsche Reich oder für seine Verbündeten gekämpft hatten oder deren Väter oder Söhne im Weltkrieg gefallen sind.» Die §§5, 6 und 7 ermöglichten es, aufgrund eines «dienstlichen Bedürfnisses», «zur Vereinfachung der Verwaltung» Beamte unter Ausschluß des Rechtsweges zu pensionieren oder zu versetzen. Das Gesetz machte damit nicht nur den Weg frei für politisch und rassisch begründete Entlassungen, sondern gestattete auch, Nationalsozialisten, die sich um die «Bewegung» verdient gemacht hatten, mit einträglichen Stellen zu versorgen. Schließlich bot das Gesetz, dessen Vorschriften «sinngemäß» auch Arbeiter und Angestellte im öffentlichen Dienst betrafen (§ 15), die Möglichkeit, gegen in den Ruhestand versetzte oder entlassene Beamte ein Dienstverfahren «wegen der während des Dienstverhältnisses begangenen Verfehlungen» mit dem Ziel einzuleiten, ihnen das Ruhegeld bzw. die Hinterbliebenenversorgung abzuerkennen (§ 14).

In Berlin begann die Entfernung politisch mißliebiger Beamter aus dem Schulwesen bereits vor der Verabschiedung der gesetzlichen Grundlage; in den Monaten nach dem 7. April wurde sie forciert. Die meisten Entlassungen nahmen die Nationalsozialisten an der Spitze der Schulverwaltung vor. Bereits im Februar ersetzten sie den sozialdemokratischen Stadtschulrat Jens Nydahl durch den Studienrat und stellvertretenden Berliner NSDAP-Gauleiter Dr. Hans Meinshausen. Nach Nydahl vertrieben sie die Magistrats-Oberschulräte für das Höhere sowie das Volks- und Mittelschulwesen aus dem Amt. Der Magistrats-Oberschulrat für das Berufs- und Fachschulwesen amtierte zunächst noch einige Zeit weiter. Von den 34 Magistrats-Schulräten für das Volks- und Mittelschulwesen der einzelnen Berliner Bezirke entfernten die Nationalsozialisten 19 (56%) aus ihrer Funktion (im gesamten Preußen fielen 22% der Schulräte der Entlassungswelle zum Opfer). Ihre Stelle besetzten «sogleich», wie es der Verwaltungsbericht der Hauptschulverwaltung der Stadt Berlin für die Zeit vom 1. April 1932 bis 31. März 1936 formulierte, «geeignete Parteigenossen» (S. 5).

Von den Schulleitern wurden an Gymnasien rund 16 Prozent, an Volksschulen 13 Prozent und fast ein Viertel der Berufs- und Fachschuldirektoren entlassen, frühzeitig pensioniert oder auf ein Lehramt herabgestuft. An der Basis der Pyramide des Schulwesens gab es – relativ gesehen – die wenigsten personellen Eingriffe. Die Nationalsozialisten belegten
230 Volks- und Mittelschullehrer (2,7%),
190 Berufs- und Fachschullehrer (15,8%) und
150 Gymnasiallehrer (4,7%),
insgesamt also 570 oder knapp 4,4 Prozent der rund 13000 Berliner Lehrer mit einem politisch begründeten Berufsverbot. Rund 2300 im Schulbereich beschäftigte Beamte beurlaubten sie.

Innerhalb des Kreises der aus politischen Gründen vom Berufsbeamten-Gesetz betroffenen Antifaschisten (Sozialdemokraten, Kommunisten, Radikaldemokraten, Freidenker u. a.) bildeten Sozialdemokraten zahlenmäßig die größte Gruppe. Kommunisten wurden am unerbittlichsten verfolgt und stets ohne Anspruch auf weitere Bezüge aus dem Schuldienst entlassen (wenn man sie nicht gar verhaftete). Der Prozentsatz entlassener Kommunisten lag daher am höchsten, die Zahl der Betroffenen war jedoch gering, zumal eine Reihe von kommunistischen Lehrern schon 1930 aus politischen Gründen vom Dienst suspendiert worden war.

Die Sozialdemokraten hielten vor 1933 eine Vielzahl von Schlüsselstellungen im Berliner Schulwesen besetzt. Zu den Trägern demokratischer Reformen im Bildungswesen (auf die wir im nächsten Abschnitt eingehen), für die sich Teile der Sozialdemokratie einsetzten, gehörten die über die Grenzen Berlins hinaus bekannten Pädagogen Dr. Kurt Löwenstein, Reichstagsabgeordneter und Bezirks-Stadtrat für das Schulwesen in Neukölln, Dr. Fritz Karsen, Leiter der ersten additiven Gesamtschule Deutschlands, und Paul Oestreich, Mitbegründer des «Bundes entschiedener Schulreformer». Löwenstein und Karsen hatten ihr Hauptwirkungsfeld vor allem im Berliner Arbeiterbezirk Neukölln, einem der Bezirke, in denen SPD und KPD sehr einflußreich waren. Die NSDAP erhielt hier beispielsweise bei den Reichstagswahlen vom März 1933 nur 29,7 Prozent der Wählerstimmen, die KPD dagegen 39,2 Prozent. Neukölln verfügte zudem prozentual über die meisten der 53 Berliner Sammelschulen.

Die Nationalsozialisten konzentrierten ihre «Säuberungs»-aktionen in besonderem Maße auf das, wie sie es nannten, «System Löwenstein/Karsen», das Neuköllner Schulwesen. Sie beschränkten sich dabei nicht auf Entlassungen. So drangen in der Nacht zum 27. Februar zwei uniformierte SA-Angehörige in die Neuköllner Wohnung von Kurt Löwenstein ein, «feuerten zehn Schüsse in das Schlafzimmer ab und zerstörten das Arbeitszimmer» (Berliner Ausgabe des Vorwärts vom 27.2.1933). An der von Fritz Karsen geleiteten Karl-Marx-Schule wendeten die Nationalsozialisten die gesamte

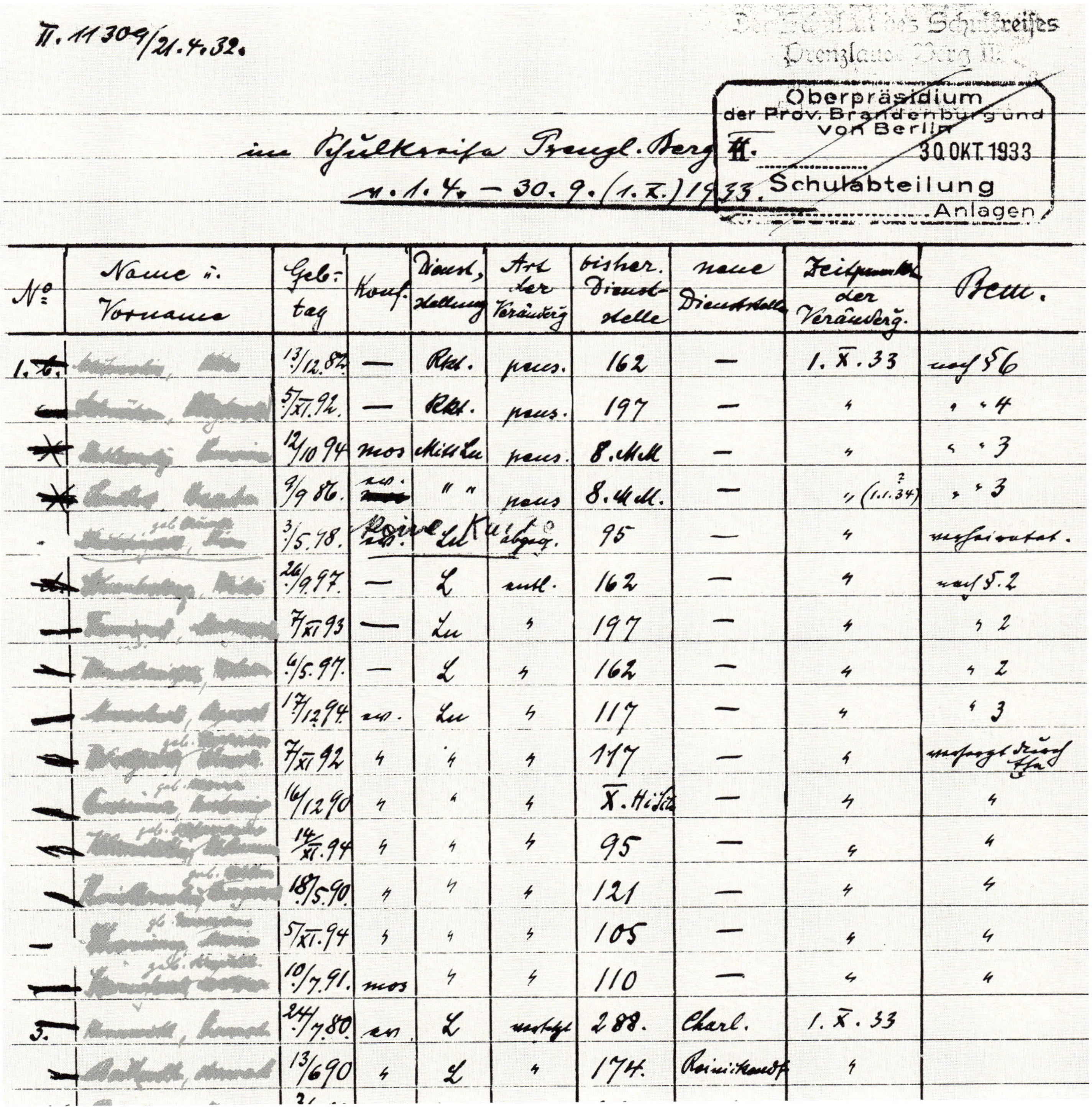

II. 11309/21.4.32.

Der Schulrat des Schulkreises Prenzlauer Berg III

Oberpräsidium der Prov. Brandenburg und von Berlin
30 OKT. 1933
Schulabteilung
Anlagen

im Schulkreise Prenzl. Berg III.
v. 1.4. – 30.9. (1.X.) 1933.

Nr.	Name u. Vorname	Geb.-tag	Konf.	Dienst-stellung	Art der Veränderg.	bisher. Dienst-stelle	neue Dienststelle	Zeitpunkt der Veränderg.	Bem.
1.	[illegible]	13/12.82	—	Rkt.	pens.	162	—	1. X. 33	nach § 6
	[illegible]	5/XI.92	—	Rkt.	pens.	197	—	"	" " 4
	[illegible]	12/10 94	mos	Mitt Ln	pens.	8. MM	—	"	" " 3
	[illegible]	9/9 86	ev.	" "	pens	8. MM.	—	" (1.1.34)	" " 3
	[illegible]	3/5.98	ev. Keine Kür	Ln	abgeg.	95	—	"	verheiratet.
	[illegible]	26/9.97	—	L	entl.	162	—	"	nach § 2
	[illegible]	7/XI 93	—	Ln	"	197	—	"	" 2
	[illegible]	6/5.97	—	L	"	162	—	"	" 2
	[illegible]	17/12.94	ev.	Ln	"	117	—	"	" 3
	[illegible]	7/XI 92	"	"	"	117	—	"	verfragt durch [illegible]
	[illegible]	16/12 90	"	"	"	X. Hilfs	—	"	"
	[illegible]	14/XI.94	"	"	"	95	—	"	"
	[illegible]	18/5.90	"	"	"	121	—	"	"
	[illegible]	5/XI.94	"	"	"	105	—	"	"
	[illegible]	10/7.91	mos	"	"	110	—	"	"
3.	[illegible]	24/7.80	ev.	L	versetzt	288.	Charl.	1. X. 33	
	[illegible]	13/6 90	"	L	"	174.	Reinickendf.	"	

«Veränderungen» im Schulkreis Prenzlauer Berg
Konfession: ev. = evangelisch, – = konfessionslos, mos. = jüdisch; Dienststellung: Rkt. = Rektor, Mitt. Ln. = Mittelschullehrerin, Ln. = Lehrerin, L. = Lehrer; Art der Veränderung: pensioniert, entlassen, versetzt, abgegangen; Dienststellen: Nummer der Volksschule, MM. = Mädchenmittelschule, X. = Sonderschule; rechte Spalte: die betreffenden Paragraphen des Beamtengesetzes, § 2 betraf vor allem Kommunisten, § 4 Sozialdemokraten, § 3 war Grundlage für die Entlassung von Juden. Die 162. und die 197. Volksschule waren weltliche Schulen

Palette der im Berufsbeamten-Gesetz vorgesehenen Sanktionen an. Entlassen wurden:
- 15 nicht festangestellte Lehrer,
- sechs Lehrer jüdischer Abstammung und
- zehn Lehrer, mehrheitlich SPD-Mitglieder, aus politischen Gründen.

Zwölf Lehrer mußten die Schule wechseln. Innerhalb weniger Monate entfernte die Berliner NS-Administration über 50 Prozent des 74 Lehrer umfassenden Kollegiums dieser Schule. Zum Teil wurden diese Maßnahmen spektakulär inszeniert, um Lehrer, Schüler und Eltern einzuschüchtern.

Nach der Neuköllner Schulverwaltung und der Karl-Marx-Schule nahmen sich die Nationalsozialisten die Leiter der elf Sammel- bzw. Lebensgemeinschaftsschulen Neuköllns vor. Zehn Direktoren erhielten am 4. April ihre Beurlaubung, die in drei Fällen in eine endgültige Entlassung umgewandelt wurde. Die übrigen sieben Schulleiter konnten als Lehrer an anderen Schulen weiterarbeiten oder mußten vorzeitig in den Ruhestand gehen.

An Reformschulen war der Prozentsatz entlassener Lehrer weit höher als im Durchschnitt der Berliner Volksschulen. So wurden von den 20 Lehrern der beiden Lebensgemeinschaftsschulen in der Rütlistraße (Neukölln) drei, das entspricht 15 Prozent, entlassen, an der 21. Lebensgemeinschaftsschule (in Spandau) waren es sogar 50 Prozent aller Lehrer. Das Gros der Lehrer an Reformschulen wurde an andere Schulen versetzt, meist an solche, die unter der Leitung überzeugter Nationalsozialisten standen. Eine wahre «Wanderschaft» mußte – wie auch andere seiner Kollegen – der Lehrer Bruno Meyer hinnehmen. Meyer, Mitglied der SPD, des «Bundes der freien Schulgesellschaften» und der «Allgemeinen Freien Lehrergewerkschaft Deutschlands», wurde 1933 von der 31. Lebensgemeinschaftsschule an die 15. Schule, von dort an die benachbarte 16. Schule und kurz darauf an die 6. Schule versetzt, 1935 kam er an die 17. Schule.

Die – wenn auch relativ seltenen – Entlassungen und die beliebig dehnbaren Paragraphen des Berufsbeamten-Gesetzes, die latente, nie genau berechenbare Gefahr, aus dem Schuldienst entfernt zu werden oder in die Mühlen der NS-Justiz zu geraten – all dies erfüllte die Funktion, Lehrer politisch einzuschüchtern und von der Äußerung oppositioneller oder auch nur abweichender Meinungen abzuhalten. Zu einem offenen Protest derjenigen Lehrer, die den Nationalsozialisten ablehnend gegenüberstanden, kam es auch aus folgenden Gründen nicht: Oppositionell eingestellte Lehrer mußten feststellen, daß viele ihrer Kollegen mit dem neuen Regime sympathisierten, in den Nationalsozialistischen Lehrerbund (NSLB) eintraten oder sich gleichgültig verhielten, daß die meisten Lehrerverbände der neuen Regierung ihre Loyalität

Abend-Ausgabe
Nr. 98 B 41 50. Jahrg.

Redaktion und Verlag:
Berlin SW 68, Lindenstr. 3

Vorwärts

Wählt Liste 2
Sozialdemokraten

MONTAG
27. Februar 1933

In Groß-Berlin 10 Pf
Auswärts 10 Pf

BERLINER VOLKSBLATT

Zentralorgan der Sozialdemokratischen Partei Deutschlands

Mordüberfall auf Löwenstein

Uniformierte SA.-Leute dringen nachts in die Wohnung ein – acht Schüsse ins Schlafzimmer

Heute gegen 3,15 Uhr morgens wurde ein mörderischer Ueberfall auf die Wohnung des Reichstagsabgeordneten und Stadtrates Genossen Kurt Löwenstein in der Geygerstraße in Neukölln verübt. Zwei uniformierte SA.-Leute drangen gewaltsam in die im 4. Stock gelegene Wohnung ein, sie feuerten zehn Schüsse in das Schlafzimmer ab und zerstörten das Arbeitszimmer. Einer der beiden Verbrecher wurde vom Ueberfallkommando verhaftet. Die Polizei gibt den Namen des Verhafteten noch nicht bekannt.

Die Stätte brauner Zerstörungswut

In der Wohnung des Genossen Löwenstein hausten in der letzten Nacht braun Uniformierte. Die Tür zum Schlafzimmer zeigt zahlreiche Durchschußstellen von 6,5 und 9-Millimeter-Geschossen auf; im Arbeitszimmer (zwei Bilder rechts) bilden Bücherschränke, Bücher, Akten, Lampen, Gardinen, Bilder einen einzigen Trümmerhaufen

Ein Opfer der «Umorganisation» der Karl-Marx-Schule: Lehrer Hans Alfgen (4.v.l.); er arbeitete später im Widerstand

Eine Täter-Karriere: Dr. Hans Meinshausen (1889–1948)

Dr. Hans Meinshausen stammt aus einer hessischen Akademikerfamilie; er wird Studienrat für Geschichte, Deutsch und Religion, später Jurist. Als Freiwilliger macht er sich im Ersten Weltkrieg um das «Vaterland verdient», arbeitet dann als Redakteur einer Industriellen-Zeitung. Wegen Provokation der französischen Besatzer wird er aus dem Rheinland ausgewiesen.

Von 1926 bis 1930 ist Meinshausen als Studienrat am Schillergymnasium in Berlin-Charlottenburg beschäftigt. Er wird Mitglied der rechtsliberalen Deutschen Volkspartei (DVP) und tritt im April 1929 in die NSDAP ein. Im Herbst 1930 wird er wegen seiner Wahlkampfaktivitäten für die NSDAP aus dem Schuldienst entlassen, bezieht jedoch weiterhin 50 Prozent seines Gehalts. (Im Herbst 1932 wird das Berufsverbot wieder aufgehoben.)

Der arbeitslose Studienrat steigt vom «Gauredner» zum «Reichsredner» und stellvertretenden Gauleiter von Berlin auf – sein Chef: Goebbels, der spätere Propagandaminister. Meinshausen organisiert in Berlin viele NSDAP-Veranstaltungen, ist Mitbegründer der Berliner Ortsgruppe des Nationalsozialistischen Lehrerbundes; er wird Landtags- und Reichstagsabgeordneter der NSDAP. Sein besonderes Verdienst in diesen Jahren: er verhindert, daß die von heftigen Rivalitäten erschütterte – kleine – Berliner NSDAP-Gruppe auseinanderbricht.

Für seinen Einsatz belohnt die Partei Meinshausen nach dem 30. Januar 1933 mit dem Posten des Berliner Stadtschulrats. In diesem Amt erweist er sich als treuer Gefolgsmann seines Führers. Unverzüglich läßt er alle fortschrittlichen Schulstrukturen zerschlagen, demokratische und jüdische Lehrer entlassen.

Im Zweiten Weltkrieg kämpft Meinshausen als Offizier an der Ostfront. Im Sommer 1944 ernennt ihn Hitler zum Oberbürgermeister der strategisch wichtigen Stadt Görlitz (Niederschlesien). Im Februar 1945 ordnet Meinshausen, um die Stadt besser gegen die vorrückenden sowjetischen Truppen verteidigen zu können, die Zwangsevakuierung von 42000 Frauen und Kindern an. Bei bitterer Kälte und ohne Nahrungsmittel versehen finden viele den Tod. Die ebenfalls evakuierten Häftlinge des Konzentrationslagers «Biesnitzer Grund», die den Strapazen nicht gewachsen sind, läßt Meinshausen erschießen. Allein in den Massengräbern auf dem Friedhof von Görlitz werden später 173 Leichen mit Schußwunden gefunden.

Bei dem Versuch sich abzusetzen, wird der «Tyrann von Görlitz» von der Bevölkerung gestellt und der Roten Armee übergeben. Vom 7. – 22. 4. 1948 findet unter starker Beteiligung der Bevölkerung in Görlitz ein Volksgerichtsprozeß gegen Meinshausen statt. 25 Zeugen und 320 Dokumente bestätigen seine aktive Täterrolle. Wegen Verbrechen gegen die Menschlichkeit wird er zum Tode verurteilt und am 19. 10. 1948 hingerichtet.

Nachtrag: 11 Jahre später
Auf eine Anfrage des Berliner Innensenators vom Oktober 1959 hin beurteilte die Auskunftsstelle für Erziehung und Schulwesen (Berlin-West) Meinshausen wie folgt:

«In Lehrerkreisen hat man Meinshausen nicht als besonders verfolgungswütig angesehen. Er übte im Gegenteil in Personalangelegenheiten eine auffallende Zurückhaltung aus. Das mag auch einen politischen Grund gehabt haben, weil Meinshausen wohl mehr deutschnational als Nazi war. Zum anderen war er als Thüringer nicht mit den hiesigen Verhältnissen vertraut. Die Aktivität des Hauptschulamtes bei Entlassungen und vor allem bei Rückstufungen war vielmehr bei Herrn Ruthe zu finden.»

(Dieser Briefwechsel erfolgte, um Versorgungsansprüche von Angehörigen von Dr. Meinshausen zu klären. Uns ist nicht bekannt, ob diesen Ansprüchen stattgegeben wurde.)

bekundeten und bereitwillig ihre Vorstände sowie die Schriftleitungen ihrer Zeitungen den Nationalsozialisten übergaben. Lehrer, die der KPD oder SPD angehörten, hatten ebensowenig eine antifaschistische Strategie für den Schulbereich entwickelt wie Arbeiterparteien und Gewerkschaft für andere gesellschaftliche Bereiche. Auch in der Schule verhinderten die grundsätzlichen politischen Fehler bzw. Differenzen der beiden Arbeiterparteien einen gemeinsamen Widerstand linker Lehrer gegen den Faschismus. Nach dem Reichstagsbrand wurden die ersten kommunistischen Lehrer verhaftet, ihre Partei wurde verboten und in die Illegalität gedrängt. Wenige Monate später folgte das Verbot der SPD. Entlassungen und Versetzungen zerrissen die Kontakte zwischen oppositionell eingestellten Lehrern und verstärkten die Angst ihrer Kollegen vor den Folgen des Versuchs, mit aus politischen Gründen Entlassenen Verbindung zu halten.

Über eine der wenigen offenen Protestaktionen berichtet Wolfdietrich Schnurre, der 1933 eine Sammelschule im Arbeiterbezirk Berlin-Weißensee besuchte:

«Eines frostigen Februarmorgens, Hitler war noch keine vierzehn Tage an der Macht, hat eine Hakenkreuzfahne auf unserer schönen (neu bezogenen, d. Verf.) Schule geweht. Wir weigerten uns, den Schulhof zu betreten, und sangen, mit den Lehrern zusammen, die Internationale, bis wir heiser zu werden begannen. (...) Irgendwann erschien auch Rektor Z. Er stieg auf den Kasten für Straßenfegergeräte und hielt eine kurze Ansprache. Ich sehe noch den rauchenden Atem vor seinem Gesicht und die machtvollen schwarzen, auf- und niedersteigenden Brauen unter der Tolle. Seine Stimme klang ... heiser, würgend, gepreßt. Er stellte es jedem Schüler anheim, das Schulgelände, gar die Klassenräume zu betreten. Was ihn anginge jedoch, er könne nur sagen, jene Fahne dort oben habe aus seiner Schule eine fremde Schule gemacht. Er fühle sich hier fehl am Platze. Darauf schwang er sich auf sein Fahrrad und fuhr weg. Wir sind dann auch fast alle nach Hause gegangen. Noch nicht mal eine Woche jedoch, und es hat jeder Schüler eine Karte erhalten. Schulstreik, war darauf zu lesen, sei ungesetzlich, wir hätten uns umgehend wieder in unserer alten Schule einzufinden, über die neue würde anderweitig verfügt. (...) Wir wurden nicht nur wieder in die alten Klassenräume gepfercht, wir haben auch neue Lehrer erhalten. Unsrer war Kettenraucher, trug ein Parteiabzeichen und machte erfreut von der wiedereingeführten Prügelstrafe Gebrauch, die wir hinnehmen mußten, da das Schülerparlament abgeschafft war. Unsere alten Lehrer, ließ man uns wissen, seien in alle Himmelsrichtungen ‹straf›versetzt worden; bis auf Rektor Z. Er, sagte man uns, habe Gelegenheit erhalten, seine jugendgefährdenden Ansichten in einem Konzentrationslager zu überdenken.» (Frankfurter Allgemeine Zeitung Nr. 31, 6. 2. 1982)

Die Auflösung der Reformschulen

Als die Nationalsozialisten die Regierung antraten, verfügten sie über keine entwickelte schulpolitische Konzeption. Sie wußten nur genau, was sie nicht wollten: Schulen, die – wie sie in vielfältigen Abwandlungen sagten – unter dem Einfluß eines «marxistischen», «jüdischen», «undeutschen» Geistes stehen. Als Hort eines solchen Geistes galten den Nationalsozialisten vor allem die Berliner Sammel- und Lebensgemeinschaftsschulen sowie – an erster Stelle – die erste additive Gesamtschule Deutschlands, die Karl-Marx-Schule, die zwei höhere, eine Volks- und eine Aufbauschule umfaßte, und darüber hinaus – ohne Vorbild in Berlin – Arbeiter-Abiturientenkurse für Berufstätige durchführte. Die von Fritz Karsen geleitete Schule, die von der ersten bis zur dreizehnten Klasse besucht werden konnte, bot flexiblere Übergangsmöglichkeiten als das herkömmliche dreigliedrige Schulsystem. Die «Lernenden – zu denen seit 1925 auch Schülerinnen gehörten – (sollten) vor allem anderen ‹auf das Leben in der Gesellschaft unserer Zeit vorbereitet› werden, und zwar unter Bildungsaspekten der Arbeiterklasse. Dementsprechend wurde ein schuleigener, an der gesellschaftlichen Realität orientierter ‹offener› Lehrplan entwickelt. Er ging von der Lebenssituation und den Lebenskreisen der Schülerschaft aus, ohne die in den amtlichen Richtlinien verzeichneten Inhalte außer Betracht zu lassen. Didaktisch verwirklicht wurde der Lehrplan, der immer auch in einen Arbeitsplan der einzelnen Klassen einmündete, vielfach in der Form sogenannter Projekte. Einflüsse der Pädagogik des Amerikaners John Dewey waren hier unverkennbar. Als Unterrichtsmethode herrschte der ‹Arbeitsunterricht› vor, organisiert in gegliederten Arbeitsgemeinschaften.» Die Schule unterschied sich von anderen «reformpädagogischen Arbeitsschulen dadurch, daß sie weniger auf eine effektivere Vermittlung der vorgeschriebenen Unterrichtsstoffe abzielte, sondern vielmehr die Eigenkräfte der Schüler – wie Selbständigkeit, Selbsttätigkeit, Kreativität – um einer kollektiven Produktivität willen zu fördern suchte; der grundsätzlichen Arbeitspflicht sollte dabei jeder, seinen individuellen Neigungen und Fähigkeiten entsprechend, nachkommen.» (G. Radde: Die Karl-Marx-Schule in Berlin-Neukölln – erste öffentliche Einheitsschule in Deutschland? In: Arbeitsgruppe Pädagogisches Museum [Hg.]: Hilfe Schule. Ein Bilder-Lese-Buch über Schule und Alltag. Berlin 1981, S. 148 f)

Die modernen Unterrichtsformen, die Orientierung auf die Lebenswelt der Schüler, Schülermitverwaltung und der Versuch, die soziale Selektion zu mindern, erschienen den Nationalsozialisten – und nicht nur diesen, sondern auch konserva-

Unterricht in der Karl-Marx-Schule; alle Ansätze einer Unterrichtsreform wurden von den Nazis zerstört

tiven Kreisen – als Symbol «bolschewistischer» Schulpolitik bzw. Pädagogik. Bereits am 21. Februar 1933 meldeten alle deutschen Rundfunkanstalten und die überregionalen Zeitungen, daß Fritz Karsen beurlaubt sei und die Karl-Marx-Schule «umorganisiert» werde. Diese Aufgabe übernahm Studienrat und SA-Mitglied Kurt Schwedtke, der 1929 ein halbes Jahr an dieser Schule unterrichtet, sich jedoch nicht mit den ungewohnten Arbeitsweisen und demokratischen Umgangsformen zwischen Lehrern und Schülern zurechtgefunden hatte. Nach seinem Ausscheiden tat er sich mit einer Reihe von Schmähschriften gegen die Schule hervor.

Die Schüler und ihre Eltern standen ebenso hinter Fritz Karsen und seinem Konzept wie das Lehrerkollegium, das ihm am Tage nach seiner Beurlaubung für die von ihm geleistete Arbeit und seine kollegiale Schulleitung dankte. Auch die Mitglieder des Elternbeirats übermittelten Karsen in einer Resolution, die mit 22 gegen zwei Stimmen der Vertreter der «christlich-unpolitischen» Eltern verabschiedet worden war, Dank für die von ihm geleistete Arbeit. Die Schüler baten die vorgesetzte Behörde in einer Entschließung, keine Umorganisation der Schule vorzunehmen. Der Mut des Kollegiums beschleunigte die schon geschilderte Entfernung von 58 Prozent der Lehrer von der Schule.

Mit Schwedtke und den neuen Lehrern, darunter Nationalsozialisten und bereits pensionierte Beamte, zog autoritärer Drill in die Schule ein. Schüler, die sich gegen die repressiven Unterrichtsmethoden wehrten, wurden durch Schulverweise oder deren Androhung bestraft. Die Opposition der Aufbauschüler nahm eindeutig politischen Charakter an. So wurden beispielsweise «einem Mitschüler, der sich zur HJ be-

Abb. Seite 50/51: Illustrierter Beobachter, April 1933

Die Str—a—ße frei den br—a—u—nen Ba—ta—i—llo—nen!

Das neue Spiel: SA räumt Liebknechthaus

„Verwundete" werden abtransportiert

Das „Gewehr präsentiert" wird vom „Fachkundigen" eingedrillt

Wie oft denken wir beim Anblick spielender Kinder an die eigene Jugendzeit zurück! Nach Verrichtung der Schularbeiten — und auch häufig vorher — war es eine Wonne, sich im Freien austoben zu dürfen und die Zügel der kindlichen Phantasie im Räuber- oder Indianerspiel schießen zu lassen. Sherlock Holmes und Nat Pinkerton waren die Vorbilder für unsere kriminalistische Findigkeit. Buffalo Bill regte unsern Mut an zu großen Heldentaten, die oft in einer zünftigen Rauferei endeten. Der Inhalt der Zehnpfennigs-Schmöker wurde mit pochendem Herzen verschlungen, um bei Gelegenheit die einzelnen Tricks und Streiche genau nachahmen zu können. Die dicken Bände von Karl May taten ihr übriges, die erhitzte Phantasie auf den Siedepunkt zu bringen.

Unsere Nachkriegsjugend hat es nicht immer so leicht und so schön gehabt wie die früheren Generationen. Besonders in den Großstädten machte sich bei den Kindern der Mangel an freier Bewegungsmöglichkeit doppelt stark bemerkbar. Der seelische Druck der letzten vierzehn Jahre lag auch auf der Seele des Kindes und ließ kaum die unbefangene Fröhlichkeit der Jugend aufkommen. Das Asphaltliteratentum erklärte jede soldatische Regung in der kindlichen Brust in Verruf. Blasierte Snobs machten sich lustig über die kleinen Knirpse, die, mit einem Holzsäbel ausgerüstet und einen Papierhelm auf dem Kopf, Soldat spielten.

Auch darin hat sich seit dem 5. März manches grundlegend geändert. Die nationale Revolution ging auch nicht an der Seele des Kindes vorbei. Mit glühender Begeisterung und rührender Hingabe singen die Kleinsten das Horst-Wessel-Lied. Der S.A.- und S.S.-Mann wird von der Jugend mit erhobenem Arm und jubelndem „Heil Hitler" begrüßt. Die stramme Gestalt im Braunhemd flößt Achtung und stille Ehrfurcht ins kindliche Herz, gepaart mit der Sehnsucht, später auch einmal so ein Hitlersoldat zu werden.

In dem Hof eines großen Münchener Wohnhauses herrscht großer Lärm. Die Jugend der einzelnen Mietparteien tobt sich im frischfröhlichen Spiel aus. Die Kinder haben untereinander zwei Mark vierzig gesammelt, um notwendige Requisiten anzuschaffen. In der Mitte des Hofes wird ein „Braunes Haus" errichtet. Material sind Stöcke und Tücher. In der Mitte des

Die letzten Verteidiger des Liebknechthauses

Das Karl-Liebknecht-Haus wird ausgehoben

Das „Konzentrationslager" ist im Hof untergebracht

Zeltes hängt das Bild Adolf Hitlers und eine Postkarte mit dem Horst-Wessel-Lied. Die fünf- bis zwölfjährigen Jungen haben alles aus eigenem Antrieb ausgeheckt und gekauft. Der glückliche Besitzer einer Trommel wurde zum Führer erhoben. Es wird exerziert, gestürmt und gesungen. Die Lieder werden regelrecht einstudiert. Oft geht es sehr heiß her, wenn z. B. die Erstürmung des aus alten Mülleimern bestehenden Karl-Liebknecht-Hauses erfolgt, dessen Durchsuchung vorgenommen wird und die gefangenen Kommunisten ins Konzentrationslager transportiert werden. — Der kleinste S.A.-Mann ist so eifrig bei der Sache, daß er oft schon in aller Frühe im Hofe erscheint und seine Leute zusammentrommelt. Es heißt von ihm, daß er sehr tapfer ist. Sein improvisiertes Braunhemd ist ihm am Halse etwas eng, so daß er ordentlich nach Luft schnauft, wenn er den Kragen schließt. Als ein erwachsener Zuschauer ihn einmal deswegen bedauerte, sagte er wegwerfend und stolz: „Ein S.A.-Mann muß so was aushalten können!" Mit wichtigem Stirnrunzeln ging er dann an die Arbeit.

Am Abend ruft die Mutter zur Suppe. In die stillen Träume der kleinen Schläfer schleicht dann das Sandmännchen, trommelt und wirbelt, singt, stürmt und jubelt im Sieg.

Die Jugend hat wieder eine Zukunft . . .

B. L.

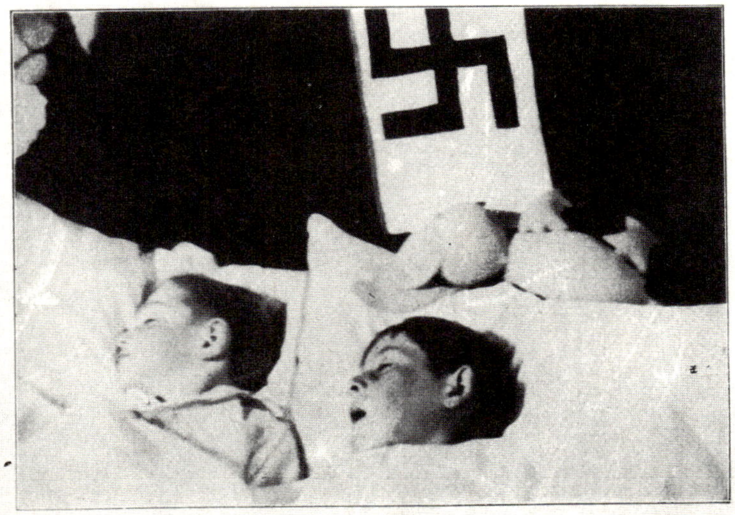

Nach den großen politischen Strapazen ist man müde

kannte, ‹kommunistische› Flugblätter in die Büchertasche geschmuggelt. Schwedtke schaltete die Gestapo ein.» Es fanden Verhöre und eine Hausdurchsuchung statt, «die aber ohne Ergebnis blieb, da die Eltern des Betroffenen rechtzeitig gewarnt werden konnten». (G. Radde: Fritz Karsen. Ein Schulreformer der Weimarer Zeit. Berlin 1979, S. 202)

Mit der «Umorganisation» der Karl-Marx-Schule sollte ein Signal gesetzt werden, Presse und Rundfunk stellten sie dementsprechend groß heraus. Dann folgte die Auflösung der weltlichen und Lebensgemeinschaftsschulen. Gleichfalls «umorganisiert» wurde die reformpädagogisch geprägte Schulinsel Scharfenberg, ein öffentliches Internat auf einer Insel im Tegeler See, das Gymnasialbildung mit landwirtschaftlicher und handwerklicher Arbeit verband. Die nationalsozialistische Schulpolitik im Jahre 1933 richtete sich vor allem gegen die Berliner Arbeiterbewegung, die sich für diese Schulen mit Nachdruck eingesetzt hatte. Sie zerstörte fortschrittliche Unterrichtsinhalte und -methoden, neue Arbeits- und Organisationsformen wie zum Beispiel:

- Koedukation,
- gegliederten Gesamtunterricht ohne feste Lehr- und Stundenpläne,
- Projektunterricht, der Themen aus der Lebenswelt der Arbeiterkinder aufgriff,
- Gruppenarbeit, die den Frontalunterricht aufhob,
- «Lebenskunde»-Unterricht, in dem aktuelle Probleme besprochen wurden, anstelle des Religionsunterrichts,
- striktes Verbot der Prügelstrafe,
- Entwicklungsberichte statt Zensuren,
- Förderung leistungsschwacher Schüler,
- außerschulische Kulturarbeit, Theatergruppen und Schülerzeitungen.

Die aufgezählten Programmpunkte wurden an diesen Schulen mehr oder weniger konsequent und in wechselnden Kombinationen verwirklicht; die Lebensgemeinschaftsschulen folgten am konsequentesten diesen Prinzipien.

Die fortschrittlichen Ansätze in diesen Schulen, die sie positiv von der Mehrzahl der Volksschulen abhoben, waren für konservative Kreise, vor allem aber für Nationalsozialisten Anlaß genug, Zerrbilder von «kommunistischen Kaderschmieden» zu zeichnen. So wurde zum Beispiel der sozialdemokratischen Schulpolitik in Neukölln vorgehalten, es sei ihr gelungen, «ein Viertel der Neuköllner Volksschulen zu bolschewisieren» (Neuköllner Tageblatt, 23.5.1933). Die Beschwörung einer kommunistischen Unterwanderung diente der Diskriminierung demokratischer Veränderungen in der Schule, die keineswegs, wie behauptet, zu «sozialistischen» Schulen geführt hatten. Weltliche Schulen wie die 5. (sie nannte sich selbst «Heinrich-Zille-Schule»), an der Schüler und Lehrer einander mit «Genosse» anredeten, der Rektor eng mit den KPD-Vertretern im Elternbeirat zusammenarbeitete und seine Schule als «die erste sozialistische Schule Berlins» bezeichnete, waren ebenso die Ausnahme wie eine Mehrheit der kommunistischen «Einheitsliste werktätiger Eltern» in den Elternbeiräten (wie etwa in der 6. und 31. weltlichen Schule) oder kommunistische Lehrer in den Kollegien. In Deutschland waren 1925 insgesamt nur etwa 180 Lehrer KPD-Mitglieder, in Berlin zwischen 20 und 40; ihre Zahl verringerte sich in den folgenden Jahren noch. Auch wenn die an weltlichen und Lebensgemeinschaftsschulen verwirklichte Demokratisierung oder der Einfluß marxistischer Anschauungen nicht so weit fortgeschritten waren, wie ihre Gegner in der schulpolitischen Auseinandersetzung unterstellten, so bot die erreichte demokratische Entwicklung der Schulstrukturen und Unterrichtsinhalte den Nationalsozialisten Anlaß genug, die Auflösung dieser Schulen zum Hauptziel ihrer Schulpolitik in Berlin zu machen.

Ende Februar ordnete der Reichskommissar für das preußische Schulwesen, Rust, den stufen- bzw. jahrgangsweisen Abbau der Sammelschulen an. Der Berliner Hauptschulverwaltung unter der Leitung von Meinshausen ging dieser Beschluß nicht weit genug. Sie verfügte die Auflösung des «Fremdkörpers» Sammelschule bis zum Sommer 1933. Bei der Durchführung dieser radikaleren Entscheidung gab es zwei Formen: Bei Auflösungen *mit* Umschulungen wurden die Schüler christlichen Volksschulen zugewiesen und – jetzt wieder nach Geschlechtern getrennt – dort auf die Klassen verteilt. In dieser Weise vollzog sich zum Beispiel die Auflösung der dicht beieinanderliegenden 31./32., 41./42. und 45./46. Schule. Auflösungen *ohne* Umschulungen bedeuteten eine Umwandlung der weltlichen in christliche Gemeinschaftsschulen unter Beibehaltung des bisherigen Klassengefüges.

Dieser Prozeß verlief reibungsloser als die «Umorganisation» der Karl-Marx-Schule. Gleichwohl gab es, wie das «Neuköllner Tageblatt» vom 18.5.1933 schrieb, «Quertreiber ... aus dem Lager der Gottlosen». Auch in Schulchroniken wurde registriert, daß «hartnäckige Elemente unter der Elternschaft», so die Chronik der 6. Schule, sich einer «Auflösung der weltlichen Schulen nach Möglichkeit zu widersetzen suchten».

Die Auflösung der weltlichen Schulen und die Wiedereinführung des Religionsunterrichts wurde propagandistisch als Kampf für die christliche Schule herausgestellt. Obwohl dies kein vorrangiges Ziel der Nationalsozialisten war, lag ihnen doch daran, auf diese Weise Sympathien kirchlicher und konservativer Kreise zu gewinnen. Schüler der auf vier Schulen verteilten 5. weltlichen Schule mußten sogar eine Zwangskonfirmation über sich ergehen lassen: «Die ganze Klasse wurde zwangsweise zum Konfirmationsunterricht geführt.

Es wurde nicht gefragt, bist du getauft oder bist du jüdisch, bist du Mohammedaner oder Buddhist. Die Klasse ging geschlossen zu einer Kirche, die nur ein paar hundert Meter entfernt lag. In dieser Kirche wurden wir dann auch konfirmiert.» (Herr G., Jahrgang 1920)

Für viele der über 23 000 Schüler der weltlichen und Lebensgemeinschaftsschulen bedeutete deren Auflösung einen gravierenden Einschnitt in ihr Schülerdasein: Bisher vertraute Kontakte gingen verloren, sie mußten sich an ihnen unbekannte autoritäre Unterrichtsformen gewöhnen und erlebten erstmals Prügelstrafen. Für manche konfessionslose Schüler brachte der obligatorische Religionsunterricht Gewissenskonflikte mit sich. In weit Schlimmeres als einen Gewissenskonflikt geriet Hildegard R., geboren 1919, nach der Auflösung der 15. weltlichen Schule:

«Wir wurden nicht nach Wohnsitz verteilt, sondern völlig auseinandergerissen. Es durften nicht zwei Schüler aus der weltlichen Schule in der gleichen Klasse der christlichen Schule sitzen. In der Zeit zwischen dem 30. Januar und der Auflösung der Schule hingen wir alle irgendwie in der Luft. Wir kannten uns in der Klasse schon sieben Jahre lang und hatten natürlich Manschetten und haben uns gefragt, was wird nun werden? Ich kam in eine Schule in der Boddinstraße. Meine Klassenlehrerin, eine gewisse Frau K., war gleichzeitig Schulleiterin und hundert Prozent nationalsozialistisch eingestellt. An dieser Schule gab es, anders als an der alten Schule, Religionsunterricht. Mein Vater wollte nicht, daß ich am Religionsunterricht teilnehme. Als ich der Religionslehrerin in der ersten Stunde sagte, daß ich nicht teilnehmen dürfe, antwortete sie: ‹So geht das nicht, da mußt du eine schriftliche Bescheinigung von zu Hause mitbringen.› Ich mußte dann erstmal am Unterricht teilnehmen. Aber auch die schriftliche Bescheinigung, die ich in der nächsten Stunde mitbrachte, nutzte nichts. Mein Vater ist dann selbst mit in die Schule gekommen und hat zu meiner Klassenlehrerin gesagt: ‹Ich lehne es ab, daß meine Tochter am Religionsunterricht teilnimmt.› Darauf die Schulleiterin: ‹Dann wird Ihre Tochter im späteren Leben Nachteile haben.› Mein Vater antwortete nur: ‹Das macht mir keine Sorgen, das überlasse ich dem Führer.› Bei der nächsten Religionsstunde hat mich die Lehrerin, eine ältere Dame, durch alle Klassen geführt. In jeder Klasse wurde der Unterricht unterbrochen, und ich mußte mich vor dem Katheder aufstellen. ‹Hier seht ihr die Schülerin Hilde R., sie darf nicht am Religionsunterricht teilnehmen.› Ich hatte mir ausgerechnet, daß ich während des Religionsunterrichts hätte nach Hause gehen können, denn es waren immer Eckstunden. Das durfte ich aber nicht, ich mußte die Religionsstunden in der Klasse verbringen, in der Ecke neben dem Papierkorb stehen.

Bald darauf wurde eine Schulfeier angekündigt. Es war klar, daß bei diesem Anlaß das Deutschlandlied und das Horst-Wessel-Lied gesungen wird. Mein Vater hatte mir zu Hause gesagt: ‹Wehe, du hebst den Arm.› Bei der Feier stand ich dann als einzige wie ein Ladestock da, die anderen hatten alle den Arm gehoben. Als nach der Feier alle gehen wollten, sagte die Schulleiterin: ‹Einen kleinen Moment, bitte›, und ruft mich nach vorne. ‹Hier seht ihr eine, die dem Führer und seinen Ideen nicht die nötige Ehrerbietung und Ehrfurcht erwiesen hat.› Damit war ich in der ganzen Schule gekennzeichnet. (...) Wegen der Geschichte mit dem Religionsunterricht und weil ich mich um eine jüdische Schülerin gekümmert habe, sprach niemand in der Klasse mit mir. Wenn auf dem Schulhof einige Mädchen zusammenstanden und ich kam dazu, dann sind sie sofort auseinander. Es hat keine mit mir gesprochen, ein Jahr lang nicht. Die haben mich geschnitten, als ob ich die Krätze hätte.

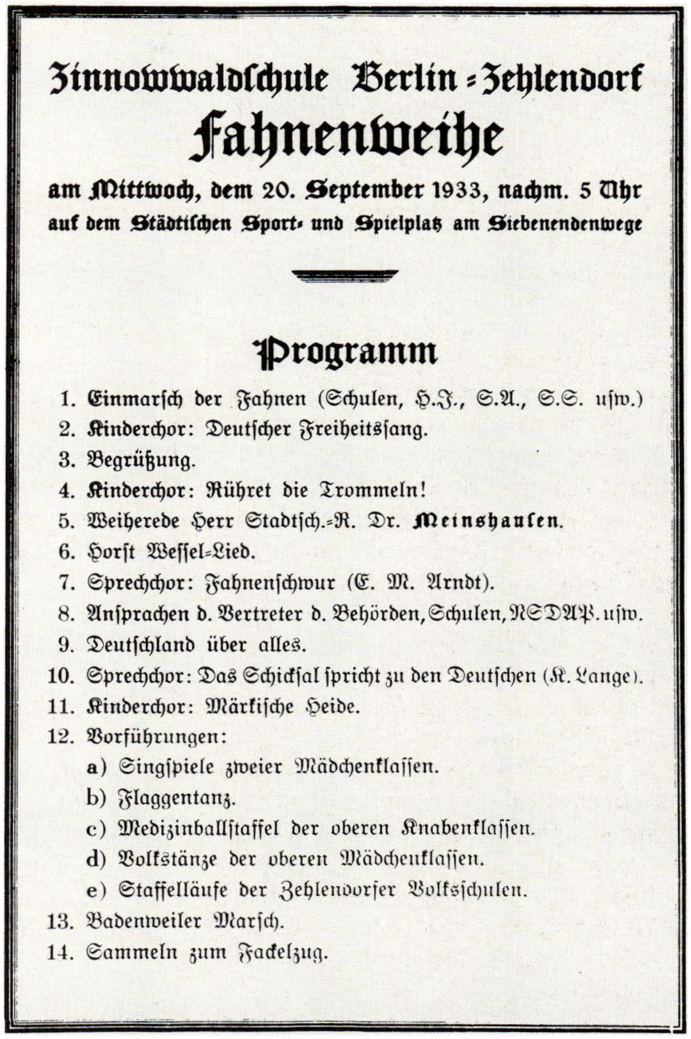
Zinnowwaldschule Berlin-Zehlendorf

Fahnenweihe

am Mittwoch, dem 20. September 1933, nachm. 5 Uhr
auf dem Städtischen Sport- und Spielplatz am Siebenendenwege

Programm

1. Einmarsch der Fahnen (Schulen, H.J., S.A., S.S. usw.)
2. Kinderchor: Deutscher Freiheitssang.
3. Begrüßung.
4. Kinderchor: Rühret die Trommeln!
5. Weiherede Herr Stadtsch.-R. Dr. Meinshausen.
6. Horst Wessel-Lied.
7. Sprechchor: Fahnenschwur (E. M. Arndt).
8. Ansprachen d. Vertreter d. Behörden, Schulen, NSDAP. usw.
9. Deutschland über alles.
10. Sprechchor: Das Schicksal spricht zu den Deutschen (K. Lange).
11. Kinderchor: Märkische Heide.
12. Vorführungen:
    a) Singspiele zweier Mädchenklassen.
    b) Flaggentanz.
    c) Medizinballstaffel der oberen Knabenklassen.
    d) Volkstänze der oberen Mädchenklassen.
    e) Staffelläufe der Zehlendorfer Volksschulen.
13. Badenweiler Marsch.
14. Sammeln zum Fackelzug.

Ostern 1934 war meine Schulzeit zu Ende, und wir bekamen die Abgangszeugnisse. Ich hatte, wie gesagt, keinen Religionsunterricht gehabt. Nun hätte die Rektorin an dieser Stelle im Zeugnis einfach einen Strich machen können, wie es sonst bei Fächern üblich war, die nicht gelehrt worden waren. Bei mir stand aber: ‹Stand dem Religionsunterricht völlig ablehnend gegenüber.› Mein Vater ging mit dem Zeugnis zur Rektorin und beschwerte sich: ‹Dieser Satz kann meiner Tochter zum Nachteil gereichen.› Sie antwortete nur: ‹Sie wollten es doch so.›»

Zucht, Ordnung und Feiern: Die Organisation von Zustimmung

Die geschilderten Maßnahmen waren nur eine – die brutale – Seite der neuen Politik, Widerstand nur eine – seltene – Reaktion der Betroffenen. Opfer dieser Maßnahmen war eine Minderheit von Lehrern, Beamten der Schulverwaltung, Eltern und Schülern, die im offenen Gegensatz zum Nationalsozialismus und seinen Erziehungsvorstellungen standen. Doch die Nationalsozialisten herrschten nicht nur mit Druck und Terror. Sie konnten sich vielmehr auch im Schulbereich auf Gleichgültigkeit, Duldung und Zustimmung stützen: Sie griffen das Unbehagen vieler Lehrer und Eltern an der Berliner Schulpolitik auf, sie werteten weitverbreitete traditionelle Erziehungsvorstellungen und das «gesunde Volksempfinden» auf und boten eingängige Orientierungsmuster an. Materielle Grundlage dieser Entwicklung waren die aus der Wirtschaftskrise resultierenden massiven Verschlechterungen im Schulwesen.

Schulnot

1932 hatte die Arbeitslosenzahl in Deutschland die Sechs-Millionen-Grenze erreicht; in der Vier-Millionen-Stadt Berlin betrug sie 600 000. Die Krise traf nicht nur die Arbeitslosen und ihre Angehörigen, sondern auch große Teile des erwerbstätigen Mittelstandes, selbständige Handwerker, Kaufleute, die Angestellten und Beamten des öffentlichen Dienstes. Wer einen Arbeitsplatz hatte, lebte in der Angst, schon morgen auf der Straße zu stehen oder von Lohnkürzungen betroffen zu werden. Krisenstimmung, Desorientierung und Perspektivlosigkeit prägten den Alltag des Arbeitslosen wie den des beschäftigten Arbeiters und Angestellten oder des Jugendlichen, der nicht darauf hoffen konnte, eine Lehrstelle bzw. Anstellung zu finden.

Drastische Sparmaßnahmen, die die Regierung Brüning als Rezept gegen die Wirtschaftskrise eingeleitet hatte, wirkten sich einschneidend auf Schule und Sozialwesen aus. Seit 1930 wurden in Berlin keine Lehrer mehr eingestellt, die Lehrergehälter mehrfach gekürzt, Klassen zusammengelegt, die Pflichtstundenzahl für Lehrer erhöht. Gespart wurde an Lehr- und Lernmitteln, an Heizungs- und Beleuchtungskosten für die Schulen, an Zuschüssen für Wanderungen oder für Ausstellungsbesuche. Für den Besuch der höheren Schulen verlangte man mehr Schulgeld. Die Zuschüsse für die Schulspeisung wurden verringert, an ihr mußten sich die Eltern ebenso beteiligen wie sie vom April 1932 an die Kosten für die Schulunfall-Versicherung zu tragen hatten – Maßnahmen, die die Ärmsten der Armen trafen.

«Berlins Schülerschaft, Berlins Lehrerschaft merkt die schulische Not an allen Ecken und Enden. Für wichtige unterrichtliche und erzieherische Aufgaben konnte im Etat 1931 keine Mark mehr eingesetzt werden. Wir denken dabei an den Ausbau der Schülerwerkstätten, an die Förderung des Musikunterrichts, an die Einrichtung von Trink- und Waschgelegenheiten, an den Ausbau der Landschulheime, an die Ausstattung der Schulen mit elektrischer Beleuchtung an Stelle der in manchen Schulen ganz mangelhaften Gasbeleuchtung. (...) Selbst an den lebenswichtigsten Etatposten hat man in unerhörter Weise gekürzt, um 50, um 60, um 70 und 80 % gegen 1929. Wir erinnern dabei an die Positionen: Lehr- und Lernmittel, Schüler- und Lehrerbücherei, Arbeitsunterricht und Schülerwanderungen, Beheizung und Reinigung der Schulen und vieles andere mehr. Unseren hungernden Volksschulkindern können wir nicht im ausreichenden Maße mehr Schulspeisung geben.» (Berliner Lehrerzeitung Nr. 4, vom 28. 1. 1932)

Die Volksschulchroniken dieser Jahre registrierten vor allem Schulnot. Der eingangs zitierte Rektor Gensch wandte

1932 Nr. 23 Berliner Illustrirte Zeitung 787

Arbeitslose zwischen 14 und 21

Die Not der deutschen Jugend

Täglich reihen sich in die unübersehbare Schlange zwischen die arbeitslosen Männer und Frauen die arbeitslosen Jugendlichen. Sie gehen in der gleichen Reihe mit den Millionen Älteren, sie tragen das gleiche Schicksal — ein besseres haben sie nie gekannt. Wenn sie die langen Stunden vor den Türen stehen und warten, sprechen sie nicht von früher und hegen keine Erwartungen für ein Später. Der Krieg, die Inflation, in der sie aufgewachsen, die Arbeitslosigkeit, zu der sie herangewachsen sind, haben ihnen den Maßstab für Hoffnungen vorenthalten.

In der Arbeitslosenzählung werden zur Zeit die Jugendlichen zwischen 14 und 21 Jahren nicht getrennt berücksichtigt. Im Januar gingen 900 000 Jugendliche stempeln, im März, als für einen neuen Jahrgang die Schule zu Ende war, wuchsen ihnen weitere 130 000 zu. 60 Prozent aller Schulentlassenen dieses Jahres blieben berufsunversorgt. Die Abiturienten und die Volksschulabsolventen drängelten sich nach Ostern um die gleichen Lehrplätze.

*

Nur die knappe Hälfte der im Januar gezählten 900 000 Arbeitslosen hatten Anspruch auf Arbeitslosenversicherung oder Wohlfahrtsrente. Wer noch nie gearbeitet hat und wessen Vater oder Mutter Arbeitslosenrente bezieht, ist nicht unterstützungsberechtigt. 90 vom Hundert der jugendlichen Erwerbslosen haben erwerbslose Eltern. Es wird sehr eng zu Hause, wenn alle in einer Stube beschäftigungslos zusammensitzen; Familienzänkereien, von denen auf den Treppenfluren die Nachbarn hören und drüben reden, haben alle den gleichen Grund. Die Eltern trennen sich voneinander, die Kinder von den Eltern: manche laufen davon, manche werden fortgeschickt.

Aufnahmen: Dephot.

«Berliner Illustrirte Zeitung», Juni 1932

sich angesichts der sozialen Not seiner Schüler, die einen geregelten Unterricht stark beeinträchtigte, in einem Zeitungsartikel vom 20. 12. 1931 an die Öffentlichkeit:

«Hinter Schulfenstern
Die 3. Volksschule ist nach Aussage des Schularztes die gesundheitlich schlechteste des ganzen Bezirks, abgesehen davon, daß nach einer früheren Statistik jedes vierte Kind Waise oder Halbwaise ist. Wir sind ja leider schon so weit, daß eine zwei- und dreijährige Arbeitslosigkeit des Ernährers einer Familie nichts Besonderes mehr darstellt. Freilich aber rücken die Berichte der verzweifelten Mütter die Sachlage in ein anderes Licht. Da gibt es Männer, die jede vernunftgemäße Anschauung des Daseins verloren haben: Da werden Frauen und Kinder aus der Wohnung vertrieben, ‹damit sie auch mal fühlen sollen, wie schwer das Leben ist›, andere essen unter Umständen das gesamte Mittagsmahl allein auf unter heftiger Bedrohung der Familienmitglieder, die auch daran teilnehmen möchten, ein dritter verschenkt noch von dem wenigen Hab und Gut zum Entsetzen der geplagten Mutter. Die Frauen muß man in dem Kampf ums Dasein bewundern, aber auch hier mehren sich schon die Fälle, wo die Frauen buchstäblich die Hände in den Schoß legen und sagen: ‹Es ist alles umsonst.› Da kann es zum Streit zwischen amtlichen Helfern und Lehrern kommen, weil die amtlichen Stellen mit Recht die Frauen als faul bezeichnen, der Lehrer aber den inneren Leidensweg sieht, auf dem die Frau dahingelangt ist.

Kinder aus solchen Verhältnissen, denen das Notwendigste an den ersten Lebensbedürfnissen fehlt, erhalten von jetzt ab

Viele Schulen riefen in den Krisenjahren dazu auf, Kleider und Lebensmittel für die ärmsten der Schüler zu spenden: Verteilung der «Frühstückshilfe»

Vergnügen im tristen Hinterhof: Leierkastenmann und Straßenartist

keine Mittagsspeisung mehr. Das Bezirksamt Friedrichshain sieht sich zu dieser Maßnahme gezwungen, weil eine große Menge von Anträgen aus ähnlichen Verhältnissen vorliegt, und man scheidet deshalb die Kinder aus, die ein halbes Jahr lang Speisung erhalten haben. Ein großer Teil unserer Kinder soll nun auch nicht mehr die Möglichkeit haben, im Hort der Schule unterzukommen. Nach einer Verfügung des zentralen Jugendamtes dürfen Kinder Arbeitsloser nicht mehr im Hort betreut werden. Diese Verfügung geht wohl von der Annahme aus, daß die arbeitslosen Eltern nunmehr selbst Zeit genug haben, sich mit ihren Kindern zu beschäftigen. Leider ist dabei das oben angeführte psychologische Moment vergessen worden. Der Aufenthalt der Kinder im Hause kann zu einer Hölle werden. Einige Einzelfälle: Fünf Kinder, Vater arbeitslos, ordentliche Leute, aber ganz verkümmert und versorgt, weil trotz aller Mühe der Haushalt nicht aufrechtzuerhalten ist. Es fehlt am Nötigsten. Neun Kinder, drei erwachsen, eins verdient 23 Mark pro Woche, Vater ausgesteuert. Die Kinder erbitten sich alte Schuhsohlen, damit Vater die eigenen zerrissenen ausbessern kann. Fünf Kinder, Vater Gelegenheitsarbeiter, krank, jetzt arbeitslos. In der Wohnung fehlt es am Nötigsten, Schrank, Tisch, Stuhl sind Luxus, Betten erbärmlich. (...) Zwei Kinder, die Mutter jahrelang krank, Vater ohne Arbeit ... Die Verhältnisse sind so kümmerlich, daß auch die Kinder scheu und traurig sind. Fünf Kinder, Vater arbeitsunfähig und völlig verzweifelt und hoffnungslos. Er sieht keinen Ausweg, denn eine Tochter ist lungenkrank und nur 50 Prozent arbeitsfähig, ein Sohn infolge Unglücksfalles lange krank gewesen, in die Erholung geschickt, jetzt wieder zu Hause, aber arbeitslos, eine andere Tochter seit sechs Wochen schwer an Gelenkrheumatismus erkrankt. Vier Kinder, Vater Kraftwagenführer, arbeitet verkürzt. Miete rückständig, leben in steter Angst vor dem völligen Zusammenbruch.» (Die Brücke. Berliner Tageblatt)

Rektor Specht von der 27. Volksschule in Berlin-Neukölln, der keineswegs ein Nationalsozialist war, schloß die Chronik für das Schuljahr 1931/32 mit der verzweifelten Frage: «Wann kommt der Retter diesem Lande?»

Stärkung der Berufsidentität – Anrufung der Lehrer

Not- und Sparverordnungen brachten für Lehrer zwischen 1930 und 1932 sechs Gehaltskürzungen mit sich, die insgesamt zwischen 19 und 32 Prozent betrugen, in Einzelfällen sogar über 40 Prozent ausmachten. In Berlin wurden, wie bereits erwähnt, seit 1930 keine Lehrer mehr eingestellt. Lehrerinnen konnten, wenn ihre wirtschaftliche Versorgung gesichert erschien, entlassen werden. In der Folge stieg die Lehrerarbeitslosigkeit beständig an. In der Beilage zum «Berliner Tageblatt» vom 24.1.1932 hieß es dazu: «Nun steht eines fest, daß auch der Volksschullehrer, besonders in der Großstadt, an den größere Anforderungen gestellt sind, heute nicht mehr das Existenzminimum hat. Er kann seine Arbeitskraft nicht mehr so wiederherstellen, wie es notwendig ist, um wirklich eine lebendige Erziehungsarbeit leisten zu können.» Die «Berliner Lehrerzeitung», herausgegeben vom Berliner Lehrerverband, kritisierte 1932 in der Ausgabe 37:

«Interessant ist ... die Untersuchung, wie sich in Deutschland die Steuerlasten verteilen. Darüber gibt uns die Reichsstatistik aus dem Jahre 1930 Aufschluß. Sie stellt fest, daß in Deutschland die kleinen und mittleren Einkommen den größten Teil der Steuern aufbringen. 50 % der Steuerbeiträge werden von den Arbeitern, Angestellten und Beamten mit weniger als 4000 RM Einkommen getragen. 27 % bringen die mittleren Einkommen auf, und nur 23 % ruhen auf den Schultern des Großkapitals und der Höchsteinkommen. (...) Die Schicksalsgemeinschaft des deutschen Volkes ist im Hinblick auf die Aufbringung und Tragung der Steuerlasten nicht vorhanden, deshalb kann auch das Gefühl der unbedingten Gerechtigkeit nicht gegeben sein.»

Die Zunahme der wirtschaftlichen und sozialen Not, der Zweifel an der Gerechtigkeit der staatlichen Sparpolitik beeinträchtigten stark das Verhältnis vieler Lehrer zur Republik. So fand beispielsweise auf der 40. Vertreterversammlung des Deutschen Lehrervereins (DLV), der die überwiegende Mehrzahl der Volksschullehrer organisierte, folgender Antrag Hamburger Delegierter keine Mehrheit: «Der D. L. V. bekennt ... sich zur Idee der Gleichberechtigung und Mündigkeit aller Volksgenossen und wendet sich mit aller Schärfe gegen alle Bestrebungen, die Demokratie durch die Diktatur zu ersetzen, und bekennt sich erneut zur Grundidee der Reichsverfassung: ‹Das Deutsche Reich ist eine Republik, die Staatsgewalt geht vom Volke aus.›»

Die Abkehr vom Demokratiegedanken, die Anfälligkeit nennenswerter Teile der Berliner Lehrerschaft für nationalsozialistische Parolen war jedoch nicht allein Folge der Verschlechterung ihrer materiellen Situation. In mindestens gleichem Maße trug die Verschlechterung der schulischen Arbeitsbedingungen dazu bei, daß sich gerade Volksschullehrer den nationalsozialistischen Angeboten zur Krisenlösung öffneten, traf doch diese Verschlechterung ihre Berufsehre und Identität als Lehrer. Fehlende Lehrerstellen wurden durch die Erhöhung der Klassenfrequenzen, Zusammenlegungen, mehr Pflichtstunden für Lehrer und die Verringerung der Unterrichtswochenstunden für Schüler aufgefangen. Die Sparpolitik schuf so Bedingungen, die viele Lehrer am pädagogischen Sinn ihrer Arbeit zweifeln ließ.

Dieser Bündelung von sozialer Verschlechterung, Schulnot und Beeinträchtigung des pädagogischen Selbstwertgefühls der Lehrer nahm sich die Propaganda des Nationalsozialistischen Lehrerbundes (NSLB) an. Geschickt verknüpfte sie die Verschlechterung der Lebensbedingungen der Lehrer mit den Mängeln des parlamentarischen Systems und die Verschlechterung der Arbeitsbedingungen, die als Krise der Berufsidentität erlebt wurde, mit der Sorge um Bildung und Kultur, um das Wohl der Kinder, ja um die Zukunft Deutschlands.

War der NSLB seit seiner Gründung im Jahre 1929[1] eine kleine Sekte geblieben, ein «Kampfverband» der NSDAP, der sich wenig um Schul- und Bildungspolitik kümmerte, so erhielt er 1932, vor allem in Berlin und Sachsen, den ersten stärkeren Zuwachs. 1929 organisierte er etwa 200 Mitglieder, zwei Jahre später rund 2000, aber schon im Juni 1932 lag die Mitgliederzahl bei 6000 und im Januar 1933 bei knapp 11 000. Dieser Mitgliederzuwachs war ein Symptom; gleichwohl blieb der NSLB gegenüber dem DLV mit 147 000 Mitgliedern im Jahre 1932 – der Katholische Lehrerverband hatte etwa 25 000 Mitglieder, der Allgemeine Deutsche Lehrerinnenverband ungefähr 37 000 – quantitativ unbedeutend. Gewichtiger war die Rechtsentwicklung innerhalb der Lehrerschaft und ihrer Verbände. Sie zeigte sich zum Beispiel darin, daß der Berliner Sozialdemokrat Alfred Tschentscher 1931 den Vorsitz des Lehrerverbands Berlin, den er seit 1920 innegehabt hatte, verlor, der Berliner Nationalsozialist Higelke, ein Junglehrer, in den Geschäftsführenden Ausschuß des DLV aufrückte. Bei einem Treffen zwischen DLV und NSLB am 18. 3. 1932 wurden in vielen bildungspolitischen Fragen übereinstimmende Auffassungen festgestellt.

Die finanzielle Lage der Lehrer und ihre Arbeitsbedingungen bereiteten den Boden dafür, daß sich das Gros der Volksschullehrer nach dem 30. Januar 1933 reibungslos anpaßte – wenn auch ohne Begeisterung. Die Zerstörung der Grundlagen einer ungebrochenen Lehreridentität in den Krisenjahren der Weimarer Republik führte dazu, daß in der größten Lehrervereinigung – mit einer langen demokratischen Tradition – sich Stimmungen und Ansichten durchsetzten, die denen der Nationalsozialisten nicht sonderlich fern standen, vielmehr den Eindruck zuließen, als seien sie den NS-Erziehungsleitsätzen entnommen. Hierfür nur zwei von vielen Beispielen aus dem Jahrgang 1932 der «Berliner Lehrerzeitung»: Ein Beitrag in Heft 39 über «Zucht und Ordnung in der Schule» eröffnete mit der Feststellung, eine Schule ohne «Zucht» sei «wie eine Mühle ohne Wasser». Weiter führte der Verfasser aus:

Steht «mein Ansehen und das der Schule durch das Verhalten eines Taugenichts auf dem Spiel, dann greife ich zum Stock, weil die Pflicht mich zu dieser Maßnahme zwingt, wenn ich keine Unterlassungssünde am Kinde, am Elternhaus und am Volk begehen will. Dann darf ich aber auch verlangen, daß meine vorgesetzte Behörde mich, wenn die Züchtigung ordnungsgemäß erfolgt ist, mit allen Mitteln schützt. Dieses Gefühl ist in der Lehrerschaft nicht vorhanden, weil die Einstellung der Behörden zu jedem Fall nicht immer so gewesen ist, wie wir es erwarten durften, und weil durch die Schulräte und Schulleiter in vielen Konferenzen immer wieder zum Ausdruck gebracht wurde: ‹Faßt keinen Stock an, Ihr macht Euch unglücklich, die Behörde schützt Euch nicht.› (...) So wurden Schüler bestärkt in dem Glauben: ‹Der Lehrer hat mich überhaupt nicht zu schlagen›, und setzten diese Gewißheit in Frechheit um. Die Lehrenden aber wurden unsicher und unfreudig in ihrem Amt. Ein Teil der Kollegen machte sich deshalb vom Stock frei, sah gleichgültig den Ungezogenheiten der Schüler zu, um allen Unannehmlichkeiten aus dem Wege zu gehen, und hatte dabei die stille Hoffnung im Herzen, daß die Behörde ihre falsche Einstellung bald einsehen werde. Der andere Teil der Lehrerschaft bäumte sich gegen die mangelnde Zucht und wachsende Unordnung auf, machte sich dadurch oft unangenehme Stunden und sehnte den Tag herbei, wo er der Schularbeit ade sagen konnte. Und wenn heute diese Schäden der Schule von der Öffentlichkeit nicht so wahrgenommen werden, wie sie die Lehrerschaft sieht, dann verdanken wir es den Kollegen, die in den Klassen ihren Mann standen, die gegen die Unbotmäßigkeit und Respektlosigkeit Front machten. (...) Die Zeiten sind eben für die Schule andere geworden. Der verlorene Krieg, die Inflationsjahre, die wirtschaftliche Not, die politische Beeinflussung durch die Parteien und die Presse drücken unserer Ju-

Ihre Forderung wurde – jedenfalls laut Gesetz – 1929 erfüllt; am 14. 3. 1933 wird die Prügelstrafe wieder eingeführt

1 Dieses Datum ist strittig, gelegentlich wird 1927 als Gründungsjahr genannt.

8. HEFT - ERNTING 1934

Reichszeitung der deutschen Erzieher

NATIONALSOZIALISTISCHE LEHRERZEITUNG

Herausgeber: Nationalsozialistischer Lehrerbund, Reichsleitg. Bayreuth / Verlag: Gauverlag Bayer. Ostmark GmbH.
Erscheint monatlich - Einzelpreis 20 Pfg., ab 20 Stück 15 Pfg., ab 100 Stück 13 Pfg. - Fernruf: Bayreuth 1347 - Postschließfach 6
Postscheckkonto: N.S. Lehrerbund Reichsleitung Bayreuth, Nürnberg 34641 - Gauverlag Bayer. Ostmark GmbH. (für Anzeigen) Nürnberg 37509

„Dein größter Erzieher, deutsches Volk, heißt Adolf Hitler."

Hans Schemm

Worte des NSLB-Vorsitzenden Schemm («Hilf mit», Nr. 2/1933)

gend einen bestimmten Stempel auf. Es ist hier die Aufgabe der Behörden, diese Erscheinungen mit ihren Nachteilen für die Schularbeit klar zu sehen und bei Überschreitung des Züchtigungsrechts als Entlastung für den Lehrer zu buchen. (...) Das Leben ist hart und verlangt Menschen, die sich zusammenreißen können, damit sie später mit den Wirren der Außenwelt fertig werden. Das gilt auch für die Lernanfänger. Hier zeigen sich durch das Einkindsystem die Unterlassungssünden der Eltern so stark, daß in den folgenden Schuljahren die geübte Nachsicht von Eltern und Lehrern nicht mehr gutgemacht werden kann. Wir gebrauchen deshalb eine Schule ... in der Gehorsam und Leistung gepaart sind mit der Erkenntnis, daß jedes Kind wohl ein Eigenleben sei und danach erzogen werden muß, in dem aber auch Ungeistiges schlummert, das nicht übersehen werden darf, das nötigenfalls auch durch Strenge zur Einsicht gebracht werden muß.»

In einer Stellungnahme zum Erlaß des Reichspräsidenten vom 13.9.1932 über die «Ertüchtigung der Jugend», der vorsah, Schulentlassene in dreiwöchigen Lageraufenthalten zur «Wehrhaftigkeit, Mannhaftigkeit, Härte, Zucht, Ordnungsliebe, Opferbereitschaft für Volk und Vaterland» zu erziehen, wurden diese Erziehungsziele in der Ausgabe 49 der «Berliner Lehrerzeitung» begrüßt und der Hoffnung Ausdruck gegeben, daß so ein «wehrhaftes Volk» entstehe. Kritik richtete der Beitrag an die Adresse der katholischen Berufs- und Jugendverbände, die sich gegen die militaristische Tendenz dieser Maßnahme und für eine Erziehung zum Völkerfrieden ausgesprochen hatten.

Die Nationalsozialisten propagierten «Sauberkeit», «Ehre», «Ordnung», «Pflicht» usw. Mit diesen Werten konnten sie unbefangener die Mißstände der Weimarer Republik kritisie-

Äußere *Zeichen der Privilegierung werden beseitigt: HJ-Gymnasiasten verbrennen ihre Schülermützen*

ren als beispielsweise Liberale oder Sozialdemokraten, die im Unterschied zu den Nationalsozialisten direkte Verantwortung für die Verhältnisse in der Weimarer Republik trugen und daher deren strukturellen Schwächen nur halbherzig aufzuzeigen wagten. Der NSDAP dagegen fiel es leicht, sich scheinbar kritisch auf diese Verhältnisse zu beziehen, da sie deren demokratische Verfassung ablehnte. Ihre Werte-Radikalität, hinter der sich eine reaktionäre Illiberalität verbarg, fand bei den um die «Moral», um «Zucht und Ordnung» besorgten Lehrern Anklang, traf sie doch – jedenfalls auf den ersten Blick – ihre Sorgen und Bedürfnisse. Sozialdemokraten verteidigten dagegen hartnäckig die sozialen und politischen Strukturen der Republik, die die Krise hervorgebracht hatten; Kommunisten bezogen sich kaum auf die konkreten Lehrersorgen und boten statt dessen eine abstrakte Revolutionsutopie an. Die Nationalsozialisten konnten daher auch durchaus auf Zustimmung rechnen, wenn sie als eine der ersten Maßnahmen im Schulbereich die Prügelstrafe, die 1929 an allgemeinbildenden Schulen abgeschafft worden war, zur Durchsetzung dieser Werte wieder einführten und die Lehrerautorität zunächst – wie noch zu zeigen sein wird – stärkten. Mit der Entfernung von SPD- und KPD-Mitgliedern aus den Elternbeiräten wurde der vielbeklagten «Verhetzung» innerhalb der Schule ein Ende gemacht. Zustimmung brachte auch die Aufwertung der Rolle als Erzieher, der die Entwicklung der Kinder führt, der vorrangig für die «Formung» des Charakters und erst in zweiter Linie für die Vermittlung von Wissen verantwortlich ist. Hans Schemm, Vorsitzender des NSLB, führte dazu auf der Erziehertagung in Magdeburg, die den Übertritt des DLV in den NSLB beschloß und Schemm zum Vorsitzenden des DLV wählte, aus: «Der Volksschullehrer muß mehr Erzieher als Lehrer sein, denn er ist mehr mit der Seele des Volkes verbunden als irgendein Stand.» (Deutsche Lehrerzeitung Nr. 24, 1933)

Erleichtert griffen viele Lehrer nach den verbindlichen Werte-Maßstäben, die gegenüber dem Werte-Pluralismus der Weimarer Zeit eine eindeutigere Orientierung vorgaben. Sie fühlten sich angesprochen von der Verdammung des «Materialismus», dem – an ihr berufliches Selbstverständnis anknüpfend – Selbstlosigkeit und Opferbereitschaft gegenübergestellt wurde. Zwar verbesserten sich 1933 ihre materielle Lage und ihre Arbeitsbedingungen nicht, es wurden keine neuen Lehrerstellen geschaffen, aber die Betonung der entscheidenden Bedeutung der *Volks*bildung durch die Nationalsozialisten war Balsam für die Seele vieler Volksschullehrer, hob ihr Selbstwertgefühl gegenüber den über ihnen stehenden Gymnasiallehrern: Auch das Gymnasium (wie die Universität) hatte, so wurde propagiert, «Volks»schule zu sein; und in «Mein Kampf» war wie im Programm der NSDAP davon die Rede, daß Bildung für alle verwirklicht werden müsse, auch Kindern aus ärmeren Verhältnissen «die Tore der staatlichen höheren Unterrichtsanstalten ... zu öffnen» seien (Mein Kampf. 102.–106. Auflage. München 1934, S. 480). So mancher Anhänger Pestalozzis, in dessen Tradition die Nationalsozialisten den «größten Erzieher» Adolf Hitler stellten, war begeistert. Der Lehrerverband Berlin erklärte nach den März-Wahlen 1933 seine Übereinstimmung mit «der Auffassung des Herrn Reichskanzlers, daß die Erziehung das wichtigste Mittel zur nationalen Einigung, zum kulturellen Aufbau und zum wirtschaftlichen Aufstieg sei» (Berliner Lehrerzeitung Nr. 12, 1933).

Zucht und Ordnung – Anrufung der Eltern

Daß soziale Verschlechterungen auch Wertmaßstäbe veränderten, daß die Wirren der Weimarer Republik den Wunsch nach Überschaubarkeit und Eindeutigkeit der Lebensverhältnisse verstärkten, daß Krisen nicht die Bereitschaft zur Erprobung von Neuem, sondern eher das Streben förderten, zu vertrauten Verhältnissen zurückzukehren, daß schließlich das Wachsen individueller und öffentlicher Not die Ansprechbarkeit für einfach erscheinende, eingängige Angebote zur Krisenlösung hervorrief – all dies traf nicht nur auf Volksschullehrer zu. Auch bei vielen Eltern – quer durch alle Schichten hindurch – beeinflußte das unmittelbare soziale Elend oder die Zerrüttung des sozialen Status nicht nur die Erziehungsvorstellungen und -perspektiven, sondern auch die Haltung zur Schule. Der ungesicherten Zukunft ihrer Kinder standen viele Eltern rat- und hilflos gegenüber. Dieser Zustand erwies sich als geeignetes Einfallstor für die Nationalsozialisten, um sich Zustimmung für ihre Politik unter den besorgten Eltern zu sichern. Fehlende Erziehungsperspektiven und Schulnot verknüpften sie mit dem Bild der Gefahren, die angeblich von linken, reformfreudigen Lehrern, von der «disziplinlosen» Schule für die Zukunft der Kinder ausgingen. Wie wenig der linke Lehrer oder ein schülerorientiertes Schulklima den durchschnittlichen Schulalltag vor 1933 auch bestimmten, so erwies sich doch dieses Zerrbild bei vielen Eltern als genauso wirkungsvoll wie die Forderung, zu alten Maßstäben wie Zucht, Ordnung, Autorität usw. zurückzukehren. In jedem Falle stießen die Nationalsozialisten bei den Vertretern der konservativen – sich «christlich-unpolitisch» nennenden – Elternbeiräte auf Zustimmung. Sie hatten sich schon lange gegen sexuelle Aufklärung, für Bekenntnisschulen und die Prügelstrafe ausgesprochen. Aber es waren nicht nur konservative Eltern, die den autoritären Maßstäben und Praktiken zustimmten. Eine Untersuchung von Erich Fromm («Arbeiter und Angestellte am Vorabend des Dritten Reiches») zeigt, daß auch SPD- und KPD-Mitglieder bzw. -Wähler beispielsweise der Prügelstrafe nicht ablehnend gegenüberstanden und anderen traditionell-autoritären Erziehungs- und Geschlechterstereotypen den Vorzug gaben. Unter dieser Voraussetzung konnte auch die Aufhebung der gemeinsamen Erziehung von Mädchen und Jungen auf Zustimmung unter Teilen der Elternschaft bauen.

NS-Retrospektive 1937: Not und demokratisches Engagement in der Weimarer Republik

Der Beschluß vom Ende des Jahres 1933, daß im darauffolgenden Jahr die Zahl der Abiturientinnen, die zum Studium zugelassen werden, nicht höher sein dürfe als zehn Prozent der männlichen Abiturienten, war für viele der betroffenen jungen Frauen sicher schmerzlich. Diese Diskriminierung wurde jedoch angesichts der Arbeitsplatz-Konkurrenz unter Fach- und Hochschulabsolventen auch als Wiederbesinnung auf die «natürliche» Aufgabe der Frau begrüßt. Der Satz Hitlers, das Ziel weiblicher Erziehung sei «unverrückbar die kommende Mutter» (Mein Kampf, S. 460), stieß angesichts der wirtschaftlichen Krise auf Zuspruch: Männer konnten auf die Verdrängung von Konkurrentinnen um einen Arbeitsplatz hoffen und auf eine Bestätigung ihrer ins Schwanken geratenen Vormachtstellung. Viele Frauen erlebten die Aufwertung der Mutterrolle durch die Propaganda (und bald auch durch die Sozialpolitik der Nationalsozialisten) als öffentlich-staatliche Anerkennung ihrer Erziehungstätigkeit, der bislang wenig Aufmerksamkeit geschenkt worden war.

Teilhabe am Glanz der Volksgemeinschaft – Anrufung der Schüler

Konnten die Nationalsozialisten mit solchen Ansichten und Maßnahmen bei Schülerinnen und Schülern auf Zustimmung rechnen? Vieles lief im Schulgeschehen wie bisher, was andernorts schon Praxis war, wurde allgemein eingeführt.

«Geschichte wird von großen Männern gemacht», das hatten die Schüler auch in der Weimarer Republik gelernt. Dieser Satz wurde im «Tausendjährigen Reich» in tausend Varianten wiederholt (die erste Ministerialverfügung über Unterrichtsinhalte betraf den Geschichtsunterricht).

Im Schuljahr 1930/31 schrieben Gymnasiasten Aufsätze über die «Aufgabe des Vereins für das Deutschtum im Ausland». Am 23.6.1933 wurde an der 3. – und an jenen Tagen an vielen anderen – Volksschule eine V. D. A.-Gruppe gegründet. An der 28. Volksschule in Neukölln, deren Rektor NSLB-Mitglied Nr. 244 war, beschloß das Kollegium am 21.9.1932 die Unterstützung des V. D. A. «durch Verteilung von Sammelbüchsen, Beschaffung von Schriften als Lesestoffe und Veranstaltung eines Werbevortrages». Das Protokoll der Lehrerkonferenz vom 13.12.1932 hält fest, daß in dieser Werbeveranstaltung 24 Schülerinnen für den V. D. A. gewonnen und 141 Reichsmark gesammelt wurden.

Im Schuljahr 1930/31 beantworteten Mädchen an höheren Schulen in Aufsätzen die Frage: «Spiegelt das deutsche Volkslied die deutsche Volksseele wider?», 1933/34 mußten

Fest der deutschen Schule: Programmzettel

Fest der deutschen Schule: Die Vertretung Berlins

Die ältesten Mitglieder des NSLB Nr. 1 bis 250

* Nr. 1 Hans Schemm, Lehrer, Bayreuth (gest. 5. 3. 1935).
* Nr. 2 Hans Dennerlein, Hauptlehrer, Bayreuth.
* Nr. 3 Max Kolb, Hauptlehrer, Bayreuth.
Nr. 4 Eberhard Baumann, Oberlehrer, Kirchleus.
* Nr. 5 Eugen Berthold, Schulleiter, Herlasgrün/Vogtl.
Nr. 6 August Blechschmidt, Oberlehrer, Hornungsreuth (gest. 17. 4. 1934).
Nr. 7 Laura Bartholomae, Lehrerin, Himmelkron.
Nr. 8 Luise Birkenkamp, techn. Lehrerin, Mettmann i. Rhld.
Nr. 9 Axel Crewell, Lehrer, Benndorf (Bez. Halle).
Nr. 10 Fritz Deinlein, Schulamtsbewerber, Haag bei Remmersdorf (Ofr.)
Nr. 11 Luise Flentje, Handarbeitslehrerin, Nürnberg.
Nr. 12 Willi Fritsch, Lehrer, Berlin-Steglitz.
Nr. 13 Anna Fritz, Lehrerin, Haßloch (Rheinpfalz).
Nr. 14 Elisabeth Fuhr, Hauptlehrerin, Karlsruhe.
** Nr. 15 Johannes Richard Gierschick, Lehrer, Thiergarten b. Plauen.
Nr. 16 Christian Heinr. Georgi, Oberlehrer, Lauter/Sa.
Nr. 17 Helene Viktoria Giersberg, Schulvorsteherin a. D., Breslau.
Nr. 18 offen.
** Nr. 19 Christian Hübner, Lehrer, Marktredwitz.
Nr. 20 Grete Hertel, Lehrerin, Freiburg. Schlesien.
Nr. 21 Hans Jückstock, Junglehrer, Pölitz b. Plaar, Mecklenburg.
* Nr. 22 Dr. Walter Erich Knauth, Gewerbestudienrat, Zwickau i. Sa.
* Nr. 23 Christian Knodt, Lehrer, Groschlattengrün, Opf.
* Nr. 24 Walter Krauße, Lehrer, Neustädtel b. Schneeberg (Sa.)
Nr. 25 Max Otto Krebs, Lehrer, Zschorlau, Erzgebirge.
Nr. 26 Emil Lamb, Lehrer, Mußbach.
Nr. 27 Otto Lindner, Lehrer, Aue-Alberoda, Erzgeb.
Nr. 33 Max Müller, Hauptlehrer, Neunkirchen b. Cob. (gestorben).
Nr. 34 Karl Ott, Hauptlehrer, Nürnberg.
Nr. 35 Horst Penzel, Lehrer, Wünschendorf, Erzgeb.
Nr. 36 Joseph Putz, Lehrer, Bodenwöhr, Opf.
Nr. 37 Albert Puchtler, Lehrer, Grafengehaig, Ofr.
Nr. 38 Ernst Puchtler, Studienprofessor, Kulmbach.
Nr. 39 Hildegard Petersdorf, Musiklehrerin, Stettin.
Nr. 40 Fritz Reiger, Hauptlehrer, Memmingen, Schw.
* Nr. 41 Walter Rein, Lehrer, Oberpirk, Sa.
Nr. 42 Adolf Reissinger, Studienprofessor, Bayreuth (ausgetr. 1. 4. 1935).
Nr. 43 Oskar Rhänzle, Lehrer, Heidelberg-Pfaffeng
Nr. 44 Walther Ritter, Oberlehrer, Chemnitz.
Nr. 45 Ludwig Rüttinger, Oberlehrer, Geilsdorf bei Stadtilm, Thür.
* Nr. 46 Karl Friedrich Sammer, Mehltеuer i. Vogtl.
Nr. 47 Adolf Schmidt, Lehrer, Bodenstedt, Braunschw.
* Nr. 48 Konrad Schramm, Hauptlehrer, Obristfeld, Ofr.
* Nr. 49 Karl Schubert, Oberlehrer, Oberkotzau, Ofr.
Nr. 50 Bruno Schulz, Lehrer, Königsberg i. Pr.
Nr. 51 Wilhelm Siebert, Lehrer, Kassel.
Nr. 52 Richard Schulz, Lehrer i. R., Landsberg-Warthe.
Nr. 53 Carl Speckhardt, Langenaltheim, Mfr.
Nr. 54 Anne Marie Spreuer, Seminaristin, Breslau.
Nr. 55 Hans Stricker, Lehrer, Oberweißenbach b. Helmbrechts, Ofr.
Nr. 56 Alfred Struhler, Lehrer, Wiefeth, Mfr.
Nr. 57 Hans Tallner, Hilfslehrer, Westheim b. Kitzingen.
Nr. 58 Ernst Uissinger, Lehrer, Neulußheim, Baden.
Nr. 59 Karl Vogt, Hauptlehrer, Neulußheim, Baden.
* Nr. 60 Wilhelm Walther, Schulamtsbewerber, Stammbach, Ofr.
Nr. 61 Irene Wolka, Schulamtsbewerberin, Ohlau i. Schl. (ausgetr. 31. 8. 1935).
Nr. 62 Otto Zander, Studienrat, Berlin-Charlottenburg.

Nr. 207 Max Elchlepp, Lehrer, Hirschberg, Saale.
Nr. 208 Rudolf Wienecke, Gewerbelehrer, Leutenborg i. Thür.
Nr. 209 Walter Schulz, Lehrer, Zülzendorf/Schweidnitz.
Nr. 210 Reinhold Schrage, Lehrer, Beinstein/Waiblingen.
Nr. 211 Dr. Karl Andernacht, Studienrat, Bad Sassendorf i. Westfalen.
Nr. 212 L. Strößner, Gera
Nr. 213 Karl Schmidt, Lehrer, Altenhausen/Aisch.
Nr. 214 Wilhelm Staufenberg, Lehrer, Kassel.
Nr. 215 Walter Petersohn, Lehrer, Kassel.
Nr. 216 Georg Popp, Lehrer, Brunn b. Emskirchen.
Nr. 217 Adolf Meyer, Lehrer, Wilhermsdorf/Aischgrün.
Nr. 218 Joh. Georg Hertlein, Lehrer, Neustadt/Aisch.
Nr. 219 Hans Bäselsöder, Lehrer, Birnbaum/Aisch.
Nr. 220 Johannes Reuß, Lehrer, Zella-Mehlis, Thür.
Nr. 221 Viktor Bock, Hilfsgewerbelehrer, Eliasbrunn, v. Lobenstein, Thür.
Nr. 222 Martin Müller, Lehrer, Potsdam.
Nr. 223 Erich Blohm, Wiefelstadt, Oldenburg.
Nr. 224 Hans Sommer, Aushilfslehrer, Wildenreuth, Opf.
Nr. 225 Otto Daumann, Lehrer, Lässig b. Frankfurt/Oder.
Nr. 226 Hans Dietl, Lehrer, Berlin.
Nr. 227 Karl Hanke, Gewerbelehrer, Berlin-Steglitz.
Nr. 228 Albrecht Kisting, Prof a. D., Berlin.
Nr. 229 Fritz Klawisch, Lehrer, Berlin-Schöneberg.
Nr. 230 Dr. Martin Löpelmann, Studienrat, Berlin-Schöneberg.
Nr. 231 Siegfried Lüdersdorf, Studienrat, Steglitz.
Nr. 232 Dr. Hans Meinshausen, Studienrat, Charlottenburg.
Nr. 233 Alexander Popplow, Lehrer, Berlin.
Nr. 234 Eleonore Raumer, Dipl.-Hilfslehrerin, Berlin.
Nr. 235 Dr. Erwin Redlinger, Oberschullehrer, Harmsdorf.
Nr. 236 Walter Ruthe, Konrektor, Berlin.
Nr. 237 Dr. Adolf Schmidt, Studienrat, Pichelsdorf b. Spandau.
Nr. 238 Elli Sommer, techn. Lehrerin, Berlin.
Nr. 239 Hermann Schneider, Stud.-Assessor, Münnerstadt.
Nr. 240 Georg Abeling, Lehrer, Fürstenfelde, Neumark.
Nr. 241 Franz Köppe, Lehrer, Werder a. H.
Nr. 242 Hermann Dames, Oberschullehrer, Berlin-Kaulsdorf.
Nr. 243 offen.
Nr. 244 Kurt Freitag, Rektor, Berlin-Neukölln.
Nr. 245 Alfred Geetsch-Frank, Potsdam.
Nr. 246 offen.
Nr. 247 Lotte Kühne, Oberschullehrerin, Magdeburg.
Nr. 248 Bernhard Anders, Lehrer Trebitsch, Schles.
Nr. 249 Berthold Ebel, Lehrer, Wiesbaden.
Nr. 250 Dr. Ernst Koch, Stud.-Assessor, Leipzig.

Anmerkung:

* = Teilnehmer an der Gründungsversammlung am 21. 4. 1929.

** = Teilnehmer an der 2. Hofer Versammlung am 9. 6. 1929.

Mitgliedskarten wurden vom August 1929 an ausgegeben. Die Reihenfolge richtete sich nach dem Eingang des ersten Beitrages.

17 der ersten 250 NSLB-Mitglieder waren Berliner(innen). Ihr früher Einsatz wurde belohnt: Mitglied-Nr. 62 steigt nach 1933 zum kommissarischen Regierungsdirektor auf, Nr. 230 erhält ein hohes Amt in der Schulverwaltung, Nr. 232 wird Stadtschulrat, Nr. 236 Magistrats-Oberschulrat, Nr. 242 Schulrat in Neukölln sie sich schriftlich dazu äußern, wie sich ihnen auf Reisen «deutsche Landschaft, deutsches Wesen und deutsche Kunst erschlossen» hatten.

Diese Kontinuität in der nationalsozialistischen Schulpolitik konnte sich, wenn auch nicht auf aktive Zustimmung, so doch auf Gewöhnung stützen. Wie aber reagierten die Schüler auf die *neuen* Maßnahmen?

Die Nationalsozialisten konnten sicher sein, daß nur wenige Volksschüler erfuhren bzw. die Tragweite der Tatsache erkannten, daß ihre Lehrer ihre arische Herkunft nachweisen mußten; sie konnten davon ausgehen, daß von Zehn- oder Zwölfjährigen kaum registriert wurde, wenn – sofern noch vorhanden – Bilder des ersten Reichspräsidenten Friedrich Ebert oder andere Bilder aus der «marxistischen Vergangenheit» von den Schulwänden verschwanden. Und was bedeutete es in diesem Alter schon, wenn in der Schule das Hitlerbild neben das von Hindenburg gehängt wurde, übrigens nur «wirklich wertvolle Führerbilder» laut Verfügung vom 28.10.1933? Zu welchem Schüler drang durch, daß Formen kollegialer Schulleitung durch das Führerprinzip abgelöst wurden, das die Weisungsbefugnis des Rektors erheblich ausdehnte? Wer mag die Wiedereinführung der Prügelstrafe mit nationalsozialistischer Politik in Verbindung gebracht haben, wenn doch trotz Verbot auch in den zurückliegenden Jahren körperlich gezüchtigt worden war?

Das zentrale Instrument, mit dem in der Jugend – «Deutschlands Zukunft», wie die Nationalsozialisten immer wieder verkündeten – eine *aktive* Zustimmung für ihre Politik gewonnen werden sollte, war die Hitler-Jugend (wir gehen auf sie im nächsten Kapitel näher ein). Anstrengungen, an der schlechten materiellen Schulsituation grundlegend etwas zu verändern, wurden 1933 nicht unternommen. Um die Schüler auf seine Seite zu ziehen, setzte das neue Regime auf die Organisation von Erlebnissen, die Anziehungskraft ausüben konnten. Eine wichtige Rolle spielten dabei Feiern, Feste, Veranstaltungen, die Öffnung der Schule und des Unterrichts für das außerschulische Leben. An der 3. Städtischen Volksschule beispielsweise fanden 1933 Schulfeiern bzw. -veranstaltungen zu folgenden Anlässen statt:

26. Mai Erinnerung an Schlageter[2],
24. Juni «Fest der Jugend» (Sportfest),
28. Juni Vertrag von Versailles[3],
19. August Werbeveranstaltung für das deutsche Jugendherbergswerk im Berliner Lustgarten,
11. September 250. Jahrestag der Niederlage der Türken vor Wien,

Nagelung des Wappenschildes der HJ in der Schule

Nur «wirklich wertvolle Führerbilder» sollten in den Schulen hängen

2 1923 besetzten französische und belgische Truppen das Ruhrgebiet. Gegen diese Maßnahme leisteten verschiedene politische Strömungen mit unterschiedlichen Intentionen Widerstand. Als Vergeltungsmaßnahme wurde am 8. Mai 1923 der Rechtsextremist Schlageter von den Besatzungsmächten erschossen.

3 Am 23.6.1919 wurde zwischen Deutschland und den Siegerstaaten des Ersten Weltkrieges in Versailles ein Friedensvertrag, die Nationalsozialisten bezeichneten ihn als «Schandvertrag», geschlossen. Der Vertrag bestimmte unter anderem die Rückgabe von Elsaß-Lothringen an Frankreich, Gebietsabtretungen an Polen, Belgien, Litauen, Dänemark und die Tschechoslowakei, die Aufgabe der Kolonien, eine fünfzehnjährige alliierte Verwaltung des Saargebietes, die Beschränkung des deutschen Heeres, die Aufhebung der allgemeinen Wehrpflicht, das Verbot schwerer und moderner Waffen, die Anerkennung der alleinigen Kriegsschuld Deutschlands und hohe Reparationszahlungen im Laufe von 30 Jahren.

Umgestaltung des Schulbetriebes im neuen Staat

Durchführungsverordnungen zum Schriftleitergesetz – Freispruch im Volksvereinsprozeß – 1000 Klm. Reichsautobahnen für den Bau freigegeben

Heute vor neun Jahren:

Adolf Hitler verläßt die Festung in Landsberg

Berlin, 20. Dezember.

Heute vor 9 Jahren, am 20. Dezember 1924, wurde unser Führer Adolf Hitler aus der Festung Landsberg am Lech entlassen.

Anläßlich dieses Tages überreichte heute abend Standartenführer Schaub im Auftrage der übrigen damaligen Festungskameraden des Führers diesem ein Album mit Aufnahmen von dem damaligen Festungsaufenthalt.

*

Zum ersten Male jährt sich dieser Tag im nationalsozialistischen Deutschland, als der Führer von neuem begann, die Bewegung aufzubauen, die heute Volk und Staat umfaßt.

Während Adolf Hitler in Landsberg die Grundlagen der Zukunft und ihrer Idee festlegte in seinem umfassenden Werk „Mein Kampf", stritten sich draußen im Land Gruppen und kleine Nachahmer um das Erbe der am 9. November 1923 äußerlich zerschlagenen nationalsozialistischen Bewegung. Nur wenige waren es, die trotz aller Trennung, trotz Verfolgung und Staatsterror dem Führer auf der Festung die Treue bewahrten.

Mit diesen Getreuen ging dann der Führer am 20. Dezember 1924 ohne Rast wieder hinein ins Volk, begann wieder von Anfang an seinen Kampf um die Seele der Massen, in unerschütterlichem Glauben an das deutsche Volk, den keine Niederlage und keine Enttäuschung ihm zu nehmen vermochte.

Nichts war mit Adolf Hitler und seinen Männern damals als dieser Glaube und der Wille, der daraus geboren. Eine Welt von Feinden stand gegen ihn.

Denken wir heute an den Tag von Landsberg vor neun Jahren zurück und schauen wir dann um uns, hinein in das neue Reich, das sich eben anschickt, das erste wahre und deutsche Gemeinschaftsfest der

Unterrichtsbeginn in den Schulen mit dem Hitler-Gruß

Richtlinien des Reichsinnenministers Dr. Frick – Die Bedeutung der Hitler-Jugend für die Schule

Berlin, 20. Dezember.

Der Reichsminister des Innern Dr. Frick hat die auf der 11. Tagung des Ausschusses für das Unterrichtswesen beratenen „Leitgedanken zur Schulordnung" als verbindliche Richtlinien erklärt und sie den Landesregierungen zur Kenntnisnahme übermittelt. Die „Leitgedanken zur Schulordnung" haben folgenden Wortlaut:

I.

Die oberste Aufgabe der Schule ist die Erziehung der Jugend zum Dienst am Volkstum und Staat im nationalsozialistischen Geist. Alles, was diese Erziehung fördert, ist zu pflegen; alles, was sie gefährdet, zu meiden und zu bekämpfen. Richtunggebend für die volks- und staatspolitische Erziehung sind die durch die deutsche Freiheitsbewegung bestimmten Ziele der Reichsregierung.

Das gesamte innere und äußere Leben der Schule steht im Dienst dieser Aufgabe. Leiter, Lehrer, Schüler und Schulangestellte sind ihr verpflichtet. Die Überwachung steht lediglich den vorgesetzten Behörden zu.

II.

Die Hitlerjugend ergänzt diese Arbeit durch Stählung des Charakters, Förderung der Selbstzucht und körperliche Schulung. Sie hat die Schulgewalt unbedingt zu achten und ihre Mitglieder anzuhalten, die Forderungen der Schule voll zu erfüllen.

Schule und Hitlerjugend aber haben in ihren Ansprüchen an die Jugend auf die Mitwirkung der Eltern an der Erziehung und auf die Erhaltung und Pflege des Familienlebens verständnisvolle Rücksicht zu nehmen. Die Familie ist im neuen Staat erst recht als Keimzelle und als Grundlage des Volkstums geachtet, ihr Leben ist daher zu schützen und zu fördern.

Die allgemeinen Gesichtspunkte in dem Erlaß des Preußischen Ministers für Wissenschaft, Kunst und Volksbildung (abgedruckt im Zentralblatt für die gesamte Unterrichtsverwaltung in Preußen 1933 S. 233) sind zu begrüßen, besonders auch die Bestellung von Vertrauenslehrern. Diese haben im Einvernehmen mit den Vertretungen der Eltern an den einzelnen Schulen und mit den Schulärzten zu arbeiten.

Auch den Ausführungen über die aufgabenfreien Nachmittage ist zuzustimmen. Jugendliche unter 14 Jahren dürfen aber keinesfalls über 19 Uhr im Winter, über 21 Uhr im Sommer, Jugendliche über 14 Jahre nicht über 20 Uhr im Winter und 21 Uhr im Sommer, am Sonnabend nicht über 21 bzw. 22 Uhr in Anspruch genommen werden. Die Führung hat für die unverzügliche Heimkehr der Mitglieder der Hitlerjugend nach dem Dienst besorgt zu sein. Zwei Sonntage im Monat haben voll, ein dritter halb von Dienstverpflichtungen frei zu bleiben, falls das Elternhaus bzw. die Erziehungsberechtigten den Wunsch aussprechen.

Schüler über 18 Jahre können ausnahmsweise auch in die S.A. eintreten; doch sollen sie an ihrem Dienst nur insoweit teilnehmen, als es die Erfüllung ihrer Schulpflichten gestattet. Hierüber ist Einvernehmen mit dem Leiter der Anstalt, den Klassen- und Fachlehrern herzustellen.

III.

Schüler, die der Hitlerjugend oder der S.A. angehören, dürfen deren Uniformen und Abzeichen in der Schule und bei Schulveranstaltungen tragen, außer ihnen nur die Schulgruppen des Vereins für das Deutschtum im Ausland und die Sportjugend. Das Tragen sonstiger Abzeichen und Uniformen, namentlich von bekenntnismäßig abgegrenzten Jugendbünden, in der Schule und bei Schulveranstaltungen ist verboten. Das deutsche Turn- und Sportabzeichen sowie etwa eingeführte Klassenmützen sind zugelassen.

IV.

Hitlerjugendbefehle und Mitteilungen der zugelassenen Bünde dürfen nach vorhergehender Genehmigung des Schulleiters an einer von diesem bestimmten Stelle angeschlagen werden.

V.

Lehrer und Schüler erweisen einander innerhalb und außerhalb der Schule den deutschen Gruß (Hitlergruß).

Der Lehrer tritt zu Beginn jeder Unterrichtsstunde vor die stehende Klasse, grüßt als erster durch Erheben des rechten Armes und die Worte „Heil Hitler"; die Klasse erwidert den Gruß durch Erheben des rechten Armes und die Worte „Heil Hitler". Der Lehrer beendet die Schulstunde, nachdem sich die Schüler erhoben haben, durch Erheben des rechten Armes und die Worte „Heil Hitler"; die Schüler antworten in gleicher Weise.

Sonst grüßen die Schüler die Mitglieder des Lehrkörpers im Schulbereich nur durch Erheben des rechten Armes in angemessener Haltung.

Wo bisher der katholische Religionsunterricht mit dem Wechselspruch „Gelobt sei Jesus Christus" „In Ewigkeit Amen" begonnen und beendet wurde, ist der deutsche Gruß zu Beginn der Stunde vor, am Ende der Stunde nach dem Wechselspruch zu erweisen.

Den nichtarischen Schülern ist es freigestellt, ob sie den deutschen Gruß erweisen oder nicht.

Zum Beginn der Schule nach allen Ferien und zum Schulschluß vor allen Ferien hat eine Flaggenehrung vor der gesamten Schülerschaft durch Hissen bzw. Niederholen der Reichsfahnen unter dem Singen einer Strophe des Deutschland- und des Horst-Wessel-Liedes stattzufinden.

(Siehe auch den Aufsatz im Kulturteil.)

«Völkischer Beobachter», 21. Dezember 1933

Zehlendorfer Jugendkundgebung im Fischtal, 13. August 1933

Jugendkundgebung, 14. Januar 1934: Mädchen der 154. Volksschule erringen mit dem Lied «Deutsch ist die Saar» einen Preis

10. November Rede Hitlers in den Berliner Siemenswerken (Rundfunkübertragung),
13. November Nagelung des HJ-Schildes,
21. November Tag der deutschen Hausmusik,
19. Dezember Weihnachtsfeier.

An anderen Schulen wurde zudem anläßlich der Eröffnung des Reichstages am 21.3.1933 der Unterricht unterbrochen, geschlossen am Aufmarsch zum 1. Mai («Tag der Nationalen Arbeit») teilgenommen, wurden Gründungen von V. D. A.-Schulgruppen feierlich begangen, Filme und Luftschutz- oder Kolonialausstellungen besucht.

Welche Funktion hatten diese inszenierten Gemeinschaftserlebnisse, die von den Schülern sicher als angenehme Unterbrechung des meist öden und langweiligen Unterrichts erlebt wurden? Feiern und Veranstaltungen stellten, wie Peter Brückner formulierte, durch die rituelle Unterbrechung des schulischen und sonstigen Alltags ein Stück unmittelbare Beteiligung «am Ganzen» her. Die Nationalsozialisten waren sich der Bedeutung des Satzes, daß der Mensch nicht vom Brot allein lebt, völlig bewußt. Vielen Volksschülern mangelte es zwar an Brot, sie saßen mit knurrendem Magen in der Klasse, aber Hunger war nicht ihre alleinige Not. Für das Selbsterleben vieler Kinder und Jugendlicher fiel ebenso schwer ins Gewicht der Mangel an Möglichkeiten zur sinnvollen und lustvollen Betätigung, an Anerkennung im persönlichen und öffentlichen Leben, das Fehlen einer anziehenden Zukunftsperspektive. Die aufgeführten Feiern sind daher nicht nur als schulische Variante der nationalsozialistischen Propaganda zur ideologischen Indoktrination zu verstehen. Sie organisierten vielmehr eine Erlebens-*Realität*, der sinnstiftende Bedeutung zukam. In den Kollektivritualen wurden die Schüler als Teil des «Volks», der «Gemeinschaft», einer

Jugendkundgebung vor dem Schöneberger Rathaus, Januar 1934: Jungvolkabordnung

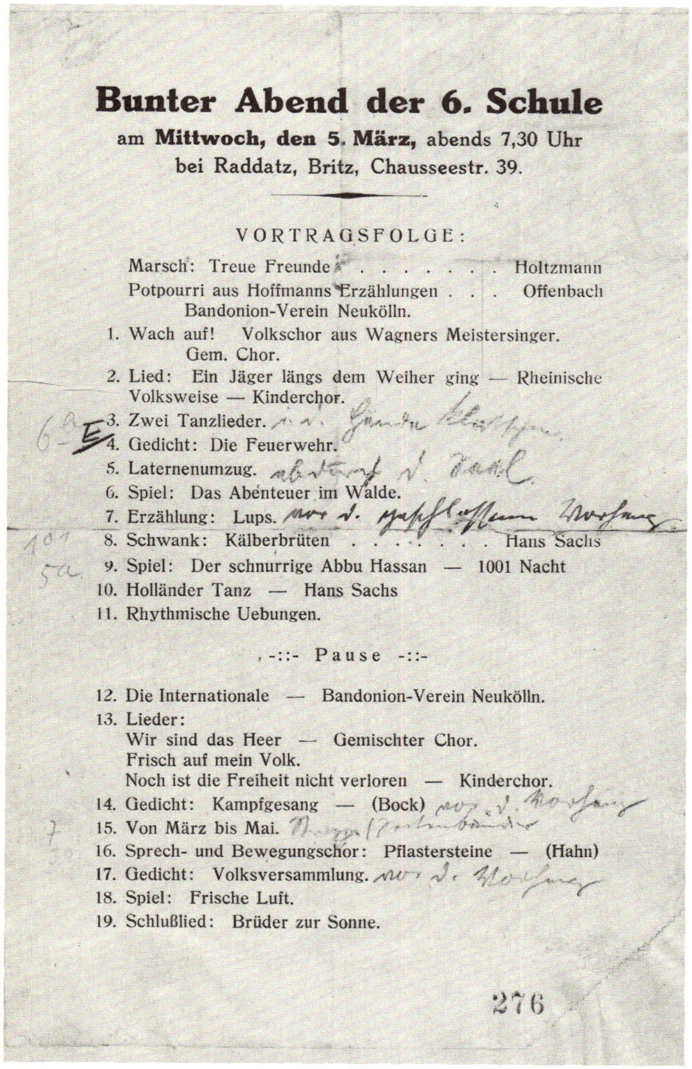

Bunter Abend der 6. Schule
am **Mittwoch, den 5. März,** abends 7,30 Uhr
bei Raddatz, Britz, Chausseestr. 39.

VORTRAGSFOLGE:

Marsch: Treue Freunde . . . . Holtzmann
Potpourri aus Hoffmanns Erzählungen . . . Offenbach
Bandonion-Verein Neukölln.
1. Wach auf! Volkschor aus Wagners Meistersinger. Gem. Chor.
2. Lied: Ein Jäger längs dem Weiher ging — Rheinische Volksweise — Kinderchor.
3. Zwei Tanzlieder.
4. Gedicht: Die Feuerwehr.
5. Laternenumzug.
6. Spiel: Das Abenteuer im Walde.
7. Erzählung: Lups.
8. Schwank: Kälberbrüten . . . . Hans Sachs
9. Spiel: Der schnurrige Abbu Hassan — 1001 Nacht
10. Holländer Tanz — Hans Sachs
11. Rhythmische Uebungen.

-::- Pause -::-

12. Die Internationale — Bandonion-Verein Neukölln.
13. Lieder:
Wir sind das Heer — Gemischter Chor.
Frisch auf mein Volk.
Noch ist die Freiheit nicht verloren — Kinderchor.
14. Gedicht: Kampfgesang — (Bock)
15. Von März bis Mai.
16. Sprech- und Bewegungschor: Pflastersteine — (Hahn)
17. Gedicht: Volksversammlung.
18. Spiel: Frische Luft.
19. Schlußlied: Brüder zur Sonne.

276

Die Auflösung einer weltlichen Schule im Spiegel ihrer bunten Abende: Programmzettel 1930

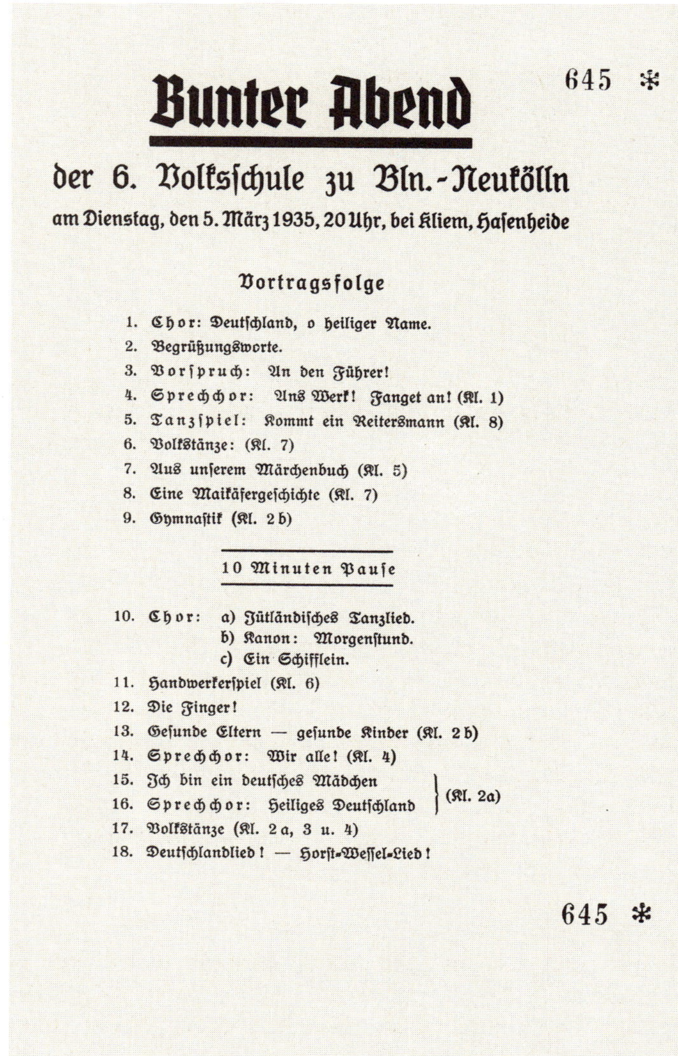

645 *

Bunter Abend
der 6. Volksschule zu Bln.-Neukölln
am Dienstag, den 5. März 1935, 20 Uhr, bei Kliem, Hasenheide

Vortragsfolge

1. Chor: Deutschland, o heiliger Name.
2. Begrüßungsworte.
3. Vorspruch: An den Führer!
4. Sprechchor: Ans Werk! Fanget an! (Kl. 1)
5. Tanzspiel: Kommt ein Reitersmann (Kl. 8)
6. Volkstänze: (Kl. 7)
7. Aus unserem Märchenbuch (Kl. 5)
8. Eine Maikäfergeschichte (Kl. 7)
9. Gymnastik (Kl. 2b)

10 Minuten Pause

10. Chor: a) Jütländisches Tanzlied.
b) Kanon: Morgenstund.
c) Ein Schifflein.
11. Handwerkerspiel (Kl. 6)
12. Die Finger!
13. Gesunde Eltern — gesunde Kinder (Kl. 2b)
14. Sprechchor: Wir alle! (Kl. 4)
15. Ich bin ein deutsches Mädchen (Kl. 2a)
16. Sprechchor: Heiliges Deutschland (Kl. 2a)
17. Volkstänze (Kl. 2a, 3 u. 4)
18. Deutschlandlied! — Horst-Wessel-Lied!

645 *

Programmzettel 1935

«großen Sache» angesprochen. Die Einordnung in diese «Volksgemeinschaft» versprach, daß auch auf das eigene Ich etwas vom Glanz dieser «Schicksalsgemeinschaft» zurückstrahlen werde. Die Hingabe an eine große Sache, auch wenn man von der eigenen Person und den aktuellen Bedürfnissen absehen mußte, stellte sich um so attraktiver dar, je unbedeutender das eigene Leben erschien. Die Verknüpfung des einzelnen mit der «Volksgemeinschaft» bot an, über die Enge des eigenen Lebens hinauszugelangen: Durch schulische Inszenierungen wurde der Mangel an Möglichkeiten zur sinnvollen persönlichen Lebensgestaltung kompensiert.

Wir haben in unseren bisherigen Darstellungen nicht alle Ereignisse und Gesichtspunkte behandelt, die im Jahr der – wie es fälschlicherweise meist heißt – «Machtergreifung» für die Schule bedeutsam waren. Wir sind zum Beispiel weder auf die Rolle der Hitler-Jugend noch auf die ersten Veränderungen der Unterrichtsinhalte eingegangen. Zu einem vollständigen Bild dieses Jahres würde auch gehören, daß einige übereifrige Rektoren nach dem 30. Januar ohne Anweisung der Staats- oder Parteiführung jüdische und ausländische Schüler vom Unterricht ausschlossen. Wir sind indessen der Meinung, daß eine angemessene Vorstellung von dieser Zeit durch die Darstellung möglichst vieler Ereignisse eher erschwert werden kann. Unser Ziel war es, über die dargestellten Schwerpunkte des Geschehens im Schulbereich ein Bild davon zu entwerfen, wie 1933 einerseits mit Zwangsmaßnahmen demokratische Strukturen und Traditionen beseitigt, wie andererseits an konservativ-autoritäre Denkmuster angeknüpft und existierende Bedürfnisse, Wünsche und Hoffnungen aufgegriffen wurden. Schwerpunkt nationalsozialistischer Schulpolitik war die organisatorisch-personelle «Gleichschaltung» des Schullebens. Diese terroristische Seite faschistischer Politik erfaßte keineswegs den gesamten Schulbereich, drang nicht in den Erfahrungsbereich aller Schüler ein und konnte sich, wie gezeigt, auf die Zustimmung, den – wie unterschiedlich auch immer begründeten – Konsens breiter Bevölkerungskreise stützen. Wie in allen anderen Bereichen ist auch das Schulgeschehen im Jahr 1933 durch das Miteinander von Terror und Konsens gekennzeichnet.

Dem Bedürfnis nach Vollständigkeit sucht die nachfolgende Zeittafel Rechnung zu tragen.

Übersicht: Schule im Jahr 1933

Februar
Bernhard Rust wird «Kommissar des Reiches» für das preußische Ministerium für Wissenschaft, Kunst und Volksbildung.
Entlassung des Berliner Stadtschulrats Nydahl (SPD) und der Magistrats-Oberschulräte für das Höhere und das Volks- und Mittelschulwesen.
Der stellvertretende Berliner Gauleiter der NSDAP, Studienrat Meinshausen, übernimmt als Staatskommissar die Geschäfte des Stadtschulrats.
«Umorganisation» der Karl-Marx-Schule, Beurlaubung ihres Leiters Fritz Karsen.

März
Beginn der «Gleichschaltung» der Lehrerverbände und der Fachpresse.
14.3. Wiedereinführung der Prügelstrafe.
24.3. In Preußen wird untersagt, an Abschlußklassen der Volksschulen die Weimarer Reichsverfassung auszuhändigen.

April
Beginn der Auflösung der Sammel- und Lebensgemeinschaftsschulen.
Beginn der Reduzierung der Zahl der Sonderschulen; 1933 wurden acht (= 13,8 %) der Berliner Sonderschulen aufgelöst, die «übertriebene Fürsorge für minderwertige Schulkinder auf ein normales Maß reduziert» (Verwaltungsbericht der Hauptschulverwaltung der Stadt Berlin).
5.4. Angehörige der HJ besetzen die Berliner Geschäftsstelle des Reichsausschusses der deutschen Jugendverbände.
7.4. Das «Reichsgesetz zur Wiederherstellung des Berufsbeamtentums» schafft die gesetzliche Grundlage für Entlassungen und Beurlaubungen «unzuverlässiger» (kommunistischer, sozialdemokratischer, radikaldemokratischer und jüdischer) Lehrer. Im Laufe des Jahres werden 570 Berliner Lehrer aus politischen Gründen entlassen.
20.4. Eröffnung der ersten «Nationalpolitischen Erziehungsanstalten». Diese nationalsozialistischen Eliteschulen sahen, anders als die 1937 gegründeten «Adolf-Hitler-Schulen», für ihre Absolventen nicht ausdrücklich eine Laufbahn im Partei- oder Staatsdienst vor.
25.4. «Gesetz gegen die Überfüllung der deutschen Schulen und Hochschulen»; die im Mai bzw. Dezember 1933 folgenden Durchführungsverordnungen legen fest, daß die Zahl der Abiturientinnen, die zum Studium zugelassen werden dürfen, nicht höher sein soll als zehn Prozent der männlichen Studienanfänger. Der Anteil nicht-arischer Schüler an den Neuzulassungen für höhere Schulen und Hochschulen wird auf 1,5 Prozent begrenzt.

Mai
Entfernung von KPD- und SPD-Mitgliedern aus den Elternbeiräten.
6.5. In Preußen werden die Pädagogischen Akademien in «Hochschulen für Lehrerbildung» umbenannt; Vererbungslehre, Rassen-, Volkskunde, Wehrwissenschaft und Grenzlandkunde werden als «politisch-weltanschauliche Grundlagenfächer» in die Ausbildungsordnung für das Lehrerstudium integriert. Etwa zwei Drittel der Professoren und Dozenten werden ausgewechselt.
10.5. Bücherverbrennung; in Berlin werden 10 000 Zentner Bücher beschlagnahmt.

Juni
14.6. Einrichtung von Kommissionen (mit geheimer Zusammensetzung) zur «Säuberung» der Lehrerschaft.

17.6. Baldur von Schirach, Reichsjugendführer der NSDAP, wird «Jugendführer des Deutschen Reiches».

Juli
8.7. Auflösung des Reichsausschusses der deutschen Jugendverbände.
20.7. Die ersten – reichseinheitlich verbindlichen – inhaltlichen Richtlinien werden veröffentlicht, sie betreffen das Fach Geschichte.

August
24.8. Erlaß über «verbotene Schriften für Schülerbüchereien».
26.8. Der Erlaß über die Beziehungen zwischen Schule und HJ erklärt die HJ neben Schule und Elternhaus zur dritten Erziehungsinstanz.

September
13.9. Erlaß über die Berücksichtigung von Vererbungslehre, Rassenkunde, -hygiene, Familienkunde und Bevölkerungspolitik im Unterricht.

Oktober
1.10. Die Geschwisterermäßigung beim Schulgeld für höhere und Mittelschulen wird für jüdische Kinder in Berlin abgeschafft.

Dezember
23.12. Ein Erlaß des Reichsministeriums des Inneren zur «übermäßigen Beanspruchung der Schuljugend» fordert Maßnahmen gegen den «Raubbau an der Gesundheit» der Schülerinnen und Schüler (durch außerschulische HJ-Aktivitäten).

DIE BERLINER VOLKSSCHULE WIRD «UMGEBAUT»

Der Fahnenappell ist eines der neuen Elemente, die von den Nationalsozialisten in die Schule hineingetragen werden. Vieles – die soziale Selektion, reaktionäre Unterrichtsinhalte, autoritäre Unterrichtsformen – bleibt, wie es vielerorts war, wird jedoch neu gewichtet, verschärft oder neu interpretiert: Latenter Rassismus wird zentrales Element der Schulpolitik, die Diskriminierung der Schülerinnen forciert, militaristische Traditionen werden mit imperialistischen Weltmachtvorstellungen verknüpft. Auf die Schule allein können die Nazis nicht setzen, um ihr Ziel zu erreichen, die Jugend für den Nationalsozialismus zu gewinnen. Dies schon deshalb nicht, weil die Schule als offenkundige Repressionsinstanz stets auch Opposition hervorruft. Daher bauen sie eine konkurrierende Erziehungsinstanz auf: die HJ. Sie ist in den Vorkriegsjahren ein verläßlicheres und effektiveres – weil attraktiveres – Instrument zur Gewinnung der Jugend als die Schule.

Organisiertes Vergnügen: Der Sportlehrer gibt den Takt an, Strandbad Wannsee, 1936

Der «Führer» gibt den Ton an

«Kraft-durch-Freude»-Badespaß

Der Traum von Millionen

Abzeichen des Winterhilfswerks

Zum 50. Geburtstag des «Führers»

Filmtheaterbesitzer werden im August 1933 auf Hitler vereidigt

Unterhaltsames 1937

Bis 1939: Ausländische Sender

Die meisten Deutschen, die vor 1933 auf Hitler setzten, sehnten sich in erster Linie nach Rückkehr zu einem geregelten Leben, einem sicheren Arbeitsplatz und einer überschaubaren Lebensperspektive. In der zweiten Hälfte der dreißiger Jahre scheint dies für viele erreicht. Die Arbeitslosigkeit ist beseitigt, der Lebensstandard wieder auf dem Niveau der Jahre vor der Krise. Es herrscht bescheidener Wohlstand. Die Zahl der Abfüllbetriebe für Coca-Cola verzehnfacht sich zwischen 1934 und 1939, die der Haushalte mit einem Rundfunkgerät wächst von 4,3 Millionen (1933) auf rund neun Millionen (1938). Der billige «Volksempfänger» soll sicherstellen, daß «die Stimme des Führers» jede Familie erreicht. Der Rundfunk bietet jedoch auch – wie die Vielzahl der Unterhaltungsfilme – Zerstreuung. Bis Kriegsausbruch dürfen – von Radio Moskau abgesehen – ausländische Sender gehört werden. Die Freizeitorganisation «Kraft durch Freude» (KdF) offeriert eine breite Palette an Freizeitangeboten für wenig Geld. Millionen nehmen an KdF-Ausflügen und -Ferienreisen (darunter 500 000 ins Ausland) teil. Viele sind zuversichtlich. So wird dem Versprechen geglaubt, jeder Deutsche werde sich einen Volkswagen leisten können. Hunderttausende sparen wöchentlich oder monatlich fünf Mark, um sich für 1000 Mark einen «Käfer» kaufen zu können.

Die «Volksgemeinschaft», die Überwindung sozialer Gegensätze in der Gemeinschaft «aller Deutschen», bleibt Fiktion. Konsum und Unterhaltungsindustrie dagegen sind real. Über den Markt werden viele Bedürfnisse gedeckt. Er bietet – in Grenzen – jene Freizügigkeit, die im politisch-gesellschaftlichen Bereich aufgehoben ist. Bescheidener Wohlstand, Konsum und Zerstreuung sind Fundament der – zumindest passiven – Loyalität gegenüber dem Nationalsozialismus.

Boulevardleben 1937: Café Kranzler am Kurfürstendamm

Ausländische Presse – vor dem Krieg von den Nazis gestattet

Ein bunter Transport durch Tempelhof

Ende der Zigeunerherrlichkeit

Die Behörde greift energisch durch — Beschränkte Freizügigkeit

Schmutzig, von Ungeziefer starrend, schamlos ihre Familienintimitäten vor den Augen aller Welt ausbreitend, unverschämt, aufdringlich, lästig, wurden sie trotzdem von den Behörden geduldet und genossen eine unbeschränkte Freizügigkeit, die ihnen gestattete, bei Nacht und Nebel zu verschwinden und irgendwo anders unterzutauchen. Wir sehen mit Freuden, daß dieser Freiheit jetzt ein Ende gemacht worden ist. Z.

«Tempelhofer Zeitung» vom 8. August 1936

JUDEN RAUS!

D.R.G.M. 1446399

Das zeitgemäße und überaus lustige Gesellschaftsspiel für Erwachsene und Kinder

An diesem außerordentlich heiteren und zeitgemäßen Gesellschaftsspiel können sich 2–6 Personen beteiligen. / Zu dem Spiel gehören 1 Würfel, [redacted] 6 Figuren und 36 Hütchen [redacted] Jeder Spieler erhält eine Figur, die die Nummern 1–6 tragen

Anzeige aus dem Jahre 1934

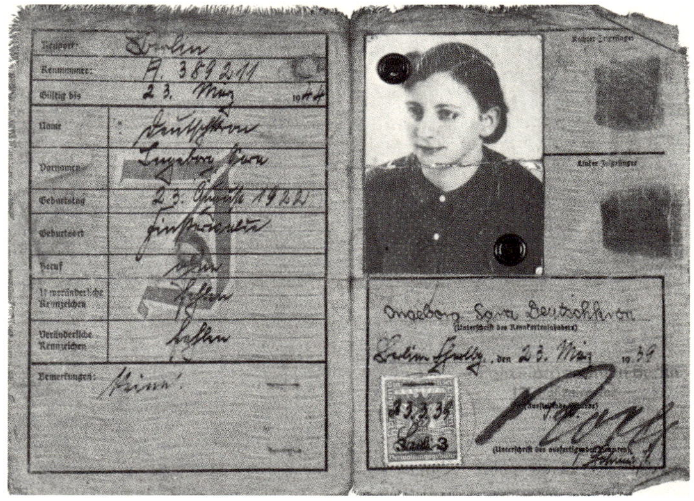

«J» = Jude; «Sara» = 1939 verordnete Kennzeichnung jüdischer Frauen

Die Zahl der im Bereich der Polizeipräsidien Chemnitz, Dresden, Hamburg, Leipzig und München zur Anzeige gebrachten Fälle der „widernatürlichen Unzucht“[1])

	1932	1933	1934	1935	1936
Chemnitz	—	19	23	47	144
Dresden	—	70	59	128	120
Hamburg	103	370	659	359	1095
Leipzig	—	108	296	301	351
München	—	115	134	145	186

«Neger»-Musik

Kaum eine andere Berufsgruppe diente dem System so eilfertig

Illegale KPD-Zeitung, 1935

Illegale Betriebszeitungen

Reingewinne des Krupp-Konzerns

Jahr	in Mill. RM
1933/34	6,65
1934/35	10,34
1935/36	14,39
1936/37	17,22
1938/39	21,11

Umsätze des Siemens-Konzerns in Mill. RM

Jahr	Siemens & Halske	Siemens-Schuckert	Siemens-Konzern
1933/34	185,0	226,0	411,0
1936/37	474,7	378,9	835,6
1937/38	480,0	427,2	907,2
1938/39	559,6	532,0	1091,6

Arbeitsunfälle und Berufserkrankungen 1933 bis 1939

Jahr	Zahl der angezeigten Verletzungen und Berufserkrankungen
1933	929 592
1934	1 173 594
1935	1 354 315
1936	1 527 344
1937	1 799 512
1938	2 006 574
1939	2 253 749

Sozialausgaben 1932 bis 1937 in Mrd. RM

1932	2,8	1934	1,4	1936	0,9
1933	2,3	1935	1,3	1937	0,4

Kehrseite der bescheidenen Wohlstands-Medaille ist die terroristische Erzwingung konformen Verhaltens. Wer von den offiziell geforderten Verhaltensmustern abweicht, wird verfolgt: Homosexuelle, Landstreicher, «Arbeitsscheue» und andere. Wer bzw. was im einzelnen als «gemeinschaftsfremd» gilt, bleibt Damoklesschwert über den Köpfen all derer, die sich nicht anpassen. Dieser Terror ist weitgehend öffentlich – und findet als «Ordnungs»maßnahme breite Zustimmung. Auch die rassisch begründete Zigeuner-Verfolgung stößt auf keinen öffentlichen Widerspruch. Die systematische Vernichtung dieser Bevölkerungsgruppe macht die Funktion des NS-Rassenwahns – dem Millionen Juden zum Opfer fallen – besonders deutlich: Er ist Instrument zur gewaltsamen Durchsetzung angepaßten Sozialverhaltens. Das von Sinti und Roma praktizierte Leben – Ablehnung von Unterordnung; arbeiten, um Bedürfnisse zu befriedigen, nicht um der Arbeit willen; frei umherziehen, ohne jemandem Rechenschaft zu schulden – ist das völlige Gegenbild zur «Volksgemeinschaft».

Die Zuckerbrot-und-Peitsche-Politik der Nazis vermag allerdings Verweigerung, Protest und Widerstand nicht völlig aus der Welt zu schaffen. Besonders unter Arbeitern sind die Vorbehalte gegen den NS-Staat nach wie vor stark. Dafür sorgen schon ihre Rechtlosigkeit im Betrieb und die steigende Arbeitshetze. Der 1937 einsetzende Arbeitskräftemangel stärkt ihre Position, informelle Opposition nimmt zu. Die, wie sie es nennen, «sinkende Arbeitsmoral» macht den Nazis zwar schwer zu schaffen, doch die erfolgreiche Zerschlagung der einstmals bestorganisierten Arbeiterbewegung der Welt verhindert, daß diese Opposition zum politischen Widerstand führt bzw. sich mit diesem verbindet.

Die Faust in der Tasche? Werftarbeiter grüßen Göring, 1935

Das Jahr 1938 wird in der Geschichte ein denkwürdiges sein! Rund zehn Millionen Volksgenossen und weit über 100 000 Quadratkilometer Land haben wir in diesem Jahr dem Deutschen Reich und damit dem deutschen Volkstum zufügen und damit für ewige Zeiten sichern können. Und das ist uns gelungen, ohne daß es notwendig war, zum letzten Einsatz zu schreiten. Dies konnte aber nur möglich werden, weil wir gerüstet waren für diesen letzten Einsatz und entschlossen, wenn notwendig, ihn auch vorzunehmen! Der Führer.

Wochen vorher, in düsteren Tagen und Nächten voller Schrecken, haben wir überall an den blutenden Grenzen gestanden, haben mit eigenen Augen ein Schicksal zu erkennen geglaubt, das namenlos in seiner Schwere und Härte war. Wir haben mit eigenen Augen das Elend der Vertriebenen geschaut, mit eigenen Ohren Geschicke erlebt, die nur die Menschen vor uns glaubhaft machen konnten . . .

Und dennoch mußten wir erfahren, wie wenig wir wußten, wie schwach die Sinne sind, als der Führer an der Spitze seiner Truppen einzog in das erlöste Land . . .

Dieser Schrei aus tiefster, wunder Seele, dieser tränennasse Blick aus weiten Augen, dieses verhärmte, verhungerte und dennoch glaubensfrohe Angesicht, das alles sprach in diesen Stunden der Erlösung von solcher Schicksalsschwere überstandener Zeit, daß wir uns tief beugten vor einer Größe, die wir erst in diesen Augenblicken ganz erfassen konnten.

«Das Deutsche Mädel», November 1938

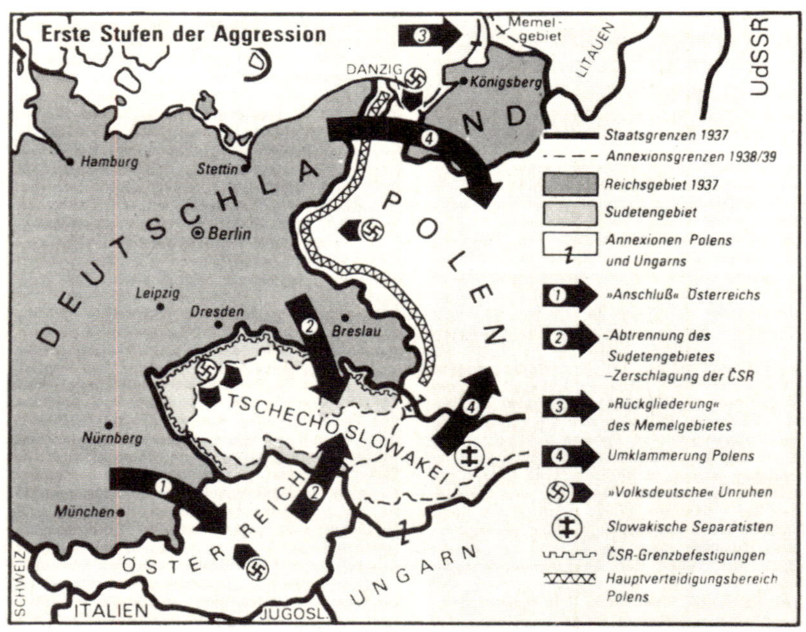

Kriegsblinde 1934

Postkarte 1934

700-Jahr-Feier Berlins: Propaganda für den Kolonialgedanken

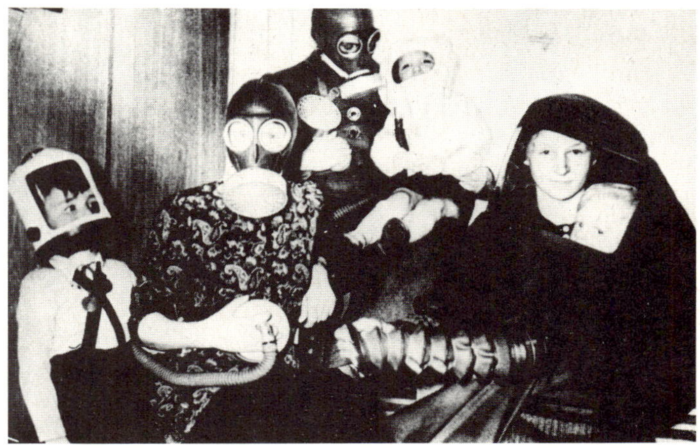

Kriegseinstimmung: Jedem Familienmitglied die passende Gasmaske

Während die Nationalsozialisten dem Ausland und der deutschen Bevölkerung beständig versichern, ihre Politik sei vom Friedenswillen bestimmt, beginnt bereits im Herbst 1933 die geheime Wiederaufrüstung. Die Rüstungs- und Militärausgaben steigen von 3,5 Milliarden Mark im Jahre 1933 (7% des Volkseinkommens) auf 26,5 Milliarden 1938 (32% des Volkseinkommens). Unter Bruch des Versailler Vertrages wird 1935 die allgemeine Wehrpflicht eingeführt und im Jahr darauf die entmilitarisierte Rheinlandzone durch deutsche Truppen besetzt. Parallel dazu verläuft durch Luftschutzübungen, Feindbild-, Kolonial- und «Volk-ohne-Raum»-Propaganda die psychologische Kriegsvorbereitung.

Ohne Kampfhandlungen wird das Territorium des Dritten Reiches vergrößert: 1938, Österreich annektiert, das Sudetengebiet einverleibt, im März 1939 die Tschechoslowakei endgültig zerschlagen und in das Protektorat Böhmen-Mähren und die «selbständige» Slowakei – ein Staat von Deutschlands Gnaden – aufgeteilt. Die Regierungen Englands und Frankreichs halten still.

Viele begrüßen die NS-Außenpolitik als Wiedergutmachung eines Deutschland von den Siegermächten des Ersten Weltkriegs zugefügten Unrechts. Die Kompromißlosigkeit, mit der sie durchgesetzt wird, imponiert. In der Volksmeinung vermischen sich nationale Begeisterung und Großmachtphantasien mit Kriegsängsten.

Die Nationalsozialisten stellen gegen Ende 1938 ihre Propaganda offen auf die Notwendigkeit eines Krieges um. Die schon seit Jahren geschmiedeten Kriegspläne werden aktualisiert.

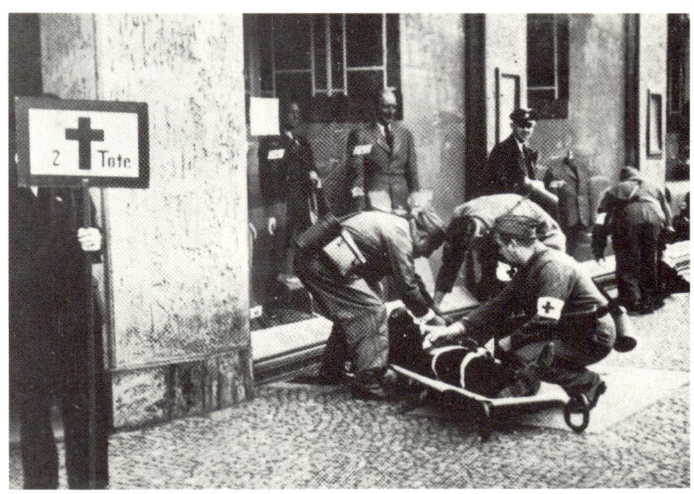

Kriegseinstimmung: Luftschutzübung, Sommer 1939

Zeitzeugen berichten über den Umbau der Berliner Volksschule

KURT A., geboren 1922.

Seit 1934 war der Nationalsozialismus schon intensiver an unserer Schule zu spüren. Da kann ich mich schon besinnen – ich war da zwölf Jahre –, daß der Geschichtsunterricht bei uns sehr stark ausgerichtet war auf den Nationalsozialismus, obwohl der Unterricht doch nicht präzise nationalsozialistisch war. Aus dem Geschichtsunterricht habe ich zum Beispiel in Erinnerung, daß von Friedrich dem Großen aus ein Bogen gespannt wurde zur Bismarckschen Zeit. Die Bismarcksche Zeit war eigentlich für die Volksschule zu kompliziert. Vor allem wurde dann der Bogen von Friedrich dem Großen zu Hindenburg und Hitler gespannt. 1935 wurde es dann massiv, dann wurden wir sehr präzise auf den Nationalsozialismus hingewiesen. Wie ordentlich es jetzt ist.

Dann kamen auch Uniformen bei den Kindern auf, Jungvolk oder Hitler-Jugend. Ich war zu der Zeit in der Christlichen Jugend, und mir gefiel es da sehr gut, obwohl mein Elternhaus nicht übermäßig christlich war. Wir unterschieden uns hauptsächlich von diesen Jungvolkgruppen dadurch, daß es bei uns kein Exerzieren gab. Aber nachmittags um vier Uhr sind wir ebenfalls auch alle angetreten in Dreierreihen, das gab es auch bei uns in der christlichen Jugend. Schließlich mußten wir durchgezählt werden, warum weiß kein Mensch, aber das haben die einfach gemacht. Solche Dinge sind auch da üblich gewesen. Unsere Fahrten waren mit Sicherheit ähnlich wie beim Jungvolk. Es wurden auch Wimpel getragen und Trompete geblasen von dem Jungscharführer. Wir sind zwar christlich berieselt worden, aber das fanden wir gut, das war eben schön. Uns wurden an den Jugendabenden auch Romane vorgelesen. Die Kirche, das war für uns nichts Heiliges, das war eben mehr eine unterhaltsame Angelegenheit. So um '35 habe ich zum erstenmal gehört, daß man die Christliche Jugend spalten wollte. Ich habe es aber nur sehr vage in Erinnerung. Irgendwann hat irgend jemand gesagt, daß auch das Führerbild auf den Altar kommen sollte, unter das Kreuz plaziert. Dann später gab es harte Auseinandersetzungen. Es gab auch Schlägereien mit den Hitlerjungs. Und es hieß mal, unser Jungführer sollte ersetzt werden von einem Fähnleinführer. 1936 sollte diese christliche Jugend- und Kinderorganisation eingegliedert werden, sie löste sich aber Ende 1936 selber auf. Ich hatte den Verein schon vorher verlassen, weil ich eine Lehre angefangen hatte. Mindestens die Hälfte ist zur Hitler-Jugend übergetreten. Ich war nie in der HJ, aber ich könnte überhaupt nicht sagen, daß das mit einem besonderen Bewußtsein zusammenhing. Ich wollte da eben nicht rein. Ich hatte gehört, die exerzieren da und so ein Quatsch, und das hätte mir keinen Spaß gemacht.

Als ich zwölf oder dreizehn war, wurde in der Schule der Hitlergruß eingeführt. Wir fanden ihn gut. Da fing es auch in der Schule an, daß man von Rassen sprach. In meiner Klasse waren fünf Juden. Die Eltern verzogen kurz darauf. Heute weiß ich, was passierte. Aber die zogen weg. Immer einer nach dem anderen. Wir haben nichts dabei empfunden, daß die verzogen, wir haben vielleicht mal klangmäßig irgend etwas gehört, ja wo sind die hingekommen? Kein Mensch bei uns in der Klasse hätte sich Gedanken gemacht, wo die nun alle hingezogen sein könnten, weil sie peu à peu alle verzogen. Den Gedankengang gab es gar nicht, weil wir sagten: Es ist alles prima!

In der Schule wurden uns Rasse und nationale Einstellung bewußt gemacht. Da erfuhren wir, wie vorteilhaft es doch ist, deutsch zu sein, Deutscher zu sein und in dem nordischen Raum zu wohnen. Lehrer machten zum Beispiel im Zeichenunterricht auf unsere Schädelformen aufmerksam. Da schnitt ich nicht sehr gut ab. Später während meiner Lehrzeit war es für mich mal sehr peinlich, als einer der Lehrer sagte, ich hätte eine «Sechsernase». Das war für mich eine schlimme Sache,

So wünschten es sich die Nazis; Propagandafoto aus dem Jahre 1933

Illustration aus dem Kinderbuch «Der Giftpilz», Stürmer Verlag 1938

weil das eine Judennase war. Wir waren damals schon ein bißchen geprägt vom «Stürmer». Auch mein Name hat mich dann gestört, als er sagte: «Es klingt französisch.» Gerade im Zusammenhang mit der Olympiade haben mich solche Äußerungen sehr gestört, denn ich wollte ja nun auch wirklich deutsch sein. Wir hatten so tolle deutsche Sportgrößen, daß es überhaupt nicht mehr zu fassen war. So haben wir sie auch empfunden. Wir haben die ausländischen Gruppen nicht so sehr wahrgenommen. Ausländische Gruppen, ob das nun Franzosen oder Amerikaner waren, die habe ich als etwas Exotisches angesehen. So war der Einfluß auch von der Schule her.

Ich kann mich auch an Lehrer besinnen, die verhalten reagierten, in deren Unterrichtsstunden wir eigentlich gar nichts erfahren haben. Aber unser Klassenlehrer – er hatte einen sehr französischen Namen – war ein Supernazi. Er hat sich aber auch so gegeben. Wir mußten zum Beispiel am Anfang von Aufsätzen Zierbuchstaben malen. Er fand es dann besonders gut, wenn nationalsozialistische Embleme im Zierbuchstaben waren. Wir sind auch darauf hingewiesen worden, daß diese oder jene Dinge sich nicht gehören für einen Deutschen. Zum Beispiel war es verpönt, bei kalter Witterung mit langen Strümpfen oder langen Hosen in die Schule zu kommen. Einige Eltern haben durchgesetzt, daß die Kinder doch lange Strümpfe tragen. Die Kinder haben sich dann gesträubt und haben gesagt: «Nee, ich will in Kniestrümpfen gehen.» Auch wenn die Knie blau waren, man kam eben in kurzen Hosen. Die Eltern hatten sehr viel zu tun, um diesen Unsinn einzudämmen, aber in der Schule war das einfach nicht wegzubiegen. Schüler, die mit langen Strümpfen von den Eltern in die Schule geschickt wurden, haben teilweise vor der Schule die Strümpfe runtergerollt, so daß sie auch Kniestrümpfe hatten.

Die Schulfeiern, die grundsätzlich in der Aula abgewickelt wurden, sind 1935 und '36 schon sehr vom Hakenkreuz geprägt gewesen. Stramm waren sie. Auch der Musikunterricht wurde straff durchgeführt. Wenn man sich das vorstellt: wir Schüler einer ganz normalen Volksschule mußten den «Tannhäuser» auswendig lernen. Wir mußten also auch Noten lernen – ich kann heute noch keine Noten –, aber wir mußten nach den Notenheften singen. Wir hatten einen Musiklehrer, der achtete sehr darauf, daß es straff war und daß der Ton auch gehalten wurde. Teilweise durften wir im Unterricht auch sitzen. Da gab es dann mehrere Schüler, die keine rechte Lust hatten. Wir hatten damals schon die Möglichkeit, an Krimis ranzukommen. Für einen Groschen konnte man sich die Hefte ausleihen. Die Helden dieser Krimis hießen John Kling und Rolf Torring. Solch einen Krimi habe ich gehabt und habe mir den unter die Mappe geklemmt und oben auf den Tisch das Notenheft gelegt. Dieser stramme Lehrer spielte eine Bratsche und geigte immer durch die Klasse mit der Bratsche, um zu hören, ob die Kinder die Töne richtig sangen. Als er bei mir vorbeikam, habe ich bedauerlicherweise nicht darauf geachtet, wo er gerade war, ich merkte es nur, als er mir den Geigenknüppel über den Schädel donnerte, daß ich dachte, die Engel im Himmel pfeifen zu hören. Ich habe hinterher noch ein paar Stockschläge von ihm gekriegt.

Wir hatten auch ein Schulorchester und einen Chor, die sich sehen lassen konnten. Als einer der Lehrer starb, ich nehme an, der war Parteigenosse, mußten verschiedene Klassen die Beerdigung mitgestalten. Selbst die Lieder, die wir da gesungen haben, habe ich noch in Erinnerung. Zum Beispiel – von wem das ist, kann ich nicht sagen – «Seele vergiß sie nicht, Seele vergiß sie nicht, die Toten». Das ist ein Kanon. Dann haben wir Volkslieder gesungen. Nationalsozialistische Lieder haben wir nicht gesungen, aber die Nationalsozialisten haben die Volkslieder übernommen. Marschlieder haben wir auch weniger in der Schule gesungen, das kam erst später. Es war aber insgesamt alles stramm. Da war Ordnung, auch auf der Straße. Wir haben als Kinder und auch im Elternhaus das Durchsetzen dieser Ordnung nicht so sehr mitbekommen.

Einer der meistgespielten Propagandafilme, die Verfilmung des Romans von K. A. Schenzinger; er schildert das Leben eines Berliner Jungen, der sich vor 1933 gegen den Willen seines kommunistischen Vaters der HJ anschließt und in einem Kampf mit Kommunisten umkommt

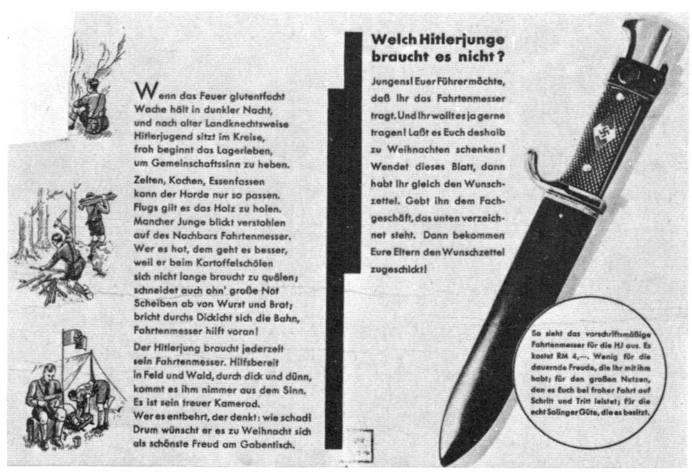

Männlichkeitssymbol für 4 Mark: das Fahrtenmesser

Wir haben von der Schule aus auch Filme gesehen. An einen Film kann ich mich besonders erinnern, das war der «Hitlerjunge Quex». Den «Choral von Leuthen» haben wir gesehen, das war ein Film über den Alten Fritz und noch einen, ich glaube, der hieß «Der Große König», mit Otto Gebühr. In diese drei Filme sind wir mit der Schule gegangen. Das Kino lag in der Nähe des Schlesischen Bahnhofs. Es war ein kleines Kino, wir sind da reingequetscht worden, so zwei Klassen aufs mal.

Im Unterricht wurde uns viel von den Kampffliegern Richthofen und Immelmann erzählt. Man hat uns auch alle Jahre ins Zeughaus geführt. Da war die deutsche Geschichte so richtig aufgebaut. Es stand dort der ausgestopfte Schimmel von Friedrich dem Großen und seine Uniform. Das hat uns doll angesprochen. Darauf aufgebaut waren dann natürlich Schulunterricht und auch Aufsätze.

Es wurde auch betont, daß wir die Gebiete, die deutsch sind, wiederhaben mußten. Der Begriff «Volk ohne Raum», den gab es bei uns schon. Den gab es zumindest schon '34. Aber das wurde nicht an Ländern konkretisiert. Natürlich haben wir mit Begeisterung «Deutsch ist die Saar» gesungen.

In der Schule haben wir auch Nagelbilder hergestellt. Die Nägel waren Soldatennägel. Die Soldaten trugen sie unter den Schaftstiefeln, um die Sohle zu schonen. Diese Nägel durften wir in Holzplatten nageln, auf dem nationalsozialistische Embleme vorgezeichnet waren. Ein Nagel kostete wohl einen Groschen. Das fanden wir toll, und da haben wir uns auch von zu Hause öfters mal Geld mitgeben lassen. Die Klasse, die zuerst so ein Schild fertig hatte, wurde dann besonders gelobt oder ausgezeichnet.

Einige meiner Mitschüler sind in die HJ eingetreten, also ins Jungvolk. Das war damals für uns ein Verein wie jeder andere. Ich war ja auch in einem Turnverein, «Drei Pfeile», drei Pfeile konnten wir uns anstecken, das fand ich sehr gut. Und so waren eben andere in der Hitler-Jugend – das war aber in der Zeit vor '34. Die Schüler, die im Jungvolk waren, trugen dann schon mal auch in der Schule die spitzen Halstücher oder ein weißes oder braunes Hemd. Ich kann mich auch an Schüler erinnern, die einen Sturmriemen und ein Koppel trugen. Das war für mich übrigens sehr erstrebenswert, aber meine Eltern hätten mir das nie gekauft, das wäre viel zu teuer gewesen. Später kamen auch die Fahrtenmesser auf und die Dolche, auf denen «Blut und Ehre» eingraviert war. Diese Sachen habe ich nicht mitgemacht, aber nicht etwa aus Überzeugung dagegen, meine Eltern hätten mir das gar nicht ermöglicht.

1. Mai 1935: Berliner HJ-Angehörige wollen den «Führer» sehen

Steiff-Puppe

Elastolin-Figuren

Als Spielzeug haben meine Eltern für meinen Bruder und mich Linyol-Soldaten gekauft. Die hießen so, weil das Material, aus dem sie gemacht waren, Linyol hieß. Mein Bruder, der jünger war als ich, hatte tolle Sachen in Linyol, zum Beispiel den Generalfeldmarschall Mackensen, Hindenburg und Hitler. Hitler konnte sogar den Arm heben. Mussolini hatte er nachher auch. Die Eltern fanden das prima. Diese Figuren wurden sehr geschont, denn sie waren teuer. Da durfte nichts kaputtgehen. Nach dem Spiel wurden sie wieder in Seidenpapier eingepackt.

Ich kann es nachvollziehen, wenn man von Euphorie und Wahnsinn spricht, es war so. Ich kann mich an Geburtstage des Führers erinnern, wo er auf dem Balkon in der Wilhelmstraße erschien, und die Menge war wie verzückt. Und da in dieser Masse waren wir drin und waren eben einfach begeistert. Es fällt mir ein, daß Auseinandersetzungen im Elternhaus, die wir unangenehm empfunden haben, verblaßten, wenn wir so etwas erlebt haben. In dieser Reichshauptstadt war etwas los, vor allem 1936, der Zeit der Olympiade, und wir waren zu Fuß sehr mobil und waren immer da, Unter den Linden und in der Wilhelmstraße. Wenn wir durch Zufall Hitler im Auto vorbeifahren sehen konnten, war das eine dolle Sache.

LUCIA K. war 1933 erst zwei Jahre alt. Ihr Vater, der aus Polen stammte, hatte sich in Berlin vom kleinen Bäcker zum Keksfabrikanten hochgearbeitet. Ihre Mutter war Hausfrau und gläubige Katholikin. Lucia K. war die zweitälteste von acht Kindern, sie war das einzige Mädchen unter sieben Brüdern.

Finanziell ging es uns zu Hause nicht schlecht. Weil aber viele Bekannte den sozialen Aufstieg nicht erlebten, habe ich auch Not kennengelernt. Wenn ich zum Beispiel bei meiner Großmutter war, bin ich oft mit ihr zu Familien gegangen, die auch aus Polen stammten, aber hier nicht Fuß gefaßt hatten. Für meine Eltern war es selbstverständlich, diesen Familien zu helfen. Das sind meine ersten Eindrücke von Not auf der einen und Hilfe auf der anderen Seite.

Eingeschult wurde ich 1937 in Friedrichshain in einer konfessionellen Mädchenschule an der Frankfurter Allee. Diese Schule wurde 1938 geschlossen. Die ersten Eindrücke in der Schule waren eigentlich positiv. Ich kann mich überhaupt nicht entsinnen, daß ich irgend etwas über den Staat hörte. Die ersten Dinge, die ich auf den Staat bezogen erlebte – also auf den Nationalsozialismus –, ereigneten sich auf meiner zweiten Schule in der Memeler Straße. Die Lehrer waren ganz anders, als ich es an der konfessionellen Schule erlebt hatte. Meine erste Lehrerin war eine liebevolle Frau gewesen, auf der neuen Schule wurden wir von einem Lehrer unterrichtet. Ich muß sagen, daß ich heute noch eine ganz negative Erinnerung an diesen Menschen habe. Das gipfelte darin, daß ich, als ich später hörte, ihm sei bei einem Bombenangriff das Bein abgerissen worden, gesagt habe: «Schadet nichts!» Dieses Gefühl habe ich noch heute, so negativ war diese Figur. Das hat aber natürlich auch eine Vorgeschichte. Dieser Lehrer verkörperte die absolute Disziplinierung des Schülers, den absoluten Gehorsam, das harte «Korrektsein» und «Fehler gibt es nicht», «Man vergißt seine Schulaufgaben nicht» und «Fehler werden immer bestraft». Er war sicher ein Lehrer alter Prägung, aber die Dinge, die von ihm erwartet wurden, kamen ihm offensichtlich entgegen.

Ich hatte das große Unglück, daß ich neben einer Schülerin saß, Margot hieß sie, die fast immer ihre Schulaufgaben vergaß. Ich bekam von dem Lehrer den Auftrag, dafür zu sorgen, daß sie ihre Schulaufgaben machte. Ich war damals acht oder neun Jahre alt. Wenn der Lehrer morgens in die Klasse kam, war die erste Frage: «Schulaufgaben?» und dann die zweite: «Margot, hast du deine Schulaufgaben gemacht?» Ich hatte dann das ehrenvolle Amt, diese Schülerin jeden Morgen festzuhalten, während sie fünf, sechs, sieben, acht Schläge bekam. Für mich war das ein Terror. Daß ich niemals darüber gesprochen habe, verstehe ich heute noch nicht. Dann sagte er: «So, jetzt ist es gut, du gehst, und morgen hast du deine Schulaufgaben. Du mußt es lernen, Pflicht ist oberstes Gebot.» Das waren meine ersten Erfahrungen mit Disziplin, Pflichtbewußtsein, für den Führer, diese Dinge hörte ich da zum allererstenmal. Denn in meinem Elternhaus sprach man über diese Dinge nicht, oder man nannte diese Dinge nicht beim Namen. Wir waren zwar mit den Dingen konfrontiert, durch das Umfeld, in dem wir lebten, aber das war immer das, was man nicht aussprach. Der Name «Hitler» wurde in unserer Familie nicht genannt, aber er war ständig vorhanden.

An dieser staatlichen Schule war für mich auch neu, daß es eine gemischte Schule war. Zwar war es an der Mädchenschule auch erst einmal fremd gewesen, nur mit Mädchen zusammen zu sein, denn zu Hause war ich nur von Jungen umgeben. An der neuen Schule waren nun Jungen und Mädchen, die aber sehr streng getrennt wurden. In der Pause gab es keinerlei Berührungspunkte. Wir liefen im Kreis, wehe, es hopste mal einer. Es wurde wohl mal gesagt: «Jetzt rennen wir alle», aber es war eine unheimlich disziplinierte Pause. Mich hat gewundert, daß ich zu Hause mit Jungs spielte, und in der Schule durfte ich nicht einmal ein Wort mit ihnen wechseln.

Meine Klassenkameraden besuchten mich sehr gerne am Nachmittag. Wo viele Kinder sind, da kommen auch viele Kinder dazu. Ich merkte aber trotzdem bald, daß bei uns irgend etwas anders war. Alle anderen Kinder hatten Eltern, die Karl, Otto, Inge und Waltraud hießen. Ich hätte furchtbar gern Gisela geheißen, und mein Vater hätte Wilhelm oder Fritz heißen sollen. Er hieß Boleslaw. Das waren für mich immer furchtbare Situationen, wenn wir nach den Namen unserer Väter gefragt wurden, was wohl immer nach den Sommerferien geschah. Mir erschien es so, als ob es alle drei Wochen passierte. Das war wirklich ein Horror für mich, aufzustehen und sagen zu müssen: «Boleslaw.» Ich habe deshalb manchmal meinen Vater nicht mehr gemocht. Warum mußte er Boleslaw heißen? «Boleslaw», alles brüllte! Dann war mein Nachname auch noch polnisch. Er klang zwar wunderschön, war aber total fremd. Das war schon der Anfang echter Konflikte.

Nach den Ferien fragte der Lehrer auch immer, was wir gemacht hätten. Ich war in Cekczyn gewesen. Kannte kein

Mensch, komischer Name, und alles lachte. Ja, wo das denn sei? Na, für mich war es Polen. Und da hörte ich dann dieses Aufheulen der Kinder, und das war etwas, das mich betroffen machte. Ich spürte, daß dies etwas Falsches war. Ich empfand mich immer irgendwie anders im Klassenbereich. Aber nicht unbedingt immer negativ, das auch nicht immer. (Fortsetzung Seite 174)

Hans Jochen M., geboren 1930, wurde 1936 eingeschult. Er und seine Eltern lebten mit den Großeltern zusammen. Der geringe Handwerkerlohn seines Vaters erlaubte es nicht, eine eigene Wohnung zu mieten.

Mein Vater war in Südamerika aufgewachsen und 1930 nach Deutschland zurückgekommen. Er war zunächst von der ganzen nationalen Bewegung hellauf begeistert und ist deshalb auch in die SA eingetreten. Aber diese Männergesellschaft mit ihren harten Umgangsformen und ihren terroristischen Elementen hat ihn so abgeschreckt, daß er bereits vor 1933 wieder austrat. Von meiner Mutter weiß ich, daß er seine nationale und völkische Einstellung trotzdem nicht aufgegeben hat. Sie erzählte, daß er mit ihr entrüstet aus einem Film gelaufen war, weil es ein amerikanischer Film mit entsprechender Jazz- und «Neger»musik war. Mein Vater hat sich nach seinen Erlebnissen in der SA nicht mehr politisch betätigt, ist dann allerdings völlig widerstandslos 1939 zum Militär gegangen. Ich als Kind war eigentlich entrüstet, daß er sich aus der Familie wegstahl, nur aufgrund einer Postkarte, die gekommen war.

Jede Schulwoche begann mit einem Flaggenappell. Die Schüler mußten sich im Geviert aufstellen, dann wurde in feierlicher Form die Hakenkreuzfahne an einem Mast aufgezogen. Wir sangen dazu erst die Nationalhymne, dann das Horst-Wessel-Lied. Ich habe als Schüler nie den Text dieses Liedes begriffen. Statt «Reaktion», worunter ich mir absolut nichts vorstellen konnte, habe ich immer «Drehaktion» gesungen, obwohl ich nicht im geringsten wußte, wie der Zusammenhang im ganzen war. Vieles von dieser Ideologie mit ihren Fremdworten war einem als Kind viel zu unverständlich, viel zu fremd. Da es dem Nationalsozialismus auch mehr um die Begeisterung, den Glauben als um die Erklärung irgendwelcher Begriffe ging, hätte sich kaum jemand die Mühe gemacht, einem Kind zu erklären, was das alles bedeutete. Ich sang jedenfalls immer «Drehaktion erschossen» und wußte beim besten Willen nicht, wer nun warum erschossen worden ist.

Einmal konnte ich mir das Lachen nicht verkneifen, weil mir dieser ganze Kult an jenem Tag besonders eigenartig vorkam. Ich wäre deswegen fast von der Schule geflogen, weil mein Lachen beim heiligen Fahnenaufzug einige Mitschüler angesteckt hatte. Das war kein Widerstand, keine politische Haltung, als Kind lacht man mal sehr schnell und kann sich nicht wieder einfangen. Die Schulleitung bewertete das aber mit allem Ernst als eine politisch unmögliche Haltung, die mit Verhören und Strafen verfolgt wurde.

Im Unterschied zur heutigen Schule gab es die offizielle Prügelstrafe. Der Lehrer hatte ständig Prügelstöcke aus Bambus im Lehrerschrank, die auch immer wieder ersetzt wurden, wenn sie verbraucht waren. Er prügelte sehr oft auch völlig grundlos aus seinem Zorn heraus. Er rannte in die Klasse und schlug sinnlos um sich oder warf mit einem Zeichenstock. Einmal packte mich auch der Jähzorn, und ich habe mich gegen den Lehrer gewehrt und geschrien. Er prügelte mich durch die ganze Klasse, bis ich schließlich im Papierkorb landete. Die waren damals noch so groß, daß man als kleines Kind hineinpaßte.

Ich kann mich erinnern, daß ich Hitlers Lebenslauf nicht gut gelernt hatte. Mit ausgestreckten Händen, Handflächen nach oben, mußte ich mich vor den Lehrer an das Lehrerpult stellen. Er hatte einen Stock in der Hand, und ich begann meine Litanei: «Unser Führer Adolf Hitler wurde am 20. April 1889 in Braunau am Inn geboren ...» Wenn beim nächsten Satz eine falsche Angabe kam, schlug er sofort mit dem Rohrstock über die Fingerspitzen. An der Schule herrschte eine strenge Disziplin, nicht nur in Form der Prügelstrafe. Wenn der Lehrer das Klassenzimmer betrat, mußten wir in richtig militärischer Form aufstehen, und es mußte genau gemeldet werden, wieviel Schüler anwesend waren, wieviel fehlten und warum. Dann wurde mit dem Hitlergruß gegrüßt, der Lehrer befahl «Setzen!», was wir alle geschlossen taten, und meistens war es dann mucksmäuschenstill. Alle Schüler fühlten sich wegen der Prügelstrafe und der Angst vor dem Lehrer sehr terrorisiert.

Im Unterricht kamen aktuelle politische Ereignisse kaum zur Sprache. Ich kann mich nicht einmal erinnern, daß der Englandflug von Rudolf Heß erwähnt wurde, obwohl das damals ein sehr schockierendes Ereignis war. Ich erfuhr es nur durch Zufall bei einem Treffen des Jungvolks. Aber es wurde nicht weiter darüber gesprochen. Jeder hatte vermutlich auch Bedenken, Vermutungen anzustellen. Außerdem waren wir Kinder, die es höchstens aus einer Schlagzeile in der Zeitung erfahren hatten. Es hat auch kein Jugendführer oder Lehrer über solche Dinge gesprochen. Im Unterricht wurden eher allgemeine Themen abgehandelt. Selbst über die Behandlung der Juden ist nicht viel im Unterricht gesagt worden – vielleicht habe ich es auch vergessen.

Wenn wir allerdings aus diesem nationalpolitischen Unterricht herauskamen und irgend etwas nicht so klappte wie es sollte, dann sagten wir halbspöttisch: «Da sind auch wieder die Juden schuld.» Das muß eine gängige Äußerung nicht nur der Öffentlichkeit, sondern auch des Lehrers gewesen sein.

Am Anfang des Krieges habe ich in der Innenstadt jüdische Familien mit einem Stern auf ihrer Kleidung gesehen. Ich muß gestehen, daß ich als Kind solche Dinger zwar sah, aber als diese jüdischen Mitbürger verschwunden waren, ist es mir überhaupt nicht aufgefallen, ich habe das nicht wahrgenommen. Als Jugendlicher in dem Alter hat man noch nicht dieses Geschichts- und Gegenwartsbewußtsein, alle diese Dinge zu verfolgen und nachzufragen, was sich verändert hat. Von daher kann ich auch die Reichspogromnacht wenig einordnen. Ich weiß noch genau, wir hatten ein großes Kaufhaus, dessen Scheiben zerstört waren, Synagogen hatten gebrannt, ich hatte Scherben auf der Straße liegen sehen, die vernagelten Schaufenster gesehen – aber die Zusammenhänge im ganzen habe ich damals eigentlich nicht begriffen. In der Familie wurde nicht darüber geredet, und so wurde es zu einer unverständlichen Erscheinung, die kam und ging. Auch in der Schule wurde dieses Ereignis nicht thematisiert. Man ging auf solche Dinge nicht ein. Dort wo ich mal überlegte und fragte, hätte ich mir bald ernsthaften Ärger eingehandelt.

Mit Ausnahme des Schulleiters, der erklärter Nationalsozialist war und manchmal in Parteiuniform erschien, kann ich von den Lehrern kaum sagen, daß sie mehr taten als das, was sie unter dem Druck der Verhältnisse zugestehen mußten. Außerdem wurden manche Unterrichtsinhalte aus der Weimarer Republik übernommen wie zum Beispiel die völkische Ausrichtung des Geschichtsunterrichts. Die Lehrer brauchten sich also nicht so sehr zu ändern, soweit sie sich nicht aus Überzeugung oder Karriereabsichten wirklich fanatisch gebärdeten oder gebärden wollten. Ein großer Teil der Kulturtechniken hat auch relativ wenig mit Ideologie zu tun, obwohl die Fibel natürlich mit Schilderungen eines Aufmarsches und dem dazugehörigen Vokabular und der Haken-

«Jung-Deutschland-Fibel», 1937

kreuzfahne verbunden war. Es gab auch entsprechende Rechenaufgaben, die Berechnungen anstellten, wie nutzlos ein Geisteskranker wäre und wieviel er den Staat kostete. Im Krieg gab es viele Aufgaben, die dem Kriegsgeschehen entnommen waren. Trotzdem meine ich, daß es mehr die äußere Form und weniger der Unterrichtsinhalt war, der die Schule nationalsozialistisch bestimmte.

Neben der Schule hatte die HJ eine große Bedeutung. Die Gruppierung der zehn- bis vierzehnjährigen Jugendlichen, das Jungvolk, mußte wie beim Militär aufgrund eines Gestellungsbefehls kommen und schon uniformiert antreten. Als Einzelkind hatte ich für solche Jungsgemeinschaften wenig übrig. Meine Mutter hat zunächst sehr geweint, weil ich erst sehr wütend und zornig wurde und nicht zum Jungvolk wollte. Ich weigerte mich zunächst, diese Uniform anzuziehen. Ich hatte Angst vor dem Jungvolk. Schließlich erweichten mich die Tränen meiner Mutter und auch die eigene Einsicht. Die Weigerung, ins Jungvolk einzutreten, war mit Strafen für Eltern, möglicherweise auch mit der Einweisung des Kindes in ein Erziehungsheim verbunden. Meine Mutter kaufte diese Uniform, ich zog sie an, ging zu diesen ersten Treffen. Dieses Uniformhemd hatte verschiedene Symbole auf dem Ärmel. Auf der einen Seite war ein Gebietsdreieck, auf der anderen eine Siegrune. Diese Siegrune hatte meine Mutter in völliger Unkenntnis der Gepflogenheiten auf die falsche Seite genäht. Ich wurde von allen verhöhnt und ausgelacht, weil ich dieses Sakrileg begangen hatte, mit einer auf der verkehrten Seite angenähten Siegrune zu erscheinen. Dieser erste Eindruck trug nicht dazu bei, meine Begeisterung für das Jungvolk zu erhöhen, zumal mir diese Sache ständig nachgetragen wurde. Solche winzigen Regelverstöße stempelten einen schon zum Außenseiter. Ich habe auch nie diese Unterschiede zwischen Dienstrang und Dienststellung gelernt, sicher wollte ich es auch nicht lernen. Mit einem gewissen Recht wurde es mir als Gleichgültigkeit gegenüber diesen Uniformierungen und ihren ganzen Abzeichen ausgelegt. Es gab eine ausgefeilte Hierarchie, und der Dienstrang und die Dienststellung waren zwei ganz verschiedene Dinge, die man sehr genau auseinanderhalten mußte und an Kordeln und entsprechenden Abzeichen der einzelnen Jungvolkführer erkennen konnte. Das verwirrte mich alles und erfüllte mich mit Abneigung. Die Abneigung kam daher, daß ich für diese Art von stumpfsinnigem Dienst wenig Interesse hatte. Ewig dieses langweilige Marschieren. Es durfte praktisch nichts individuell gemacht werden, sondern nur in der Marschkolonne. Das einzige Individuelle war, wenn wir zu diesen zahllosen Winterhilfswerksammlungen geschickt wurden und Abzeichen auf der Straße verkaufen mußten. Um die Effizienz zu erhöhen, wurden die Jungvolkjungen einzeln oder höchstens zu zweit losgeschickt. Man konnte sich einen Freund wählen und den ganzen Nachmittag mit der Sammelbüchse durch die Stadt ziehen. Dieses schreckliche Geräusch des klappernden Geldes klang den Leuten in den Ohren und sollte sie ermuntern, ein Abzeichen zu kaufen oder möglichst sogar Geld in die Sammelbüchse zu stecken, ohne ein Abzeichen zu kaufen. Das war das einzige, was mir Spaß machte, weil man völlig unabhängig und unkontrolliert war. Die Heimabende hätten mir zugesagt, wenn nicht die Inhalte schrecklich langweilig und aufdringlich gewesen wären. Das waren so ganz eng begrenzte nationalsozialistische Themen, die immer wieder vermittelt wurden. Auch waren die Führer meist nicht sehr intelligent und konnten das bloß sehr primitiv machen. Für jeden Monat gab es vorgeschriebene Themen mit Liedern, die dazu gesungen werden sollten und entsprechenden Gedichten. Themen der Heimabende waren etwa Herbert Norkus, ein Hitlerjunge, der in den letzten Kämpfen am Ende der Weimarer Republik umgekommen war und der

zum Opfer und Helden der HJ hochstilisiert worden war. Sehr oft wurde auch Hitlers Lebenslauf behandelt. Der Heimabend fand meist in alten, etwas renovierten Kellerwohnungen statt. Dann machten wir Geländespiele und Sport, beides war für mich ganz schrecklich. Bevor der Sport begann, schrien der Jungvolkführer oder der Fähnleinführer: «Ich will aber dabei Blut sehen», und das meinte er wörtlich. Die mußten sich so auf die Nase hauen, und je härter, um so besser war er angesehen, um so größer waren seine Führereigenschaften, wenn er ohne Klagen ein Nasenbluten oder andere deftige Püffe überstand. Ob Sport oder Geländespiel – beides führte nur zu einer Massenkeilerei, zu einer paramilitärischen Kriegführung. Beim Geländespiel wurden zwei Parteien gebildet, die gegeneinander kämpfen mußten. Die eine hatte einen roten, die andere einen blauen Faden am Arm, und jeder sollte seine ganze Kraft einsetzen, diesen Lebensfaden wie er genannt wurde, bei der Kabbelei nicht zu verlieren. Wurde er abgerissen, galt man als tot und durfte nicht mehr am Spiel teilnehmen. Es galt als Schande, sich den Lebensfaden schnell abreißen zu lassen – ohne Widerstand, nur um sich weiteren Prügeleien zu entziehen. Eine ganze Reihe von Jungs war auch so begeistert, daß sie bis zum letzten kämpften, um ihren Lebensfaden zu schützen. Ich stand oft nicht sehr gut da, weil mein Interesse, den Lebensfaden zu verteidigen, nicht groß genug war.

Wenn irgendwelche HJ-Veranstaltungen, Einsätze oder Kampagnen waren, mußte sich die Schule anschließen und den Schülern frei geben. Die HJ war wichtiger als die Schule. Eine gewisse Konkurrenz zwischen Schule und HJ war schon dadurch vorhanden, daß sich die Jugendlichen natürlich dem Schulunterricht zu entziehen versuchten, selbst versuchten, Schule und HJ gegeneinander auszuspielen. Sie schützten Dienst vor, hatten tatsächlich Dienst oder besorgten sich in der HJ einen Dienst und fehlten dementsprechend in der Schule. Dienst hieß zum Beispiel auf einem Bahnhof zu helfen, wenn Urlauberzüge oder Lazarettzüge angekommen waren oder irgendwo Wachaufgaben zu erfüllen waren. Außerdem hatte die HJ genau wie die NSDAP eine Polizei, den HJ-Streifendienst. Der hatte polizeiähnliche Befugnisse. Er überwachte HJ und Jungvolk, kontrollierte Ausweise, kontrollierte auch, ob sich irgendwo noch Reste von bündischen Jugendlichen oder anderen Jugendlichen selbständig versammelten oder gar auf Fahrt gingen. Ohne HJ-Zugehörigkeit war das streng verboten. Solche Dinge waren natürlich alle geeignet, sich dem Schulunterricht entziehen zu können, wenn man im HJ-Streifendienst beschäftigt war.

Kompliziert war auch dies Rollenverständnis von Schülern, die in der Schule nichts weiter als ein Schüler waren, in der Hitler-Jugend aber eine führende Position mit einer gewissen Selbständigkeit, Kompetenzen und Führungsmöglichkeiten einnahmen. Diese beiden Rollen konnten sie nur sehr schwer vereinbaren, und dem Lehrer machten sie auch Schwierigkeiten. Er konnte sie nicht ganz wie normale Schüler behandeln, da er wußte, daß sie irgendwo Führer mit einem gewissen politischen Einfluß waren. Typisch hierfür war, daß die Lehrer einen Schüler nicht schlagen durften, wenn er die Jungvolkuniform trug. Da wurde die Rollendiskrepanz am deutlichsten. Überhaupt war die Uniform – wie auch die anderen Symbole – mit lauter Weihe und Würde umgeben. Man durfte auch nicht Eis essen gehen, wenn man eine HJ-Uniform anhatte. Man durfte sich auch nicht schlagen – bis auf die befohlenen Prügeleien. (Fortsetzung Seite 177)

Petra S., wurde 1926 in Berlin geboren. Ihr Vater war Geschäftsmann, ihre Mutter Hausfrau. Petra S. ist Halbjüdin.

Ich bin in Berlin-Mitte aufgewachsen. 1933 zogen wir nach Landsberg. Meine Schwester und ich, wir waren zehn und sieben Jahre alt, besuchten dort auch die Schule. Meine Eltern führten ein geselliges Haus, besonders mein Vater war ein sehr unterhaltsamer Mann. Der Schuldirektor, der Lehrer und der Apotheker dieses Ortes waren alle sehr glücklich, wenn sie mit meinem Vater abends auf ein Glas Wein zusammen sein konnten, um ein bißchen miteinander zu schwatzen. Bei Kindergeburtstagen kamen immer viele Kinder zu uns, wir hatten einen schönen Garten, in dem wir toben konnten. Es ging eben alles sehr lustig und fröhlich zu.

Dann kam der 30. Januar 1933. Am gleichen Tag wurden unsere Fenster eingeschlagen, und der Zaun wurde mit Sprüchen wie «Juden raus» bekritzelt. Meine Schwester kam weinend aus der Schule nach Hause, weil man sie furchtbar geschlagen hatte. Meinen Vater kannte von da ab natürlich keiner mehr, schließlich war er Jude. Jeder drückte sich, sah weg, wollte nichts mehr mit ihm zu tun haben.

Bald danach haben wir Landsberg wieder verlassen, genau genommen sind wir von dort geflohen – zurück nach Berlin. Wir wohnten wieder in Berlin-Mitte, in der Nähe vom Alexanderplatz, und ich ging wieder in meine alte Schule. In meiner Klasse waren außer mir noch zwei oder drei andere jüdische Mädchen, die genau wie ich jüdischen Religionsunterricht hatten, was natürlich überhaupt nicht gerne gesehen wurde. Es dauerte auch nicht lange, und meine jüdischen Mitschülerinnen waren ganz schnell aus Berlin verschwunden. Ich nehme sogar an, daß sie Deutschland verlassen hatten, ausgewandert waren wie auch eine ganz liebe Freundin, deren Familie nach Südamerika emigrierte. Das war so um 1934. Mein Vater beschloß dann auch, daß ich nicht länger am Religionsunterricht teilnehmen sollte, weil er unnötigen Ärger befürchtete. Den gab es aber auch so. In der Klasse herrschte eine ziemlich angeheizte Stimmung gegen mich, denn ich war ja nun die einzige «Nicht-Arierin». Diese Aggression machte sich auch eines Tages Luft, als ich nach Schulschluß nach Hause gehen wollte. Die ganze Klasse hatte sich vor mir aufgebaut und wollte mich verprügeln. Ich habe eine wahnsinnige Angst gehabt, habe gedacht, was mache ich denn jetzt nur um Gottes willen. Da fiel mir so ein kleiner Spruch meines Vaters ein: «Du darfst nie zeigen, daß du Angst hast, das macht dich stark.» Ich habe also meinen Schulranzen runtergerissen und die fürchterlich angeschrien: «Nun kommt doch alle her, kommt her!», und sie haben wohl tatsächlich so einen Schreck vor mir bekommen und gedacht, daß ich sie alle verhauen werde und sind tatsächlich erschrocken zurückgegangen und haben mich in Ruhe gelassen. Von diesem Tage an wurde ich immer zur Schule gebracht und abgeholt.

In der Klasse war niemand, der zu mir stand, Freundinnen hatte ich zu dieser Zeit gar nicht mehr. Auch als ich älter wurde, war es schwer, Freundschaften zu schließen. Ich weiß noch, daß eines Tages der Blockwart zu uns kam und sagte, daß ich nicht mit arischen Mädchen sprechen und zusammen sein dürfe, das sei verboten.

«Arier» bauen einen «jüdischen» Schneemann

Nun wohnte in unserem Nebenhaus ein Junge, der war ein Jahr älter als ich, und wir mochten uns beide sehr. Er war katholisch, und ich war zu seiner Kommunion eingeladen. Seine Eltern waren Kommunisten. Ich hatte ja keine Ahnung, was das ist – Kommunist zu sein, aber auf alle Fälle waren sie gegen Hitler. Als seine Eltern nun hörten, daß der Hans nicht mehr mit mir spielen sollte, da haben sie gesagt: «Dann kommst du eben zu uns, ihr spielt bei uns zu Hause. Zu uns kannst du immer kommen», und das fand ich ganz toll. Später hatte ich dann eine Freundin, mit der ich mich heimlich getroffen habe, irgendwo in einer fremden Straße, um miteinander reden zu können.

Irgendwann sind wir dann wieder umgezogen, diesmal nach Buch, einem Vorort Berlins. An dieser Schule gab es ein paar sehr nette Lehrer, die ganz normal Unterricht gegeben haben und mich eigentlich nicht spüren ließen, daß ich nicht dazugehörte. Zwei Lehrer allerdings hatten es immer darauf angelegt, mich ins Messer laufen zu lassen. Hatte ich mich auf eine Arbeit vorbereitet, konnte ich sicher sein, daß sie mich etwas völlig anderes prüften. Sie ließen mich regelmäßig auflaufen, bei denen konnte ich kein Bein auf die Erde kriegen. Das war schon sehr schlimm. Schlimm war auch dieser Rassenkundeunterricht. Aber an Einzelheiten des Unterrichts, auch in anderen Fächern, kann ich mich nicht mehr erinnern. Durch diese ganzen Mißlichkeiten mit der Schule habe ich die Schulzeit eigentlich verdrängt, ich fand Schule schrecklich. An andere Dinge kann ich mich so gut erinnern, weil die so tief eingedrungen sind, aber was im einzelnen fachlich in der Schule abgelaufen ist, fällt mir einfach nicht ein.

Meine Außenseiterposition in der Klasse war auch äußerlich sichtbar, weil alle meine Mitschülerinnen bei den Jungmädeln oder im BDM waren. Wenn sie nach der Schule ihre Treffen hatten, erschienen sie auch in ihrer Kluft, also mit diesen jetzt wieder sehr modern gewordenen Strickjäckchen. Ich glaube, sie sahen so ähnlich aus wie diese bayerischen Trachtenjacken. Wenn ich die heute sehe, dann finde ich das nicht sehr komisch. Merkwürdig war das natürlich, wenn wir zu irgendeiner Feier in die Aula mußten, und es wurde das Deutschlandlied gesungen oder «Die Fahne hoch» und all dieser Quatsch. Ich wußte dann immer nicht, was ich machen sollte: natürlich mußte ich auch dabeistehen, aber mitzusingen, das wagte ich doch gar nicht. Gesagt hatte mir zwar keiner was, aber ich dachte, wenn ich das mache, dann sagen die, daß ich das nicht dürfe. Der Lehrer guckte nur manchmal ganz merkwürdig auf mich, das war schon ein eigenartiger Zustand. Was macht man da – als Kind? Man steht wie ein begossener Pudel da, ist eine Außenstehende. Das galt auch für die Feiern, die außerhalb der Schule stattfanden, zum Beispiel die 1.-Mai-Feier. Da bin ich gar nicht erst hingegangen, das war doch nichts für mich. Meine Eltern haben mich einfach zu Hause gelassen, wenn die Regierung ihre «stimmungsvollen» Feiern inszenierte. Die Lehrer haben auch nichts weiter gesagt. Da lag dann eben der Entschuldigungszettel meiner Mutter vor, und damit war die Peinlichkeit genommen.

Ich war ja die einzige in dieser Schule, die nicht arisch war. Ich war ein Kuckucksei. Aber das blieb ich nicht ewig. Es kam die Kristallnacht, von der ich unmittelbar allerdings nichts mitbekommen hatte, da ich an diesem Tag mit meiner Großmutter draußen in Buch war. Aber meine Mutter war mit meinem Vater in der Stadt. Ich weiß noch, wie mein Vater am späten Abend nach Hause kam, völlig erschöpft und fertig war und sich gleich ins Bett legte wie ein verwundetes Tier. Wir hörten dann nur, was passiert war, er sprach mit meiner Großmutter darüber. Ich setzte mich an sein Bett und war so verzweifelt, daß es meinem Vater so schlecht ging und daß so etwas Schlimmes passiert war. Da nahm er meine Hand und fragte: «Hast du mich lieb?» Das war furchtbar.

Bald darauf jedenfalls, mein Vater hatte bereits Arbeitsverbot, mußte ich eines Tages vor versammelter Klasse aufstehen, und mein Lehrer sagte mir, ich müsse sofort die Schule verlassen, da ich nicht arisch sei. Ich zog also ab wie ein begossener Pudel, ging nach Hause. Meine Eltern hatten jetzt natürlich große Sorge, ich sollte doch weiter unterrichtet werden. Meine Mutter war zum jüdischen Glauben übergetreten, das wußte aber niemand, so daß sie offiziell noch als Arierin galt. Nun war sie auch blond, und das war ja zu der Zeit sehr gefragt. Sie ging nun also von Schulamt zu Schulamt, um vielleicht doch noch eine Erlaubnis für meinen weiteren Schulbesuch zu bekommen. Aber es war nichts zu machen, ich durfte die Schule nicht wieder besuchen. Aber sie hatte es wenigstens möglich gemacht, daß ich Privatunterricht bekam, und zwar von meinem ehemaligen Deutschlehrer. Der kam dann zu uns nach Hause und unterrichtete mich. Diesen Lehrer mochte ich eigentlich sehr. Er war sehr sympathisch und verstand den Unterricht sehr nett zu gestalten. Eines Tages kam mein Vater nach Hause, und dieser Lehrer guckte weg und grüßte meinen Vater nicht. Das hat mir so weh getan, und von diesem Tage an konnte ich den Lehrer natürlich auch nicht mehr leiden.

Etwas Kurioses: mein Vater versuchte, mich in einer jüdischen Schule unterzubringen. Das wiederum war nicht möglich, weil ich für die jüdische Schule nicht jüdisch genug war. Das war also auch ein Wahnsinn, und mein Vater war sehr unglücklich darüber.

Irgendwie hatte meine Mutter schließlich erreicht, daß ich die Handelsschule besuchen konnte, aber auch unter Umgehung der Wahrheit. Da hatten wir wieder Rassenkunde bei einem sehr fanatischen Lehrer, das war schon sehr merkwürdig. Konkretere Erinnerungen habe ich allerdings auch daran nicht. Ich habe das einfach verdrängt. Ich dachte, was die hier reden, das ist ja so wahnsinnig.

Allein schon das alltägliche Leben war beklemmend. Man konnte mit niemandem sprechen. Mein Vater hatte immer mit Nachbarn Karten gespielt, und das hatte irgend jemand verraten – der Obmann kam. Es gab ein großes Theater. Die Namen der Leute, die mit ihm gespielt hatten, wurden im «Stürmer» veröffentlicht, und sie mußten obendrein eine Geldstrafe zahlen. Es ist kaum zu fassen, die kamen danach doch tatsächlich wie selbstverständlich zu uns und wollten das Geld wiederhaben. So weit ging also die Freundlichkeit nicht, sie wollten nicht dazu stehen. Man lebte wie eine Maus, ängstlich, mußte immer auf der Hut sein.

Mein Vater ist dann im März 1939 nach Belgien emigriert. Das war nur nicht weit genug: bald nachdem die Deutschen dort einmarschiert waren, wurde er verhaftet und kam ins KZ. Ich war da zwölf Jahre alt. Meine Mutter hatte eigentlich nur Angst, was wird denn nun, lassen sie uns in Ruhe oder nicht, das fragte man sich täglich. Ein Mieter von uns, der sonst auch gern mit meinem Vater Kontakt gehabt hatte, kannte uns jetzt plötzlich nicht mehr; «der Jude» war ja schließlich weg, und meine Mutter als sozusagen alleinstehende Frau konnte man wohl einfach übersehen. Man hat ihr das Leben zur Hölle gemacht. Ein Mieter von uns hat es sogar gewagt, sie zu ohrfeigen und mit «Jude» zu beschimpfen. Da ist sie zum Anwalt gegangen, der hat nur gesagt, es sei besser, sie verhalte sich ruhig. Mit anderen Worten: sie hatte gar keine Rechte. Dafür legte man ihr immer nahe, sich scheiden zu lassen, was sie aber nicht gemacht hat.

Dann kam die Zeit, in der die jüdischen Leute mit ihren Sternen rumlaufen mußten und keiner mit ihnen reden durfte. Das betraf auch einen sehr guten Freund unserer Familie. Meine Schulkameradin und ich trafen ihn öfter auf unserem Nachhauseweg. Sie machte sich lustig darüber «was der da so trägt». Wir konnten uns nur anplinkern, denn ich durfte ja auch nichts zu erkennen geben, sonst wäre ich verraten gewesen ...

Es war furchtbar. Ich meine, dieser Judenstern sollte ja eine Diffamierung sein. Es war so schlimm. Jeder machte einen Bogen um diese Menschen. Sie waren rundherum nur von Verboten und Vorschriften umgeben. So konnten sie zum Beispiel nur in einer bestimmten Zeit einkaufen und bekamen wenig und schlechte Ware. Ich weiß es auch von meinen Freunden, die mußten so schwer arbeiten und hatten kaum etwas zu essen. Manchmal gab es Geschäftsleute, die diese Leute kannten, die früher ihre besten Kunden waren, die haben ihnen dann schnell noch etwas eingepackt. Aber alles war mit Gefahr verbunden. Einem Juden helfen, das war doch ... unmöglich, da war man judenfreundlich. Wer das tat, konnte gewiß sein, daß er auch ins KZ oder ins Gefängnis kommt, es war alles gefährlich.

Das Problem war die Angst, die Angst, was wird morgen sein. Diese Angst ist ja noch viel schlimmer geworden. Ich bin auch ins KZ gekommen. Ich war im Gefängnis und im KZ – zusammen mit meiner Mutter. Meinen Vater haben sie im KZ umgebracht. Was man da für Ängste ausgestanden hat – ich bin sie jedenfalls nie losgeworden. Es gibt Zeiten, wo ich davon träume. Ich kann mir auch keine Filme über die Zeit und was da passiert ist ansehen. Wenn man diese Bilder aus den KZ zeigt, dann drehe ich durch, das kann ich gar nicht sehen.

Herbert K., geboren 1926, wuchs in einer deutschnational gesinnten Familie auf. Sein Vater war höherer Angestellter in den Niederlausitzer Kohlenbergwerken, die Mutter Hausfrau. 1932 wurde Herbert K. in Zehlendorf eingeschult.

Eine der ersten Erinnerungen, die ich in Verbindung mit Nationalsozialismus und Schule habe, ist, daß der Lehrer 1935 nach den großen Ferien morgens in die Klasse kam und sagte: «Heil Hitler, Jungs!», und wir sagten: «Heil Hitler, Herr Sowieso!»

Etwa zur gleichen Zeit erlebte ich im privaten Bereich folgendes: Wir kauften immer Brot in einem Bäckerladen in der Berliner Straße. Eines Abends kamen wir in den Laden und sahen ein Schild, auf dem in deutscher Schrift stand: «Volksgenosse trittst Du ein, soll Dein Gruß Heil Hitler sein.» Meinen Vater hat das sehr aufgebracht, und der Bäckersfrau war das sehr unangenehm. Sie hat später meinen Eltern erzählt, wie es zu dem Schild gekommen ist. Da kamen Frauen von der NS-Frauenschaft in den Laden und sagten: «Heil Hitler, ach, Sie sind ja noch gar nicht auf den neuen Zeitgeist eingestellt. Wir haben hier etwas für Sie.» Dann haben sie das Schild ausgepackt und gesagt: «Wo stellen wir das Ding am besten hin, warten Sie mal, wenn die Leute reinkommen, ach, da ist der Blickfang, da stellen wir es hin.»

1936 wurde in der Schule der Fahnengruß eingeführt. Immer bei Ferienende und Ferienanfang versammelte sich die Schule um den Fahnenmast und die reichsdeutsche Einheitsfahne wurde gehißt. An Staatsfeiertagen, zum Beispiel war der 30. Januar ein Staatsfeiertag, da wurde jedes Jahr in der Aula vom Direktor und ganz zuletzt in den Kriegsjahren von irgendeinem Bonzen der NSDAP eine Rede geschwungen. Da mußte die ganze Schule hin. Der Schulchor sang: «Heilig Vaterland in Gefahren, deine Söhne sich um dich scharen.» Dann Führers Geburtstag natürlich, 20. April. Das lief ähnlich ab. Später im Krieg kamen noch die Sondermeldungen hinzu. An eine kann ich mich besonders erinnern: Die Eroberung von Paris durch die deutsche Wehrmacht. Als es bekannt wurde, rannte der Rektor durch alle Klassen und sagte: «Ab 10 Uhr ist schulfrei!» Da brüllten natürlich alle. Nicht wegen Paris, sondern weil wir frei hatten, eine Arbeit fiel aus.

Vor dem 1. Dezember 1936 war die Zugehörigkeit zur Hitler-Jugend noch freiwillig. Neben uns, ein paar Häuser weiter, wohnte ein Jungvolkführer. Seine Mutter war mit meiner Mutter befreundet. Eines Abends kam er zu meinen Eltern. Ich war auch dabei. Es war im Wohnzimmer. Er kam rein und fing an, einen ganzen Roman zu erzählen. Mein Vater war gar nicht begeistert, als er hörte, daß zweimal in der Woche Dienst sei, mittwochs und sonnabends. «Die Schule dauert doch schon lange genug. Er ist erst um dreiviertel zwei zu Hause. Dann muß er Schularbeiten machen.» Also, irgendwie hat es meinem Vater gestunken. Ich traf den Jungvolkführer – «Fips» wurde er genannt – einige Zeit später auf der Straße wieder. Er ging gerade zum Dienst. Er sagte: «Komm doch einfach mit.» Da habe ich mich auf seinen Gepäckständer geschwungen und bin mitgefahren. Die hatten einen Keller, bei dem Grafen X in Dahlem. Das fand ich ganz irre. Es war alles gar nicht so, wie erzählt wurde. Kein strammer Dienst, sondern es war alles ganz locker, und ich war begeistert. Meine Mutter war sauer, weil sie nicht wußte, wo ich war, ich kam erst um sechs nach Hause. Nun war das Kind in den Brunnen gefallen. An einem Sonnabendnachmittag, als mein Vater zu Hause war, kam Fips noch mal. Er mußte die Genehmigung von dem Erziehungsberechtigten haben. Er sagte dann: «Ihr Sohn fand das doch ganz prima, denken Sie an die Zukunft Ihres Sohnes.» Mein Vater hat sich Bedenkzeit ausgebeten und hat dann mit meiner Mutter gesprochen. Meine Mutter hat meinem Vater gut zugeredet: «Denk an die Zukunft des Jungen, laß ihn 'rein.» Ich bin dann am 1. November 1936 eingetreten.

Es sind nicht alle Jungs aus meiner Klasse in die HJ gegangen. Ich kann mich entsinnen, daß zwei nicht mitgemacht haben. Der Vater von dem einen war ein SPD-Mann – das habe ich aber erst später erfahren. Den Vater haben sie fürchterlich maßgenommen 1933, und da hat er gesagt: «Eher geht ein Kamel durch das Nadelöhr, als daß mein Sohn zur HJ geht.» Der ist also sehr lange nicht hingegangen. In der Schule wurde das vollständig ignoriert, auch unter den Klassenkameraden. Wir haben ihn nur öfter in den Hintern getreten oder fürchterlich gezwickt, wenn er bei der Fahnenweihe oder einer Feier nicht den Arm heben wollte. Da haben wir gesagt: «Heb den Arm hoch, du dämlicher Hund. Dein Vater ist doch nicht da, nun mach doch mal.» Dann hat ihm einer den Arm hochgerissen, damit er mit dem Deutschen Gruß dastand. Sonst wäre das vielleicht aufgefallen. Es wäre nichts passiert, aber der Rektor hätte vielleicht doch mal gemotzt. Der zweite ist einfach aus Bockigkeit zunächst nicht hineingegangen: «Ich laß mir doch nicht einfach erzählen, was ich machen soll.» Erst mit zwölf Jahren ist er zum Jungvolk gekommen und wurde dann ein ganz übler Typ.

Die HJ war nach dem Wohnbezirk organisiert. Jeder Bezirk hatte ein Fähnlein, die Fähnlein hatten Züge, und die Züge hatten Jungschaften mit 12 Jugendlichen. Ich wohnte zwar in Zehlendorf auf dem Gebiet des Fähnleins «Schwertbrüder», war aber im Dahlemer Fähnlein «Kärnten» organisiert. Das kam also nicht so militärisch genau darauf an. Es gab aber Rivalenkämpfe zwischen den Fähnlein, und da konnte es sein, daß man fürchterlich den Arsch vollkriegte von den Schwertbrüdern. «Mensch, da ist ja einer von dem Fähnlein Kärnten, der wohnt ja in unserem Bezirk.» Und schon sind sie auf einen los.

Der Verlauf der HJ-Treffen war von oben gesteuert. Die Reichsjugendführung schrieb den HJ-Führern die Themen vor, und zwar für den Monat. Typische Beispiele waren Hitlers Geburtstag oder der 30. Januar 1933 oder die Entlassung Hitlers aus dem Zuchthaus Landsberg – davon wurde dann erzählt. Wir haben uns mit Literatur beschäftigt, zum Beispiel mit verteilten Rollen Schiller, Goethe oder Lessing gelesen. Bei den Älteren – also nicht beim Jungvolk – wurden auch sogenannte dekadente Schriften gelesen, unter anderem Thomas Mann. Es wurden ein paar Zeilen vorgelesen und dann auseinandergepflückt, wobei raffinierterweise alles aus dem Zusammenhang gerissen war.

Mittwochs war immer der geistige Nachmittag, und am Samstag gab es dann Geländespiele. Man lernte Flaggenwinken, man lernte Morsen, man lernte Nahkampf. Sogenannte Mutproben wurden gemacht. Man mußte ein Fahrtenmesser mit der Spitze nach unten aus einer bestimmten Höhe auf den Oberschenkel fallen lassen. Dann lernte man mit dem Kompaß im Gelände rumlatschen. Es hat einerseits Spaß gemacht, es war aber andererseits ein großer Druck, *jeden* Mittwoch und *jeden* Sonnabend antreten zu müssen.

Die Geländespiele konnten aber auch sehr roh werden. Bei der Försterei in Dachsberge haben wir uns einmal ganz fürchterlich gedroschen. Wir haben so aufeinander eingeschlagen, daß Zivilisten die Polizei holten. Die guckten sich das an, sagten dann nur ganz trocken: «Das ist doch HJ, was wollt ihr denn?» – und fuhren wieder ab. Das hat mir irgendwie nicht gefallen. Ich war nicht feige, aber ich dachte, irgendwo hört es auf. Ich hatte dann den großen Vorteil, daß ich nach drei Jahren in die Rundfunkspielschar Berlin kam. (Fortsetzung Seite 178)

GÜNTHER G., geboren 1920.

Seit 1932 war ich Mitglied der Ringgemeinschaft Deutscher Pfadfinder. Nach der Eingliederung lief der Betrieb illegal weiter, unter verschiedenen Tarnnamen. Mal waren wir Nikodemus-Jugend, mal so etwas ähnliches wie Schreberjugend, wir hatten immer Tarnbezeichnungen. Wir trafen uns in Wohnungen, machten aber auch Wochenendfahrten, meist in die Mark Brandenburg. 1935 sind wir vierzehn Tage durch den Bayrischen Wald gewandert. Es waren auch Jungs dabei, deren Väter arbeitslos waren. Meine Mutter war entsetzt, als ich total abgemagert wiederkam. Von den 15 oder 18, die wir waren, hatte ungefähr die Hälfte das Geld – 50 Mark für zwei Wochen – nicht aufbringen können. Sie sind selbstverständlich trotzdem mitgefahren, und wir haben eben alle weniger gegessen. Es gab zum Frühstück für jeden eine Schnitte und zum Abendbrot auch. Mittags wurde ein bißchen Grießbrei gekocht. Grieß hatten wir von zu Hause mitgebracht. Kartoffeln haben wir gekauft, recht viele. Das beste Gericht gab es sonntags, da kamen im großen Hordentopf eine oder zwei Büchsen Cornedbeef in die Kartoffeln rein. Das nannte sich «toter Indianer» – Kartoffelmus mit Cornedbeef.

1936 haben wir eine Großfahrt nach Finnland gemacht. Wir konnten ins Ausland aber nur 10 Mark mitnehmen. Es gab schon sehr scharfe Devisenbestimmungen. Wir hätten sonst eine sehr hohe Summe hinterlegen müssen, und das konnte keiner von uns. Wir hatten also jeder 10 Mark und dafür aber einen Rucksack voll mit Grieß und Reis und ähnlichen Lebensmitteln. Und es gab in Finnland – darüber hatten wir uns vorher informiert – sehr viel Beeren. Unsere Radtour

Eingliederung der Pfadfinder in die HJ: Vereidigung 1933

ging dann erst nach Stettin. Die Überfahrt nach Helsinki kostete als Deckpassagier 40 Mark hin und zurück. Die Besatzung hatte uns im Maschinenraum und an allen möglichen Ecken verstaut, so daß wir also nicht draußen zu schlafen brauchten. Wir sind von Helsinki bis zum Eismeer und wieder zurück mit dem Fahrrad gefahren. Von Helsinki nach Stettin fuhren wir wieder mit demselben Schiff, mit der «Nordland». Auf der Rückreise durften wir Küchenarbeit machen – die wußten schon, daß wir kommen –, und haben dafür Essen an Bord bekommen.

1937 haben wir wieder eine größere Fahrt gemacht. Die Reise ging über die Tschechoslowakei, Ungarn nach Rumänien. Als wir in Berlin wieder am Anhalter Bahnhof ankamen – ein Teil der Gruppe war schon vorher in Süddeutschland ausgestiegen – sind die, die noch im Zug waren, von der Gestapo geschnappt worden. Ich habe vierzehn Tage in der Hedemannstraße gesessen und bin dort laufend verhört worden. Zu Hause war eine Haussuchung – zum Glück nicht in der Laube –, im Hause war nichts mehr. Danach hat sich die Gruppe praktisch aufgelöst. Wir kamen nur noch zu viert oder fünft in Wohnungen zusammen. Fahrten konnten nicht mehr gemacht werden. Wir sind nur noch manchmal am Wochenende einzeln oder zu zweit rausgefahren und trafen uns dann «zufällig». Aber es gab keine gemeinsamen Veranstaltungen mehr.

Ich habe nie erfahren, wer uns verraten hat. Denn die Gestapo muß einen Tip bekommen haben. Uns wurde «Bündische Betätigung» vorgeworfen. Wir wurden eingesperrt in einem SA-Gebäude. In den unteren Stockwerken hatte die SA irgendwelche Dienststellen, unter dem Dach hatten sie Verschläge eingerichtet – und da saßen wir. Ich habe immer Ziegel angehoben, um nach Luft zu schnappen. Es waren irrsinnig heiße Sommertage, und ich hatte einen furchtbaren Durst. Bei den Verhören sind wir windelweich geprügelt worden. Die haben immer geglaubt, sie könnten irgend etwas erfahren. Wir hatten vorher schon darüber gesprochen, wie man sich in einem solchen Fall verhalten soll. Da hieß es bloß immer: die Wahrheit sagen, nichts als die Wahrheit und dabei soviel wie möglich verschweigen. Wir hatten darüber gesprochen, daß man nie so lange lügen kann, daß nicht irgend etwas auffällt. Man kann nur die Wahrheit kürzen oder aus der Wahrheit Stücke herausschneiden, dann kann man sich nicht verplappern. Wir müssen verhältnismäßig gleichmäßig ausgesagt haben, daß wir Nachbarskinder sind und alle in der Nähe voneinander wohnen und uns kennen. Das stimmte auch. Ich wohnte zwar in Neukölln, konnte aber meine Verbindung nach Britz damit begründen, daß ich dort gewohnt hatte bis 1935 und dann erst nach Neukölln gezogen bin und in Britz eben noch Freunde hatte. Da der Kreis verhältnismäßig klein war – zehn waren wir wohl –, konnte man das nicht weiter überprüfen. Das muß verhältnismäßig glaubwürdig gewesen sein, denn ich bin aus der Hedemannstraße nach vierzehn Tagen entlassen worden. Mein Stiefvater wurde allerdings verwarnt, er solle sich um seinen Stiefsohn kümmern.

Vor dieser Verhaftung waren wir eine ziemlich große Gruppe gewesen. In der Zeit um 1936 waren wir am stärksten, da waren wir ungefähr 35 Mann, die zusammenkamen, und zwar immer unter dem entsprechenden Decknamen von Kirchengemeinden, Schrebergartenjugend, Sportjugend. Es war ein Abzeichensammeln und Durcheinander, man mußte immer überlegen, wo man gerade hingehörte.

Wir waren verhältnismäßig weltoffen. Die politischen Probleme wurden ausgespart. Wenn ich mich heute erinnere, muß ich sagen, daß es schon schwierig gewesen sein muß, in dieser Zeit politische Probleme auszuklammern, aber sie wurden einfach ausgespart. Es ging um geologische Probleme – ein Geologiestudent war praktisch unser Gruppenleiter –, da wurde über physikalische und chemische Themen geredet. Es war ein Lehren und Lernen. Wir haben uns ausgesucht, was uns interessierte, und haben darüber diskutiert. Die Heimabende hatten etwa den Charakter, den man von der HJ kennt. Denn die HJ hat ja alles von den Pfadfindern übernommen. Es gab eine offizielle Eröffnung, es wurde ein gemeinsames Lied gesungen, wir hatten immer ein paar Klampfenspieler dabei. Zum Schluß haben wir wieder ein gemeinsames Lied gesungen. Der Heimabend stand immer unter einem bestimmten Thema.

Wenn ich heute über unsere Motivation nachdenke, würde ich sagen: Widerstand. Wir wollten nicht in der HJ sein, wir wollten nicht reglementiert arbeiten, sondern unseren eigenen Interessen nachgehen. Es war also kein politischer Widerstand, sondern ein Widerstreben, im allgemeinen Trott mitzulaufen. Wir mochten uns nicht mit den Nationalsozialisten liieren, hatten dem aber politisch nichts entgegenzusetzen und deshalb dieses Suchen. Ich würde sagen, es war ein Suchen von jungen Menschen, die noch nicht wußten, wo sie hin sollten. Wir wußten nur, da wollen wir nicht hin, nur das eine. Wir wollten etwas anderes, aber das andere war noch nicht ausgereift.

DIETER C., geboren 1921.

Mein Vater war sehr gerne geritten, bevor er erblindet war. Deshalb hat er uns alle reiten lernen lassen. Nun gab es ein Reiterjungvolk, und ich bin gerade in dem Moment da reingegangen, als es in Reiter-HJ umgewandelt wurde. Dadurch bin ich mit dreizehn Jahren schon in der HJ gewesen. Diese

Reiter-HJ wurde schon bald danach aufgelöst, und wir wurden in unsere Wohnbereiche organisiert. Es war für mich eine Zeit ziemlich großer Ängste. Mein Scharführer kam aus dem uns gegenüberliegenden Haus der Unteroffiziere. Die sahen seltbstverständlich und zu Recht mit Neid auf dieses Offiziershaus. Jetzt war natürlich die Zeit der Rache da. Ich war an sich eher kränklich, denn ich war Asthmatiker und auch sonst anfällig. Aber das beeindruckte ihn leider sehr wenig. HJ war also immer ein echter Druck.

Es gab da auch wenig Berührungspunkte. Ich war einer von drei Bürgerlichen in einer Arbeitergefolgschaft. Ich hatte zum Beispiel die Angewohnheit, mich dauernd zu entschuldigen oder auch zu sagen: «Das ist nett.» Dann kriegte ich gleich eins aufs Maul: ich solle mich nicht so bürgerlich äußern. «Bürgerlich» war ein klassisches Schimpfwort aus dem Nationalsozialismus.

Wenn ich nicht über das Reiten in die HJ gekommen wäre, ich wäre sicher spätestens '35 doch freiwillig reingegangen. Auch da war diese tiefe Zwiespältigkeit: die Uniform hatte einen Wert in Deutschland, wie kaum in irgendeinem Land der Welt. Jeder Uniformierte war per se besser. Ich mußte Soziologe werden, um zu begreifen, daß ein Leutnant ein Inspektor war. Dann der Dolch! Diesem männlichen, so wichtigen Symbol. Dann die Marschiererei, die Musik. Ich hatte viele jüdische und halbjüdische Freunde. Ich wüßte kaum jemand von den Halbjuden, der nicht liebend gern in die HJ gegangen wäre. Das war ein dauernder Kampf zu Hause. Viele sahen auch blond und blauäugig aus, wie die «Patentarier».

Ich war im Präsentationsbann 155 organisiert. Er hieß nicht offiziell so, gehörte aber zu den vier Bannen der Innenstadt, die für jede Nazifete, Eröffnung der Automobilausstellung und sonstige Veranstaltungen zum Spalierstehen herangeholt wurden. Berlin hatte seltsamerweise drei Zentren: Friedrichstraße, Alexanderplatz und Kurfürstendamm. Um dieses Zentrum lagen die vier Banne mit mehreren tausend Jugendlichen. Wir waren einfach vor Ort und konnten die wichtigsten Straßen und Veranstaltungsorte zu Fuß erreichen. Jugendliche aus Frohnau oder anderen Außenbezirken zu holen wäre auch ein Transportproblem gewesen. Wir hatten bis zu viermal in der Woche Dienst, das hing uns zum Halse raus, es kamen auch immer weniger.

Ich habe einmal bei einer Wintersammlung erlebt, daß wir zu dritt waren. Das war wohl der vierte Dienst der Woche. Drei Leute von einer Gefolgschaft mit 150 Mitgliedern. Es waren gekommen der Gefolgschaftsführer, ein Scharführer und ich. Wir haben uns dann – nachdem wir eine halbe Stunde gewartet hatten – auch verabschiedet.

Bei mir war die Angst sehr groß, daß, wenn ich nicht zu den Diensten erscheinen würde, doch etwas auf meine Familie zurückschlagen könnte. Ich muß dazu sagen, daß wir in tiefer Vergangenheit jüdische Urgroßeltern hatten, die uns nach der Nazi-Gesetzgebung belastet hätten. Ich habe noch einen Brief an meine Mutter, in dem sie gefragt wird, ob nicht eins ihrer Kinder von einem Juden abstammt. Da war also bis zu dem betreffenden Blockwart durchgesickert, daß irgend etwas wäre. Eine Ahnentafel, die meine Schwestern malen mußten, ist von meiner Mutter gefälscht worden. Sie hatte deshalb auch große Ängste, weil die Urkunden die Fälschung nachgewiesen hätten.

Meine Mutter wurde selbst einmal als Jüdin auf der Straße angegriffen. Das war 1938, in der Phase der Kristallnacht. Sie hatte eine leicht gebogene Nase. Hätte man sie auf Arier festgelegt, wäre es eine Adlernase gewesen. Sie kam leichenblaß und vor Entsetzen weinend nach Hause.

Heimabende haben wir ganz wenige gemacht. Sie fanden in trostlosen Räumen statt. Da haben wir gesungen. Zum Beispiel «Schwarzbraun ist die Haselnuß». Also Lieder von 1905. Das habe ich aber erst nach dem Kriege erfahren. Vorher habe ich sie gehaßt als Nazilieder. Dann wurde ein Gewehr auseinandergelegt. Wir waren froh, wenn einer überhaupt wußte, wie es wieder zusammenzusetzen war. Das war also auch langweilig. Wir wurden praktisch in den Repräsentationsaufgaben verbraucht. Wir haben kaum exerziert, denn für uns gab es immer irgendwelche Propagandaaktionen. Für das Winterhilfswerk sind wir mit der Büchse rumgelaufen. Zur Eröffnung von Ausstellungen, bei Veranstaltungen, wir waren überall dabei. Überall dort, wo Nazigrößen auftraten, hatten wir Spalier zu stehen.

Wir haben selbstverständlich auch an Maifeiern teilgenommen. Morgens um halb fünf mußten wir antreten, denn die Marschkolonnen mußten sich einfädeln. Das war alles paramilitärisch organisiert, ohne Rücksicht darauf, daß wir eigentlich Kinder waren. Wir standen, glaube ich, sechs Stunden, bevor wir uns setzen konnten, das war wirklich hart. Aber das war egal, denn es mußten diese 120 000 da reingestopft werden – ins Olympiastadion.

Eine ganz besondere Maifeier erlebte ich 1934 oder vielleicht war es auch 1935. Jedenfalls waren die «bürgerlichen» Jugendorganisationen bereits in die HJ integriert. Auch die sogenannten «Bibel-Kränzchen», christliche Pfadfinder, die in Berlin sehr mitgliederstark gewesen waren, ganz wackere Leute, auch ganz handfest, nicht frömmelnd, wie der Name vermuten läßt. Bei dieser Feier fing Goebbels an zu reden, und als er drei Worte gesprochen hatte, gab es riesigen Applaus, und als er drei weitere Worte gesprochen hatte, gab es wieder Applaus. Er kam nicht zum Reden. Das war eine echte gelungene Sabotage. Zu Anfang haben wir noch mitgemacht, dann erlahmte bei denen, die das nicht intentional machten, der Elan, und es schälten sich die schwarzen Blöcke heraus,

In der Olympia-Helfer-Uniform

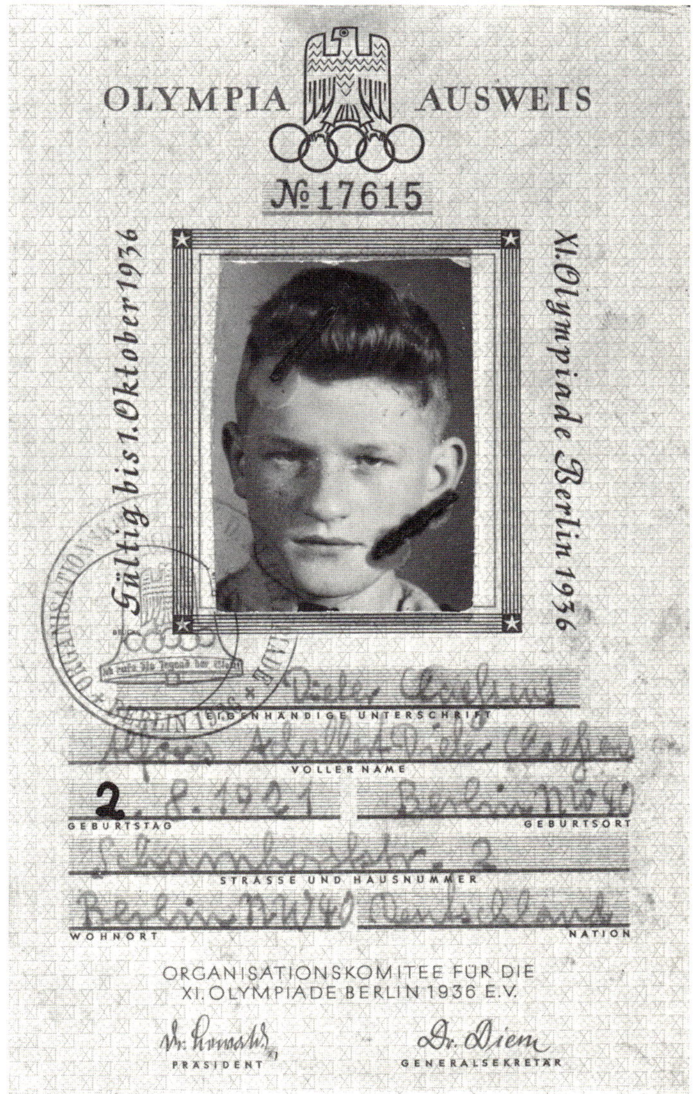

OLYMPIA AUSWEIS

№ 17615

Gültig bis 1. Oktober 1936

XI. Olympiade Berlin 1936

Dieter Claßen

EIGENHÄNDIGE UNTERSCHRIFT

Alfons Adalbert Dieter Claßen

VOLLER NAME

2. 8. 1921 Berlin NW 40

GEBURTSTAG GEBURTSORT

Scharnhorststr. 2

STRASSE UND HAUSNUMMER

Berlin NW 40 Deutschland

WOHNORT NATION

ORGANISATIONSKOMITEE FÜR DIE
XI. OLYMPIADE BERLIN 1936 E.V.

Dr. Lewald Dr. Diem

PRÄSIDENT GENERALSEKRETÄR

von denen der Beifall kam. Danach sind dann eine ganze Menge Gefolgschaftsführer herausgegriffen worden, die aus den Bibel-Kränzchen kamen. Das war für mich das erste und auch das letzte Erlebnis eines Großwiderstandes bei einer solchen Veranstaltung. Zuerst fanden wir es wahnsinnig komisch, daß solch eine Autorität in Frage gestellt wurde. Wir haben gelacht, aber dann wurde die Stimmung immer beklommener.

Während der Olympiade 1936 war ich im Jungendehrendienst des Olympischen Dorfes. Da klappte die Organisation aber nicht ganz, ich wurde als Französischsprechender einem englischsprechenden japanischen Stabhochspringer zugeteilt, was wenig sinnvoll war. Wir hatten die Funktion, für die zum Teil sehr früh eintreffenden Sportler als Informatoren zur Verfügung zu stehen. Das Dorf lag weit draußen in einem ehemaligen Wehrmachtsübungsgelände, und die mußten also erst mal erfahren, wo die Stadt ist, und was man da machen kann. Wir waren als Begleiter eingesetzt.

Der Jugendehrendienst wurde von der Wehrmacht organisiert. Wir mußten einen Test machen, in dem sich der Geist des Nationalsozialismus spiegelte. Eine wichtige Aufgabe beim Test war, daß wir auf freiem Felde sagen mußten, wo Norden ist. Da gab es drei Kategorien, die Besten waren die, die sofort eine Richtung angaben, ohne es zu wissen, die Zweitbesten waren die, die als Pfadfinder überlegten, wo ist Moos an den Bäumen oder ähnliches, und die dritten, das

Schul-«Olympiade»: Feier beim Herbstsportfest der Südschule Zehlendorf, 1938

waren eben die Schlechten, die sagten: «Ich weiß es nicht.» Ich gehörte zur zweiten Kategorie und bin gerade noch mit knapper Not durchgekommen.

150 Knäblein waren wir. Wir wurden in Kasernen außerhalb des Geländes untergebracht. Das Olympische Dorf war traumhaft, mit finnischer Sauna und solchen Dingen. Wir konnten mit unseren Ausweisen hinein in das Dorf. Für mich war am wichtigsten, daß ich einen Ausweis hatte, mit dem ich Fahrzeuge anhalten konnte. Auf öffentlichen Verkehrsmitteln fuhr ich sowieso frei. Ich konnte aber auch an Privatautos mit der Bitte herantreten, mich als Angehörigen des Jugendehrendienstes mitzunehmen. Darauf war ich natürlich sehr stolz.

Die Olympischen Spiele waren wahrscheinlich der ungewollte oder zumindest nicht so geplante größte Schachzug. Die Durchorganisation Berlins zu einer freien, lebendigen, nicht repressiven Stadt ist in einer Weise gelungen, die eigentlich mehr als unheimlich ist. Sicher: das Organisationstalent der Deutschen, der Freiheitsdrang, die Hoffnung, daß fremdbestimmte Dinge nicht passieren würden, was auch für die Zeit zutraf, all das hat das Klima propagandistisch ganz unglaublich verändert. Zum Beispiel waren überall dort, wo Fremde auftauchen konnten, mehrsprachige Polizisten, die mit Armbinden gekennzeichnet waren. Mein Bruder war vom Reichsarbeitsdienst freigestellt, er war viersprachig. In der gleichzeitig stattfindenden Deutschlandausstellung war er also Reichsarbeitsdienstmann mit vier Binden: Spanisch, Italienisch, Französisch, Englisch. Die Straßenbahnschaffner waren mehrsprachig, sie konnten wenigstens englisch. Das vermittelte natürlich gerade für Ausländer Weltoffenheit.

Ich habe alles miterlebt, was ein einzelner Mensch überhaupt miterleben konnte: die Eröffnung der Olympischen Spiele, die Beendigung der Olympischen Spiele und viele Veranstaltungen. Da mein Stabhochspringer weitgehend auf mich verzichtete, habe ich mir rausgepickt, was mich interessierte, zum Beispiel Basketball und Hockey. Abends waren wir wieder in der Kaserne. Wir hatten wohl relativ früh Ausgangssperre, um nicht in Bars verschleppt zu werden. So halb neun haben wir gepennt, meistens war der Tag dann auch lang genug. Lästig war, daß wir ein paarmal Wache stehen mußten. Dabei fiel ich einmal in Ohnmacht und wurde dafür dann auch noch bestraft.

Ich glaube, es wurde auch mal exerziert, aber sonst passierte eigentlich weiter gar nichts, denn je mehr sich die Spiele zu einem Erfolg entwickelten, desto lässiger wurden alle Kontrollen. Wir lösten uns als ein relativ ziviler Verein auf und gingen trauernd in die Schule zurück, von der wir die zehn Wochen, die das Ganze mit Vorbereitung dauerte, befreit gewesen waren.

Fritz S., geboren 1902. 1923 bestand er seine erste Lehrerprüfung. Wegen der großen Lehrerarbeitslosigkeit kam Fritz S. erst 1927 in den Schuldienst. 1933 unterrichtete er an einer Steglitzer Schule.

Es war der totale Staat angebrochen. Ich war damals ein sogenannter Junglehrer. Meine zweite Prüfung hatte ich schon in der Tasche, war aber noch nicht fest angestellt. Wir jungen Lehrer wurden angehalten, zu Wiederholungskursen und zu Ertüchtigungskursen zu gehen. Leibesübungen wurden betrieben. Stramm stehen! In einem der Kurse wurde minutenlang über das Thema «Wie sieht der Deutsche Gruß aus?» gesprochen: Wird der Arm ausgestreckt? Ja, aber Hitler sieht man auf Bildern mit einem angewinkelten Arm. Da wurde also ganz ernsthaft lange darüber diskutiert. Also ausgestreckter Arm selbstverständlich. Aber wie hoch den Arm? Bis Nasenhöhe? Oder bis Augenhöhe? Oder bis zur Schädeldecke? Oder noch höher? Das war keine Witzelei, das war ernsthafte, amtliche Diskussion in einem Lehrgang zur Ertüchtigung der Erzieher. Diese Lehrgänge in den einzelnen Bezirken waren angeordnet vom Stadtschulrat, sie wurden jedenfalls von der Schulverwaltung organisiert und nicht vom Nationalsozialistischen Lehrerbund.

Ich wurde auch zu einem Schulungslager des Nationalsozialistischen Lehrerbundes beordert. Es hieß eben: «Du hast dann und dann anzutreten!» Ich war in einem Lager in Teschendorf in der Nähe von Rüdersdorf. Wir waren in einem ehemaligen Gut untergebracht. Wir kriegten eine schäbige Montur an, damit wir alle gleichmäßig gekleidet waren, im gleichen Takt unsere Herzen schlugen und wir in gleicher schöner Art unsere Bardengesänge von uns gaben. Da wurden Liedertexte gelernt, da wurde marschiert, da wurde mit Luftdruckgewehren geschossen. Es wurden uns Vorträge gehalten darüber, was ein junger Nationalsozialist von nun an wissen muß. Es wurde uns vermittelt: Die Lehre vom Nationalsozialismus ist gut, wer daran glaubt, ist gut, und wer nicht daran glaubt, ist minderwertig. Und wenn das den Menschen Tag für Tag gesagt wird, dann glauben sie allmählich an die Wahrheit dieses Blödsinns. Und wer hartnäckig bleibt, ungläubig bleibt, ist ein moralisch schlechter Mensch, ist ein Schmutzfink. Ich persönlich habe sehr darunter gelitten, daß Joseph Goebbels offenbar recht hatte mit dem Ausspruch: «Man muß den Menschen nur immer wieder, immer wieder das gleiche sagen, allmählich nehmen sie es doch als ihre eigene Überzeugung an.»

Der Lehrgang hat, glaube ich, vierzehn Tage gedauert. Wir sollten so tun, als wären wir Soldaten: Wir sind selbstverständlich pünktlich morgens, wir marschieren im Gleichschritt aus, und so ging es den ganzen Tag. Einmal standen wir hinter dem Zaun unseres Grundstückes, das mag ein Sonntagnachmittag gewesen sein. Vor dem Grundstück standen ein paar Jungs, und die guckten sich die merkwürdig bekleideten Figuren an. Wir hatten einen Drillichanzug an und eine verschrobene Mütze dazu, wir sahen alle ein bißchen putzig aus. Einer von uns – ein Spaßvogel – unterhielt sich durch die Zaunmaschen hindurch mit den Jungs. Nach einer Weile fragte er sie: «Na, was denkt ihr denn, wer wir sind?» «Verbrecher seid ihr», kam prompt die Antwort. Die meinten, wie wären Strafgefangene und gingen am Sonntagnachmittag ein bißchen im Park spazieren.

Das Ziel des Lehrganges war die Gleichschaltung, das Gleichmachen. Den Nationalsozialisten heranbilden. Dazu wurde benutzt: gleiche Kleidung, gleiches Essen, gleiches Trinken, gleiches Singen, gleiches Marschieren, Gleichschritt, gleiches Ziel.

«Deutscher Gruß» – «Hitler-Gruß»

Grüßen will gelernt sein

Später wurde ich an eine Zehlendorfer Schule versetzt. Da kam eines Tages der Schulleiter zu mir und sagte: «Sie kriegen zwei neue Schülerinnen.» Es waren Jüdinnen. Die Mutter war wohl Jüdin und der Vater war Fabrikant gewesen. Zwei nette Mädels. Es waren noch Jahre vor dem Judenstern. Die beiden Mädels sind von der Klasse ohne weiteres angenommen worden. Sie waren sehr verängstigt und verschüchtert in die Klasse gekommen, aber sie sind von den anderen nicht mit Dreck beschmissen worden oder so etwas. Aber es wußten alle: dies sind Menschen zweiten Grades. Die Graduierung war da.

Zu meinen Unterrichtsfächern gehörte auch Religion. Ein Text, den ich immer mal wieder durchgenommen habe, war folgender: Jesus läuft mit seinen Jüngern auf der Landstraße. Die Jünger fragen Jesus – bis dahin alles akkurat, alles unterbaut durch die Schrift –, die fragen Jesus: «Meister, was wird aus uns, wenn dein Reich nun mal angebrochen sein wird?» Ich habe den Kindern dann gesagt: «Ihr müßt euch das so vorstellen: Die Jünger fühlten sich als die alten Kämpfer. Sie waren die ersten zwölf und meinten natürlich, wenn nun das Reich von dem Jenseits in das Diesseits kommt, dann müßten sie gute Posten kriegen, denn sie waren ja in der Kampfzeit dabei. Sie müßten dann Bischof oder irgend so etwas werden.» Vielleicht hat ein gewitzter Junge das zu Hause erzählt und die Eltern haben dann vielleicht geschmunzelt. Aber die, die es kapiert haben, die brauchten gar nicht angesprochen zu werden. Ich hätte gerne die Stumpfsinnigen angesprochen. Die haben es sicherlich nicht kapiert. Im Gegenteil, die werden eher gemeint haben: Die Einstellung, der alte Kämpfer hat Vorfahrt, das ist ein altes, verbrieftes Recht, das haben schon die Jünger Jesus und vielleicht Jesus selber anerkannt. Es ist vielleicht gerade das Gegenteil von mir erreicht worden, von dem, was ich erreichen wollte.

Das Alte Testament wurde im Religionsunterricht nicht mehr benutzt, es war verboten. Wir hatten im Kollegium einen sehr frommen Mann, er war aber gleichzeitig Nationalsozialist und Uniformträger. Er wußte dann nach '33 auch nicht recht, warum der Herr gerade die Juden zu seinem auserwählten Volk gemacht hat. Darauf hatte er keine Antwort, als ein junger Kollege ihn fragte. Aber er hatte die Courage, es zuzugeben. Er hat nicht gesagt: «Sie junger Grünschnabel, solche dusseligen Fragen dürfen Sie nicht stellen.» (Fortsetzung Seite 182)

HELMUTH W., geboren 1903.

Ich bin bis zuletzt in der SPD gewesen. Als es nun ein bißchen brenzlig wurde, kam der Kassierer zu mir und sagte: «Wissen Sie, es ist besser, wir sammeln Ihre Mitgliedskarte ein und verwahren sie in einem sicheren Schrank, damit Sie selber keine Schwierigkeiten haben. Außerdem werden sich die Nazis nicht lange halten, und dann haben wir nachher gleich alles wieder beisammen.» Ich bin weder aus der Partei ausgetreten noch rausgeworfen worden, mit ihrer Auflösung war eben alles vorbei. Kollegen, die ein bißchen verrufen waren, weil sie angeblich, vielleicht auch tatsächlich, vor 1933 in der Kommunistischen Partei gewesen waren, kamen nicht so glimpflich davon. Einem Kollegen wurde die «Rote Fahne», die in kleinem Format hergestellt und unter der Hand verbreitet wurde, durch den Briefschlitz gesteckt. Unmittelbar danach kam eine Hausdurchsuchung, und natürlich wurde sie gefunden. Wir haben alle vermutet, daß die «Rote Fahne» von den Nazis durchgesteckt worden war, um einen Grund für die Verhaftung zu haben.

Nach den Ferien kam ich an eine Schule, die von einem sehr alten Rektor geleitet wurde, der kurz vor der Pensionierung stand. Er war im wahrsten Sinne des Wortes ein alter Nazi, der nach der Machtübernahme auf diesen Posten gekommen und nach ungefähr einem Jahr durch einen jüngeren Kollegen aus der nationalsozialistischen Bewegung ersetzt wurde. Ansonsten waren auf dieser Schule nur deutschnational gesinnte Lehrer. Ich war also in einen ganz anderen, konservativen Kreis gekommen, und dadurch blieb ich von manchen Repressalien verschont. Im Gegensatz zu anderen Kollegen habe ich das Glück gehabt, nicht an ein nationalsozialistisches Kollegium zu geraten, so daß ich im Dienst im großen ganzen keine Schwierigkeiten hatte. Trotzdem saß ich wie viele Schulamtsbewerber auf einem Puverfaß, wußte nicht, ob ich angestellt bleibe oder nicht. Zwischendurch kam immer wieder mal eine Kündigung, dann wurde ich wieder beschäftigt. Ich weiß nicht, wieviel Kündigungen ich in der Zeit bis zu meiner Verbeamtung 1936 bekommen habe, wie oft ich dachte, niemals als Lehrer angestellt zu werden. Dieses unsichere Gefühl, diese ständige Angst verließen mich nie, und beides ist mir in der Zeit ganz schön auf den Magen geschlagen.

Das Verhalten des Rektors war zwiespältig. Einerseits lehnte er mich wegen meiner schulischen Vergangenheit ab, andererseits war er auf eine beinahe väterliche Art fürsorglich. Er sah in mir das verlorene Schäflein, das er wieder auf den rechten Pfad bringen wollte. Daß ich überhaupt von ihm abgewichen war, führte er auf die Beeinflussung durch meinen «Häuptling», wie er meinen früheren Rektor titulierte, zurück. An seiner Schule sollte ich jetzt lernen, ein echter Lehrer zu werden. Er nahm mich in seine Unterrichtsstunden mit. Ich weiß nicht, ob er noch einen Stock benutzt hat, auf jeden Fall hat er die Kinder ganz anders angefahren, sie angeschnauzt, was an meiner alten Schule überhaupt nicht üblich gewesen war. Der Unterschied war aber nicht nur in dieser Hinsicht gewaltig. Mitarbeit, selbständige freie Arbeit der Schüler gab es kaum, Kommandieren und Gehorchen waren jetzt wieder an der Tagesordnung. Daß an dieser Schule Zucht und Ordnung herrschten, das wollte mir der Rektor beibringen. Moderne Richtungen wurden abgebogen, waren als Schund, unzeitgemäß, nicht nationalsozialistisch oder rassisch nicht einwandfrei verrufen. Von oben wurde detailliert angeordnet, was durchgeführt, was gearbeitet werden mußte. Die Techniken und Lernschritte waren natürlich die gleichen geblieben: im ersten Jahr Schreiben und Lesen, im zweiten Rechnen bis 100, im dritten Schuljahr bis 1000 und so weiter. In Biologie mußte Rassenkunde unterrichtet werden, in Erdkunde Geopolitik, die Deutschaufsätze und Diktate waren inhaltlich auf nationalsozialistisches Gedankengut festgelegt. Für ganz Deutschland wurden auch einheitliche Lesebücher eingeführt, die sich nur in ihrem heimatkundlichen Teil unterschieden. Natürlich fanden sich darin nicht nur nationalsozialistische Lesestücke, von denen es anfangs auch gar nicht so viele gab, so daß man auf deutsches Kulturgut – jüdische Schriftsteller ausgeklammert – zurückgreifen mußte. Dem Sportunterricht kam eine außerordentliche Bedeutung zu, denn Sport und Körperertüchtigung wurden in dieser Zeit besonders groß geschrieben. Die Kinder hatten jetzt auch täglich Sportunterricht, und die Zensuren wurden höher als früher bewertet. Zu Beginn der Turnstunde ließ ein Schüler die Klasse antreten, und wenn ich dann kam, meldete er mir, daß Klasse Soundso zum Unterricht angetreten sei. Nach dem üblichen Heil-Hitler-Gruß lief die Stunde bei mir nach der damals typischen Dreiteilung weiter, genauso wie vor 1933. Erst kam die Auflockerung mit ein bißchen Bewegung, Spannung und Entspannung, dann die Freiübung, anschließend das Geräteturnen und zum Schluß ein Spiel. In manchen Schulen oder Klassen mußten die Kinder dagegen auf dem Schulhof marschieren und dazu nationalsozialistische Lieder singen. Das war an unserer Schule nicht üblich, auch nicht, als der junge nationalsozialistische Rektor kam.

Den «neuen» Geist der Zeit bekam ich beim Schwimmunterricht zu spüren. Wir gingen immer in dieselbe Schwimmhalle und haben zwangsläufig auch mit den Schwimmeistern zu tun gehabt, auch mal ein Bier mit ihnen getrunken, eine Bulette gegessen, etwas spendiert. Im Grunde waren wir mit ihnen auf du und du. Eines morgens kam ich in die Schwimmhalle und grüßte wie gewohnt mit einem «Guten Morgen». Da schnauzte mich der Schwimmeister an: «Wissen Sie denn noch nicht, daß heißt jetzt ‹Heil Hitler›, und da haben Sie sich nach zu richten!» Das war eine Erfahrung, die mir einen so tiefen Schlag versetzte, daß ich manchmal öfter «Heil Hitler» gesagt habe als ich brauchte oder wollte – so will ich lieber sagen.

NSV-«Pfund»-Sammlung, November 1934

1936 wurde ich endlich fest angestellt. Zu dieser Anstellung habe ich nur ein Amt in der NSV übernommen, das ich aber nach einem guten Jahr wieder aufgegeben habe. Meine Arbeit als Zellenwalter bestand in der Organisation der zahlreichen Sammlungen. Für die «Pfundsammlung» mußten die Hausgemeinschaften oder einzelnen Familien ein Pfund Zukker, ein Pfund Erbsen und dergleichen mehr spenden. Diese Sammlungsaktion hat sich nach und nach in Wohlgefallen aufgelöst, weil niemand mehr so viel spenden wollte. Im Endeffekt kam mehr Salz als Zucker zusammen, weil es billiger war. Dann kamen die Geldsammlungen, bei denen jeder soviel geben konnte wie er wollte. Gesammelt wurde für die Hungernden und Frierenden, so hieß es wenigstens offiziell. Ob das Geld und die Lebensmittel tatsächlich für die Armen bestimmt waren, weiß ich nicht. Ich glaube, daß dieser Wahlspruch auch ein Gutteil Propaganda war und dazu diente, die Leute zu beschäftigen oder sie von anderen Dingen abzulenken.

Im Lehrerkollegium haben wir nie über den Sinn solcher Aktionen gesprochen, und politische Themen waren völlig tabu. Wir sind wie die Katze um den heißen Brei herumgegangen. Ein Beispiel sind die Ereignisse in der Kristallnacht. Als ich morgens zur Schule ging, sah ich in der Karl-Marx-Straße eine eingeschlagene Schaufensterscheibe. Zehn Schritte weiter die nächste. An einigen Geschäften waren Schilder, auf denen sinngemäß zu lesen war «Kauft nicht beim Juden ein». Ich habe mich gefragt, was hier losgewesen sein mag, konnte mir aber gar nichts vorstellen. Ich habe erst aus der Zeitung und vom Hörensagen erfahren, daß die SA für diese Zerstörung verantwortlich war.

In unserem Kollegium erwähnte niemand die Ereignisse der vorangegangenen Nacht. Keiner wollte sagen, was er dachte, und vor allen Dingen wußte keiner, ob nicht doch jemand dabei war, der in kurzer Zeit vielleicht in der NSDAP landete. Man war sehr vorsichtig. Ich konnte politische Themen nicht anschneiden, weil ich in diesem Kollegium der Aussätzige war und mich besonders vorsehen mußte. Wenn tatsächlich einmal die Rede auf diese Vorfälle kam, und ich merkte, daß ich etwas gefragt werden könnte, bin ich aus dem Lehrerzimmer gegangen. Ich traute nur meinen ehemaligen Kollegen aus der Versuchsschule. Wir haben uns heimlich zum Ausflug im Grunewald oder zum Kaffeetrinken in Britz getroffen, und in diesem Kreis war es möglich, größtenteils offen über politische Dinge zu sprechen. Es kam immer wieder vor, daß aus diesem Kreis einer verschwunden war – aber sie waren eigentlich alle so anständig, daß in unserem Kreis kein Verräter gewesen ist. Auch die, die später zu den Nazis übergeschwenkt waren, haben sich zurückgehalten, haben niemals jemanden angeschwärzt. Die Informationen, die wir in unserem Geheimkreis hatten, gingen dahin, daß Hitler in kurzer Zeit abgewirtschaftet haben würde. Als er länger an der Macht blieb, war für uns sicher, daß es Krieg geben würde.

Gertraud S., geboren 1911.

Da ich mich bei den Hospitationen schrecklich langweilte, meldete ich mich im Frühjahr 1934 zur Landjahrführerausbildung. Das Landjahr war für die volkschulentlassenen Jungen und Mädel gedacht, die ein Jahr in einem Lager auf dem Land leben und bei den Bauern als Hilfskräfte arbeiten sollten.

Die Ausbildung zur Landjahrführerin dauerte acht Wochen. An sich fand ich die Zeit sehr schön. Das Lagerleben mit Appellen und Nachtwachen entsprach durchaus meinem Naturell. Bei den Appellen ging es darum, daß wir schnell genug aus den Federn kamen. Wir mußten zunächst im Nachthemd oder im Pyjama antreten, und dann hieß es: «Mit gepackten Sachen.» Wer zu langsam war, wurde getadelt. Ich hatte da wenig Mühe, ich habe es mitgemacht und fand es ganz amüsant.

Im Unterricht wurden wir auf das Landleben ausgerichtet. Familienpolitik – «Du sollst dir sehr viele Kinder wünschen» – und Rassengesetze spielten natürlich eine Rolle. Ich habe die Rassenlehre damals akzeptiert, weil ich zu meiner Schulzeit einen Biologielehrer hatte, der uns in Rassenkunde unterrichtete. Er war aber kein Nationalsozialist. An meiner Schule haben wir also lange vor '33 Schädelmessungen durchgeführt. Deshalb habe ich diese Sache als richtig und harmlos übernommen.

Im August wurde ich in ein Lager nach Hermannsburg geschickt. Über die Lager in Hermannsburg hatten wir schon in der Ausbildung gehört, denn es hatte dort erhebliche Schwierigkeiten gegeben. Katholische Kinder aus dem Rheinland waren ausgerechnet nach Hermannsburg geschickt worden, der Hochburg der Evangelischen Mission. Die Lagerleiterinnen waren auch alle evangelisch. Als die katholischen Mädchen den Wunsch äußerten, sie würden gerne den Gottesdienst besuchen, wurde ihnen gesagt: «Das ist bei uns nicht üblich, und außerdem gibt es in Hermannsburg keine katholische Kirche.» Daraufhin kamen die Eltern aus dem Rheinland angereist, um ihre Kinder abzuholen. Die Rausgabe wurde ihnen verweigert, und es gab großen Krach in Hermannsburg. Das Ergebnis war, daß einige der Leiterinnen abgezogen und durch katholische ersetzt wurden. Die katholische Kirche schickte einen Pfarrer nach Hermannsburg, der sofort von den Evangelen Räume für seinen Gottesdienst erhielt.

Nachdem ich in mehreren Lagern gearbeitet hatte, kehrte ich 1936 nach Berlin zurück und kam in den Schuldienst. Allerdings nicht mit einer festen Stelle an einer Schule, sondern ich wurde als Vertretung von Schule zu Schule geschickt.

Als ich den Berliner Schuldienst begann, sagte mein Vater zu mir: «Ist dir klar, daß du irgend etwas tun mußt. Wenn du die zweite Prüfung machen willst, mußt du sicher irgendwo organisiert sein.» Nun bot es sich an – im Landjahr hatten wir die BDM-Kluft – daß ich mich im BDM meldete. Das war auch die Arbeit, die mir lag. Da ich in der Schule tätig war, habe ich mir gesagt: Die Jugend, die du unterrichtest, kannst du auch in der Hitler-Jugend führen und unterrichten. Ich meldete mich beim Untergau 200. Die nahmen mich erst sehr skeptisch auf. «Du bist doch eigentlich schon zu alt.» – «Klar», sagte ich, «bin ich.» – «Na, geh mal da und da in die Gruppe.» Die Gruppenführerin sagte: «Was soll ich mit dir machen?» – «Nun hör mal zu», erwiderte ich, «ich bin pädagogisch ausgebildet, ich habe im Landjahr eine Führerstellung gehabt, du wirst mich ja wohl für eine Kameradschaft einsetzen können.» Also kriegte ich erst einmal eine Kameradschaft mit nur zehn oder zwölf Mädel. Nach einer Weile wurde ich sozusagen befördert und durfte in Südende eine Gruppe leiten. Heimabende habe ich eigentlich nicht gemacht, nur wenn eine Kameradschaftsführerin anrief und sagte: «Ich bin krank», dann mußte ich den Heimabend übernehmen. Meine Aufgabe war es, die Kameradschaftsführerinnen auszubilden. Der Dienstbetrieb war sehr eklig. Meine Mutter war immer verärgert, denn wenn ich von der Arbeit nach Hause kam, lag meistens ein Brief da, ich solle dies oder das organisieren, und ich sauste dann gleich wieder los mit dem Fahrrad oder zu Fuß, um alle Leute zusammenzutrommeln oder Nachrichten zu überbringen. Die sportliche Ausbildung für die Führerinnen habe ich aber ganz gerne gemacht. Dazu ließen sie sich auch meistens noch herbei. Ansonsten war das ganze ein sehr lahmer Klub, die Mädchen kamen oft gar nicht zum Dienst. Es wurde ihnen ins Gewissen geredet: «Ihr müßt doch kommen, ihr müßt es einsehen.» Die Eltern zu Hause sagten: «Nun hör mal zu, die Schule geht vor.» Ich als Lehrerin stand da und konnte nicht sagen, die Schularbeiten sind Nebensache. Wenn meine Untergauführerin sagte: «Mensch, in deiner Gruppe ist auch gar nichts los», dann habe ich geantwortet: «Geh mal nach Südende in die Villen und sage den Eltern, die sollen ihre Kinder schicken. Die schicken sie doch nicht, was soll ich denn machen.»

Ich hatte die ganze Zeit ein schlechtes Gefühl dabei, daß ich im BDM mitmachte. Du läßt dich zu sehr mit denen ein. Du solltest eigentlich ein bißchen mehr Abstand wahren. Warum machst du hier mit? Das hat mich immer etwas bedrückt. In der Schule sagte einmal ein Kollege: «Ich habe in der Nacht wieder nicht richtig geschlafen, die haben wieder aus unserem Haus welche abgeholt.» Dann guckte er sich um und sagte: «Naja, wer weiß, wohin.» Ich habe erst gar nicht richtig zugehört, so wie Gespräche im Lehrerzimmer eben sind. Als er raus war, habe ich mich gefragt: Was hat er eigentlich gemeint damit? Ach so, dachte ich, naja, wahrscheinlich sind die in ein Konzentrationslager gekommen. Ich habe gar nicht weiter darüber nachgedacht. Im Grunde genommen ist mir das alles erst '45 aufgegangen, was die Dinge bedeutet haben, und daß man hätte viel mehr hinhören müssen auf das, was gesagt wurde, und hinsehen müssen, was getan wurde.

1938 habe ich mich auf meine zweite Lehrerprüfung vorbereitet. Damit ich die Prüfung machen konnte, durfte ich ausnahmsweise längere Zeit an einer Schule bleiben. Es war eine Schule in der Nähe der Gotzkowsky-Brücke. Nachdem einmal der Schulrat meinen Unterricht besucht hatte, kam die stellvertretende Rektorin hinterher zu mir und sagte: «Wissen Sie, was er moniert hat? Daß in Ihrer Klasse kein Hitlerbild war. Wenn der noch mal kommt, müssen wir ein Hitlerbild hinhängen.» Es gab aber in keiner Klasse ein Hitlerbild. Da wurde dann das große Bild aus der Aula in meine Klasse gehängt. Die Leute haben sich krank gelacht. Die Lehrer sind alle einzeln gekommen, um sich das anzusehen.

Die Prüfung habe ich mit einer sechsten Klasse gemacht, eine Deutschstunde und eine Turnstunde habe ich gegeben. Danach kam die mündliche Prüfung. Ich weiß noch, daß sie mich über die Judengesetze gefragt haben und daß sie mich fragten, wo ich nationalpolitisch arbeitete. Kurz darauf habe ich beim BDM aufgehört, denn ich hatte die Absicht zu heiraten und wollte dann nicht mehr im BDM arbeiten. Ich wurde automatisch in die Partei übergeführt – ohne mein Zutun.
(Fortsetzung Seite 180)

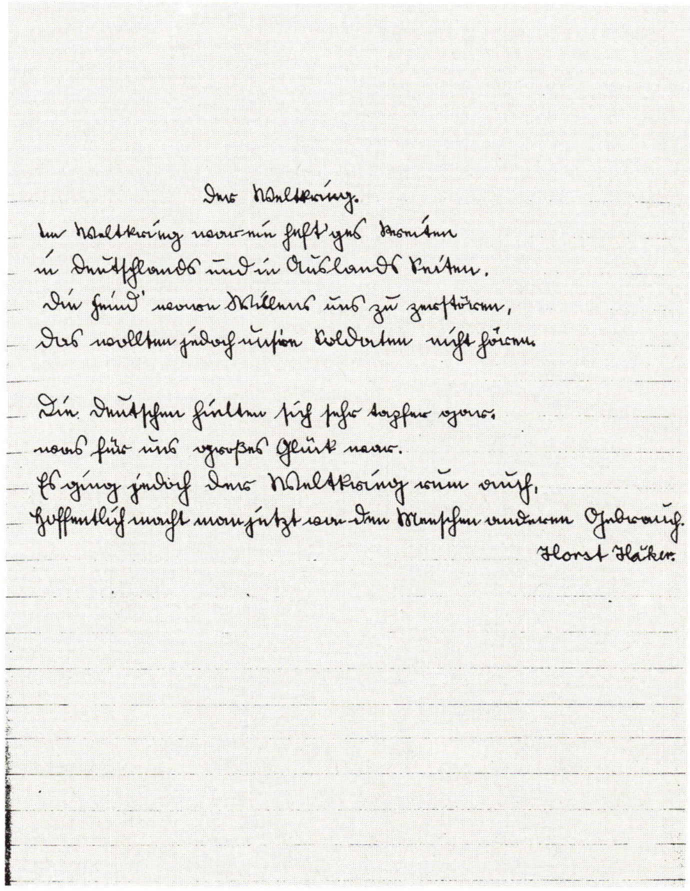

Der Weltkrieg · / Im Weltkrieg war ein heft'ges Streiten / in Deutschlands und in Auslands Seiten. / Die Feind' waren Willens uns zu zerstören, / das wollten jedoch uns're Soldaten nicht hören. / Die Deutschen hielten sich sehr tapfer gar / was für uns großes Glück war. / Es ging jedoch der Weltkrieg rum auch, / hoffentlich macht man jetzt von den Menschen anderen Gebrauch.

Selbstverfaßtes Gedicht eines Schülers aus den ersten Kriegsjahren

Ziele und Methoden des Umbaus

Die «Leitgedanken zur Schulordnung» vom 20.1.1934 schrieben über den «Deutschen Gruß (Hitlergruß)» vor:

«Der Lehrer tritt zu Beginn jeder Unterrichtsstunde vor die stehende Klasse, grüßt als erster durch Erheben des rechten Armes und die Worte ‹Heil Hitler›; die Klasse erwidert den Gruß durch Erheben des rechten Armes und die Worte ‹Heil Hitler›. Der Lehrer beendet die Schulstunde, nachdem sich die Schüler erhoben haben, durch Erheben des rechten Armes und die Worte ‹Heil Hitler›; die Schüler antworten in gleicher Weise. (...) Wo bisher der katholische Religionsunterricht mit dem Wechselspruch ‹Gelobt sei Jesus Christus› ‹In Ewigkeit Amen› begonnen und beendet wurde, ist der Deutsche Gruß zu Beginn der Stunde *vor*, am Ende der Stunde *nach* dem Wechselspruch zu erweisen.»

Rose G. (Jahrgang 1921) erinnert sich:

«Wenn der Lehrer in die Klasse kam, dann mußten alle aufstehen, und der Lehrer stand vorne. Und wie er grüßte, daran konnte man merken, was für eine Einstellung er hat. Wenn er seine Mappe auf den Tisch legte und nur so nebenbei den Arm kurz ausstreckte, so lässig, und auch nicht viel dabei sagte, konnte ihn ja keiner dafür belangen. Aber manche Lehrer hatten Angst vor den Schülern. Es gab eben wirklich fanatische Schüler, die ihren Lehrer anzeigten. Diese Lehrer stellten sich dann eben stramm hin, sagten sich, mache ich dieses Theater, ich weiß ja selber, was ich denke. Dann wußten wir auch nicht, woran wir waren.»

Der Rektor der 28. Volksschule notierte im Schuljahr 1935/36 in der Chronik:

«Die Schulbuchfrage ist auf dem Wege zur Lösung. (...) Im Frühjahr 36 erschien als 1. Teil des Reichslesebuches der Band für das 5. und 6. Schuljahr. Weitere Schulbücher sollen im Laufe des nächsten Schuljahres erscheinen.»

Am 20. September 1937 fiel an der 147. Volksschule im Wedding, wie auch an vielen anderen Berliner Volksschulen, der Unterricht wegen Luftschutzübungen aus. In der Schulchronik wurde vermerkt:

«Die Lehrerschaft tritt vollständig zum Ordnungsdienst in den Luftschutzräumen an, Übung dauert von 8.20–9.00; Luftschutzraum geeignet für 44 Personen.»

Im Schuljahr 1937/38 wurde auf den «Dienstversammlungen» der 28. Volksschule unter anderem ein Vortrag zum Thema gehalten:

«Wie wird die Schule der Forderung des Führers gerecht: ‹Es soll kein Knabe und kein Mädchen die Schule verlassen, ohne zur letzten Erkenntnis über die Notwendigkeit und das Wesen der Blutreinheit geführt worden zu sein.›?»

Für dieses Schuljahr enthält die Chronik der gleichen Schule zudem folgende Eintragung:

«In diesem Jahr verfügte die Reichsjugendführung, das 5. Schuljahr geschlossen in die Hitlerjugend zu überführen. Aber nur ein Teil der Kinder trat ein. Von den 227 10–14jährigen Mädchen waren nur 128 in der Jungmädelschaft.»

Am 2. April 1938 ging in der Schulverwaltung Berlin-Neukölln der Bericht der 27. Volksschule über die Durchführung des Vierjahresplanes[1] ein, in dem in bürokratisch-pathetischem Stil unter anderem ausgeführt wird:

«Vielfältig wie die Aufgaben des Vierjahresplanes wurde diese Arbeit im Unterricht und darüber hinausgreifend im Rahmen der häuslichen und allgemeinen Erziehung angefaßt und durchgeführt. Der Parole des Führers folgte nicht nur ein freudiger Anlauf seitens der Kinder, sondern eine zähe und planvolle Hingabe bei der Lösung durch die Lehrerschaft gewährleistete die Erfolgsarbeit.

1. Die *Altstoff-Sammlung* (Papiere, Metalle und dergl.) zeigte erfreuliche Ergebnisse. (...)

2. Die *Knochen-Sammlung* wurde, als mengenmäßig ein Nachlassen erkennbar war, als besondere Aktion aufgezogen ... Für jedes Haus des Schulbezirks wurde ein Kind, das mit einem aufklärenden Handzettel für jeden Haushalt ausgerüstet war, als Sammler bestimmt. Der Erfolg setzte schlagartig ein.

3. *«Brot ist heilig!»* Unter dieser Parole wurde den Kindern eingeschärft, nicht verbrauchtes Frühstücksbrot und andere Lebensmittel ... wieder nach Hause mitzunehmen und sich im ganzen maßvoll zu beschränken. Werden dennoch eigentumslose Brotreste aufgefunden, so werden sie gesammelt und als Futter für Hühner und andere Haustiere weiter gegeben. Die Kinder werden fortlaufend angehalten, sich gegenseitig zu erziehen und das Mißachten des Brotes und anderer Lebensmittel als ein schändliches Vergehen gegen die Gemeinschaft zu brandmarken. (...)

4. Die monatlichen Übersichten über *Verbrauchslenkung*

1 Der im September 1936 verkündete Vierjahresplan zielte – zur Sicherung der Kriegsbereitschaft von Wirtschaft und Wehrmacht – auf die Autarkie Deutschlands. In die – vergeblichen – Anstrengungen, von ausländischen Rohstoffen und Lebensmitteln unabhängig zu werden, wurden auch die Schulen einbezogen.

wurden durch unterrichtliche Behandlung auch in die Haushalte weiter geleitet.
(...)
8. Die *Nutzung des Bodens*. Erzeugungsschlacht zur Deckung des Bedarfs an Nahrungsmitteln und Rohstoffen. Kultivierung des Bodens. Rationelle Düngung. Be- und Entwässerung. Schaffung von Neuland (Arbeitsdienst). Gesteigerter Anbau von Oelfrüchten und Erschließung neuer Fettquellen. Viehzucht. Walfang. (...)
9. *Erweiterte Obsterzeugung*. Wie schützen wir unsere Bäume und Pflanzen vor Raupenfraß und Frost? Vom Kauf ausländischen Frühgemüses und Obstes wurde abgeraten. Der Schrebergarten als Nutzfläche. Die Gartenarbeitsschule. Allein 10 Ztr. Zwiebeln wurden aus der Tätigkeit einer Klasse der städtischen Küche zugeführt. Außerdem hat jedes Kind für etwa 3 M Gartenerzeugnisse dem elterlichen Haushalt zuführen können.
10. *Sachgemäße Kleintierhaltung*. Hühner- und Kaninchenzucht.
11. In der *Schulgemeinde* wurden alle nur denkbaren Beziehungen des Vierjahresplanes durch Aussprachen in die Elternkreise weiter geleitet. Ferner wurde mit der N. S. V. (Nationalsozialistische Volkswohlfahrt; d. Verf.) und dem Winterhilfswerk eine Zusammenarbeit erstrebt und erreicht.
12. Der Besuch von *Ausstellungen* erweiterte die Schau für die Möglichkeiten der Aufgaben, die der Vierjahresplan zu verfolgen hat. Zeitschriftengut aller Art wurde im Unterricht ausgewertet.
Die Erziehung zur Einsicht, die Bildung der Willensrichtung: – alles für die Gesamtheit! – war die Parole für die Marschroute aller Unterrichts- und Erziehungsarbeit.
Mahlke, Rektor»

Manches aus diesem Kaleidoskop der Jahre 1934–39 wird demjenigen, der diese Zeit nicht bewußt miterlebte, unverständlich geblieben sein: War die Sammlung von Altstoffen und ähnlichem eher die Ausnahme oder die Regel? Wurden noch mehr Umgangsformen, wie zum Beispiel das Grüßen, bis ins Detail vorgeschrieben? Hatten tatsächlich die Schüler keine Angst mehr vor den Lehrern, sondern nur noch diese Angst vor jenen?

Die Ausschnitte aus der Schulrealität in Berlin verweisen auf jene Faktoren, die den Prozeß der Faschisierung von Bildung und Erziehung grundlegend bestimmten: die
– Hitler-Jugend,
– Unterrichtsinhalte,
– Lehr- bzw. Lernformen und damit verbunden
– Lehrer(um)schulung.

Um diese Schwerpunkte der Umwandlung der bürgerlichen Schule geht es im folgenden, um die Bemühungen der Nationalsozialisten, die Zustimmung der Schuljugend zu gewinnen, um die damit einhergehenden Zwangsmaßnahmen und um unterschiedliche Ausprägungsformen von Protest.

Selber denken und Volksbildung

Im März 1934 fand eine Überprüfung der ehemals weltlichen 6. Volksschule durch Stadtschulrat Herrmann statt. Zum Abschluß seiner Visite hielt er einen kleinen Vortrag vor dem Kollegium, in dem er unter anderem ausführte:

«Das Auswendiglernen darf in der Schule nicht vernachlässigt werden. Wir brauchen überall Kenntnisse, Sätze, feste Regeln als Bildungsgut und als Baustein für die weitere Bildungsarbeit.» Das «Memorieren, d. h. Einprägen eines Inhalts in fester Form, gehört notwendig zum Schulunterricht. Es bedeutet für jeden Menschen eine innere Bereicherung, wenn er über gute Gedanken in geprägter Form jederzeit verfügen kann. (...) Wir können und sollen dem Kinde auch die damit verbundene Anstrengung und Mühe nicht ersparen.» (Schulakten der 6. Volksschule, Berlin-Neukölln)

Das klingt weniger nach Nationalsozialismus als nach Pauker alten Stils. Kam der Nationalsozialist Herrmann mit dem Zug der Zeit nicht zurecht? Hatte er die Losung des NSLB-Vorsitzenden und bayerischen Kultusministers Schemm nicht verstanden: «Wissen ist Blei, Charakter ist Gold!»? Wohnte eine Schulrats- und eine Parteimann-Seele in seiner Brust, und siegte hier der Schulmann, dem Wissen wichtig ist?

Die führenden Repräsentanten des Nationalsozialismus erklärten in vielfältigen Varianten immer wieder, daß Wissen bzw. geistigen Fähigkeiten in ihrem Erziehungsverständnis keine besondere Bedeutung zukomme. An erster Stelle habe, wie es in «Mein Kampf» heißt, das «Heranzüchten kerngesunder Körper» zu stehen. «Erst in zweiter Linie kommt dann die Ausbildung der geistigen Fähigkeiten. Hier aber wieder an der Spitze die Entwicklung des Charakters, besonders aber die Förderung der Willens- und Entschlußkraft, verbunden mit der Erziehung zur Verantwortungsfreudigkeit, und erst als letztes die wissenschaftliche Schulung.» (Mein Kampf, S.452) Wenn Hitler bei anderer Gelegenheit betonte, er wolle keine intellektuelle Erziehung – «mit Wissen verderbe ich mir die Jugend» –, dann mag es zunächst so erscheinen, als sei der zitierte Schulrat mit seiner Betonung der Bedeutung von Wissen nicht ganz auf der Höhe nationalsozialistischer Erziehungspolitik. Tatsächlich können Äußerungen wie die von Hitler, können gängige Verknüpfungen von Verstand und «kalt», von Intellekt und «schwächlich» nur dann als Gegensatz zu den Schulrats-Ausführungen aufgefaßt werden, wenn man annimmt, solche von Hitler und anderen NSDAP-Größen ausgegebenen Losungen hätten – vermittelt über Lehrpläne und Schulbücher – den Unterrichtsalltag beherrscht, mit anderen Worten, wenn man vom Bild eines totalitären Führerstaates ausgeht. Konsequenterweise hätte dann die Schule zur «Heranzüchtung kerngesunder Körper» in eine große Turnhalle, ja ein einziges Sportfeld umgewandelt werden müssen. Sie blieb jedoch auch weiterhin eine Institution, in der Wissen vermittelt wurde; denn auch im Nationalsozialismus mußte die Volksschule den Anforderungen des gesellschaftlichen Entwicklungsstandes Rechnung tragen. Ob und wie die Volksschule diesen Anforderungen genügte, darauf wird noch einzugehen sein. Festzuhalten ist: im Schulalltag des deutschen Faschismus lernten die Schüler Rechnen, Lesen, Schreiben, Gedichte, Jahreszahlen usw.; die Ausführungen von Schulrat Herrmann entsprachen demnach durchaus der Funktion und Realität der Schule, sie zeichnen ihren Alltag genauer ab als Hitler-Losungen und programmatische Äußerungen von Nazi-Größen.

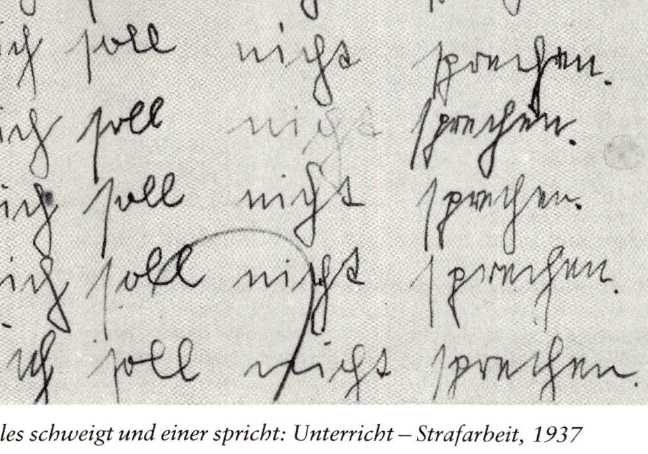

Alles schweigt und einer spricht: Unterricht – Strafarbeit, 1937

Umwertung, Ergänzung, Zuspitzung: Die Unterrichtsinhalte

Welches Wissen vermittelte die Schule im Dritten Reich? Wurden die Inhalte, die bis 1933 den Unterricht bestimmten, völlig oder nur teilweise verändert, in welchen Fächern und wie? Richteten die Nationalsozialisten neue Fächer ein?

Die Nazis verfügten über kein fertiges Konzept zur Umgestaltung der Schule. Die Eile, mit der sie 1933 Entlassungen von Lehrern vornahmen und fortschrittliche Schulstrukturen auflösten, täuscht: Wie in allen anderen Bereichen des öffentlichen Lebens dienten diese Maßnahmen vor allem der rücksichtslosen Ausschaltung politisch angefeindeter Einrichtungen und Personen. Als die Neugestaltung einsetzte, brachen sofort zwischen Schule und «Bewegung», zwischen Schuladministration und Partei(-Jugend) Auseinandersetzungen aus um den Einfluß auf die Schulentwicklung und deren Richtung (vgl. den Abschnitt über Schule und Hitler-Jugend). Nicht zuletzt die beständigen Differenzen und Kompetenzstreitigkeiten zwischen Kultusministerium auf der einen, Partei(-Jugend) und NSLB, der zum Teil auch zwischen den Fronten agierte, auf der anderen Seite, führten dazu, daß erst in den Jahren 1937 bis 1939 reichseinheitliche Richtlinien für alle Schulstufen und -arten erschienen. Diese Auseinandersetzungen waren eine logische Konsequenz des Faschismus, der weite Bereiche des gesellschaftlichen Lebens staatlich durchdrang, also verstaatlichte, andererseits den Staat in hohem Maße der individuellen Verfügung von Repräsentanten der NSDAP auslieferte, also privatisierte. In den ersten Jahren nach 1933 stützte sich der inhaltliche Umbau der Volksschule auf die ad-hoc-Verfügungen und Anordnungen der Kultusverwaltungen der Länder für einzelne Fächer. Schrittweise wurden parallel dazu neue Schulbücher eingeführt. Wie der Prozeß im Berliner Schulalltag verlief, soll exemplarisch an einigen Unterrichtsfächern deutlich gemacht werden.

Die ersten auf Lehrinhalte bezogenen Verfügungen in Preußen galten dem Geschichtsunterricht und der «Vererbungslehre und Rassenkunde». Letztere stellte zugleich die auffälligste *Neuerung* im Unterricht dar. «Nichts ist mehr kennzeichnend für die nationalsozialistische Staatsgestaltung und damit auch für die neue Erziehung», verkündete das Zentralorgan des NSLB, «als der Rassegedanke. Rasse ist das letzte Ziel und der tiefste Ausgang des nationalsozialistischen Staates. Rasse muß daher auch Ausgang und Ziel der neuen Erziehung sein.» (Reichszeitung der deutschen Erzieher Nr. 6, 1935) In der folgenden Ausgabe propagierte die «Reichszeitung der deutschen Erzieher»: «Tragender Gedanke, gestal-

o O o O ö Ö ö Ö

Os kar, es iſt ſo kalt, wär me dich nun!
Der O fen iſt warm, ſagt O ma.

O, ich frie re doch nicht, ich bin ja im
Dienſt ab ge här tet. Ol ga friert!
O nein, ich bin auch nicht zim per lich.
Der war me O fen iſt a ber doch ſchön.
Das tut gut!

Os wald wird bald ge ſund,
Ö fen, Öl, Ö ſe, wild, mild, rund,
Op fer, op fern.

39

Hirts «Berliner Fibel», 1935

o O o O ö Ö ö Ö

O ma, lie be O ma, heu te be ſu chen
wir dich. O ma, biſt du wie der ge ſund?

O ja, Os kar, ich bin friſch und mun ter. –
O ma, wir ſind mit dem Om ni bus
ge kom men, rief Ol ga. Der lief a ber
raſch! Ot to hat heu te Dienſt.
Da hö re ich O pa kom men, ſag te O ma,
er wird ſich auch freu en.

Ofen, Öfen, Öl, Öse

44

Hirts «Berliner Fibel», 1939

tende Kraft und letztes Ziel der ganzen Erziehungsarbeit der Schule ist: Rasse.» (Nr. 7, 1935) So oft in unterschiedlichen Formulierungen immer wieder die Bedeutung der «Rassenkunde» hervorgehoben wurde, so vielfältig waren die Bemühungen, die Wissenschaftlichkeit dieses Eckpfeilers nationalsozialistischer Ideologie zu beweisen. Es ist indes wenig ertragreich, die – vom Standpunkt der Wissenschaft – Irrationalität der Ergebnisse dieses Unterfangens nachzuweisen. Diese Irrationalität des Rassebegriffs, dessen Kernstück der Antisemitismus war, widersprach allerdings nicht seiner Funktionalität, sondern erfüllte durchaus praktische Zwecke: «Gerade unser deutsches Volk», schrieb Hitler in «Mein Kampf», «braucht jene suggestive Kraft, die im Selbstvertrauen liegt. Dieses Selbstvertrauen aber muß schon von Kindheit auf dem jungen Volksgenossen anerzogen werden. Seine gesamte Erziehung und Ausbildung muß darauf angelegt werden, ihm die Überzeugung zu geben, anderen unbedingt überlegen zu sein.» (S. 456) Rassenkunde sollte diese Überlegenheit der Angehörigen der höherwertigen arischen Rasse als natürliche, im Blut liegende begründen und daraus ein biologisches Recht auf Herrschaft über «minderwertige» Rassen ableiten: «Ein Staat, der ... sich der Pflege seiner besten rassischen Elemente widmet, muß eines Tages zum Herren der Erde werden.» (Mein Kampf, S. 434) Der Rassegedanke, die Doktrin vom selbstverständlichen Recht, andere Völker zu unterwerfen, war ein Stützpfeiler der ideologischen Kriegsvorbereitung. Er rechtfertigte die Judenverfolgung und diente dazu, die gesellschaftlichen Ursachen sozialer Gegensätze, die im Nationalsozialismus ungebrochen fortbestanden, als naturgegebene umzudeuten. Die Berufung auf die

Aus dem Kinderbuch «Trau keinem Fuchs auf grüner Heid' und keinem Jud' bei seinem Eid», Stürmer Verlag 1935

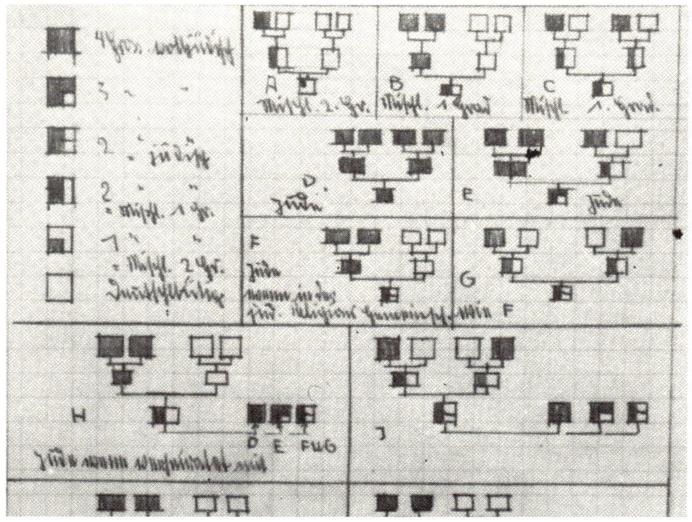

Schüleraufzeichnung zur Rassenkunde: Mischehen

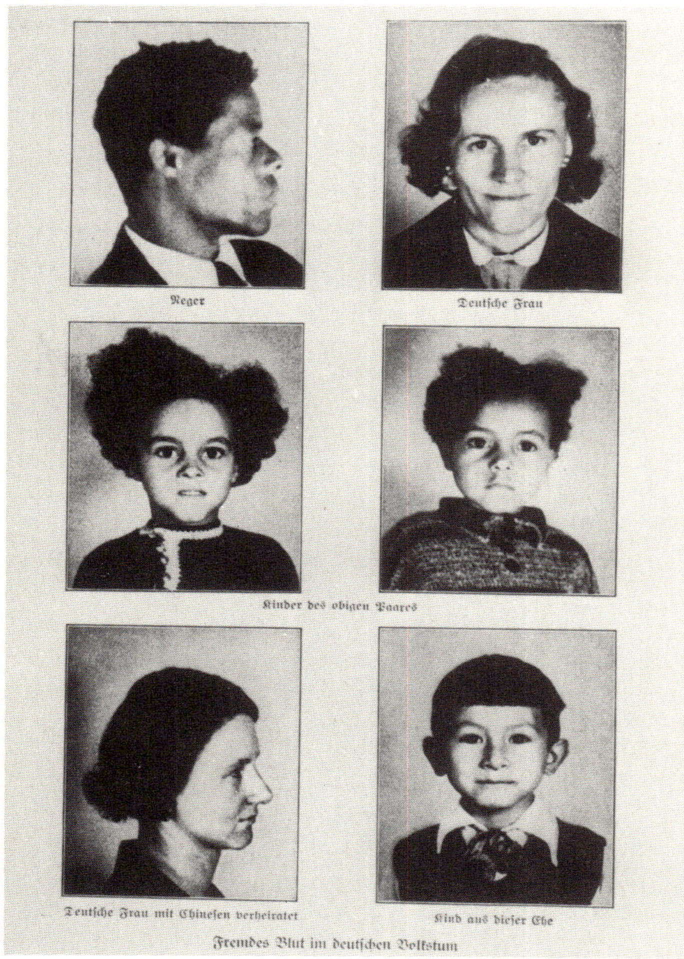

«Blutreinheit» war ein zentrales Gebot des NS-Rassismus

Das propagierte Idealbild des «deutschen Mädel»

Natur wurde zu einem zentralen Gegenbegriff zur Vernunft.

Konnte der Erlaß über «Vererbungslehre und Rassenkunde» vom 13.9.1933 zunächst nur anordnen, für die Abschlußklassen sämtlicher Schulen «unverzüglich die Erarbeitung dieser Stoffe in Angriff zu nehmen, und zwar Vererbungslehre, Rassenkunde, Rassenhygiene, Familienkunde und Bevölkerungspolitik», so legte das Reichserziehungsministerium im Januar 1935 umfangreichere Bestimmungen vor, die für das gesamte Reich verbindlich wurden. Inhaltlich wurde das neue Gebiet dem Biologieunterricht zugeordnet; als Unterrichtsprinzip sollte Rassenkunde vor allem in den Fächern Deutsch, Geschichte und Erdkunde zum Tragen kommen. Der Erlaß sah unter anderem vor:

«Die *Erdkunde* hat in den Klassen, in denen Mitteleuropa als Stoffgebiet vorgeschrieben ist ... die Verbreitung der auf deutschem Volksboden vorkommenden Rassen mit ihren körperlichen und geistig-seelischen Eigenschaften zu betonen und dabei besonders die nordische Rasse als das Verbindende, das Judentum als das Trennende zu werten.»

Geschichte «hat die Bedeutung der Rassen für das Werden und Vergehen der Völker und für ihre Leistungen aufzuzeigen». Die auf der «Erblehre und Biologie aufgebaute Geschichtsbetrachtung widerlegt Auffassungen, wie sie etwa in der liberalen Fortschrittslehre zum Ausdruck kommen. Aus der Rassenlehre ist weiterhin die Ablehnung der sogenannten Demokratie oder anderen Gleichheitsbestrebungen (Paneuropa, Menschheitskultur usw.) abzuleiten und der Sinn für den Führergedanken zu stärken.» Dies «gilt entsprechend für *Deutsch, Kunstunterricht* und auch *Singen*. Sie alle haben sich der Gestaltung germanisch-deutschen Wesens einzuordnen.»

«Auch die *übrigen Unterrichtsfächer* werden mancherlei Hilfe zu leisten vermögen.» Vor allem den *Leibesübungen* kommt «eine überragende Bedeutung» zu. «Der nordrassische schöne und gesunde Körper sowie gestählter Wille sind hier das Zielbild.»

Am folgenreichsten für den Unterricht war die sogenannte Rassenbestimmung. Die Nationalsozialisten behaupteten, das deutsche Volk setze sich aus verschiedenen, einander verwandten Rassen zusammen, neben der «nordischen», der edelsten, aus der «fälischen», «westischen», «dinarischen», «ostischen» und «ostbaltischen» Rasse.

Gerda K. (Jahrgang 1908) berichtet aus ihrer Referendariatszeit: «Wir hatten eine Lehrerin, die war ganz begeistert von dieser Theorie. Das ging so weit, daß sie die Schüler auf's Katheder holte und wertete: ‹Du bist ostisch, du bist nordisch, du bist ...›. Wir Referendare wurden auch auf's Katheder geholt und abgeurteilt: ‹Du hast so 'ne Nase, und den Hinterkopf, du bist also ein ...›. Das Verfahren wurde auch auf das Charakterliche ausgedehnt – in fünf Minuten für jede Bestimmung! Ich glaube, ich habe in den ersten Tagen, in denen sie das machte, das Gefühl gehabt, daß es etwas Neues, Interessantes war. Die Schüler machten noch in der Pause weiter: ‹Du bist ja bloß ostisch, ich bin aber nordisch› usw.»

Holger M., Jahrgang 1921, Halbjude, hat unangenehmere Erinnerungen an den Rassenkundeunterricht: «Wenn der Lehrer sagte, ich solle nach vorne kommen, um an meinem Kopf zu beweisen, daß ich anders sei als die anderen Schüler, dann war dies eine Situation, die, vor allem wenn man ein Kind ist, schockt, die mich sehr, sehr traurig machte.»

Wie diese Neuerung im Deutschunterricht praktisch umgesetzt wurde, darüber gibt das Protokoll der Städtischen Mittelschule Berlin-Wittenau vom 26.4.1937 Aufschluß, das einen Vortrag des Rektors zum Thema «Ein Beitrag zur Rassenfrage im Deutschunterricht» wiedergibt:

«Der Vortragende bemerkt einleitend, daß sein Vortrag keine theoretische Auseinandersetzung mit der Rassenfrage im Deutschunterricht sein will, sondern nur an einem Beispiel aus seiner Unterrichtspraxis die Auswertung rassenkundlicher Fragen zeigen soll. Nachdem eine gedrängte Inhaltsangabe der Storm'schen Novelle ‹Von jenseits des Meeres› gegeben worden war, folgte die unterrichtliche Auswertung. Sie zeichnete zuerst die Persönlichkeit einer Mulattin, die Mutter Jennis, einer Hauptträgerin der Handlung, und bot uns ein Bild

1. ihrer rassischen Zugehörigkeit,
2. ihrer äußeren Schönheit,
3. des seelischen Bildes dieses Mischlings: die fehlende Kultur, den mangelnden Stolz, die fehlende nordische Zurückhaltung.

Nachdem das Bild des (weißen; d. Verf.) Vaters dargeboten worden war, wurde der Schilderung Jennis ein breiter Raum gewährt, und zwar

1. dem Erbgut in ihrem Erscheinungsbild,
2. dem seelischen Erbbilde.

Nach der Herausarbeitung dieser Momente muß die pädagogische Anwendung auf das Willensleben der Schüler einsetzen, und sie beginnt damit, die Gestalt des Mischlings Jenni als ‹zwischen den Rassen› stehend zu erfassen. Die Schüler durften erleben, wie dieses unglückliche Geschöpf mit leidenschaftlichem Willen den Weg zu seiner farbigen Mutter zurück suchte und dann mit Entsetzen die unüberbrückbare Kluft zwischen ihnen beiden erkennen mußte. Sie sahen, wie fremd sie dem Vater gegenüberstand ... sie bekamen einen Einblick in die Unerbittlichkeit der Rassengesetze, die Nürnberger Gesetze[2] wurden herangezogen, sie sahen ergriffen, wie dieser Mischling heimatlos, entwurzelt und haltlos hin- und hergerissen wurde. Dem folgte die Beleuchtung der Stellungnahmen der einzelnen Personen zur Rassenfrage.

2 Vgl. dazu den Abschnitt «Rassismus als Schulpolitik».

Ostisch Fälisch Nordisch

Rassenkunde in der Schule

Aufnahmen Schrammen - Mauritius

Die Schulklasse ersetzt ein Lehrbuch!
In dieser Dorfschule, nicht weit von Lübeck, gibt es zwar keine dinarischen Typen, wie wir
der westische Einschlag fehlt. Aber die drei Hauptformen des norddeutschen Lebensraumes
Langschädel, der ostische Rundkopf und der harte eckige Schädel der fälischen Rasse, deren
nover sind. Der Lehrer braucht nur noch auf die Treue und Zuverlässigkeit ihrer
und Bedächtige des fälischen Mitschülers aufmerksam zu machen, um die Rassebegriffe im

Grau ist die Theorie — warum nicht ins Leben greifen, wenn das Leben in Gestalt von dreißig wissensdurstigen, lebenshungrigen Kindern vor einem sitzt? Jürgen in der ersten Bank ist rein nordischer Typ, Anneliese am Fenster hat einen ostelbischen Einschlag, Hans und Peter, die Zwillinge, zeigen wirklich eine überraschende Ähnlichkeit. Und so holt der Lehrer, der in der Volksschule den neuen rassenkundlichen Unterricht zu erteilen hat, Jürgen und Anneliese nach vorn. An ihrer Schädelform, an ihrem Körperbau macht er die Rassenlehre lebendig und schärft das Auge der Kinder für die Merkmale der verschiedenen Rassen, aus denen das deutsche Volk besteht. Er macht die Mitschüler auf bestimmte hervorstechende Eigenschaften aufmerksam, die den einzelnen Typen in besonderem Maße eigen sind und die die Kinder an ihren Mitschülern bereits kennen. Dann werden Stammbäume angelegt, die Kinder fragen bei der Großmutter nach den Großeltern der Großeltern, alte Familienbilder werden hervorgekramt und in die Schule mitgebracht, und der Lehrer hat plötzlich ein großes Anschauungsmaterial: Jürgens Urgroßvater, den viele noch kannten, hatte denselben Schädel wie Jürgen selbst. So wird rassen- und sippenkundliches Interesse durch die freudige Mitarbeit der Kinder von der Schulbank hinausgetragen in jede Familie und in das ganze Volk.

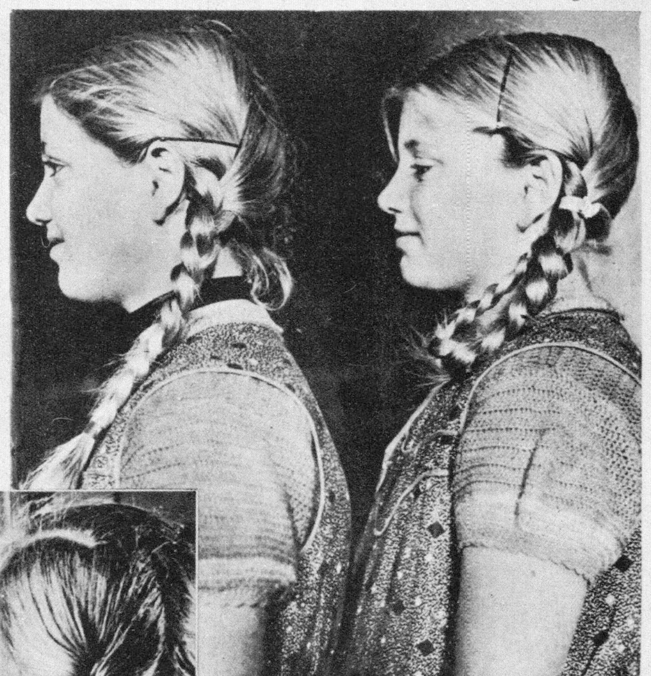

Marie und Liese
— eigentlich nur an Zopf und Halsband zu unterscheiden. Die beiden Ohren, sonst bei jedem Menschen verschieden, sind vollkommen gleich. Der Lehrer erläutert an diesem Beispiel die Bedeutung der Erbanlage

Links
Dunkle Schnecken — helle Schnecken!
Eine Schnecke mit dunklem Haus wird in eine Erblinie von hellen Schnecken eingekreuzt: in der Folge treten immer wieder dunkle Typen auf! Beispiele dieser Art schärfen das Gefühl für die Notwendigkeit der Rassenreinheit

sie in Oberbayern finden könnten, und auch sitzen nebeneinander: der blonde nordische Hauptsitz das nördliche und südliche Hanostischen Kameraden und auf das Schwere Bewußtsein der Kinder frei zu verankern

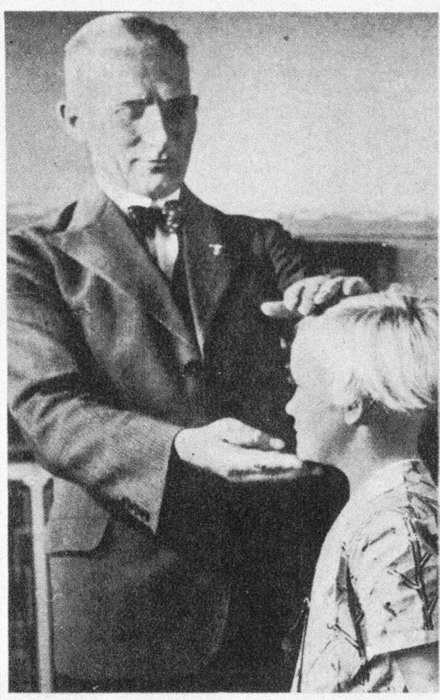

Inge zeigt ihr Profil!
Sie ist ein vorzügliches Beispiel für den Langschädel der nordischen Rasse: wobei bekanntlich „Langschädel" nicht bedeutet, daß das Gesicht von vorne lang aussieht, sondern daß das Schädeldach, von oben gesehen, langgezogen erscheint. Aber auch die Form des Gesichtes ist wichtig: hier prüft der Lehrer den „Gesichtsindex" — das Verhältnis zwischen der Länge und der Breite des Gesichtes. Er weist darauf hin, daß lange Gesichter meist den aktiven und beweglichen Naturen gehören — und die Kinder können es an den Klassengenossen bestätigen

Selber malen ist die beste Anschauung!
Die kleine Anne wird es nie vergessen, daß sie in der Schule kleine Kinder im Steckkissen gemalt hat, und zwar für Deutschland das kleinste! Für den deutschen Osten malt sie ein größeres und das größte, mit schwarzem Haar, für Polen. Sie wird nicht vergessen, was das bedeutet: in Deutschland werden zu wenig, immer noch zu wenig Kinder geboren. Jürgen aber tuscht Blumen; er weiß, um die Nachkommen einer weißen und einer roten Blüte zu malen, muß er weiße und rote Farbe zu rosa mischen, und deren Nachkommen wiederum nicht durchweg rosa, sondern es schlagen — nach dem Mendelschen Erbgesetz — teils rote, teils weiße Blüten wieder durch. Auf diese Weise sind Erblehre und Bevölkerungspolitik kein trockener Stoff mehr, sondern lebendige Anschauung, und die Statistik gewinnt Form und Farbe

Die Woche Berlin, Oktober 1935

Die Lehrmittelindustrie konnte über Aufträge nicht klagen

Der Vater wußte um die Macht der Rasse. Nicht umsonst hatte er in Westindien jahrelang Farbige und Mischlinge um sich gehabt. Jenni fühlte diese Zwiespältigkeit als Unglück. Alfred, der Norddeutsche, tat die Rassenfrage als unerheblich ab. In ihm lernten die Schüler den Typ eines liberalistisch denkenden Durchschnittsmenschen aus dem 19. Jahrhundert kennen. Und aus diesem Norddeutschen spricht der Dichter Storm. Das Ziel der Handlung ist für ihn das bürgerliche Glück zweier Menschenkinder. Alles, was uns heute bewegt, wofür wir kämpfen, klingt in der Novelle nicht an: Jenni und Alfred stehen beziehungslos im völkischen Raum. Sie handeln als Einzelwesen, nicht als Volksgenossen. Der Gedanke, daß sie einst Ahnen sein werden, kommt ihnen nicht. Das Rassegefühl, das uns Menschen des Dritten Reiches die völkische Ausrichtung gewährleistet, bildet in der Novelle geradezu das zu überwindende Hindernis. Der Schluß des Vortrages betonte, daß besonders im Deutschunterricht Gelegenheit gegeben ist, Tatsachen, die der biologische Unterricht herausgearbeitet hat, gefühlsmäßig zu unterbauen, um dadurch die Jugend für kommende Willensentscheidungen vorzubereiten, im Sinne der Rassengesetze ... das Richtige zu treffen.»

Gelegentlich bereiteten die abstrusen Konstruktionen der Rassenlehre ihren Urhebern peinliche Schwierigkeiten, beispielsweise bei den Olympischen Spielen 1936. Max von der Grün erinnert sich:

«Die Sommerspiele wurden in Berlin ausgetragen, die Winterspiele in Garmisch-Partenkirchen. Natürlich interessierte uns Kinder das sehr. Immerhin war ich schon zehn Jahre alt, und Sport war eines der Hauptfächer in der Schule. Wer in Sport gut war, der galt auch als guter Schüler. Obwohl uns Kindern täglich eingetrichtert wurde, daß alles Nichtdeutsche nicht wertvoll war, wurde ein Schwarzer unser Idol: Der vierfache Olympiasieger Jesse Owens aus den USA. Wir spielten auf dem Sportplatz Jesse Owens: wer am weitesten sprang, wer am schnellsten lief, wer am weitesten warf, der war einfach Jesse Owens. Hörten es die Lehrer, verboten sie uns diese Spiele, aber sie blieben uns die Antwort schuldig, warum ein Neger, Angehöriger einer ‹niederen› Rasse solche sportlichen Erfolge erringen konnte.» (Wie war das eigentlich? Kindheit und Jugend im Dritten Reich. Darmstadt, Neuwied 1981, S. 91)

Im zehnten Heft der Schriftenreihe «Neuland in der Deutschen Schule. Beiträge zur praktischen Volksschularbeit» (Leipzig 1936), das sich mit dem Thema «Die Zeitung im Dienst der Rassenkunde» beschäftigte, wurde der «Fall» Owens aufgegriffen. Der Autor Ernst Dobers, Professor an einer Hochschule für Lehrerbildung, stellte ein Foto von Lutz Long und von Jesse Owens in unterschiedlichen Phasen beim Weitsprung gegenüber. Der kommentierende Text lautet:

«Wer die Olympiaberichte der Zeitungen verfolgte, wird sich erinnern, wie treffend vom rassebiologischen Standpunkte da mancher Kampf geschildert wurde ... Beim nordisch geprägten Menschen ein wohldurchdachter Stil, ein systematisches Heranarbeiten an den äußersten Rand der Absprungstelle, um immer bessere Leistungen zu erzielen, ein Ganz-Zusammengerafftsein des Körpers. Bei dem Neger ein systemloses Emporschnellen des Körpers, fast wie beim eleganten und leichten Sprung eines Tieres in der freien Wildbahn. So etwa schilderten es die Sportberichterstatter der Olympiade in ihren Zeitungen. Die Bilder bestätigen es. Das Stilgesetz der Rasse läßt sich an ihnen als Realität erkennen, auch wenn es nur für einen Augenblick offenbar wird. Man zeige den Kindern, daß diese Menschen sich so verhalten müssen, daß es nicht etwa ihr unumschränkter freier Wille

Lutz Long und Jesse Owens

ist, gerade so und nicht anders zu springen, daß sie vielmehr nach unsichtbaren Gesetzen ihres Blutes, ihrer Rasse antreten müssen. Die weitere Erkenntnis muß dann sein, daß solches nicht nur auf dem Sportplatz Geltung besitzt, sondern im ganzen übrigen Leben auch, und daß es wie für den einzelnen, so auch für ganze Völker schicksalhaft ist.» (S. 45 f)

War Rassenkunde und -hygiene weitgehend ein genuin neues Unterrichtselement, so brauchten die Nationalsozialisten in anderen Fächern – vor allem Deutsch und Geschichte – bereits in der Weimarer Republik vorhandene völkisch-nationalistische Tendenzen nur zu verstärken und zuzuspitzen. Oskar Hübner veröffentlichte 1922 unter dem Titel «Das Lesebuch der Republik» eine Analyse an Berliner Schulen gebräuchlicher Lesebücher. Er gelangte darin unter anderem zu dem Schluß, daß

– der Inhalt der Lesebücher nicht dem Geist der Völkerversöhnung entspricht, sondern das «kulturfeindliche, kriegerische Moment außerordentlich stark» betont;
– statt historischer Tatsachen Berichte im Vordergrund stehen, die den Zweck der «Heranzüchtung braver Untertanen» verfolgen;
– die Staatsverfassung und die republikanischen Bürgerrechte nicht behandelt werden;
– die soziale Frage nicht im Geist der Weimarer Verfassung dargestellt wird.

Fünf Jahre später bestätigte Siegfried Kaweraus «Denkschrift über die deutschen Geschichts- und Lesebücher vor allem seit 1923» diese Kritik. Er stellte fest, daß die von ihm untersuchten Schulbücher durch

– Propaganda für die Monarchie,
– Völkerverhetzung,
– militaristischen Heroenkult,
– Fälschung geschichtlicher Wahrheiten und die
– Glorifizierung Bismarcks

gekennzeichnet seien.

Hier knüpften die Nationalsozialisten an. Die historischen Ereignisse und Helden, die behandelt werden sollten, blieben weitgehend die gleichen, sie wurden jedoch neu interpretiert und im Hinblick auf neue Leitmotive angeordnet: auf die Legitimation des Führerprinzips, des Rassegedankens und der deutschen «Weltmission». In den Richtlinien für die Volksschule vom 15. Dezember 1939 heißt es zum Stellenwert des Geschichtsunterrichts:

«Die politische Erziehung in der Volksschule gründet sich in erster Linie auf den Geschichtsunterricht, der die Kinder mit Ehrfurcht vor unserer großen Vergangenheit und mit dem Glauben an die geschichtliche Sendung und die Zukunft unseres Volkes erfüllen soll. Er richtet den Blick auf den schicksalhaften Kampf um die deutsche Volkswerdung ... und er-

Männer machen die Geschichte!

Alle hier angezeigten, in bestem Kupfertiefdruck hergestellten

Bildnisse führender Persönlichkeiten

der **Gegenwart** und der **Vergangenheit** kosten auf gutem Bildkarton gedruckt, in einem Format von 22:30 cm bei Abnahme von jedesmal 50 Stck., auch gemischt,

nur 12 Pfennige bei Bezug durch die Sortiments-Abteilung von

Hermann Hillger Verlag, Berlin W 9, Potsdamer Str. 125, Postscheckk. Berlin 3028

Einzelpreis der Bilder 50 Pfg. Bei Abnahme von 4 Bildern je 30 Pfg., ermäßigter Preis bei Abnahme von jedesmal wenigstens 20 Bildern je 15 Pfg. **Auf je 10 Bilder ein Freistück.** Übersendung erfolgt porto- und verpackungsfrei.

4. Ministerpräsident Göring
5. Horst Wessel
2. Adolf Hitler
8. Reichsminister Heß
22. Reichsminister R. Walther Darré
1. Führer des Vaterlandes
3. Generalfeldmarschall v. Hindenburg
14. Der große Tag von Potsdam am 21. März 1933
15. Reichskriegsminister v. Blomberg
12. Staatsminister Schemm †
10. Reichsminister Dr. Goebbels
11. Heinrich Himmler Reichsführer der SS
16. Reichsminister Graf Schwerin v. Krosigk
41. Generalltn. a. D. Grimme, Präsident des Reichsluftschutzbundes
17. Reichsminister Rust
9. Reichsminister Seldte
20. Oberpräsident Wilhelm Kube

Männer machen die Geschichte!

18. Der Chef des Stabes der SA Victor Lutze
19. Reichssportführer v. Tschammer und Osten
28. Bruno Loerzer Präsident des deutsch. Luftsportverbandes
26. Staatssekretär Hierl Reichsarbeitsführer
29. Reichsleiter Alfred Rosenberg
21. Reichsstatthalter Ritter v. Epp
30. Korpsführer Hühnlein
31. Admiral Raeder Chef der Marineleitung
32. General Fritsch Chef der Heeresleitung
7. Staatsrat Dr. Ley
33. Oberst Reinhard Bundesf. des dtsch. Reichskriegerbundes „Kyffhäuser"
6. Baldur v. Schirach R.-J.-Führer
40. Generalfeldmarschall v. Mackensen
13. Reichsminister Dr. Frick
35. Der Große Kurfürst
36. Friedrich der Große
37. Generalfeldmarschall v. Blücher
38. Feldmarschall v. Gneisenau
39. General v. Scharnhorst
42. Fürst Bismarck

Einzelpreis der Bilder 50 Pfg., bei Abnahme von 4 Bildern je 30 Pfg., ermäßigter Preis bei Abnahme von jedesmal wenigstens 20 Bildern je 15 Pfg., von jedesmal wenigstens **50 Bildern, auch gemischt je 12 Pfg.** Auf je 10 Bilder ein Freistück. — Übersendung erfolgt porto- und verpackungsfrei. **Die Sammlung wird fortgesetzt.**

Seibolg, Vorsteher des Darlehenskassenvereins, Bernstadt (Wttbg.). „Ich zeigte auf einer Mitgliederversammlung Ihre mir zugesandten guten Bilder. Alles war erstaunt über den billigen Preis, und somit kann ich heute nachbestellen."

Wilhelm Stöcker, Lehrer, Geisweid: „Durch den Vertrieb von über 600 Bildern an die Kinder unserer Schule und die noch immer bestehende Nachfrage dürfte für Sie der beste Beweis erbracht sein, wie ausgezeichnet und wertvoll die Bilder sind. Der äußerst niedrige Preis ermöglicht auch dem Ärmsten die Anschaffung."

W. Gluth, Lehrer, Oberndorf, Bez. Hamburg: „Auch die letzte Sendung „Hillger-Bilder" ist restlos vergriffen. Sie werden von den Kindern und Eltern einfach begeistert aufgenommen."

W. Traupe, Langen, Bez. Bremen: „Die Lieferung der 125 Bilder vom Führer ist zu meiner vollsten Zufriedenheit eingetroffen. Meine Kameraden aus meinem Sturm sind stark davon begeistert, so daß ich eine nochmalige Bestellung aufgebe."

Hermann Hillger Verlag, Berlin W 9, Potsdamer Straße 125, Postscheckkonto Berlin 3028

Ein Motto mit Tradition – nur die meisten Männer sind neu

Die Geschichte der Germanen nahm im Geschichtsunterricht breiten Raum ein

Friedrich II. stand nach den Nazi-Größen ganz vorn in der Heldengalerie

Geschichtsunterricht im Pergamon-Museum, 1935 – es geht um Waffen aus dem Altertum

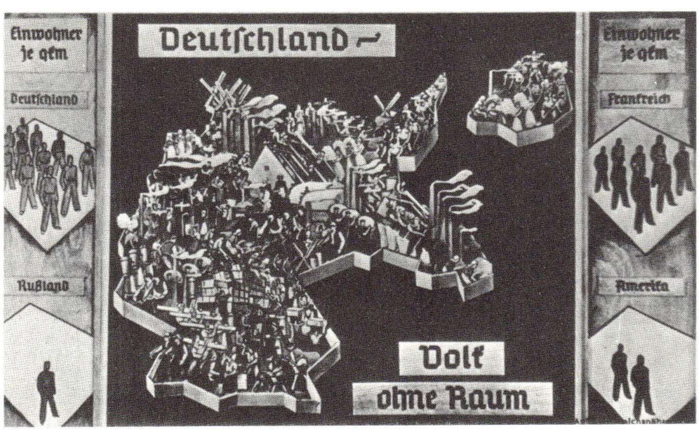

«Das Deutsche Mädel», Februar 1937

Ein Held aus der «Kampfzeit», der 1932 umgekommene Hitlerjunge Norkus, wird 1934 geehrt

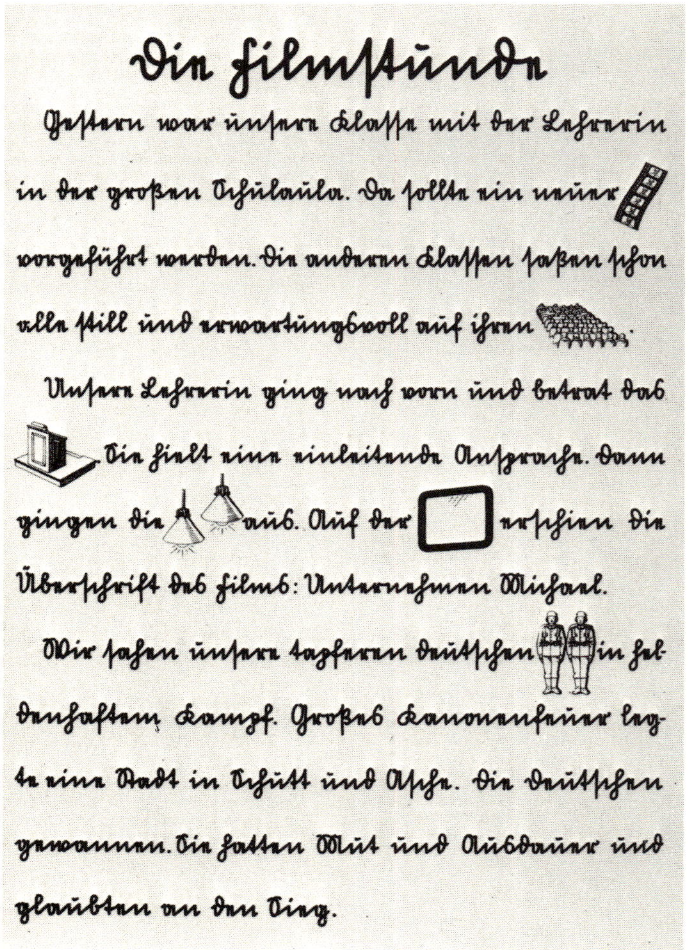

Die Filmstunde

Gestern war unsere Klasse mit der Lehrerin in der großen Schulaula. Da sollte ein neuer vorgeführt werden. Die anderen Klassen saßen schon alle still und erwartungsvoll auf ihren.

Unsere Lehrerin ging nach vorn und betrat das. Sie hielt eine einleitende Ansprache. Dann gingen die aus. Auf der erschien die Überschrift des Films: Unternehmen Michael.

Wir sahen unsere tapferen deutschen in heldenhaftem Kampf. Großes Kanonenfeuer legte eine Stadt in Schutt und Asche. Die Deutschen gewannen. Sie hatten Mut und Ausdauer und glaubten an den Sieg.

«Deutsche Jugendburg», Oktober 1938

Volksaufklärung und Schule

Herausgeber: NS.-Lehrerbund

Informationsdienst für die gesamte deutsche Lehrerschaft – Nr. 45/46 zu „Hilf mit!" und „Deutsche Jugendburg" Nr. 9 u. 10 • Juni/Juli 1938

Der gute Film im Dienst der Schule. Szene aus dem Ufa-Film „Unternehmen Michael"

Aufnahme: Ufa

«Anschaulichkeit» wurde im Volksschulunterricht großgeschrieben

Unsere Zeitschrift

Einmal im Monat ist der Tag,
Den ich von allen am liebsten mag.
Da bringt uns der Lehrer unser Blatt,
Das viele und schöne Bilder hat.

Im Schulunterricht wird daraus gelesen,
Das ist für uns immer herrlich gewesen.
In Sagen, Märchen und bunten Geschichten
Will es immer viel Dinge berichten.
Es ist uns das liebste Blatt von allen
Und hat auch unseren Eltern gefallen.

«Deutsche Jugendburg», März 1937

zieht die Jugend zum freudigen, opferbereiten Einsatz für Volk und Vaterland. (...) Dabei sind die im deutschen Volke wirksamen rassischen Grundkräfte vorwiegend nordischer Artung nachdrücklich herauszustellen und vor allem in den großen Leistungen unseres Volkes und seiner Führer lebendig zu machen. Heldischer Geist und der Gedanke des Führertums in germanisch-deutscher Ausprägung sollen den gesamten Geschichtsunterricht wecken und stärken.»

Als Vorstufe des chronologisch verfahrenden Geschichtsunterrichts galt die «Gegenwartskunde» im fünften Schuljahr. Sie sollte vor allem, so die Richtlinien, die Kinder «mit Stolz auf die Heldentaten ihrer Väter in der jüngsten Vergangenheit und Gegenwart erfüllen». Die Abfolge der Unterrichtsinhalte wurde wie folgt festgelegt: Zunächst wird «von der Gegenwart auf den Weltkrieg zurückzugehen sein. (...) An die Heldentaten des Weltkrieges schließt sich eine kurze, aber eindringliche Darstellung der Folgen des Diktates von Versailles an. Der Kampf der nationalsozialistischen Bewegung leitet über zur Geschichte der Befreiung durch den Führer und zur Schaffung und Sicherung Großdeutschlands». Im sechsten Schuljahr begann der «nach der Zeitfolge geordnete Gang durch die deutsche Geschichte». Die vorgeschriebenen Themen lauteten: Die «großen Führergestalten der Vergangenheit», «Überfremdung» und «Raumverengung» Deutschlands, die Notwendigkeit eines «Großdeutschen Reiches», «Auslandsdeutschtum»; die jüngste Vergangenheit war «besonders eingehend zu behandeln, weil in ihr die Kräfte erkennbar werden, die den Aufbau des Dritten Reiches gestaltet haben. Die Geschichte der nationalsozialistischen Bewegung schließt an die Person des Führers an und erweist sich als sein Werk.»

Zur Unterrichtsmethode und über Arbeitsmittel führten die Richtlinien aus: «Die anschauliche und mitreißende Erzählung des Lehrers ist das wirksamste Mittel, den Geschichtsstoff in der Jugend lebendig werden zu lassen. Der Belebung, Vertiefung und Veranschaulichung dienen Geschichtsquellen und Jugendschriften, Besichtigungen, Bilder und Film, Karten und einfache geopolitische Skizzen. (...) Zeitung und Zeitschrift sind für das Verständnis wichtiger politischer Tagesereignisse auszuwerten, nationale Feste und Feiern der politischen Erziehung dienlich zu machen. Bedeutende Namen, entscheidende Tatsachen und richtungsweisende Zahlen sind fest einzuprägen und durch ständige Wiederholung zu sichern.»

Am Beispiel Rechnen bzw. Mathematik läßt sich veranschaulichen, wie die Nationalsozialisten auch solche Fächer ideologisch ausrichteten, die in der Weimarer Republik weitgehend – wenn auch nicht durchgängig – unpolitisch behandelt wurden. Der Rechenunterricht, so schrieben die Volksschul-Richtlinien vor, sei «mit der nationalpolitischen Erziehung» zu verknüpfen: «Auf allen Stufen, vor allem aber in den letzten Jahrgängen, hat der Rechenunterricht in den Dienst der nationalpolitischen Erziehung zu treten und ... wichtige Forderungen, Ereignisse und Errungenschaften des nationalen Lebens von der Zahl her den Kindern nahezubringen.» In der «Reichszeitung der deutschen Erzieher» wurden schulstufenbezogene Vorschläge gemacht, um die Mathematik in den «Dienst der rassepolitischen Erziehung zu stellen»: In der Ausgabe 8, 1935, regte ein Autor an, mit Bevölkerungsübersichten aus der engeren Heimat zu beginnen, um dann schrittweise «ganz ungezwungen zu den Aufwendungen des Staates für Gesunde und Erbkranke» zu gelangen. Rechenaufgaben, die dieser Anregung folgten, sahen wie diese aus:

Die Erbkranken belasten und gefährden ein Volk.

6. Auf Kosten der Bezirks- und Landesfürsorgeverbände waren 1936 untergebracht: in Anstalten für Geisteskranke usw.: 209032; in Blinden-, Taubstummen- und Krüppelanstalten: 37628. Die Zahl der Verpflegungstage 1936 für beide betrug 60530575. a) Berechne die Gesamtzahl der Geisteskranken, der Blinden, Taubstummen und Krüppel! b) Nimm die täglichen Lebenshaltungskosten mit 4,50 *RM* an! Wie hoch ist dann die Jahresausgabe der Bezirks- und Landesfürsorgeverbände?
7. In der Zahl der Erbkranken in Nr. 6 sind nicht enthalten die Zehntausende von Erbkranken, die sich in Familienfürsorge befinden. Die Gesamtzahl aller Erbkranken in Anstalten und Familien wird auf 300000 geschätzt. Wieviel Erbkranke kommen auf 1000 Einwohner? (Gesamt-Einwohnerzahl: 68 Mill.)
8. a) Wieviel Familien mit je 6 Köpfen ergibt die Zahl 300000? b) Verteile sie auf Häuser mit je 2 Familien! c) Wieviel Dörfer mit 1200 Einwohnern ließen sich aufbauen?
9. Rechne die gewaltige Summe der Jahresausgabe für Bezirks- und Landesfürsorgeverbände (S. 52 Nr. 6b) in Tagelöhne und Tagewerke um: a) Wieviel Tagelöhne zu 3,20 *RM* (4,10 *RM*)? b) Wieviel Arbeiter mit 300 Tagewerken im Jahr und 3,50 *RM* Tagelohn könnte ein Unternehmer für diese Summe beschäftigen?
10. Wir schicken für die Summe von rund 270 Mill. *RM* (siehe Nr. 6b) erholungsbedürftige Kinder 6 Wochen in ein Heim. (Tagegeld 2,65 *RM*).
11. In Deutschland kommen auf:

gesunde Familien			minderwertige Familien		
z. Zt. durchschnittl.	2	Kinder	durchschnittl.	4	Kinder
nach 30 Jahren	2 · 2	Kinder	nach 30 Jahren	4 · 4	Kinder
nach 60 J.	2 · 2 · 2	Kinder	nach 60 J.	4 · 4 · 4	Kinder
nach 90 J.	?	Kinder	nach 90 J.	?	Kinder

Welche Gefahr besteht für unser Volk?

(Rechenbuch für Volksschulen. Heft VII. Siebtes und achtes Schuljahr. Von Franz Siegfriedt. Hermann Schroedel Vlg., Halle a. d. Saale)

Lernt boxen, ihr Jungen!

Training am Sandsack

Zum Boxen gehört vor allen Dingen einmal Mut; den müßt ihr Jungen nun beweisen, denn nach und nach soll in allen Schulen Boxunterricht erteilt werden. Hei, das wird ein Spaß werden! Und gesund ist es auch! Außerdem könnt ihr euch dann viel besser wehren, wenn ihr mal von irgend jemand angegriffen werdet. Es gibt nun eine ganze Menge Leute, die haben gegen das Boxen etwas einzuwenden. Daran müßt ihr euch nicht stören, für euch Jungen gilt besonders das, was der Führer in seinem Buch „Mein Kampf" über das Boxen sagt. Es heißt dort:

„Es dürfte kein Tag vergehen, an dem der junge Mensch nicht mindestens vormittags und abends je eine Stunde lang körperlich geschult wird, und zwar in jeder Art von Sport und Turnen. Hierbei darf besonders ein Sport nicht vergessen werden, der in den Augen von gerade sehr vielen „Völkischen" als roh und unwürdig gilt: das Boxen. Es ist unglaublich, was für falsche Meinungen darüber in den „Gebildeten"kreisen verbreitet sind. Daß der junge Mensch fechten lernt und sich dann herumpaukt, gilt als selbstverständlich und ehrenwert, daß er aber boxt, das soll roh sein! Warum? Es gibt keinen Sport, der wie dieser den Angriffsgeist in gleichem Maße fördert, blitzschnelle Entschlußkraft verlangt, den Körper zu stählerner Geschmeidigkeit erzieht. Es ist nicht roher, wenn zwei junge Menschen eine Meinungsverschiedenheit mit den Fäusten ausfechten als mit einem geschliffenen Stück Eisen. Es ist auch nicht unedler, wenn ein Angegriffener sich seines Angreifers mit der Faust erwehrt, statt davonzulaufen und nach einem Schutzmann zu schreien. Vor allem aber, der junge, gesunde Knabe soll auch Schläge ertragen lernen. Das mag in den Augen unserer heutigen Geisteskämpfer natürlich als wild erscheinen. Doch hat der völkische Staat eben nicht die Aufgabe, eine Kolonie friedsamer Ästheten und körperlicher Degeneraten aufzuzüchten. Nicht im ehrbaren Spießbürgertum oder der tugendsamen, alten Jungfer sieht er sein Menschheitsideal, sondern in der trotzigen Verkörperung männlicher Kraft und in Weibern, die wieder Männer zur Welt zu bringen vermögen.

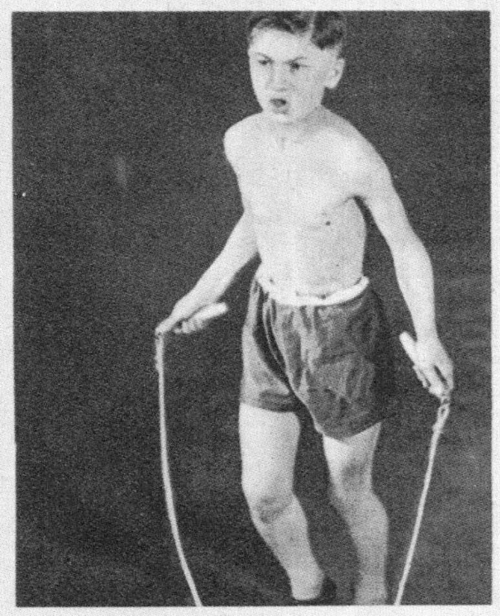

Durch Seilspringen schafft man die behenden Füße, die der Boxer braucht

So ist überhaupt der Sport nicht nur dazu da, den einzelnen stark, gewandt und kühn zu machen, sondern er soll auch abhärten und lehren, Unbilden zu ertragen.

Würde unsere gesamte geistige Oberschicht einst nicht so ausschließlich in vornehmen Anstandslehren erzogen worden sein, hätte sie an Stelle dessen durchgehends Boxen gelernt, so wäre eine deutsche Revolution von Zuhältern, Deserteuren und ähnlichem Gesindel niemals möglich gewesen."

Und nun wollen wir uns noch ein wenig über das Boxen unterhalten. Geboxt wurde schon bei den alten Griechen und Römern. Allerdings war es ein roher Kampf, bei dem sich die Kämpfer oft die schwersten Verletzungen zufügten. Heute sind für den Boxkampf genaue Regeln aufgestellt. Sie verlangen von den Kämpfern ein ritterliches Verhalten, und das müßt ihr euch zum obersten Grundsatz machen. Die Boxstellung gestattet Angriff und Abwehr zugleich. Man sagt, ein guter Faustkämpfer verkriecht sich in die Boxstellung. Er liegt immer auf der Lauer und wartet auf den günstigen Augenblick, in dem er einen Stoß landen oder einen Schlag des Gegners wirkungsvoll abfangen kann. Ständig ist die linke Seite dem Gegner zugewendet. Mit ihr macht man sich immer wieder an ihn heran. Die linke Faustspitze ist darum auch dem Gegner am nächsten. Der Bauch wird gut eingezogen; der Arm liegt an der linken Seite an und berührt mit seinem Ellbogen den Hüftknochen. Faust und Unterarm zeigen auf den Gegner.

Zum ersten Mal im Ring

So schlägt man den Gegner k. o.

Wichtig ist es, immer das Kinn gut zu schützen. Darum muß man es gut anziehen und hinter der etwas hochgezogenen linken Schulter richtig vergraben. Lege jetzt noch den rechten Ellbogen vor den Bauch und die rechte Hand mit dem Rücken gegen die linke Backe, dann bist du gut gedeckt und kannst alle Stöße gegen Gesicht, Herz und Magen abfangen. Mund und Zähne sind fest geschlossen. Am besten hält man sich den Gegner mit dem Geraden Linken vom Leibe. Das ist ein Stoß, den ihr schnell beherrschen lernen müßt. Er führt als Hochstoß gegen das Gesicht und als Tiefstoß gegen den Magen; also ein sehr gefährlicher Stoß, den aber aufmerksame Boxer nicht zu fürchten brauchen. Jeder Gerade Linke kann durch Seitdrücken mit der rechten Hand abgewehrt werden. Also aufgepaßt! Die rechte Hand drückt die linke Hand des Gegners nach links! — Eine vorzügliche Abwehr ist aber auch das blitzschnelle Seitdrücken.

Ihr habt alle schon etwas vom Schwinger gehört. Wie der Name schon sagt, wird der Arm gegen den Kopf des Gegners geschwungen. Jedoch trifft dabei nicht die Handfläche, sondern der Handrücken auf. Denkt an die Ohrfeigenbewegung, und schon ist der Schwinger fertig. — Wenn ihr nun schon einige Boxregeln gelernt und geübt habt, so gibt das euch nicht ein Recht darauf, nun an jedem Kameraden eure Künste zu probieren. Das Boxen verlangt von euch ritterliches Verhalten. Ein rechter Boxer kämpft nicht mit einem schwächeren Kameraden, von dem er vorher weiß, daß er unterliegen wird. So etwas tun nur Feiglinge! Wenn euch nun aber mal ein stärkerer Junge in einen Boxkampf verwickelt, dann laßt euch nicht verleiten, unerlaubte Schläge gegen Nieren und Unterleib anzuwenden. Lieber in Ehren unterliegen, als auf unehrliche Weise siegen und einem Kameraden schweren Schaden zufügen. Auch wenn ihr seht, das andere unerlaubte Schläge anwenden, so ist es eure Pflicht dazwischenzutreten, notfalls mit der Faust. Zum üben hat man nicht immer einen passenden Gegner. Da muß man sich dann Ersatzmittel anfertigen. Man hängt einen alten Schlag- oder Tennisball auf und erprobt daran seine Treffsicherheit. Dann füllt man einen Kartoffelsack mit Sand, hängt ihn in einer Höhe von 1,50 Meter auf, das ist der Sandsack. Mancher von euch hat auch ein paar Muskelspanner zu Hause herumliegen. Wenn ihr die mit einem Hand- oder Fußball zusammenbastelt, habt ihr den schönsten Doppelendball. Mit Hilfe dieser Boxgeräte könnt ihr so ziemlich sämtliche Vorübungen zum Boxen ausführen. Und nun an die Arbeit!

Allerdings: Nur der wird ein richtiger Boxer und Kämpfer, der täglich seinen Körper trainiert. Bloß die Boxtechnik erlernen und dann denken, man könnte schon alles, das hat keinen Sinn. Ausdauer braucht der Boxer beim Kampf und beim Training.

Arbeit an der Birne

Die Rechte wird geübt

«Hilf mit», Februar 1935

Andere Aufgaben trugen eindeutig antisemitische und chauvinistisch-militaristische Züge, so zum Beispiel Textaufgaben mit Nachtbombern und Brandbomben oder der Heeresstärke feindlicher Nachbarn. Das Prozentrechnen sollte am Beispiel der «Bedrohung durch jüdische Überfremdung» geübt werden. Von der gleichen Absicht bestimmt – den nationalsozialistischen Alltag als Selbstverständlichkeit darzustellen –, wenn auch weniger dramatisch, waren die Rechenaufgaben für das zweite Schuljahr im «Berliner Rechenbuch für Volksschulen». Unter der Überschrift «Vorwärts und Rückwärts über den Zehner» sollten Siebenjährige die Aufgabe lösen, wieviel Ringe Rudi weniger geschossen hatte als Peter, wenn er 27 und Peter 36 Ringe erzielten. Das «Malnehmen» sollte an folgender Aufgabe geübt werden: «Ottos Vater sammelt am Tage der Arbeitsfront für die Winterhilfe. Im Erdgeschoß bekommt er 2, im 1. Stock 3, im zweiten Stock 4 Zehnpfennigstücke. Wieviel Rpf jedesmal?»

Sportfest der Südschule in Zehlendorf, 1938

In der Berliner Beilage des «Kampf- und Mitteilungsblattes» des NSLB, «Nationalsozialistische Erziehung», würdigte am 23. Juni 1934 «Stadtoberturnrat» Rabenhorst die Arbeitserfolge der schon 1933 auf Empfehlung des Stadtschulrats Meinshausen vom Oberbürgermeister für jeden der 20 Bezirke berufenen «städtischen Fachberater für Leibesübungen». Für den Sport wurde im schulischen und außerschulischen Bereich in der Phase des Machtausbaus viel getan. Die wesentlichste Änderung des Stundenplans der Volksschule bestand, abgesehen vom Staatsjugendtag, in der Zunahme des Sportunterrichts, der sich auf drei bzw. fünf Stunden pro Woche erhöhte. Er wurde aber nicht nur zeitlich ausgedehnt, sondern auch in seiner Bedeutung aufgewertet. In den Richtlinien, in denen die Fächer nach ihrer Wichtigkeit geordnet waren, stand Leibeserziehung an erster Stelle. Sportliche Leistungen fanden Berücksichtigung als Auslesekriterium für den Übergang zur höheren Schule; von dieser mußte abgehen, wer dauerhaft schlechte Sportleistungen erzielte. Die «Reichszeitung der deutschen Erzieher» apostrophierte den Turnlehrer als «Typus des nationalsozialistischen Erziehers schlechthin» (Nr. 1, 1937). So war für den Rektor der 27. Volksschule der aktive Einsatz eines Lehrers im Fußball ausschlaggebender Grund, ihm gegenüber der Schulaufsichtsbehörde zu bescheinigen, er habe die Einflüsse seiner früheren Mitgliedschaft in einer linken Partei überwunden.

Sportfest der Südschule in Zehlendorf, 1938

Hitlers Satz aus «Mein Kampf», daß sich nur in einem «gesunden und kraftvollen Körper» ein «gesunder, kraftvoller Geist» fände (S. 452), wurde in einer Flut von Beiträgen und in wortreichen pädagogischen Grundsätzen ausgebreitet. So führte das «Jahrbuch des Deutschen Zentralinstituts für Erziehung und Unterricht», das die Entwicklung des Schulwesens in den Jahren 1933–1939 bilanzierte, aus:

«Die Leibeserziehung hat in dem Wechselverhältnis von Dienst und Erziehung eine Schlüsselstellung inne; denn die Erziehung wird als Einrichtung gesehen, die von Grund auf, d. h. vom Leibe her über den Charakter des einzelnen zur Einordnung in die Volksgemeinschaft führt. Die Gesetze aber für die Gestalt der Volksgemeinschaft werden aus der Erkenntnis gewonnen, daß die *Rasse* die letzte organische Lebenseinheit darstellt, nach der das Leben des Volkes sich zu richten habe. Die blutmäßige Gegebenheit und die zuchtmäßige Zielsetzung eines Volkes müssen den höchsten Maßstab für die Erziehung abgeben, und von hier aus gesehen bekommen die ‹körperliche Ertüchtigung› und die ‹Gesundheit› eine weit über das Hygienische und Biologische hinausgehende Bedeutung.» (S. 95; Hervorh. im Text)

Auch für dieses Fach gilt, daß es müßig wäre, diese und ähnliche Ausführungen als seriöse Versuche der Lehrplanbegründung zu untersuchen: Leibeserziehung galt vor allem deshalb als ein – so die betreffenden Richtlinien – «grundlegender und untrennbarer Bestandteil der nationalsozialistischen Gesamterziehung», weil sie zur «Wehrertüchtigung» beitrug. Interessanter ist die Frage nach der praktischen Bedeutung dieses Beispiels einer Umwertung des Stellenwerts von Unterrichtsfächern. Mit den Richtlinien für Leibeserziehung an Jungenschulen aus dem Jahre 1937 wurde bald, erinnert sich Peter Brückner, «jede schwache Leistung an Barren und Reck politisiert, d. h. sie geriet in die Nähe von Charakterschwäche. Geringe Neigung zum Sport hatte bisher nur einzelnen Lehrern wie Schülern als Mangel an Gesinnung gegolten, jetzt wurde das herrschende Auffassung, und Gesinnung war ‹deutsch›.» (Das Abseits als sicherer Ort. Berlin 1982, S. 59) Für Schüler, die sich für Sport wenig begeistern konnten, Fußball nicht mochten, denen Bockspringen ein Greuel war, die den Felgaufschwung am Reck nicht schafften, konnte die Aufwertung des Fachs Leibeserziehung eine spürbare Veränderung bedeuten. Wer bislang vielleicht als Pummelchen freundlich gehänselt worden war, dem konnte es passieren, daß er nun nicht mehr als «richtiger deutscher Junge» galt – und es gab kaum Schlimmeres, als nicht «deutsch» zu sein. Die Aufwertung von Sport und Turnen, die zugleich eine Abwertung anderer Fächer bedeutete, konnte demnach auch die Beziehungen der Schüler untereinander, die Maßstäbe ihrer gegenseitigen Einschätzung verändern.

Im Durchschnitt wurde die Umwertung des Fachs wohl nicht als gravierender Einschnitt in den Schüleralltag erlebt, der Ausbau von Sportplätzen usw. vielmehr eher freudig registriert. Die Ausweitung von Turnen und Sport kam der Lust an körperlicher Bewegung und Erprobung der meisten Kinder und Jugendlichen entgegen. Die damit verbundene Einübung in vormilitärische Ordnungs- und Befehlsstrukturen fiel dagegen weniger ins Gewicht. Das Eindringen eines militärischen Vokabulars – schon im Oktober 1933 wurden in der 28. Volksschule die Lehrer angewiesen, «im Turnunterricht die Kommandosprache der SA anzuwenden» – wurde aufgewogen durch die Möglichkeit, als Junge nun auch im Unterricht, und nicht nur in der Pause, ringen, raufen und (in den höheren Klassen) boxen zu können. Die gegenüber früher nun häufigeren feierlichen Turn- und Sportfeste galten sicher als willkommene Abwechslung in der Routine des Schulalltags. Die Freude an körperlicher Betätigung und Elemente der nationalsozialistischen Ideologie – etwa der Vorrang körperlicher Leistungsfähigkeit oder der Mannschafts*kampf* als Muster der gegen den Feind von außen zusammenstehenden Volksgemeinschaft, der sich der einzelne unterzuordnen hat usw. – fanden zwanglos zueinander.[3]

Wie Rassenkunde und (geistige) Wehrertüchtigung so war auch die geschlechtsspezifische Erziehung der Jungen und – in NS-Terminologie – der «Mädel» Prinzip des nationalsozialistischen Schulwesens: «Der Junge soll als Junge – und das Mädel als Mädel erzogen werden» (Trude Brückner, Referentin für die Erziehungsarbeit im BDM). Erziehung «als Mädel» war gleichbedeutend mit Erziehung zur Mutter: «Analog zur Erziehung des Knaben kann der völkische Staat auch die Erziehung des Mädchens von den gleichen Gesichtspunkten aus leiten. Auch dort ist das Hauptgewicht vor allem auf die körperliche Ausbildung zu legen, erst dann auf die Förderung der seelischen und zuletzt der geistigen Werte. Das Ziel der weiblichen Erziehung hat unverrückbar die kommende Mutter zu sein.» (Mein Kampf, S. 459f)

Die «körperlichen, seelischen und geistigen Werte», die dem deutschen Mädel in der Schule vermittelt werden sollten, zielten auf das ihm zugedachte künftige Dasein als Hausfrau und Mutter. Die vielfältigen Begründungsversuche für diese Funktionszuschreibung waren ebenso abstrus wie die für die Rassenlehre. Wie bei deren Legitimation dominierten biologische Argumentationsfiguren. Ohne die in der entsprechenden pädagogischen Literatur üblichen aufwendigen Theoriekonstrukte formulierte Propagandaminister Goebbels deutlich: «Die Frau hat die Aufgabe, schön zu sein und Kinder zur Welt zu bringen. Das ist gar nicht so roh und unmodern, wie sich das anhört. Die Vogelfrau putzt sich für den Mann und brütet für ihn die Eier aus.» (Michael, ein deutsches Schicksal in Tagebuchblättern. München 1934, S. 41) Der Reichsminister für Ernährung und Landwirtschaft meinte, das Bestreben von Frauen nach Emanzipation gehe auf eine unzureichende Funktion der Geschlechtsdrüsen zurück.

Die Antiquiertheit des vorherrschenden Frauenbildes, wie auch das Stammtisch-Niveau der vorgetragenen Argumente

3 Vom Ausbau des Sports, insbesondere der Einbeziehung von Mädchen, konnten auch durchaus fortschrittliche Impulse ausgehen. So begründeten 1936 Mädchen aus ländlichen Gebieten, warum sie nicht dem BDM beitreten, unter anderem damit, ihre Eltern gestatteten es nicht, daß sie sich in der Öffentlichkeit mit einem Turn- oder Badeanzug zeigten. «Wir müßten uns schämen mit dem Turnanzug. Wir sind auf dem Land und nicht in der Stadt.» Oder: «Auch ließen mich die Eltern mit Badeanzug öffentlich nicht auftreten und auch nicht von solchen, welche Badeanzüge öffentlich tragen, erziehen.» (Zit. in: A. Klönne: Jugendprotest und Jugendopposition. In: Bayern in der NS-Zeit, Bd. IV. München, Wien 1981, S. 549 f.) Gegenüber der ländlichen Prüderie kann diese Seite des Sports als fortschrittliche gewertet werden. Die öffentliche sportliche Betätigung der Mädchen vollzog sich jedoch im Rahmen autoritärer Strukturen, Modernisierung ging einher mit Unterordnung.

sagen noch nichts über die politische Funktionalität aus. Die ideologische Eingrenzung der Frauen auf Küche und Kinder (Kirche spielte eine untergeordnete Rolle) fand bei Männern Anklang, die angesichts hoher Arbeitslosigkeit zu Beginn der NS-Herrschaft Frauen als unerwünschte Konkurrentinnen auf dem Arbeitsmarkt ansahen, die durch die in der Weimarer Republik einsetzende Auflösung traditioneller Arbeitsteilung vor allem im Angestelltenbereich, durch den Typ der alleinstehenden, selbständigen Frau in ihrem traditionellen Selbstverständnis als Mann verunsichert wurden. Sie fand bei Frauen in minderqualifizierten, monotonen und schlechtbezahlten Tätigkeiten Zuspruch, denen ein Leben, in dem sie sich ausschließlich häuslichen Aufgaben widmeten, während sich der Mann um den Unterhalt sorgte, als Alternative erscheinen konnte. Sie traf bei Hausfrauen auf Zustimmung, die darin eine öffentliche Aufwertung ihres Daseins sahen.

m M m M

Mut ter ar bei tet den gan zen Tag.
Schon am frü hen Mor gen ist sie auf.
Sie wärmt für Ma rie chen die Milch,
auch Mit tag kocht sie für uns.
Am A bend macht sie Mar tins An-
zug sau ber, sie hilft Min chen und
Man fred bei den Schul ar bei ten.
Nie ist sie mü de, die gu te Mut ter.

Mon tag, Mitt woch, Mau rer, Mau er, Mark.
Mund, Maul, Mar ga ri ne, Markt, Mül ler.
Marsch, Mu sik, Mor gen rot, Mit ter nacht.
Mor gen macht mir mei ne Mut ter Milch mus.

44

Hirts «Berliner Fibel», 1935

Dem NS-Frauenbild kamen verschiedene Funktionen zu: Neben der bevölkerungspolitischen (Nachwuchssicherung) und der beschäftigungspolitischen (zunächst: Entlastung des Arbeitsmarktes, dann: Bereitschaft zur «wesenseigenen», das hieß zu fluktuierender, subalterner Berufstätigkeit) hatte es vor allem die ideologische Funktion der Verstaatlichung der Familie unter Beibehaltung ihrer privaten Form. In der Zeitschrift «Das Junge Deutschland» wurde dieser Sachverhalt so umschrieben:

«Erst die Umwandlung der privaten Sphäre durch den Nationalsozialismus, die Unterstellung auch der Familie und des häuslichen Lebens unter das Wohl der Gemeinschaft hat das Interesse an der Mädelerziehung ganz erheblich gesteigert. Es kann für die Volksgemeinschaft nicht unwesentlich sein, in welcher Verfassung sich die einzelne Familie befindet und nach welchen Prinzipien das heranwachsende Geschlecht in den ersten Lebensjahren erzogen wird. Die Erziehung im Elternhaus aber liegt weitgehend bei der Frau. Daraus ergeben sich die Ansprüche an die heutige Mädelerziehung; sie sind praktisch unbegrenzt. Es gibt keine Schranke, die der Gemeinschaft Halt gebietet, kein Recht, das dem ihren entgegentreten könnte.» (Sonderveröffentlichung Nr. 3, S. 96)

Liest man für «Gemeinschaft» «Staat», so besagt dieser Abschnitt, daß der Staat auch in den Sphären, in denen er nicht unmittelbaren Einfluß ausüben kann (vorschulische Erziehung, Familienleben), seinen Einfluß durch die Mutter und Ehefrau mittelbar gesichert sehen wollte. Die Frau sollte als ein angeblich von Natur aus dienendes und gefühlsgeprägtes Wesen diese Persönlichkeitseigenschaften in der Familie als Lebensprinzip verkörpern. Damit sollte sie einerseits in Unterordnung und Verzicht einüben, andererseits als Pendant zum «soldatischen Manne» diesen in seinem männlichen Gefühlspanzer belassen bzw. ihn darin noch bestärken. Mit dem ihm eigenen Pathos formulierte Hitler diese Aufgabenstellung in folgenden Worten:

«Wenn man sagt, die Welt des Mannes ist der Staat, die Welt des Mannes ist sein Ringen, die Einsatzbereitschaft für die Gemeinschaft, so könnte man vielleicht sagen, daß die Welt der Frau eine kleinere sei. Denn ihre Welt ist ihr Mann, ihre Familie, ihre Kinder und ihr Haus. Wo wäre aber die größere Welt, wenn niemand die kleine Welt betreuen wollte? Wie könnte die größere Welt bestehen, wenn niemand wäre, der die Sorge um die kleinere Welt zu seinem Lebensinhalt machen würde? Nein: die große Welt baut sich auf dieser kleinen Welt auf! Diese große Welt kann nicht bestehen, wenn die kleine Welt nicht fest ist. Die Vorsehung hat der Frau die Sorge um diese ihre eigenste Welt zugewiesen, aus der sich dann erst die Welt des Mannes bilden und aufbauen kann. Diese beiden Welten stehen sich daher nie entgegen. Sie ergänzen sich gegenseitig, sie gehören zusammen, wie Mann

und Weib zusammengehören. Wir empfinden es nicht als richtig, wenn das Weib in die Welt des Mannes, in sein Hauptgebiet eindringt, sondern wir empfinden es als natürlich, wenn diese beiden Welten geschieden bleiben. In die eine gehört die Kraft des Gemüts, die Kraft der Seele! Zur anderen gehört die Kraft des Sehens, die Kraft der Härte, der Entschlüsse und die Einsatzwilligkeit! In einem Fall erfordert diese Kraft die Willigkeit des Einsatzes des Lebens der Frau, um diese wichtige Zelle zu erhalten und zu vermehren, und im anderen erfordert sie die Bereitwilligkeit, das Leben zu sichern, vom Manne. Was der Mann an Opfern bringt im Ringen seines Volkes, bringt die Frau an Opfern im Ringen um die Erhaltung dieses Volkes in den einzelnen Zellen. Was der Mann einsetzt an Heldenmut auf dem Schlachtfeld, setzt die Frau ein in ewig geduldiger Hingabe, in ewig geduldigem Leiden und Ertragen.» (Rede vor der NS-Frauenschaft auf dem NSDAP-Parteitag in Nürnberg 1934. Zit. in: W. Gehl [Hg.]: Der Staat im Aufbau. Breslau 1934, S. 158 f)

Die Reichssachbearbeiterin für weibliche Erziehung im NSLB, Dr. Auguste Reber-Gruber, übersetzte diese Aufgabenstellung in pädagogische Anforderungen:

«Die Revolution der weiblichen Erziehung ist größer als irgendwo sonst in der Erziehung. Die neue, uns vom Führer selbst gegebene Zielsetzung läßt sich nicht erreichen mit der Vielgeschäftigkeit allzu tüchtiger Pädagoginnen. Es gilt vorzustoßen zu den innerseelischen Kräften weiblicher Wesensart, es gilt der Frau die Fähigkeit zu schenken, den tieferen Gehalt des Lebens zu erfühlen und den Wert der Dinge zu erkennen, sie zur ‹Hüterin des Unbewußten› zu formen. Wenn wir die weibliche Jugend aus unseren Händen geben, dann muß dies ‹Unbewußte› in ihr liegen und aufbrechen zu seiner Zeit, wo sie zur Spenderin des Lebens wird und ihr Muttersein in Tapferkeit und Fleiß und ewig stillem Dienst in Güte und Schenken sich verströmt. Und daneben steht ihr Wirken im Volk. Wir Erzieherinnen haben darüber zu wachen, daß der Beruf der Frau immer irgend einem weiblichen Schaffensbedürfnis genüge, und daß der Dienst am Werk und am Ganzen der Frau vor den eigenen Nutzen gehe. Sonst wird sie nicht glücklich. Wir Frauen wollen im Beruf nicht zeigen, was wir ‹sind› und was wir ‹zu beanspruchen haben›, aber wir werden jede Arbeit angreifen und bezwingen, wo man uns braucht und alle Arbeit soll wieder um ihrer selbst willen getan werden.» (Reichszeitung der deutschen Erzieher Nr. 7, 1936)

In der Volksschule manifestierte sich der NS-Sexismus sichtbar in der Aufhebung von Ansätzen der Koedukation[4] und in der Stundentafel der Mädchen- und Jungenschulen vor allem für die letzten beiden Schuljahre, «in denen» – so die Reichsrichtlinien «Erziehung und Unterricht in der Volksschule» vom 15. Dezember 1939 – «die Entwicklung der Mädchen bereits ihre Eigenart gewinnt», und die daher «in stärkerem Maße auf ihre spätere Aufgabe als Hausfrau und Mutter auszurichten» seien. Ein Vergleich der Stundentafeln zeigt: Diese «Ausrichtung» der Mädchen bedeutete, daß die Fächer Rechnen, Naturkunde und Leibeserziehung zugunsten der geschlechtsspezifischen Fächer Handarbeit und Hauswerk eingeschränkt wurden.

In nahezu allen Fächern, die für Mädchen und Jungen gemeinsam auf dem Stundenplan standen, war die «Wesensverschiedenheit» von Mann und Frau Unterrichtsgegenstand: ausdrücklich in Fächern wie Deutsch und Geschichte, in denen das Leitbild des heldenhaften Soldaten und der aufopferungsvollen Mutter in den unterschiedlichsten Varianten angesprochen wurde, vermittelt beispielsweise im Fach Rechnen, in dem die Bücher für Mädchen auf Beispiele aus dem Bereich des Haushalts zurückgriffen, die für Jungen auf Beispiele aus der «Welt des Mannes». Im Fach Naturkunde – das Lebenskunde und Naturlehre umfaßte – sah der Mädchenunterricht in Lebenskunde zum Beispiel Säuglings- und Krankenpflege vor, wurde in der Vererbungslehre und Rassen-

4 Eine getrennte Beschulung von Jungen und Mädchen konnte allerdings nur in großen, ausgebauten Volksschulen, die in Großstädten wie Berlin die Regel waren, erfolgen; 1940 waren lediglich zehn Prozent aller Volksschulen voll ausgebaut, dagegen 60 Prozent ein- oder zweiklassig.

kunde besonderen Wert auf die Propagierung einer fleißigen und artgemäßen Nachwuchssicherung gelegt. Für Naturlehre schrieben die Volksschulrichtlinien von 1939 eine Konzentration auf die Behandlung solcher Naturstoffe vor, «die für die Hauswirtschaft von Bedeutung sind».

Die Leitbilder, die der geschlechtsspezifischen Erziehung in den gemeinsamen Fächern zugrunde lagen, werden in folgender Gegenüberstellung besonders plastisch:

«Mädchen	Knaben
Anschauung und Gefühl	Anschauung und Verstand
Erlebtes in sich sammeln	Erlebtes gestalten
Sich hingeben	Sich auswirken
Dem Nächsten dienen	Die Welt erobern und unterwerfen
In Frieden arbeiten	Siege erringen
Sich im Glück bescheiden	Nach Glück jagen
Leid ertragen	Taten ausführen
Im gegenseitigen Verstehen leben	Mit dem Gegner sich messen
Kultur bewahren und schützen	Kultur aufbauen und zerstören
Die Familie und Häuslichkeit pflegen	Den Staat gründen
Auf dem Boden der Wirklichkeit bleiben	Die Ziele in die Sterne setzen
Das Leben als Geschenk erblicken	Das Leben als Kampf auffassen
Mütterlichkeit	Mannhaftigkeit»

(Hedwig Rahn: Artgemäße Mädchenerziehung und Rasse. Nationalsozialistische Mädchenerziehung Nr. 12, 1940).

Die Kinder des Reichsjugendführers Baldur von Schirach – nach der herrschenden Ideologie in Szene gesetzt

Stundentafel für Mädchen

Fach	1.	2.	3.	4.	5.	6.	7.	8.
	Schuljahr							
Leibeserziehung		2	2	3	5	5	5	3 (5)
Deutsch		11	12	13	7	7	6	7
Heimatkunde					—	—	—	—
Geschichte		—	—	—	2	2	3	3
Erdkunde		—	—	—	2	2	2	2
Naturkunde	16	—	—	—	3	3	3	3
Musik		1	2	2	2	2	2	2
Zeichnen		1	3	3	1	2	2	3 (2)
Handarbeit					2	2	3	(3)
Hauswerk		—	—	—	—	—	—	4 (—)
Rechnen und Raumlehre		4	4	4	4	4	4	4
Konfessioneller Religionsunterricht	2	2	2	2	2	2	2	1
	18	21	25	27	30	31	32	32

(In Volksschulen, in denen Hauswerk noch nicht eingeführt war, «weil die äußeren Verhältnisse es noch nicht gestatteten», galten die Zahlen in Klammern.)

Stundentafel für Jungen

Fach	1.	2.	3.	4.	5.	6.	7.	8.
	Schuljahr							
Leibeserziehung		3	3	4	5	5	5	5
Deutsch		11	12	13	7	7	6	7
Heimatkunde					—	—	—	—
Geschichte		—	—	—	2	2	3	3
Erdkunde	16	—	—	—	2	2	2	2
Naturkunde		—	—	—	3	3	4	4
Musik		1	2	2	2	2	2	2
Zeichnen und Werken		—	2	2	3	3	3	3
Rechnen und Raumlehre		4	4	4	4	4	5	5
Konfessioneller Religionsunterricht	2	2	2	2	2	2	2	1
	18	21	25	27	30	30	32	32

Über die Aufgaben der *speziellen* Mädchenfächer («die Hauptfächer des Frauenschaffens») Handarbeit und Hauswerk, die unter dem Oberbegriff «Hauswirtschaft» zusammengefaßt wurden, führten die Volksschulrichtlinien aus: «Die hauswirtschaftliche Erziehung pflegt und fördert den Sinn für die Betreuung der Familie und des Hauses. Sie ist für die Erziehung zur deutschen Frau und Mutter, insonderheit in den letzten Schuljahren, von größter Bedeutung. Als Vorbild hat die Tätigkeit einer im deutschen Volkstum verwurzelten Hausfrau und Mutter aus den wirtschaftlichen Verhältnissen, denen die Kinder entstammen, zu gelten. Durch eigene hauswirtschaftliche Tätigkeit werden die Mädchen an

Ordnung, Umsicht, Sauberkeit, Sparsamkeit, Verantwortung und Selbständigkeit im Denken und Tun gewöhnt und durch die Arbeit in der Gruppe zur Einordnung und Arbeitskameradschaft erzogen. Im Dienste dieser erzieherischen Aufgabe steht der Erwerb der für das hausfrauliche Wirken nötigen technischen Fertigkeiten. Auf die Beziehungen zwischen Haus- und Volkswirtschaft ist immer wieder hinzuweisen. Es soll dem Mädchen bewußt werden, daß jede Hausfrau Mitverwalterin unseres Volksvermögens und verantwortliche Mitarbeiterin an dem Werk unseres Führers ist.»

Die Fächer Handarbeit und Hauswerk sind gute Beispiele dafür, wie mit Kompetenzen zugleich Inkompetenzen vermittelt wurden. Nichts spricht gegen einige der oben genannten Werte oder gar gegen «Verantwortung und Selbständigkeit im Denken und Tun»; was wäre gegen eine sinnvolle Abstimmung von Haus- und Volkswirtschaft einzuwenden? In Hauswerk standen so nützliche Kenntnisse auf dem Stundenplan wie der Nährwert von Lebensmitteln oder sparsames und zweckmäßiges Heizen.

Indes: wenn zwei das gleiche tun, ist es noch nicht dasselbe. Wenn beispielsweise die Hausfrau die Wohnung oder die Treppe putzt, wird dies in der Regel als minderwertige Tätigkeit angesehen, und diese Einschätzung wiederum bestimmt auch das Bild der sie ausübenden Frau. Wenn ein Schornsteinfeger schmutzig von seiner Arbeit durch die Straße geht, laßt man ihn an, weil das Glück bringen soll; der Gedanke, er führe eine minderwertige Arbeit aus, kommt nicht auf. Mit anderen Worten: Bestimmten Tätigkeiten wird ein bestimmter Bedeutungsgehalt zugeschrieben. Dieser Bedeutungsgehalt entscheidet mit über das Ansehen und den Einfluß der Person, die diese Tätigkeiten ausübt. Die Nationalsozialisten betonten zwar immer wieder den hohen Stellenwert der den Mädchen bzw. Frauen als «wesenseigen» zugeschriebenen Tätigkeitsfelder – und hierin liegt eine der Erklärungen dafür,

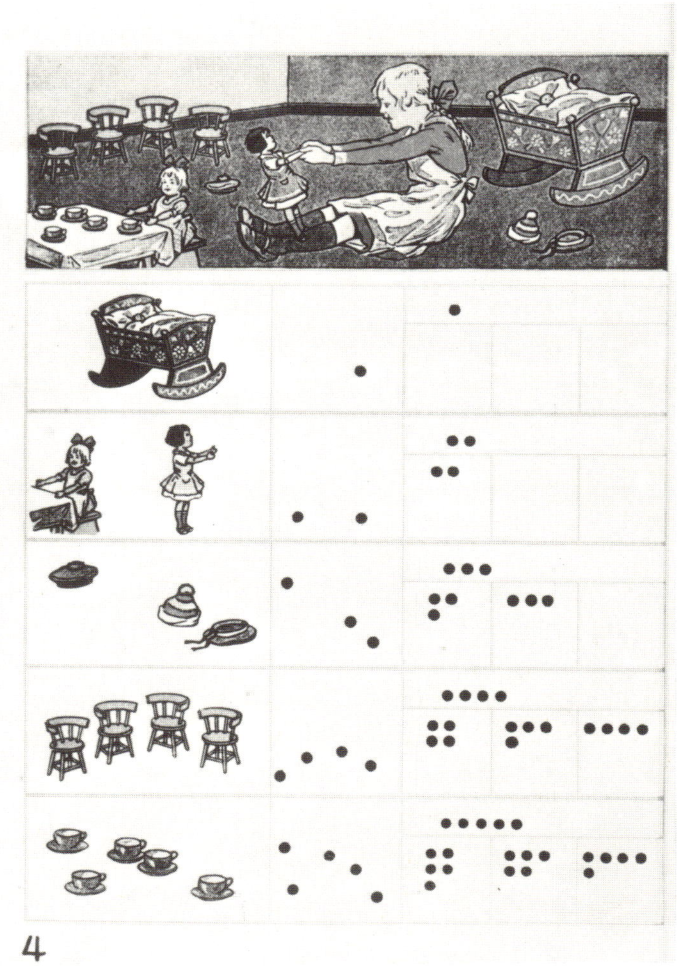

Rechenbuch für das 1. Schuljahr, Hirt Verlag 1937

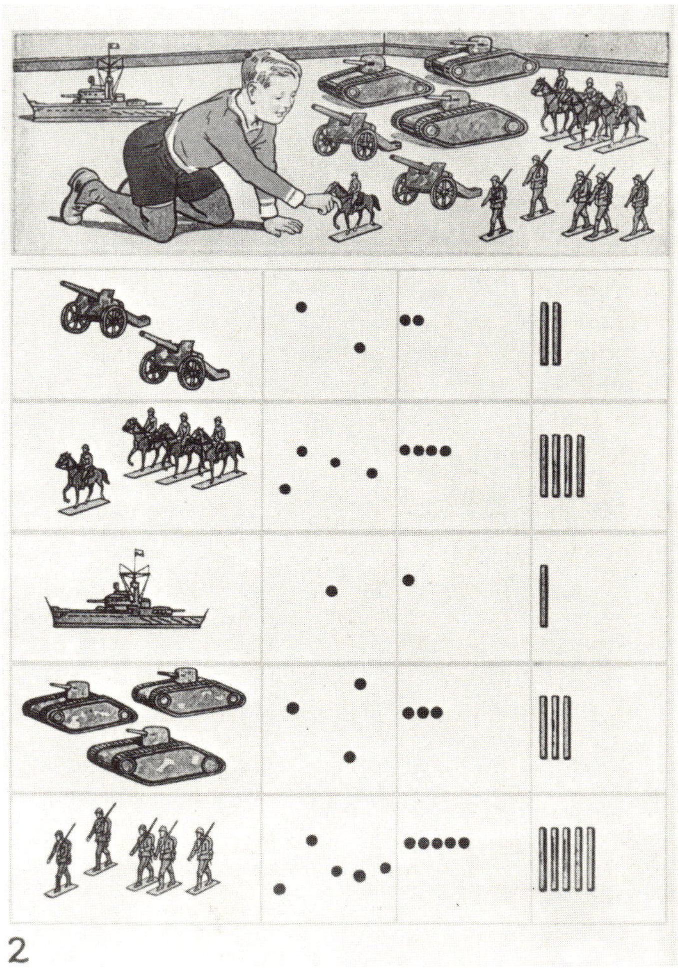

Rechenbuch für das 1. Schuljahr, Hirt Verlag 1937

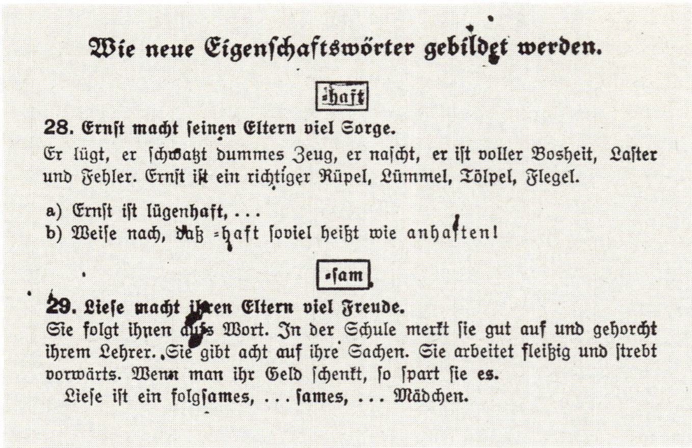

Wie neue Eigenschaftswörter gebildet werden.

-haft

28. Ernst macht seinen Eltern viel Sorge.

Er lügt, er schwatzt dummes Zeug, er nascht, er ist voller Bosheit, Laster und Fehler. Ernst ist ein richtiger Rüpel, Lümmel, Tölpel, Flegel.

a) Ernst ist lügenhaft, ...
b) Weise nach, daß -haft soviel heißt wie anhaften!

-sam

29. Liese macht ihren Eltern viel Freude.

Sie folgt ihnen aufs Wort. In der Schule merkt sie gut auf und gehorcht ihrem Lehrer. Sie gibt acht auf ihre Sachen. Sie arbeitet fleißig und strebt vorwärts. Wenn man ihr Geld schenkt, so spart sie es.

Liese ist ein folgsames, ... sames, ... Mädchen.

Sprachbuch für die Berliner Volksschule, 5. Klasse

daß die Rollenzuschreibung von Mädchen und Frauen akzeptiert wurde –, zugleich war aber mit diesen Tätigkeitsschwerpunkten der Ausschluß von gesellschaftlicher Einflußnahme, die Eingrenzung auf einen Wirkungsbereich, der keine Entwicklungsmöglichkeiten bietet, die Unterordnung unter den Mann verbunden. Der «Mitverwalterin des Volksvermögens» wurde keine Mitsprache bei der Festlegung der Rahmendaten für die gesellschaftliche Nutzung des Volksvermögens eingeräumt; sie hatte vielmehr innerhalb der fremdgesetzten Vorgaben alle Anstrengungen beispielsweise darauf zu verwenden, die durch die Konzentration auf die Rüstungsproduktion bedingten Versorgungsengpässe im Haushalt mit Phantasie auszugleichen. Die Mädchen lernten Dutzende von Fischzubereitungsarten (um den Fleischmangel zu kompensieren), sie lernten zugleich, unbefragt die gesellschaftlichen Vorgaben für ihre Lebensverhältnisse zu akzeptieren und diese mit Umsicht, sparsam und ordentlich auszufüllen. Sie sollten Verantwortung und Selbständigkeit im Denken und Tun im Rahmen von Verhältnissen entfalten, die sie zugleich von der gesellschaftlichen Teilhabe und Selbstbestimmung ausschlossen: Die deutsche Frau «muß aus dem harten Leben, das unser Volk gezwungen ist zu leben, es fertig bringen, ein schönes Leben zu machen» (Gertrud Scholz-Klink, Führerin der Frauenschaft: Ansprache vor der NS-Frauenschaft auf dem NSDAP-Parteitag 1934; zit. in: W. Gehl [Hg.]: Der Staat im Aufbau. Breslau 1934, S. 157).

Werte wie Ordnung, Sauberkeit, Sparsamkeit existieren, so läßt sich verallgemeinern, nicht an sich, sondern sind stets in einen Bedeutungs- bzw. Handlungsrahmen eingebettet. Für die Mädchenerziehung im Nationalsozialismus waren sie Werte der Unterordnung, die den Objektstatus der Frau verfestigten.

Fassen wir die Ausführungen über die Unterrichtsinhalte zusammen: Die Nationalsozialisten verstärkten in bestimmten Fächern bereits vorhandene reaktionäre Tendenzen und spitzten sie zu (zum Beispiel: Deutsch und Geschichte). Sie richteten Fächer, die weitgehend unpolitisch gewesen waren, eindeutig ideologisch aus (zum Beispiel: Mathematik), werteten den Stellenwert verschiedener Fächer um (zum Beispiel: Sport) und führten neue Unterrichtsinhalte ein (zum Beispiel: Rassenkunde).

Der menschenverachtende, unwissenschaftliche, ideologische Gehalt dieser Unterrichtsinhalte ist offenkundig. Der Nachweis von Irrationalismus, Unwissenschaftlichkeit oder Menschenfeindlichkeit bleibt allerdings dann unbefriedigend, wenn sich darin die Erklärung der Schule im Nationalsozialismus erschöpft. In diesem Falle bleibt vor allem folgendes unklar: Wieso stieß diese offenkundige ideologische Ausrichtung auf so wenig Widerspruch? Wie wirkte sie sich konkret aus?

Die Schule sollte Zustimmung zu den Herrschaftsverhältnissen herstellen. Doch Zustimmung mußte von den Schülern gelebt und als authentisch erlebt werden, sollte sie effektive und verläßliche Zustimmung sein. Gängige Manipulations-Thesen vermögen nicht zu erklären, wie eine solche Zustimmung erzielt werden konnte. Dieser Prozeß ist auch nicht nachvollziehbar, wenn man sich auf die Betrachtung von Richtlinien, Lehrplänen und Schulbüchern beschränkt. Diese sind gewissermaßen nur das Rohmaterial für den Unterricht, in dem sich Lernen vollzieht. Lernen ist eine Tätigkeit, die sich auf bestimmte Inhalte richtet und sie subjektiv verarbeitet. Die Form, in der dies geschieht, also die Art und Weise, in der ein Inhalt bearbeitet wird, ist für das Lernergebnis von zentraler Bedeutung. Ohne Einbeziehung des Unterrichtsgeschehens, der Lehrer- und Schüleraktivitäten dringt man demnach nicht ins Zentrum der Schulrealität vor, kann man auch die Frage nach der Wirkung von Inhalten und der Organisation von Zustimmung nicht beantworten.

«Meine Pädagogik wird hart sein»: Lehr- und Lernformen

«Steter Tropfen höhlt den Stein.» Dieses Sprichwort erklärt wenigstens zum Teil, wie es dazu kommen konnte, daß die NS-Ideologie, oder doch bestimmte ihrer Elemente, bei vielen Schülern auf Zustimmung stieß, zumindest jedoch nicht abgelehnt wurde. Wenn im Unterricht «fachlich» das gelehrt wurde, was der einzelne Tag für Tag in verschiedenen Lebensbereichen erfuhr oder selbst erlebte, dann hatte dies einen nicht zu unterschätzenden Effekt der Bekräftigung. Was man schon wußte oder erlebt hatte, wurde von denen, die es ja wissen mußten, bestätigt, vertieft, ergänzt usw. Die Nachhaltigkeit dieser Wirkung war in hohem Maße vom jeweiligen Alter eines Schülers abhängig. Wer 1936 oder 1937 eingeschult wurde, hatte keine andere als die nationalsozialistische Realität erlebt. Er hatte infolgedessen weniger Vergleichsmöglichkeiten als ein Schüler, der 1933 bereits in die fünfte oder sechste Klasse ging.

Das Bild vom steten Tropfen, der den Stein höhlt, reicht jedoch als Erklärung keinesfalls aus. Es zeichnet die Kinder und Jugendlichen lediglich als passive Opfer äußerer Einflüsse. Wenn Unterricht auch häufig keine Lernaktivität erkennen läßt – und im Nationalsozialismus kam der Frontalunterricht wieder zur vollen Blüte, den Pädagogen in der Weimarer Republik zu überwinden bemüht waren –, so ist doch *passives* Lernen nicht möglich. Soweit die Gestaltung der Lernprozesse ohne Schüler*aktivität* auszukommen scheint, fördert sie eine aktive Übernahme undemokratischer Strukturen, zum Beispiel des Führer-Gefolgschafts-Verhältnisses. Dies war ein gewichtiger Lernprozeß in jener Zeit, als bewußt inszenierter kann er nicht dem sogenannten heimlichen Lehrplan zugeschrieben werden.

Lernen ist – so hoben wir am Ende des letzten Abschnittes hervor – eine Tätigkeit, die sich auf bestimmte Inhalte richtet und sie subjektiv verarbeitet. Beurteilt man die Lerninhalte ausschließlich unter dem Gesichtspunkt, ob sie dem Kriterium der Wissenschaftlichkeit genügen, so gelangt man zwar zu der zutreffenden Feststellung, daß große Teile des Lehrplans der Volksschule irrational, ideologisch waren; ihre Vermittlung wäre dann jedoch, wenn überhaupt, nicht anders als nach dem Modell des Nürnberger Trichters zu erklären.

Anders stellt sich das Problem dar, wenn man statt der Wissenschaftlichkeit, statt Ideen bzw. Ideologien die Lebenspraxis der Schüler zum Ausgangspunkt nimmt, wenn man das Ideologische zunächst nicht in den Köpfen, sondern in den gesellschaftlichen Verhältnissen sieht. Das heißt: Wenn man danach fragt, welche Bedeutung die Lerninhalte für die Schüler in einer Gesellschaft haben, in der die Menschen von der gemeinsamen Kontrolle ihrer Lebensbedingungen ausgeschlossen und ihnen alle demokratischen Formen, ihre Interessen zu artikulieren, verwehrt waren. Die nationalsozialistischen Ideologeme mußten Angebote enthalten, in denen die Lernenden ihre Interessen und Bedürfnisse – in welcher Form auch immer – aufgehoben glauben konnten. Nehmen wir zum Beispiel das Fach Geschichte: Die Welt-, ja die gesamte Kulturgeschichte sollte vom Standpunkt des «Nationalstolzes» aus gelehrt werden.

«Es darf ein Erfinder nicht nur groß erscheinen als Erfinder, sondern muß größer noch erscheinen als Volksgenosse. Die Bewunderung jeder Tat muß umgegossen werden in Stolz auf den glücklichen Vollbringer derselben als Angehörigen des eigenen Volkes. Aus der Unzahl all der großen Namen der deutschen Geschichte aber sind die größten herauszugreifen und der Jugend in so eindringlicher Weise vorzuführen, daß sie zu Säulen eines unerschütterlichen Nationalgefühls werden.» (Mein Kampf, S. 473; vgl. auch die im vorigen Abschnitt zitierten Richtlinien)

Geschichte bot Identifikationsmöglichkeiten an, die den einzelnen als Angehörigen eines ruhmreichen Volkes, einer überlegenen Rasse ansprachen, ihm das Gefühl des Stolzes vermitteln sollten. Das Versprechen der Teilhabe an einem übergeordneten Sinnzusammenhang vermochte der eigenen Existenz Bedeutung zu verleihen. Das Bedürfnis nach einem positiven Selbstwertgefühl konnte sich in der völkischen Selbsterhöhung aufgehoben fühlen.

Ein durchgängiges Thema vieler Fächer waren sozialdarwinistische Ideen vom sogenannten Überlebenskampf, die der naturalistischen Verklärung kapitalistischer Konkurrenzverhältnisse dienten. Das faschistische Theorem vom «Kampf ums Dasein» fand Resonanz in der subjektiven Notwendigkeit, die Bedeutung der eigenen Person gegenüber anderen herauszuheben, eine Notwendigkeit, die typisch ist für Konkurrenzverhältnisse, in denen gemeinschaftlich-solidarische Formen der Lebensbewältigung nicht möglich sind. In der schulischen «Auslese», in Sport und in der Hitler-Jugend wurde das Prinzip vom «Recht des Stärkeren» propagiert und praktiziert. Aus ihm ergab sich die Aufforderung nach «Härte gegen sich selbst», sich «nichts zu schenken». Ließ man sich auf diese Form der Lebensbewältigung – das «Durchboxen» – ein, lebte man diese Maxime aktiv – andere Orientierungen boten die herrschenden Werte und Praxen nicht an –, dann war damit zugleich ein Fundament dafür geschaffen, ihre Einhaltung von anderen zu fordern, Schwachen das Mitleid zu versagen oder Andersdenkende und -handelnde nicht zu tolerieren. Dies war – beispielsweise in Gestalt der Prügelstrafe, eines autoritären Befehlstons, des Verbots, Schwächeren zu helfen – in vielen Klassen tägliche Unterrichtspraxis. Eine solche Lebens- und Lernform senkte zugleich die Hemmschwelle gegen die Übernahme inhumaner Inhalte. Die Maxime von der Härte gegen sich selbst und andere faschistische Werte wurden demnach nicht aufgrund eines naturgegebenen faschistoiden Potentials übernommen. Sie fanden vielmehr deshalb Resonanz, weil sie unter den gegebenen Bedingungen die Durchsetzung der eigenen Interessen versprachen. Die als Ausdruck kapitalistischen Konkurrenzkampfes (dessen Logik sich im Faschismus ungehindert Bahn brach, da oppositionelle Logiken der Arbeiterbewegung und -kultur zerschlagen worden waren) in vielen Familien praktizierte autoritäre Erziehung bereitete in der

Aus dem Tageslauf im Schullandheim

Fotos: Dr. Sahrhage, Behrens und Saebens

Der Morgenlauf steht am Anfange jedes Tagewerkes

Ein Wettkamf zu Pferde im Schullandheimzirkus

Alle Sportarten finden ihre Pflege

Auf, zum täglichen Baden

Mittagsmahl. Eine gute Verpflegung ist Selbstverständlichkeit

Klassenzimmer mit Schulbänken gibt es nicht. Lehrer und Schüler forschen mit wachen Augen in der Natur. Ihre Erlebnisse werden gleich im Walde verarbeitet

Der Bauer als Lehrmeister

Landhilfe,
wie sie von angehenden jungen Herren .. .. und von kleinen Jungen aufgefaßt wird.

Ähnliche „feine" Unterschiede sehen wir im Küchendienst
zwischen Jungen .. .. und Mädchen.

Gartenarbeit gehört zur täglichen Erziehungsaufgabe

Modell-Segelfliegerei

Musikstunde am Waldesrand

Mittagsruhe und Freizeit

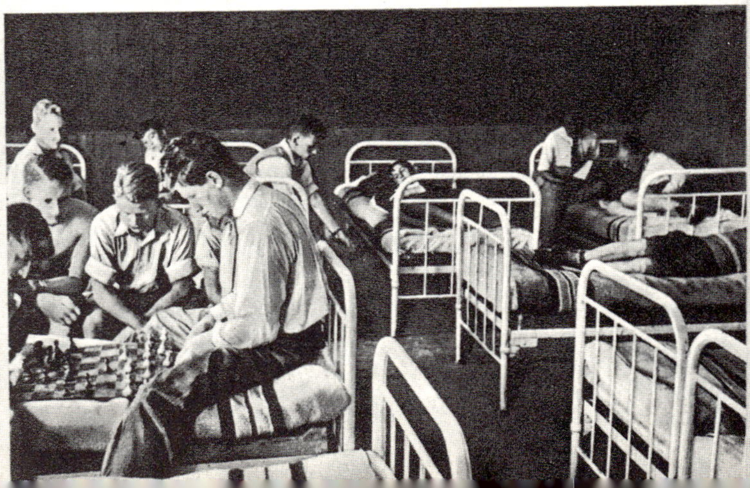

«Reichszeitung der deutschen Erzieher», Februar 1938

Vorschulzeit den Boden dafür vor, daß solche Denk- und Handlungsmuster oft als weitgehend vertraut wahrgenommen werden konnten; die familiare Erziehung ergänzte vielfach die schulische oder widersprach ihr doch zumindest nicht.

Gleichwohl mußten für die Gestaltung von Lernprozessen weitere Formen gefunden werden, um sicherzustellen, daß die NS-Ideologie – und über sie vermittelt die gesellschaftlichen Verhältnisse und die eigenen Lebensumstände – akzeptiert wurde, da deren wirkliches Begreifen gezeigt hätte, daß sie faktisch die Interessen der Individuen verletzte. Hierzu diente die den Volksschulunterricht methodisch kennzeichnende Orientierung, statt eines «logisch gegliederten Begriffsgefüges» eine «lebendige Bilderwelt» zu vermitteln. «Anschauung» sollte «methodische Ausgangsebene» des Unterrichts sein und eine «farbige Anschauung» als Ergebnis am «Ende der Arbeit stehen» (F. Sturm: Deutsche Erziehung im Werden. Osterwieck, Berlin [5]1962, S. 162). Wie dieses methodische Prinzip im Unterricht praktisch umgesetzt wurde, schildert Hans Jochen M., geboren 1930, am Beispiel des Fachs Geschichte:

«Der Geschichtsunterricht bezog sich vor allen Dingen auf Persönlichkeiten, die als Vorbild dienen sollten. An der Spitze stand natürlich Adolf Hitler selbst, die Schilderung seines Lebenslaufs. Ein anderes Vorbild war Friedrich II., natürlich ‹der Große› genannt. Der Unterricht bestand nicht so sehr aus einer zusammenhängenden Folge von Ereignissen, der Frage nach Ursachen und Wirkungen, sondern reduzierte sich mehr auf Anekdoten, die den Schüler in seinem Glauben, in seinen Einstellungen bestärken sollten. Mir sind zum Beispiel noch so banale Sätze in Erinnerung wie folgender von Friedrich II. Als seine Grenadiere in einer Schlacht zurückgingen, sagte er: ‹Kerls, wollt ihr ewig leben?› Mit solchen Sätzen wurde geschichtliche Bildung vermittelt. Nicht Zusammenhänge, sondern Höhepunkte wie Schlachten, äußerliche Dinge und Kriege oder Siege zeichneten den Geschichtsunterricht aus. Einen wesentlichen Bestandteil bildete ferner die nordische Sagenwelt, die Betonung der germanischen Geschichte. Antisemitisch war der Geschichtsunterricht eigentlich sehr viel weniger. Es wurden zwar immer mal wieder Begriffe wie ‹jüdisch-plutokratische Weltverschwörung› gebraucht, aber im wesentlichen war es eine positive Geschichte, also eine Geschichte, die Vorbilder zeigte, nach denen man sich richten sollte, Gestalten wie Martin Luther, verschiedene Könige, aber auch Maria Theresia und dann natürlich die ganzen Märtyrer der Nazis. Die wurden breit geschildert, ihr Kampf gegen die KPD, und sie wurden als Märtyrer dargestellt.»

Es wurden demnach zwar Kenntnisse – verpackt in spannende Anekdoten und Episoden – vermittelt, aber keinerlei Wissen über Ursachen oder Zusammenhänge. Das schloß der keiner rationalen Begründung zugängliche Charakter der NS-Ideologie aus.

Da die nationalsozialistische Weltanschauung keine Wissenschaft war – wie auch ihre führenden Repräsentanten bekundeten (vgl. dazu den nächsten Abschnitt) –, sondern als eine Sache des «Instinkts», der «Haltung» galt, gab es selbstverständlich auch nichts zu diskutieren: Haltung hatte man – oder eben nicht; alles andere war «Nörgelei». Die Methode des Unterrichtsgesprächs bezeichnete Ernst Krieck, einer der führenden NS-Pädagogen, in seiner Schrift «Nationalpolitische Erziehung» daher als «sinn- und zielloses Geschwätz», das nur die «zufälligen und privaten Bedürfnisse der einzelnen Schüler» befriedige und es gestatte, «diesen Bedürfnissen nachzugehen und sie frei auszuleben». Mit dem Wissen wurden zugleich Fragehemmungen und Denkverbote angeeignet. Die beständig aufgebauten Feindbilder wirkten in die gleiche Richtung: In der Not, bei Bedrohung fragt und diskutiert man nicht.

Nun bestand der Unterrichtsalltag nicht ausschließlich aus expliziter NS-Ideologie. Die Schüler lernten Rechnen, Schreiben, Lesen, Raumlehre *und* nationalsozialistische Ideologeme. Wie beides, technische Qualifikationen und ideologische «Kompetenzen», miteinander verknüpft wurden, haben wir bereits im vorigen Abschnitt dargestellt. Um zu verhindern, daß trotz dieser Verknüpfung die Möglichkeiten einsichtigen Denkens, die beispielsweise in physikalischen Gesetzen enthalten sind, sich gegen die NS-Ideologie richten bzw. gegen sie resistent machen, war eine Grenzziehung erforderlich: Emotion und Kognition, Gefühl und Einsicht mußten voneinander abgesperrt werden. Stützen konnte sich eine solche Grenzziehung darauf, daß jeder Versuch, Erkenntnisse gegen die NS-Ideologie zu richten, sie praktisch umzusetzen, um emotional befriedigende Lebensumstände herzustellen, schwerwiegende Sanktionen nach sich zog. Einsichtiges Denken konnte demnach, da seine praktische Konsequenz riskant war, zu großen emotionalen Belastungen führen. Kann man aber die Gegebenheiten seines Lebens nicht praktisch so gestalten, daß man einigermaßen widerspruchsfrei darin leben kann, so wird man dies im Kopf versuchen. Das heißt: man wird an bestimmten Themen gewonnene Resultate einsichtigen Denkens nicht über dieses Gebiet hinaus ausdehnen, sie vielmehr von der emotionalen Bewertung des eigenen Lebens abtrennen, eine Zerteilung der Lebensbereiche vornehmen in solche, in denen Einsicht zählt, und solche, in denen vor allem «Haltung» und «Gefühl» Grundlagen sind. Ein Mensch, der sein Leben in solchen «Abteilungsstrukturen» lebt, kann leichter für fremdbestimmte Zwecke instrumentalisiert werden, denn eine angemessene Bewertung gesellschaftlicher Verhältnisse bzw. Anforderungen setzt Emotionen und Kognitionen als notwendig zusammengehörende «Kontrollinstanzen» voraus. Der Wissenschaftler, der seine Fähigkeiten auf die Entwicklung einer neuen Superwaffe für den «Endsieg» konzentrierte, war ebenso Verkörperung einer solchen Desintegration von Emotion und Kognition wie der kinderliebe Beamte, dessen exakten Berechnungen sicherstellten, daß bis zum Untergang des Dritten Reiches die Transporte nach Auschwitz funktionierten.

Abgesichert wurden solche Lernprozesse der Persönlichkeitszerstückelung durch beständige Appelle an die «Haltung» (statt Einsicht) der Schüler. Handelten diese aus Haltungen heraus, so konnten sie sich als autonomes Handlungszentrum empfinden – lag es doch an ihnen, Haltung einzunehmen. Die Formung der Haltung durch die Verhältnisse geriet bei solchen Handlungen nicht in den Blick. Das extensive Auswendiglernen – wie vom eingangs zitierten Schulrat Herrmann gefordert –, das im Nationalsozialismus zur vollen Blüte gelangte, hatte einen vergleichbaren Effekt: Die durch beständiges Wiederholen verinnerlichten Ideologeme und Losungen konnten, da man sie jederzeit mühelos bereit hatte, auf die Dauer als eigene Auffassungen erscheinen, die von innen heraus kommen.

«Überholung» der Lehrer

Die Umgestaltung der Unterrichtsinhalte durch Lehrpläne und Schulbücher konnte allein nicht sicherstellen, daß der «nationalsozialistische Geist» den Unterricht auch tatsächlich prägte. Den Lehrern blieb im Klassenzimmer weiterhin ein – wenn auch zum Beispiel durch übereifrige Mitglieder der Hitler-Jugend eingeschränkter – Interpretations- und Gestaltungsspielraum. Eine direkte und perfekte Kontrolle ihrer Tätigkeit war nicht möglich. Die Nationalsozialisten hatten 1933 die Schlüsselstellungen der Berliner Schulverwaltung gründlich «gesäubert», wie sie ihre Maßnahmen mit einer Vokabel aus dem Bereich der Hygiene bezeichneten. Der größte Teil der Lehrer behielt jedoch seine Stellung. Die meisten arrangierten sich mit dem Regime. Dessen Repräsentanten gaben sich damit allerdings nicht zufrieden. Anpassung schätzten sie als zu dürftiges Fundament für die (Um-)Erziehung der Jugend «im Geiste des Führers» ein. So wurde beispielsweise in einem Schulratsbericht aus dem Jahre 1934 über einen Lehrer der – inzwischen in eine christliche umgewandelten – ehemaligen weltlichen 6. Schule kritisch angemerkt, er wende noch «veraltete Methoden» an. Weiter führte der Schulrat (in teilweise unvollständigen Sätzen) aus: «Herr Meyer, am 10.10.33 von der 16. Schule an die 6. Schule versetzt – gehörte der SPD, dem Bund der freien Schulgemeinden und der freien Lehrergewerkschaft an – unter dem Zwange der Verhältnisse politisch nur äußerlich umgestellt (typisch seine Klassenberichte), auch aus der Landeskirche ist M. ausgetreten ... Bei meinen Klassenbesuchen habe ich M. als einen unzuverlässigen, wenig gewissenhaften Arbeiter und als einen Lehrer kennengelernt, der sich vor den Kindern gehen läßt ... Schulzucht die schlechteste in der Schule. – Das auffallend gute Verhältnis zwischen M. und der Elternschaft erklärt sich daraus, daß M. alle Kinder über den grünen Klee lobt und als einziger Lehrer aus der ganzen Schule alle Kinder versetzt ... Außerdienstlich: Nachteiliges nicht bekannt geworden.»

Wie Lehrer Meyer aus Neukölln entsprachen viele seiner Kolleginnen und Kollegen – keineswegs nur Sozialdemokraten, sondern auch, wenngleich aus anderen Gründen, Liberale, Konservative und Kaisertreue – nicht dem neuen Idealbild des deutschen Volksschullehrers. Der Reichsminister für Wissenschaft, Erziehung und Volksbildung Rust verlangte daher im Juni 1934 auf einer Lehrerveranstaltung unter lebhaftem Beifall: «Ihr müßt etwas anderes werden als ihr es wart.» Der NSLB-Vorsitzende Schemm präzisierte dies auf der gleichen Veranstaltung wie folgt: «In der Unterrichtsstunde, in jeder Schulstunde, in jedem Fach ... in der Gebärde, im Lebensstil des Erziehers überhaupt» muß erkenntlich sein: «ein völkischer, lebensbejahender Mensch steht vor unseren Kindern, vor unserer Jugend!» (Nationalsozialistische Erziehung Nr. 24, 1934)

Zwar hatten die Nationalsozialisten auf eine umfassende Auswechslung der Lehrer verzichtet, um jedoch eine *aktive* Loyalität der Lehrer zu erreichen, richteten sie ihre Anstrengungen auf deren Umschulung (und auf die Umgestaltung der Lehrerbildung). Aufgrund eines Erlasses des Preußischen

Bereits im ersten Halbjahr 1933 wurden für Berliner Lehrer Lehrgänge in Gelände- und Wehrsport durchgeführt

Kultusministers vom Dezember 1933 führten die Schulaufsichtsbehörden nationalpolitische Lehrgänge durch, um Lehrer mit neuen Unterrichtsinhalten wie Erb- und Rassenlehre bzw. Familienkunde vertraut zu machen. Dem waren ad-hoc-Maßnahmen vorausgegangen; so hatten bereits im ersten Halbjahr 1933 in Berlin Lehrgänge für Lehrer in Gelände- und Wehrsport stattgefunden. Parallel entfaltete der NSLB, dem 1936 das Monopol der «weltanschaulichen» Schulung zugesprochen wurde (die staatlichen Einrichtungen beschränkten sich auf die fachliche Weiterbildung), eine rege Schulungstätigkeit. Bereits 1934 berichtete die «Reichszeitung der deutschen Erzieher» in der Nr. 11: «Im Laufe dieses Frühjahres und Sommers sind ... in den meisten Gauen Lager errichtet worden.» Bis 1937 wurden 41 ständige Schulungslager geschaffen; daneben gab es vorübergehende Lager, bzw. man griff auf Jugendherbergen und andere Heime zurück.

Das Lager war die wichtigste Form der Lehrerschulung; Reichsminister Rust: «Nationalsozialist wird man nur im Lager und in der Kolonne.» Nicht durch Zwang, so erklärte ein Gauleiter den Teilnehmern eines Schulungslagers, «sondern durch die eigene Erziehung denke ich mir die fortlaufende Überholung der Lehrerschaft. Wer sich davon völlig ausschließt, wer ein Außenseiter ist, wer nach 10 Jahren noch nie in einem Lager war, den mag die Behörde dann zwangsweise holen, aber nicht in ein Schulungslager, sondern in ein Konzentrationslager, denn er ist nicht würdig, deutsche Kinder zu erziehen.» (Reichszeitung der deutschen Erzieher Nr. 9, 1935)

Wie sah nun das Leben in einem solchen Schulungslager aus? Unter der Überschrift «Wie wir ‹überholt› wurden» berichtete in der «Reichszeitung» Nr. 11, 1934, ein Teilnehmer über seinen Lageraufenthalt:

«‹Auf Anordnung der Gauamtsleitung berufe ich Sie zum Schulungskurs des NSLB im Jungborn vom 19. August bis 8. September. Nur Krankheit könnte als Hinderungsgrund geltend gemacht werden.›

So lautete der Inhalt einer Karte, die ich eines Tages auf meinem Schreibtisch antraf. Zunächst ratloses Davorstehen. Dann Ärger über zerronnene Ferienpläne und über den Eingriff in die persönliche Freiheit (man ist eben noch nicht 100-prozentig!). Die Erinnerung wird wach an militärischen Drill- und Massenlager. (...) Im Laufe der Zeit wird man nüchterner, packt alles Notwendige zusammen ... verabschiedet sich am Bahnhof von seiner ‹politischen Witwe› und den Kindern und beginnt die Fahrt ins Blaue. (...)

Bei der offiziellen Begrüßung spricht Kamerad Wahl über die Vorbedingungen eines reibungslosen Zusammenlebens, sowie über den Zweck des Schulungskurses. Ehrlichkeit, Offenheit, Disziplin, Kameradschaft – Erleben und Wirken im Geist des Nationalsozialismus. Zusammenschweißen zu einer Gesinnungsgemeinschaft – das sind die Richtpunkte für unsere Arbeit.

In drei Züge eingeteilt, je nach Leistungsfähigkeit der Kameraden, steht Lehrgang 3 in einheitlich grauer Lageruniform, harrend der Dinge, die da kommen. Keinem sieht man an, was er ist, woher er kommt, und niemand fragt danach. Man ist nur Kamerad.

Die Lagerteilnehmer wurden von frühmorgens bis abends in Bewegung gehalten

Der fünfte Tag

Mittwoch, den 16. Okt. 1935.

Dieser Tag stand im Zeichen des Arbeitsdienstes. Pg. Kretschmann, der Gauarbeitsführer und Leiter der Reichsführerschule in Potsdam, einer der ältesten Mitarbeiter des Führers, gab in einem straff gegliederten, von Episoden belebten Vortrag am Vormittag und in einem Lichtbildervortrag am Abend einen tiefen Einblick in das Wesen des Arbeitsdienstes.

Man spürte, hier stand ein Mann, in dem Idee und Tat eine Einheit bildeten, und erkannte, daß im Arbeits-

Der Kleinkaliber-Schießsport gehört zu den täglichen Sportübungen der Schulungsteilnehmer

Ein «überholter» Lehrer mußte auch schießen können

Auf Gedeih und Verderb ist man dem Sportleiter ausgeliefert. Er ist eine wichtige Persönlichkeit, denn von seinem Einfühlungsvermögen, seiner Menschenbehandlung und seinem Taktgefühl hängt ein guter Teil der Lagerstimmung ab. Es zeigt sich bald, daß er außer seinem technischen Können auch menschliche Qualitäten aufzuweisen hat, als da sind: Sinn für Humor und Verständnis für verrostete und gebrechliche Knochen. Er sorgt dafür, daß morgens um 6 Uhr die letzten Reste von Stubenluft aus den Lungen geschafft werden und gestattet gnädig, daß man die Langlaufstrecke zwischen 1000 und 3000 Metern wählen kann. Darauf wird der Körper tüchtig durchgearbeitet und anschließend geht es mit Gesang zur Morgentoilette ... Dann entwickelt sich ein emsiges Treiben, gilt es doch, die Falle kunstgerecht zu bauen, die Stube zu fegen und den Anzug zur feierlichen Flaggenhissung in Ordnung zu bringen. Hoch über unserer Tagesarbeit soll das Hakenkreuzbanner wehen als Künderin des Geistes, der in uns wirken soll.

Nach dem Frühstück, bei dem das Losungswort für den Tag ausgegeben wird, ein Gang durchs Lager. Rechts vor der Zufahrtsstraße liegt der Sportplatz, die Stätte des Drills. Dort wird Gleichtritt geübt. In strammer Haltung marschiert am Waldrand ein Zug, während vorn im Schweiß seines Angesichts ein neugebackener Gruppenführer sich bemüht, seine Kommandos einwandfrei an den Mann zu bringen, zur großen Freude seiner Kameraden, die, zum Arbeitsdienst eingeteilt, jenseits der Straße eine Wiese abmähen. Herrlich duftet das Öhmd, das eben eine andere Gruppe einfährt. Weiter weg ... (arbeitet) eine Schar fröhlicher Menschen in Badehosen, alle mit einer Last Brettern auf den Schultern, die offenbar von einem alten Bretterzaun stammen, der hier niedergelegt wird, um die Aussicht freizugeben. (...)

Ja, das Mittagessen, das ist so eine Sache! Der Appetit ist riesengroß, und die Speisen munden herrlich. Kein Wunder, wenn man weiß, wie alles zustande kommt. Hat doch der Herr Rektor fein säuberlich den Tisch gedeckt mit dem Tafelgeschirr, das der Herr Professor in der Küche am Spültisch blitzblank abgewaschen hat ... Und wenn dazu noch ein erstklassiger Koch sein Bestes hergegeben hat, so ist es selbstverständlich, daß man durch kräftiges Zulangen all den helfenden Geistern seinen Dank abstattet. Der Küchenchef hatte dann die Genugtuung, seine Pflegebefohlenen mit einem ziemlichen Plus an Körpergewicht entlassen zu können.

Ein Tischspruch eröffnet und ein frohes Lied beschließt die Mahlzeit. In gehobener Stimmung geht's hinaus zum Geländesport in die herrliche Umgebung des Jungborn. (...)

Der Gleichschritt im Marsch, in der Arbeit, im Fühlen ist erreicht. Für den geistigen Gleichschritt sorgen die Vorträge, die vormittags von den besten Sachkennern gehalten werden. Wir lernen unsere Vorfahren in einem ganz neuen Lichte kennen, und wir stehen staunend vor ihrer hohen Kultur. Ganz neue Gesichtspunkte tun sich auf in Bezug auf Rasse und Kultur, wir werden uns der ungeheueren Bedeutung des Volkstums bewußt, wir erleben das gewaltige Ringen unseres Volkes um seine Einigung, und wir werden stolz und stolzer, in dieser Zeit leben und an ihrer Gestaltung mitarbeiten zu dürfen. Immer mehr und immer tiefer dringen wir ein in den Geist des Nationalsozialismus mit all seinen Auswirkungen und werden erfüllt mit Bewunderung vor dem Mut, vor der Kraft und der Sicherheit, mit denen alle Fragen des täglichen Lebens, der Politik und der Wirtschaft in Angriff genommen und durchgeführt werden. Wahrlich, ein großes Erleben, das seinen Höhepunkt erreichte in der Vereidigung auf unseren Führer Adolf Hitler. In hinreißender, von glühender Begeisterung getragener Rede führte uns Kamerad Wahl noch einmal das Lebenswerk dieses größten Mannes des Jahrhunderts vor Augen, und aus heißem Herzen kam unser Schwur: Alles für Hitler! Alles für Deutschland!

Wenn die Sonne versunken und die Tagesarbeit vollbracht ist, herrscht reges Leben im Speisesaal: Kameradschaftsabend. Eine vorzügliche Hauskapelle läßt die Klänge deutscher Weisen ertönen, Lied auf Lied quillt aus übervollem Herzen. Jetzt kommen die Lokaldichter und Humoristen zu Wort. (...) Die alte Frontkameradschaft wacht auf, und alle wachsen täglich mehr ineinander. Nur zu rasch verfliegt die Zeit, aber diese Kameradschaft wird bleiben, und wenn Mutlosigkeit im Lebenskampf uns überfallen wird – das Erlebnis im Jungborn wird uns neue Kraft verleihen!»

Unterzeichnet ist dieser – sich streckenweise ironisch verstehende – Bericht mit «Ein ‹Überholter›». Er ist insofern repräsentativ, als er eine Vorstellung davon vermittelt, wie sich der Tagesablauf in den bis zu dreiwöchigen Lagern gestaltete.

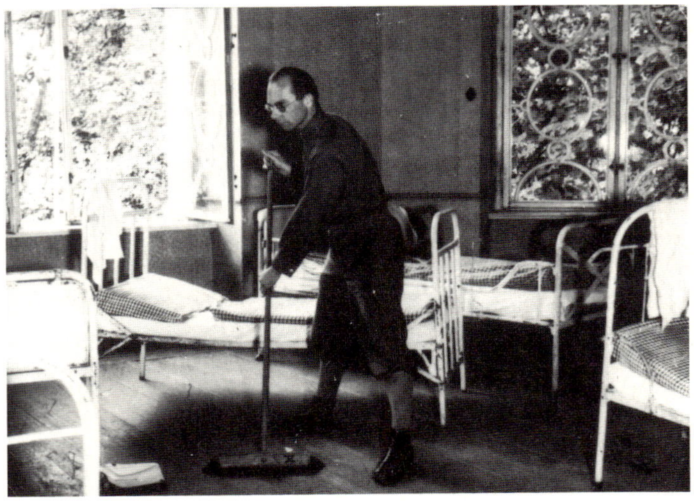

Selbst ist der Mann – jedenfalls im Lager Schöneiche

Ohne Pathos berichtete uns Herr T., von 1926 bis 1939 Lehrer an der 124. Berliner Gemeindeschule, über den Tagesablauf in dem von ihm besuchten Schulungslager in Tasdorf:

«Zunächst erhielten wir blaue Uniformen mit Wickelgamaschen – Phantasieuniformen. Drei Wochen lang ging's mit Frühsport los, dann Marschübungen, am Nachmittag Vorträge. Natürlich wollte man uns im nationalsozialistischen Sinne beeinflussen. Das hat man auch zum Teil erreicht.»

Warum aber wurde gerade dem Lager als Schulungsform so große Bedeutung beigemessen? Eine erste Antwort gibt der folgende Auszug aus der bereits zitierten Gauleiter-Rede:

«Nationalsozialismus ist keine Wissenschaft. Sonst hätten ja die wissenschaftlich am meisten gebildeten Menschen die ersten und besten Nationalsozialisten abgeben müssen. Dies ist jedoch nicht der Fall, und Hans Schemm hat daher von ihnen den Ausdruck geprägt: sie haben die Watte der Bildung in den Ohren. Nicht reiner, kalter Verstand, sondern Gefühl und Erleben sind die Grundlagen unserer Weltanschauung. Und das Erleben, das wir brauchen, gibt uns das Lager.» (Reichszeitung der deutschen Erzieher Nr. 9, 1935)

Das Lager diente zwar der weltanschaulichen Schulung, jedoch war Wissen nicht sonderlich gefragt. So finden sich bezeichnenderweise in dem oben zitierten Bericht keine Hinweise auf geistige Anstrengungen. Die Weltanschauung sollte *erlebt* werden: «Im Schulungslager wird die nationalsozialistische Weltanschauung erlebt. Dort erhält der deutsche Erzieher die charakterliche Grundhaltung.» (Reichszeitung der deutschen Erzieher Nr. 11, 1934) Im Mittelpunkt standen «Haltung» und «Charakter». «Was wir brauchen», so Adolf Hitler, ist «Instinkt und Wille». Wie diese Zielwerte beschaffen sein sollten, darüber wurden keine näheren Aussagen getroffen. «Das Wichtigste im Leben ist das Unausgesprochene, besonders in der Schule.» Dieser Satz von Schemm kennzeichnete, so heißt es in einem Bericht aus Franken, den Geist des Lagers (ebd.). Wichtig war, daß man «Haltung» usw. hatte, die Weltanschauung fühlte. Diese Werte-Hierarchie ordnete Einsicht dem Gefühl bzw. Charakter unter. Der NSLB-Fachschaftsgruppenleiter Paul Bartsch aus Berlin-Biesdorf formulierte dieses Verhältnis so:

«Nicht die schon bestehende, rückschauende, oft festgefrorene, leicht eingesargte Sachlichkeit und Fachlichkeit unserer bisherigen Arbeit ist das Entscheidende, sondern allein zwingend ist die Sicht, auf welchen Wegen die Kameraden gleicher Arbeit aus nationalsozialistischem Lebenssinne heraus ihre tägliche Berufsarbeit gestalten und weiterentwikkeln. Wenn wir also im Lager und in der Kolonne zusammenfinden, nicht aber in Universität und ähnlichen Instituten, dann suchen wir das eine: Wir wollen im Kreise engster Berufskameraden täglich und stündlich die Bestätigung dessen erhalten, was als festgefügter sieghafter Glaube in uns lebt, nämlich Bekenntnis zum Führer und seinem Wollen in unserer Berufsarbeit und aus unserer Berufsarbeit heraus.» (Die deutsche Sonderschule Nr. 8, 1934)

Um die Zustimmung des einzelnen zur nationalsozialistischen Politik zu gewinnen, wurde nicht an seine Einsicht, sondern an seine Haltung, seinen Glauben oder Instinkt appelliert. Das so angesprochene Individuum konnte sich als Souverän seiner Entscheidung wähnen, lag es doch scheinbar an ihm, «Haltung einzunehmen», den entsprechenden «Instinkt zu entwickeln» oder «Charakter zu wahren». Handelte man aus einer bestimmten Haltung oder Instinkt heraus, so war es möglich, dies als ein Tun aus eigenem inneren Antrieb, als selbstgewollt zu erleben. Dabei entzog sich jedoch der Wahrnehmung, daß diese Haltung usw. von den gesellschaftlichen Verhältnissen geprägt war. Dieser Mechanismus schuf eine wichtige Bedingung dafür, daß man Zustimmung zu diesen Verhältnissen als freiwillig und selbstgewollt lebte. (Vgl. R. Nemitz: Die Erziehung des faschistischen Subjekts. In: Faschismus und Ideologie 1. Argument-Sonderband 60, 1980, S. 153, dem auch die nachfolgenden Interpretationen zur Lagererziehung folgen)

Das Lager war der Ort, an dem der in der «liberalistisch-marxistischen Systemzeit» entwickelte «Individualismus» überwunden und auf die «Volksgemeinschaft» eingestimmt werden sollte. Hier sollten sich die Lehrer so verändern, wie es nötig war, um den gegebenen Verhältnissen problemlos zustimmen zu können. Mittel zum Zweck war weniger die Indoktrination im Sinne direkten Einpaukens nationalsozialistischer Ideen, vielmehr setzten die Veranstalter auf die Wirkungen, die die Organisationsform Lager auf das Leben und Erleben der Teilnehmer ausübten. Innerhalb der Lagergruppen waren die Beziehungen egalitär. Akademische Titel spielten keine Rolle, alle trugen die gleichen Uniformen, die Anrede war «du», alle mußten die gleichen Arbeiten verrichten. «Dort stehen alle Erzieherkategorien vom Volksschullehrer bis zum Hochschullehrer, von der Kindergärtnerin bis zur Lehrerin an höheren Schulen in einer Front, um die Grundhaltung des Nationalsozialismus zu erleben.» (Reichszeitung der deutschen Erzieher Nr. 11, 1934) Die Gleichheit in der Lagergemeinschaft wurde als Unterordnung des Individuums unter die Gruppe organisiert, sie richtete sich gegen «Einzelgängertum» und «Individualismus». Unterschiede etwa zwischen einem Hochschul- und einem Volksschullehrer, die soziale Ursachen hatten, traten als individuelle Abweichungen, als «Eigenbrötelei» in Erscheinung; abweichende Interessen wurden in diesen Praxisstrukturen als Störung des Gruppenlebens empfunden. Der Gruppendruck sorgte dafür, daß diejenigen, die «aus der Reihe tanzten», sich wieder einordneten.

Aus vielen Berichten, so auch aus dem des «Überholten»,

Berliner Lehrer im Schulungslager des NSLB in Tasdorf bei Rüdersdorf, Juni 1937

wird deutlich, daß gerade das Gruppenleben als besonders beeindruckend in Erinnerung blieb. Es kann durchaus als aufrichtig verstanden werden, wenn angenehme Erlebnisse und nicht der Gruppendruck erinnert wurden: Das Lager war für den einzelnen eine Überforderung und wurde auch bewußt so gestaltet. Der Lehrer wurde aus «seinem alltäglichen Wirkungskreis ... herausgerissen und an einen Sammelplatz gebracht, wo er mit bisher ihm fremden Menschen in ein Gemeinschaftsleben hineingestellt wird. Eine bestimmte Lagerordnung, die den Tagesablauf regelt, zwingt ihn, im Kreise seiner Volksgenossen alle Aufgaben zu lösen.» (Ebd.) Die Stundenpläne der einzelnen Lager unterschieden sich voneinander. Stets waren sie aber so eingerichtet, «daß die einzelnen Teilnehmer von frühmorgens bis abends dauernd in Bewegung gehalten werden» (ebd.). Im Rahmen dieser vom einzelnen kaum zu bewältigenden, fremdbestimmten Anforderungen entfaltete sich in der Gruppe Hilfsbereitschaft, war der «Kamerad» als Ansporn wichtig, um die beständig geforderten Leistungen zu erbringen. Aufgrund der Abgeschiedenheit des Lagers wurde er auch für die Feierabendgestaltung gebraucht. Die Lagergruppe, immer als Modell der «Volksgemeinschaft» hervorgehoben, in die sich der einzelne unter diesen Bedingungen einfügte, war selbst einem Führer unterstellt, also immer schon Gefolgschaft. In dem Maße wie der einzelne die Lagergruppe nicht als Instrument der Lagerführung erlebte, sondern als eine bedeutsame Gemeinschaft, an der er durch seine Unterordnung teilhatte, wurde eine als authentisch empfundene Zustimmung zur nationalsozialistischen «Volksgemeinschaft» und damit zum Führer-Gefolgschafts-Prinzip möglich. Das Lager organisierte eine ideologische und doch zugleich reale Praxis für die Zustimmung zur nationalsozialistischen Ideologie, für die Übernahme konformistischer Denk- und Handlungsmuster, die individuelle Abweichungen von den gegebenen Normen als anti-gemeinschaftlich und damit «volksschädlich» ansahen bzw. behandelten.

Verdeutlichen wir uns diesen Mechanismus nochmals in anderen Worten: Der ins Schulungslager abkommandierte Lehrer wurde in eine Situation versetzt (Monotonie, beständige körperliche Anstrengungen, ständige Einsatzbereischaft

«Reichszeitung der deutschen Erzieher», August 1934

usw.), die seine Handlungsfähigkeit beeinträchtigte und ihn überforderte. Um handlungsfähig zu bleiben – Verweigerung oder Protest waren ausgeschlossen –, ordnete er sich der Gruppe unter. Sie ermöglichte es ihm, die Lageranforderungen zu bewältigen, erschien somit als Bedingung seiner Handlungsfähigkeit. Die Gruppe wurde als das eigentliche Subjekt erlebt, durch Unterordnung partizipierte man an ihrer Bedeutung. Ausgeblendet blieb, daß die Gruppe ihrerseits in einem repressiven Unterordnungsverhältnis stand.

Dieser Mechanismus berechtigte die Erwartung der Nationalsozialisten, daß «der so geschulte Lehrer ... dann auch sein Leben außerhalb des Lagers, in der Schulstube und auf dem Sportplatz, in der Dorfgemeinschaft und in der eigenen Familie allseits so gestalten (wird), daß es in Einklang zu seinem Erleben steht. (...) Die charakterliche Haltung der Erzieher, wie sie im Lager erlebt wird, bewirkt freudige Bejahung zum Nationalsozialismus, persönliche Einsatzbereitschaft im Kampf und Opferfreudigkeit für die Bewegung, Treue und Glauben zum Führer und einen unbändigen Willen, auch sichtbarer Träger der Weltanschauung zu sein.» (Reichszeitung der deutschen Erzieher Nr. 11, 1934)

Gleichzeitig wurde dem Lehrer, läßt er sich von diesem «Erleben» und dieser «Haltung» leiten, Entlastung von seinen alltäglichen pädagogisch-didaktischen Schwierigkeiten versprochen: «Von methodischen Mätzchen ist er auf einmal erlöst. Alle seine unterrichtlichen und erzieherischen Maßnahmen richten sich nach der Grundhaltung des Nationalsozialismus, auf ein gemeinsames großes Ziel.» (Ebd.) Wozu sich noch den Kopf über die Förderung einzelner Schüler zerbrechen? Haltung müssen sie annehmen, den «inneren

Schweinehund» bekämpfen, dann klappt es in der Schule schon! Solche Entlastungen können durchaus attraktiv sein. Wer selbst aktive Unterordnung als etwas Erhebendes erlebte, kann sie auch problemlos von seinen Schülern fordern. Wer sich im harten Lager «nichts schenkte», neigt leicht dazu, auch von anderen «Härte gegen sich selbst» zu verlangen.

Das heißt nun nicht, es hätten nur überzeugte Nationalsozialisten die Schulungslager verlassen. Zum einen enthielten die Umerziehungsmaßnahmen selbst genügend Anhaltspunkte, um Vorbehalte gegenüber dem Nationalsozialismus zu bestärken bzw. zu wecken. Zum anderen gilt ganz allgemein für die Lehrerumschulung wie für andere Bereiche: Zu keiner Zeit der zwölf Jahre des «Tausendjährigen Reiches» wurde eine gesamte Personengruppe für das NS-Regime gewonnen. Abhängig von biographischen, sozialen, zeitlichen, örtlichen und anderen Faktoren war die Zustimmung bestimmter sozialer Gruppen mehr oder minder groß, niemals aber vollständig. Waren Lehrer in der NSDAP und anderen nationalsozialistischen Organisationen vergleichsweise stark vertreten, so machte der Bericht von Schulrat Herrmann über eine Inspektion der 5. Volksschule im Dezember 1936 doch deutlich, daß auch nach fast vier Jahren der NS-Herrschaft die Umschulung der Lehrer noch nicht die gewünschten umfassenden Erfolge zeigte. Herrmann bemängelte, daß die behördlichen Anordnungen nicht genügend berücksichtigt und der Ordnung in den Klassen nur ungenügend Beachtung geschenkt wurde, die Lehrer nicht «gemäß der nationalsozialistischen Weltanschauung» zusammenarbeiteten. Sein Gesamturteil über die Schüler lautete «genügend». Zwar sei «freiwillige Unterordnung» bei den meisten Schülern anzutreffen, aber ihr «äußeres Verhalten» und ihre «Arbeitsfreude» ließen zu wünschen übrig. Der Organisationsgrad der Schüler in der Hitler-Jugend – von 287 gehörten 93 dem Jungvolk an – lag weit unter dem Reichsdurchschnitt.

Der Blickwinkel der vorausgegangenen Ausführungen über ausgewählte Unterrichtsinhalte, die Umschulung der Lehrer und über Lehr- bzw. Lernformen richtete sich vor allem auf die Organisation von Zustimmung. Der Versuch, exemplarisch Mittel und Wege zu beschreiben, wie Lehrer und Schüler für die nationalsozialistische Politik gewonnen werden sollten, darf nicht als Darstellung ihres Erfolges gelesen werden: Eine Totalität des Zugriffs auf Lehrer, Kinder und Jugendliche wurde zwar angestrebt, konnte jedoch nie durchgesetzt werden. Der nationalsozialistische Alltag bot, auch in der Schule, genügend Widersprüche, die verhinderten, daß alle Schüler den nationalsozialistischen Zielen und Ideen aktiv zustimmten. Dies konnten zum Beispiel der prügelnde Lehrer, die sich vor allem nach 1937 verschlechternden materiellen Unterrichtsbedingungen (dazu später Näheres) sein, aber auch der Vergleich mit einem anregenderen Unterricht während der Zeit der Weimarer Republik oder die zunehmenden unverhüllten Zwangsmaßnahmen gegen jüdische Schüler. Der letzte Aspekt, die terroristische Seite nationalsozialistischer Schulpolitik, steht im Vordergrund des nächsten Abschnitts.

Rassismus als Schulpolitik

«Am 9. November '33 machten wir einen Ausflug, Wandertag war angesagt. Da kam plötzlich ein Jungvolkführer zu mir und sagte: ‹Du gehörst nicht dazu, du mußt nach Hause gehen.› Da bin ich durch den Wald gegangen, nach Hause. Das war eigentlich das erste Mal, daß ich effektiv merkte, aha, du gehörst nicht dazu.»

Diesem Erlebnis von Holger M., Halbjude, 1933 zwölf Jahre alt, waren bereits zahlreiche antisemitische Ausschreitungen vorausgegangen. Schon in den ersten Wochen nach dem 30. 1. 1933 kam es in Berlin zu Verhaftungen, Folterungen, Ermordungen. Dabei handelte es sich noch um sogenannte wilde Aktionen vornehmlich einzelner SA-Gliederungen. Die erste offizielle, geplante antisemitische Aktion fand am 1. April 1933 statt. Als «Antwort» auf «Boykott- und Greuelhetze der Juden im In- und Ausland» – so lautete die offizielle Begründung – wurde ein Boykott jüdischer Geschäfte, Arzt- und Anwaltspraxen inszeniert. Der Journalist Herbert Freeden erinnert sich an diesen Tag und den Abend zuvor:

«Der 31. März ... war ein Freitag. Am Abend kam aus dem Lautsprecher die redegewohnte Stimme von Goebbels, vom Rundfunk übertragen. Auf einer Amtswalter-Tagung gab er die Richtlinien für den Boykott aus, unterbrochen von dröhnendem Beifall und brausenden ‹Heil›-Rufen. Tausende jüdische Menschen saßen vor ihren Rundfunkgeräten, sie waren Bürger wie alle anderen, sie liebten das Land, in dem sie geboren und aufgewachsen waren, und nun waren sie plötzlich Verfemte, Verachtete, Verlachte. Die Worte des Ministers prasselten auf sie herab, harte, beißende Worte, manchmal geätzt mit Witzen, die ein tosendes Gelächter in der Versammlung auslösten. (...)

Mit deutscher, insbesondere nazistischer Gründlichkeit war der Boykott organisiert worden. Klebekolonnen hatten über Nacht an allen jüdischen Betrieben Plakate mit dem

Ein jüdischer Wasserträger aus dem Lubliner Ghetto verkauft das Wasser zu zehn Groschen, das er für einen Groschen geschöpft hatte

Selbst der dickste Dreck auf dem Markt beeinträchtigt ihren Appetit nicht, wenn nur das Geschäft gut ist

Alles starrt von Schmutz . . . doch ungestört lebten hier Generationen von Juden, die es nicht anders wollen

Was ein Jude ist, übt sich zeitig im Feilschen. Der alte Jude kann seinen Sohn beruhigt im „Laden" lassen. Er weiß, daß er den Mörser oder die alte zerbrochene Petroleumlampe nur mit Gewinn verkaufen wird

Eine andere Welt

Eine von uns hatte einmal im Altreich zu einem Schulungsabend eine Zeichnung von einem alten Buche mitgebracht, die eine Straße in einem englischen Ghetto darstellte. Wir hatten damals über das Bild aus dem 18. Jahrhundert gelacht und gemeint, so schmutzig und verwahrlost könne es heutzutage wohl auch in den Judenvierteln nicht mehr aussehen. An diese Zeichnung mußten wir denken, als wir an das Litzmannstädter Ghetto kamen. Unbegreiflich zerlumpt und verkommen schoben sich Männer und Frauen mit den gelben Judensternen aneinander vorbei. Schmutzige Kinder lungerten auf den Straßen und in den Hauseingängen herum. Wenn wir einen Blick durch die niedrigen Fenster in die Wohnungen taten, schüttelten wir uns.

Dabei scheinen sich die Juden in dieser Umgebung durchaus wohl zu fühlen. Jedenfalls klingt ihr Mauscheln und Feilschen durch alle Straßen der Judenstadt. Handeln und Tauschen, von alten Kleidern und Papier bis zu den gelben Sternen, die alle Juden in Litzmannstadt tragen müssen, das ist noch immer ihre Hauptbeschäftigung. Allerdings haben sie sich unter der deutschen Herrschaft auch zu körperlicher Arbeit, ja, sogar zu einer gewissen Sauberkeit verstehen müssen. So sind sie zur Desinfektion ihrer Häuser und Straßen verpflichtet, die bis dahin wegen des ständigen Auftretens von Seuchen eine Gefahrenquelle für die ganze Stadt waren. Jüdische Polizei hat für die genaueste Befolgung aller Anordnungen Sorge zu tragen, und so ist auch im Judenviertel - bis zu einem gewissen Grad - die deutsche Herrschaft zu spüren. Trotzdem waren wir froh, als wir diese Straßen hinter uns hatten, und es war wunderschön, gleich hinter dem Ghetto in einer Turnhalle eine saubere, straffe und fröhliche JM.-Einheit zu finden, die so selbstverständlich ihren Dienst tat, als wäre es schon immer so gewesen.

Wir sahen das Heim mit Bildern aus dem Jungmädelleben, Blumen, einer netten Lampe. Ein Heim, das sich in nichts von denen im Altreich unterschied. Nur daß die Umgebung eben so ganz anders war.

Im Heimabendbuch war der Kampf mit Wasser und Seife gegen den polnischen Dreck hier im Raum eine lustige Seite. Doch da standen auch all die anderen Dinge darin, die für die Jungmädel so wichtig waren. Das Stegreifspiel, die erste Fahrt der JM.-Einheit, das große Treffen der Litzmannstädter Jungmädel draußen in einem Dorf, wo sie alle in Scheunen schliefen, selber bei den Bauern kochten, auf einer großen Waldlichtung ihre Wettkämpfe austrugen und in endlos scheinenden Reihen wieder nach ihrer großen Stadt zogen.

Mag dieses Litzmannstadt für einen Menschen aus dem Altreich auch fremd und unschön erscheinen, so ist es für unsere Jungmädel die Heimat, von der sie ganz genau wissen, daß sie einmal durch ihre Vorfahren geschaffen wurde, und in der sie selber den vergangenen Kampf mitbestanden haben, wenn auch nicht mit großen Taten - denn dazu waren sie zu jung - so doch mit einem heißen Herzen.

Auch auf einer alten Kiste kann er schlafen. Der Lärm auf dem Judenmarkt stört ihn nicht. Wichtig ist nur, daß er nicht arbeiten muß

Sogar die Zionssterne, die alle Juden zur Kennzeichnung am Arm tragen müssen, sind im Ghetto ein hochwillkommener Handelsartikel

In zerfetzten Lumpen herumzulaufen, ist für die Söhne und Töchter Abrahams keine Schande. Auch das Überhandnehmen von Krankheiten und Seuchen infolge der fehlenden Sauberkeit störte sie kaum. Erst die deutsche Herrschaft zwang sie zur Desinfektion ihrer Häuser und zur Arbeit am Chlorkalkeimer

«Das Deutsche Mädel», April 1941

Aufdruck ‹Jude› angebracht. Am 1. April, Schlag 10 Uhr vormittags, postierten sich im ganzen Reich SA-Männer auftragsgemäß vor den entsprechenden Läden, Büros, Werkstätten, Kanzleien, versuchten Kunden und Besucher abzuwehren, fotografierten sie oder machten ihre Personalien ‹aktenkundig›. Viele der Fotos erschienen im ‹Stürmer› und man konnte sich die Folgen ausmalen. Vor den Kliniken verweigerten SA-Posten Patienten den Zutritt zu jüdischen Ärzten.

In Berlin herrschte seit den Morgenstunden ungewöhnlich reges Leben auf den Straßen. Überall gingen uniformierte Nationalsozialisten von Haus zu Haus mit den roten Zetteln des Aktionsausschusses ‹Achtung, Jude! Betreten streng verboten!› Im Laufe des Tages wurden die Schaufenster mit riesigen Inschriften in roter und weißer Farbe bemalt: ‹Juda verrecke!› ‹Nicht kaufen, Lebensgefahr!› ‹Dreckjude!› ‹Tod den Juden!›.» (Frankfurter Rundschau, 15.3.1983)

Diese Aktion, die den staatlichen Terror gegen die jüdische Bevölkerung einleitete, schlug in Berlin mit besonderer Wucht zu: Hier lebten 1933 fast ein Drittel der rund 500 000 deutschen Juden. Ungefähr 30 Prozent der circa 160 000 Berliner Juden waren Ostjuden aus Rußland und Polen, die meist in ärmlichen Verhältnissen lebten (konzentriert im sogenannten Scheunenviertel) und häufig schlecht deutsch sprachen. Da sie durch ihre Haar- und Barttracht als Juden leicht erkennbar waren, setzten ihnen die Nationalsozialisten in besonderem Maße zu.

Das Schicksal der Juden – sie stellten die größte Zahl von Opfern des NS-Rassismus – ist ausführlich dokumentiert.[5] Wir konzentrieren uns im folgenden auf den Schulbereich und zeigen einige weitere Konsequenzen dieses Rassismus auf.

«Diese zuletzt erwähnten beiden außereuropäischen weißen Rassen (‹vorderasiatische› und ‹orientalische›, d. Verf.) sind mitenthalten in dem Volk der Juden. Deshalb kommen diese uns Deutschen auch so eigenartig vor. Wir können das Leben dieser Menschen nicht recht verstehen; wir haben eine Abneigung gegen sie und können es als Deutsche nicht dulden, daß sie, wie früher, eine führende Rolle auf politischem, wissenschaftlichem, künstlerischem Gebiet usf. einnehmen.»

Dieser Text aus der von Franz Schulz, kommissarischer Magistrats-Schulrat in Berlin, bearbeiteten «Kleinen Erb- und Rassenkunde» (Ausgabe für Berlin und Gau Kurmark) fand 1934 Eingang in den Biologieunterricht der Berliner Volksschulen, dem aufgrund des Erlasses über «Vererbungslehre und Rassenkunde» vom 13.9.1933 «eine ausreichende Stundenzahl – 2 bis 3 Wochenstunden, nötigenfalls auf Kosten der Mathematik und der Fremdsprachen – sofort einzuräumen» war. Im Sinne dieses Textes, der wider Willen den hohen Anteil von Vertretern jüdischen Glaubens an der Entwicklung von Wissenschaft und Kunst bestätigte, griffen die Nationalsozialisten schon vor diesem Erlaß in das Schulleben ein:

- Aufgrund des § 3 des Gesetzes «zur Wiederherstellung des Berufsbeamtentums» vom 7. April 1933 wurden jüdische Lehrer, sofern sie nicht im Ersten Weltkrieg an der Front gekämpft hatten, entlassen.
- Das am 25. April verabschiedete Gesetz «gegen die Überfüllung der deutschen Schulen und Hochschulen» begrenzte den Anteil von Neuaufnahmen «nicht-arischer» Schüler und Studenten an öffentlichen höheren Schulen bzw. Hochschulen auf 1,5 Prozent. Die Gesamtzahl jüdischer Schüler an höheren Schulen wurde auf fünf Prozent festgelegt, alle weiteren Schüler mußten die Schule verlassen. Wenngleich diese Vorgabe nicht immer konsequent umgesetzt wurde, stellte sie für eine Großstadt wie Berlin mit einem hohen Judenanteil eine besondere Härte dar. Einige übereifrige Direktoren verwiesen, ohne die näheren Ausführungsbestimmungen des Gesetzes abzuwarten, eigenmächtig jüdische Kinder von der Schule, so daß selbst Kultusminister Rust sich zu einer Kritik an dieser Übereile veranlaßt sah. Eine Reihe von Schulverweisen wurde daraufhin wieder zurückgenommen.
- Im August 1933 erging ein Erlaß, der Juden die Möglichkeit nahm, sich privat auf eine Reifeprüfung vorzubereiten, das Begabtenabitur abzulegen.
- Einen Monat später durften jüdische Lehrer die Fächer Geschichte, Deutsch und Religion nicht mehr unterrichten.
- Wieder einen Monat später strich man für jüdische Schüler die Geschwisterermäßigung beim Schulgeld für höhere Schulen.

Aus Angst und/oder Gleichgültigkeit regte sich kein öffentlicher Protest gegen diese Maßnahmen. Zudem konnten sie auch deshalb weitgehend reibungslos durchgeführt werden, weil ihnen antisemitische Ressentiments, die in Deutschland Tradition besaßen, entgegenkamen. Diese wurden von den Nationalsozialisten massiv gefördert. Dabei stellten sie, je nachdem, welche Bevölkerungsteile sie ansprachen, bestimmte Erscheinungsformen «des» Juden in den Vordergrund: Christlicher Antisemitismus erhielt durch die Überzeichnung der orthodox-religiösen Juden Nahrung, den wirtschaftlich erfolgreichen Juden baute die Propaganda zur Verkörperung des «raffenden Kapitals» auf, intellektuelle Juden

5 Einen gedrängten Überblick gibt W. Scheffler: Judenverfolgung im Dritten Reich. Berlin 1964. Das Buch ist bei verschiedenen Landeszentralen für politische Bildungsarbeit kostenlos erhältlich. 21 Jahre nach der Erstveröffentlichung in den USA erschien 1982 eine überarbeitete deutsche Ausgabe der umfassendsten Darstellung der Vernichtung der europäischen Juden durch die Nazis: Raul Hilberg: Die Vernichtung der europäischen Juden. Die Gesamtgeschichte des Holocaust. Berlin 1982.

wurden vor allem gegenüber konservativen Kreisen als Negativbeispiel für die moderne Kultur gezeichnet, sozialistisch orientierte Juden schließlich waren Modelle der «bolschewistischen Gefahr» schlechthin. Einen weiteren – gewichtigen – Gesichtspunkt macht die Aussage von Frau S. (Jahrgang 1911), in dieser Zeit Lehrerstudentin, deutlich: «Es war damals die Zeit der Arbeitslosigkeit, und es waren eben auch viele Akademiker, die keine Stelle bekamen. Die Meinung war schon, es ist ganz gut, wenn ein Großteil der Juden mal entfernt wird. Sie nahmen die Arbeitsplätze weg, und das wollten viele nicht. Das ist also ungefähr so gewachsen wie jetzt die Ablehnung der Türken.»

Unterhalb der Ebene dieser staatlichen Maßnahmen ging in der Schule die «kleine» – für die betroffenen Schülerinnen und Schüler aber sehr wohl spürbare – Diskriminierung vonstatten: Jüdische Schüler mußten sich in manchen Schulen auf gesonderte Bänke setzen, sie mußten mit anhören, welche minderwertigen Wesen sie sind: «Wir hatten einen Geschichtslehrer, der hieß R. In jeder Stunde – und das zwei Schuljahre lang – fing er etwa so an: ‹Es ist eine unumstößliche Tatsache, denn Ausgrabungen haben bewiesen ... Und dann hat er ‹bewiesen›, daß die bösen, bösen Juden an allem Schuld sind.» (Herbert K., Jahrgang 1926)

Es folgten Verfügungen der Schulbehörden, daß jüdische Schüler nicht mehr an Ausflügen teilnehmen, Landschulheime nicht mehr besuchen durften und vom Schwimmunterricht fernbleiben mußten. Aber auch Ereignisse wie die folgenden beiden waren ein Stück NS-Realität: «Ich hatte 1934 eine Jüdin in der Klasse. Seltsamerweise gingen sie und die Tochter eines hohen nationalsozialistischen Funktionärs in der Pause miteinander spazieren. Die redeten miteinander, weil sie in der Klasse beide nicht so geschätzt wurden.» (Gerda K., Jahrgang 1908)

Die Jüdin Inge Deutschkron erinnert sich: «Jeden Mittag begleitete mich eine meiner Klassenkameradinnen nach Hause. Erika Seidel war ein richtiges deutsches Mädchen mit langen blonden Zöpfen. Sie trug eine braune Kletterweste als Zeichen ihrer Zugehörigkeit zum Bund Deutscher Mädel (BDM). Und jedesmal, wenn sie sich von mir verabschiedete, grüßte sie mit erhobener Hand und ‹Heil Hitler›. Ich weiß nicht, ob ihr auffiel, daß ich ihr stets nur ‹Auf Wiedersehen› zurief. Ich tat es sehr bewußt. Auf solch kleine ‹Beiträge› politischer Opposition war ich stolz.» (Ich trug den gelben Stern. Köln 1978, S. 21 f)

Am 15.11.1935 wurde auf dem Nürnberger NSDAP-Parteitag das «Reichsbürgergesetz» und das «Gesetz zum Schutz des deutschen Blutes und der deutschen Ehre» verabschiedet. Im Zusammenhang mit diesen «Nürnberger Gesetzen», die Juden zu Bürgern zweiter Klasse erklärten, die Eheschließung zwischen Juden und Nichtjuden unter schwere Strafe stellten, den «außerehelichen Verkehr zwischen Juden und Staatsangehörigen deutschen oder artverwandten Blutes» verboten und Männern bei Zuwiderhandlung mit Gefängnis- oder Zuchthausstrafe drohten, verschärften sich auch im Schulbereich die Maßnahmen gegen Juden. Jüdische Lehrer, die als «Frontkämpfer» von den Bestimmungen des Gesetzes «zur Wiederherstellung des Berufsbeamtentums» ausgenommen worden waren, wurden 1935 zwangspensioniert. Der Reichsminister für Wissenschaft, Erziehung und Volksbildung forderte am 10.9.1935 die Errichtung gesonderter jüdischer Schulen: «Eine Hauptvoraussetzung für jede gedeihliche Erziehungsarbeit ist die rassische Übereinstimmung von Lehrer und Schüler. Kinder jüdischer Abstammung bilden für die Einheitlichkeit der Klassengemeinschaft und die ungestörte Durchführung der nationalsozialistischen Jugenderziehung auf den allgemeinen öffentlichen Schulen ein starkes Hindernis.» Weiter führte der Runderlaß aus: Eine auf dem «deutschen Volksgedanken beruhende Jugenderziehung ist nur möglich, wenn eine klare Scheidung nach der Rassenzugehörigkeit vorgenommen wird. Ich beabsichtige daher, vom Schuljahr 1936 ab für die reichsangehörigen Schüler aller Schularten eine möglichst vollständige Rassentrennung durchzuführen.» Im Pflichtschulbereich «wird die Errichtung öffentlicher Volksschulen für Juden erforderlich werden. In diesen Schulen werden alle diejenigen Schüler und Schülerinnen zusammenzufassen sein, bei denen entweder beide Elternteile oder ein Elternteil jüdisch ist.» Diesem Erlaß folgte ein Rundschreiben der Schulabteilung des Staatskommissars der Hauptstadt Berlin an alle Schulräte: «Um einen Überblick zu gewinnen, in welchem Umfange die Errichtung öffentlicher jüdischer Volksschulen erforderlich bzw. möglich ist, ersuche ich, in allen *öffentlichen* und *privaten Volks*schulen ihres Verwaltungsbezirks Feststellungen über die Rassenzugehörigkeit der die Schulen zur Zeit besuchenden Kinder zu treffen.» Die Berliner Volksschüler mußten das auf Seite 135 abgebildete Formular ausfüllen:

Zu diesem Zeitpunkt gab es in Berlin folgende private jüdische Volksschulen:

– vier der jüdischen Gemeinde,
– eine des jüdischen Schulvereins,
– eine des Bildungsvereins deutscher Juden,
– eine der Synagogengemeinde in Tiergarten und
– die Vorklasse der privaten Familienschule in Grunewald.

Inge Deutschkron berichtet über die Veränderung im jüdischen Schulwesen Berlins nach 1933:

«Vor 1933 hatten nur jene jüdischen Eltern Wert darauf gelegt, ihren Kindern jüdischen Schulunterricht zuteil werden zu lassen, die bewußt ein Judentum in Deutschland erhalten wollten. Das war sicher nicht die Mehrheit der damals in

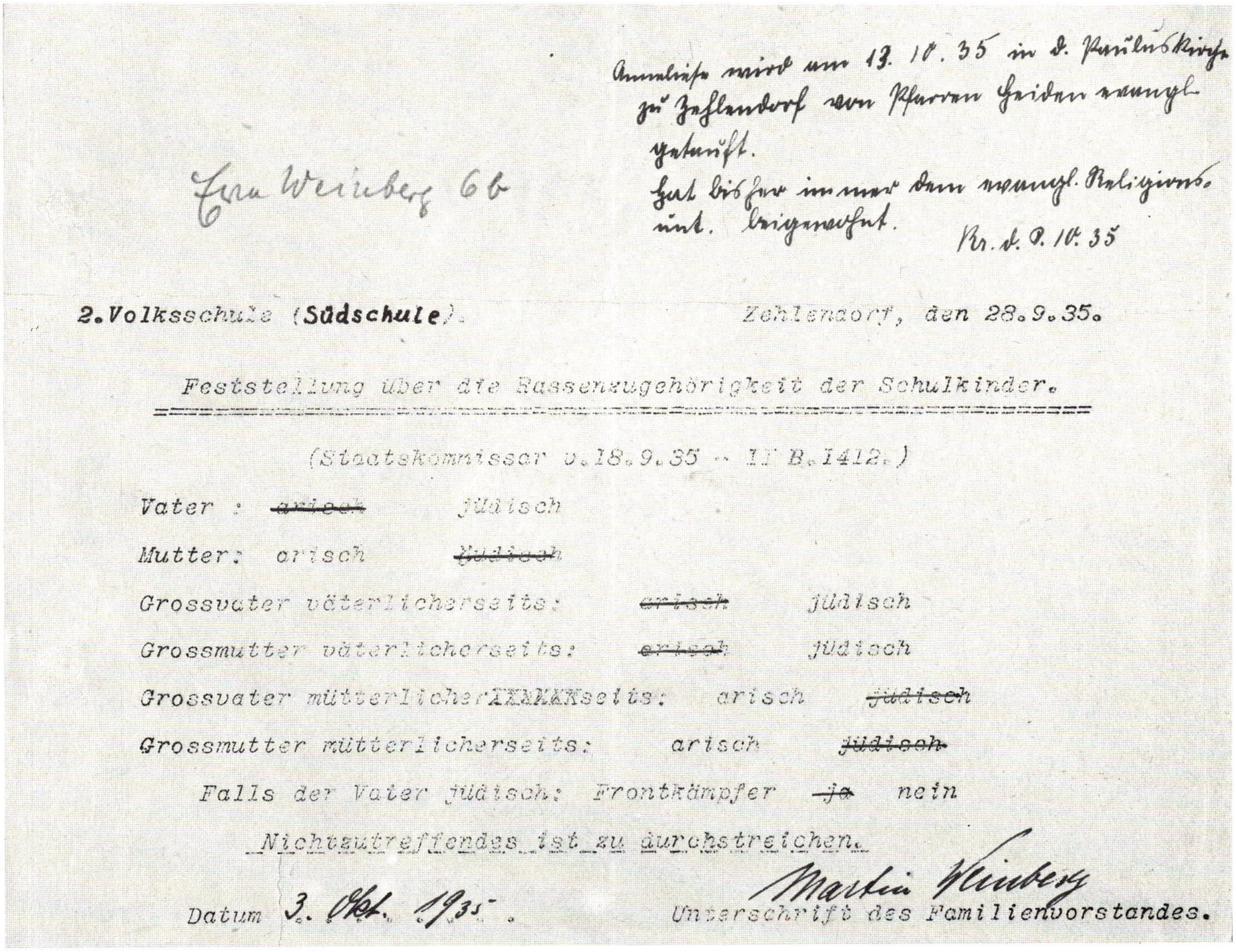

Eva Weinberg 6b

Anneliese wird am 13.10.35 in d. Pauluskirche zu Zehlendorf von Pfarrer Haiden evangl. getauft.
Hat bisher immer dem evangl. Religions-unt. beigewohnt.
Kr. d. 9.10.35

2.Volksschule (Südschule). Zehlendorf, den 28.9.35.

Feststellung über die Rassenzugehörigkeit der Schulkinder.

(Staatskommissar v.18.9.35 -- II B.1412.)

Vater : ~~arisch~~ jüdisch

Mutter: arisch ~~jüdisch~~

Grossvater väterlicherseits: ~~arisch~~ jüdisch

Grossmutter väterlicherseits: ~~arisch~~ jüdisch

Grossvater mütterlicherXXXXXseits: arisch ~~jüdisch~~

Grossmutter mütterlicherseits: arisch ~~jüdisch~~

Falls der Vater jüdisch: Frontkämpfer ~~ja~~ nein

Nichtzutreffendes ist zu durchstreichen.

Datum 3. Okt. 1935. Martin Weinberg Unterschrift des Familienvorstandes.

Deutschland ansässigen Juden. (...) Selbst orthodoxe jüdische Eltern vertraten oftmals die Ansicht, daß der Besuch einer nicht-jüdischen Schule eine bessere Vorbereitung für das Leben ihrer Kinder in Deutschland wäre. Die jüdische Schule erzog ihre Schüler in erster Linie für ein Leben in einer jüdischen Gemeinschaft, wie sie in Berlin vornehmlich von den jüdischen Einwanderern aus Polen aufrechterhalten wurde.

Als nun Partei und Staat im Dritten Reich immer rigoroser begannen, die Juden in Deutschland zu isolieren, sie aus dem öffentlichen Leben auszuschalten und vom Umgang mit anderen Deutschen fernzuhalten, setzte ein Ansturm auf die wenigen jüdischen Schulen ein. Zwar wurden einige neue jüdische Schulen errichtet, aber ihre Zahl blieb dennoch weit hinter dem Bedarf dieser ersten Jahre zurück. Die staatlich anerkannte Mittelschule hatte natürlich den stärksten Zulauf. Während sie 1932 von 470 Schülern besucht wurde, waren es 1934 bereits 1025 Schüler.» (Ich trug den gelben Stern. Köln 1978, S. 24f)

Am 2. Juli 1937 forderte Minister Rust – als Konsequenz des Reichsbürgergesetzes – die zuständigen Behörden des Reiches auf, «besondere Schulen oder Sammelklassen für jüdische Schüler einzurichten» (sofern «eine abgesonderte Beschulung der jüdischen Kinder im Rahmen eines geordneten Schulbetriebes und ohne besondere Mehrbelastung der Unterhaltsträger möglich ist und private jüdische Schulen nicht vorhanden sind»). Diese Schulen oder Sammelklassen «sind

Dr. Heinemann Stern, Rektor der Jüdischen Mittelschule in der Großen Hamburger Straße

als Bestandteil der öffentlichen Schule nach den allgemeinen Vorschriften zu unterhalten».

Die Diskriminierung der Juden nahm in diesen Jahren spürbar zu. Die Bedrückung, die jüdische Kinder und Jugendliche erlebten, schildert Inge Deutschkron:

«Es ist gewiß nicht zufällig, daß ich mich nicht an einen einzigen dummen Schülerstreich aus jener Zeit erinnern kann. Ich bin auch sicher, daß wir keine Dummheiten begangen haben. Natürlich nannten wir auch einige unserer Lehrer mit Spitznamen, aber sie waren nicht von uns geprägt und erfunden worden, sondern von unseren Vorgängern. Von wenigen Ausnahmen abgesehen, erscheint mir diese Schulzeit in der Erinnerung grau und trübe. Dazu trug auch das düstere und massive Schulgebäude in der Großen Hamburger Straße, einer ärmlichen Gegend um den Hackeschen Markt, bei. Aber auch, wenn ich mich an bestimmte Szenen zu erinnern suche, dann erscheint es mir, als wäre der Himmel alle Tage verhangen gewesen. Nie hat sich in meiner Erinnerung ein Ereignis an einem Sonnentag abgespielt. Sicherlich waren wir keine Musterkinder, aber gewiß auch nicht so unbefangen und kindlich, wie Kinder unseres Alters im allgemeinen zu sein pflegen. Unser Übermut war, wenn auch völlig unbewußt, doch gehemmt. Wenn ich mit meinen Kameradinnen mit der S-Bahn mittags nach Hause fuhr, dann achteten wir sorgsam und nicht ohne Ängstlichkeit darauf, kein Aufsehen, geschweige denn Anstoß zu erregen. Wenn eine von uns zu laut auflachte, dann wurde sie von den anderen zurechtgewiesen. Auch wenn wir nicht darüber sprachen, wir ahnten doch, daß wir von Mitreisenden als jüdische Kinder erkannt und angepöbelt werden könnten. Mir ist jedoch nie etwas Derartiges zugestoßen.» (A. a. O., S. 27)

In der Nacht zum 10. November 1938 begann und am 11. endete (in einigen Städten erst am 13. 11.) der gesteuerte Pogrom gegen jüdische Bürger, Gotteshäuser und Geschäfte, der die dritte Phase der nationalsozialistischen Judenpolitik einleitete.[6] Breite Teile der Bevölkerung waren empört:

«Ich weiß noch, daß mein Schulleiter an dem Morgen danach in die Schule kam und sagte: ‹Oh, Leute! Ich bin durch die Stadt gefahren, es sieht ja aus! Wie schrecklich!› Das Kollegium stimmte dem insgesamt zu. Vor allen Dingen waren wir empört darüber, daß nicht zur zerstört worden war, sondern daß auch geplündert worden ist. Ich kann mir vorstellen, daß man es hingenommen hätte, daß die Schaufenster zerschlagen wurden.» (Frau S.)

Der Vandalismus der Faschisten wurde nicht so sehr wegen seines antisemitischen Gehalts kritisiert, sondern als Verstoß gegen grundlegende «deutsche» Werte wie «Privateigentum» (Plünderung), «Sparsamkeit» (*sinnlose* Zerstörung), «Ruhe und Ordnung» (*wilde, ungeordnete* Aktion) und weil er keine gesetzliche Grundlage besaß.

Als wenige Tage später Reichserziehungsminister Rust die sofortige Entlassung jüdischer Schüler von deutschen Schulen anordnete, drangen dagegen kaum Mißbilligungsäußerungen an die Öffentlichkeit: Die (Schein-)Legalität war wieder gewahrt, die Diskriminierung verlief wieder in geordneten, unspektakulären Bahnen. In dem Erlaß hieß es:

«Nach der ruchlosen Mordtat von Paris[7] kann es keinem deutschen Lehrer und keiner deutschen Lehrerin mehr zugemutet werden, an jüdische Schulkinder Unterricht zu erteilen. Auch versteht es sich von selbst, daß es für deutsche Schüler und Schülerinnen unerträglich ist, mit Juden in einem Klassenraum zu sitzen. (...) Vorbehaltlich weiterer gesetzlicher Regelungen ordne ich daher mit sofortiger Wirkung an: Juden ist der Besuch deutscher Schulen nicht gestattet. Sie dürfen nur jüdische Schulen besuchen. Soweit es nicht geschehen sein sollte, sind alle zur Zeit eine deutsche Schule besuchenden jüdischen Schüler und Schülerinnen sofort zu entlassen.»

Die Unterrichtung jüdischer Kinder wurde zur Angelegenheit der Juden erklärt und 1939 der «Reichsvereinigung der Juden in Deutschland» übertragen. Öffentliche Finanzmittel zur Unterhaltung der Schulen erhielten die Juden nicht. Dieser Ausgrenzung folgte bald darauf – parallel zu der anlaufenden Massenvernichtung der Juden – die Auflösung des jüdischen Schulwesens. Am 30. 6. 1942 wurden alle jüdischen Schulen geschlossen.

6 Die Bezeichnung «Reichskristallnacht» verharmlost diese Terroraktion, sie suggeriert, es sei nur Kristall zerbrochen worden; tatsächlich wurden ungefähr 100 Menschen ermordet, viele schwer verletzt, brannten Synagogen usw.

7 Am 7. 11. 1938 verübte der 17jährige Herschel Grynszpan in Paris ein Attentat auf den deutschen Gesandtschaftsrat Ernst von Rath. Er wollte mit der Ermordung des Diplomaten die Welt auf das Schicksal seiner Eltern und weiterer 17000 polnischer Juden aufmerksam machen, die am 28. 10. 1938 aus Deutschland abgeschoben worden waren.

Kinderbuch des Stürmer Verlags, 1935: ideologische Einstimmung auf die gesonderte Beschulung jüdischer Kinder

Kinder einer jüdischen Schule

Nicht nur Juden waren Opfer des NS-Rassismus, sondern auch andere Volksgruppen – zum Beispiel Sinti und Roma (Zigeuner) – und in großer Zahl körperlich oder geistig Behinderte. In der bereits zitierten «Kleinen Erb- und Rassenkunde» heißt es: Wir haben «eine große Anzahl erbminderwertiger Menschen ... von denen wir ohne weiteres annehmen können, daß auch ihre Nachkommen wieder kränklich und schwächlich sein werden. Erblich schwer belastet sind ... rund 2½ Millionen, das sind rund 4% der Gesamtbevölkerung des Deutschen Reiches. Noch erschütternder wird dieses Bild, wenn man folgende feststehende Tatsache weiß: Die große Gruppe der Erbminderwertigen pflanzt sich leider im Durchschnitt stärker fort als die wertvollen Erbträger.» Die ungeheuren Kosten, die sie «unserem Volke aufbürden ... könnten vom Staat besser zur Förderung wertvoller Menschen ausgegeben werden, z. B. für die Erziehung normaler und begabter Kinder» (S. 61). Rose G., geboren 1921, erinnert sich an ihren Unterricht in Vererbungslehre:

«Da wurde uns klargemacht, daß unwertes Leben ausgemerzt werden mußte, so nannten sie das. Sie haben es doch geschafft, uns klarzumachen, daß nur wirklich gesunde und tüchtige Menschen das Recht haben zu leben.» Sie ergänzt: «Und diese Menschen wurden ja wirklich umgebracht, große Mengen an einem Tag, in sogenannten Landesanstalten. Das weiß ich genau, weil ich später in einem Krankenhaus gearbeitet habe, wo auf dem Friedhof um das Krankenhaus herum, das in einer alten Landesanstalt war, wirklich 50 oder 60 Menschen ein Kreuz vom gleichen Tag auf dem Grab hatten, alle an einem Tag gestorben waren.»

Nach der Verabschiedung des Gesetzes «zur Verhütung erbkranken Nachwuchses» im Juli 1933 wurden im Laufe der nächsten Jahre zwischen 200 000 und 300 000 Menschen zwangssterilisiert und bis 1941 über 70 000 geistig oder körperlich Behinderte umgebracht.

Hatten Berliner Volksschülerinnen in der siebten Klasse nach der Mädchenausgabe des «Berliner Rechenbuches» auszurechnen, wieviel Reichsmark der Staat jährlich aufwenden muß, wenn die Kosten für einen Geisteskranken täglich 4 Mark betragen, so fanden die aus der praktischen Umsetzung dieser Geisteshaltung resultierenden Zahlen über Zwangssterilisation und die sogenannten «Euthanasie»-Maßnahmen bei Neuauflagen des Rechenbuches keinen Eingang als Rechenbeispiele.

Der gegen «unwertes Leben» gerichtete Rassismus betraf im Schulbereich die «Volksschule besonderer Art», die «Hilfsschule». Sie galt als Teil der allgemeinen Volksschule und hatte nach der «Allgemeinen Anordnung über die Hilfsschulen in Preußen» vom 27. April 1938 drei Funktionen:

- Entlastung der Volksschule,
- Unterstützung der «erb- und rassepflegerischen» Maßnahmen des Staates,
- Erziehung der «Bildbaren» zu «brauchbaren Gliedern der Volksgemeinschaft».

Das «Jahrbuch des Deutschen Zentralinstituts für Erziehung und Unterricht» bestimmte die Spezifika nationalsozialistischer Sonderschulpädagogik wie folgt:

«Im Gegensatz zur individualistischen Ausrichtung und Zielsetzung der Vergangenheit, die überspitzt und kostspielig das Abartige in persönlicher Hinwendung und Einzelfürsorge unterstützte ... sind nunmehr Aufgabe, Richtungsinhalt und Erziehungswille einzig von den Interessen des Volksganzen her bestimmt.» Zusammen mit der «Abgrenzung der

Hilfsschulbedürftigkeit gegenüber dem Normalen» bestimmt der Ausschluß «Bildungsfähiger» von jeglicher Beschulung «den pädagogischen Raum der Hilfsschule» (S. 188f).

Deutlicher äußerte sich ein Mitglied der Reichsfachschaft V, Sonderschulen, des NSLB in der «Reichszeitung der deutschen Erzieher»:

«Die Aufgaben, die die nationalsozialistischen deutschen Sonderschulen zu erfüllen haben, werden ... weniger in methodisch-pädagogischer, sondern in rassehygienischer, volkswirtschaftlicher und völkischer Richtung liegen. Unsere Hauptaufgabe hat darin zu bestehen, in ernster, verantwortungsbewußter Arbeit dafür zu sorgen, daß das in unseren Schul-Anstalten noch reichlich vorhandene für die Zukunft unserer Nation völlig untaugliche Schülermaterial, das die gesunde deutsche Jugendkraft zu erdrosseln drohte, ausgemerzt und daß das Volksvermögen, das durch unverantwortlich hohe, unnütze Ausgaben verschleudert wurde, vor weiterer Ausbeutung geschützt wird. (...) Wir Sonderschullehrer werden uns ... dagegen wehren, weiter eine kostspielige Beschulung derartig unglücklich belasteter Kinder zuzulassen, deren geistige Minderwertigkeit schon sogleich die sichere Aussichtslosigkeit erkennen läßt. Es muß restlos Schluß gemacht werden mit den überhumanitären, krankhaften und staatsfeindlichen Schul- und Erziehungsexperimenten, wie sie im jüdisch-liberalistischen System bewußt gefördert wurden, um das gesunde und lebensstarke junge Geschlecht in ausgeklügelter Weise zu schwächen. (...) Wir Sonderschullehrer begrüßen daher mit großer Freude das Gesetz zur Verhütung erbkranken Nachwuchses. Wir bieten den Juristen und den Medizinern in den Erbgesundheitsgerichten aus unseren reichen Erfahrungen unsere ganze Kraft zur Hilfe und Mitarbeit an.» (Nr. 8, 1934)

Die «rassenhygienische» Funktion der Sonderschule – 1937 besuchen 2,5 Prozent der Berliner Schülerinnen und Schüler diesen Schultyp – verdrängte die heilpädagogische. Hilfsschulen mußten zur Erfassung «erblich belasteter» Schüler beitragen. Die erhobenen Schüler-Daten standen neben Gerichten, Fürsorgestellen usw. auch den Dienststellen der NSDAP zur Verfügung. Lehrer hatten die Erbgesundheitsgerichte, die über eine mögliche Sterilisation entschieden, zu beraten; Schulärzte bekamen die Durchführung des Gesetzes zur «Verhütung erbkranken Nachwuchses» übertragen. Im Volksmund hieß die Hilfsschule «Sterilisationsanstalt»; viele Sonderschullehrer nannten sich «Sanitätssoldaten der Erziehung».

Gegen diese Praktiken regte sich, wie dem ersten Heft der Zeitschrift der Reichsfachschaft V des NSLB, «Die deutsche Sonderschule», zu entnehmen, Widerspruch. In dem Eröffnungsbeitrag der Zeitschrift heißt es: Wir halten es für «unverantwortlich, wenn dieser guten Sache einer ‹Reinigung› und Aufartung der Rasse ein Widerspruch entgegengesetzt wird. Ein solcher erwächst einerseits auf dem Boden gewisser religiöser Weltanschauungen, andererseits auf dem Boden von Sympathiegefühlen für Anomale aus verwandten oder befreundeten Familien.» Im Juli 1935 sah sich das Ministerium für Wissenschaft, Erziehung und Volksbildung «aus gegebenem Anlaß» genötigt, die Kreisschulräte aufzufordern, «dafür Sorge zu tragen, daß alle ... als hilfsschulpflichtig anzusprechenden Kinder» auch tatsächlich «restlos der Hilfsschule zugewiesen werden». Erziehungsberechtigte, die «nicht von den Vorzügen der Hilfsschulerziehung für ihre Kinder zu überzeugen» waren, sollten auf die Konsequenzen

22 I. Teil: Erbkunde.

21. Erbgesunde Familie, die in einem alten Eisenbahnwagen leben muß. Phot. Scher

22. Erbkranke (Schwachsinnige) in einer Heilanstalt

«Kleine Erb- und Rassenkunde», 1934

Erarbeitung einer «Sonnenwendfeier» in der ersten Klasse einer «Hilfsschule» («Die deutsche Sonderschule», Nr. 3/1934

dieses Verstoßes gegen das Schulpflichtgesetz und der «Verkennung der Ziele des nationalsozialistischen Staates auf rassischem Gebiete» hingewiesen werden.

Nach der Anordnung vom April 1938 begann die Ausschulung «bildungsunfähiger» Sonderschüler. Wieviel Kinder von dieser «Brauchbarenauslese» erfaßt wurden, ist ebenso unbekannt, wie die Zahl der ausgeschulten Kinder, die sich unter den als «unheilbar krank» Getöteten befanden.

Der Rassismus wurde von den Nationalsozialisten nicht «erfunden». Erst mit ihnen gelangte er jedoch in Deutschland zur Herrschaft und wurde in eine gesamtgesellschaftliche Strategie eingebaut. «Der nationalsozialistische Rassismus war», betont daher Detlev Peukert zu Recht, «durchaus nicht nur eine mörderische ideologische Abwegigkeit, die zur fiktiven wissenschaftlichen Bestimmung angeblich minderwertiger Rassen führte, sondern er war auch Instrument und ideologischer Ausdruck für die terroristische Erzwingung angepaßten Sozialverhaltens innerhalb der sogenannten Volksgemeinschaft. In diesem Sinne hatte der nationalsozialistische Rassismus sowohl theoretisch wie praktisch eine auf die Normung von Sozialverhalten zielende Dimension.» (Volksgenossen und Gemeinschaftsfremde. Köln 1982, S. 255) Er traf über den schon erwähnten Personenkreis hinaus Homosexuelle, «Arbeitsscheue», «Aufsässige» und andere Personengruppen, die nicht mit dem propagierten Volksgemeinschafts-Werten konform gingen. Die Zahl der von Zwangsnormierung Betroffenen wuchs in dem Maße, wie die inneren Widersprüche des Faschismus aufbrachen.

Dieser sich ständig ausweitende Terror fand vor den Augen der Öffentlichkeit statt. Er konnte sich dann auf Zustimmung oder wenigstens Duldung breiter Bevölkerungsteile stützen, wenn er als Ordnungsmaßnahme gegen unterschiedliche Formen abweichenden Verhaltens dargestellt und wahrgenommen wurde. Solange Verfolgungen nur diesen Personenkreis betrafen, wurden Maßnahmen wie Arbeitslager gebilligt: Es existierte vielfach kein Bewußtsein der eigentlichen Tragweite dieses staatlichen Terrors; sofern er nicht politisch bewertet, sondern als legale Ordnungsmaßnahme erlebt wurde, hatte man dann auch wirklich «nichts gewußt». Der Terror stieß auf Ablehnung, wenn a) er sich nicht in diesen Ordnungsrahmen einfügte oder b) die davon Betroffenen nicht in das Schema «konform – nonkonform» paßten. Beispiele dafür sind a) die «Reichskristallnacht» und b) die Sterilisation oder Tötung Behinderter.

Schule und Hitler-Jugend

Ende 1930 trafen sich in einem halbverfallenen Keller in der Gneisenaustraße in Berlin-Kreuzberg eine Handvoll Jungen, Mitglieder der Hitler-Jugend (HJ). Mit Hilfe einer klapprigen Schreibmaschine und eines alten Handvervielfältigungsapparates stellten sie eine schlecht lesbare Zeitung her: «Der junge Sturmtrupp. Kampfblatt der werktätigen Jugend Berlins».

Zu diesem Zeitpunkt zählte die Berliner HJ, deren Anfänge auf das Jahr 1926 zurückgehen, nach eigenen Angaben zwischen 300 und 400 Mitglieder. 1932 gehörten ihr knapp 1000 Jungen an, während beispielsweise der «Bund Deutscher Bibelkreise», eine Organisation der evangelischen Jugend, etwa 2500 Mitglieder vorweisen konnte. Noch Anfang 1933 machten HJ-Mitglieder in Deutschland nur etwa ein Prozent der organisierten Jugendlichen aus, die im «Reichsausschuß der deutschen Jugendverbände» zusammengeschlossen waren; ihr gesellschaftlicher Einfluß unter der Jugend war vor dem 30. Januar 1933 unbedeutend.

Am Morgen des 5. April 1933 besetzte Carl Nabersberg, Stellvertreter des Reichsjugendführers der NSDAP, Baldur von Schirach, in dessen Auftrag zusammen mit 50 Angehörigen der Berliner HJ im Handstreich die Geschäftsstelle des Reichsausschusses der deutschen Jugendverbände in Berlin, dem Dachverband der politischen, beruflichen, konfessionel-

Berlin, 1. Mai 1933: Die Reihen der HJ füllen sich

len und anderen Jugendverbände. Der amtierende Vorstand wurde abgesetzt und von Schirach zum neuen Führer des Reichsjugendausschusses erklärt. Mit diesem Akt erhob sich die HJ demonstrativ zur Führerin der gesamten deutschen Jugendbewegung.

Das Schicksal der anderen Jugendverbände:

1933	Parteipolitische Jugendorganisationen: verboten
	Berufsständische Jugend: eingegliedert
	Rechtsstehende Jugendgruppen: übernommen
1934	Bündische Jugend: Auflösung abgeschlossen
	Evangelische Jugend: eingegliedert
	Artamanenbund: übernommen
	Turn- und Sportjugend: eingegliedert
1935	Landjugend: übernommen
1938	Katholische Jugend: verboten

Rund fünf Jahre später veröffentlichte der Nationalsozialistische Lehrerbund in seiner Zeitschrift «Der Deutsche Erzieher» zwei kurze Beiträge, in denen er sich – wie auch schon in den Jahren zuvor – gegen Angriffe der HJ auf die Schule und die Lehrer verteidigte:

«Angriff und Abwehr
Gerade in den letzten Monaten wurden gegen die deutsche Erzieherschaft erneut mancherlei versteckte und offene Angriffe vorgetragen. Es würde sicherlich schwer fallen, diese Angriffe sachlich zu begründen und zu belegen. Dafür wollen wir heute einige Belege über den tatsächlichen Einsatz des ‹Gummikragenpaukers› (wie die Zeitschrift ‹Die HJ› den deutschen Lehrer glaubt kennzeichnen zu müssen) auf nur *einem* Frontabschnitt der Partei, dem der HJ, veröffentlichen. Dabei betonen wir, daß über den rückhaltlosen Einsatz der deutschen Erzieherschaft in der Partei, ihren Gliederungen und Verbänden keinerlei Zweifel besteht und sich aus diesem Grunde eine Veröffentlichung des umfangreichen, bei der Reichsverwaltung vorliegenden Materials erübrigt.

‹Hie Lehrerschaft – hie HJ?›
Der deutsche Lehrer hat seinen Mann im Weltkriege gestanden. Der deutsche Lehrer steht wie jeder andere Volksgenosse in der Partei, ihren Formationen und Verbänden. Er ist Politischer Leiter, SA- und SS-Mann, er arbeitet in der NSV, NSKK, NSFK (Nationalsozialistische(s) Volkswohlfahrt, -Kraftfahrerkorps, -Fliegerkorps; d. Verf.). Er ist Reserveoffizier. Er ist auch an vielen anderen Stellen zu finden, wo gearbeitet wird. Der deutsche Lehrer steht auch in der Hitlerjugend.

Gehört ein deutscher Jungmanne, der die Hochschule für Lehrerbildung verläßt und nun als Lehrer vor eine Klasse tritt, zur ‚alten Generation'?

Gibt es wirklich noch Lehrer, die alles Junge als ihren natürlichen Feind ansehen und sich selbst als satte, besitzende Macht fühlen, siegessicher den Rohrstock schwingend über ein Geschlecht, das klein und kindisch gehalten werden soll?

Gibt es wirklich noch eine deutsche Lehrerschaft, deren Sinnbild der Pauker aus dem Film von gestern sein kann?

Der deutsche Lehrer von heute steht mitten unter seinen Jungen. Er ist Bannführer, er sitzt in der Reichsjugendführung, er arbeitet in den Adolf-Hitler-Schulen mit, er ist Jungbannführer, Sportwart, Referent für weltanschauliche Schulung – oder wohin ihn sonst das Schicksal in die Reihen seiner jungen Volksgenossen gestellt haben mag.

Für den 1. Oktober 1937 als Stichtag liegen die Zahlen über die Betätigung der männlichen Lehrerschaft öffentlicher Schulen innerhalb der HJ vor. Aus ihnen geht hervor:

130 Lehrer sind zur Tätigkeit in HJ und DJ (Deutsches Jungvolk; d. Verf.) voll beurlaubt. 26 von ihnen sind in Stä-

HJ, Juni 1933: Noch ist es eine «bunte» Truppe, bis zur einheitlichen Uniformierung vergeht noch einige Zeit

ben vom Bann aufwärts tätig, 57 als aktive Bannführer eingesetzt gewesen, 17 waren als Schulleiter oder Erzieher an den Gebietsführerschulen und Adolf-Hitler-Schulen tätig, 7 waren in der RJF (Reichsjugendführung; d. Verf.) unmittelbar tätig. In dieser Zahl sind noch nicht die zahlreichen nicht festangestellten Lehrer inbegriffen, die sich infolge hauptamtlicher Übernahme in den HJ-Dienst aus den Listen der Anwärter streichen ließen.

Von den aus dem Schuldienst beurlaubten sind 58,5 v. H. zwischen 20 und 30 Jahre alt, 26,9 über 30 Jahre alt.

11160 deutsche Lehrer waren außerdem in der HJ neben ihrem Schuldienst tätig. Die Zahl der ‚älteren' unter ihnen ist dabei unverhältnismäßig hoch, denn nicht weniger als
15,8 v. H. von ihnen waren über 40 Jahre alt,
40,5 v. H. 30–40 Jahre alt und nur
43,7 v. H. waren unter 30!

Es ist für den uneigennützigen Einsatz der Lehrerschaft bezeichnend, daß der Anteil derjenigen Lehrer, die in der HJ arbeiteten, ohne ihr als Mitglieder anzugehören, über Erwarten groß ist (29,1 v. H.). Sie wurden deshalb nicht Mitglieder, weil sie zum größten Teil bereits in anderen Formationen standen.

Von den 11160 ehrenamtlich in der HJ tätigen Lehrern waren:
57,1 v. H. aktive Einheitsführer,
17,6 v. H. Sportwarte und Referenten für körperliche Schulung,
21,9 v. H. Referenten für weltanschauliche Schulung.

Die statistische Erfassung ergab dabei, daß die Volksschullehrerschaft weitaus häufiger die aktiven Einheitsführer stellte, die Lehrerschaft der höheren Schulen dagegen mehr die Führer für die körperliche und weltanschauliche Schulung.

Umgerechnet auf die Zahl der mittleren und unteren Einheiten der HJ, mit Ausnahme der Scharen ergibt sich, daß genau *ein Fünftel* von Lehrern geführt wird.

Der nationalsozialistische Lehrerstand bekennt sich ebenso wie alle anderen Gruppen der Arbeiter von Stirn und Faust zu der durch nichts zu erschütternden Einheit des deutschen Volkes. Er weiß, daß er der Jugend gehört. Beiden aber gehört das Heute und die Zukunft, die *niemals mehr* durch das Gestern und Vorgestern *gestört werden dürfen.*›
(Entnommen aus ‹Weltanschauung und Schule›, Nr. 6.)

Neues dringt erst langsam ein: Noch hängt das Madonnenbild im Klassenzimmer

‹Der deutsche ‚Schulmeister' wird seine Ehre verteidigen!›

Bei der Einweihung des Neubaues der Hochschule für Lehrerbildung zu Lauenburg führte Reichsminister *Rust* u. a. aus:

Die Zeit für ein Schulmeistern des deutschen Schulmeisters ist vorüber. Sie kann auch aus einem anderen Grunde nicht mehr geduldet werden. Es muß der Eindruck entstehen, als ob der deutsche Lehrer bei dem Kampfe Adolf Hitlers nicht zu sehen gewesen wäre. Unter den alten Gauleitern der Bewegung, die auch die erste Jugend in weiten Bezirken des Reiches gesammelt haben, standen Lehrer an Zahl nicht hinter anderen Berufen zurück. Aus dem Lehrerstand gingen gleich mit hervor: Julius Streicher, Hans Schemm, Josef Bürckel, Josef Wagner, Fritz Wächtler, Simon, Jordan. Ich wende mich an die gesamte Jungmannschaft der Lehrerschaft: Die Schule ist nicht minder bedeutend als Kaserne und Bauernhof. Ich lasse nicht zu, daß die Aufgabe der Schule herabgesetzt wird! Die ewige Kritik an der Schule ist gestrig. Wir aber haben nicht über das Vorgestern zu reden, sondern über das Heute und Morgen. Der deutsche Schulmeister hat seine Ehre zu verteidigen, und *er wird sie verteidigen*! Gott hat die Welt auf Kampf gestellt. Es gibt keinen anderen Schiedsrichter als die *größere Stärke und Tüchtigkeit*. Zum zweiten geht es nicht um einen Stand, sondern es geht um die *deutsche Schule*. Was sie bedeutet, weiß am besten das Grenz- und Auslandsdeutschtum. Es geht zum dritten um *unsere Jugend* und damit um unser Volk, um die Zukunft unseres nationalsozialistischen Kampfes. *Der Führergedanke*, die Stärke Deutschlands gegenüber aller Welt, *kann von der Jugend nicht erfaßt werden, wenn die ihr nächste Autorität zerstört wird*. Ich rufe darum alle Jugend-

Die HJ-Angebote sind vielfach attraktiver als die der Schule

In der Jungvolkbücherei gibt es viel spannende Literatur

BDM – selbst Fechten konnten die Mädchen mancherorts lernen

führer, die Eltern und die Führer und Kämpfer der Partei auf, daran mitzuwirken, daß die *Selbstverantwortung der Jugend* mit den *Notwendigkeiten der Autorität im Einklang* bleibt!›» (Nr. 9, 1938; Hervorh. im Text)

Wie ist es zu erklären, daß selbst der Reichsminister für Wissenschaft, Erziehung und Volksbildung sich vor der HJ rechtfertigte? Warum mußten sich die Lehrer beständig gegen Angriffe der HJ wehren, und warum argumentierten sie nur defensiv, angestrengt bemüht, nachzuweisen, daß sie doch auch in der HJ arbeiten und dort einen beträchtlichen Anteil der Führer stellen, daß die Schule doch auch wichtig sei? Welches Verhältnis bestand zwischen der Schule und der HJ? War sie eine Ergänzung zur schulischen Erziehung oder eine Konkurrenz? Was wurde überhaupt in der HJ getan und gelernt? Wie gelang es ihr, Jugendliche für den Nationalsozialismus zu gewinnen?

Konflikte zwischen Schule und Hitler-Jugend

Die Nationalsozialisten verfügten – wie bereits verdeutlicht – zum Zeitpunkt der Machtübertragung über keine ausgearbeitete, einheitliche Erziehungs- bzw. Schulkonzeption. Klar umrissen war nur die Aufgabenstellung: die heranwachsende Generation für ihre Ziele zu gewinnen. Zu diesem Zweck versuchten sie, die Schule nach ihren Vorstellungen umzugestalten. Doch eine gewachsene Struktur wie das bürgerliche Schulsystem war einerseits nicht «über Nacht» zu verändern. Andererseits konnte auch der Faschismus nicht den Funktionszusammenhang von Gesellschaft und Schule aufheben. Die Schule mußte weiterhin dafür sorgen, die einzelnen mindestens so auszurüsten, daß sie unter den gegebenen gesellschaftlichen Bedingungen arbeiten und leben konnten. Die Nationalsozialisten versuchten zwar, die Organisationsstrukturen, die Unterrichtsinhalte und -formen in ihrem Sinne zu verändern, die allgemeine Aufgabe von Schule konnten sie jedoch nicht außer Kraft setzen. Zur Logik dieser allgemeinen Aufgabe gehörte die Vermittlung eines – sozial gestuften – Wissens- und Fähigkeitsrepertoires und, als Ausdruck kapitalistischer Konkurrenzverhältnisse, das Leistungsprinzip, das den Schüler als einzelnen anspricht. Im Mittelpunkt nationalsozialistischer Erziehungsvorstellungen standen dagegen politisch-weltanschauliche «Qualifikationen», (der «politische Soldat», die gebärfreudige Mutter), die in erster Linie auf «Haltung», «Glaube», «Instinkt» etc. gründeten und körperliche Gewandtheit, Härte, Tapferkeit, Aufopferungsbereitschaft verlangten. Sie zielten nicht vorrangig auf Einzelleistungen, sondern auf die Unterordnung unter die Gruppe, die «Volksgemeinschaft».

Die neuen Elemente nationalsozialistischer Erziehung wurden zwar schrittweise in die Schule hineingetragen, deren Grundstruktur unverändert übernommen worden war, doch die Resistenz schulischer Tradition, die nicht vollständig zu gewährleistende Kontrolle darüber, wie sich der einzelne Lehrer in seiner Klasse verhält, machten es in den Augen der Nationalsozialisten erforderlich, gesonderte Anstrengungen zu unternehmen, um die Jugend zu gewinnen: Der forcierte Auf- und Ausbau der HJ weitete das staatlich organisierte Erziehungsfeld aus, unterwarf erstmals in der deutschen Geschichte große Teile der außerschulischen Lebenssphären der Heranwachsenden staatlichen Instanzen. Nicht eine völlig *neue* Sozialisationsinstanz wurde neben der Schule eingerichtet, sondern *vorhandene* Sozialisationsinstanzen *verstaatlicht.*

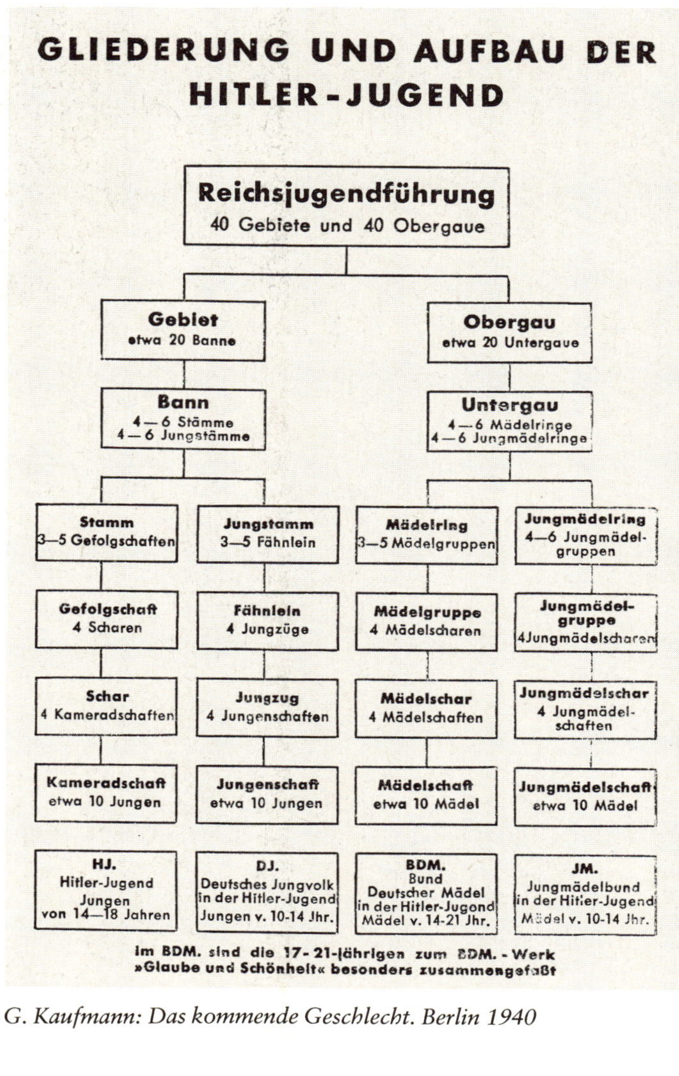

G. Kaufmann: Das kommende Geschlecht. Berlin 1940

«Nationalpolitischer» Unterricht 1935

Die Nationalsozialisten bekundeten stets, daß die HJ *eine* Erziehungsinstanz neben Elternhaus und Schule sei. Faktisch jedoch war die HJ ständig bestrebt, ihren Einfluß auszudehnen, nicht eine, sondern *die* Erziehungsinstitution der Jugend zu werden. Es kam daher zwischen ihr und der Schule zu beständigen Konflikten.

Gertraud S., Jahrgang 1911, seit 1936 Lehrerin an verschiedenen Berliner Volksschulen, erinnert sich:

«Die HJ-Mitglieder kamen beispielsweise an und sagten: ‹Das ist ja gar nicht so, wie Sie das hier erzählen. Im Jungvolk sagen die das ganz anders.› Es hat Kollegen gegeben, die zum Beispiel im Lehrerzimmer wutentbrannt die Mappe auf den Tisch knallten und riefen: ‹Diese Blödlinge, der und der meint, weil er die grüne Schnur (Rangabzeichen eines Jungzugführers; d. Verf.) trägt, hat er mir etwas zu sagen.›»

Schon in den ersten Monaten nach dem Machtantritt der Nationalsozialisten häuften sich die Berichte über Vorfälle, die von Gehorsamsverweigerung bis zur Anwendung körperlicher Gewalt gegen Lehrer reichten. Die vielfältigen außerschulischen Aktivitäten führten dazu, daß HJ-Mitglieder ihre Hausaufgaben nicht mehr erledigten und morgens müde zur Schule kamen.

Ursula S., Jahrgang 1921, berichtet:

«Im BDM wurde eigentlich gegen die Schule gearbeitet. Die Schule und die Lehrer, die waren eine Rangstufe tiefer, die Eltern ebenfalls. Der Dienst im BDM war die Hauptsache. Und wenn man Dienst hatte, Heimabend oder Sport, dann konnte man getrost die Schularbeiten liegenlassen.»

Der erste Versuch, zu einem geregelten Verhältnis zwischen Schule und HJ zu kommen, war der Erlaß des preußischen Ministers für Wissenschaft, Erziehung und Volksbildung vom 26. 8. 1933 über die «Pflege der Beziehungen der Schule zur Staatsjugend». In diesem wird die Rolle der HJ als eine zentrale Erziehungsinstanz anerkannt und die Schule aufgefordert, der «Erziehungsarbeit» der HJ «genügend Raum und jede erforderliche Unterstützung zu gewähren». An die

HJ erging die Aufforderung, die staatliche Schulautorität «in jeder Beziehung» zu respektieren. Sie wurde verpflichtet, «alle Maßnahmen zu treffen, daß Kindern und Jugendlichen nicht Anstrengungen zugemutet werden, die ihrer Gesundheit schädlich sind». Eingriffe in die Tätigkeit der Schule «von außen her» wurden verboten. «Im Schulleben haben die Schüler den Leitern und Lehrern unbedingt zu gehorchen.»

Mit der Einrichtung des «Staatsjugendtages» im Jahre 1934 gelang es der HJ, im Schulsystem einen gesetzlich anerkannten festen Platz einzunehmen. Das entsprechende Abkommen zwischen der Reichsjugendführung und dem preußischen Minister für Wissenschaft, Erziehung und Volksbildung bestimmte, daß der Samstag als Staatsjugendtag für HJ-Mitglieder schulfrei war und der Erziehungsarbeit der HJ vorbehalten blieb. Für Schüler, die nicht, oder, weil sie noch zu jung waren, noch nicht der HJ angehörten, bestand samstags weiterhin Unterrichtspflicht. Zwei Stunden waren an diesem Tag «nationalpolitischem Unterricht» vorbehalten.

Trotz dieser Vereinbarung – im Dezember 1936 wurde der Staatsjugendtag im Zusammenhang mit der Verabschiedung des «Gesetzes über die Hitler-Jugend» wieder abgeschafft – blieb das Verhältnis zwischen Schule und HJ gespannt. Die HJ verspottete in Reden und Zeitschriften die Lehrer und bescheinigte der Schule Unfähigkeit, im «neuen Geiste» zu erziehen. Im geheimen «Jahresbericht» des Reichssicherheitshauptamtes, der die Führungsspitzen in Staat und Partei über die Stimmungen und Haltungen in der Bevölkerung informierte, heißt es für das Jahr 1938 im Kapitel über Erziehung: «Die Bestrebungen der HJ und ihre Verlautbarungen in der Öffentlichkeit zeigen deutlich das Bestreben, eine Verlagerung der Erziehungsaufgabe von der Schule in die Jugendarbeit zu erreichen. Eine Folge dieser Bemühungen sind die besonders in den letzten Monaten des Jahres immer wieder aufgetretenen Gerüchte einer Übernahme des Reichserziehungsministeriums durch den Reichsjugendführer.» (Bundesarchiv Koblenz R 58/1095, S. 96f) An anderer Stelle wurde festgestellt: «Der Reichsjugendführer betonte, daß das erzieherische System der nationalsozialistischen Bewegung nichts mit der Schule im herkömmlichen Sinne zu tun habe, sondern ein revolutionärer Beginn einer neuen, nationalsozialistischen Jugenderziehung sei. Man ist in den Kreisen der HJ-Führerschaft der Ansicht, daß die eigentliche Jugenderziehung ausschließlich der nationalsozialistischen Bewegung, also der Hitler-Jugend, zustehe.» (Ebd., S. 114)

Mit der Einrichtung der Funktion eines Vertrauenslehrers der HJ im Jahre 1938 konnte diese ihre Stellung *in* der Schule ausbauen. Der HJ-Vertrauenslehrer, der vom zuständigen HJ-Bannführer vorgeschlagen wurde (Vertrauenslehrerinnen wurden von der Untergauführerin vorgeschlagen), nahm bei Prüfungs- und Versetzungsentscheidungen Einfluß auf die Schülerbeurteilung. Neben dem fachlichen Kriterium verschaffte er als Beurteilungsmaßstab der «Bewährung in der HJ» in der Schule Geltung. Er beteiligte sich an Entscheidungen über die Vergabe von Erziehungsbeihilfen und nahm Einfluß auf Empfehlungen zum Besuch weiterführender Schulen. Ferner mußte er gehört werden, wenn Schüler bestraft werden sollten.

Die Schule besaß in der Auseinandersetzung mit der HJ vor allem zwei Bündnispartner. Zum einen waren dies größere Teile der Eltern, die gleichfalls von dem umfassenden Erziehungsanspruch der HJ betroffen waren. Die NS-Propaganda hob zwar immer wieder die Bedeutung der Familie als «Keimzelle der Volksgemeinschaft» hervor und stellte sie als gleichberechtigte Erziehungsträger neben Schule und HJ. Doch die vielfältigen Aktivitäten, die Schulungen und Einsätze der HJ-Mitglieder drängten schon allein zeitlich den Einfluß der Eltern zurück, die zudem wenig begeistert waren, wenn ihre Kinder die Schule zugunsten der HJ vernachlässigten. Neben der Entfremdung vom Elternhaus – die bis zur Denunziation der Eltern gehen konnte – beklagten viele Eltern die Be- bzw. Überlastung ihrer Kinder in der HJ. Ihre Kritik traf sich in diesem Punkt mit der der Schule und führte zum Teil zu einem «informellen Bündnis» zwischen Eltern und Schule bzw. Lehrern gegenüber dem Totalitätsanspruch der HJ.

Vom Oberstudiendirektor zum Schulmeister

«Gewiß, die Jugend hat keinen Respekt vor dem Wissen. Sie achtet nur den Kerl. Wer ein Kerl ist unter den Lehrern, der versteht es auch, aus der muffigen Schulstube ein Erlebnis zu machen. Wer keiner ist, dem kann nicht geholfen werden. Wir können nur hoffen, daß die Sorte ausstirbt, die ihr Lehramt ausschließlich vom Standpunkt der Versorgung aus betrachtet und im Schüler ein unangenehmes Arbeitsobjekt sieht. Jeder von uns kennt diese Typen, die der Volksmund ‹Pauker› nennt. Sie werden von Tag zu Tag weniger. Die frische Luft des Dritten Reiches bekommt ihnen nicht, und in eben dem Maße, wie sie verschwinden, erscheinen die frischen Gestalten unserer jungen Lehrer. Die stehen mit beiden Beinen in der Gegenwart, marschieren in Reih und Glied mit ihren Kameraden in SA und PO und sind wie diese älteren die Kameraden der HJ.

Die liberalistische Zeit erfand den entsetzlichen Titel ‹Oberstudiendirektor›. Der Nationalsozialismus wird uns zeigen, was ein Schul-Meister ist.»

(Baldur von Schirach: Die Hitler-Jugend. Idee und Gestalt. Leipzig 1934)

«... sie werden nicht mehr frei ihr ganzes Leben, und sie sind glücklich dabei.»

Diese Jugend, die lernt ja nichts anderes als deutsch denken, deutsch handeln, und wenn nun diese Knaben, diese Mädchen mit ihren zehn Jahren in unsere Organisationen hineinkommen und dort so oft zum erstenmal überhaupt eine frische Luft bekommen und fühlen, dann kommen sie vier Jahre später vom Jungvolk in die Hitler-Jugend, und dort behalten wir sie wieder vier Jahre, und dann geben wir sie erst recht nicht zurück in die Hände unserer alten Klassen- und Standeserzeuger, sondern dann nehmen wir sie sofort in die Partei oder in die Arbeitsfront, in die SA oder in die SS, in das NSKK und so weiter. Und wenn sie dort zwei und anderthalb Jahre sind und noch nicht ganze Nationalsozialisten geworden sein sollten, dann kommen sie in den Arbeitsdienst und werden dort wieder sechs oder sieben Monate geschliffen, alle mit einem Symbol: dem deutschen Spaten (Beifall).

Und was dann nach sechs oder sieben Monaten noch an Klassenbewußtsein oder Standesdünkel da oder dort noch vorhanden sein sollte, das übernimmt dann die Wehrmacht zur weiteren Behandlung auf zwei Jahre (Beifall), und wenn sie dann nach zwei oder drei oder vier Jahren zurückkehren, dann nehmen wir sie, damit sie auf keinen Fall rückfällig werden, sofort in die SA, SS und so weiter, und sie werden nicht mehr frei ihr ganzes Leben (Beifall), und sie sind glücklich dabei.

(Rede Hitlers vor HJ-Angehörigen in Reichenberg, Dezember 1938)

Hirts «Berliner Fibel», 1935

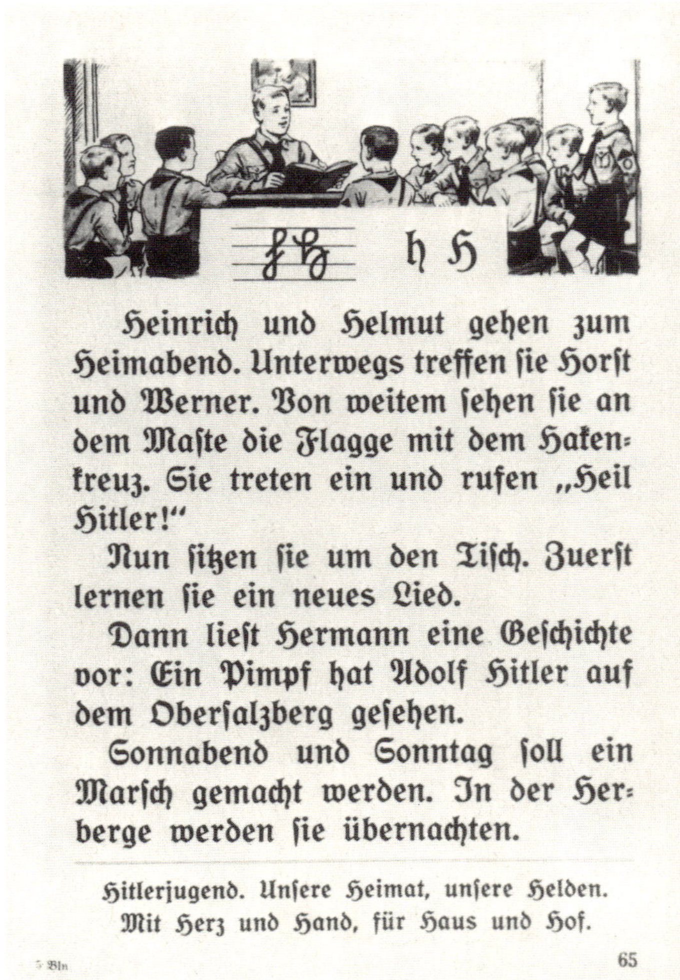

Heinrich und Helmut gehen zum Heimabend. Unterwegs treffen sie Horst und Werner. Von weitem sehen sie an dem Maste die Flagge mit dem Hakenkreuz. Sie treten ein und rufen „Heil Hitler!"

Nun sitzen sie um den Tisch. Zuerst lernen sie ein neues Lied.

Dann liest Hermann eine Geschichte vor: Ein Pimpf hat Adolf Hitler auf dem Obersalzberg gesehen.

Sonnabend und Sonntag soll ein Marsch gemacht werden. In der Herberge werden sie übernachten.

Hitlerjugend. Unsere Heimat, unsere Helden.
Mit Herz und Hand, für Haus und Hof.

65

Hirts «Berliner Fibel», 1939

Die Schuladministration erhielt zum anderen aus Kreisen der Wirtschaft Rückendeckung in ihrer Auseinandersetzung mit der «Bewegung». Vor allem die Industrie klagte ab der zweiten Hälfte der dreißiger Jahre zunehmend über einen Rückgang der Schülerleistungen und forderte eine verstärkte Konzentration auf fachliches Lernen.

Es wäre allerdings verfehlt, den bemängelten Niveauverlust insbesondere von Volksschulabsolventen ausschließlich dem HJ-Einfluß zuzuschreiben oder einer nur politisch-ideologisch motivierten Entscheidung, die Qualifikationsfunktion der Schule zugunsten der Integrationsfunktion zurückzudrängen. Der Staat als Garant der kapitalistischen Produktionsverhältnisse betrieb nach 1933 – wie vor 1933 – eine restriktive Schulpolitik, um die staatlichen Mittel zur Ankurbelung der Wirtschaft zu erhöhen. Er konnte die Schule materiell vernachlässigen, weil zunächst Fragen der Qualifikation, der schulischen Allgemeinbildung für den wirtschaftlichen Aufschwung eine weitgehend untergeordnete Rolle spielten. Die Ankurbelung der Wirtschaft, vor allem der Rüstungsproduktion, vollzog sich zunächst auf quantitativem Wege, wobei auf ein Arbeitslosenheer von über sechs Millionen zurückgegriffen werden konnte (Musterbeispiel hierfür war der Bau der Reichsautobahnen). Die vorhandenen bzw. in der Schule vermittelten Kenntnisse, Fähigkeiten und Fertigkeiten genügten durchschnittlich dem im wesentlichen gleichgebliebenen Anforderungsniveau der Produktion.

Nach der schrittweisen Integration der Arbeitslosen in den Produktionsprozeß, mit dem einsetzenden Arbeitskräfte- und Rohstoffmangel trat ein Wandel ein: Die forcierte Kriegsproduktion und das mit ihr verbundene Ziel, wirtschaftliche Autarkie zu erlangen, von ausländischen Rohstoffen unabhängig zu werden, leitete in verschiedenen Bereichen eine qualitative Veränderung der technischen Grundlage der Arbeitsprozesse ein. Damit erhöhte sich zugleich die Nachfrage nach entsprechend vorgebildeten Absolventen des öffentlichen Schulwesens. Bevor aus dieser Entwicklung jedoch grundsätzliche Konsequenzen gezogen wurden, begann mit dem Überfall auf Polen am 1. 9. 1939 der Zweite Weltkrieg.

Im Verlauf des Krieges lösten sich Unterschiede bzw. Gegensätze zwischen Schule und HJ gewissermaßen naturwüchsig zugunsten der letzteren auf. Der Anteil schulischer Erziehung trat zunehmend zurück; im Rahmen der Kinderlandverschickung wuchs der Einfluß der von den Nationalsozialisten bevorzugten Lagererziehung (vgl. dazu das folgende Kapitel).

Die Konflikte zwischen Schule und HJ hätten nicht das geschilderte Ausmaß annehmen können, wäre es der HJ nicht gelungen, viele Schülerinnen und Schüler auf ihre Seite zu ziehen. Geschah dies nur durch Zwang? Oder war die HJ attraktiver als die Schule und wenn ja, warum?

«Jugend führt Jugend» in die Unterordnung – Erziehung in der HJ

Wolfgang S., Jahrgang 1930, Mitglied im Jungvolk, erinnert sich:
«Schön waren die Fahrten in die Mark Brandenburg. Dort haben wir gezeltet und uns aus Gulaschkanonen verpflegt. Richtig abenteuerlich ging es zu: Bei den nächtlichen Orientierungsmärschen kribbelte es so 'n bißchen im Rücken, wenn wir mit der Taschenlampe durch den Wald liefen und jeden Moment dachten, was passiert denn nun. Das war kindliche Freude, etwas zu erleben.»

Vera F., Jahrgang 1926:

«Ich wurde eines Tages zu einem Jungmädelabend eingeladen. Was dort gemacht wurde, gefiel mir. Ich schloß mich einer Theatergruppe an. Ich konnte Tennis spielen – das hätte ich vom Finanziellen her von meiner Familie niemals gekonnt. Ich konnte singen und einer Volkstanzgruppe beitreten. Ich verstand überhaupt nicht, daß meine Mutter nicht begeistert war, als ich ihr sagte, daß ich da rein wollte.»

Rose G., Jahrgang 1921, die nicht in den BDM eintrat, berichtet über ihre Klassenkameradinnen:

«Viele sind wegen der vielfältigen Möglichkeiten sportlicher Betätigung gerne im BDM gewesen. Manche, die nie aus ihrem Wohnbezirk herausgekommen waren, haben auf Fahrten Sachen gesehen, die sie von ihrem Elternhaus her vielleicht nie zu Gesicht bekommen hätten. Ein weiterer Grund für die BDM-Mitgliedschaft war die Gemeinschaft. Viele, die keine Geschwister hatten, waren einfach gerne mit anderen zusammen.»

Gerda K., geboren 1908, über ihre Schülerinnen:

«Ich interpretiere das heute so, daß sie wie die meisten anderen, die in die HJ gingen, einfach aus der Familie rauswollten. In der HJ waren sie irgendwie ein bißchen freier. Sie machten Ausflüge, hatten kleine Funktionen ... Alles Dinge, die ihnen irgendwie Freude machten.»

Zwang kommt in diesen Erinnerungsausschnitten nicht zur Sprache. Im Mittelpunkt stehen Zelten, Wandern, Theater und Tennis spielen. Tatsächlich boten die verschiedenen HJ-Gliederungen eine breite Palette von Betätigungsmöglichkeiten in ihren Reihen an:

- Sämtliche Sportarten konnten, wenn auch nicht an jedem Ort, ausgeübt werden. Die HJ erhielt 1934 das Monopol auf das außerschulische Sportangebot für Kinder und Jugendliche bis zu vierzehn Jahren. Im Lauf der folgenden Jahre übernahm sie die Kontrolle über das gesamte Jugendsportwesen. Ihre Sportarbeit erzielte daher eine große Breitenwirkung. So nahmen beispielsweise 1939 am Reichssportwettkampf der HJ etwa sieben Millionen Jugendliche teil.
- Es wurden Tagesausflüge unternommen und Ferienlager durchgeführt, die vielen Berliner Kindern erstmals die Möglichkeit boten, aus der Großstadt herauszukommen. In Berlin fuhren 1935 18 000 Jugendliche mit der HJ in ein Sommerlager, 1937 waren es 29 000.
- Starken Anklang fand auch die kulturelle Arbeit der HJ. Sie unterhielt in verschiedenen großen Städten eigene

Attraktives Freizeitangebot der HJ

Aufn.: Herbert Ahrens

Aufn.: HJ-Gebiet 4

sich jedes Jungmädel von seinem zehnten Lebensjahre an durch sein Diensttun in dem Gedanken, zu schaffen und zu leisten und stets sein Bestes für seine Gemeinschaft herzugeben, erzieht, um später, an welchem Arbeitsplatz oder an welchem Wirkungskreis es sich auch betätigen mag, voll einsatzfähig und in einer gesunden Einstellung zur Arbeit stehen zu können!

Am 19. April wird wieder ein neuer Jahrgang der Zehnjährigen in unsere Reihen aufgenommen. Ihnen auf ihrem Wege des Schaffens und der Leistung voranzugehen, sei Verpflichtung für dich und für uns alle.

Vom Schneidersitz zum Purzelbaum

Mittags sind wir mit fünfzig Jungmädeln zur Jungmädelprobe angetreten. Es ist ein schöner Tag heute. „Mädel, das ist das richtige Wetter für eine Jungmädelprobe. Wir treten gleich an der Sprunggrube an, und ihr springt dann alle weit hinein in den weichen Sand."

Hannelore ist die längste von den vielen zehnjährigen Mädeln und stürmt an der Spitze hinüber zum Anlaufpfad. In unserer Kette leuchten die weißen Turnhemden in der strahlenden Sonne, und die vielen, schwarzen Turnhosen glänzen alle noch vor Neuheit. — Inge hat sich gleich mit einer Harke bewaffnet, um nach jedem Sprung den Sand wieder schön zu glätten. Sie ist da gut in Uebung; denn zu Hause hat sie ja einen eigenen kleinen Garten. —

Aber jetzt laufen die Mädel an, lachend und ohne Zögern. Ein bißchen muß man ja schon aufpassen, daß man die Absprungschwelle richtig erwischt; und dann muß man daran denken, daß man die Knie fest in die Höhe reißt. Die meisten Mädel springen 2,50 Meter weit, Gerti sogar 3,20 Meter und Hilde noch mehr. Ruth steht daneben und staunt. „Wie macht Ihr das bloß? Ich kriege bestimmt keine 2 Meter hinein!"

„Geh, Ruth, wenn Du das gleich sagst, wird es wirklich nichts. Stell Dir mal vor, wir sind auf Fahrt. Gerade rennen wir einen Berg hinunter, müssen aber auf die Straße jenseits der Wiese vor uns. Durch die Wiese schlängelt sich aber ein Bächlein von 2 Meter Breite. Da können wir uns doch nicht davorstellen und dumm gucken. Ein bißchen Anlauf — und schwupp! — sind wir drüben, nicht?" Das sieht Ruth ein. „Also lauf mal feste. Wir passen alle auf, ob Du in den Bach plumpst."

Eva drückt heftig den Daumen und — Ruth landet glücklich am anderen Ufer, d. h. in der Sandgrube über der 2-Meter-Grenze . . . Alle haben es geschafft, sogar Helga, die doch nur halb so groß ist wie Hannelore. —

Dann beginnen wir mit den Geschicklichkeitsübungen. Im Heimnachmittag habe ich schon davon erzählt. Drei Rollen vorwärts, drei Rollen rückwärts, aufstehen, ohne Zuhilfenehmen der Hände, und dann durch ein schwingendes Seil laufen. Wie die Jungmädel jetzt etwas hören von Geschicklichkeitsübungen, da kullert auf einmal alles durcheinander im Gras und schreit und zählt — ich bin verblüfft!

„Liesel, ich kann mindestens sechsmal hintereinander rückwärts rollen und vorwärts noch viel —" — „Du, das ist doch so einfach, aus dem Schneidersitz aufstehen, ohne die Hände auf den Boden zu stützen, und durch das Seil laufen kann doch jede!" — Ich muß mir jetzt mit den Armen Platz schaffen. „Ja, ja, ja, ich glaub's ja. Aber das muß mir doch eine nach der andern zeigen. Jetzt setzt Ihr Euch mal ganz ruhig in Linie auf den Boden und wartet, bis Euch Lieselotte aufruft!"

Lieselotte beginnt und schreibt dann immer so etwas in ihr grünes Buch, was Ulla gar zu gerne wissen möchte; vergeblich reckt sie den Hals und stellt sich auf die Zehen: Lieselotte lacht und dreht sich um. Der Naseweis ist enttäuscht. —

Im Nu hat jede ihre Rollen „abgerollt", nur bei Otti dauert es ein bißchen länger. Sie ist so ein wenig mollig und bleibt beim Purzelbaum immer eine Zeit auf dem Kopf stehen, bis die runden Beine herumgeschwungen sind. Das sieht sehr lustig aus, und wenn es nach Hannelores Willen ginge, dann würde Otti jetzt noch Purzelbaum schlagen; sie konnte sich kaum satt sehen . . .

Lieselotte hat inzwischen das Seil aufgerollt und zwei kräftige Jungmädel zum Schlagen angestellt. Helgas Augen folgen gebannt den Schwingungen des Seils. Dann runzelt sie die Stirn: „Das haben wir nie gespielt in Koblenz. Ich glaube, das kann ich nicht, Liesel." „Ach, freilich", sagt Inge, „Du mußt

einfach wegrennen, wenn der Strick auf den Boden knallt. Dann läufst Du gerade durch, wenn er oben ist." „Da muß ich ja so schnell sein wie ein Seil!" staunt Helga.

Da lacht die Jungmädelschaft los, und Inge erklärt: „Das will ja Liesel sehen, ob wir das können." Na, Helga bleibt erst ein paarmal im Seil hängen, dann hat sie erfaßt, wie's geht und ist sehr stolz und froh. —

„So, Jungmädel, jetzt haben wir nur noch die Fahrt für die Jungmädelprobe zu machen. Am nächsten Sonntag um 7 Uhr treffen —." Alles Weitere erstickt in einem Freudenruf . . . .

Eine Pfälzer Jungmädelführerin.

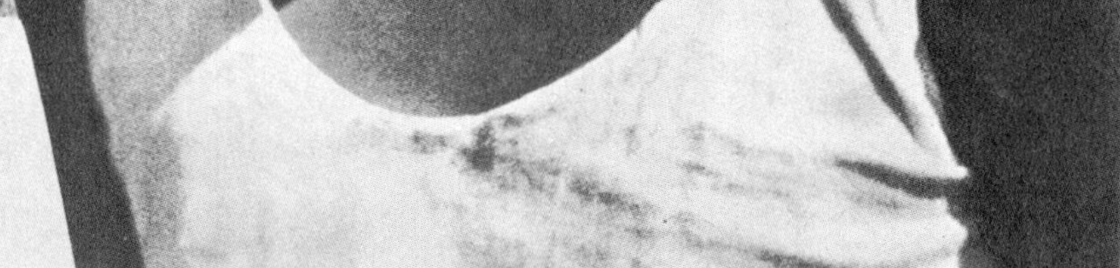

«Das Deutsche Mädel», März 1938

Chöre, Musikzüge und Spielscharen, in Berlin zum Beispiel den Mozart-Chor. Bei den Festwochen der Berliner HJ-Gliederungen beteiligten sich im Jahr 1938 ca. 100000 Jungen und Mädchen. Die Besucherzahl der von der HJ initiierten Berliner «Jungfilmstunden» stieg von 80000 im Winterhalbjahr 1935/36 auf 200000 im Winterhalbjahr 1937/38.

– Sondereinheiten der HJ boten den Jungen Möglichkeiten, technischen, sportlichen und anderen Interessen nachzugehen. Zu den bekanntesten Sondereinheiten zählten: Die *Motor*-HJ, in der man eine Fahrausbildung erhielt und die Reparatur von Motorrädern gelernt wurde. Die jährlichen Geländefahrten im Herbst waren die Höhepunkte der Arbeit. Diese Sondereinheit hatte 1935 18000 Mitglieder, 1938 stieg die Zahl auf 100000, 1940 erreichte sie 150000. In der *Flieger*-HJ konnte Segelfliegen gelernt werden. Sie organisierte 1937 ca. 74000 Jungen (1940: 120000). Der Dienst in der *Marine*-HJ, die 1937 rund 45000 Jungen umfaßte (1940: 62000), sah unter anderem vor: Schiffahrtskunde, Signaldienst, Kutterfahren und als besondere Attraktion eine Ausbildungsreise auf einem Segelschiff in der Ostsee. Insgesamt waren 1939/40 über 400000 HJ-Mitglieder in den verschiedenen Sondereinheiten organisiert, das heißt knapp jedes 20. Mitglied.

Mitgliederentwicklung der HJ
(nach deren eigenen Angaben)

Jahr	Bevölkerung: Gesamtzahl der 10- bis 18jährigen	Zahl der HJ-Mitglieder	davon Mädchen (JM, BDM)
Ende 1932		107956	24000
Ende 1933	7529000	2300000	593000
Ende 1934	7682000	3577000	1334000
Ende 1935	8172000	3900000	1616000
Ende 1936	8656000	5400000	2485000
Ende 1937	9060000	5800000	2759000
Anfang 1938	9109000	7000000	3304000
Anfang 1939	8870000	8700000	3426000

Für 1939 kommen hinzu: 441000 Mädchen im BDM-Werk «Glaube und Schönheit»

(Zitiert nach A. Klönne: Jugend im Dritten Reich. Köln 1982, S. 34)

Diese und andere Angebote waren allerdings kein Ausdruck uneigennütziger Jugendarbeit, sondern Mittel, um die Jugend für den Nationalsozialismus zu gewinnen und paramilitärische Kenntnisse und Verhaltensweisen einzuüben. In Berichten über die HJ-Mitgliedschaft kommen häufig interessante und abwechslungsreiche Unternehmungen zur Sprache. Wir können daraus schließen, daß vieles von dem, was bei Fahrten, Wanderungen etc. an NS-Ideologie vermittelt wurde, deshalb nicht erinnert wird, weil man es gewissermaßen «nebenbei» übernahm, im Selbsterleben das Wandern, Zelten im Vordergrund stand (und sich deshalb einprägte). Das besagt jedoch nicht, die Ideologie sei ohne Wirkungen geblieben. Der folgende – propagandistische – Erlebnisbericht eines frischgebackenen Hitlerjungen zeigt, was auf einer «Fahrt durch Regen und Sonne» auch gelernt wurde:

«Ein ‹Neuer› erzählt: Mein erster Ausmarsch – Eine Fahrt durch Regen und Sonne in den Frühling.
Verheißungsvoller Start
An einem blitzblanken Frühlingssonntagmorgen treten wir an. Ich bin ein ‹Neuer›, und dies ist mein erster Ausmarsch. Meine Uniform ist ebenfalls noch funkelnagelneu, und ich fühle mich noch nicht so recht behaglich darin. Auf meine Fragen, wie so eine Fahrt vor sich geht, bekomme ich ziemlich geheimnisvolle Andeutungen zu hören, so daß ich beschließe, in Ruhe die Dinge abzuwarten, die da kommen werden. Ich habe noch keinen Brotbeutel und verstaue deshalb meine ‹Fressalien› bei einem Kameraden, der sich bereitwilligst zur Verfügung stellt. Gerade bin ich damit fertig, als ein scharfes Kommando ertönt: ‹Schar III in Linie zu drei Gliedern der Größe nach antreten, marsch, marrsch.› Was darauf zu geschehen hat, habe ich schon gelernt, und ich stelle mich sofort auf meinen Platz. Nach dem ‹Stillgestanden› mit dem zackigen Hackenknall und dem ‹Durchzählen› setzen wir uns in Richtung Bahnhof in Bewegung und gelangen in ‹Reihe

Auch auf Fahrt muß es «ordentlich» zugehen

Berliner Pimpfe gehen auf Fahrt. Vielen bot die HJ erstmals die Möglichkeit, aus der Stadt herauszukommen

rrrechts› durch die Sperre auf den Bahnsteig. Unser Zug steht schon da, und wir sind kaum alle richtig drin, da geht's auch schon los.

Fahrtziel: vorläufig unbekannt

Das Fragen habe ich mir abgewöhnt, denn die anderen wissen anscheinend auch nicht mehr als ich, und außerdem komme ich mir so auch männlicher vor, ohne zu fragen dem Führer zu folgen. – Es hat inzwischen angefangen zu regnen. Meine Kameraden machen sich aber zu meinem Erstaunen nicht viel daraus, und mir ist es eigentlich auch nicht so unangenehm, denn auf diese Weise wird meine Uniform eingeweiht und sieht nachher nicht mehr so neu aus. (Meine ‹alte Dame› hat mir allerdings die Ermahnung mit auf den Weg gegeben, mich ‹mit der Uniform vorzusehen›. Na ja, die Mütter meinen's eben gut.) – Plötzlich heißt es ‹alles raus›. Es regnet noch immer ziemlich kräftig, und ich fühle mich nachher auf der durchweichten Landstraße richtig geborgen in meinen ‹Langschäftern›, die ich am Morgen am liebsten zu Hause gelassen hätte, weil ich beim Anziehen immer ‹die ganze Familie in Aufregung bringe›, wie es daheim heißt.

Marsch im Regen

Wir marschieren eine ¼ Stunde, eine ½ Stunde, und der Regen, der übrigens schon nachzulassen beginnt, macht mir gar nichts aus, denn es hat etwas Beruhigendes und Anspornendes an sich, neben, vor und hinter sich Kameraden zu wissen, die dasselbe durchmachen müssen. – Die Sonne zeigt sich und verdrängt die letzten Regenwolken. Aus den Feldern, die sich längs der Chaussee hinziehen, steigt ein würziger Geruch nach Erde empor. ‹Wie det riecht›, meint einer neben mir. Nach dem Gesang einiger Lieder, die ich, so gut es geht, mitzubrummen versuche, und einigen Dauerläufen zwischendurch gelangen wir auf einen verlassenen Sportplatz. Hier wird gerastet. Sofort beginnt ein allgemeines Stullenpapiergeknittere, und alles sitzt, steht oder läuft mit vollen Backen kauend.

Das Lagerfeuer

Jemand macht den Vorschlag, ein Lagerfeuer anzuzünden. Augenblicklich redet alles durcheinander, mit einem Wort, wir sind alle begeistert dabei und machen uns sofort an das Holzsammeln. Von allen Seiten kommen schon welche mit

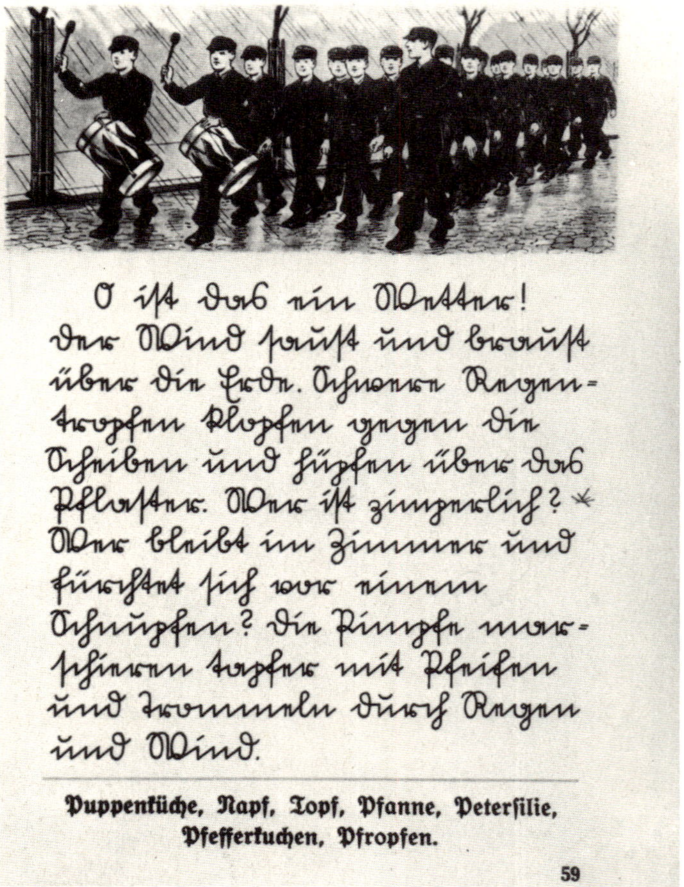
O ist das ein Wetter! Der Wind saust und braust über die Erde. Schwere Regentropfen klopfen gegen die Scheiben und hüpfen über das Pflaster. Wer ist zimperlich? Wer bleibt im Zimmer und fürchtet sich vor einem Schnupfen? Die Pimpfe marschieren tapfer mit Pfeifen und Trommeln durch Regen und Wind.

Puppenküche, Napf, Topf, Pfanne, Petersilie, Pfefferkuchen, Pfropfen.

59

Hirts «Berliner Fibel», 1939

Ästen, Zweigen und ganzen Bäumen an. Drei Schachteln Streichhölzer müssen dran glauben, ehe der Haufen Feuer fängt. Ganz klar, feuchtes Holz brennt eben nicht so leicht. – Inzwischen hat sich von irgendwoher Dorfjugend eingefunden. Die Jungens sind rein außer sich vor Aufregung. Sie wollen uns unbedingt behilflich sein und bringen in ihrem Übereifer nasses Stroh angeschleppt, so daß sich bald stinkender Qualm gen Himmel wälzt. Als sich der Rauch verzogen hat, setzen wir uns um das Feuer, singen ein paar knorrige Lieder und starren in die langsam erlöschenden Flammen.
Frohe Heimfahrt
Den Abschluß des Tages bildet ein Geländespiel, bei dem wir uns nochmal reichlich austoben. Bei einbrechender Dämmerung marschieren wir wieder dem Bahnhof zu.

Wir haben einen schönen Tag hinter uns und fühlen uns nach der Rollerei, die das Geländespiel mit sich brachte, angenehm ermattet. – Wir sind Kameraden und wissen, daß wir zusammengehören. Auch ich fühle mich jetzt schon wie zu Hause. – Zum Abschluß singen wir noch einmal das Lied von der Lorelorelore und trennen uns dann nach kurzer Bahnfahrt, mit frischer Luft in den Lungen, die für eine ganze Woche reichen muß. H. A.» (Jugendbeilage der «Neuköllnischen Zeitung» vom 14.4.1934)

Der «Neue» gewöhnte sich auf der Fahrt das Fragen ab. Fraglos dem Führer zu folgen, verknüpfte er mit Männlichkeit. Die Sorge um die von den Eltern bezahlte Uniform dagegen galt ihm als typisch weiblich. Gemeinsam mit den Kameraden «dasselbe durchmachen zu müssen» zählte. Dem Sinn dessen, was «durchgemacht» wurde, galt keine Frage. Man gewöhnt sich, wenn es die anderen auch tun, an alles. Das Ausflugsfazit von H. A. lautete: «Ein schöner Tag.» Sicher waren die angeführten Denkmuster nicht das Ergebnis dieses eintägigen Ausflugs, ebensowenig sein Frauenbild typisch nationalsozialistisch. Aber auf Fahrten, an Lagerfeuern und im Geländespiel wurden solche Auffassungen bestätigt, praktisch gelebt bzw. in den Kontext nationalsozialistischer Ideologie gestellt und neue Elemente dieser Ideologie vermittelt.

Die HJ knüpfte an Bedürfnissen und Interessen der Heranwachsenden an. Sie organisierte Betätigungsfelder, in denen sich die Befriedigung dieser Interessen und Bedürfnisse mit der freiwilligen Unterordnung unter die vorgegebenen Herrschaftsstrukturen verbinden ließ. Sport kam der Freude an körperlicher Betätigung entgegen *und* übte in paramilitärische Strukturen ein. In der Flieger-HJ und anderen Sondereinheiten konnte technischen Interessen in einem Maße nachgegangen werden, wie dies in der Volksschule nicht möglich war. *Zugleich* war die Technikbegeisterung ein entscheidender Zugang zur Kriegsbegeisterung. Die Faszination beispielsweise über die technische Leistungsfähigkeit eines Flugzeugs fand – gefördert durch Appelle an «Männlichkeit», «Tapferkeit» usw. – ihre logische Konsequenz in der praktischen Anwendung. In Geländespielen konnten die Teilnehmer ihre Geschicklichkeit erproben, lernten sie, Karten zu lesen, mit dem Kompaß umzugehen *und* erfuhren, daß im Leben nur das «Recht des Stärkeren» zählt. Schon von daher war die Ergänzung der Geländeübungen durch Schießübungen – mit dem Luftgewehr die Pimpfe, am Kleinkalibergewehr die älteren Jungen – nur folgerichtig. 1938 hatten bereits 1250000 Jungen eine Schießausbildung absolviert und 20000 waren als Schießwarte tätig. Die wettkampfförmige Organisation des größten Teils der Aktivitäten der HJ kam dem jugendlichen Bedürfnis entgegen, die eigenen Kräfte zu messen; *gleichzeitig* trug sie dazu bei, das Prinzip vom «Vorrecht des Stärkeren» zu verinnerlichen.

Die Anziehungskraft der HJ ergab sich nicht nur daraus, daß sie bis auf die kommerziellen über alle Möglichkeiten organisierter Freizeitgestaltung für Jugendliche verfügte und damit

Flieger-HJ beim «Olympia-Großflugtag» 1936 in Berlin

Motor-HJ startet zur jährlichen Geländefahrt

Nachrichten-HJ beim Verlegen von Feldtelefonkabeln

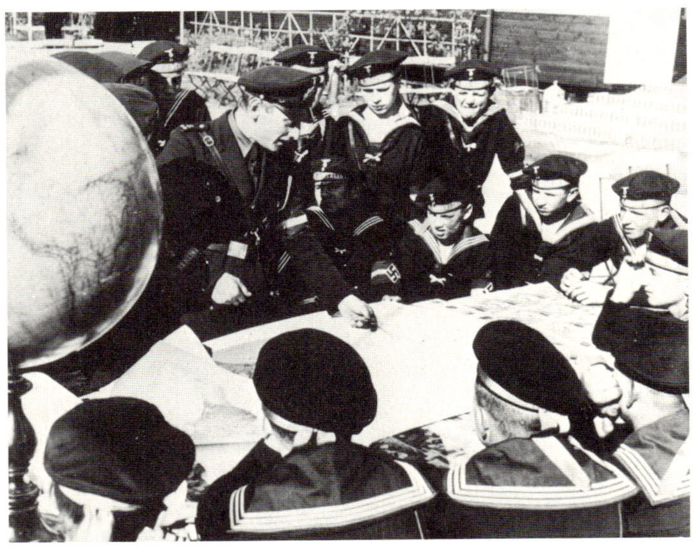

Marine-HJ lernt das Lesen von Seekarten

Fahnenappell: Der Lagerführer gibt die Tageslosung aus

Postkarte aus dem Lager; Hirts «Berliner Fibel», 1939

Zeltaufbau in Reih und Glied

Militärische Ausbildung der HJ durch SA-Nachrichtenmänner 1938

Kräftige Stullen für das «deutsche Mädel»

Jungmädel in der Jugendherberge; die Heimleiterin liest zur Gutenacht vor

Die Abenteuerromantik zog viele Pimpfe in ihren Bann

Im BDM-Lager: Erziehung zu «Ordnung und Sauberkeit»

Das Lager

«6.30 Uhr: Wecken: Wecksignal im Kanon durch drei Fanfaren
6.35 Uhr: Frühsport (...)
Waschen, Anziehen, Saubere Ohren, Füße und Fingernägel sind der Anfang aller Kultur!
8.00 Uhr: Flaggenhissung. Keine zu lange Morgenfeier, bei morgendlichen längeren Abhandlungen verpufft schließlich die Wirkung. (...)
8.15 Uhr: Kaffeetrinken. (...)
Keiner steht auf, ehe es erlaubt oder befohlen wird.
9.00 Uhr: Appell (...)
9.30 Uhr: Geländedienst. Ausmarsch in Uniform. Immer singen dabei! Marschsprechchöre: «Es geht sich – es geht sich – es geht sich wunderschön – man muß es nur verstehen – den rechten Weg zu gehn.»
12.30 Uhr: Kurze Liederstunde. Ein neues Lied wird gelernt.
13.00 Uhr: Mittagessen (siehe «Kaffeetrinken»).
13.40 Uhr: Mittagspause (...)
Die Zeit zur Vorbereitung des Gemeinschaftsabends benutzen.
15.00 Uhr: Tummelspiele (...)
17.00 Uhr: Singen und Vorlesen. Irgendwo in der Nähe des Lagers, an einem landschaftlich schönen Fleck, werden lustige Anekdoten, Kurzgeschichten und Lieder vorgelesen und gesungen.
18.00 Uhr: Lagerbetrieb. Die Gruppen bleiben im Gelände; sie sind auf einen möglichst weiten Umkreis verteilt, um sich nicht gegenseitig zu stören. Alle Möglichkeiten und alle Fähigkeiten, die in den Jungen stecken, sollen zur Auswirkung kommen (Stehgreifspiel, Zirkusnummern usw.), um beim nächsten großen Lagerzirkus Verwendung zu finden.
19.00 Uhr: Abendessen (siehe «Kaffeetrinken»).
20.00 Uhr: Gemeinschaftsabend am Feuer. Einfach und natürlich; keine großen Vorbereitungen machen. Das wirkt theatralisch und beeinträchtigt die Wirkung. Vorlesungen, Lieder, kurze Sprüche. Dann Antreten, Abmarsch zum Flaggeneinzug.
21.30 Uhr: Flaggeneinzug. Schweigender An- und Abmarsch, Lied und Spruch.
21.45 Uhr: Locken zum Zapfenstreich.
22.00 Uhr: Zapfenstreich. Mehrstimmig durch viele Fanfaren geblasen. Die Zeltmannschaften gehen zur Ruhe. – Jetzt kommen noch die einzelnen Unterführer im Zelt des Lagerführers zusammen. Er bespricht den vergangenen Tag; jeder soll aus gemachten Fehlern lernen. Der Dienstplan des nächsten Tages wird durchgesprochen, so daß jeder weiß, was gemacht wird.»

(Aus dem «Handbuch für die kulturelle Arbeit im Lager»; zitiert nach E. Nyssen: Schule im Nationalsozialismus. Heidelberg 1979, S. 51)

ein Angebotsmonopol im außerschulischen Bereich besaß. Sie war vor allem auch deshalb attraktiv, weil sie eine Aufwertung der eigenen Person durch Teilhabe an der Macht versprach. Als HJ-Mitglied Vertreter der Staatsmacht zu sein, konnte sich beispielsweise darin ausdrücken, daß man gegenüber Erwachsenen mit größerer Selbstsicherheit auftrat. Dies illustriert sehr anschaulich die Tagebucheintragung eines fünfzehnjährigen Berliner Hitlerjungen über sein Erleben und Empfinden bei einer Sammelaktion der HJ für das Winterhilfswerk (WHW):

«WHW-Sammlung. Wir treten um 9h an der N.S.V.-Ortsgruppe (N.S.V.: Nationalsozialistische Volkswohlfahrt; d. Verf.) an zum Empfang der Büchsen ... Ich sammle mit Jungenschaftsführer Weise zusammen. Wir strolchen zuerst im Gebiet der Wiesbadenerstr. herum und setzen unsere Abzeichen ... in Groschen um. Das Geschäft blüht leidlich. Um ½ 11 trifft sich das Fähnlein am Jugendheim. Der Markt wird abgeriegelt. Ein Glied von Pimpfen, die sich untergehakt haben, versperrt jeden Zugang. Nur wer einige Pfennige in eine Sammelbüchse steckt, kann heraus. Die Passanten sind zumeist Frauen, die sehr verschieden darauf reagieren. Die wenigsten ergeben sich kampflos in ihr Schicksal. Den meisten muß erst ein Klapperkonzert vorgemacht werden, bis sie, durch den Lärm völlig demoralisiert, das Portemonnaie zükken. Einige brechen mit Gewalt die Mienensperre. Wenige versuchen, durch ermahnende Reden ihr Geschick zu beeinflussen. Ja ein Herr soll unser pflichtgetreues Sammeln sogar mit den Schlägen einer Luftpumpe erwidert haben. Na, unverbesserliche Spießer wird es ja immer geben und das ist gut so, denn sonst würde es ja langweilig werden und wir hätten nichts zu lachen. Eine halbe Stunde wütet diese Schlacht.»

Wie auf den meisten Fotos dieser Zeit auch hier strahlende Gesichter bei allen Beteiligten

Der Jungvolk-Fähnrich

Mir ward eine hohe Ehre zuteil
im Bann: Ich trage die Fahne!
Im Arm ruht der Schaft mir aufrecht und steil,
mein Herz schlägt: Ich trage die Fahne!
Und flattert und knattert das Tuch hoch im Wind,
dann weiß ich, daß wir deutsche Jungen sind,
dem Führer in Treue ergeben.
Ihm gehört unser junges Leben!

So marschieren wir froh durch das deutsche Land
voll Stolz: Ich trage die Fahne!
Den Schaft umfaßt meine glückliche Hand
voll Liebe: Ich trage die Fahne!
Des Nachts noch im Traume rauscht sie um mich –,
ich halte sie fest, bis die Wange mir blich!
Ihrer würdig zu sein, will ich streben!
Geb für Fahne und Führer mein Leben!
Hoiho! Ich trage die Fahne! Hermann Morel.

„Rufe in das Reich" (Verlag Junge Generation).

«Deutsche Jugendburg», August 1936

Einmal davon abgesehen, daß diese Form der Sammelaktion wahrscheinlich von dem übergeordneten Parteiinstanzen nicht gebilligt worden wäre, zeigt sie, wie mit der Staatsmacht im Rücken das Autoritätsgefälle zwischen Erwachsenen und Jugendlichen umgekehrt werden konnte. Eingespannt in die NS-Massenaktivitäten wie Sammlungen wurde diese fremdgesetzte Vorgabe genutzt, um aus ihr eine pubertäre Freude an der Schikane Erwachsener zu ziehen. Zugleich veranschaulicht der Tagebuchauszug sehr deutlich, in welchem Maße militärisches Vokabular in die Alltagssprache des Verfassers eingedrungen war.

Auf eine andere Weise erlebte Herr C. das erhebende Gefühl, als Vertreter staatlicher Autorität auftreten zu können. Als fünfzehnjähriger Hitlerjunge erhielt er die Aufgabe, während der Olympiade 1936 ausländische Sportler zu betreuen: «Für mich war am wichtigsten, daß ich einen Ausweis hatte, mit dem ich Fahrzeuge anhalten konnte. Auf öffentlichen Verkehrsmitteln fuhr ich sowieso frei. Ich konnte aber auch an Privatautos mit der Bitte herantreten, mich als Angehörigen des Jugendehrendienstes mitzunehmen. Darauf war ich natürlich sehr stolz.»

Macht wurde vor allem innerhalb der HJ zugewiesen. Es galt die Parole «Jugend muß durch Jugend geführt werden». Anders als in den freien Jugendverbänden vor 1933, deren Führer in der Mehrzahl Erwachsene waren, bestanden in den HJ-Einheiten keine großen Altersunterschiede zwischen Leitung und einfachem Mitglied. Jedes zehnte HJ-Mitglied hatte eine Führerposition inne und war befugt, Befehle zu erteilen, Lob und Tadel auszusprechen oder Strafen zu verhängen.

Die «kleine Macht», die Jugendliche im Alltag als HJ-Mit-

1933 – Noch in Zivil probt die HJ schon für den «Ernstfall»

Beliebte Spiele der HJ: Wer lenken will, muß sich lenken lassen

glieder ausübten, konnte noch durch die Vorstellung ergänzt werden, daß ihnen als «Deutschlands Zukunft» bald die «große Macht» über fremde Völker zufallen würde. Günther G., Jahrgang 1932, erinnert sich:

«Ich war groß und blond und paßte irgendwie in das Bild der germanischen Herrenrasse. So wollte ich Offizier werden und später im Osten vielleicht etwas übernehmen. Die Nazis propagierten ja, daß man in der Ukraine oder sonstwo Land übernehmen könnte und dort als kleiner Fürst oder kleiner Führer herrschen würde, der dort das germanische Volkstum verbreitet. Das habe ich als Elf-, Zwölfjähriger auch geglaubt.»

Hunderttausende Jugendlicher übten als Führer in der HJ Macht aus, die als Organisation nach außen hin erhebliche Machtbefugnisse besaß. Gleichzeitig war der Jugend jeglicher Einfluß darüber entzogen, ihre Lebensbedingungen anders als nach nationalsozialistischem Muster zu gestalten: Der Machtzuwachs der Jugend ging einher mit ihrer völligen Entmachtung. Die Zuweisung von Machtbefugnissen bedeutete Macht zur Sicherstellung der Reproduktion vorgegebener Strukturen: Jugend führt Jugend in die Unterordnung. Daß dieser Zustand vielfach positiv gelebt und erlebt wurde, ändert nichts am Tatbestand der Unterordnung, erklärt aber, warum sie freiwillig erfolgen konnte.

Spiele ohne Gerät
(Rauf- und Tummelspiele)

1. Wagenrennen
Das werden die meisten von euch schon kennen. Zwei Pimpfe sind die Pferde, zwei andere Pimpfe bilden den Wagen. Die Pferde stehen aufrecht nebeneinander und halten sich an den inneren Händen. Die beiden Wagen-Pimpfe beugen ihren Oberkörper nach vorn und haken je eine ihrer Hände in die Leibriemen der beiden Pferde-Pimpfe ein, so daß sich ihre inneren Hände überkreuzen. Wagen und Pferde sind jetzt stets miteinander verbunden. Nun steigt der Wagenlenker auf den Rücken der beiden Wagen-Pimpfe, d.h. er setzt je einen Fuß zwischen die Schulterblätter der Wagen-Pimpfe und faßt mit beiden Händen die hochgehobenen äußeren Hände der Pferde-Pimpfe. Er kann sich auch an einem Riemen halten, dessen Enden die beiden Pferde-Pimpfe in ihren äußeren Händen halten. Nun setzt sich der Wagen in Bewegung. Es kommt vor allem darauf an, daß Pferde und Wagen gleichmäßig traben und der Wagenlenker sein Gleichgewicht behält.

(Pimpf im Dienst. Ein Handbuch für das Deutsche Jungvolk in der HJ. Potsdam 1938)

Für Volksschüler kam hinzu, daß die HJ, zumindest in den Anfangsjahren, als Egalisierung empfunden werden konnte, da bestimmte Barrieren zwischen den Kindern verschiedener Klassen und Schichten in der Organisation niedergerissen waren: Ob Hilfsarbeiter- oder Arztsohn, ob Putzfrau- oder Opernsängerintochter – alle befanden sich in *einer* Organisation. Im Prinzip war niemandem aufgrund seiner sozialen Herkunft irgendeine interessante Tätigkeit verschlossen, die für den einzelnen außerhalb der HJ vielleicht unerreichbar gewesen wäre. Auch wurden die Führer ohne Ansehen der sozialen Herkunft eingesetzt, wenn sie nur nationalsozialistisch ausgerüstet waren. So war es möglich, daß der Schlossersohn zum Vorgesetzten des Rechtsanwaltssohnes wurde. Da jedoch in der Gesellschaft die Klassen- und Standesunterschiede nicht beseitigt waren, kam es vor, daß Jugendliche aus unteren sozialen Schichten ihre Führungsposition dazu benutzten, den «Bürgerlichen» ihre Herkunft «heimzuzahlen». Indirekt wurden auf diese Weise auch in der HJ Klassen-

Kletterübungen in der HJ

Kletterübungen in der Wehrmacht

auseinandersetzungen ausgetragen, die in der vielbeschworenen «Volksgemeinschaft» als überwunden galten. Dieter C., Jahrgang 1921, der aus einem bürgerlichen Elternhaus stammte und mit seinen Eltern in einem hochherrschaftlichen ehemaligen Offiziershaus wohnte, hat in dieser Hinsicht unangenehme Erinnerungen:

«Es war für mich eine Zeit ziemlich großer Ängste. Mein Scharführer kam aus dem gegenüberliegenden Haus der Unteroffiziere. Die sahen selbstverständlich und zu Recht mit Neid auf dieses Offiziershaus. Jetzt war natürlich die Zeit der Rache da. Ich war an sich eher kränklich, denn ich war Asthmatiker und auch sonst anfällig, aber das beeindruckte meinen Scharführer leider sehr wenig ... Für ihn war ich ein Bürgerlicher. Ich hatte zum Beispiel die Angewohnheit, mich dauernd zu entschuldigen oder auch zu sagen, ‹Das ist nett›. Dann kriegte ich gleich eins auf's Maul: ich solle mich nicht so bürgerlich äußern.»

Ergänzt wurde die zuvor beschriebene Organisation ideologischer Betätigungsfelder durch *direkte* weltanschauliche Schulung vor allem im Rahmen der wöchentlichen «Heimabende». Dazu lagen verbindliche Jahrgangspläne vor, die für die HJ-Mitglieder im Volksschulalter folgende Schulungsthemen vorsahen:

«1. Jahr: Germanische Götter und Helden

2. Jahr: Große Deutsche (u. a. Armin der Cherusker, Widukind, Friedrich der Große, Andreas Hofer, Carl Peters, Bismarck)

3. Jahr: ‹20 Jahre Kampf um Deutschland› (Schlacht von Tannenberg, Kreuzer-Fahrten, U-Boot-Krieg, Kampfflieger, Albert Leo Schlageter, Kampf um Oberschlesien, die ersten SA-Abteilungen, Kampf um Berlin, HJ in der Kampfzeit)

4. Jahr: Adolf Hitler und seine Mitkämpfer (Horst Wessel, Herbert Norkus, Hermann Göring, Baldur v. Schirach).»

(Zitiert nach A. Klönne: Jugend im Dritten Reich. Köln 1982, S. 61)

Die wöchentlich im Rundfunk übertragene «Stunde der Nation» ergänzte als reichszentraler Heimabend die lokalen Schulungsmaßnahmen. Der angeführte Themenkatalog zeigt, daß vieles von dem behandelt wurde, was auch die schulischen Lehrpläne vorschrieben. Allerdings war in der HJ die Gewähr dafür, daß diese Inhalte auch tatsächlich im nationalsozialistischen Sinne behandelt wurden, eher gegeben als in der Schule. Dafür sorgten zum einen die regelmäßig erscheinenden Schulungshefte, die vorgaben, wie ein Thema zu behandeln sei, und zum anderen die Möglichkeit einer effektiveren Kontrolle als in der Schule. Allerdings waren viele, vor allem jüngere HJ-Führer mit der Gestaltung der weltanschaulichen Schulung überfordert. Häufig wurde sie daher

als langweilige Pflichtübung absolviert, zumal echte Diskussionen ohnehin nicht vorgesehen waren.

«Die Heimabende hätten mir zugesagt, wenn nicht die Inhalte so schrecklich langweilig und aufdringlich gewesen wären. Das waren ganz eng begrenzte nationalsozialistische Themen, die immer wieder vermittelt wurden. Auch waren die Führer meist nicht sehr intelligent und konnten das bloß sehr primitiv machen.» (Hans Jochen M., Jahrgang 1930)

In den seltensten Fällen, so ist daher nochmals hervorzuheben, verschaffte die ausdrückliche ideologische Schulung den Nationalsozialisten Zustimmung unter den Jugendlichen. Ihr Erfolg ging vielmehr auf die Organisation von Erlebnisbereichen – zum Beispiel Lager, Kampfspiele, Wettbewerbe – zurück, deren praktische Ausgestaltung zur spontanen Übernahme nationalsozialistischer Ideologie führte.

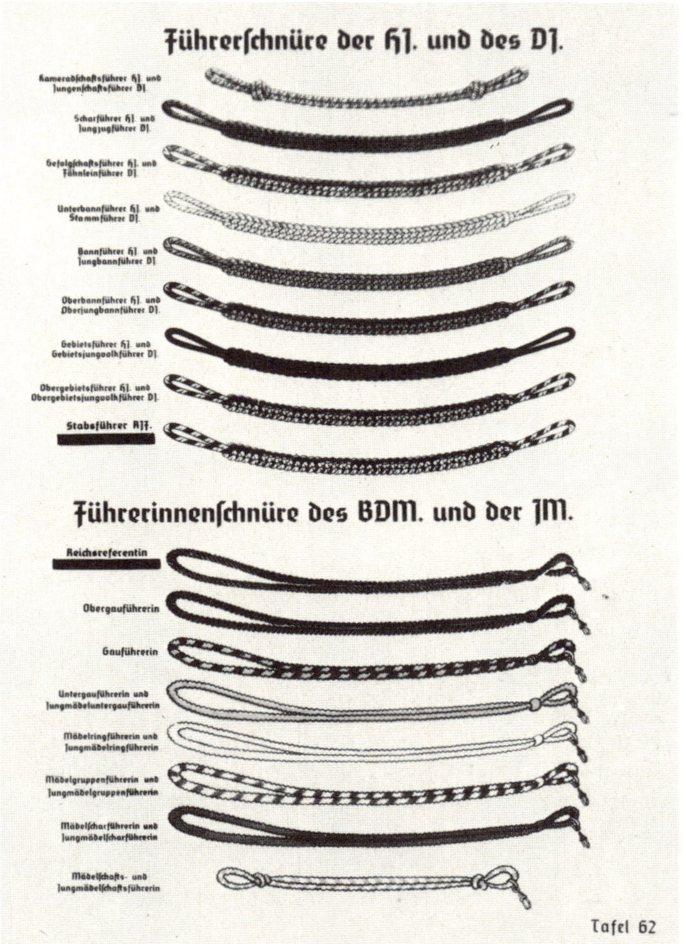

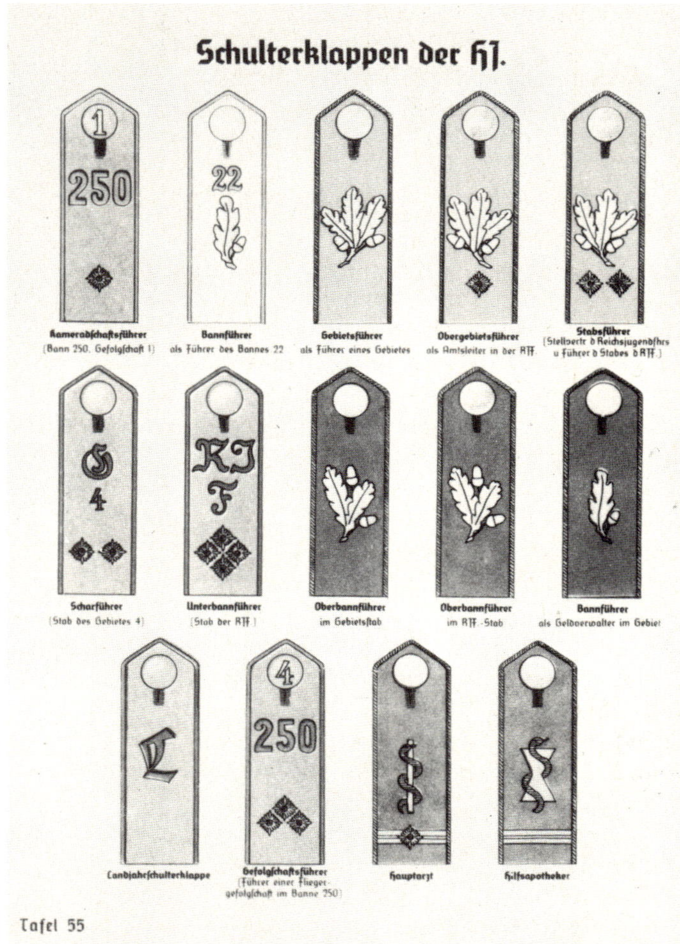

Ein Bündel unterschiedlicher Motive führte also Jugendliche freiwillig zur HJ. In der Regel waren dies, jedenfalls bei Jungvolk- und Jungmädel-Mitgliedern, unpolitische Motive. In welchem Maße sich die Identifikation mit der HJ ausprägte, hing neben dem Alter und dem Erfahrungshintergrund der Kinder und Jugendlichen von den örtlichen Bedingungen, von der Fähigkeit und den materiellen Möglichkeiten des jeweiligen Führers ab, den HJ-Dienst attraktiv zu gestalten. Auf breite Zustimmung stieß die HJ dort und so lange, wo bzw. wie sie die Ausrichtung im nationalsozialistischen Sinne mit der Befriedigung jugendspezifischer Interessen und Bedürfnissen verband, also bei Heimabenden politisch geschult *und* getanzt wurde, Sport Exerzierübungen *und* Fußball oder andere Spiele einschloß, man auf Fahrten marschierte *und* am Lagerfeuer Würstchen briet.

Der Rückgang der Arbeitslosigkeit bis zur Vollbeschäfti-

Heimabend – Schülerarbeit 8. Klasse

Die Bedingungen für das Leistungsabzeichen des «Deutschen Jungvolks»:

1. Schulung
   1. Leben des Führers
   2. Deutschtum im Ausland
   3. Abgetretene Gebiete
   4. Feiertage des Deutschen Volkes
   5. Fünf Fahnensprüche
   6. Sechs HJ-Lieder, davon
      a) Brüder in Zechen und Gruben
      b) Der Himmel grau
      c) Heilig Vaterland
      Drei Lieder können gewählt werden.

2. Leibesübungen

1.	60-m-Lauf	10 Sek.
2.	Weitsprung	3,25 m
3.	Schlagballweitwerfen	35 m
4.	Klimmziehen	2mal

   5. Bodenrollen 2mal vorwärts, 2mal rückwärts
   6. 100-m-Schwimmen in beliebiger Zeit oder, wo keine Schwimmgelegenheit vorhanden ist und keine Ausbildungsmöglichkeit besteht:
      1000-m-Lauf nicht unter 4,30 Min., nicht über 5,30 Min.
   7. Radfahren (nur Nachweis erforderlich)

3. Fahrt und Lager
   1. Eine Tagesfahrt von 15 km mit leichtem Gepäck (nicht über 5 kg), nach 7½ km eine Pause von mindestens drei Stunden.
   2. Teilnahme an einem Zeltlager von mindestens 3tägiger Dauer.
   3. Bau eines 3er-Zeltes und Mitarbeit am Bau eines 12er-Zeltes.
   4. Anlegen einer Kochstelle; Wasser zum Kochen bringen.
   5. Kenntnis der wichtigsten Baumarten.
   6. Einrichten der Karte nach den Gestirnen.
   7. Kenntnis der wichtigsten Kartenzeichen des Meßtischblattes 1:25000 (Wald, Straßen, Eisenbahnen, Brücken und Schichtlinien)
   8. Anschleichen und Melden (Entfernung etwa 200 m; Meldung mündlich, etwa 10 Worte enthaltend)

4. Zielübungen

   Lufgewehrschießen, 8 m Entfernung, sitzend am Anschußtisch, 12er Ringscheibe, Ringabstand ½ cm; 5 Schuß = 20 Ringe
   oder
   wenn Luftgewehrschießen nicht möglich, Schlagballzielwerfen, Entfernung 8 m, Ziel 60 × 60 cm.
   Bedingung: 5 Würfe = 3 Treffer.

(Pimpf im Dienst. Ein Handbuch für das Deutsche Jungvolk. Herausgegeben von der Reichsjugendführung. Potsdam 1938, S. 18f)

gung und die aus der forcierten Rüstungsproduktion entstehenden wirtschaftlichen Probleme zwangen die Nationalsozialisten in der zweiten Hälfte der dreißiger Jahre, verstärkte Anstrengungen zur Legitimationssicherung zu unternehmen. Die Peitsche «Arbeitslosigkeit» hatte an Wirkung eingebüßt, da jede Arbeitskraft benötigt wurde; in den Betrieben häuften sich Akte informeller Opposition. In diesem Zusammenhang stand der Ausbau der HJ zur staatlichen Pflichtorganisation ab 1936. Zwar war auch schon in den Jahren zuvor mit Druckmitteln versucht worden, Jugendliche zum Eintritt in die HJ zu bewegen. Aber noch hatte das Prinzip freiwilliger Mitgliedschaft gegolten, war es möglich gewesen, sich solchem Druck zu widersetzen. Mit der Verabschiedung des Gesetzes über die Hitler-Jugend im Dezember 1936 – der eine Amtsenthebung vieler Jungvolkführer vorherging, die aus der in Berlin starken bündischen Jugend zur HJ gekommen waren – entwickelte sich die HJ immer stärker zu einer bürokratischen Zwangsinstanz mit militaristischem Charakter. Ihren vorläufigen Höhepunkt fand diese Entwicklung mit der im März 1939 erlassenen Durchführungsverordnung zum HJ-Gesetz, die die HJ-Mitgliedschaft endgültig zur Pflicht machte und für alle Jungen und Mädchen zwischen zehn und 18 Jahren eine Jugenddienstpflicht öffentlich-rechtlichen Charakters festlegte, deren Vernachlässigung bestraft werden konnte. Im Laufe dieses Prozesses verflachte zunehmend die Attraktivität der HJ. Damit wandelten sich zugleich die Eintrittsmotive: Die Angst, sich weiterführende Bildungsmöglichkeiten oder Ausbildungschancen zu verbauen oder sich von anderen Jugendlichen zu isolieren, traten als Beweg-

Geführte Führer; Berlin, Tempelhofer Feld 1934

Zehnjährige werden ins Jungvolk aufgenommen, Berlin 1938

grund in den Vordergrund. Auch dann, wenn man lediglich weiterhin für einen Sportverein an Wettkämpfen teilnehmen wollte, mußte man HJ-Mitglied werden.

Fassen wir zusammen: Teile der Jugend traten in den ersten Jahren der NS-Herrschaft in die HJ ein, weil sie in ihr eine Organisation sahen, die ihren Interessen und Neigungen entsprach. Durch die Verknüpfung dieser Interessen und Bedürfnisse mit nationalsozialistischer Ideologie und Praxis gelang es der HJ, die Zustimmung vieler Mitglieder zum Dritten Reich zu gewinnen. Ihr Führungsanspruch führte zu Konflikten mit der Schule, die als zählebige Institution nur schrittweise umgestaltet werden konnte und sich gegen die starke außerschulische Beanspruchung der Schülerinnen und Schüler wehrte. In dieser Auseinandersetzung hatte die HJ in den ersten Jahren mindestens zwei Vorteile auf ihrer Seite: Erstens waren die Angebote meist attraktiver als die der Schule. Zweitens konnte sie Verantwortung und Macht zuweisen, während die Schule verlangte, daß man sich der Autorität der Lehrer fügte. Aus den Konflikten zwischen HJ und Schule läßt sich allerdings nicht auf eine grundsätzliche Unvereinbarkeit beider Einrichtungen schließen. In hohem Maße gingen die Auseinandersetzungen auf persönliche Macht- bzw. standespolitische Interessen zurück. Darauf verweist schon der Tatbestand, daß es ja Nationalsozialisten waren, die hier miteinander in Streit lagen. Der Konflikt ging nicht darum, *ob*, sondern *wie* am effektivsten im nationalsozialistischen Sinne erzogen werden kann.

In der zweiten Hälfte der dreißiger Jahre verlor die HJ an Anziehungskraft, ihr Zwangscharakter trat immer deutlicher zutage. Auch als Reaktion auf diese Entwicklung nahmen unterschiedliche Formen jugendlicher Subordination zu (vgl. dazu im nächsten Kapitel).

Pimpfenprobe: Der Tornister muß ordentlich gepackt sein

Übersicht: Die Schule wird «umgebaut» (1934–1939)

1934
Januar
20. 1. «Die Leitgedanken zur Schulordnung» schreiben vor, daß Lehrer und Schüler «einander innerhalb und außerhalb der Schule den Deutschen Gruß (Hitlergruß)» zu erweisen haben; sie verpflichten die HJ, die «Schulgewalt unbedingt zu achten».

März
4. 3. Eingliederung der evangelischen Jugend in die HJ.
29. 3. In Preußen wird das Landjahr für Volksschulabgänger – vor allem aus «gesundheitlich und politisch gefährdeten» Familien – eingeführt, Dauer: neun Monate (1934 wurden rund 20000, 1935 etwa 30000 – in Berlin 6000 – Volksschulabsolventen verschickt).

April
3. 4. Die «Grundsätze für die Schulleitung» an Volks- und mittleren Schulen heben kollegiale Formen der Schulleitung auf und schreiben das Führerprinzip vor: Der Schulleiter entscheidet alleine.
24. 4. Erster Reichsberufs-Wettkampf in Berlin.

Mai
1. 5. Bernhard Rust übernimmt das neugeschaffene Reichsministerium für Wissenschaft, Erziehung und Volksbildung.

Juni
7. 6. Einführung des Staatsjugendtages.

Juli
21. 7. Zur Überwachung des HJ-Betriebs wird ein HJ-«Streifendienst» eingerichtet.

August
21. 8. Auflösung der Elternbeiräte.

Oktober
24. 10. Einrichtung von «Schulgemeinden», Berufung von «Jugendwaltern»: Eltern, Lehrer und Beauftragte der HJ werden vom Schulleiter als «Jugendwalter» berufen. Eltern und Lehrer einer Schule bilden die «Schulgemeinde»; Führer der «Schulgemeinde» ist der Schulleiter. Beide Gremien haben nur beratende Befugnisse.

November
30. 11. Eingliederung der Turn- und Sportjugend in die HJ.

1935
Januar
15. 1. Reichseinheitliche Regelung zur Vererbungslehre und Rassenkunde.

März
27. 3. Erlaß über den Ausschluß von der höheren Schule bei dauerhaft schlechten Leistungen in Leibeserziehung.

Juli
Übernahme der Landjugend in die HJ.

1936
März
16. 3. «Richtlinien für die Lehrtätigkeit und das Studium an den Hochschulen für Lehrerausbildung».

April
4. 4. Erlaß über den – bereits in der Weimarer Republik vorgesehenen – Abbau privater Vorschulen und Vorklassen.

Dezember
1. 12. Gesetz über die Hitler-Jugend: «Die gesamte deutsche Jugend innerhalb des Reichsgebietes ist in der Hitler-Jugend zusammengefaßt.» (§ 1) «Die gesamte deutsche Jugend ist außer in Elternhaus und Schule in der Hitler-Jugend körperlich, geistig und sittlich im Geiste des Nationalsozialismus zum Dienst am Volk und zur Volksgemeinschaft zu erziehen.» (§ 2)
4. 12. Aufhebung des Staatsjugendtages.

1937
Januar
15. 1. Gründung von Adolf-Hitler-Schulen (AHS), die als Eliteschulen für Jungen die Rekrutierung des Führungsnachwuchses in Partei und Staat sicherstellen sollten. Auf AHS wurden «Pimpfe» nach dem sechsten Schuljahr delegiert, die sich im Jungvolk «hervorragend» bewährt hatten. Der Besuch dieser Internatsschulen dauerte sechs Jahre.

März
20. 3. Die «Übergangsbestimmungen zur Vereinheitlichung des höheren Schulwesens» legen eine Reduzierung der in fast 70 Typen differenzierten höheren Schulen auf folgende Grundtypen fest: «Oberschule für Jungen» mit einem neusprachlichen und mathematisch-naturwissenschaftlichen Zweig, «Oberschule für Mädchen» mit einem neusprachlichen und hauswirtschaftlichen Zweig, als deren Variante die «Aufbauschule» und – als «Sonderform» für Jungen – das altsprachliche Gymnasium. Der Oberschulbesuch wird um ein Jahr auf acht Jahre gekürzt.

April
10. 4. Richtlinien für den Unterricht in den unteren vier Jahrgängen der Volksschule.

Juli
2. 7. Erlaß über den Schulbesuch von Juden legt den Schulträgern nahe, eine «abgesonderte Beschulung der jüdischen Schüler» vorzunehmen.

1938
Januar
In Preußen fehlen über 3000 Volksschullehrer.
19. 1. Gründung des «BDM-Werk Glaube und Schönheit», einer Abteilung des BDM für junge Frauen im Alter von 17 bis 21 Jahren. In «Glaube und Schönheit»-Arbeitsgemeinschaften wurde unter anderem Sport und Gymnastik betrieben, Körper- und Gesundheitspflege, Hauswirtschaft, Wohn- und Raumgestaltung unterrichtet. Im Krieg traten diese Themen in den Hintergrund und der «Kriegseinsatz der HJ» in den Vordergrund: Die Mädchen und jungen Frauen wurden in Lazaretten, in der Landwirtschaft usw. eingesetzt.

April
20. 4. Erlaß zum Hauswirtschafts-Pflichtjahr für Abiturientinnen. Das Abiturzeugnis soll erst nach dem Nachweis über die Ableistung des Pflichtjahres ausgehändigt werden.
27. 4. «Allgemeine Anordnung über die Hilfsschulen in Preußen».

Juli
6. 7. Das Reichspflichtschulgesetz legt reichseinheitlich die achtjährige Volksschulpflicht und eine dreijährige Berufsschulpflicht im Anschluß an die Volksschule fest.

Oktober
7. 10. Die HJ-Sondereinheit «Streifendienst» wird durch ein Abkommen zwischen der HJ und dem Reichsführer-SS als Sonderformation für den SS-Nachwuchs anerkannt.
26. 10. Reichseinheitliche Studienordnung für das Lehramt an Volksschulen.

November
15. 11. Der Schulunterricht für jüdische Kinder wird zur Angelegenheit der Juden erklärt.

1939
März
25. 3. Zweite Durchführungsverordnung zum Gesetz über die Hitler-Jugend (Jugenddienstordnung): Aus dem Gesetz wird für zehn- bis achtzehnjährige Kinder und Jugendliche eine Jugenddienstpflicht öffentlich-rechtlichen Charakters abgeleitet, die dem Arbeitsdienst und der Wehrpflicht gleichgeordnet ist. Eine Vernachlässigung der Jugenddienstpflicht konnte durch Arrest, Bestrafung der Erziehungsberechtigten und andere Maßnahmen geahndet werden.

April
Für alle Volksschuljahrgänge liegt ein reichseinheitliches Lesebuch vor.
Umwandlung der konfessionellen Schulen Berlins in Gemeinschaftsschulen. Seit 1935 und verstärkt seit 1937 liefen im gesamten Reich Kampagnen zur Umwandlung von Bekenntnisschulen in «Deutsche Gemeinschaftsschulen». Die Nationalsozialisten organisierten Elternabstimmungen, in denen sich diese – unter Druck – für eine solche Umwandlung aussprachen. 1941 waren im gesamten Reich alle Bekenntnisschulen in Gemeinschaftsschulen umgewandelt.

Juli
5. 7. Lehrer werden zu Reichsbeamten erklärt.

BERLINER VOLKSSCHULEN IM KRIEG

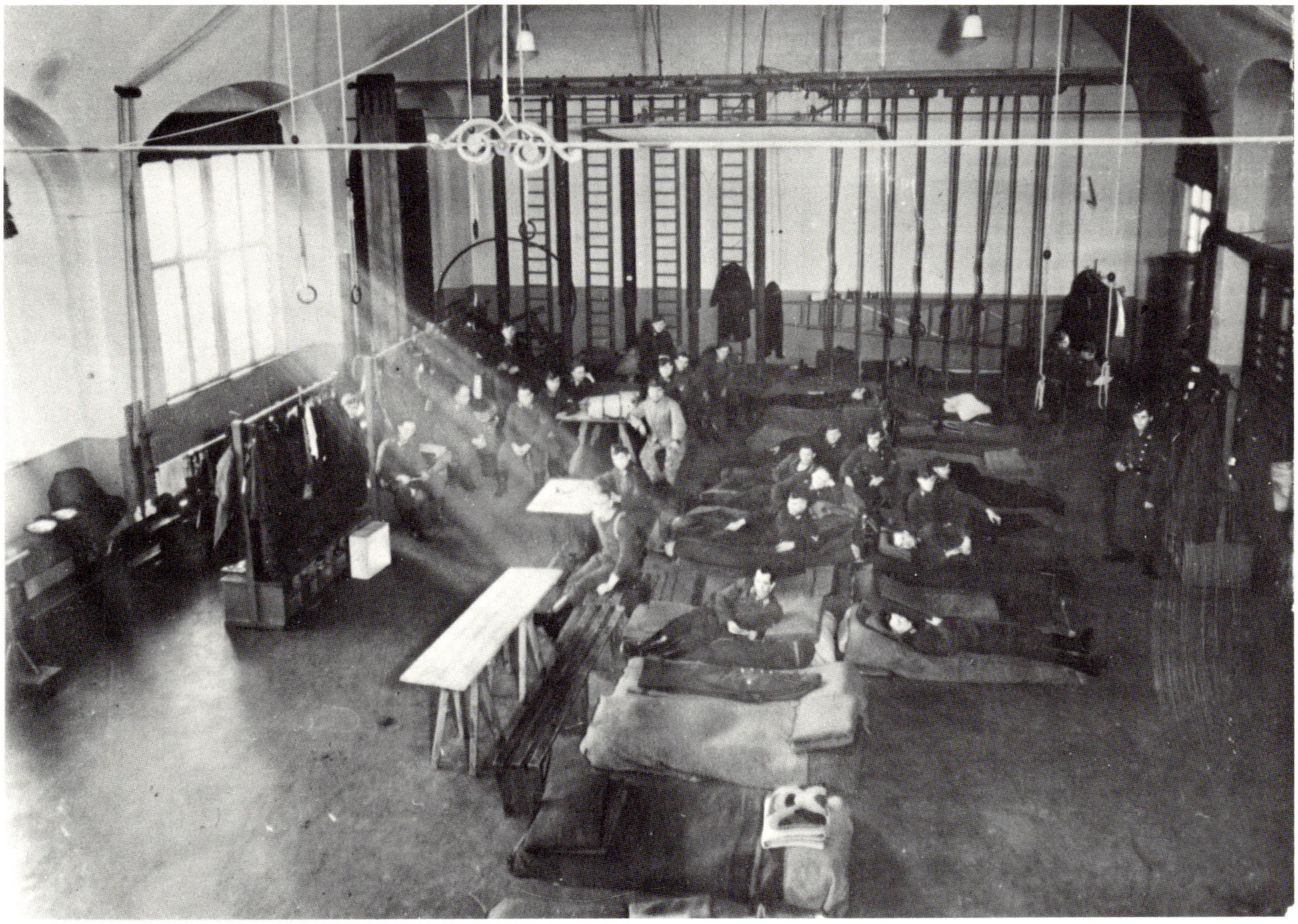

In den Jahren des von den Nationalsozialisten angezettelten Zweiten Weltkrieges wird die Schule inhaltlich und organisatorisch vom Krieg geprägt. Geschichte, Erdkunde, Deutsch, Sport und andere Fächer zielen auf körperliche und moralische «Wehrertüchtigung». Organisatorisch hat der Krieg eine schrittweise Entschulung zur Folge: Schulgebäude werden – etwa zur Einquartierung von Flugabwehrabteilungen (wie 1942 in der 12. Volksschule, Berlin-Wittenau – unser Foto) – zweckentfremdet, Lehrer zur Wehrmacht eingezogen, Schülerinnen und Schüler zu Sammlungen, «Kriegshilfsdiensten» aller Art herangezogen. Immer häufiger fällt der Unterricht aus, bleiben Schulen beispielsweise aus Kohlenmangel wochenlang geschlossen. In den letzten Kriegsjahren werden die Schulen aus den bombardierten Großstädten in ländliche Gebiete verlegt. Das Berliner Hauptschulamt gibt im April 1944 bekannt, daß alle allgemeinbildenden Schulen der Stadt evakuiert sind.

1940 / Folge 37 Illustrierter Beobachter Seite 951

Sommer ohne „ihn"

Zwischen all den Arbeitstagen, für deren gesteigerte Intensität wohl kein Volk der Welt ein so freudiges Verständnis aufbringt wie das deutsche, muß doch auch einmal eine wenn auch noch so kleine Ruhepause ihr Recht finden. Und gerade dafür hat wiederum keine Führung unter den Nationen der Welt ein so tiefes Verständnis wie die nationalsozialistische. Kraft durch Freude ist eine sehr weise Erkenntnis. Diese Freude soll gerade jetzt, in einer Zeit, die mehr denn je Kraft verlangt, nicht zu kurz kommen!

Sonnenbad nach dem Ballspiel mit einer Tüte Pflaumen. Wer den Stein am weitesten spuckt, darf die nächsten Tüten holen. Es wird genau gemessen!

Aufnahmen: Hilde Zenker (Witzleben) · Joh. Minli Beer

„Weißt du noch, Senta? Beim letzten Besuch hier waren wir noch zu dritt. Wirst du ‚ihn' denn überhaupt wiedererkennen?"

Der Krieg macht's möglich

Sortieren von Patronenhülsen

Modenschau: die ‹Modelle› sind aus Stoffresten zusammengestückelt

Am Krieg verdienen

Am Krieg verdienen

Am 1. September 1939 beginnt mit dem deutschen Überfall auf Polen der Zweite Weltkrieg. Anders als 1914 löst der Kriegsausbruch bei der Masse der Bevölkerung keine Begeisterung aus; die Mehrzahl der Bevölkerung ist eher bedrückt. Eine zeitweilige Änderung des Stimmungsbildes bewirken die erfolgreichen «Blitzkriege».

Auch wenn der Krieg auf fremdem Territorium geführt wird, so prägt er doch unübersehbar den Alltag in Deutschland. Immer mehr Männer werden eingezogen. Frauen, deren Platz die NS-Ideologie bislang nur im Heim, am Herd und im Wochenbett sah, übernehmen ihre Arbeit. Das Bild der Vorkriegszeit von der «treuen Nesthüterin» wird aufgeweicht. Jetzt machen Frauen sogar Urlaub ohne «ihn», sind nicht länger Vertreterinnen des «schwachen» Geschlechts.

Die Zahl der Beschäftigten in der Rüstungsindustrie steigt von 2,4 Millionen (1939) auf 5,3 Millionen (1941). Trotz Arbeitszeitverlängerung, ständiger Appelle, die «Erzeugungsschlacht» zu forcieren, steigender Arbeitshetze und zunehmender Frauenbeschäftigung verschärft sich der Arbeitskräftemangel. Im Januar 1943 wird für alle nichtberufstätigen Frauen die Arbeitspflicht eingeführt. Doch diese Anordnung bringt nicht den gewünschten Erfolg, zumal sich ihr viele Frauen, besonders aus wohlhabenden Schichten, entziehen. Die Nazis verschleppen daher immer mehr Menschen aus besetzten Gebieten, vor allem im Osten, als Zwangsarbeiter nach Deutschland. Insgesamt werden während des Krieges ungefähr 12 Millionen Ausländer in Deutschland eingesetzt.

Größere Einschnitte in den Lebensstandard der Bevölkerung erfolgen zunächst nicht. Durch die Plünderung besetzter Gebiete kann 1940 die Lebensmittelversorgung sogar verbessert und bis 1943 auf diesem Niveau gehalten werden. Textilien, Kohle und andere für den Krieg eingesetzte Rohstoffe werden allerdings bald knapp. Eine gigantische Kampagne zur Rohstoffeinsparung bzw. -wiedergewinnung setzt ein. Ab 1943 werden, um die Versorgung mit Nahrungsmitteln zu sichern, in Großstädten Nutzpflanzen angebaut. Doch auch diese Maßnahme kann die zunehmende Verschlechterung der Versorgungslage nicht aufhalten. Viele Städter gehen abends hungrig zu Bett.

Vom Krieg profitieren Großindustrie und Finanzkapital, die schon an der Kriegsvorbereitung Millionen verdienten und durch eine Vielzahl von Denkschriften sowie durch enge personelle Verbindungen mit der NSDAP-Führung auf die Kriegsziele Einfluß nahmen. Betriebe besetzter Länder werden den deutschen Unternehmen zugeschlagen, Rohstoffe geplündert, «fremdvölkische Arbeitskräfte» und KZ-Häftlinge von Krupp, den IG-Farben und anderen Konzernen rücksichtslos ausgebeutet.

Aufruf zu verstärkten Anstrengungen an der Arbeits«front»

Berlin 1942: Grünflächen werden für den Gemüseanbau gepflügt

«Blitzkrieg»-Helden ziehen in Berlin ein

Deutsche Soldaten in der Sowjetunion

Vor einem Berliner Luftschutzkeller

Mit primitiven Mitteln hergestellte Flugblätter und Klebezettel

Berlin 1943

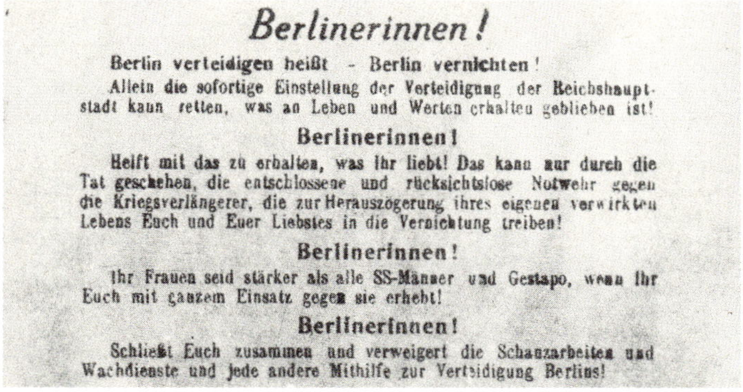

Berlinerinnen!

Berlin verteidigen heißt - Berlin vernichten!
Allein die sofortige Einstellung der Verteidigung der Reichshauptstadt kann retten, was an Leben und Werten erhalten geblieben ist!

Berlinerinnen!

Helft mit das zu erhalten, was Ihr liebt! Das kann nur durch die Tat geschehen, die entschlossene und rücksichtslose Notwehr gegen die Kriegsverlängerer, die zur Herauszögerung ihres eigenen verwirkten Lebens Euch und Euer Liebstes in die Vernichtung treiben!

Berlinerinnen!

Ihr Frauen seid stärker als alle SS-Männer und Gestapo, wenn Ihr Euch mit ganzem Einsatz gegen sie erhebt!

Berlinerinnen!

Schließt Euch zusammen und verweigert die Schanzarbeiten und Wachdienste und jede andere Mithilfe zur Verteidigung Berlins!

Flugblatt aus den letzten Wochen des Krieges

Die deutsche Wehrmacht ist erfolgreich. In wenigen Tagen ist Polen besiegt. Kurz darauf werden Dänemark, Norwegen, die Niederlande, Luxemburg, Belgien und Frankreich überrollt. 1941 beginnt die Offensive in Afrika, marschieren deutsche Truppen in Jugoslawien ein und greifen Griechenland an. Im Juni wird die Sowjetunion überfallen.

Hier kommt der Siegeszug bald zum Stehen. Mit der Niederlage von Stalingrad im Winter 1942/43 wendet sich das Blatt, der Niedergang des Dritten Reiches beginnt.

Unmittelbar nach Kriegsbeginn werden in Deutschland mehrere tausend Antifaschisten verhaftet. Wer öffentlich – so ein Erlaß – «am Sieg des deutschen Volkes zweifelt oder das Recht des Krieges in Frage stellt» wird schwer bestraft. Je deutlicher sich der Untergang des Nationalsozialismus abzeichnet, desto größere Ausmaße nimmt der Terror in Deutschland und in den besetzten Ländern an. Den deutschen Truppen folgt die SS nach und organisiert die Vernichtung der Juden und anderer «minderwertiger Rassen» und «Untermenschen»; die Zivilbevölkerung in den okkupierten Staaten ist brutalen Willkürmaßnahmen ausgesetzt.

Trotz des NS-Terrors weitet sich, vor allem in den industriellen Zentren Deutschlands, der Widerstand aus; zu einer Massenbewegung wie in der zweiten Hälfte des Ersten Weltkriegs kommt es jedoch nicht.

Schon 1940 erreicht der Krieg die deutschen Städte. Halten sich anfangs die britischen und amerikanischen Luftangriffe noch in Grenzen, so nehmen sie ab 1942 an Häufigkeit und Vernichtungskraft spürbar zu. Auf Nachtangriffe folgen ab 1943 auch Tagesangriffe. Sie bestimmen immer mehr den Lebensrhythmus der Bevölkerung, fordern etwa 500000 Tote und verwandeln Deutschland in ein Trümmerfeld. Im September 1944 überschreiten alliierte Truppen die deutsche Westgrenze, im Oktober die Ostgrenze.

Berlin 1945

Menschenverluste im Zweiten Weltkrieg
Etwa 50 Millionen Tote. 35 Millionen Versehrte und 20 Millionen Verwaiste insgesamt

Darunter	Tote	Prozent *
UdSSR	20000000	10,4
Polen	6028800	17,2
Deutschland	6000000	8,8
Japan	2000000	2,7
Jugoslawien	1706000	10,9
Frankreich	635000	1,6
Griechenland	520000	7,2
USA	503000	0,4
Österreich	485000	7,2
Rumänien	460000	3,4
Ungarn	420000	3,0
Italien	410000	0,9
ČSR	400000	2,7
Großbritannien	388000	0,8
Niederlande	210000	2,3

* *bezogen auf die jeweilige Vorkriegsbevölkerung*

Zeitzeugen berichten über die Schulzeit im Krieg

Lucia K., geboren 1931.

Es kam der Krieg. Wir waren in einen Außenbezirk Berlins gezogen. Ich hatte also wieder die Schule gewechselt. Ich erinnere mich an die ersten Schlachtergebnisse, an die Erfolge des Nationalsozialismus. Da kamen die Lehrer in die Klasse: «Wir haben wieder eine Sondermeldung. Ihr habt sie doch gehört. Wir danken unserem Führer dafür.» Das «Engelandlied» mußten wir lernen: «Bomben, Bomben, Bomben auf Engeland». Das waren Dinge, die mich ständig in einen Widerspruch brachten. Ich wußte nicht mal, warum. Ich wollte auch unbedingt eine Uniform haben, denn alle hatten eine Uniform. Die ganze Klasse wurde geschlossen in den Jungmädelbund übernommen. Meine Eltern weigerten sich, mir eine Uniform zu kaufen. Das war für sie überhaupt kein Gesprächsthema. Als einzige in der Klasse hatte ich dann auch keine, bis ich von einer Freundin eine abgetragene Uniformjacke geschenkt bekam.

Ich wurde automatisch mit in den Jungmädelbund übernommen, denn ich war deutsche Staatsbürgerin. Verfolgte waren wir nicht. Aber Polen war ja ein besetztes Land, und da gab es dann für uns schon Probleme, denn mein Vater half seiner Familie in Polen. Zwei Brüder kamen in Konzentrationslager. Die Familien wurden auseinandergerissen, und mein Vater versuchte, seinen Nichten zu helfen. Er hat es dann auch geschafft, daß eine zu uns kam. Diese Nichte, also meine Kusine, konnte mit der Begründung, daß meine Mutter entlastet werden müßte, die ganze Zeit bei uns bleiben. Sie mußte sich aber regelmäßig melden und eigentlich das «P» tragen, wie die Juden den Judenstern. Das tat sie aber nicht. Wenn sie zur Meldestelle ging, hat sie es mitgenommen. Immer hinter der Litfaßsäule am Rathaus war es dann soweit, da mußte sie das «P» anstecken. Ich habe immer nur gedacht, hoffentlich kommt keine aus meiner Klasse, was sage ich dann? Denn sie kannten ja die Ellie. Ellie machte dann ihr «P» dran, ging über den Damm ins Rathaus und kam nach kurzer Zeit wieder runter. Das waren fiese Spaziergänge, denn ich habe ihre Abneigung, ihre Ohnmacht, ihre Wut – auch gegen mich – sehr stark gespürt.

Mit Ellie bin ich dann auch nach Polen gefahren, damit sie mal nach Hause konnte. Ohne «P», das «P» war aber immer in der Tasche. Wenn Kontrollen kamen, mußte ich auf den Gang raus, denn sie mußte ihr «P» dann anmachen. Danach sind wir in einen anderen Wagen gegangen, wo man uns nicht kannte.

Mein Vater hat versucht, seinen Brüdern zu helfen. Sogar über Göring hat er versucht, etwas zu erreichen. Sie waren zuerst in Oranienburg, dann in Dachau und dann in Lublin, dort sind sie geblieben. Es kamen viele Leute, und viele Gespräche wurden geführt. Ich kann mich aber nicht erinnern, daß meine Eltern je gesagt hätten: «Wenn du darüber sprichst, dann passiert uns etwas Furchtbares.» Es war einfach selbstverständlich, daß die Dinge nicht aus dem Hause getragen wurden. Wenn ich rückblickend darüber nachdenke, finde ich das für ein Kind eine irre Belastung. Wahrscheinlich hatte ich deshalb als Kind nur einen Wunsch: zu spielen. Wenn man mich fragte: «Was möchtest du?», dann wollte ich immer spielen. Spielen bedeutete für mich total frei sein. Als man mich fragte, ob ich auf das Gymnasium gehen wolle, habe ich gefragt: «Was macht man auf dem Gymnasium?» – «Du wirst lernen, zum Beispiel Englisch lernen.» Das wollte ich nicht, denn die Fremdsprache, die ich kannte – wir sprachen zu Hause Deutsch und Polnisch – war verboten, weshalb sollte ich noch eine Fremdsprache lernen. Noch dazu Englisch, wo wir doch sangen: «Bomben auf Engeland.» Ich wollte spielen, denn man ließ mir keinen Raum für meine Empfindungen.

Für mich gab es immer den Konflikt zwischen dem Elternhaus und dem Leben draußen. Als wir zu der Vereidigung für den Jungmädelbund gingen, habe ich zu meinen Eltern gesagt: «Ich muß schwören.» Das war für mich etwas Hohes und Hehres, man schwor schließlich nicht alle Tage. Meine Mutter sagte: «Das kannst du nicht.» Ich sagte: «Aber ich muß da hingehen.» Ich wollte auch mitmachen, ich wollte nicht anders sein. Ich ging hin und habe gedacht: Also schwören sollst du nicht, aber du mußt es ja. Es war in einem Kino. Oben auf der Bühne standen der Ortsgruppenleiter und die Scharführerin. Es war eine feierliche Stimmung, der Saal war mit schönen Blumen und vielen Fahnen geschmückt. Das hat mir imponiert und auch Spaß gemacht. Und nun sollte ich also schwören. Das Problem habe ich so gelöst: Ich bin in die Mitte des Kinos in eine mittlere Reihe gegangen und habe gedacht: Die vorne sprechen laut, die hinter dir sprechen laut, rechts und links sprechen sie laut, und wenn du nur den Mund bewegst, dann lügst du nicht. Lieber Gott, ich lüge nicht, denn ich schwöre ja nicht. Ich habe dann nur die Lippen bewegt.

Bei den Jungmädel gab es auch schöne Dinge. Ich denke da zum Beispiel an Kasperleköpfe, die wir aus Pappmaché formten. Wir lasen, wir sangen wunderschöne Lieder, mehrstimmig. Da ich aus einem sehr musischen Elternhaus kommen, kam mir das sehr entgegen. Ich empfand es als etwas sehr Schönes, in lockerer Gemeinschaft mit denen zu sein, mit denen ich sonst nur lernte. Aber erstens bekam ich keine Uniform, und zweitens wollten meine Eltern nicht, daß ich hinging. Meine Mutter gab mir des öfteren einen Entschuldigungszettel, aber sie konnte mich nicht immer entschuldigen. Am schlimmsten waren die Sonntagsappelle. Da mußte man hingehen. Sicher machte man sonntags auch mal etwas Schönes. Ich habe zum Beispiel meine erste Opernaufführung mit den Jungmädeln in der Berliner Oper gehört. Das war für mich ein absoluter Höhepunkt. Ich kam nach Hause voll Musik, und ich wußte, das war mein größtes Erlebnis. Keine Resonanz zu Hause, das existierte überhaupt nicht. Sonntags, wenn die Appelle waren, hieß es dann: «Du gehst in die Kirche!» Bei den Jungmädeln dann: «Warum kommst du nicht zum Appell?» Dann mußte man – denn man war stark, man war pflichtbewußt und diszipliniert, das war etwas, das zum Lebensinhalt wurde –, dann mußte man vor die gesamte Klasse treten und sagen: «Ich komme am Sonntag nicht zum Appell!» – «Und warum nicht? Du weißt doch, unser Führer sieht das gerne, wir sind doch dann zusammen, und Gemeinschaft macht stark.» Und dann mußte ich sagen: «Ich gehe in die Kirche.»

An noch etwas kann ich mich gut erinnern: An die Verleihung des Mutterkreuzes. In der Schule wurde gefragt: «Wieviele Kinder seid ihr zu Hause?» – «Eins», «Drei», «Zwei», waren die Antworten. «Lucia, wie viele bei euch?» – «Acht!» – «Das ist die Mutter, die ehren wir!» Ich kam nach Hause und sagte zu meiner Mutter: «Du, Mutti, du mußt in die Schule kommen, du wirst geehrt, und du bekommst dann ein Kreuz.» Ich habe nicht verstanden, weshalb meine Mutter das nicht gut fand. Sie wollte nicht in die Schule gehen. Sie besprach sich mit einer Mutter, die zehn Kinder hatte und zu unserer Kirchengemeinde gehörte. Diese Frau sagte: «Wir gehen dort hin, es hat keinen Sinn, es nicht zu tun.» Es war wieder etwas Schönes. Denn wir sangen für unsere Mütter, und jede Mutter bekam einen Blumenkranz. Wir haben auch getanzt, und zwar den Glühwürmchentanz. Bei diesem Auftritt trugen wir Kreppröcke. Ich hatte von zu Hause keinen Krepprock bekommen. Wenn meiner Freundin nicht ein Krepprock mißlungen wäre, hätte ich keinen gehabt. Es wurde aber zu Hause gar nicht viel darüber gesprochen, es hieß eben: «Nein!» Meine Mutter mußte nach vorne kommen, und alles applaudierte. Sie hatte mit der Bekannten aus

78

HJ. hilft

Schön ist der Winter!

Jeden Tag bringt er etwas Feines!

Heute geht's zum Rodeln und morgen zum Schlittschuhlaufen.

Ein andermal gibt's eine Schneeballschlacht.

Ist das nicht fein?

Ja, schön ist der Winter!

Für alle?

Nein, nicht für alle. Nicht jeder Vater hat Arbeit. Nicht alle Eltern können ihre Kinder warm anziehen und sie satt machen. Nicht jeder hat eine warme Stube.

Viel Not ist um uns herum, und jeder muß helfen, so gut er kann.

Das wißt ihr auch schon. Und ihr wißt auch, wie gern die Hitlerjungen und Hitlermädel helfen. Ihr wißt, wie gern sie fürs Weihnachtsfest gearbeitet haben. Und nicht nur die Großen, auch das Jungvolk war eifrig dabei.

Mit ihren Laubsägen saßen die Jungen da und sägten kleine Tiere aus. Andere sammelten Spielsachen in Häusern, in denen keine kleinen Kinder mehr sind. Und diese Spielsachen machten sie heil und malten sie an. Sie sahen aus wie neue Sachen. Die Mädchen nähten Puppenkleider; und aus alten Kleidern machten sie neue. Die Großen aber, die packten Pakete und fuhren den Bedürftigen Kartoffeln und Kohlen ins Haus.

Wir alle wollen jeden Tag denken an Adolf Hitlers Wort: „Keiner soll hungern! Keiner soll frieren!"

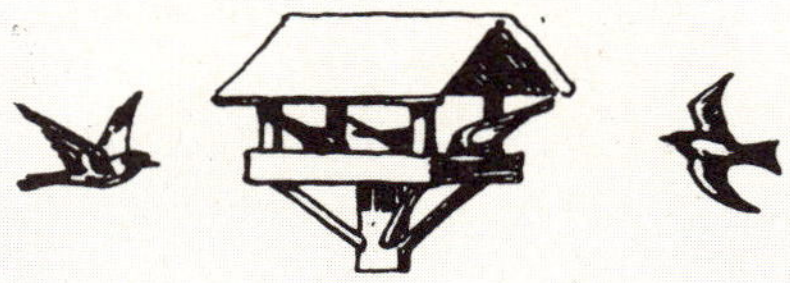

Die Fibel «Fröhliche Fahrt» verknüpft Hilfsbereitschaft mit der Person Hitlers

der Gemeinde die meisten Kinder, zehn und acht Kinder. Für den Führer! Alles klatschte. Das war für mich unheimlich gut und schön. Wir kamen nach Hause, meine Mutter hat das Ding hingelegt und hat es niemals getragen. Es war nichts! Ich konnte es nicht verstehen, daß man so geehrt wird und es ablehnt.

In der Schule und bei den Jungmädeln hieß es immer: Wir helfen! Wir helfen unseren Vätern, wir helfen unseren Brüdern, wir helfen den Männern. Es waren weniger die Väter und Brüder, es waren unsere Männer, unser Volk. Wer wollte dem Volk nicht helfen! Wenn man mich gefragt hat, habe ich immer ja gesagt, ich will helfen. Ich habe auch für das Winter-

hilfswerk gestrickt, lauter Knoten, denn ich konnte nicht stricken, aber meine Mutter half mir nicht. Sie sagte: «Ich helfe dir nicht. Wenn du für das Winterhilfswerk stricken willst, dann stricke.» Dann half mir meine Großmutter.

Ich wollte mit den anderen einfach mithalten und auch mal schreiben, daß ich zum Beispiel für das Winterhilfswerk gesammelt hätte. Wofür habe ich denn schon gesammelt? Für irgendwelche armen Leute, denen wir ständig etwas nach Polen geschickt haben. Das durfte ich aber nicht einmal sagen. Wenn ich dann in Polen war, hat man gesehen, daß ich eine Deutsche bin. Ich war wieder anders als die anderen. Wenn ich einen kurzen Besuch bei den Verwandten machte, habe ich Reisemarken für einen ganzen Monat mitgebracht, damit die etwas kaufen konnten.

Uns wurde auch immer dieses Idol – der deutsche Mann, die deutsche Frau – vermittelt. Ich dachte, meine Mutter ist gar nicht so schön, sie ist brünett. Mein Vater war wohlbeleibt und auch dunkel. Wir entsprachen in keiner Weise dem Vorbild. Es gab aber eine Schulkameradin, die lange blonde Zöpfe hatte und deren Schwester Scharführerin war, das wurde schon sehr lobend in der Klasse erwähnt. So eine Schwester wollte ich auch haben, vor allem eine mit langen blonden Zöpfen. Ich weiß auch, daß ich mir Zöpfe habe wachsen lassen, aber meine waren schwarz und dünn. Da konnte ich überhaupt nicht mithalten. Ich stellte fest, daß diese Kinder freier waren, freier in ihrer Aussage, spontaner. «Meine Schwester ist vom Gruppenleiter nach Hause gefahren worden» oder «Meine Schwester war beim Führer». Ich hatte gar nicht den Wunsch, aber ich habe gemerkt, daß das etwas ganz Dolles war. Und so etwas Dolles hatte ich nie. Daß ich meine Reisemarken in der Tasche hatte und meine Eltern mir genau gesagt hatten, was ich sagen muß, wenn in dem Zug Kontrollen kommen, darüber konnte ich nicht sprechen.

Ich glaube, meine Klasse hatte Glück mit dem Lehrer. Ich kann mich so an Äußerungen erinnern. Er sagte: «Eigentlich müßte ich euch das und das erzählen.» Oder: Der Lehrer stand vorne und sang das Lied «Der König in Thule» und sagte dann: «Das paßt eigentlich überhaupt nicht hierher, aber ich wollte es euch mal vorsingen – ich sollte es eigentlich nicht vorsingen – aber ich finde, ihr solltet hören, wie schön es ist.» Ich fand das Lied schön, weil es Klänge in Moll hatte. Das zum Beispiel war etwas, das mir zum Denken Anlaß gab. Warum? Warum? Aber ich habe nie gefragt! Ich hatte auch immer Angst, ich müßte dann von zu Hause etwas erzählen.

Der Sportunterricht hatte an der Schule einen hohen Stellenwert. Man ist gestählt! Wer in Sport gute Leistungen brachte, hatte einen gestählten Körper. Sport war für mich eine Möglichkeit, mich auszuleben. Ich bekam Medaillen und Urkunden. Im Weitspringen war ich sogar einmal die Beste der Schule und bekam ein Buch. Das war aber dann mit Fliegeralarm verbunden. Wir mußten alle ganz schnell in den Keller, und damit war der ganze heroische Aufmarsch zu Ende. Man zitterte unten im Keller, und wenn man nicht zitterte, so war man zumindest sehr still, man war besorgt.

Der Anfang des Rußlandfeldzuges verbindet sich für mich mit einem konkreten Erlebnis. Ich sehe noch: Ein Zug steht bei uns auf dem Bahnhof. Ich bin mit meinem Vater auf dem Weg zur Kirche. Da sagt mein Vater zu mir: «Guck mal, da steht der Göring!» Und da sehe ich einen gutaussehenden Mann in einem wunderschönen rotgrünen Morgenmantel aus Velours, und aus dem Ärmel hingen ganz breite Spitzen. Heute würde ich sagen, der hätte auf die Bühne gepaßt. Mein Vater stand stumm davor. Ich weiß, wie dann auf dem Bahnhof die Meldung kam: Einmarsch in Rußland. Mein Vater hat gesagt: «Das ist das Ende.»

Dann der Elendszug der russischen Gefangenen. Es stand wieder ein Sonderzug auf dem Bahnhof. Russische Kriegsgefangene. Sie hatten nichts, sie hatten nicht einmal Schuhe. Es war Winter, und sie hatten nur Lappen um die Füße. Wir gingen zur Kirche und kamen an dem Zug vorbei. Mein Vater sagte: «Guck dir das an, aber dreh dich nicht um!» Es war auch etwas, was ich überhaupt nicht begreifen konnte. Warum durfte ich nicht hingehen, denen eine Mark geben? Meine Eltern halfen doch sonst jedem, der Hilfe wollte.

Mein Vater beschäftigte polnische und russische Kriegsgefangene in seiner Keksfabrik. Er legte ganz bewußt Wert darauf, daß es ein kriegswichtiger Betrieb sei. Dadurch konnte er jeden Tag in ein Lager fahren und Polen oder Russen holen. Sie durften weder verpflegt werden, noch durften sie den Wagen, mit dem er sie abholte, oder den Betrieb verlassen. Er hat ihnen gesagt: «Ihr müßt hier arbeiten, und ihr müßt viel arbeiten.» Aber er wollte auch, daß sie sich mal richtig satt essen. Als mein Vater sehr plötzlich starb, waren diese Leute auch bei uns im Betrieb, und sie wußten nun überhaupt nicht, was kommt. Ich weiß, daß sie unbedingt zu der Beerdigung wollten. Darauf stand die Todesstrafe. Sie durften ja nicht raus. Sie haben dann von einem Faß einen Stahlreifen genommen und haben aus eingefärbtem Butterbrotpapier Blüten geformt und um diesen Eisenkranz gelegt. Mein Großvater hat sie in dem Wagen zur Beerdigung mitgebracht – darauf stand wirklich die Todesstrafe. Sie standen am Sarg mit diesem Kranz, haben ihn hingelegt und sind dann sofort wieder zurückgefahren.

Nach der Beerdigung hatte ich zwei oder drei Tage schulfrei. Als ich wiederkam, brachte mich der Lehrer in das Klassenzimmer, legte den Arm um mich und sagte der Klasse, daß mein Vater gestorben sei, und acht Kinder seien zurückgeblieben. Acht Kinder für unseren Führer. Dabei drückte er mich, ich fühlte seine Nähe, und er brachte mich dann auf meinen Platz. Das sind sehr gute Erinnerungen an einen Lehrer.

Mir gab dann später zu denken: Der Prügellehrer ist umgekommen, und dieser nette Lehrer ist auch umgekommen, er hat sich das Leben genommen 1945. Das war ein Bruch. Das konnte ich absolut nicht verstehen. Er war ja gut. Es hieß nur, Lehrer G. hat sich in seinem Haus erschossen.

An der Schule gab es auch ganz stramme Nationalsozialisten. Es war auch einer dabei, der furchtbar gerne prügelte. Zucht und Ordnung! Das waren Lehrer, die auch Uniform trugen. Auch in dieser Klasse gab es einen Schüler, der nie Schularbeiten machte. Einer, der sich über alles hinwegsetzte. Er bekam oft Prügel, weil er nichts tat. Er sagte dann immer: «Keile vergeht, Arsch besteht.» So ging er von der hintersten Bank nach vorne, bückte sich und ging wieder zurück. Er hat nie geweint.

Ich weiß auch, daß wir in der Schule von Lehrern zur Denunziation aufgefordert wurden. Da wußte ich genau: das kommt für mich niemals in Frage. Wir Schüler haben untereinander darüber gesprochen. Eine sagte dann: «Ich weiß, meine Mutter ging auch neulich nicht zur NS-Frauenschaft.» Aber sie ging halt, sie ging nur mal nicht. Ich glaube, wir haben das Wort «Denunziation» nicht in seiner Tragweite begriffen. Ich kann mich deutlich erinnern, wie der Lehrer durch die Reihen ging und immer sagte, was wichtig ist und was man nicht tut. Also: «Rohstoffsparen ist wichtig und wenn ihr jemanden wißt, der Kohlenklau ist, dann müßt ihr das sagen. Wenn man einen Gefangenen sieht, der auf der Flucht ist, dann muß man das sagen. Der ist unser Gefangener und muß es auch bleiben, dem passiert nichts. Das könnt ihr euren Eltern sagen, das könnt ihr dem Lehrer sagen und das könnt ihr auch eurer Scharführerin sagen.» (Fortsetzung Seite 226)

HANS JOCHEN M., geboren 1930.

Die Schule im Krieg war durch häufigen Unterrichtsausfall und Luftschutzwachen gekennzeichnet. Es gab Tag- und Nachtwachen. Diese Tagwachen habe ich gern gemacht. Man konnte sich einen kleinen Nebenverdienst erwerben, es gab pro Tag 50 Pfennig. Für die Nacht eine Mark. Aber in der Nacht zeigten sich oft diese terroristischen Elemente, die in der ganzen Gesellschaft zu finden waren. Es war üblich, irgend jemand aus irgendwelchen Gründen zum Sündenbock zu stempeln, der dann von den anderen verprügelt wurde. Wenn sie glaubten, daß der Betreffende, auf den sie es abgesehen hatten, schlief – ein beliebter Vorwand war: er stinke, er sei schmutzig und müsse abgeduscht werden –, schleppten sie ihn in den Waschraum und spritzten ihn mit eiskaltem Wasser ab. Oder sie überfielen ihn, hielten ihn auf dem Bett fest, schmierten das Gesäß mit Schuhcreme ein und prügelten dann mit den Lederriemen ihrer Uniformen auf ihn ein. Ich war einmal Zeuge einer solchen nächtlichen Aktion, danach habe ich mich nie wieder zur Nachtwache gemeldet.

Die Luftschutzwache war eine Bewachungs-, Melde- und Kontrollaufgabe. Vor allen Dingen mußte man auf die Brandbomben achten. Das waren achtkantige Stäbe, die nicht mal einen Meter lang waren. Da sie aus großer Höhe abgeworfen wurden, schlugen sie durch sämtliche Decken. Wenn man sie schnell entdeckte und sie sich noch nicht zu sehr entzündet hatten, waren sie relativ ungefährlich. Man konnte sie dann möglicherweise noch löschen, wenn man Sand draufschüttete. Da es Phosphorbomben waren, hätten sie bei Wasser erst recht gebrannt.

Als die Bombenangriffe immer häufiger wurden, kam ich 1943 in ein Kinderlandverschickungslager in Rochlitz. Dort hatten wir mehr oder weniger normalen Schulunterricht. Aber der ganze Tag war völlig verplant. Morgens wurde ein Tagesplan angeschlagen, der auch die knappe Freizeit festsetzte. Für nachmittags hatte man solche Dinge wie die Putz- und Flickstunde erfunden, in der wir unsere Sachen in Ordnung bringen mußten. Was man gemacht hatte, wurde ganz genau kontrolliert, unerträglich langsam, verbunden mit Schikanen. Wenn die Schuhe nicht ganz blank spiegelten oder auf der Sohle noch ein Stäubchen war, wurde der Schuh in den Schmutz geworfen und mußte neu geputzt werden. In den Wäschespinden mußten die Hemden ganz genau auf Kante gelegt werden. Wenn das den Führer in seiner pedantischen Ordnung nicht überzeugte, riß er alles heraus, und man durfte wieder von vorn mit dem Einräumen beginnen. Auch das Bett mußte immer ganz ordentlich aussehen und ganz glattgestrichen sein. Das war übrigens sehr schwierig, weil das Strohsäcke waren, die sich binnen kurzem durchlagen. Zwar wurden die Strohsäcke ab und zu nachgefüllt, aber bis dahin war das Stroh wirklich schon zu Häcksel geworden. Der HJ-Führer stürzte auch gern nachts in das Zimmer, weil irgend jemand laut gewesen war oder gestört hatte. Dann gingen auch nachts die Schikanen los. Er kommandierte: «Auf die Betten, unter die Betten, neben die Betten, vor die Betten!» Das ging so lange, bis wir alle ganz verwirrt und durcheinander waren, und das Zimmer in einen so schrecklichen Zustand geraten war, daß erst einmal das ganze Zimmer in Ordnung gebracht werden mußte. Es kam auch vor, daß wir alle für jemanden bestraft werden sollten, der seine Sache nicht ordentlich gemacht hatte.

Diese Schikaniererei hat bei uns Schülern zu einem gewissen Widerstand geführt. Irgendwann drehten wir vollkommen durch, warfen die ganzen Betten raus, stürzten die Tische und Stühle um. Wer von den Lehrern oder Führern Ordnung zu schaffen versuchte, bekam etwas an den Kopf geworfen. Die trauten sich schließlich nicht eher runter, bis wir uns

Den Ordnungs- und Sauberkeitsdrill schätzten viele Erwachsene an der HJ: Stiefelappell

ausgetobt hatten. Dann mußten wir zur Strafe antreten und so lange marschieren, bis der Führer meinte, daß sich der Aufstand beruhigt hätte. Ich kann mich allerdings an einen Marsch erinnern, bei dem unsere Erregung über irgendwelche Schikanen so groß war, daß wir auf sein Wendekommando nicht reagierten. Wir begannen erst leise, dann immer lauter zu singen: «Wir haben noch nicht, wir haben noch lange nicht die Schnauze voll.» Der Führer hatte es zwar satt, noch weiter durch die Nacht zu marschieren, aber dieser Herausforderung konnte er sich nicht entziehen. Wir marschierten weiter. Beim nächsten Wendekommando begannen wir wieder mit unserem Liedchen. In dieser Form hat sich unser spontaner jugendlicher Unmut Luft gemacht. (Fortsetzung Seite 227)

HERBERT K., geboren 1926.

Die Rundfunkspielschar Berlin ist 1939 gegründet worden. Diese Rundfunkspielschar hatte die Aufgabe, nationalsozialistisches Gedankengut in jeder künstlerischen Form über die Reichssender zu verbreiten und die Jugend draußen über das Radio zu beeinflussen. Es wurde eine Sondersendung eingerichtet, die hieß «Jugend musiziert». Jeden Sonntag mittag um 12 Uhr war sie zu hören. Diese Sendung wurde mit uns produziert. Wir hatten jeden Tag Dienst, von 18 bis 24 Uhr, außer Montag. Deshalb bekamen wir einen Sonderausweis, sonst hätten wir als Jugendliche nach 22 Uhr nicht auf der Straße sein dürfen. Der Staatsschutz hat jeden Jugendlichen kontrolliert, der nach 22 Uhr unterwegs war.

Meine Mutter hat furchtbar geschimpft, daß wir so viel Dienst hatten. Sie war mißtrauisch und glaubte, ich hätte eine Freundin. Jeden Tag, das kann doch nicht sein, hat sie gedacht und ist mir mal nachgefahren. Der späte Dienst war natürlich auch eine enorme Belastung, denn morgens um 8 mußte ich wieder in der Schule sein.

Ich kam zu der Rundfunkspielschar über ein Sommerlager der HJ. Das fing ganz harmlos an. Zwei Männer der Reichsjugendführung, die das Lager besuchten, hörten mich Akkordeon spielen. Ich hatte schon seit einer Weile privaten Unterricht bei einem sehr bekannten Akkordeonspieler. Die Ferien waren vorbei, ich war längst wieder zu Hause, da erhielt ich plötzlich einen Brief von der Reichsjugendführung Berlin. Da stand kurz und lapidar drin: Du wirst gebeten, Dich am 5. Oktober um 20 Uhr im Reichssender Berlin, Sendesaal 1, mit Deinem Instrument einzufinden. Heil Hitler, Reichsjugendführer, Abteilung Propaganda oder was weiß ich. Ich bin hingegangen. Es waren über 2000 Bewerber aus dem ganzen Reich, 100 wurden genommen. Als ich dran war, war es schon irre spät. «Was machst du?» – «Akkordeon spielen.» – «Kannst du nach Noten spielen?» – «Ja.» Ich habe ein ganz schweres Musikstück vorgespielt, «Im Zigeunerlager». Dann mußte ich an den Richtertisch gehen. Da guckte mich der eine von oben bis unten an und sagte: «Sehr groß ist er nicht, blaue Augen hat er nicht, blond ist er nicht. Naja, stellen wir ihn in die zweite Reihe.» 14 Tage später kriegte ich einen Brief: Ab nächsten 1. gehörst Du nicht mehr zum Fähnlein Kärnten, sondern bist der Reichsjugendführung unterstellt. Ich bin aus allen Wolken gefallen.

Mit der Rundfunkspielschar Berlin haben wir im Dezember 1941 eine Auslandsfahrt gemacht, und zwar nach Italien. Ab München hatten wir einen Sonderzug, wir waren 200 Jungen und Mädchen. In Italien haben wir richtige Konzerte gegeben. Das ganze Programm ging von 20 Uhr bis 23 Uhr. Drei Stunden, das war wirklich knallhart. Auf Sizilien haben wir deutsche Feldflughäfen besucht und dort Aufführungen gemacht. Während einer der Aufführungen gab es einen Tieffliegerangriff. Wir blieben alle unverletzt. Bei der Rundfunkspielschar haben wir auch amerikanische und englische Hits kennengelernt. Auf der Rückfahrt von Italien haben wir mit unserem Sonderzug auf dem Brenner gestanden. Zum Abschied spielte die italienische Kapelle einen unerhörten Jazz. Und zwar den «Tigerrag». Da haben wir gesagt, was die können, können wir auch. Und wir spielten nachts um 12 bei einem irrsinnigen Schneetreiben den tollsten Jazz. Der Zugbegleiter war ganz verzweifelt, weil er abfahren wollte. Wir sind einfach nicht vom Perron runtergegangen. Wir haben uns gesagt, jetzt werden wir es denen zeigen. Das hat einen Riesenkrach gegeben, als wir in München ankamen. Da hieß es: Also, Italien ist zu Ende, was ihr da erlebt habt, vergeßt es, südliches Land, andere Temperamente, und den Jazz, den wollen wir auch vergessen.

Unsere Schule gehörte zu den ersten, die die Schüler in die Kinderlandverschickung schickten. Der Lehrer kam morgens in die Klasse und sagte: «Unser Führer hat auf Empfehlung der Reichsjugendführung verfügt, daß die Schüler vor den Terrorangriffen zu schützen sind ... wir werden also in nicht gefährdete Gebiete geschickt. Es kostet eure Eltern gar nichts, der Unterricht geht weiter, Näheres werdet ihr dann erfahren.» Am nächsten Tag wurde die ganze Schule vom Direktor in die Aula bestellt. Uns wurde erzählt, wie wichtig das für uns alle ist. Das haben wir auch eingesehen, denn durch den häufigen Luftschutzdienst waren wir oft übernächtigt. Der Dienst sah so aus: Man konnte nachmittags nach Hause, brauchte keine Schularbeiten zu machen, mußte sich dann um 18 Uhr in der Schule melden. Dann saß man oben auf dem Boden in einem Luftschutzraum mit Telefon und mußte die ganze Nacht UKW hören und wach bleiben. Morgens konnte man nach Hause gehen und schlafen. Das war eine enorme Belastung.

Drei Tage vor der Abfahrt haben wir erst erfahren, daß es in die Ostmark ging, aber wohin wußte keiner. Es wußte auch keiner, wie lange wir wegbleiben sollten, es hieß, mindestens ein halbes Jahr.

Ich habe die Kinderlandverschickung als sehr wohltuend empfunden, weil ich endlich nicht mehr dauernd irgend etwas zu tun hatte. Am Anfang wurde noch versucht, Unterricht zu machen, aber wegen unmöglicher Wetterverhältnisse – es war irre Kälte und sehr hoher Schnee – fiel der Unterricht praktisch aus. Es wurde höchstens ein paar Stunden vormittags unterrichtet. Um zwölf gab es Mittagessen, wir hatten sehr gutes Essen und reichlich, es ging immer sehr viel zurück. Dann war Mittagsruhe von eins bis drei. Um drei gab es Kaffee, also Muckefuck, oder richtige Milch mit einem Butterbrötchen. Danach konnte jeder seine Zeit so gestalten wie er wollte. Unterricht hat am Nachmittag in den zehn Monaten nie stattgefunden.

Die HJ spielte gar keine Rolle mehr. Nach ungefähr fünf Monaten wurden HJ-Lagerleiter zu uns geschickt. Das waren alles Leute, die kurz vor der Einberufung standen, die haben gar kein Interesse mehr gehabt. Das war ein wirklich freies Leben. Nach zehn Monaten sind wir nach Berlin zurückgekehrt.

Berlin war von den immer häufiger werdenden Luftangriffen gezeichnet. Angst hatten wir aber eigentlich nicht. Wir sahen die zerstörten Häuser in der Innenstadt und dachten: «Naja, die haben Pech gehabt.» Das war ja auch die Erziehung: Was mich nicht umbringt, das macht mich noch härter. Wenn einem nichts passierte, dann passierte eben nichts, dann konnte es weitergehen. Die ganze Klasse hat zum Bei-

Luftwaffenhelfer am Flakturm, Friedrichshain 1944

Einen Monat später: Luftwaffenhelfer bei der Essensausgabe, Berlin März 1943

spiel gelacht, als 180 Sprengbomben wie ein Teppich hinter dem S-Bahnhof Sukower Straße gelegt wurden. Da haben sich alle totgelacht, weil die blöden Hunde nicht mal eine Siedlung treffen können. Dabei haben sie selber in der Siedlung gewohnt. So war die Einstellung.

Februar 1943 sind wir vorzeitig aus der Schule entlassen worden. Wir kamen zu den Luftwaffenhelfern. Wir mußten die Soldaten ersetzen. Im Tagesraum der Soldaten wurden wir von dem Befehlshaber begrüßt: «Das ist kein Zuckerschlecken hier, sondern hier seid ihr an der Front.» Wir fanden das ganz toll, denn solange der böse Feind nicht zurückschießt, macht der Krieg Spaß. Dann wurden wir ausgebildet. Die Ausbildung war ganz harmlos, da war kein Schliff, sondern da wurden Intelligenz und Reaktionsvermögen verlangt.

Ich kam zu der E-Meßstelle, also praktisch dem Gehirn der Batterie. Wir haben alle auf den ersten Alarm gejiepert, der auch prompt kam. Wir waren noch keine acht Tage Soldat, da ging der erste ernste Alarm los.

Nun war das Theater mit den Eltern, denn wir kriegten keinen Urlaub. Die Eltern kamen alle angerannt und haben gesagt: «Ich will meinen Sohn sehen.» Aber das ging nicht, denn Zivilisten durften nicht in die Batterie. Da hat es einen Aufstand gegeben, Elternversammlung und Riesentheater, und dann durften wir teilweise sonntags nach Hause gehen.

Am Geburtstag des Führers, 20. April, passierte was ganz Dolles. Abends um 19 Uhr – was ungewöhnlich war – kam schon Alarmstufe 1. Es wurde ein schwerer Angriff auf Berlin geflogen. Unsere Batterie hat auch einen Volltreffer gekriegt. Nur ein Landser war tot, aber von uns Jungen keiner. Aber die Nachbarbatterie, die in Düppel stand, war schwer getroffen worden. Da gab es auch unter den Jungs Tote. Am Sonntag darauf war Einsegnung. Da standen sieben Särge in der Kirche.

GERTRAUD S., geboren 1911.

Der Kriegsausbruch hat mich nicht sehr überrascht. Ich bin in den Sommerferien 1939 mit dem Schiff von Swinemünde nach Memel gefahren. In Swinemünde lag schon viel Marine. Wir sagten uns: es wird wohl bald losgehen. Das war im August 1939.

Alle Siegesmeldungen, die am Anfang kamen, waren überschattet von dem Gedanken, daß dieser und jener nicht mehr wiederkommen würde. Der Bruder meiner Schwägerin war gleich am zweiten Tag gefallen, etwas später ihr Sohn. Mein Bruder war eingezogen, wir hatten Freunde, die draußen standen, um die wir bangten.

Da ich immer noch keine Planstelle an einer Schule hatte, machte ich keine Einwände, als der Schulrat mich eines Tages

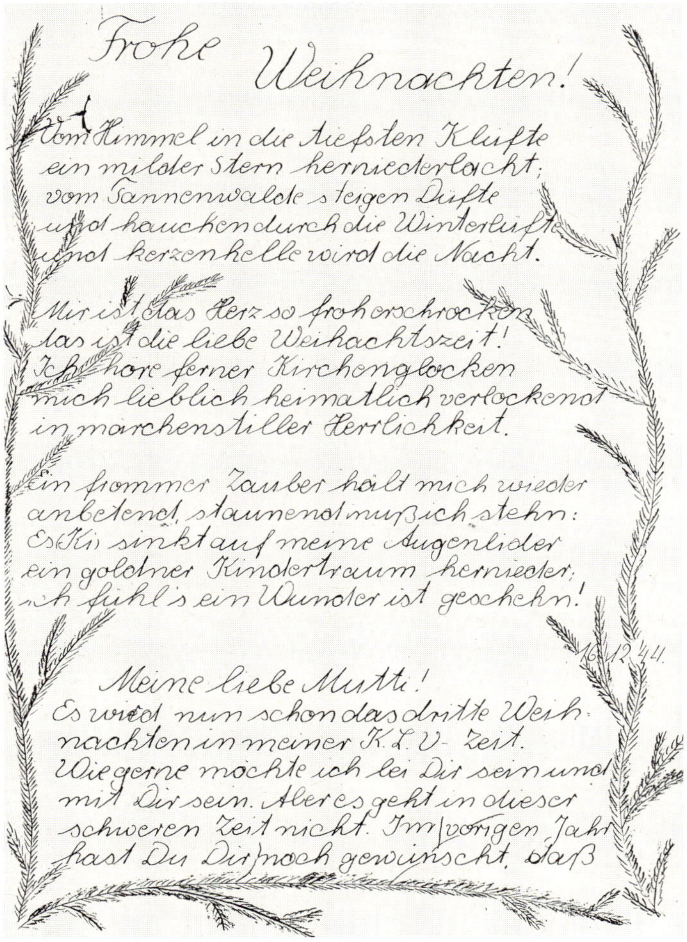

Frohe Weihnachten!

Vom Himmel in die tiefsten Klüfte
ein milder Stern herniederlacht;
vom Tannenwalde steigen Düfte
und hauchen durch die Winterlüfte
und kerzenhelle wird die Nacht.

Mir ist das Herz so froh erschrocken
das ist die liebe Weihachtszeit!
Ich höre ferner Kirchenglocken
mich lieblich heimatlich verlocken
in märchenstiller Herrlichkeit.

Ein frommer Zauber hält mich wieder
anbetend staunend muß ich stehn:
Es sinkt auf meine Augenlider
ein goldner Kindertraum hernieder;
ich fühl's ein Wunder ist geschehn!

16.12.44.

Meine liebe Mutti!
Es wird nun schon das dritte Weihnachten in meiner K.L.V.-Zeit. Wie gerne möchte ich bei Dir sein und mit Dir sein. Aber es geht in dieser schweren Zeit nicht. Im vorigen Jahr hast Du Dir noch gewünscht, daß

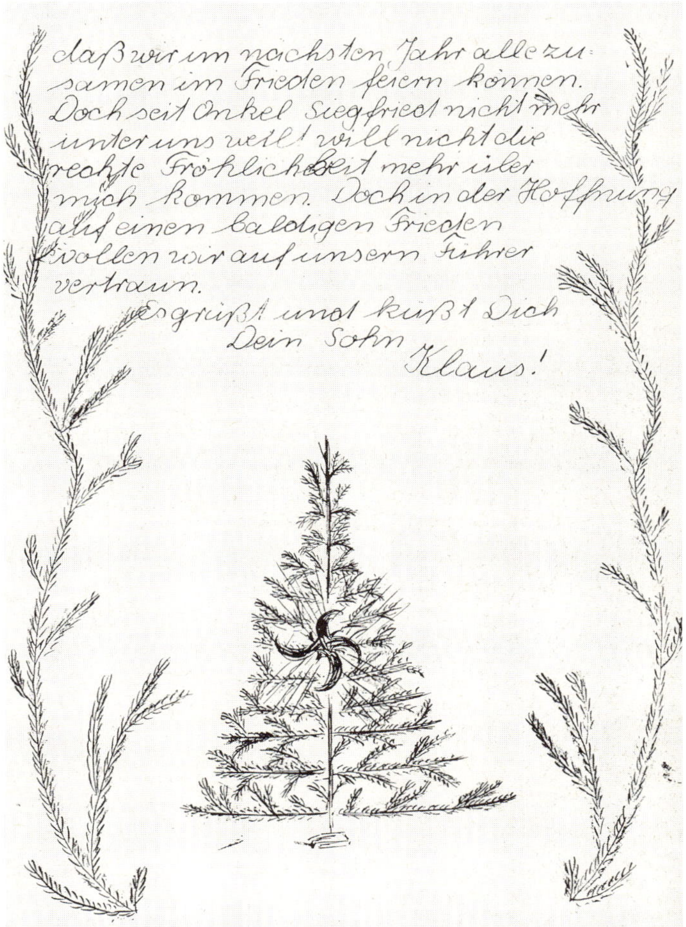

daß wir im nächsten Jahr alle zusammen im Frieden feiern können. Doch seit Onkel Siegfried nicht mehr unter uns weilt, will nicht die rechte Fröhlichkeit mehr über mich kommen. Doch in der Hoffnung auf einen baldigen Frieden wollen wir auf unsern Führer vertraun.

Es grüßt und küßt Dich
Dein Sohn
Klaus!

Brief aus dem KLV-Lager in St. Sebastian (Steiermark)

fragte: «Sie haben doch Lagererfahrung, wollen Sie nicht in die Kinderlandverschickung gehen?» Im November 1941 fuhr ich mit einer Kollegin nach Marienbad. Uns war gesagt worden: «Sie kommen in ein Lager, in dem es eine Revolte gegeben hat. Die Kolleginnen sind mit den BDM-Mädels nicht fertig geworden.»

Die Kolleginnen, die wir ablösten, waren heilfroh, als wir ankamen: «Wir wollen hier nicht mehr. Die neuen BDM-Mädels sind wohl etwas vernünftiger, aber mit den anderen sind wir überhaupt nicht klargekommen.» Es stellte sich heraus, daß ich die neuen Mädels von Fahrten mit dem BDM kannte, und wir haben ganz gut zusammengearbeitet. Anfang Dezember schrieben oder riefen Eltern an, um anzukündigen, daß sie ihre Kinder Weihnachten nach Hause holen würden. Diese Lager wurden von der NSV verwaltet. Die NSV gab uns

Weihnachten 1940 im KLV-Lager «Tollinghöhe» (Steiermark)

Anweisung, daß die Kinder im Lager bleiben sollten. Wenn die Eltern einmal ja gesagt hätten zur Kinderlandverschikkung, dann müßten sie auch über Weihnachten bleiben. Wir hätten die Eltern abzuweisen. Ich sagte zu meiner Kollegin: «Therese, was machst du, wenn die Eltern kommen?» – «Was ich dann mache? Sage den Kindern, sie sollen ihre Koffer packen.» Ich sagte: «Ich sage auch nichts anderes.» Die Eltern, die dann kamen, waren meist sehr aufgeregt. Wir mußten ihnen ja zunächst mal sagen: «Nein, Sie dürfen Ihr Kind nicht mitnehmen. Wie können Sie nur das Kind wieder in die vielen Bombenalarme bringen!» – «Wir haben nicht damit gerechnet, daß die Kinderlandverschickung auch über Weihnachten geht. Weihnachten ist ein Fest der Familie, und die Kinder gehören in die Familie, und da haben Sie uns gar nichts reinzureden!» Meistens wurden sie dann auch sehr unverschämt. Die Eltern sind dann mit ihren Kindern losgezogen. Von 80 Kindern wurden etwa 20 abgeholt.

Mit der NSV bekamen wir natürlich Ärger. Am Telefon habe ich denen gesagt: «Dann kommen Sie bitte her, und machen Sie es anders. Elternrecht geht ja wohl noch immer vor. Ich kann es den Eltern nicht verweigern, wenn sie ihr Kind mitnehmen wollen. Wenn Sie meinen, Sie haben andere Handhaben, dann bitte kommen Sie und machen Sie das.» Die Kinder, die abgeholt worden waren, kamen nicht wieder zurück. Bei der Abfahrt hatten wir gesagt: «Sie bringen doch Ihr Kind nach Weihnachten zurück.» – «Ja, ja», sagten die Eltern. Wir wußten aber genau, daß wir keins wiedersehen würden. 1942 wurde ich in Marienbad abgelöst. Ich kehrte nach Berlin zurück und bekam eine Stelle an der Charlottenburger Waldschule.

Die Angriffe wurden immer schlimmer. Da ein Teil der Kinder ständig in der Waldschule untergebracht war, mußten wir dort auch nachts Luftschutzdienst machen. Die Schwester, die die Kinder betreute, hatte fürchterliche Angst vor den Angriffen. Mich ließ es immer sehr kalt, in den ersten Jahren bin ich gar nicht in den Luftschutzkeller gegangen. Schwester Freda kroch, wenn es über uns donnerte und die Splitter durch die Luft sausten, unter den Tisch im Luftschutzkeller. Entsprechend groß war natürlich auch die Angst der Kinder, weil sie sahen, daß die Erwachsenen eine so scheußliche Angst hatten. Wenn die Angriffe vorüber waren, sammelten wir die Splitter auf.

Nach den Sommerferien 1943 wurde die Waldschule nach Ostpreußen evakuiert. Ich selbst bin mit meinem Mann, der auch Lehrer war, in das sogenannte Wartheland gegangen. Die Kinder, die dort in die Schule kamen, sprachen alle deutsch. Wir hatten mit der polnischen Bevölkerung sehr wenig zu tun. In der letzten Kriegszeit haben wir im Wartheland die Angriffe auf Berlin gehört. Wir haben den Feuerschein gesehen. (Fortsetzung Seite 228)

Fritz S., geboren 1902.

Eines Tages bekam ich die Mitteilung, daß auch ich ein Kinderlandverschickungslager übernehmen müßte. Ich kannte die Kinder vorher nicht. Sie waren im fünften und sechsten Schuljahr. Es waren Kinder aus Schöneberg, Steglitz und einige wenige aus Zehlendorf. Sie wurden von Berlin an die Ostsee auf dem Wasserweg transportiert. Es war 1942. Die Kinder sind dann an der Ostsee bei Swinemünde auf die Kurorte verteilt worden. Die Hotels standen ohnehin leer, weil die Männer im Krieg waren und die Frauen in der Kriegsindustrie steckten. Ich habe meinen Trupp vor unserem Hotel übernommen. Die kamen an mit Gesang und in Jungvolkuni-

Auf dem Weg ins KLV-Lager

formen, angeführt von HJ-Führern. Wir Lehrer sollten nur den Unterricht übernehmen. Wir sollten aber auch die Verantwortung tragen, denn die HJ-Führer waren viel zu jung, erst 15 Jahre alt. Die älteren HJ-Führer waren schon alle im Krieg, denn 1942 waren die Verluste schon furchtbar gewesen. Es gab natürlich Schwierigkeiten. Ich sollte mehr Jungs übernehmen als vorgesehen. Ich habe dem Mann von der Partei gesagt, daß ich nicht mehr haben wolle. «Na, ich gebe Ihnen noch ein paar HJ-Führer dazu», sagte er. Ich hatte bereits zwei HJ-Führer – unreife Jungen waren das, vielleicht nette Kerle, aber eben unreif. Ich sagte: «Ich habe an den beiden, die ich von Ihnen habe, schon genug, dann muß ich auf die auch noch aufpassen, nee, das lassen Sie mal sein, das machen wir schon selber.» Wir waren zwei Lehrer, also außer mir noch einer.

In dem Hotel lebten wir mit etwa 40 Jungs. Der Tagesablauf war ungefähr so: Morgens ging der «Unteroffizier vom Dienst» durch das Haus und rief: «Uniform anziehen!» Dann zogen die ihre Jungvolkuniformen an. Nach einer Weile ging der «Unteroffizier» wieder durchs Haus und rief dann: «Uniform ausziehen!» Warum? Weil es draußen regnete und die Uniform geschont werden sollte. Oder wir sind gleich nach dem Frühstück zum Sport angetreten, und dann sollten sie sich möglichst leicht anziehen. Die ganze Atmosphäre war militärisch mit Appell am Morgen und Fahnengruß. Die Fahne wurde rausgehängt, und die Schüler standen dann unten und grüßten ihre Fahne – unsere Fahne. Danach gingen sie in den Saal. Der Saal war gleichzeitig Eßraum und Unterrichtsraum. Wir haben ein bißchen geschrieben, ein bißchen gelesen, ein bißchen gerechnet, ein bißchen, ein bißchen ... Recht bald habe ich dann gesagt: «So, macht euch fertig, in 10 Minuten treten wir unten an.» Dann sind wir rausgegangen zum Strand, es war ein Fußmarsch von 5 bis 10 Minuten. Da haben wir getobt und selbstverständlich auch gebadet und haben Wanderungen gemacht. Vormittags unter meiner Leitung, und nachmittags haben die HJ-Herren die Leitung übernommen, aber ich mußte doch immer mit einem Ohr hinhören und mit einem Auge hingucken.

Das Verhältnis zwischen den beiden HJ-Führern und mir war nicht gut, es konnte nicht gut sein. Es war kein Vertrauensverhältnis vom Zivilisten zum Uniformträger da und umgekehrt. Wenn der Lehrer – der Lagerleiter – im Dienstzimmer des HJ-Führers ein Küchenmädchen aus dem Bett rausziehen muß, das ist dann kein gutes Verhältnis.

Uniform spielte damals eine große Rolle. Wir Lehrer bekamen auch eine Uniform, wahrscheinlich damit die HJ-Führer ein bißchen Respekt vor uns hatten: eine schwarze Hose, schwarze Stiefel, einen schwarzen Rock, eine Hakenkreuzbinde und eine furchtbare Mütze dazu. Ich habe das Ding nicht getragen. Es war mir viel zu warm und zu aufwendig. Außerdem ging ich mit dem Hakenkreuz nicht gerne durch die Straßen. Ich habe die Uniform beim ersten Empfang angehabt, sonst nicht. Es war aber folgendes interessant: Als ich mit Uniform über die Treppen des weiträumigen Gebäudes ging, hat die Bande mir eher Platz gemacht, und man hatte mehr Respekt. So war jedenfalls meine Empfindung.

Die Stimmung unter den Jugendlichen war schlecht. Sie wollten alle nach Hause. Ich habe nicht so viel Kraft gehabt, das Heimweh auszukehren. Wenn man sich zum Beispiel bei einem aufs Bett gesetzt hätte, dann hätten die anderen womöglich gesagt: «Öööh, der Willi, der hat Heimweh!» Das war alles so eine gemachte Männlichkeit, auf Männlichkeit hingerichtet.

Ein kleiner Junge kratzte mal aus. Ich bin durch den ganzen Ort geflitzt, um ihn zu suchen. Bei der Post am Schalter habe ich ihn gefunden. Er hat sich Geld abholen wollen, um nach Hause zu fahren. Er ist wieder mitgekommen und den Rest der Zeit treu und brav dageblieben.

Im Herbst mußte das KLV-Lager abgebrochen werden, weil das Haus nicht heizbar war. Die Kinder sind dann auf dem selben Wege wieder zurückgebracht worden. Wir beiden Lehrer sind, nachdem organisatorische Dinge abgewickelt worden waren, mit der Eisenbahn nach Berlin zurückgefahren.

Krieg als «Schule der Nation»

Am 13. Dezember 1941 schrieb der Berliner Schüler Horst H. folgenden Deutschaufsatz, für den er die Note «gut» erhielt:

«Wie zeige ich mich unseren Soldaten würdig?

Einteilung

A) Einleitung: Unsere Soldaten und ihre Opfer
B) Hauptteil
I) Beitrag zur Rüstungsproduktion (Altmaterial)
II) Haltung im Kriege
C) Schluß: Ein Wort des Führers

Unsere Soldaten haben in großartigen Siegeszügen halb Europa besiegt, haben die Engländer in Afrika, auf Kreta und in Norwegen besiegt und stehen jetzt mit einem Gegner im Kampf, wie er grausamer gar nicht sein kann. Ihre großen Opfer können nur wenig von uns erwidert werden.

Eine Notwendigkeit, die man gar nicht als Opfer bezeichnen kann, ist das Sammeln von Altmaterial, das, von der Technik umgearbeitet, unseren Soldaten in Form von Waffen und Maschinen, Bekleidung und technischen Hilfsmitteln zu gute kommt. Sammle ich Altmaterial, so tue ich nur meine Pflicht und liefere meinen bescheidenen Anteil zur Unterstützung der Front.

Gerade jetzt im Kriege soll ich mehr denn je zeigen, daß ich ein Deutscher bin und mich auch den ungewohnten Umständen anpassen kann. Ich darf z. B. nicht über etwaiges Fehlen von Lebensmitteln murren. Diese sind entweder knapp infolge Einfuhrschwierigkeiten, oder sie kommen unseren Soldaten in erhöhtem Maße zu gute. Auch die Verdunkelung ist eine unangenehme Begleiterscheinung des Krieges, doch soll sie von mir weder zu Verbrechen benutzt werden, noch soll ich sie mutwillig außer acht lassen. Bei alledem muß ich stets daran denken, daß unsere Soldaten mit ganz anderen Schwierigkeiten zu kämpfen haben. Ein Verrat an unseren Soldaten, die jetzt im Kampf mit den jüdisch-bolschewistischen Horden liegen, wäre es, wenn man mit Juden verkehrt. Sie (sind) gekennzeichnet worden, damit man sie verachte.

Mein ganzes Leben muß in dieser Zeit vom Gedanken an unsere Soldaten bestimmt sein; denn ‹was die Front opfert, kann überhaupt durch nichts vergolten werden!›»

War Horst H. kriegsbegeistert? Durfte er nur nicht murren, oder murrte er wirklich nicht? Verachtete er Juden, die seit dem 1. September 1941 einen gelben Stern tragen mußten, sobald sie sechs Jahre alt waren? War sein gesamtes jugendliches Leben vom Gedanken an die Wehrmacht geprägt, die im Dezember 1941 fast schon ein halbes Jahr auch in der Sowjetunion kämpfte?

Schüleraufsätze geben nicht unbedingt wieder, was die Schüler wirklich dachten, wohl aber, was von ihnen verlangt und ihnen zuvor vermittelt wurde. Doch was aber wissen wir darüber, wie die Schule auf den Krieg vorbereitete, und wie sie im Krieg versuchte, bei den Schülern eine Identifikation mit der Kriegspolitik zu erreichen? Wie sah überhaupt der Schulalltag in der Zeit aus, in der die Kriegsfronten noch auf fremden Gebieten verliefen?

Die Schule stimmt auf den Krieg ein

Während die Nationalsozialisten dem Ausland und der deutschen Bevölkerung beständig versicherten, ihre Politik sei vom Friedenswillen bestimmt, begann bereits im Herbst 1933 die geheime Wiederaufrüstung. Im Alltag der HJ, in den Lehrplänen und Schulbüchern wurde physische und psychische Wehrertüchtigung durchgängiges Prinzip. In dem von Theodor Müller verfaßten Lehrerhandbuch «Erdkunde, Heimatkunde und Geopolitik als völkisches Bildungsgut», erschienen in der «Schriftenreihe zur Neugestaltung des Volksschulunterrichts», das hier stellvertretend zitiert sei (vgl. ausführlicher im Abschnitt über die Unterrichtsinhalte), heißt es beispielsweise:

«Die Erziehung zur Wehrhaftigkeit umfaßt den ganzen Menschen, körperlich, geistig und seelisch.» Der Erdkundeunterricht trägt zur Erziehung von Wehrwille und Wehrbereitschaft bei, «wenn er den Kindern Nationalstolz und Rassebewußtsein, Vaterlandsliebe, Gemeinschaftsgeist und heldischen Sinn weckt. Die wertvollsten Dienste aber vermag die Erdkunde – neben der Geschichte – für die wehrkundliche Belehrung als die geistige Wehrhaftmachung zu leisten. (...) Diese Wehrkunde knüpft in zielbewußter Auswertung besonders an die Behandlung des deutschen Lebensraumes an. Da ist zunächst die Lage Deutschlands im Herzen des Abendlandes, die uns mehr Nachbarn gegeben hat, als sie ein anderes Volk der Erde besitzt. Da ist das Problem der deutschen Grenzen, die nach ihrem Verlauf und ihrer Beschaffenheit als ‹wehrschwach› bezeichnet werden müssen. (...) Auch die wirtschaftliche Ausstattung eines Raumes ist wehrkundlich von hoher Bedeutung. Sind doch die ungenügende Ernährungsgrundlage und mangelnde Rohstoffversorgung mit schuld an unserem Zusammenbruch im Weltkriege. Der Unterricht wird bei der Betrachtung der deutschen Wirtschaft eingehend bei den Bestrebungen verweilen, die die Ernährung unseres Volkes auf alle Fälle sicherstellen sollen.» (S. 49 f)

Diese Orientierung konnte an militaristische Traditionen anknüpfen, die die Weimarer Republik überdauert hatten. In der Verbindung mit rassistisch-sozialdarwinistischen und Volksgemeinschaftsideologemen erhielten diese Traditionen eine neue, aggressivere Dimension.

Bei einer großen Zahl von Lehrern, die am Ersten Weltkrieg teilgenommen hatten, stieß die Aufwertung ihrer Kriegserfahrungen auf Zustimmung: «Viele Kollegen hatten», erinnert sich Lehrer T. (Jahrgang 1900), seit 1926 an der 124. Gemeindeschule beschäftigt, «den Ersten Weltkrieg mitge-

Die Schülerzeitschrift «Hilf mit» kündigt ein neues Spiel an: es heißt «allgemein Bombenwerfen, denn es ist eine gute Vorübung für Jungen, die einmal Kriegsflieger werden wollen»

Die Kriegserfolge werden veranschaulicht: Schulunterricht 1940

macht. Die freuten sich nun, daß ihre Verdienste, die in der Weimarer Zeit so ein bißchen vergessen waren, wieder hervorgehoben wurden, Ritterkreuz und so.»

Ihre Erlebnisberichte aus dem Krieg wurden zum offiziellen Bestandteil des Lehrplans und nahmen im Unterricht breiten Raum ein; sie ließen den Krieg als etwas Selbstverständliches und Spannendes erscheinen.

Die Schüler waren nun keinesfalls passive Objekte der Indoktrination. Wie Wehrertüchtigung und Kriegseinstimmung an den Interessen Jugendlicher anknüpften, läßt sich beispielhaft am Flugmodellbau zeigen. Dem Basteln von Gleitfliegern aus Pappe bis hin zu aufwendigen Segelflugmodellen wurde im Zeichen- und Werkunterricht des sechsten und siebten Schuljahres Vorrang eingeräumt. Erwin S., seit 1931 Lehrer an einer Volksschule im Bezirk Spandau, erinnert sich:

«Im Werkunterricht wurden bald nur noch Flugzeugmodelle gebaut. Das hat den Jungs Spaß gemacht. Wir hatten in der Werkstatt 16 Hobelbänke, und den Jungs machte das Modellbauen mehr Spaß als Kästen oder so etwas zu machen; die waren ganz begeistert. Wir haben auch viele Preise gewonnen, beim Meinshausen-Flugwettbewerb, ich glaube das war 1935. Die besten Schulen aus den Bezirken, die im Vergleichsfliegen ermittelt worden waren, gingen zum Meinshausen-Fliegen. Gewertet wurde nach der Größe, der Bauart des Flugzeugs und wie lange es fliegt. Die meisten Flugzeuge waren Modellsegler. Wir hatten auch ein Modell mit Propellerantrieb gebaut. Einige unserer Flugzeuge sind so weit geflogen, daß wir sie nicht wieder gefunden haben. Wir haben so viele Preise bekommen, daß ich mit einem Dutzend Jungs hingefahren bin, um sie abzuholen. Da waren große Gemälde mit Flugzeugen, Wanderpokale und ich weiß nicht, was noch alles, dabei. Als Volksschüler hatten wir die Gymnasiasten geschlagen! Den Kindern hat es unheimlichen Spaß gemacht, die haben nicht darüber nachgedacht, daß die Fliegerei etwas mit Luftwaffe zu tun hat.»

Es blieb nicht bei Modellbau und Flugwettbewerben. Luftwaffenstützpunkte, zivile Flugplätze, Segelflugschulen, Ausstellungen und Sonderveranstaltungen des Nationalsozialistischen Fliegerkorps, das Lehrer im Flugmodellbau ausbildete, wurden klassenweise besucht. Die Schule und die Marine-HJ förderten den Modellschiffsbau. Mit Unterstützung des Oberkommandos der Kriegsmarine, die in Berlin eigens eine Zentralstelle für Schiffsmodellbau führte, erschien seit 1940 «Die Seekiste», eine «Zeitschrift zur Förderung des Schiffsmodellbaus», die Hinweise für die Beschaffung von Werkzeugen und Material, praktische Anleitungen zur Nachbildung bekannter Schiffe mit abenteuerlichen Schilderungen der Kriegseinsätze dieser Schiffe und kriegsverherrlichenden Gedichten verband. Mit Unterstützung der Kriegsmarine erschienen zudem von Lehrern erarbeitete Baupläne für Schiffsmodelle, die selbst noch in den Jahren, in denen fast alles kontingentiert war, für wenig Geld in Klassensätzen bestellt werden konnten. Wie in Leibeserziehung das Bedürfnis nach körperlicher Betätigung und NS-Ideologie, so fanden hier technisches Interesse, Freude am Basteln und Kriegseinstimmung zwanglos zusammen.

Sammelbilder über deutsche Helden in Afrika, Filme wie «Der Urwald ruft», «Die Reiter in Deutsch-Ostafrika» und Veranstaltungen der VDA-Schulgruppen sorgten dafür, daß das Interesse für «Deutschlands Recht auf Kolonien» und für die «Eingliederung der Auslandsdeutschen ins Reich» geweckt wurde. Die Berliner Ausgabe der Reichszeitung des NSLB, «Der Deutsche Erzieher», empfahl Lehrern für die Behandlung der «Kolonialfrage» im Unterricht der Volksschule:

Vater erzählt vom Kriege.

Am Sonntag ist der Vater zu Hause. Schon am frühen Morgen fragt Hans: „Vater, erzählst du heute Kriegsgeschichten?"

Endlich ist die Schummerstunde gekommen. Vater erzählt:

„Einmal mußte ich mit zwei Kameraden in ein Dorf gehen. Wir sollten sehen, ob da noch Feinde wären. Das ganze Dorf war voll Franzosen. Sie sahen uns. Wir liefen zurück. Sie schossen hinter uns her. Sie verfolgten uns. Da kamen wir an einen Bach. Wir hinein. Das Wasser war eiskalt. Wir duckten uns und gingen lange in dem kalten Wasser weiter. In dem Bache suchten uns die Franzosen nicht. So kamen wir wieder heil an die deutsche Stellung und überbrachten die Meldung.

Aber einer fehlte. Eine Kugel hatte ihn getroffen. Er ist in Frankreich begraben, wie so viele, viele andere Kameraden."

Ich hatt' einen Kameraden,
einen bessern find'st du nit.
Die Trommel schlug zum Streite,
er ging an meiner Seite
im gleichen Schritt und Tritt.

91

Hirts «Berliner Fibel», 1935

Die Sol da ten ü ben hin ter un se rer
Scheu ne. Drei lie gen auf dem Schup pen.
Sie schau en nach dem Geg ner aus.
Da, es kracht! – Schnell in den Gra ben!
Dort war ten sie auf den An griff.
Der Geg ner wird be siegt. –
Dann ko chen sie ab.
Schwei ne bra ten? O nein,
Grau pen mit Schwei ne fleisch.
Ger hard be kommt auch et was.

4 Bln. 49

Hirts «Berliner Fibel», 1939

Für «dieses Alter brauchen wir packende Erzählungen, Jagdschilderungen, Reiseerlebnisse, Berichte von Kämpfen um die Erschließung des Landes, einfache und eindrucksvolle Lebensbilder großer Persönlichkeiten und Helden der Kolonialgeschichte; alles das, was die heranwachsende Jugend fesseln und fortreißen kann. (...) Der Biologieunterricht setzt sich mit der rassischen Seite der Kolonialfrage auseinander. Er zeigt den nordischen Menschen als Kulturpionier im Kampfe mit Steppe, Urwald, fremder Tierwelt und einem ihm feindlichen Klima. Dadurch wird das Verständnis geweckt für die Herren- und Führerrolle, die der weiße Mann kraft seiner Überlegenheit bei der Erschließung des Landes spielen muß.» (Nr. 6, 1938)

Der Reiz des Abenteuerlichen sprach viele Schüler an. Das reiche Angebot an Kriegs- und Abenteuerliteratur wurde auch außerhalb des Unterrichts genutzt. Die Verbindung von technischer Faszination, Abenteuerlust, eingängigem Appell an den Rasse- und Nationalstolz, der mit dem Volk auch die eigene Person aufwertete, die Einübung von Befehls- und Gefolgschaftsstrukturen und die sich ständig wiederholenden Kampagnen gegen die angebliche Bedrohung Deutschlands blieben nicht ohne Erfolg: «Wir wurden», erinnert sich Hans Zmarzlik an seine Schulzeit, «zwar nicht Nationalsozialisten, aber doch deren williges Kanonenfutter, präpariert für den Zweiten Weltkrieg.» (Einer vom Jahrgang 22. In: H. Glaser, A. Silenius [Hg.]: Jugend im Dritten Reich. Frankfurt 1975, S. 12)

Gerade in der Außenpolitik, die bereits vor Kriegsbeginn mit dem Militär, mit Gewalt operierte, fand das Regime starke Zustimmung. Das geht auch aus den «Deutschland-Berichten» der Exil-Sozialdemokratie (SoPaDe) über die Besetzung des entmilitarisierten Rheinlands durch deutsche Truppen im März 1936 und die Annexion Österreichs im März 1938 hervor:

«Die außenpolitischen Erklärungen des Führers verfangen auch bei vielen Arbeitern, besonders aber bei der Jugend. Die feste Haltung, die der Führer in der Rheinlandbesetzung einnimmt, imponiert allgemein. Viele sind überzeugt, daß Deutschlands außenpolitische Forderungen zu Recht bestehen und nicht übergangen werden können. Die letzten Tage brachten dem Führer einen neuen großen Gewinn seines persönlichen Ansehens auch bei den Arbeitern.» (Bd. 3, S. 310)

«Unverkennbar hat Hitler persönlich in allen Gesellschaftsschichten ungeheuer an Vertrauen und Prestige wiedergewonnen, am meisten vielleicht bei den Arbeitern. Daß Österreich mit Gewalt unterworfen worden ist, hat zur Zeit bei der Beurteilung hierzulande wenig oder nichts zu sagen. Entscheidend ist, daß und nicht wie Österreich eingegliedert worden ist. Im Gegenteil, es wirkt als selbstverständlich, daß die Eingliederung mit Gewalt durchgesetzt worden ist, weil ja fast alle großen Erfolge des Systems mit Gewaltmethoden errungen worden sind.» (Bd. 5, S. 280 f)

Gleichwohl ist auch in diesem Zusammenhang darauf zu verweisen, daß die Vorstellung von einer vollständigen nationalsozialistischen Ausrichtung der Jugend die Propaganda der Nationalsozialisten für die Realität nehmen würde. Die unterschiedlichen Formen der Jugendopposition, die sich vor Kriegsbeginn verstärkten, waren beredter Ausdruck dafür, daß die Nationalsozialisten die Jugend niemals völlig unter ihre Kontrolle bekamen.

Obwohl große Bevölkerungsteile ihrer Außenpolitik zustimmen, sahen sich die Nationalsozialisten veranlaßt, Polen den Kriegsbeginn am 1.9.1939 anzulasten; zu vielen Menschen waren noch die Leiden des letzten Krieges in Erinnerung. Eugen B. berichtet über die Stimmung bei Kriegsausbruch:

«Ich hatte den Eindruck, die Erwachsenen sind sehr be-

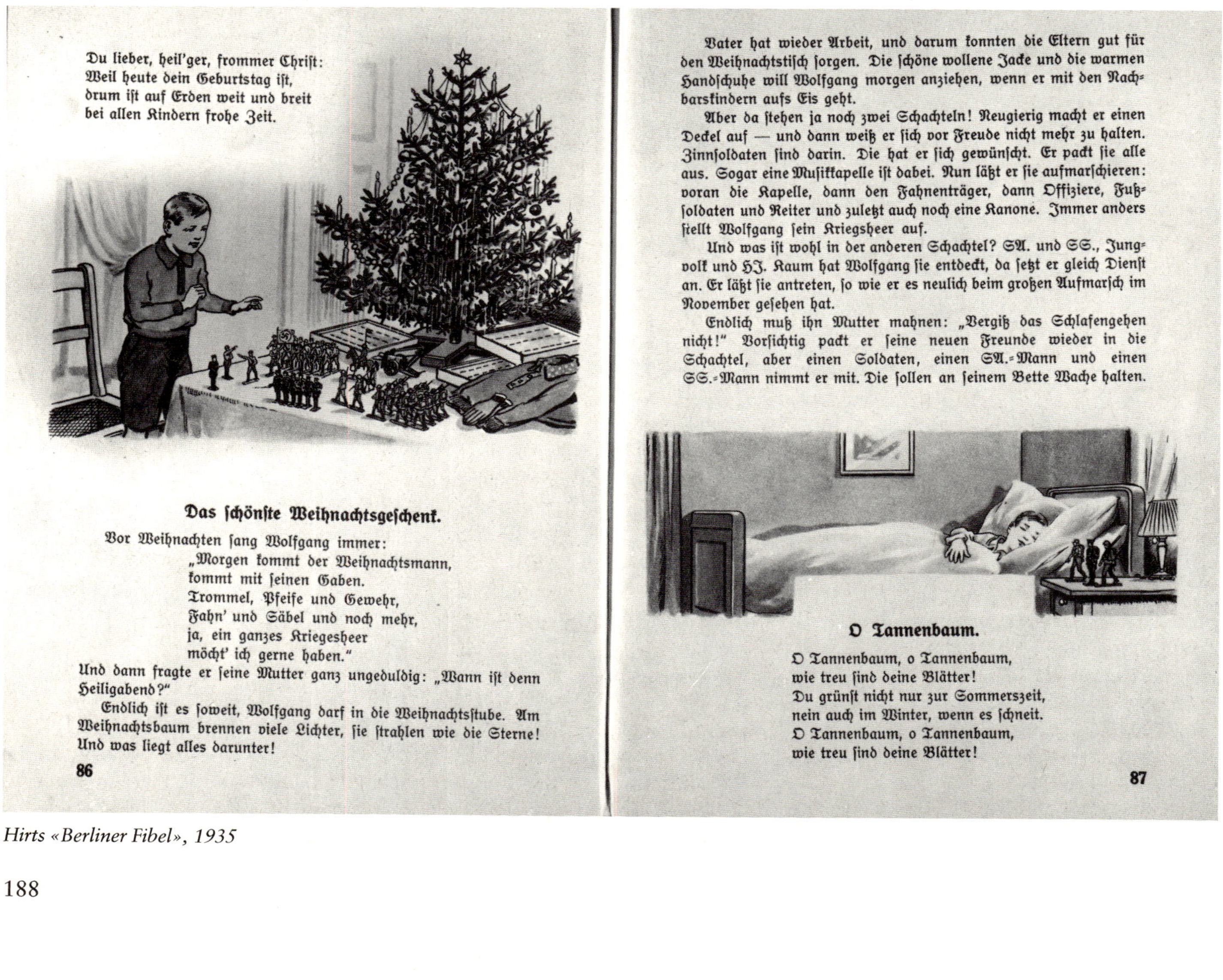
Du lieber, heil'ger, frommer Christ:
Weil heute dein Geburtstag ist,
drum ist auf Erden weit und breit
bei allen Kindern frohe Zeit.

Das schönste Weihnachtsgeschenk.

Vor Weihnachten sang Wolfgang immer:
„Morgen kommt der Weihnachtsmann,
kommt mit seinen Gaben.
Trommel, Pfeife und Gewehr,
Fahn' und Säbel und noch mehr,
ja, ein ganzes Kriegesheer
möcht' ich gerne haben."

Und dann fragte er seine Mutter ganz ungeduldig: „Wann ist denn Heiligabend?"

Endlich ist es soweit, Wolfgang darf in die Weihnachtsstube. Am Weihnachtsbaum brennen viele Lichter, sie strahlen wie die Sterne! Und was liegt alles darunter!

86

Vater hat wieder Arbeit, und darum konnten die Eltern gut für den Weihnachtstisch sorgen. Die schöne wollene Jacke und die warmen Handschuhe will Wolfgang morgen anziehen, wenn er mit den Nachbarskindern aufs Eis geht.

Aber da stehen ja noch zwei Schachteln! Neugierig macht er einen Deckel auf — und dann weiß er sich vor Freude nicht mehr zu halten. Zinnsoldaten sind darin. Die hat er sich gewünscht. Er packt sie alle aus. Sogar eine Musikkapelle ist dabei. Nun läßt er sie aufmarschieren: voran die Kapelle, dann den Fahnenträger, dann Offiziere, Fußsoldaten und Reiter und zuletzt auch noch eine Kanone. Immer anders stellt Wolfgang sein Kriegsheer auf.

Und was ist wohl in der anderen Schachtel? SA. und SS., Jungvolk und HJ. Kaum hat Wolfgang sie entdeckt, da setzt er gleich Dienst an. Er läßt sie antreten, so wie er es neulich beim großen Aufmarsch im November gesehen hat.

Endlich muß ihn Mutter mahnen: „Vergiß das Schlafengehen nicht!" Vorsichtig packt er seine neuen Freunde wieder in die Schachtel, aber einen Soldaten, einen SA.-Mann und einen SS.-Mann nimmt er mit. Die sollen an seinem Bette Wache halten.

O Tannenbaum.

O Tannenbaum, o Tannenbaum,
wie treu sind deine Blätter!
Du grünst nicht nur zur Sommerszeit,
nein auch im Winter, wenn es schneit.
O Tannenbaum, o Tannenbaum,
wie treu sind deine Blätter!

87

Hirts «Berliner Fibel», 1935

drückt. Das änderte sich dann, als sich zunächst die Siegesmeldungen häuften. Da kamen schon triumphale Gefühle auf. Ich weiß auch von mir, daß ich in Gesprächen mit Freunden manche Dinge nachbetete: ‹Die Engländer sind erledigt› und solche Sprüche, in jugendlicher Unbedarftheit eben. Als der Krieg begann, da war ich 13.»

Die «triumphalen Gefühle» wurden in der Schule kräftig gefördert, der Unterricht noch stärker auf das Wecken von Kriegsbegeisterung ausgerichtet. Die Anfangserfolge der «Blitzkriege» kamen diesem Bemühen entgegen, sie begeisterten auch solche Schüler, die mit vielen Maßnahmen und Erscheinungen des NS-Regimes unzufrieden waren.

Nach 1939 erschienene Geschichtsbücher erklärten England zum eigentlichen Aggressor, der für den Krieg verantwortlich sei. Die deutsche Wehrmacht zog diesen Büchern zufolge nur zur Verteidigung von Land zu Land, von Sieg zu Sieg. Das «Geschichtsbuch für die deutsche Jugend» (Volksschulausgabe, Klasse 6–8) gab folgende Zusammenfassung seiner ausführlichen Kriegsdarstellung:

«Trotz jahrelangen Versuchen des Führers, eine Verständigung mit England zu erreichen, wollte England dem deutschen Volke sein Lebensrecht nicht zugestehen. Es wollte alle Macht und allen Reichtum für sich haben. Seit der Schaffung des Großdeutschen Reiches arbeitete England auf den Krieg los. In diesen Krieg riß es auch Frankreich hinein ... England (benutzte) die zunehmende Feindschaft Polens gegen Deutschland, um einen Anlaß zum Kriege zu schaffen. Im Vertrauen auf die englische Hilfe wies Polen das weitgehende Angebot des Führers zurück und erzwang den Krieg. In einem stürmischen Feldzug von 18 Tagen wurde Polen niedergeworfen ... Englands Versuch, Norwegen, Schweden und Dänemark als Ausgangspunkt für einen Flankenangriff gegen Deutschland zu gewinnen, wurde vereitelt (April 1940). Deutschland besetzte Dänemark und Norwegen. Dem Versuch der Westmächte, Deutschland durch Holland und Belgien anzugreifen, kam der Führer am 10. Mai zuvor ... Am 5. Juni durchbrachen die Deutschen die französische Verteidigungslinie ... und zwangen Frankreich zur Kapitulation.» (S. 263 f)

Die Inhalte von Schulbüchern bestimmten nicht notwendigerweise auch immer den Unterricht. Dessen konkreter Verlauf wurde entscheidend vom jeweiligen Lehrer beeinflußt. Eindeutige Stellungnahmen gegen die nationalsozialistische Kriegführung oder direkte Aufklärung über die wahren Kriegsursachen waren riskant und hätten als «Wehrkraftzersetzung» bzw. «Feindpropaganda» eine Entlassung oder schlimmere Konsequenzen nach sich ziehen können. Wollten Lehrer den propagierten Feindbildern, der Kriegseinstimmung entgegentreten, so mußten sie nach subtilen Wegen suchen – in der Hoffnung, wenigstens auf diese Weise den Aus-

Für die Kriegs-WHW-Sammlung hatte sich die Karlshorster HJ – so die Originalunterschrift eines Pressefotos – «einen gelungenen Scherz ausgedacht»: Mit Hammer und Nagel konnte man an der «Bombardierung» Englands teilnehmen

sagen der Schulbücher etwas entgegenzusetzen. An den Versuch eines Lehrers, Feindbildern indirekt, durch die – nicht vorgesehene – Schilderung des alltäglichen Lebens der Menschen in den «feindlichen» Ländern entgegenzuwirken, erinnert sich Günter G., Jahrgang 1932:

«Unser Erkundelehrer hat beispielsweise über England berichtet, daß die Leute dort andere Lebensformen haben, daß sie frühmorgens mehr essen und andere – menschliche – Dinge. Uns Kindern ist gar nicht bewußt geworden, daß er über den Todfeind England berichtet.»

Auch Fächer wie Rechnen und Naturlehre wurden von den verantwortlichen Stellen noch stärker auf den Krieg ausgerichtet. So erschienen beispielsweise im Berliner Verlag Walter de Gruyter eigens «Rechenaufgaben aus dem Dienstgebrauch der Luftwaffe». Das Buch gab für die Grundrechenarten unter anderem folgende Aufgaben vor:

«Bei 12 Feindflügen einer Kampftruppe mit 27 Flugzeugen wurden auf einen feindlichen Flottenstützpunkt 518 400 kg Bomben abgeworfen. Wieviel Kilogramm Bomben wurden bei gleicher Beladung von jedem Flugzeug je Feindflug mitgenommen?»

«Die 9 Flugzeuge einer Kampfstaffel sind mit Brandbomben zu beladen. Jedes Flugzeug soll in jeden seiner 8 Bomben-

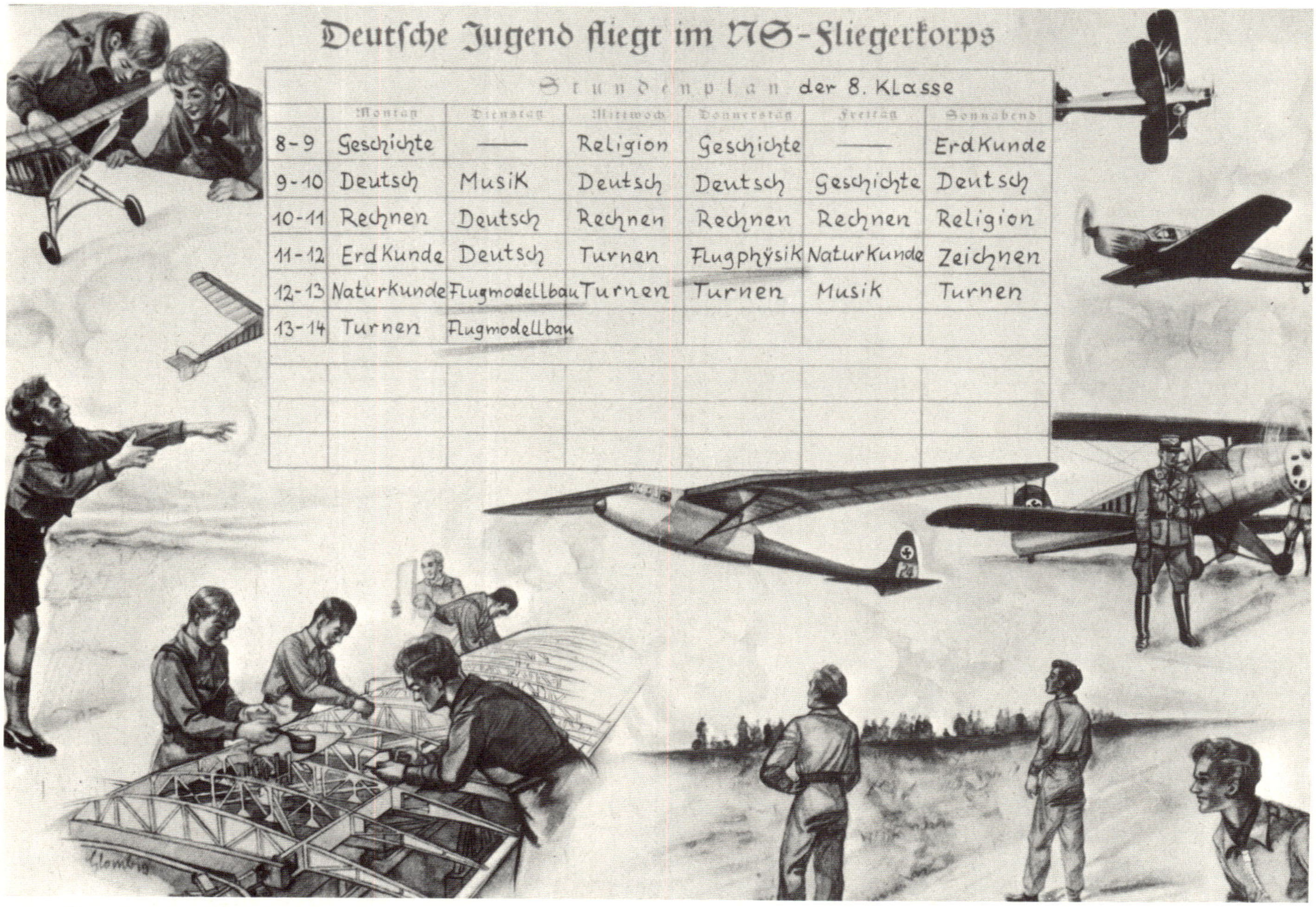

Stundenplan einer Berliner Volksschulklasse

schächte 4 Kästen mit je 36 Brandbomben mitnehmen. Wieviel Brandbomben werden benötigt?»

Wurde vor 1939 die Bedrohung durch feindliche Flugzeuge für Rechenbeispiele herangezogen, dienten nun die eigenen Angriffe als Grundlage für Textaufgaben. Von der Schule wurde immer offener gefordert, sich in den Dienst der Erziehung des «heroischen Kampftyps» zu stellen, eines «Jungen, der mit 12 Jahren für seine Ideen sterben kann wie ein sturmerprobter Soldat an der Front» (Baldur von Schirach).

Wie im Deutschunterricht versucht wurde, jugendliche Begeisterung zu benutzen, um die Bedeutung des individuellen Lebens ab-, den Heldentod dagegen aufzuwerten, läßt sich folgendem Hausaufsatz vom 4. 10. 1941 über ein Kapitel aus Beumelburgs «Der Frontsoldat» ablesen:

«Der junge Soldat, den Beumelburg in seinem Kapitel ‹Herr Leutnant, ich glaube ...› beschreibt, kann auch heute

Die Faszination der Technik war ein zentraler Ansatzpunkt für die Einstimmung auf den Krieg: Modellbauwerkstatt einer Berliner Schule, 1940

Eine Schulklasse vor selbstgezeichneten Flugzeugen, 1940

Auf dem Schulhof der Otto-Lilienthal-Schule, Berlin-Lichterfelde

wieder als Vorbild für alle die genommen werden, denen es jetzt im Felde wie ihm geht.

Viele Menschen haben Angst vor dem Sterben, sofern sie mit dem Tod in Berührung kommen. Die meisten werden sich mit dieser Angst wohl nicht abfinden, nur wenige werden darüber hinwegkommen. Und auch diese werden vorher einen Kampf mit sich selbst durchzumachen haben. In einem Kapitel aus seiner Novelle ‹Der Frontsoldat› schildert Beumelburg einen Menschen, dem es erst schwer war, sich mit dem Sterben abzufinden. Dieser Soldat fiel Beumelburg auf, da dieser mitunter bemerkte, wie der Soldat vor einschlagenden Granaten plötzlich erschrak. Als Beumelburg ein Gespräch mit diesem Soldaten herbeiführte, stellte er fest, daß dieser große Angst vor dem Sterben hatte. Der Soldat hatte wohl an den Tod, nicht aber an den Übergang zu demselben, an das Sterben gedacht. Beumelburg machte ihm klar, daß man den Tod durch Nachdenken besiegen kann, daß man sich aber an das Sterben gewöhnen müsse. (...) Wenig später konnte Beumelburg den Erfolg seiner Worte bemerken: Die Formation lag in einer Stellung kurz vor einem gut verschanzten Feind. Bevor Beumelburg den Befehl zum Angriff gab, sah er noch einmal die Gesichter seiner Männer an. Bei dem jungen Soldaten konnte Beumelburg nur Ruhe und Entschlossenheit bemerken. Im Gesicht dieses jungen Menschen lag auch ein Vorwurf an Beumelburg, warum er noch mit dem Angriff warte. Und da spürte Beumelburg die Überlegenheit des jungen Soldaten. Wenige Augenblicke später starb der junge Soldat an einem Kopfschuß. Sein Tod war ein schneller, er konnte nur sagen, ‹Herr Leutnant, ich glaube ...›. Seine frühere Angst vor dem Sterben war unnötig.»

Postkarte, um 1942/43

«Es häufen sich die Klagen»: Beeinträchtigung des Schulbetriebs

Kriegseinstimmung und -begeisterung waren nur ein Teil des Schulalltags unter den Bedingungen des Krieges. Wie im gesellschaftlichen Leben allgemein, so machte sich auch in der Schule die Konzentration der Wirtschaft und der Staatsausgaben auf Rüstungsproduktion und Kriegführung immer stärker bemerkbar und beeinträchtigte zunehmend den Unterricht. Zur Veranschaulichung dieser Entwicklung dokumentieren wir – stellvertretend für die Berliner Volksschulen – einige Eintragungen aus der Chronik der 28. Schule:

«Schuljahr 1939/40

- Als mit Kriegsbeginn der Luftschutz aufgerufen wurde, wurden die Schulen vom 1.–10. September geschlossen. Die Lehrerschaft wurde als Betriebsluftschutz eingesetzt.
- Da die Pflichtstundenzahl für Lehrer erhöht und die Stundenzahl der oberen Klassen vermindert wurde, war eine Lehrkraft überzählig. Frl. Baumann wurde an die 32. Schule versetzt.
- Die Turnhallen können seit August nicht mehr benutzt

werden, da sie von der Reichsgetreidestelle beschlagnahmt und mit Korn beschüttet sind.

- In die Räume der 28. Schule zogen Stellen des Wirtschaftsamtes: 1 Karten- und 1 Abrechnungsstelle. Auf diese neugeschaffenen, für die Kriegszeit eingerichteten Stellen wurden nun auch viele Lehrkräfte zur Aushilfe eingesetzt. Da rund ¼ der Magistratsbeamten zum Wehrdienst eingezogen waren, mußte die Lehrerschaft auch in der allgemeinen Verwaltung helfend einspringen.
- Mit Beginn des Krieges bildeten Frl. Pfeiffer und Frl. Plinzer eine Gruppe Mädchen der oberen Klassen im Sanitätsdienst aus, die dem Sanitätstrupp im Ernstfall helfen sollen.
- Am 28. 1. (1940) mußten fast alle Berliner Schulen wegen Kohlenmangel geschlossen werden. Erst am 28. März konnte der Unterricht wieder aufgenommen werden. In der Zwischenzeit wurden die Kinder wöchentlich zweimal zur Schule bestellt, um Aufgaben zu erhalten.

Schuljahr 1940/41

- Teils durch Erkrankungen, teils durch die Kriegsverhältnisse bedingt, mußte in diesem Jahr der Unterricht oft gekürzt und oft mußten mehrere Klassen zusammengelegt werden. Die Unterrichtsstunde wurde auf 45 Minuten festgesetzt, mitunter sogar nur 40 Minuten. Die Pflichtstundenzahl der Lehrer wurde auf 34, der Lehrerinnen auf 32 erhöht.
- Um dem Ausbruch der durch den Mangel an Obst und Frischgemüse bedingten Krankheiten vorzubeugen, wurde von April bis Juni 1940 und gleichfalls 1941 für die oberen vier Jahrgänge täglich Cebuin-Zucker in der Schule ausgegeben, der besonders Vitamin C enthält.
- Durch das Hauptgesundheitsamt von Berlin war festgestellt worden, daß in einem Verwaltungsbezirk 4 Lehrkräfte mit schwersten Formen von Lungentuberkulose vorhanden waren. In der Klasse des einen, inzwischen verstorbenen, Lehrers wurden 6 Fälle frischer tuberkulöser Ansteckungen festgestellt. ‹Ungefähr ½%, in 1 Bezirk sogar 1%, der Lehrkräfte können als offen tuberkulös bezeichnet werden›, heißt es in einem Schreiben des Bürgermeisters vom 23. April 1940.
- Während des ganzen Jahres waren viele Klassenräume von verschiedenen Dienststellen des Wirtschaftsamtes und des Luftschutzes besetzt, so daß ein ungestörter Unterricht kaum möglich war. Nach Neujahr zog die 49./50. Schule hier ein, da ihr Gebäude nicht mehr beheizt wurde. Die Turnhalle wurde zwar im Herbst durch die Reichsgetreidestelle geräumt, aber da die Halle ungeheizt blieb, konnte sie für den Unterricht nicht genutzt werden. Aushilfsweise fand der Unterricht in Leibesübungen im Zeichensaal

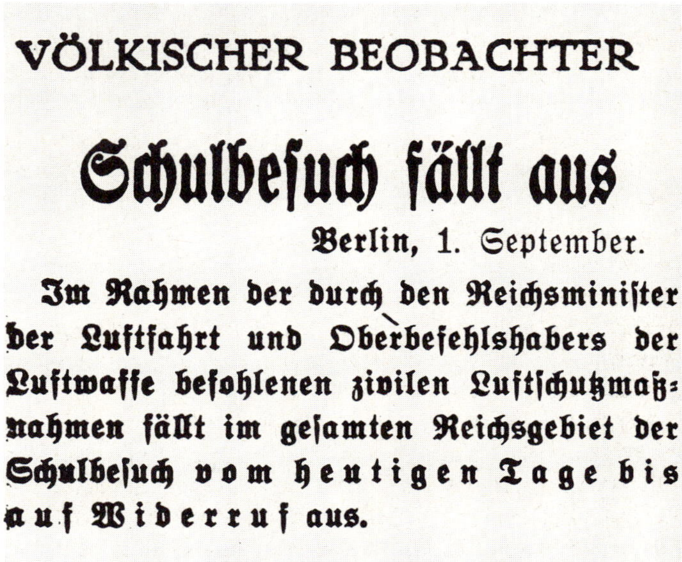
VÖLKISCHER BEOBACHTER

Schulbesuch fällt aus

Berlin, 1. September.

Im Rahmen der durch den Reichsminister der Luftfahrt und Oberbefehlshabers der Luftwaffe befohlenen zivilen Luftschutzmaßnahmen fällt im gesamten Reichsgebiet der Schulbesuch vom heutigen Tage bis auf Widerruf aus.

Berlin, 1. September 1939

Schüler der 12. Volksschule sammeln Altpapier, 1940

12. Volksschule 1938: Die Turnhalle wird zum Kornspeicher

12. Volksschule 1938: Die Hilfspolizei verfügt über Klassenräume

12. Volksschule 1939: Ein Sanitätstrupp ist einquartiert

12. Volksschule 1940: Das Korn ist aus der Schule raus, eine Lebensmittelkartenstelle eingezogen

12. Volksschule 1940: Turnhalle als Altpapier-Sammelstelle

12. Volksschule 1942: Flakeinheit auf dem Schulhof

statt. Bis Mitte Mai war den Kindern auch die Benutzung des Schulhofes versperrt, da dort eine Fuhrparkkolonne untergebracht war.
- Auch unser Filmzimmer, dgl. die Rundfunkanlage können nicht benutzt werden, da die Räume von schulfremden Dienststellen belegt sind.
- Zwar stellte die Stadt Mittel für die Büchereien zur Verfügung, aber die Knappheit des Büchervorrates brachte es mit sich, daß für die Schülerinnenbücherei fast keine, für die Lehrerbücherei wenige Bücher angeschafft werden konnten.»

Schuljahr 1941/42

- Der Krieg hatte auch in diesem Jahr einschneidende Wirkungen für unsere Schule im Gefolge. Die Ereignisse machten die Eröffnung neuer Lazarette notwendig. Ende Januar mußten wir daher unser Gebäude räumen. Die Wehrmacht richtete darin das Reservelazarett 138 ein. Zur Zeit ist es mit rund 550 Kranken und Verwundeten belegt. Die 28. Schule wurde im Schulgebäude der Thomasstraße bei der 12. gastweise untergebracht. Abwechselnd hielten beide Schulen vor- und nachmittags Unterricht. Das bedeutete eine Kürzung der Unterrichtszeit, denn im Winter mußten die Kinder mit Ausbruch der Dunkelheit zu Hause sein. Dazu kam noch Lehrermangel. Mehrere Monate lang mußte die Stundenzahl bedeutend gekürzt werden. Die oberen Klassen hatten 18, die mittleren 14, die unteren 12 Stunden in der Woche. Dabei mußten manche Fächer wie Leibeserziehung, Naturlehre, Zeichnen, Religion ganz ausfallen.
- Um dem Ausbruch von Mangelkrankheiten vorzubeugen, wurde wie im Vorjahr wieder an die oberen Jahrgänge täglich Cebuinzucker verteilt.
- Von dem der Schule zur Verfügung gestellten Wandergeld wurde nur ein Teil verbraucht, da Ernährungs- und Verkehrsverhältnisse die Wanderungen sehr erschwerten.
- Die 514 Schülerinnen verteilten sich wie folgt:

Klasse 1_1:	54	Klasse 4:	50
Klasse 1_2:	53	Klasse 5:	58
Klasse 2_1:	55	Klasse 6:	48
Klasse 2_2:	54	Klasse 7:	52
Klasse 3 :	50	Klasse 8:	40[1]

- Die Altstoffsammlung wurde in verstärktem Maße fortgesetzt. Im Schuljahr sammelten die Kinder: 10049 kg Papier, 2996 kg Knochen, 2591 kg Stoffreste, 114 kg Buntmetall, 1214 kg Schrott, 44 kg Jute, 4 kg Kürbiskerne und 17 Felle.

1 Das entsprach einer durchschnittlichen Klassenstärke von 51,4 Schülerinnen, im Schuljahr 1938/39 hatte die Klassenfrequenz 42 Schülerinnen betragen.

Im Juli 1938 war das Reichsschulpflicht-Gesetz verkündet worden, im Dezember 1939 erschienen die Reichsrichtlinien für die Volksschule. Zum selben Zeitpunkt also, an dem eine weitgehende gesetzliche Vereinheitlichung des Volksschulwesens erreicht worden war, machten sich die materiellen Verschlechterungen im Schulalltag immer nachdrücklicher bemerkbar. Junge Lehrer wurden zum Kriegsdienst eingezogen, die verbliebenen Lehrer mußten berufsfremde Arbeiten übernehmen, für eingezogene Beamte anderer Dienststellen einspringen, Kohlenrationen und Lebensmittel verteilen, Luftschutz-Bereitschaftsdienst leisten usw. Angesichts der Überalterung der Berliner Lehrer – die Hälfte der Volksschullehrer war über 50 Jahre alt – und ihrer Überbeanspruchung war es nicht verwunderlich, daß an nahezu allen Volksschu-

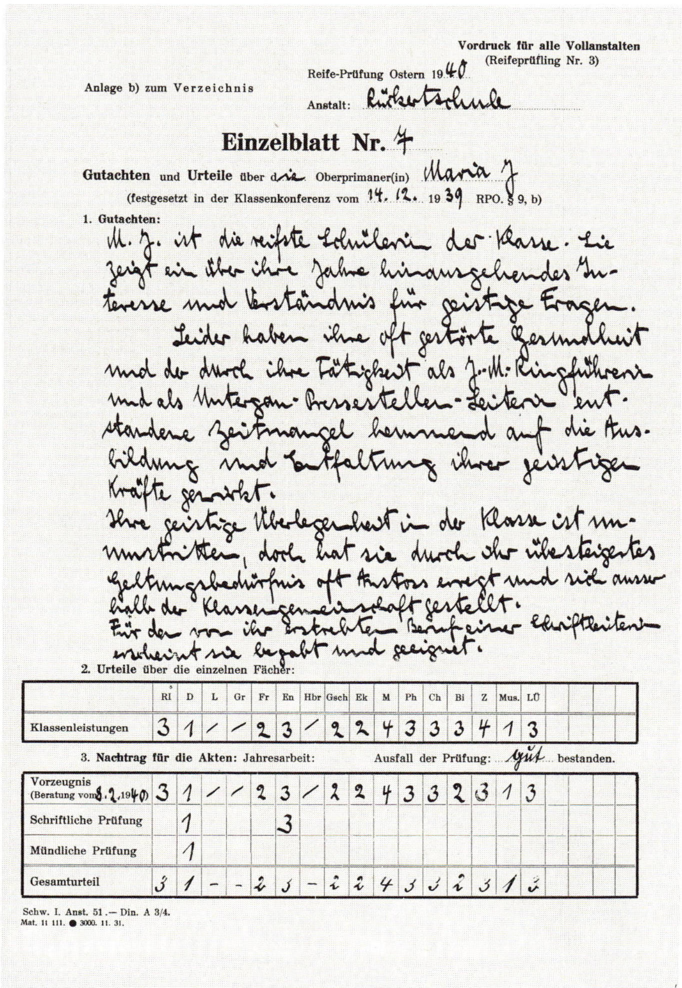

Vordruck für alle Vollanstalten
(Reifeprüfling Nr. 3)

Reife-Prüfung Ostern 1940

Anlage b) zum Verzeichnis

Anstalt: Rückertschule

Einzelblatt Nr. 7

Gutachten und **Urteile** über die Oberprimaner(in) Maria J.
(festgesetzt in der Klassenkonferenz vom 14. 12. 1939 RPO. § 9, b)

1. **Gutachten:**

M. J. ist die reifste Schülerin der Klasse. Sie zeigt ein über ihre Jahre hinausgehendes Interesse und Verständnis für geistige Fragen.
Leider haben ihre oft gestörte Gesundheit und der durch ihre Tätigkeit als J.-M.-Ringführerin und als Untergau-Pressestellen-Leiterin entstandene Zeitmangel hemmend auf die Ausbildung und Entfaltung ihrer geistigen Kräfte gewirkt.
Ihre geistige Überlegenheit in der Klasse ist unumstritten, doch hat sie durch ihr übersteigertes Geltungsbedürfnis oft Anstoss erregt und sich ausserhalb der Klassengemeinschaft gestellt.
Für den von ihr erstrebten Beruf einer Schriftleiterin erscheint sie begabt und geeignet.

2. **Urteile** über die einzelnen Fächer:

	Rl	D	L	Gr	Fr	En	Hbr	Gsch	Ek	M	Ph	Ch	Bi	Z	Mus.	LÜ
Klassenleistungen	3	1	/	/	2	3	/	2	2	4	3	3	3	4	1	3

3. **Nachtrag für die Akten:** Jahresarbeit: Ausfall der Prüfung: gut bestanden.

	Rl	D	L	Gr	Fr	En	Hbr	Gsch	Ek	M	Ph	Ch	Bi	Z	Mus.	LÜ
Vorzeugnis (Beratung vom 8.2.1940)	3	1	/	/	2	3	/	2	2	4	3	3	2	3	1	3
Schriftliche Prüfung		1				3										
Mündliche Prüfung		1														
Gesamturteil	3	1	–	–	2	3	–	2	2	4	3	3	2	3	1	3

Schw. I. Anst. 51. – Din. A 3/4.
Mat. 11 111. ● 3000. 11. 31.

Im Nahkampf. — Latein und Mathematik sind vergessen; jetzt muß der Kopf klar sein, um dem Angriff des Gegners ausweichen zu können und einen Gegenangriff vorzubereiten

auf die Bretter kippen zu sehen. Früher bezeichnete man auch dies als Sport, und in manchen Ländern ist das auch heute noch der einzige Sinn. Wenn wir aber an Boxsport denken, dann stehen vor uns die großen deutschen Meister, die den Faustkampf als technische Beherrschung des Körpers zu einem Erziehungswerk in den Leibesübungen gemacht haben. — Wenn heute in den Wochenschauen oder im Boxsaal die besten Männer ihre Kunst zeigen, dann sitzen wir gespannt davor und sehen staunend, wie in fairer, ritterlicher Art eine große Leistung gezeigt wird. Welcher Mann hat das schöner und eindringlicher gezeigt als unser Meister Max Schmeling? Unser Gefühl ehrt einen Besiegten, der auch im Unterliegen seinen Schild rein hält, mehr als einen Sieger, der mit Spiegelfechterei und unerlaubten Tricks einen ehrlichen Kampf hintergeht. — Dann stehen sich die Jungen bald selbst mit den dicken Lederhandschuhen gegenüber, möglichst gleichstarke Kämpfer, damit nicht die stärkere Kraft, sondern der härtere Geist und der tapfere Mut entscheiden kann. Wehe dem, der immer nur abwartet, sich nur verteidigt, nur ganz sichere Schläge einsetzen will! Der wird niemals gewinnen. Aber der kleine Pimpf, der immer von neuem anstürmt, mal einen Schlag einstecken kann, ohne sein Ziel zu verlieren, der gewinnt die Beherrschung seiner Fäuste auch in der Not, der landet seine Rechte, selbst wenn er vorher eins aufs Auge bekommen hat. — In den Schwertworten des Jungvolkjungen heißt eines: Jungvolkjungen sind hart! Welcher Sport ist geeigneter, hart zu machen, als das Boxen?

Eine richtige Klopperei gehört nun mal zu jedem rechten Jungen, der sich nicht alles gefallen läßt, sondern auch mit den Fäusten sein Recht und seine Ehre zu verteidigen gewillt ist. Da wird nicht lange 'rumerzählt und verhandelt, sondern da ist der Kampf die beste Lösung, wie es in folgendem Vorfall geschehen ist.

Einer erzählt:

So etwas konnte mir nur passieren. Die ganze Klasse hat gelacht, und ich konnte mich nicht rächen. Nicht etwa, weil ich feige war, sondern weil im gleichen Augenblick der Lehrer in die Klasse trat und wir alle uns hinsetzen mußten. — Wir hatten uns mit Kreide beworfen. Dabei traf ich Emil genau auf die Stirn. Er sprang wütend auf mich zu und haute mir mit der flachen Hand eine runter. Ich packte ihn schon bei der Jacke, da trat der Lehrer ein. — Mir brummt noch immer der Schädel. Nicht von der Backpfeife. Nein! Von der Schande, so etwas hingenommen zu haben.

Die Straße ist belebt. Menschen treten aus den Büros und den Werkstätten und eilen nach Hause. Ich muß zum Heimabend gehen. Emil wird auch dort hinkommen, denn wir sind im selben Jungzug. Ich werde bei diesem Gedanken noch röter im Gesicht, es nützt aber nichts.

Der Unterricht beginnt. Diesmal steht den Jungen keine langweilige Stunde bevor. Die strahlenden Augen sind der beste Beweis für die Begeisterung, mit der das neue Unterrichtsfach aufgenommen wird

9

«Deutsche Jugendburg», Januar 1939

len ein schlechter Gesundheitszustand des Lehrpersonals registriert wurde. Der Lehrermangel führte zu Klassenzusammenlegungen und -auflösungen und damit zu einer Erhöhung der Schülerzahlen pro Klasse auf über 50; die Pflichtstundenzahl für Lehrer wurde angehoben, die Unterrichtswochenstunden der Schüler gesenkt. Weitere Glieder in der Kette der Beeinträchtigungen des Schulalltags waren die Zweckentfremdung der Schulen, beispielsweise für die Einlagerung von Lebensmittelvorräten, die Einquartierung fremder Dienststellen oder Fuhrparks. Auch die Schülerinnen und Schüler wurden immer stärker für schulfremde Aktivitäten, für Sammelaktionen aller Art herangezogen, so daß selbst der ohnehin schon reduzierte Unterricht nicht in vollem Umfange gegeben bzw. besucht werden konnte.

Der schon in einem Erlaß des Innenministers zur «übermäßigen Beanspruchung der Schuljugend» vom 23. 12. 1933 konstatierte «Raubbau» an der Gesundheit von Teilen der Jugend durch Aktivitäten für die Hitler-Jugend verstärkte sich im Krieg entscheidend, noch verschärft durch die kriegsbedingte Verschlechterung der Lebensmittelversorgung. Die Folge war ein spürbarer Leistungsverfall. Bemängelte der Jugendfunktionär Kaufmann schon 1938 in der Zeitschrift «Wille und Macht» (vom 15. 12. 1938), daß die Wehrmacht und Wirtschaft «mit dem Leistungsvermögen der Volksschule nicht zufrieden» seien, so klagte der Bannführer in der Reichsjugendführung Albert Müller 1943 in der Sonderveröffentlichung Nr. 3 der Zeitschrift «Das Junge Deutschland» («Amtliches Organ des Jugendführers des Deutschen Reiches»):

«Seit Beginn des Kräftemangels im Arbeitseinsatz, der dritte und vierte Garnituren in qualifizierte Ausbildungsstellen brachte, häufen sich die Klagen ... allseitig über Lücken im Elementarwissen und geringe geistige Beweglichkeit der Schulabgänger. Diese Erscheinung zu begründen, ist oft unternommen worden. Von seiten der Schule wird auf mangelnde Muße der lernenden Jugend, auf die Überfülle der Eindrücke, die sich in seelische Verflachung und abnehmende Gedächtniskraft umsetze, endlich auf die außerschulische Beanspruchung der Lehrer und des Unterrichts verwiesen. Diese Ursachen lassen sich nicht übersehen. Genannt werden müssen freilich im gleichen Zusammenhang auch der zunehmende Lehrermangel und die entsprechend wachsende Klassenstärke oder – als Folge der gleichen Ursache – die Einschränkung des Unterrichts... Äußere Umstände, die der Unterrichtsarbeit abträglich sind, kommen hinzu. Sie verstärken den Eindruck, daß sich die Schule, insbesondere die Volksschule, in einer schwierigen Lage befindet, und zwar bei wachsenden Anforderungen an ihre Leistungsfähigkeit.» (S. 35)

Diese Funktionärsklagen verweisen auf den inneren Zusammenhang der beiden vorangegangenen Abschnitte: Eine Erziehung zum «heldischen Manne», zum «politischen Soldaten», der sein Leben für «Führer, Volk und Vaterland» bereitwillig hingibt, stand im Widerspruch zu einer fundierten Allgemeinbildung. Allgemeiner: die Aufgabe der Schule, sowohl eine solide Allgemeinbildung zu vermitteln als auch zugleich in das Herrschaftssystem einzufügen, konnte nicht in gleichem Maße erfüllt werden, letztere ging auf Kosten der ersten. Die in Wirtschaft und Militär spürbaren Qualifikationslücken veranlaßten daher Müller zu der Feststellung, daß «nicht nur Kerle, sondern auch Köpfe» benötigt werden, daß es zu nichts führe, «auf die Männer zu verweisen, die es trotz schlechter Schulleistungen im Leben weit gebracht haben», und daher solche Ausnahmen nicht zur Grundlage des Bildungswesens gemacht werden dürften (ebd.). Das Problem, wie fundiertes Wissen und zugleich NS-Ideologie zu vermitteln seien, greifen Nationalsozialisten wie der Bannführer Müller begreiflicherweise nicht auf. Die Schule beschränkt sich in ihrer Ursachendiagnose auf das in der Schulpolitik traditionsreiche «Überforderungs»-Argument («Überfülle der Eindrücke»), statt auf die Einschränkung kritischen Fragens und Denkens hinzuweisen.

Der Krieg und seine Auswirkungen verschärften Tendenzen, die in der nationalsozialistischen Schulpolitik ohnehin angelegt waren: die Vernachlässigung der Volksschulen und – damit verknüpft – die materielle Benachteiligung und ideelle Diskreditierung der Volksschullehrer. Bereits 1938 fehlten in Preußen über 3000 Volksschullehrer. Die «Reichszeitung der deutschen Erzieher» zitierte in ihrer Berlinausgabe vom März 1938 den Leiter der Hauptstelle Erziehung und Unterricht zur Frage des Lehrernachwuchses:

«Es ist kein Geheimnis mehr, daß die Hochschulen für Lehrerbildung nicht mehr wissen, woher sie den geeigneten Nachwuchs für den Lehrerberuf bekommen sollen. Die einzelnen Semester an den Hochschulen zählen kaum mehr die Hälfte des notwendigen Bedarfs. An eine straffe Auslese ist überhaupt nicht mehr zu denken. Die Abiturienten bleiben einfach aus. Und warum? Es ist im Volke vielfach der Eindruck entstanden, daß die Arbeit des deutschen Lehrers an der deutschen Jugend nicht richtig geschätzt und gewertet wird. Neben der ideellen Einstellung geben Ansehen, Geltung und Aufstiegsmöglichkeiten eines Berufes für den Abiturienten – vor allem für den tüchtigen – bei der Berufswahl den Ausschlag. Und kann man es einem jungen deutschen Menschen übelnehmen, wenn er einen Beruf ergreift, der ihm bessere wirtschaftliche Verhältnisse und ganz andere Aufstiegsmöglichkeiten bietet als der Beruf eines Lehrers?»

Im Heft 18 aus dem gleichen Jahr druckte «Der Deutsche Erzieher» folgende Anzeigen aus Tageszeitungen ab:

3 Junglehrer
suchen sich zu verändern als: Buchhalter, Lagerverwalter, Reisevertreter f. gr. Firmen od. auf techn. Büro.
Angebote unter R 16679

Akademiker
26 Jahre, 1. Lehrerprüfung, sucht sich zu verändern in gutbezahlte Stellung in Handel oder Industrie. Organisationstalent. Französisch, Englisch, Schreibmaschine.
Angebote unter 3302

Junge Dame
28 J., 1,77 groß, schlank, gute Ersch., aus erst. Fam., gescheit, heiter u. tüchtig, sportbegeist., natur- u. kunstlieb., häuslich u. kaufm. ausgebild., nicht unvermögend, wünscht m. absolut gebild. u. kultiviertem Herrn (kein Schullehrer) von best. Herkunft bekannt zu werden und zu evtl. Lebenskameradschaft. Vermittl. verb. Ang. u. EP 3368.

Die Zeitschrift kommentierte: «Es ist kein Geheimnis, daß der Lehrermangel von Jahr zu Jahr sich steigert. Nicht genug damit, die Abwanderung aus dem Erzieherberuf in Handel, Wirtschaft und Industrie nimmt weiter zu. Leicht erklärlich, denn Einkommensunterschiede und Aufstiegsmöglichkeiten sind bei Bewährung und Tüchtigkeit im freien Beruf wesentlich günstiger.»

Zwei Ausgaben zuvor hatte die Zeitschrift die wirtschaftliche Situation näher aufgeschlüsselt:

«Niemand kann einem Vater übel nehmen, seinen Sohn oder seine Tochter von dem Lehrerberuf fernzuhalten, wenn er weiß, daß z. B. eine 28jährige Volksschullehrerin weniger

Gehalt empfängt als eine bedeutend jüngere Stenotypistin ohne Berufsausbildung, oder daß ein Volksschullehrer von 28 Jahren, dem alle Vorrückungsmöglichkeiten und Beförderungsstellen versperrt sind, in die ein mittlerer Beamter oder Angestellter bei Bewährung einrücken kann, geringer besoldet wird als ein gleichaltriger Angestellter.»

Zum Prestigeverlust der Lehrer trug die HJ maßgeblich bei. «Die Deutsche Volksschule» zitierte beispielsweise in ihrer Ausgabe vom Juni 1939 empört Passagen aus einer Rede des Reichsjugendführers Baldur von Schirach:

- Fast «alle Männer, auf die unsere Nation stolz ist, (kamen) nicht durch ihre Schulerziehung, sondern trotz dieser Schulerziehung vorwärts».
- «Diesselbe Klasse, die am Vormittag einen verdienten Studienrat bei der Klassenarbeit beschwindelte, in die Schulbänke vielerlei Unsinn schnitzte und sich ganz allgemein rüpelhaft betrug, ist am Abend desselben Tages in einem Heim der Hitler-Jugend versammelt, um einen Schulungsvortrag anzuhören, und gibt dabei ein Musterbeispiel jugendlicher Zucht und Disziplin. (...) Die Schuld an der Unordnung der Klasse trifft den Lehrer ... Es geht nicht gegen die Ehre der Klasse, wenn ein Schüler den Lehrer belügt, sondern die Klasse kennt heute nur eine Ehre: Unbedingter Zusammenhalt gegen den Lehrer als Feind und kompromißloser Kampf gegen jeden Verräter der Klassengemeinschaft. Es ist dies nicht anderes als eine natürliche Reaktion auf die dauernde Beaufsichtigung und Gängelung, zu der der Lehrer verpflichtet ist.»
- Der Jugendführer wird nicht wie der Lehrer «bis zu seinem vollendeten fünfundsechzigsten Lebensjahr Tag für Tag auf dem Katheder sitzen! Er wird nicht tagtäglich um 12.45 Uhr das Buch zuklappen, aus dem er zum siebenhundertdreiundvierzigstenmal seine Lektion verkündet hat, um nach Hause zu gehen, gut und reichlich zu essen, ein Mittagsschläfchen zu halten, Kaffee zu trinken, seine Zeitung zu lesen, seine Zigarren zu rauchen usw., kurz, um mit dem Zeichen einer Glocke ... zu vergessen, was er niemals auch für eine Stunde seines Daseins vergessen darf: die erzieherische Sendung.»

In dem geheimen «Jahresbericht» des Reichssicherheitshauptamtes, der regelmäßig über die Stimmung und Haltung der Bevölkerung berichtete, wurde für 1938 festgestellt:

«Die Stimmung in der Lehrerschaft wird durch das Gefühl beeinflußt, daß die staatlichen Stellen den Lehrer in seinem Kampf um Anerkennung nicht unterstützen. Dies trifft besonders für die Volksschullehrer zu ... Diese Mißstimmung unter den Lehrern wird verstärkt durch die immer wiederkehrenden Angriffe führender Männer des politischen Lebens auf Schule und Lehrerschaft. (...) Die Standesorganisation der Lehrer, der NSLB, hat sich durch den Einsatz des Reichswalters Wächtler häufig gegen diese Angriffe gewandt, jedoch haben die Lehrer dem NSLB bereits stark ihr Vertrauen entzogen. Hervorgerufen wurde dieser Mangel an Vertrauen besonders dadurch, daß sich die Versammlungen des NSLB ... in scharfen Kritiken sowohl gegen das REM (Reichserziehungsministerium; d. Verf.), die Schulaufsichtsbehörde und Länderministerien, als auch gegen die RJF (Reichsjugendführung; d. Verf.) erschöpften. Man vermißt jeglichen Erfolg des NSLB in Bezug auf die Durchsetzung der standespolitischen Geltung.» (Bd. 2, S. 104f Bundesarchiv Koblenz R 58/1095)

Aufgrund dieser Entwicklung verschlechterte sich die Lehrer-Schüler-Relation beträchtlich, die Klassenstärken stiegen beständig an. Betrug die durchschnittliche Klassenfrequenz der Berliner Volksschulen 1930 34,4 Schüler, so belief sich diese Zahl 1935 bereits auf über 40. Nach Kriegsbeginn verschärfte sich diese Entwicklung von Jahr zu Jahr, zumal auch die 1941 erfolgte Abschaffung der akademischen Ausbildung der Volksschullehrer den Lehrermangel nicht beheben konnte.

Die von führenden Vertretern der HJ und der NSDAP immer wieder geäußerte Geringschätzung der Volksschullehrer drückte zugleich den Stellenwert der Volksschule aus: Trotz gegenteiliger Versprechen von 1933 wurde sie gegenüber der höheren Schule weiterhin in jeder Weise vernachlässigt. Die Volksschule blieb Ort der sozialen Selektion, die sich nach 1933 noch verschärfte und nur insofern ihren Charakter änderte, als eine zuverlässige nationalsozialistische Gesinnung zu einem der Auslesekriterien erklärt wurde. Die Nationalsozialisten leiteten keine organisatorischen Reformen oder finanziellen Förderungsmaßnahmen ein, um die Abhängigkeit des Besuchs höherer Schulen vom Geldbeutel oder Bildungsstand der Eltern zu vermindern. Diese Politik führte dazu, daß der in Deutschland traditionell geringe Anteil der Studenten aus unteren sozialen Schichten während der NS-Herrschaft weiter abnahm. Eine ihrer Konsequenzen verdeutlicht am Beispiel Berlins eine Untersuchung aus dem Jahre 1938, die Müller in der bereits zitierten Sonderveröffentlichung Nr. 3 der Zeitschrift «Das Junge Deutschland» referierte: Von den 35000 Berliner Volksschülern des vierten Schuljahres wechselten fast alle Kinder auf eine höhere Schule, deren Väter in leitenden Stellungen und akademischen Berufen beschäftigt waren, während nur ein Drittel der «begabten» Kinder von Handwerkern, Arbeitern und Angestellten zur Mittel- bzw. Oberschule übertraten. «Der Gesamtteil an befähigten Schülern, die einer durch die gehobenen Schulen vermittelten Weiterbildung entbehrten ... betrug nicht weniger als 44 v. H.» (S. 37) Andererseits wurden, da die Kinder gutgestellter Familien fast ausnahmslos auf die weiterführenden

Bügelwettbewerb beim Reichsberufswettkampf – ermittelt werden die besten «Mitarbeiterinnen am Werk des Führers»

Schulen wechselten, «37 v. H. aller Schüler mit durchschnittlichen oder schlechten Grundschulleistungen in die Oberschule aufgenommen» (S. 38).[2]

Die Dreigliedrigkeit des Schulwesens rechtfertigte man wie folgt:

«In der berufsmäßigen Gliederung der Volkskörpers kann man drei verschiedenartige und verschieden starke Säulen unterscheiden. Die stärkste Säule bilden diejenigen Volksgenossen, die in der Hauptsache nach Anleitung zu arbeiten und vorgelegte Pläne auszuführen haben. Eine zweite dünnere Säule bilden die Angehörigen derjenigen Berufe, bei deren Ausübung Kopf- und Handarbeit, geistige und mechanische, anordnende und ausübende Tätigkeit vereinigt sind. Die dritte und dünnste Säule stellen die geistigen Berufe dar, die führend und planend hervortreten und selbständig an der Lösung von Lebensaufgaben der Nation mitarbeiten. Demgemäß erfordert das wirtschaftliche und soziologische Gefüge unseres Volkes eine Dreiteilung des Schulwesens.» (Deutsche Schulerziehung. Jahrbuch des Deutschen

2 1941 wurde nach österreichischem Vorbild mit der Einführung der Hauptschule als «Auslese-Pflichtschule» begonnen. Als qualifizierte Form der Sekundarstufe der Volksschule mit einem höheren Anteil mathematisch-naturwissenschaftlicher und technisch-handwerklicher Bereiche sowie einem Fachlehrer- statt Klassenlehrerprinzip konnte sie allerdings keinen nennenswerten Beitrag zur Verbesserung der Schulbildung mehr leisten, da ihr Ausbau kriegsbedingt nicht vorankam (1942 wechselten im «Altreich» sechs Prozent der Volksschüler auf die Hauptschule).

Zentralinstituts für Erziehung und Unterricht. Berlin 1940, S. 64)

Die soziale und materielle Ungleichheit suchte man – ein durchgängiges Prinzip faschistischer Problemlösungsversuche – durch ideelle Umwertung auszugleichen: alle «Volksgenossen», die ihre Pflicht tun, seien gleichwertig.

Die Vernachlässigung der traditionellen Allgemeinbildung ging einher mit zum Teil großen Anstrengungen auf dem Gebiet der berufs- und arbeitsplatzbezogenen Spezialbildung. Insbesondere die betriebliche Ausbildung erfreute sich, anders als das offizielle Berufsschulwesen, besonderer Aufmerksamkeit. Der Studie von E. Eichberg ist zu entnehmen, daß sich beispielsweise die Zahl der Lehrwerkstätten von 167 im Jahre 1933 auf 3304 mit 244250 Lehrlingen (gegenüber 16222) im Jahre 1940 erhöhte. (Die Lehrwerkstatt im Industriebetrieb. Weinheim 1965, S. 47). Die HJ veranstaltete zusammen mit der Deutschen Arbeitsfront (DAF) jährlich für Jugendliche (ab 1937/38 nahmen auch Erwachsene teil) einen «Reichsberufswettkampf» mit ständig steigender Beteiligung (1939 dreieinhalb Millionen Menschen). Die Teilnehmer wurden nach Alter, Qualifikation und weiteren Kriterien in Leistungsklassen eingeteilt und nahmen an reichseinheitlichen fachlichen, weltanschaulichen und sportlichen Prüfungen teil. Die Sieger wurden öffentlich geehrt und materiell gefördert.

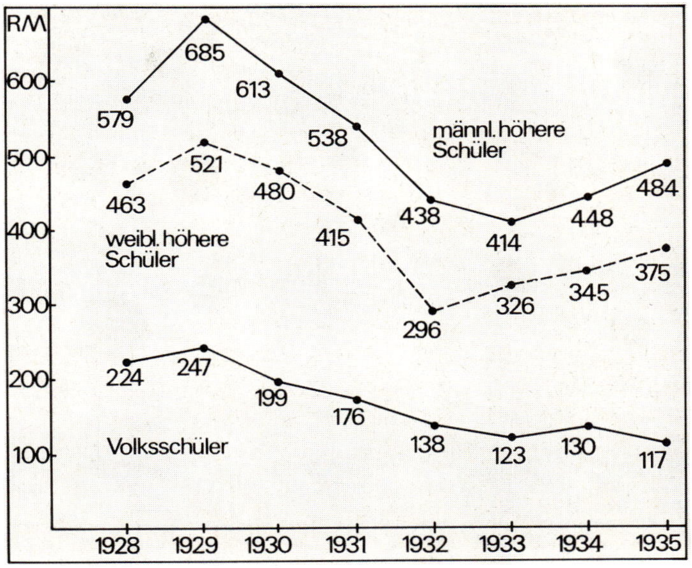

Ausgaben (in Reichsmark) pro Kopf der Berliner Schüler(innen) an Volksschulen und höheren Lehranstalten
(Zusammengestellt nach den Verwaltungsberichten der Stadt Berlin)

Am Reichsberufswettkampf, der ins Leben gerufen worden war, um den Facharbeitermangel zu beheben, zeigt sich – wie Nemitz hervorhebt –, daß Qualifikations- und Ideologievermittlung nicht notwendig in Widerspruch zueinander stehen müssen. Der Wettbewerb, der die fachliche Qualifizierung stimulierte, sprach die Jugendlichen in einer Entwicklungsphase an, in der sie sich eine Identität als Berufstätige aufbauten und sich in gesellschaftliche Klassenbeziehungen hinein entwickelten. Auf diesen Prozeß nahm der Reichsberufswettkampf Einfluß. Im fachlichen Leistungsvergleich gliederten sich die Jugendlichen selbsttätig in die hierarchische «Leistungsgemeinschaft» ein. Nicht in den Blick kam dabei die kapitalistische Verfügung über die beruflichen Qualifikationen, die im Faschismus durch die Aufhebung auch elementarster gewerkschaftlicher Freiheiten terroristisch geregelt war. Im Erleben der wettbewerbsförmig organisierten Leistungsförderung blieben die mit Gewalt entzogenen Einflußmöglichkeiten auf Lohn- und Arbeitsbedingungen ausgespart. Der Reichsberufswettkampf stellte also einen bedeutsamen Impuls zur Entwicklung fachlicher Kompetenzen *und* ein Mittel zur selbständigen Eingliederung in die faschistischen Verhältnisse dar, verband Qualifikations- und Ideologieaneignung. (R. Nemitz: Die Erziehung des faschistischen Subjekts. In: Faschismus und Ideologie 1. Argument-Sonderband 60. 1980, S. 177f)

Bomben und Kinderlandverschickung

Die Chronik der 15. Berliner Volksschule verzeichnete im August 1940 den ersten Fliegeralarm. Der Rektor der 28. Volksschule vermerkte in diesem Schuljahr in der Chronik: «Um die Schuljugend vor den Folgen und Unzuträglichkeiten der feindlichen Luftangriffe zu schützen, ordnete der Führer im September 1940 eine verstärkte Verschickung der Großstadtkinder in die nicht luftgefährdeten Gegenden des Reiches an.»

Von der 28. Schule fuhren 40 Mädchen und eine Lehrerin in ein Lager nach Ostpreußen, 17 weitere mit einem Lehrer ins Riesengebirge.

Im September 1941 wurde über die Berliner Schulen folgendes Merkblatt des «Gaubeauftragten für die erweiterte Kinderlandverschickung im Gau Berlin der NSDAP» an die Eltern der zehn- bis vierzehnjährigen Schüler verteilt:

«Liebe Eltern!
Nach einjähriger Arbeit hat die erweiterte Kinderlandverschickung vielen Tausenden von Pimpfen und Jungmädeln Freude und Erholung durch ihre Lager in den schönsten Gauen des Reiches gegeben. Der Sinn der Kinderlandverschickung liegt nicht allein in einer Vorsichtsmaßnahme für die luftgefährdeten Großstädte, sondern vielmehr in dem Wunsch des Führers, der seiner Jugend auch im Kriege eine gesunde Entwicklung gewährleisten will.

Warum soll Euer Kind nicht auch diese schönste Zeit miterleben? Jedes Kind, das an der erweiterten Kinderlandverschickung teilnimmt, wird ohne Rücksicht auf den Vermögensstand der Eltern vom Tage der Verschickung ab kostenlos in die Obhut der Aktion genommen. Es wird erwartet, daß die Eltern ihr Kind mit jenen Ausrüstungs- und Bekleidungsstücken in die Lager senden, die sie auch zu Hause haben. Bei der Anmeldung wird ein entsprechendes Merkblatt ausgehändigt, und falls dieser oder jener Gegenstand von den Eltern nicht beigebracht werden kann, wird die Beschaffung in Zusammenarbeit mit der NSV. getätigt.

Die Dauer der Verschickung ist jeweils auf mindestens 6 Monate vorgesehen. Diese Festsetzung ist notwendig, da wir auf die Transportlage während des Krieges Rücksicht nehmen müssen. Auch Kinder, die schon einmal verschickt waren, können nach ihrer Rückkehr von den Eltern neu angemeldet und auf eine weitere Zeit verschickt werden.

Die 10- bis 14jährigen Jungen und Mädel sind in *Lagern* zusammengefaßt und stehen unter der Obhut von bewährten Lehrern und HJ.-Führern (bzw. Lehrerinnen und BDM.-Führerinnen). Die Gebäude, die den Lagern zur Unterbringung dienen, sind Hotels, Gasthäuser, Schulen, Jugendherbergen, Pensionen, HJ.-Heime, Schlösser, Klöster und ähnliches. Sie sind für die Zwecke der Lager besonders hergerichtet und enthalten hygienisch einwandfreie Einrichtungen sowie Räume für Schulung, Unterhaltung und Freizeit. Durch die Verschiedenartigkeit der beanspruchten Gebäude sind die Bettenzahlen in den einzelnen Lagern unterschiedlich, aber immer so gehalten, daß nicht zu viele Kinder in einem Zimmer schlafen.

Auf die gute *Ernährung* innerhalb der erweiterten Kinderlandverschickung brauche ich wohl nicht besonders hinzuweisen, da durch die Sonderzuteilungen und die gute Zubereitung bereits während der ersten Verschickungsperiode außergewöhnliche Gewichtszunahmen fast aller verschickten Kinder festgestellt werden konnten.

Die *schulische Betreuung* liegt in Händen der vom NSLB. besonders ausgewählten Lehrer und Lehrerinnen. Es hat sich gezeigt, daß die Leistungen aller Schüler und Schülerinnen innerhalb der erweiterten Kinderlandverschickung bedeutsame Steigerungen erfahren haben.

Plakat der Reichsjugendführung, April 1944

Im Lager wird auch der in der Heimat übliche *Jungvolk- und Jungmädeldienst* durchgeführt. Darüber hinaus tragen die HJ.-Führer und BDM.-Führerinnen Sorge, daß insbesondere Sport und Spiel für die Gesunderhaltung und Freude unserer Pimpfe und Jungmädel sorgen.

Die *ärztliche Betreuung* ist durch einen Lagerarzt sichergestellt, der laufend die Pimpfe und Jungmädel besucht und untersucht.

Liebe Eltern! Gönnt Euren Kindern die schönen Tage in der Kinderlandverschickung, in der sie zusammen mit Gleichaltrigen die vielleicht einmalige Möglichkeit haben, die Schönheiten unserer großdeutschen Heimat kennenzulernen. Die Anmeldung erfolgt beim Klassenlehrer.»

Über die Resonanz auf diesen Aufruf zur Teilnahme an der *erweiterten* Kinderlandverschickung (KLV) – bis 1940 hatte die Nationalsozialistische Volkswohlfahrt Kinderlandverschickungen als Erholungsmaßnahmen durchgeführt – gibt die Chronik der 28. Schule Aufschluß:

«Auch im Schuljahr 1941/42 nahm die vom Führer angeordnete ‹erweiterte Kinderlandverschickung› ihren Fortgang. Da aber Berlin unter feindlichen Luftangriffen nicht zu leiden hatte, meldeten sich nur wenige Mädchen zu den Lagern.»

Auch andere Volksschulen verzeichneten nur wenige Anmeldungen. Diese Zurückhaltung war nicht zuletzt auf die Verhältnisse in den Kinderlagern zurückzuführen. Frau S. erinnert sich an das KLV-Lager in Marienbad:

«Zunächst saßen wir in einem Haus, das für die Unterbringungen von Kurgästen gut geeignet war. Aber Kuren waren zu jener Zeit nur im Sommer, nicht im Winter. Die Heizung reichte also nicht aus für einen Winteraufenthalt. Unsere erste Amtshandlung war also die, daß wir umgezogen sind in

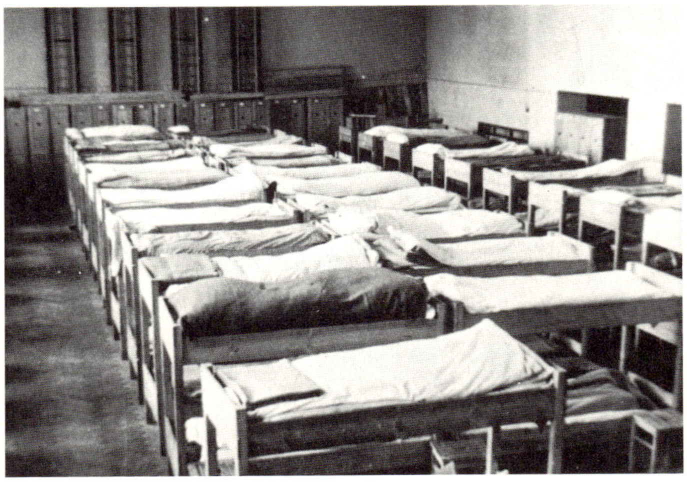

Berliner Schüler im KLV-Lager Hermann-Göring-Schule Landsberg/Warthe, Herbst 1944

Unterricht im KLV-Lager Landsberg/Warthe

Kleinkaliberschießen im KLV-Lager Anger (Steiermark), 1941

ein anderes Haus, das besser zu heizen war. Die Organisation der Verpflegung war verheerend. In Marienbad waren noch mehrere Lager, und weil nicht genügend Geschirr vorhanden war, wurde im Kursaal in Schichten gegessen. Da ist mir der Appetit schon vergangen, wenn ich in den Raum reinkam.

Meine Kollegin und ich haben Unterricht gemacht, soweit es eben ging. Die Kinder hatten ihre Schulbücher mitgebracht. Viel kam dabei aber nicht raus, ein bißchen Rechtschreibung, Grammatik und Rechnen haben wir gemacht und über die Landschaft gesprochen, in der wir waren. Nach einiger Zeit hatten wir Diphtherie im Lager. Da die Maßnahmen, die getroffen wurden, völlig unzureichend waren, war bald das ganze Lager Bazillenträger, immer einer nach dem anderen. Die ersten gaben wir weg ins Krankenhaus. Als ich die Kinder im Krankenhaus besuchte, stellte ich fest, daß man sie zu anderen Leuten ins Bett gelegt hatte. Ich sagte dem Arzt, daß es doch nicht geht, daß die Kinder mit fremden Personen ins Bett gepackt werden. Ich war fassungslos. Zwei Tage später habe ich sie abgeholt und in einem Stockwerk unseres Hauses isoliert.»

Die Verhältnisse waren nicht überall so schlecht wie in Marienbad. Doch auch dann, wenn Eltern Positives über Unterkunft und Verpflegung in den Lagern gehört hatten, blieben viele skeptisch; sie wollten angesichts der immer unsicherer werdenden Zeiten und Verbindungsmöglichkeiten ihre Kinder nicht für Monate weggeben und der HJ aussetzen, die im Rahmen der KLV-Maßnahmen ihren Einfluß auszudehnen versuchte. Die Kinderlandverschickung diente in der Zeit, in der die Kriegseinwirkungen sich noch in Grenzen hielten und der Schulbetrieb in Berlin aufrechterhalten wurde, keineswegs ausschließlich der Gesundheit und Sicherheit der Kinder. Sie sollte vor allem Mütter als dringend benötigte zusätzliche Arbeitskräfte gewinnen helfen und die Schülerinnen und Schüler nationalsozialistischer Erziehung ohne häusliches Korrektiv aussetzen. Das Lager, die von den Nationalsozialisten bevorzugte Erziehungsform, förderte – zumal fern vom Elternhaus – die Einflußmöglichkeiten der HJ, mit der sich die Lehrer die Tagesgestaltung teilen mußten. Lehrer Helmut W., Jahrgang 1903, berichtet über diesen Aspekt seiner KLV-Erfahrungen:

«Es war in Ostpreußen. Einige Kinder verhielten sich nicht so, wie es die HJ-Leitung wollte. Da ist ein HJ-Führer mit ihnen rausgegangen – im Winter, im Schnee – und hat mit ihnen Übungen gemacht wie Liegestütz, Krabbeln im Schnee. Die kamen halb erfroren wieder rein. Das war allerdings ein krasser Fall. Die haben auch abenteuerliche Sachen mit den Kindern gemacht, sind, das war im zweiten Lager, mit ihnen in den Bergen rumgeklettert. Das war eigentlich gar nicht zu verantworten. Wenn einer verunglückte, wurde nicht viel nachgeforscht. Hatte ein Schüler 'mal Knochenbrüche, wurde das nicht so tragisch genommen. Wenn mir das im Unterricht passiert wäre, dann hätte man wer weiß wie recherchiert. Aber so: das war eben im Dienst passiert; man kam ins Krankenhaus, damit war die Sache erledigt.

Als Lehrer mußte man sich praktisch den Lagertag mit der HJ teilen. Wir unterrichteten am Vormittag, die hatten den Nachmittag. Je länger allerdings der Krieg dauerte, desto früher wurden die HJ-Führer in die NSDAP übernommen, und es kamen immer jüngere Führer. Zum Schluß '43 haben wir gar keine mehr gehabt.»[3]

3 Ausführliche Erfahrungsberichte Berliner Lehrerinnen über die KLV dokumentiert Heft 17/18 der «Mitteilungen & Materialien der Arbeitsgruppe Pädagogisches Museum».

Über die Vorstellung von einem «funktionierenden» HJ-Leben gibt die Selbstdarstellung eines Schülers einer Adolf-Hitler-Schule, der in einem KLV-Lager ein Praktikum als Lagermannschaftsführer absolvierte, Aufschluß, die er für den «Elternbrief der Erweiterten Kinderlandverschickung Slowakei» vom Juni 1942 verfaßte:

«Meine Ankunft hatte sich herumgesprochen, so lernte ich gleich alle Pimpfe kennen. An ein persönliches Kennenlernen war zunächst gar nicht zu denken, denn die Essenszeit war gekommen und mein erster Dienst begann. Ich ließ den Haufen heraustreten – denn an eine Mannschaft war vorläufig noch nicht zu denken. Nach einiger Zeit hatte sich alles auf dem Hof eingefunden und stand in einem wilden Durcheinander, in das ich erst einmal *Ordnung* bringen mußte. Ich ließ die Jungen antreten. Nachdem auch der letzte Junge sein Loch gefunden hatte, sah ich mich vor einem bunten Haufen von Zivilisten, zwischen denen ein paar Braunhemden hervorsahen. Nachdem es mir gelungen war, die *Ruhe* herzustellen, überprüfte ich die *Sauberkeit* der Hände und die Frisur. Da gab es allerlei auszusetzen, was mir auch in meiner späteren Lagerzeit Arbeit machte. Ich schickte einen großen Teil zum Händewaschen und Kämmen nach oben.

Spindkontrolle

Dann rückten wir zum Mittagessen in den Speiseraum. Ein Tischspruch und der gemeinsame Ruf ‹Haut rein›, leiteten das Essen ein. Doch was gab es hier wieder zu beanstanden. Laute Unterhaltung und Geräusche, die beim Essen nicht entstehen sollten und schlechte Haltung.

‹Wir sind alle gut satt!› – war der Abschluß des Essens und die Bettruhe begann. Zwar war es den Jungen noch nicht klar, daß man nicht mit Schuhen auf dem Bett liegt, aber die Pimpfe waren noch von der langen Bahnfahrt müde. So ging diese Bettruhe in größerer Ruhe vonstatten als manchmal später. Anschließend nahm ich mit dem Lagerleiter die endgültige Verteilung der Stuben vor.

Jetzt begann ich erst meine Arbeit. Bis der schier unerschöpfliche Inhalt der Koffer und Pakete in die Schränke verteilt war und dieselben einigermaßen in *Ordnung* waren, verging der Nachmittag. Nun zeigte sich, daß die Pimpfe bisher immer von der Mutter versorgt waren und sich um solche Sachen wenig oder gar nicht gekümmert hatten. Wenn ich am ersten Tag in jeder Stube mindestens ein Spind einräumen mußte, um dadurch einigermaßen *Ordnung* zu erzielen, so war es am nächsten Morgen eine Selbstverständlichkeit, daß ich ihnen zeigte, wie die Betten gebaut werden, selbst wie man Staub wischen muß und wie man einen Besen handhabt, war oft völlig unbekannt. Bei der ersten Putz- und Flickstunde zeigte sich dann auch, daß die Wenigsten eine Ahnung hatten, wie man Strümpfe stopft, eine Nadel einfädelt und benutzt. Am Abend freuten wir uns dann alle, daß im Lager die erste notdürftige *Ordnung* eingekehrt war, die aber in der nächsten Zeit wieder verbessert werden mußte.

Zuerst war der *Ordnungs*dienst sehr notwendig. Er fand zwar nicht den notwendigen Anklang, aber mit einem wilden Haufen konnte doch das Lager nicht durch die Stadt marschieren. In wenigen Wochen war das Lager soweit in Schwung, daß alles klappte.» (Hervorh. d. Verf.)

Bis in die zweite Hälfte des Jahres 1943 lief in Berlin der Schulbetrieb im Rahmen der geschilderten Einschränkungen «normal» weiter. Es wurde Rechnen, Schreiben, Lesen und das «Kernliedgut der (NS-)Bewegung» gelernt, den älteren Schülern die Rückzugsbewegungen der deutschen Wehrmacht als «Frontbegradigung» erläutert, für Sammlungen des Winterhilfswerks (WHW) Unterrichtsbefreiung erteilt, Altstoffe aller Art und Heilpflanzen sowie Teekräuter gesammelt, Naturpflanzen in den Grünanlagen angebaut und, ab zehn Jahre, andere «Kriegseinsätze zur Sicherung der Ernährung des deutschen Volkes» durchgeführt.

Am 7.9.1943 wurde die Verlegung der Schulen aus Berlin verfügt. Viele Eltern schickten jedoch ihre Kinder nicht mit

Betrifft: Verlegung der Schulen aus Berlin (Verfg. vom 7. 9. 43 Dbl. Tl. VIII/167)				
Klasse	Schülerzahl	davon		
		mit der Schule Berlin verlassen	von den Eltern in Berlin zurückgehalten	von den Eltern selbständig in anderen Orten untergebracht
I	52	–	21	31
II_a	53	–	28	25
II_b	54	4	24	26
III_a	46	11	17	18
III_b	45	2	22	21
IV	43	2	25	16
V	34	2	19	13
VI	28	6	26	6
VII	39	6	20	13
VIII	41	6	26	9
	445	39	228	178

nach Ostpreußen oder in andere Evakuierungsgebiete. Die folgende Übersicht der 5. Volksschule vom 1. 11. 1943 macht dies deutlich:

Von den Kindern der 6. Volksschule verließen 22 mit der Schule Berlin, 207 wurden von ihren Eltern «zurückgehalten», 191 «selbständig in anderen Orten untergebracht»; an der 27. Schule reisten nur 66 von 526 Schülern mit ihren Lehrern ab. Die Chronik der 86. Volksschule hielt über einen Elternabend zum Thema Evakuierung der Schüler, zu dem auch der NSDAP-Ortsgruppenleiter erschienen war, fest, daß es «sehr erregt» zuging; nur 65 Kinder wurden an dieser Schule von den Eltern zur Verschickung angemeldet.

Einen Eindruck von der Schulsituation an den Evakuierungsorten vermittelt der Auszug eines Briefes von einem Lehrer der 27. Schule aus Arnswald:

«Die Arnswalder Schule ist 2-klassig mit 125 Kindern, etwa 90 einheimischen und 35 auswärtigen, hauptsächlich sind es Berliner. Es gibt jetzt keine Trennung mehr zwischen diesen Gruppen, alles ist zusammengeworfen, damit die Berliner die ostpreußische Lehrernot beheben helfen. Nach den Weihnachtsferien (1943) werden aus den 125 Kindern drei Klassen gemacht, da dort noch eine Hilfslehrerin war. Dadurch wird die Arbeit angenehmer und erträglicher. Es werden allerdings noch 300 Berliner Evakuierte erwartet, daß die Schülerzahl dann erheblich steigen wird.»

In welchem Ausmaße die zunehmenden Bombenangriffe Schulen, die in Berlin weitergeführt wurden, in Mitleidenschaft ziehen konnten, verdeutlicht – trotz mancher pathetischer Sequenzen und Anklänge an NS-Terminologie – der in den letzten Kriegsmonaten des Jahres 1945 nachträglich verfaßte Bericht über die Ereignisse an der Handelslehranstalt Berlin-Wedding, den wir nachfolgend ausführlicher zitieren (Volksschulchroniken gingen, da die Schulen meist bereits verlegt waren, auf die Berliner Vorgänge in dieser Zeit nicht näher ein):

«Im Winterhalbjahr 1943/44, als die Nachtangriffe besonders zahlreich waren, machten sich in den Klassen eine starke nervöse Abgespanntheit und infolge des Mangels an Schlaf eine Minderung der physischen Widerstandskräfte bemerkbar. Trotz redlichen Mühens fiel es auch guten Schülerinnen schwer, den geforderten Leistungsstandard zu wahren. Man hatte immer wieder den Eindruck, die Mädel konnten auch bei bestem Willen nicht leisten, was in normalen Zeiten selbstverständliches Pensum war. Mehr noch vielleicht als die körperliche Belastung, die der Luftkrieg für den einzelnen bedeutete, trug das Erleben des Terrors dazu bei, daß ein großer Teil unserer Mädel in der Arbeit nachließ. Vielen von ihnen hatten die feindlichen Flieger das Heim zerschlagen, manche waren mehrfach obdachlos geworden. Wie oft geschah es, daß die Mädel sich wegen einer versäumten Arbeit entschuldigten, weil sie in der elterlichen Wohnung Fliegerschäden hatten beseitigen müssen und nicht mehr zur Erledigung ihrer Hausaufgaben gekommen waren! Wie oft saßen sie nach einem nächtlichen Angriff übermüdet auf ihren Plätzen, weil sie in der Nacht beim Löschen eines Brandes im Elternhaus oder beim Einsatz in der Nachbarschaft geholfen hatten! Auch seelisch bedrückt waren viele unserer Mädel. Es lastete schwer auf ihnen, wenn sie sahen, wie die Mutter unter dem Verlust des Heims litt, besonders wenn sich zu diesem traurigen Erlebnis die Sorge um den Vater oder den Bruder im Felde gesellte.»

In der Nacht vom 22. zum 23. November 1943 wurde bei einem Großangriff auf Berlin der Wedding schwer getroffen.

Da «unsere Schule nach Luftangriffen den Betroffenen Sammelunterkunft und Verpflegung bietet, brandete die Flut des Elends aus den Schreckensstätten der Bombeneinschläge in unser Haus. Einzeln und in Gruppen kommen die Menschen, die soeben ihr Heim verloren haben, zur Sammelstelle, stumm, fast apathisch, wie betäubt von all dem überstandenen Grauen sind die einen; vielen liegt das Entsetzen über die letzten Erlebnisse noch in den Augen. Andere kommen in verbissener Entschlossenheit. ‹Gott sei Dank, Leben und Gesundheit sind gerettet, alles andere wird sich finden!› Dort wird eine alte Mutter, die haltlos vor sich hinweint, von ihren

Nach dem Einschlag einer Flakgranate, Berlin-Waidmannslust, 23./24. 9. 1940

Söhnen geführt; hier stützt eine DRK-Schwester eine junge Frau, die in ihren Armen ihr kleines Kind fest an sich preßt; ihr Gesicht ist zur Maske erstarrt. ‹Meine Schwester, wo ist meine Schwester?› Unaufhörlich klagte es eine alte Frau vor sich hin. Auf unsere Bitte um Angabe der Anschrift trifft uns ein hilfloser Blick aus verständnisleeren Augen, und der zukkende Mund weiß nur die eine Frage zu formen. – Das frühere Amtszimmer unserer Schule ist Sanitätsraum. Für einen Augenblick öffnet sich die Tür; wir sehen, wie eine Schwester einen Mann vom Einsatz verbindet – bei Bergungsarbeiten hat er sich eine Kopfwunde zugezogen. – Auf dem Schulhof entsteht ein wildes Durcheinander. Pferde eines Fuhrunternehmens, das den Bomben zum Opfer gefallen ist, werden durch die Tür geführt, aufgeregt von dem Feuerschein aus den brennenden Häusern, verstört von den Explosionen der Bomben, geschreckt durch die Erregung der Menschen, reißen sie sich los und jagen durch den Schulhof. Die Leinen sind den Händen des Fuhrherren entrissen. Beherzt bringen unsere Mädel vom Luftschutzdienst Stricke herbei, und Herr Hennrich kann die geängstigten Tiere einfangen. – Ruhig stehen in diesem wüsten Gewirr die 4 Kühe aus einem benachbarten Stall am Hofzaun; von Zeit zu Zeit nur brüllt eins der Tiere auf. Unaufhörlich fließt der Strom der Obdachlosen, und über diesem furchtbaren Zuge des Leides und der Not liegt die schreckliche Brandhelle des Krieges. – Am anderen Morgen war das Schulhaus gefüllt vom Keller bis zum dritten Stock. Erschütternd war das Elend, das die sonst so freundliche Stätte froher Arbeit barg. Im Schulbüro bemühten sich zwei Helferinnen der Freundschaft um eine junge Frau, die von einem Weinkrampf gepackt war. Nachdem sie aus der Verschüttung geborgen und aus ihrer Ohnmacht erwacht war, konnte sie ihr Kind nicht wiederfinden. – Ein Bergungstrupp traf ein: erdfahl, totenhaft die Gesichter, unendlich erschöpft die Haltung. – In der Vorhalle der Schule wurden die Vorbereitungen für die Verpflegung getroffen. Schwere Lastkraftwagen mit Broten, Butterfässern und Wurstkisten trafen ein, Kübel mit Kaffee wurden hereingebracht, und vom Morgen bis zum späten Abend waren in den Büroräumen und in der Vorhalle Frauen um die Verpflegung der Tausenden bemüht, während die Männer der Ortsgruppe für die Unterbringung und für die sonstige wirtschaftliche Betreuung sorgten. (...) So war unser Schulhaus bis auf den letzten Winkel mit seinen traurigen Gästen gefüllt, da folgte eine zweite Terrornacht, in der zahlreiche Brandbomben das Gebäude trafen. Dank des umsichtigen Eingreifens des Schulhausmeisters Hennrich konnten größere Brände verhütet werden, doch war es schmerzlich, daß wegen Wassermangels die Turnhalle den Flammen zum Raube fiel; sie war gefüllt mit der geborgenen Habe vieler, die ihr Heim verloren hatten. Den erneuten Aufregungen des Terrors waren manche Gäste unseres öffentlichen Luftschutzkellers nicht mehr gewachsen. 5 Tote wurden herausgetragen, Menschen, deren Herz das Grauen nicht mehr aushalten konnte. Nach diesem Angriff gab es weder Licht noch Wasser in dem mit Menschen überfüllten Hause. (...) Nachdem das Schulhaus wieder frei geworden war, wurde es unter energischer Mitarbeit des Kollegiums in wenigen Wochen wieder instand gesetzt, so daß der Unterricht nach Weihnachten wieder aufgenommen werden konnte.»

Am 19. 1. 1944 erging die Anordnung, die in Berlin verbliebenen «Restschulen in die Aufnahme- und Ausweichgebiete» zu verlegen oder «die in Berlin zurückgebliebenen Schüler, soweit sie umquartierungsfähig sind, auf dem Wege der Verwandtenhilfe nach außerhalb» zu bringen. «Diejenigen Eltern, die ihre Kinder weiterhin in Berlin zurückbehalten, haben auch die Verantwortung für deren Nichtbeschulung und ihre Folgen allein zu übernehmen», hieß es in der Anordnung weiter. «Mit einer Wiederaufnahme des Unterrichts in Berlin ist nicht zu rechnen.»

Die Werbung für diese Evakuierungsaktion lag in der Hand der Kreisleiter. Im Februar 1944, knapp einen Monat nachdem 2000 amerikanische Flugzeuge den Raum Berlin bombardiert hatten, versuchte ein Flugblatt-Aufruf «an alle Eltern, deren Kinder noch in Berlin wohnen» die Vorbehalte der Eltern gegenüber den Verschickungsmaßnahmen zu zerstreuen:

«Luftnotgebiete sind kein Platz für Kinder! Wenn es auch den Eltern schwerfällt, sich in dieser Zeit von ihren Kindern zu trennen, sie in eine fremde Umgebung versetzt zu sehen, so ist doch der Zwang des unmittelbaren Schutzes von Leben und Gesundheit der Jugend stärker als alle anderen Überlegungen. Die Eltern müssen sich stets darüber im klaren sein, daß sie die Verantwortung für das Leben ihrer Kinder tragen. Dieser Gewissenszwang ist stärker als alle menschlichen Gesetze und stellt die persönlichen Wünsche der Eltern zurück.

Es ist immer noch besser, seine Kinder außerhalb in Sicherheit gegen Luftgefahr und Bombenterror zu wissen als für immer auf dem heimischen Friedhof.

Die Meinung, daß die Kinder in der Schulumquartierung schlecht ernährt und betreut würden, ist irrig. Die Unterbringung und Betreuung erfolgt zwar gemäß den Verhältnissen des 5. Kriegsjahres; sie ist aber trotzdem gut. Die Verpflegung ist in jeder Weise ausreichend und voll gesichert. Die erzieherische Betreuung erfolgt durch ausgesuchte Lehrkräfte. Diese werden unterstützt durch ältere HJ-Führer und -Führerinnen, die eine besondere Ausbildung erfahren haben und nach strengen Maßstäben ausgewählt sind.

Die vielfach geäußerte Ansicht, daß die Kinder unter primitiveren Verhältnissen als in Berlin leben müßten, ist nur bedingt richtig und jedenfalls kein Grund, eine Verschickung abzulehnen. Auf vielerlei Bequemlichkeiten einer Großstadt muß selbstverständlich in kleinen Städten und auf dem Lande verzichtet werden. Demgegenüber steht als unbedingter Vorteil die Tatsache, daß die Kinder in Aufnahmegauen größte Ruhe, alarmfreie Nächte und gesündere Lebensbedingungen vorfinden als in den vom Luftterror heimgesuchten Großstädten. Nervöse Überreizungen und damit gesundheitliche Schäden werden vermieden, das Leben ist vor den feindlichen Luftpiraten geschützt. Dagegen sind Gesundheit und Leben der Jugendlichen in den Luftnotgebieten ernstlich bedroht. Die Jugend darf in ihren entscheidenden Entwicklungsjahren einer solchen Lage nicht ausgesetzt werden.

Es gibt keinen durchschlagenden Grund für die Eltern, ihre Jugend der Umquartierung zu entziehen. Die Jugend als teuerstes Gut, das eine Nation besitzt, und um derentwillen dieser harte und unerbittliche Krieg geführt wird, muß auf jeden Fall vor den Auswirkungen des feindlichen Luftterrors geschützt werden. Alle Opfer, alle Arbeit, alle Sorgen, alles Leid und alle Not, die die ältere Generation in diesem Ringen auf sich nimmt, werden getragen um der glücklichen Zukunft dieser Jugend willen. Sie um den Preis dieses Einsatzes zu bringen, wäre Egoismus derer, die für das Leben der Kinder verantwortlich sind.

Der Schulunterricht in Berlin wird auf keinen Fall wieder aufgenommen. Die Schulunterrichtsmöglichkeit in den Randgebieten des Gaues Mark Brandenburg für Berliner Kinder wird es in absehbarer Zeit nicht mehr geben. Alle die Schulpflichtigen, die von Berlin noch nicht umquartiert sind, bleiben somit mit ihren schulischen Leistungen zurück und haben auch nicht mit einer Versetzung zu rechnen, während die umquartierten Schulpflichtigen normalen Unterricht mit

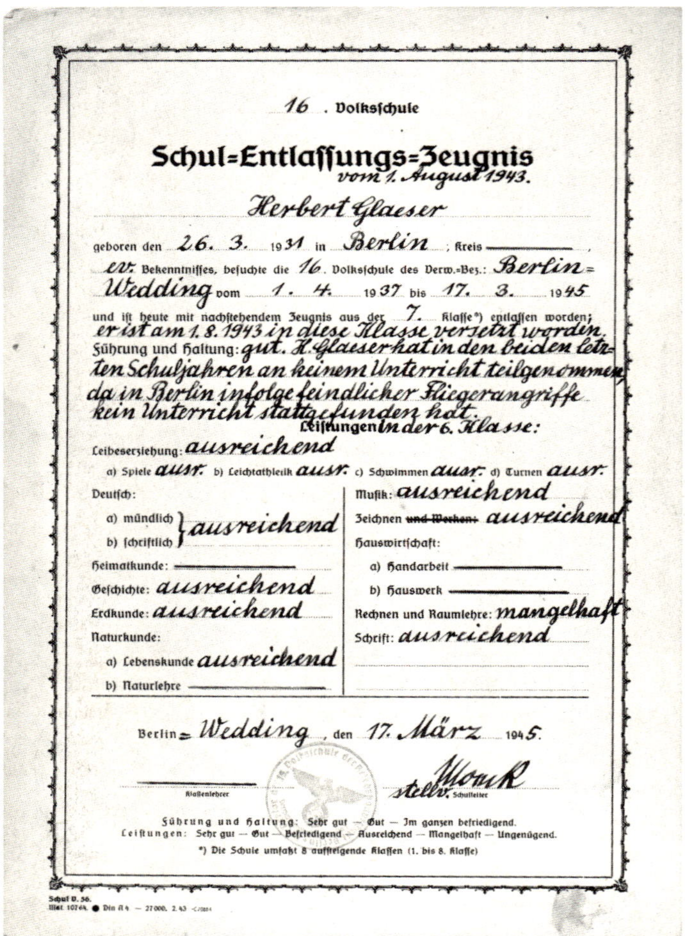
16. Volksschule

Schul-Entlassungs-Zeugnis
vom 1. August 1943.

Herbert Glaeser

geboren den 26. 3. 1931 in Berlin; Kreis ——,
ev. Bekenntnisses, besuchte die 16. Volksschule des Verw.-Bez.: Berlin-Wedding vom 1. 4. 1937 bis 17. 3. 1945
und ist heute mit nachstehendem Zeugnis aus der 7. Klasse*) entlassen worden; er ist am 1. 8. 1943 in diese Klasse versetzt worden.
Führung und Haltung: gut. H. Glaeser hat in den beiden letzten Schuljahren an keinem Unterricht teilgenommen, da in Berlin infolge feindlicher Fliegerangriffe kein Unterricht stattgefunden hat.

Leistungen in der 6. Klasse:

Leibeserziehung: ausreichend
a) Spiele ausr. b) Leichtathletik ausr. c) Schwimmen ausr. d) Turnen ausr.

Deutsch:
a) mündlich, b) schriftlich: ausreichend
Heimatkunde: ——
Geschichte: ausreichend
Erdkunde: ausreichend
Naturkunde:
a) Lebenskunde ausreichend
b) Naturlehre ——

Musik: ausreichend
Zeichnen ~~und Werken:~~ ausreichend
Hauswirtschaft:
a) Handarbeit ——
b) Hauswerk ——
Rechnen und Raumlehre: mangelhaft
Schrift: ausreichend

Berlin-Wedding, den 17. März 1945.

—— Klassenlehrer   Monk stellv. Schulleiter

Führung und Haltung: Sehr gut — Gut — Im ganzen befriedigend.
Leistungen: Sehr gut — Gut — Befriedigend — Ausreichend — Mangelhaft — Ungenügend.
*) Die Schule umfaßt 8 aufsteigende Klassen (1. bis 8. Klasse)

Schul V. 56.
Mat. 10764. Din A 4 — 27000. 2. 43

Nach der 6. Klasse blieb Schüler Glaeser dem Unterricht fern

Versetzung in die nächsthöhere Klasse haben. Grundsätzlich werden im Rahmen der Schulumquartierung-KLV alle schulpflichtigen Kinder erfaßt, und zwar erfolgt die Umquartierung der 6–9jährigen in Privatpflegestellen, wobei die Möglichkeit der Mitumquartierung nichtberufstätiger Familienangehöriger besteht. Die Unterbringung der 10–14jährigen und älteren Jugendlichen erfolgt in Lagern der Erweiterten Kinderlandverschickung.»

Am 21.4.1944 gab das Berliner Hauptschulamt bekannt: «Sämtliche allgemeinbildenden Schulen in Berlin sind verlegt.»

Hitler-Jugend und Jugendopposition

Im Dezember 1938 veröffentlichte die Exil-SPD (SoPaDe) in ihren «Deutschland-Berichten» folgende Einschätzung über die Stimmung in der Jugend:

«Die Jugend ist stimmungsgemäß leichter zu beeinflussen als die Erwachsenen. Diese Tatsache hat es in den ersten Jahren nach dem Umsturz dem Regime erleichtert, die Jugend für sich zu gewinnen. Es scheint, daß derselbe Umstand jetzt dem Regime es schwer macht, die Jugend an sich zu fesseln. Naturgemäß ist die Stimmung in der Jugend von der allgemeinen Volksstimmung beeinflußt, und die Berichte aus der Jugend spiegeln dieselbe Unzufriedenheit und Ernüchterung wider wie die allgemeinen Stimmungsberichte. Es kommt aber hinzu, daß die Jugend Anlaß zu besonderer Enttäuschung hat. Ihr sind besonders große Versprechungen gemacht worden, die aber nur für einen Teil in Erfüllung gehen konnten. (...) Den verminderten Aussichten dieser Jugend stehen gesteigerte Anforderungen gegenüber. Auf die Dauer empfindet auch die Jugend den Mangel an Freiheit und den geistlosen Drill, der in der nationalsozialistischen Organisation geübt wird, besonders lästig. Es ist daher kein Wunder, daß in ihren Reihen Ermüdungserscheinungen besonders deutlich hervortreten.» (Bd. 5, S. 1390)

Diese allgemeine Einschätzung illustrieren Berichte aus Berlin, die unter anderem folgendes mitteilten:

«Vielen in der Hitler-Jugend macht das Marschieren und Exerzieren schon lange keinen Spaß mehr. Man will nicht immer mit derselben Gruppe zusammen sein und auf Befehl marschieren, man will frei sein und wandern, wohin man will, mit wem man will und anziehen, was man will. Die Schulungsabende in der HJ sind langweilig. Man hört sich zwar Reden an, aber man beantwortet die Fragen nur, wenn es gar nicht anders geht. (...) Beim Jungvolk machen die meisten noch begeistert mit, aber sobald die Pubertätszeit kommt, drückt man sich und meckert. (...) Die Jugend bereitet den zuständigen Parteistellen viel Sorge. Sowohl die männliche wie die weibliche Jugend versucht sich mit allen Mitteln vom Landdienstjahr zu drücken. Im Mai 1938 wurden in Groß-Berlin insgesamt 918 Burschen und 268 Mädchen gesucht, die aus dem Elternhaus heimlich fortgelaufen waren, weil sie nicht in den Landdienst fahren wollten. Polizeistreifen im Grunewald, im Tegeler Forst, im Wannsee-Gebiet bringen zuweilen ganze Lastautos von aufgegriffener Jugend, teils aus Berlin, teils aus der Provinz. Ein Teil der Jugend will romantisch leben. In kleinen Höhlen werden ganze Bündel von Schundliteratur gefunden. – Viel häufiger als früher kommen auch die Lehrlinge nicht mehr nach Hause und treiben sich einfach tagelang im Trubel der Großstadt herum.» (A. a. O., Bd. 5, S. 1391 ff)

HJ, Jungvolk, BDM und Jungmädel stießen so weit und so lange auf Resonanz unter Kindern und Jugendlichen, wie sie Angebote machten und Betätigungsformen in ihren Reihen zuließen, die an den Bedürfnissen und Interessen der Jungen und Mädchen anknüpften. In dem Maße, in dem die Hitler-Jugend zu einer staatlichen Zwangsinstanz und – vor allem die Organisation für die 14- bis 18jährigen Jungen – nach ihren militärischen Vorbildern ausgerichtet wurde, nahm ihre Attraktivität ab (vgl. den Abschnitt «Schule und Hitler-Jugend»). Die zitierten, streckenweise moralisierenden Stimmungsberichte von 1938 vermitteln einen Eindruck von dieser Entwicklung. Während der Kriegsjahre vergrößerte sich die Zahl derer, die sich dem HJ-Dienst entzogen oder gar sich oppositionell verhielten. In einem Lagebericht der Reichsjugendführung (Personalamt – Überwachung) vom September 1942 über «Cliquen- und Bandenbildung unter Jugendlichen» mußte eingestanden werden:

«Die Bildung von Cliquen, das heißt von Zusammenschlüssen Jugendlicher außerhalb der Hitler-Jugend, hat sich seit einigen Jahren vor dem Kriege, besonders aber im Kriege, in einem Maße verstärkt, daß von einer ernsten Gefahr der politischen, sittlichen und kriminellen Zersetzung der Jugend ge-

A) Einzelausbildung.

1. Das **Kommando** unterscheidet sich in Ankündigungs- und Ausführungskommando. Zwischen beiden ist eine Pause einzuschalten, die die geistige Verarbeitung ermöglichen soll. Die Pause ist durch „—" angedeutet. Das Ankündigungskommando ist gut hörbar und gedehnt, das Ausführungskommando laut und kurz zu geben. Nur scharfe und bestimmte Kommandos lösen eine stramme Ausführung aus.

Grundstellung.

2. Unerläßlich für das Ansehen des H.J. ist gute Haltung. Deshalb ist sie bei jeder Gelegenheit zu fördern. Bei jeder Gelegenheit müssen Haltung und Stellung nachgesehen werden.

3. **„Stillgestanden!"** Der H.J. steht in der Grundstellung still. Die Hacken so nahe aneinander, als es der Körperbau erlaubt. Die Füße bilden fast einen rechten Winkel. Das Körpergewicht ruht gleichmäßig auf Hacken und Ballen. Die Knie sind leicht durchgedrückt. Der Oberkörper ist aufgerichtet, die Schultern stehen in gleicher Höhe und sind leicht zurückgenommen. Die Brust tritt frei hervor. Die Arme hängen zwanglos herab, die Ellbogen sind leicht vorgedrückt. Die Hände liegen geschlossen mit Handwurzeln und Fingerspitzen an den Oberschenkeln an. Der Hals ist frei aus den Schultern herausgereckt, das Kinn leicht angezogen und der Kopf zurückgenommen. Der Blick ist frei geradeaus gerichtet. Die Muskeln sind leicht angespannt, aber nicht verkrampft.

Wird ein Ankündigungskommando gegeben, ohne daß „Stillgestanden" vorausgegangen ist, so steht der H.J. von selbst still.

Merke: Fußstellung — Knie leicht durch — Hand anlegen — Brust heraus — Bauch

hinein — Ellenbogen vor — Kopf zurück — Kinn anziehen — Augen ruhig.

Marsch und Lauf.

5. **„Im Gleichschritt — Marsch!"** Es wird mit dem linken Fuß angetreten, Schrittlänge etwa 80 cm bei 114 Schritt in der Minute. Die Arme werden leicht bewegt. Gerade Körperhaltung, insbesondere ist auch gute Kopf-

haltung zu fordern. Die Finger sind leicht gestreckt und geschlossen.

Der Gleichschritt fördert den Zusammenhalt und damit die Manneszucht. Er ermöglicht die genaue Durchführung von beabsichtigten Bewegungen.

Merke: Bein heraus — Oberkörper mitnehmen — richtige Handbewegung — aufrechte Haltung — Kopf hoch.

6. **„Ohne Tritt — Marsch!"** (Aus dem Gleichschritt **„Ohne Tritt!"**) Für die Schrittweite und das Zeitmaß ist das Gelände und der Körperbau des Einzelnen bestimmend. Die Vorwärtsbewegung darf nicht verlangsamt werden. Die gute Haltung ist zu wahren.

Der Marsch ohne Tritt wird außerhalb von Ortschaften, über leichtgebaute Brücken, bei ansteigenden Straßen u. a. angewandt.

Zum Übergang aus dem Marsch ohne Tritt in den Gleichschritt wird **„Im Gleichschritt!"** kommandiert.

8. **„Laufschritt — Marsch! Marsch!"** Der Laufschritt wird von der Stelle oder aus dem Gleichschritt aufgenommen. Auf das Ankündigungskommando werden die Arme angewinkelt. Wurde ohne Tritt marschiert, so ist vor dem Laufschritt der Gleichschritt aufzunehmen.

Merke: Arme anwinkeln — ruhiges Tempo — Armbewegung — richtige Atmung.

Knien und Hinlegen.

Auf der Stelle.

14. **„Knien!"** Der H.J. setzt den linken Fuß etwa einen Schritt vor, läßt sich nach vorne auf das rechte Knie nieder

und rührt sich. Die linke Hand wird auf das linke Knie gelegt, der rechte Arm hängt zwanglos herab.

Merke: Unterschenkel senkrecht — nicht zusammenfallen — Kopf hoch.

15. **„Hinlegen!"** Der H.J. kniet zunächst und beugt den Körper nach vorn. Dann streckt er die rechte Hand flach nach vorn und legt sich vorwärts flach auf den Boden. Hierbei dient zunächst das linke Knie, dann die rechte Hand und zuletzt der linke Ellenbogen als Stütz-

punkt des Körpers. Alle Bewegungen fließen rasch ineinander über. Der Kopf ist etwas gehoben, der Blick nach vorn gerichtet. Der H.J. rührt sich.

Merke: Linkes Knie — rechte Hand — linker Ellenbogen — Blick nach vorn.

Der Gruß.

17. Der H.J. hebt beim Gruß den rechten Arm ge-

streckt etwa im Winkel von 45 Grad schwach nach schräg vorwärts, Handfläche nach vorne, Finger geschlossen. Gleichzeitig geht die linke Hand unter Abwinkelung des Armes so an das Koppel, daß der Daumen am oberen Rand des Leibriemens und die vier Finger geschlossen am Leibriemen zu liegen kommen. Sie zeigen schräg rechts abwärts. Der Ellenbogen ist leicht vorgenommen. Das Heben und Senken des Armes hat rasch zu erfolgen. Der Blick richtet sich nach dem zu Grüßenden.

In der Bewegung beginnt der Gruß sechs Schritte vorher und endet drei Schritte nachher. Der Marsch darf nicht verlangsamt werden.

Merke: Arm rasch heben — Blick zum Vorgesetzten — gute Haltung.

Kriechen, Robben, Rollen.

18. Beim **„Kriechen"** bewegt sich der Körper mit Hilfe der Arme und Beine möglichst nahe am Boden fort. Dabei werden die Arme ziehend, die Beine schiebend gebraucht. Wechselweises Strecken und Beugen der Arme und Anziehen und Strecken der Beine schützt vor Übermüdung.

19. Beim **„Robben"** wird der Körper auf den Unterarmen und Fußspitzen fortbewegt, ohne den Boden zu berühren. Es kommt nur für kurze Strecken in Betracht.

20. Beim **„Rollen"** dreht sich der liegende Körper, Arme angelegt, um die Längsachse. Der Kopf wird eingezogen.

Drill – frühzeitig angelegt – tritt nun in den Vordergrund; aus dem Handbuch für die HJ 1933

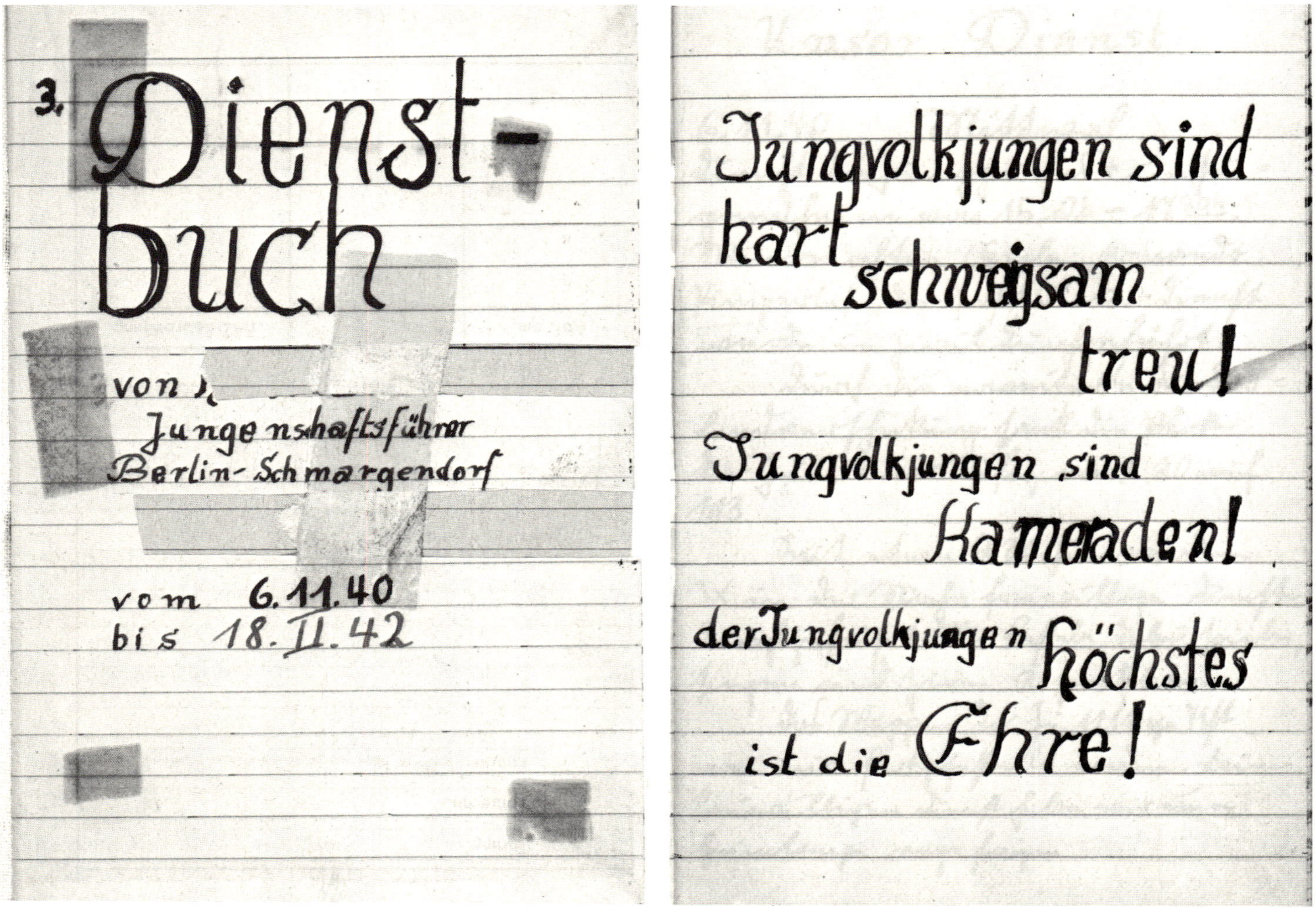

Dienstbuch mit den fünf «Schwertworten» der Pimpfe

KLV-Jungen der Mittelschule Zehlendorf auf dem ‹Hohen Student›/ Steiermark, Mai 1941 – kaum ist der höchste Punkt erreicht: Buchführung

sprochen werden muß.» (Zit. in: D. Peukert: Edelweißpiraten. Köln 1980, S. 160)

Volksschüler im Alter von sechs bis vierzehn Jahren waren in der Regel noch zu jung, um den Machthabern größere Sorgen zu bereiten. Das änderte sich häufig dann, wenn sie ins Berufsleben eintraten. Mit dem Verlassen der Schule entgingen sie zum einen der direkten HJ-Kontrolle. Zum anderen besaßen sie als Lehrlinge oder Angelernte bzw. Hilfsarbeiter die finanziellen Mittel, um ihre Freizeit unabhängig von staatlich reglementierten Angeboten zu gestalten, die durch die Kriegsschäden ohnehin zurückgingen. Selbstverdientes Geld, die Tatsache, wie Erwachsene im Arbeitsprozeß zu stehen, stärkten das Selbstbewußtsein und beschleunigten bei vielen den Rückzug vom HJ-Dienst, der bis zum achtzehnten Lebensjahr gesetzliche Pflicht war.

Dieter C., Jahrgang 1921, berichtet über den Rückgang der Teilnahme an der HJ-Arbeit:

«Jungarbeiter waren ja in der Industrie sehr gefragt. Wenn sie Facharbeiter waren, verdienten sie 300 bis 350 Mark im Monat, ihre Väter nur 180. Das kleinste leistungsfähige Motorrad, eine Zündapp, kostete 540 Mark. Zu Hause gaben sie 50 Mark ab, sparten drei Monate, dann hatten sie so eine Maschine. Am Wochenende fuhren sie dann mit ihrem ‹Zahn› raus und zeigten der HJ den Vogel. Ich habe einmal bei einer Sammlung für das Winterhilfswerk erlebt, daß wir nur zu dritt waren – bei einer Gefolgschaft von 150 Mitgliedern. Ich muß bekennen, daß ich – neben dem Gefolgschafts- und einem Scharführer – der dritte war.»

In dem oben zitierten Lagebericht wurden neben dem Eintritt ins Arbeitsleben als weitere Ursachen für den Rückgang des Einflusses unter Teilen der Jugendlichen genannt:

«Der kriegsbedingte Mangel an Arbeitskräften hat dazu geführt, daß Jugendliche vielfach die Arbeit von Erwachsenen übernehmen mußten. Sie wurden gesuchte Arbeitskräfte. Man behandelte sie weniger streng, weil man auf sie angewiesen war. Sie erhielten höhere Löhne. Auch sexuelle Versuchungen wurden häufiger. Zugleich ließ die häusliche Zucht nach, da viele Väter und erwachsene Erzieher an der Front stehen und viele Frauen wieder berufstätig sind. Das steigerte das ‹Selbstgefühl› der Jugendlichen und entfremdete sie in eben dem Maße der Gemeinschaftserziehung der Hitler-Jugend.» (A. a. O., S. 166)

Aber auch Mängel in der eigenen Organisation sprach der Bericht an:

«Die Arbeit in der Hitler-Jugend ist noch nicht bis in die letzten Einzelheiten einheitlich ausgerichtet. Durch den mit Kriegsbeginn verstärkt einsetzenden Führermangel wurde der Dienst vielfach einseitig und ungenügend. Die Gestaltung und Durchführung des Dienstes liegt seitdem zu stark auf den Schultern der unteren Führerschaft, die ihres Alters wegen Arbeits- und Wehrdienst noch nicht abgeleistet hat, naturgemäß häufig wechselt und daher in Eignung, Wissen und Können sehr unterschiedlich ist. Oft müssen Jungen als Einheitenführer eingesetzt werden, die – bei aller Anerkennung ihrer Leistungen im einzelnen – ihrer Aufgabe noch nicht gewachsen sind. Oft beschränken sie sich darauf, bei jedem Dienst ‹Ordnungsübungen› zu machen, weil die wenigen Kommandos sich rasch einprägen und durch den militärischen Akzent eine Autorität vorgetäuscht werden kann, die nicht vorhanden ist. Der junge Führer glaubt vielfach, durch forsches Auftreten der Mühe enthoben zu sein, sich echte Anerkennung zu erringen. Das macht dann selbst dienstwillige Jungen sehr bald dienstmüde und drängt die Aktiveren in die Opposition. Eine innere Erfassung der Jugendlichen wird durch den Hitler-Jugend-Dienst heute nur selten erreicht. (...) Selbst von Hause aus durchaus ‹ordentliche› Jungen geraten ... in Cliquen und ähnliche Zusammenschlüsse.» (A. a. O., S. 165 f)

Die Skala von Ausdrucksformen der Unzufriedenheit mit der Hitler-Jugend war breit. Man konnte den Dienst innerlich unbeteiligt über sich ergehen lassen, wegbleiben, mit anderen Jugendlichen möglichst unauffällig oder demonstrativ anderen als den offiziell gewünschten Formen der Freizeitgestaltung nachgehen und schließlich gegen die HJ auftreten, politischen Widerstand leisten. Die Reihenfolge der Aufzählung entspricht sicherlich der Häufigkeit der gewählten Alternativen. Bei der HJ oder anderen Partei- und Staatsstellen aktenkundig wurden Jugendliche dann, wenn sie sich in Gruppen außerhalb der HJ zusammentaten, Cliquen bildeten. Solche Gruppen entstanden vor allem in Großstädten und verkörperten Ansätze einer jugendlichen Gegenkultur. Sie verstanden sich keineswegs immer als politische Opposition. Da aber das NS-System auch im Bereich der Freizeitgestaltung seine politischen Ansprüche geltend machte, geriet das Bestreben nach eigenständigen kulturellen Ausdrucksformen häufig in die Sphäre des Politischen. In dem «streng vertraulichen» Lagebericht über «Kriminalität und Gefährdung der Jugend», herausgegeben vom «Jugendführer des Deutschen Reiches» (Stand 1. Januar 1941) wurden diese Gruppen folgendermaßen charakterisiert:

«Die Cliquen versuchen die Schaffung einer die Mitglieder fest zusammenschließenden Organisation, wenn der Zusammenhalt äußerlich oft auch nur lose ist. Sie setzen sich vorwiegend zusammen aus ehemaligen bündischen oder marxistischen oder auch asozialen Elementen oder aus Jugendlichen, die aus der Hitler-Jugend wegen ihrer gegnerischen Einstellung, Interesselosigkeit oder sittlichen Haltung ausgeschieden worden sind.

Ihre Merkmale sind:

1. Häufige und regelmäßige Treffs an bestimmten Orten (Parks, Straßenecken, Lokalen usw.) und zu einer bestimmten Zeit. Durchführung von Fahrten. Die Bildung der Gruppen erfolgt meist nach Bezirken und Treffpunkten.
2. Betonung der Zusammengehörigkeit durch Kleidung, Abzeichen oder Gruß, oft in unauffälliger bzw. getarnter Form.
3. Ablehnung der Hitler-Jugend, zum Teil schärfste Bekämpfung (Überfälle usw.).
4. Sonstige staatsfeindliche Gesinnung und Zielsetzung. Die Gruppen sind teilweise – mit zahlreichen Abweichungen – nach dem Vorbild ehemaliger bündischer oder marxistischer Jugendgruppen ausgerichtet. Sie bilden entweder eine direkte Fortsetzung dieser Verbände oder betätigen sich in ihrem Sinne und pflegen ihre Tradition in Bezug auf

Liedgut, Schrifttum (Günther-Wolf-Verlag u. ä.), Kleidung, Abzeichen usw.

5. Die Gruppen betätigen sich zumeist auch auf kriminellem Gebiete: Diebstähle, liederlicher Lebenswandel, Belästigungen der Bevölkerung usw. Oft gehören Mädchen den Gruppen an, die zum Anlocken weiterer Mitglieder dienen. Das zügellose Treiben dieser Gruppen hat bereits zu zahlreichen sittlichen und kriminellen Verfehlungen geführt.» (Nachdruck unter dem Titel «Jugendkriminalität und Jugendopposition im NS-Staat». Münster 1981, S. 122)

Aus dem «Lagebericht», der – für die Nationalsozialisten kennzeichnend – nonkonformes Verhalten und Kriminalität in eins setzt, geht hervor, daß die nationalsozialistische Erziehung bei vielen Jugendlichen nicht die erhoffte Wirkung erzielt hatte; denn im wesentlichen waren ja diese unterschiedlichen Jugendgruppen auf dem Boden des NS-Systems gewachsen. Ihre Mitglieder gehörten einer Generation an, die die nationalsozialistischen Erziehungsinstanzen durchlaufen hatte. Sie zählten in der Regel nicht zu den, wie die Nazis es nannten, «verbohrten Anhängern» der verbotenen Parteien, sondern waren Reaktion auf die ständig zunehmende Reglementierung des Jugendlebens.

Die organisierte oppositionelle Arbeiterjugend, der Kommunistische Jugendverband Deutschlands, die Sozialistische Arbeiterjugend und kleinere linke Jugendorganisationen, die direkten politischen Widerstand geleistet hatten, waren bis 1935 blutig zerschlagen worden. Von den bürgerlichen bündischen Jugendgruppen hatten sich zwar in Berlin bis in die zweite Hälfte der dreißiger Jahre etwa 30 illegal halten können, sie besaßen jedoch zu Beginn des Krieges keinen nennenswerten Aktionsradius mehr. Auch der Zusammenhalt der gerade in Berlin am Ende der Weimarer Republik zahlreichen wilden Cliquen – informelle Gruppen proletarischer Jugendlicher, die sich unter Namen wie «Tatarenblut», «Rote Apachen», «Waldpiraten» zusammengefunden hatten –, löste sich vor allem unter dem Druck der brutalen Verfolgungsmaßnahmen in den ersten Jahren der Naziherrschaft auf. Die katholischen Jugendverbände hatten aufgrund des Reichs-

> Hör Eisbär, was wir Dir jetzt sagen,
> unsere Heimat ist nicht mehr frei,
> schwingt die Keulen ja wie in alten Zeiten,
> schlagt HJ., SA. den Schädel entzwei.
>
> (Aus einem Lied der Edelweißpiraten, so oder ähnlich von vielen Cliquen gesungen.)

Aus der illegalen Zeitschrift «Kameradschaft»

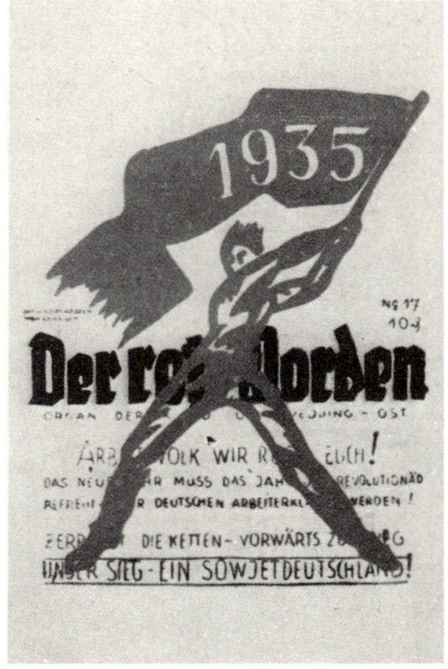

Kampfschrift der Weddinger Jungkommunisten (KJVD), 1935

Illegale Zeitschrift der emigrierten Bündischen Jugend, 1938

Illegales Lager der Weddinger «Schwarzen Schar» in Kladow, 1937

Illegales Lager der «Schwarzen Schar» auf Rügen, Sommer 1938

konkordats zwischen der NS-Regierung und dem Vatikan, wenn auch mit zunehmenden Beschränkungen ihrer Betätigungsfelder, bis zu ihrem endgültigen Verbot 1937/38 weiterarbeiten können. Danach hielten viele, wie auch Mitglieder der bereits im ersten Jahr der NS-Herrschaft zwangsintegrierten evangelischen Jugendgruppen einen innerkirchlichen Zusammenhang aufrecht.

Die Mitglieder der neuen «wilden» Gruppen waren in erster Linie «Kinder ihrer Zeit». In ihren Lebens- und Ausdrucksformen kamen zwar Elemente der Arbeiterjugend- bzw. der bündischen Jugendbewegung zum Ausdruck, jedoch nicht als schlichte Kopie. Vielmehr wurden, ohne bewußte Traditionspflege, diese Elemente auf der Grundlage ihrer sozialen und kulturellen Lebenszusammenhänge und als Reaktion auf die Zumutungen der HJ und ihres Jugendpflichtdienstes, der den Raum jugendlicher Selbstbestimmung immer mehr einschränkte, eigenständig zu einer Gruppenkultur umgeformt. «Wilde» Jugendgruppen, wie die «Edelweißpiraten» (mit eher bündischen Traditionen) oder die «Meuten» (mit stärker kommunistisch-sozialistischen Traditionen) breiteten sich gewissermaßen «durch Ansteckung» aus, bildeten sich aufgrund von Freundschaften, Nachbarschaften oder eines gemeinsamen Arbeitsplatzes. Sie gründeten keine formelle Organisation, es gab daher auch kein Mitgliedsbuch oder ähnliches. Aus diesem Grunde waren sie oft schwer zu fassen: Polizei und Gestapo fielen nicht so eindeutige «Beweisstücke» wie etwa ein Mitgliedsbuch in die Hände. Das heißt allerdings nicht, daß sie völlig unauffällig geblieben wären. Auf ihren Wochenendfahrten oder abendlichen Treffs in Parkanlagen oder Stammlokalen brachten sie durch einen bestimmten Bekleidungsstil ihre Gruppenzusammengehörigkeit zum Ausdruck. Die «Edelweißpiraten» beispielsweise bevorzugten ein kariertes Hemd, dunkle kurze Hosen und weiße Strümpfe. Sie suchten auf ihren Fahrten bewußt den Konflikt mit der HJ, die sie verspotteten und deren Streifendienst sie häufig verprügelten.

Die Attraktivität dieser Gruppen und insbesondere der Fahrten wurde dadurch erhöht, daß an ihnen – anders als in der Hitler-Jugend, die streng nach Geschlechtern getrennt war – Mädchen und Jungen teilnahmen. Die Gruppen ermöglichten es, abweichend von der herrschenden prüden Sexualmoral, sexuelle Erfahrungen zu machen. Ein Bericht des Reichssicherheitshauptamtes von 1943 drückt dies, und damit die verkrampfte Sexualmoral der Nationalsozialisten, wie folgt aus:

«Eine allgemeine sittliche Verwahrlosung dieser Jugendlichen machte sich besonders ... an Plätzen, wo eine unbeaufsichtigte Badegelegenheit vorhanden war, bemerkbar. Zwischen den beiden Geschlechtern herrschte ein Umgangston und eine Umgangsform, die jeglichen Anstandes entbehrte. Vielfach lagerten und badeten die Jugendlichen beiderlei Geschlechts vollständig nackt zusammen.» (Zitiert in: Jugendkriminalität und Jugendopposition im NS-Staat. Münster 1981, S. XIII)

Die Bekämpfung der «wilden» Jugendgruppen, die Verfolgung durch HJ, Polizei und Gestapo, die «Polizeiverordnung zum Schutz der Jugend» vom März 1940, die Einführung des

«Jugendarrests», Einweisungen in Arbeitslager oder Jugend-KZs brachte nicht den gewünschten Erfolg. Häufig bewirkte sie sogar einen gegenteiligen Effekt: Sie politisierte Jugendliche, die ursprünglich ohne politisches Selbstverständnis eine andere «Kluft» als die HJ-Uniform, flotte ausländische Musik und Tänze statt deutscher Märsche bevorzugten, andere Ideale hatten als das des «soldatischen Mannes» bzw. der ihm untertanen selbstgenügsamen Frau und «deutschen Mutter». Den Machthabern gelang es zwar, viele Gruppen zu zerschlagen. Da aber deren soziales Milieu, da die Ursachen ihrer Entstehung fortbestanden, bildeten sich immer wieder neue Gruppen. Nonkonformität, Verweigerung, Protest und Widerstand von Jugendlichen beschäftigte die Nationalsozialisten daher bis zum Ende ihrer Herrschaft.

«Berlin
Unter dem 28.8.42 wird aus Berlin gemeldet, daß die belgische Kapelle Fud Candrix im ‹Delphi› gastierte. Die Kapelle ist, wie festgestellt wurde, mit den besten Vorsätzen bezüglich der Art ihrer Musik nach Berlin gekommen. Schon die zuständigen deutschen Führungsstellen in Belgien und der Manager der Kapelle hatten aus dem Repertoire die englischen und amerikanischen Jazzschlager gestrichen. In den ersten 14 Tagen spielte die Kapelle auch durchaus anständige Musik, dann sei aber laufend zu beobachten gewesen, wie sich jugendliche Besucher um die Kapelle drängten und immer ungestümer nach amerikanischen Schlagern verlangten, die dann schließlich auch geboten wurden. Während des Abschiedsabends dieser Kapelle kam es im ‹Delphi› zu folgenden Vorgängen: Um jeden der einzelnen Musiker bildete sich in der kurzen Zeit während der Pause ein Kreis von ‹jazzhungrigen Lebejünglingen›, die sich als Autogrammjäger betätigten. Anscheinend erregte diese Haltung der Jugend bei einigen anwesenden Soldaten große Verärgerung, die ihrem Mißfallen entsprechenden Ausdruck verliehen und einigen Jungen die Karten mit den Autogrammen zerrissen und ihnen Ohrfeigen anboten. Bezeichnend war es, daß ausnahmslos alle Kellner des Betriebes das Vorgehen der Soldaten guthießen und sich freuten, daß es noch Vernünftige gäbe, die das schamlose Verhalten der Jugendlichen einer ausländischen Kapelle gegenüber ebenfalls empörend fanden.»

(Aus einem Bericht über die «Swing-Jugend», Jugendliche aus dem [gehobenen] Mittelstand, die englische und amerikanische Swing- und Jazzmusik bevorzugten und auch in ihrer Kleidung, ihrem Habitus «anglophile» Kulturelemente reproduzierten, «Lässigkeit» statt strammer Haltung favorisierten. Enthalten ist dieser Bericht unter der Rubrik «Gefährdetengruppen» in der Denkschrift der Reichsjugendführung über «Cliquen- und Bandenbildung unter Jugendlichen» vom September 1942; zitiert in: D. Peukert: Edelweißpiraten. Köln 1980, S. 208 f.)

Der «ideale deutsche Mann»

Die «ideale deutsche Frau»

Jugendliche, die sich in «wilden» Gruppen zusammenschlossen, oppositionelle Jugendgruppen waren beredter Ausdruck dafür, daß es den Nationalsozialisten auch in der Jugend nicht gelungen war, «die Reihen fest geschlossen» zu halten. Gleichwohl: aus Überzeugung, Gewohnheit oder unter Druck beteiligte sich nach 1938 das Gros der Jugendlichen an den ständig wachsenden Kriegshilfsdiensten der Hitler-Jugend. Die nachstehende Übersicht aus dem 28. Bericht über «Die Hitler-Jugend im Kriege» vom September 1943 zeigt das Spektrum der Aktivitäten während vier Jahren – so die offizielle Bezeichnung – «Kriegseinsatzes» der HJ:

«1. Partei-Einsatz: Kurier- und Wachdienst bei den Dienststellen der Partei; Verteilung von Propagandamaterial.
2. Einsatz für Staat und Gemeinden: Meldedienst bei Reichsluftschutzbund und Feuerwehr; Luftschutz und technische Nothilfe; Hilfsdienst bei der Reichspost im Telefondienst oder der Brief- und Paketverteilung; Verkehrsdienst, z. B. als Schaffner bzw. Schaffnerin; Hilfsdienst bei der Polizei (Flugmeldedienst, Einsatzdienst, Sicherheitsdienst), Hilfsdienst bei Behörden, z. B. Verteilung von Lebensmittelmarken; Lotsendienst bei Verdunkelung; Bahnhofsdienst.
3. Einsatz bei der Wehrmacht: Boten- und Kurierdienst, z. B. bei den Wehrbezirkskommandos durch Austragen von Gestellungsbefehlen; Verladediensthilfe und Verpflegungsausgabe bei Wehrmachtstransporten; Telefondienst.
4. Wirtschafts- und Betriebseinsatz: Einsatz bei der Warenverteilung; Entladearbeiten; Verkaufshilfe in Lebensmittelgeschäften; Arbeitskommando für öffentliche Arbeiten; Viehbetreuung in den besetzten geräumten Gebieten.
5. Einsatz für das Winterhilfswerk: Reichsstraßensammlung der Hitler-Jugend; Herstellung von Werkarbeiten; Einsatz bei weiteren Sammlungen (Kleidersammlung).
6. Altmaterialsammlung.
7. Sammlung von Fallholz und Laub.
8. Sammlung von Büchern.

Vereidigung der ersten Luftwaffenhelfer Berlins auf dem Düppeler Feld am 20. Februar 1943

Der Berliner Bannführer und Vertreter des Luftgaukommandos begrüßen die neuen Luftwaffenhelfer

9. Sammlung von Heilpflanzen, Teekräutern und Wildfrüchten: Pilze, Beerenfrüchte, Eicheln, Bucheckern und Kastanien.
10. Landeinsatz und Erntehilfe der Hitler-Jugend: Frühjahrsbestellung, Grünfutterernte, Heuernte, Gemüseernte, Beeren- und Obsternte, Getreideernte, Mais- und Flachsernte, Weinernte, Hackfruchternte, Herbstbestellung.
11. Osteinsatz der Hitler-Jugend: Hilfe bei den Siedlern in den wiedergewonnenen Ostgebieten; Haus- und Landwirtschaft, Betreuung und erste Unterrichtung der Kinder.
12. Hauswirtschaftlicher und sozialer Hilfsdienst (NSV-Einsatz): Dienst in den Nähstuben des BDM, Nachbarschaftshilfe, Arbeitsplatzablöse, Kindertagegaststätten.
13. Einsatz im Gesundheitsdienst: Dienst der GD-Mädel (GD: Gesundheitsdienst; d. Verf.), Deutsches Rotes Kreuz, Zahnsanierungsaktion.

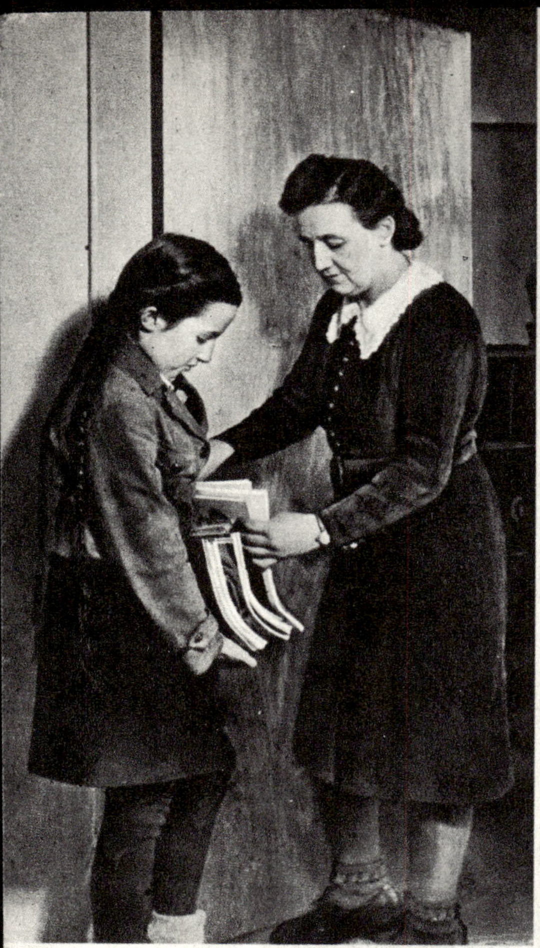

Sonderdienst

zwischen 2 und 4 Uhr

Seit in den ersten Kriegstagen unsere Soldaten hinauszogen und bald Hunderte von Kilometern zwischen uns und ihnen lagen, kommt die Heimat in Millionen von Briefen und Grüßen hinaus bis zum fernsten Vorposten. Auch wir Jungmädel haben dazu unser Teil beitragen dürfen. Ein einziger Jungmädelring hat in den zwei Kriegsjahren 8260 Zeitschriften an die Front geschickt. Sie gehen nun draußen von Hand zu Hand als Künder der Heimat, als Boten ihres Schaffens und als Bericht von unseren Siegen an allen Fronten. Und wenn sie auch schon ein paar Wochen alt sind, fern im Osten, in Norwegen oder gar in Afrika, sind sie immer noch neu und in den Kampfpausen heiß begehrt.

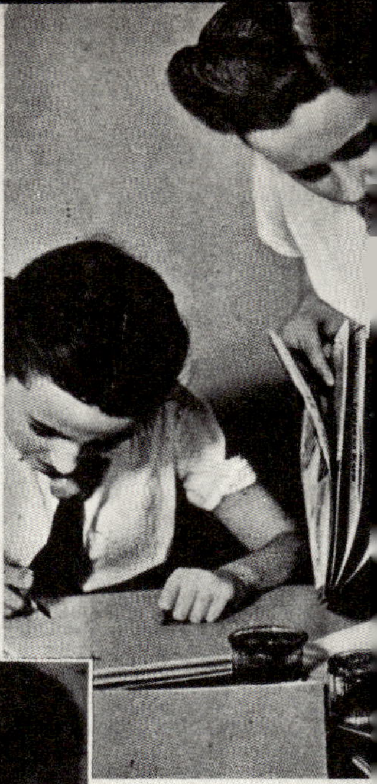

Wir Jungmädel haben einen neuen Einsatz gefunden. Unermüdlich geht es die Straße entlang: „Haben Sie wohl alte Zeitschriften für unsere Soldaten? Und wirklich — niemand kann unserem Eifer widerstehen

Schon ist ein ansehnlicher Berg zusammengekommen. Nur gut, daß unten Christa mit dem Leiterwagen wartet, um die schweren Packen zunächst einmal in das Heim zu fahren.

Dann geht es an ein eifriges Briefeschreiben. Soweit es möglich ist, sollen die Soldaten doch auch einen Gruß aus der Heimat von den Jungmädeln erhalten, die ihre Zeitschriften sammelten.

Schließlich werden die Hefte fein säuberlich zusammengefaltet und, mit Streifband versehen, zur Post gebracht. Wo sie wohl ausgepackt werden? Im Osten, auf See oder gar in Afrika?

Der größte Teil aber wandert zur Ortsgruppe, wo sie ebenso strahlend abgeliefert wie in Empfang genommen werden. Einen großen Aktenschrank voll Zeitschriften gibt es dort. Und alle guten Wünsche begleiten die vielen Hefte auf ihrem Wege zu der fernen Front.

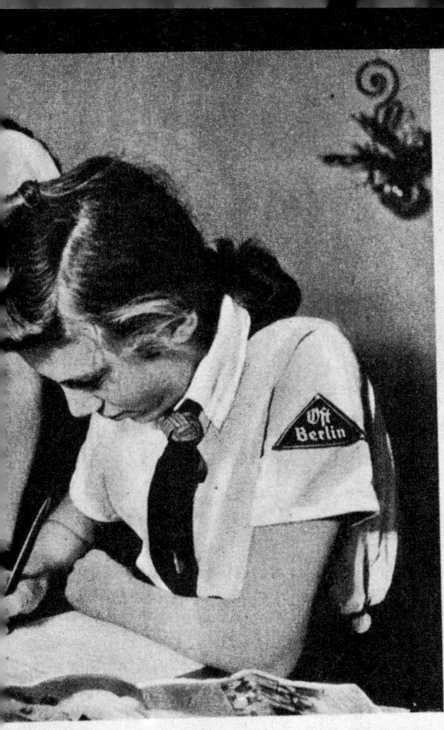

... und nun noch die Mehlmarken!

Neunzehn Uhr, endlich, Ladenschluß! Quietschend dreht sich der Schlüssel im Schloß der Ladentür. Frau Klement atmet erleichtert auf. Welch ein Andrang noch am Schluß – aber nun ist restlos alles ausverkauft. Nicht ein Brötchen liegt mehr auf dem langen blanken Ladentisch, selbst das Roggenbrot ist heute alle . . . da wird es morgen Arbeit geben . . .

Schnell verschließt sie die Kasse und nimmt die volle Schachtel mit den Brotmarken. »Eine nette Menge! Wenn ich die nun noch aufkleben müßte!« Seufzend denkt sie an die Zeit zurück, als sie bis zwölf Uhr nachts Marken aufkleben mußte. Dabei hieß es jeden Morgen früh heraus, denn ein Bäcker muß ja früh aufstehen. Na, das ist jetzt anders, seit die Jungmädel helfen.

Kaum ist sie in der Ladenstube, da klingelt es auch schon. Christl, Ruth und Gretl stehen draußen, voller Arbeitseifer. Nun fehlt nur noch Gerdi, dann kann es losgehen. »Sind's viele diesmal?« fragt Ruth erwartungsvoll und macht ein sehr zufriedenes Gesicht, als Frau Klement meint: »Fünf Zigarrenkisten voll – genügt das?« Schnell sind die bunten Schürzen ausgepackt und der Tisch abgeräumt und mit Zeitungspapier bedeckt, denn das Markenkleben wird ja eine pappige Arbeit. In der Mitte prangt der stattliche Kleistertopf, jedes Jungmädel bekommt einen großen Bogen Papier.

»Du, ich nehm' lauter 50-Gramm-Marken« sagt Christl, damit es einheitlicher wird. Du, Gretl, nimmst Roggenmarken und Gerdi die Marken von der Kuchenkarte . . .« »Och, das viele Kleinzeug . . .«, Gerdi ist wenig begeistert, aber schon hat Ruth mit zugepackt. Nun, zu zweien werden sie es schon schaffen.

Ganz still wird es fürs erste in der kleinen Ladenstube, der Ofen prasselt und spuckt förmlich die Wärme aus, die Scheren klappern, und dazwischen mischt der trocknende Kleister seinen Duft. Frau Klement ist in die Backstube gegangen. Es gibt so viel vorzubereiten. Teig für übermorgen, und so manches . . . Recht schnell aber kommen die Jungmädel dahinter, daß man bei dieser Arbeit sich sehr gut unterhalten und sogar singen kann. Da wird es erst lustig in der kleinen Stube! Sogar Fritz, der Lehrling, steckt seinen Kopf durch die Ladentür und pfeift ein paar Takte mit. Schließlich ist er doch Pimpfenführer!

Brigitte und Hertha, Frau Klements Jüngste, schieben sich mit dem Finger im Munde durch den Türspalt und bekommen auf einmal Zutrauen zu den großen Mädeln, die da so plötzlich in ihrer Ladenstube sitzen, in die doch sonst kein Fremder hineindarf. Es dauert gar nicht lange, da hat Ruth die beiden neben sich auf dem Sofa, wo sie mit Zeitungsschnitzeln auf ihre Art »Markenkleben« spielen.

Als ein Weilchen später Ruth gar das Märchen vom Rotkäppchen erzählt, da werden die Augen immer größer und strahlender. Als echte Bäckerstöchter interessiert sie vor

Mit Kleistertopf, Zeitungspapier und großen Papierbogen geht es ans Werk. Wer wird das meiste schaffen?

Fein säuberlich aufgestapelt liegen die Marken der letzten Woche auf dem Tisch, und die Schnecken und Hörnchen der freundlichen Bäckersfrau schmecken gut.

«Das Deutsche Mädel», März 1942

Die Frau dient dem Mann

Der Mann dient dem Krieg

14. Soldatenbetreuung: Feldpost, Lazaretteinsätze, Hinterbliebenenbetreuung, Soldatengräberbetreuung.
15. Kultureller Einsatz: Einsatz von Spielscharen, Musik-, Fanfaren- und Spielmannszügen.
16. Berufseinsatz: Disziplin und Leistung am Arbeitsplatz.
17. KLV-Lager.
18. Wehrertüchtigungslager der Hitler-Jugend.
19. Luftwaffenhelfer der Hitler-Jugend.
20. Kriegsfreiwillige der Hitler-Jugend.»

Nachdem die Phase der siegreichen Kriegführung vorüber war, immer mehr Soldaten auf den Schlachtfeldern umkamen und die Alliierten auf Deutschland zumarschierten, nahmen Teile der Hitler-Jugend am direkten Kriegseinsatz teil. So wurde Mitte 1943 aus 10000 Freiwilligen die «12. SS-Panzerdivision Hitler-Jugend» aufgestellt. Der Fanatismus und die Todesentschlossenheit dieser HJ-Angehörigen zeigte sich drastisch bei ihrem ersten Einsatz in der Normandie 1944. Innerhalb eines Monats wies die Division 20 Prozent Gefallene und 40 Prozent Vermißte und Verwundete auf. Als sie sich im September von der Front zurückziehen mußte, kehrten nur noch 600 Jugendliche «heim ins Reich», 94 Prozent waren gefallen oder wurden vermißt.

Ab Oktober 1944 dienten Hitlerjungen vor allem im «Volksturm». Zu diesem letzten Aufgebot des untergehenden NS-Regimes wurden alle «waffenfähigen Männer im Alter von sechzehn bis sechzig» zur Verteidigung der Heimatfront eingezogen, die nicht anderweitig unter Waffen standen. Noch am 23.4.1945, zwei Wochen vor der Kapitulation, wurden auf Befehl des Reichsjugendführers Axmann HJ-Bataillone gebildet, um die Pichelsdorfer Brücken über die Havel vor Berlin zu verteidigen. 5000 Jungen, darunter 13jährige, kämpften, nur mit Gewehren und Panzerfäusten bewaffnet, gegen die anrückenden sowjetischen Panzerarmeen. Nach wenigen Tagen waren nur noch 500 von ihnen kampffähig.

Zwar waren nicht alle Hitlerjungen, die in den letzten beiden Kriegsjahren mit der Waffe in der Hand im Einsatz standen, so fanatisch wie die Mitglieder der «SS-Panzerdivision Hitler-Jugend», viele waren einfach in den Kriegsdienst gepreßt worden. Dennoch gab es auch unter ihnen solche, die lieber untergehen wollten als kapitulieren. Gerda S., Jahrgang 1929, erinnert sich:

«Wir wohnten damals in Kreuzberg in der kleinen Gasse eines ausgesprochenen Proletarierkiezes. Im Vorderhaus war ein Kaufmannsladen, dessen Besitzer einen Sohn hatten, den wir ‹Fitti› nannten. Seine Eltern waren ganz unglücklich darüber, daß er ein ganz gläubiger Hitlerjunge war, so nach dem Vorbild des Hitlerjungen Quex. Der wollte unbedingt noch sein Leben für den Führer in die Schanze werfen. Als die Stalinorgeln schon am Schlesischen Tor standen, nahm der sein Fahrrad und verschwand mit den Worten: ‹Ich hab meinem Führer die Treue geschworen, und die halte ich jetzt.› Er war 16 Jahre alt, und er wurde nie wieder gesehen.»

Übersicht: Schule im Krieg (1939–1944)

1939
Dezember
15.12. Reichsrichtlinien über Erziehung und Unterricht in den Volksschulen.
15.12. Reichsrichtlinien über Erziehung und Unterricht in den Mittelschulen.

1940
Januar
3.1. Das zweijährige Studium an den Hochschulen für Lehrerbildung (HfL) wird um ein Semester gekürzt.
29.1. Reichseinheitliche «Ordnung der zweiten Prüfung für das Lehramt an Volksschulen».

August
8.8. Arthur Axmann wird Nachfolger des Reichsjugendführers Baldur von Schirach, der Reichsstatthalter und Gauleiter in Wien wird.

September
28.9. Anordnung Hitlers über die «erweiterte Kinderlandverschickung».

Oktober
4.10. «Dienststrafordnung» der HJ (verschärfte Disziplinarordnung).

1941
Februar
8.2. Auflösung der HfL (Abschaffung der akademischen Lehrerausbildung).

April
16.4. An die Stelle der HfL treten Lehrerbildungsanstalten. Zugangsvoraussetzung ist der Volks- oder Hauptschulabschluß. Die Ausbildung – mit Internatscharakter – dauert fünf Jahre, davon sind vier für allgemeinbildenden und ein Jahr für berufsfachlichen Unterricht vorgesehen. Ende 1942 bestehen im «Altreich» 160 Lehrerbildungsanstalten (gegenüber vorher 26 HfL).
28.4. Die Hauptschule wird als «Auslese-Pflichtschule» eingeführt.

Oktober
Für Jugendliche, die gegen die öffentliche «Ordnung und Disziplin» verstoßen, werden «Jugendschutzlager» eingerichtet. Vertreter von SS, SD, NSDAP, Reichsarbeitsdienst, Wehrmacht und Industrie gründen eine Reichsarbeitsgemeinschaft für «Jugendbetreuung».

1942
Februar
18.2. Reichsrichtlinien für die «Hilfsschule».

März
9.3. Zeugnisse enthalten für Religion keine Noten mehr.
9.3. Reichsrichtlinien für die Hauptschule.

Juni
30.6. Schließung aller jüdischen Schulen.

1943
Februar
18.2. «Stillegung» des NSLB. Den zur Mobilisierung aller Reserven für die Fortsetzung des – nicht mehr erfolgreich verlaufenden – Krieges durchgeführten Rationalisierungs- und Sparmaßnahmen fiel neben anderen Gliederungen der NSDAP auch der NSLB zum Opfer. Auf Beschluß der Parteileitung wurde der NSLB, der sowohl innerhalb der Partei als auch unter den Lehrern an Einfluß verloren hatte, im Rahmen «kriegsbedingter Vereinfachungsmaßnahmen» «stillgelegt». Nach Kriegsende sollte er seine Tätigkeit wieder aufnehmen.

September
7.9. Verfügung über die Verlegung der Schulen aus Berlin.

November
Kürzung des Lehrplans der höheren Schulen auf sieben Klassen.

1944
Januar
19.1. Anordnung, die in Berlin verbliebenen «Restschulen in die Aufnahme- und Ausweichgebiete» zu verlegen.

April
21.4. Das Berliner Hauptschulamt meldet: «Sämtliche allgemeinbildenden Schulen in Berlin sind verlegt.»

Oktober
Arbeitseinsatz des 8. Schuljahres.

Vierzehnjähriger – noch im März 1945 verheizt

«SCHULFREI»: DIE LETZTEN MONATE BIS ZUM KRIEGSENDE

September 1942: Letztes Gruppenfoto einer Berliner Mittelschulklasse. Anfang Februar 1943 wurden die Schüler vorzeitig aus der Schule entlassen und als Luftwaffenhelfer eingesetzt. Acht kamen im Kriege um, einer starb an den Folgen einer Kriegsverletzung, ein anderer wurde von den Nazis ins KZ gesperrt. – 1945 war die Zahl der männlichen Jugendlichen in Berlin gegenüber 1939 von 108 000 auf 26 000 gesunken.

Große Worte auf der ersten großen Kundgebung der NS-Frauenschaft im Berliner Sportpalast

Berlin 1945

Am 8. Mai 1945 ist der Krieg in Europa endgültig beendet. Nach zwölf Jahren liegt das «Tausendjährige Reich» in Schutt und Asche.

Wie 1918 dem Kaiserreich bereitet dem Nationalsozialismus der von ihm angezettelte Krieg das Ende. Wie die erste deutsche Demokratie, die Weimarer Republik, aus einer äußeren Niederlage hervorging, wurde Deutschland von außen vom Faschismus befreit. Viele der von ihm in Gang gesetzten oder forcierten Entwicklungen brechen daher auch nach seiner Zerschlagung nicht ab. Die Gefahr für die im westlichen Teil Deutschlands entstandene – zweite – parlamentarische Demokratie besteht daher, wie Adorno einmal formulierte, weniger «im Nachleben faschistischer Tendenzen *gegen* die Demokratie» als vielmehr im «Nachleben des Nationalsozialismus *in* der Demokratie».

Zeitzeugen berichten über den Zusammenbruch der Schule

Lucia K., geboren 1931.

Gegen Ende des Krieges wurden die Schulen für Flüchtlinge gebraucht, da gab es keinen Unterricht mehr. Wenn ich heute überlege, mit welchen Kenntnissen ich aus der Schule kam, dann muß ich immer an die letzte Geographiestunde denken. Dieser nette Lehrer sagte: «Ich weiß nicht, wie lange ihr überhaupt noch Unterricht haben werdet.» Der Erdteil Amerika war tabu gewesen, man sprach nicht darüber. Da sagte der Lehrer also: «Ich kann es nicht verantworten, euch zu entlassen, ohne daß ihr wißt, daß es Amerika gibt.» Er ging in den Kartenraum, kam mit einer Landkarte zurück, hing sie auf und sagte: «Also paßt auf, es gibt einen Kontinent, der heißt Amerika. Das ist Nordamerika, das ist Südamerika und das ist der Mississippi.» In dem Augenblick ging die Sirene, und das war wirklich alles, was ich über den Kontinent Amerika erfahren habe.

Unser Vorort war Auffanglager von vielen Flüchtlingstransporten. Es kamen unheimlich viele Züge an, brechend voll mit Flüchtlingen. Jeder half, es war selbstverständlich, unseren deutschen Volksgenossen zu helfen. «Wer kann helfen!», «Wollt ihr unserem Führer helfen?» hieß es vor der Klasse. Oder «Wer kann besonders helfen?» Denn der Endsieg war garantiert. Ich kann mich da auch noch an zwei dolle Jungs in Uniform erinnern, so zwei, drei Jahre älter als ich. Die sagten zu mir, daß sie ja gar nicht wüßten, ob sie nicht doch noch an die Front müßten, aber wir würden uns bestimmt nach dem Endsieg wiedertreffen.

Die Lage der Flüchtlinge war dramatisch. Es war der Winter '44/45. Es hieß immer: Die Kinder in Berlin sind alle weg in der Kinderlandverschickung. Wir hier im Vorort sind zu Hause geblieben, wir müssen helfen. Unsere Väter sind alle im Volkssturm, unsere Mütter kochen für die Volksküche, und was machen wir? Wir helfen den Flüchtlingen! Unsere Schule wurde ein Massenlager. Die Bänke wurden herausgenommen und überall Decken hingelegt. Wir haben den Flüchtlingen warme Getränke gebracht, sie waren lange unterwegs gewesen. Es kamen manche total gebrochen an und manche mit einem fanatischen Durchhaltevermögen. Sie wollten ihre Situation um jeden Preis bewältigen. Manche waren total hilflos. Frauen schrien nach ihren Kindern, Alte nach ihren Töchtern. Ein Erlebnis hat mich besonders erschüttert: Es war gerade ein Zug auf dem Bahnhof eingefahren. Die Flüchtlinge stiegen alle aus. Plötzlich schrie eine Frau wie eine Wahnsinnige: «Mein Kind, mein Kind! Eben war es noch da.» Ich weiß noch, daß ich fragte: «Wo ist denn Ihr Kind?» Ob es unter dem Zug oder im Zug war? Der Zug fuhr weiter! Sie schrie, wie jemand schreit, der am Rande des Wahnsinns ist. Das Kind ist nicht wieder aufgetaucht, es war weg.

Ich glaube, wir fanden es gut, daß wir als Kinder helfen konnten, wirklich sichtbar helfen konnten. Was ich getan hatte im Lauf eines Tages, konnte ich überall erzählen. Ich konnte endlich sagen: Ich habe mitgemacht!

Endsieg war für die anderen irgend etwas Schönes. Mir wurde immer zu Hause gesagt, Endsieg ist etwas Schlimmes. Die anderen haben gesagt: «Nach dem Endsieg wird es schön.» Endsieg war für mich verbunden mit Ausschlafen können. Endsieg hieß ausschlafen, hieß kein Alarm, hieß abends schlafen gehen, nicht dreimal nachts wach werden, schnell anziehen, runter in den Keller. Für mich bedeutete dreimal nachts aufstehen: von sieben Geschwistern vier anzuziehen und in den Keller zu schleppen. Die Kinder waren todmüde, sie haben geweint. Ich mußte immer vernünftig sein, Verantwortung tragen. Im Keller hatte ich die beiden Zwillinge im Arm, rechts einen und links einen. Wenn der eine geweint hat, fing der andere auch an. Ich war todmüde. Endsieg war für mich Ruhe.

Unser Haus lag am Sportplatz, unmittelbar an der Autobahnabfahrt. Alles, was von der Autobahn runterkam, der ganze Rückzug des Heeres, lag in der Tannenschonung um den Sportplatz. Die Häuser wurden alle beschlagnahmt. Nur weil wir so viele Kinder waren und meine Mutter eine so starke Frau war, konnten wir bleiben. Somit kamen auch viele junge SS-Leute zu uns, die kamen einfach rein. Ich weiß noch, daß so ein blonder junger SS-Mann kam und vom totalen Endsieg sprach. Als er unseren Hausaltar sah, machte er abfällige Bemerkungen. Da sagte meine Mutter: ‹Mein Sohn ist irgendwo, ich weiß nicht wo, aber ich hoffe, daß er einen Menschen findet, der mit ihm spricht, so wie ich mit Ihnen spreche, Sie könnten mein Sohn sein. Ich kann nur für Sie beten.› Ich weiß noch, wie er sagt: ‹Heil Hitler, der Endsieg ist gewiß!› und geht. Ein anderer, der akzeptierte meine Mutter und sagte: ‹Ich weiß, Sie sorgen sich um mich. Um mich brauchen Sie sich nicht zu sorgen.› Und er zeigte ihr eine (Gift) Ampulle.»

Die letzten Tage haben wir im Keller verbracht. Auf einmal ging die Tür auf, und ein russischer Offizier stand vor uns. Meine Mutter hat gedacht: Wenn ich so viel geholfen habe, wird man mir auch helfen. Genau das trat nicht ein. Man nahm uns alles. Wenn man sagt, es gibt eine Gerechtigkeit, genau das gab es nicht.

Hans Jochen M., geboren 1930.

Ende 1944 wurde das Lager Rochlitz aufgelöst, und ich zog zu meiner Mutter, die sich in Rochlitz ein Zimmer genommen hatte. In die Hitler-Jugend bin ich nicht mehr gegangen. Ich habe auch nie eine Aufforderung bekommen, weil inzwischen diese ganzen Organisationen, der ganze Zusammenhang und die Kontrollmöglichkeiten gegen Ende des Krieges so zerfielen, daß es für die Nationalsozialisten immer schwerer wurde, das alles zu übersehen. Es gab Aufrufe in Rochlitz, die Stadt zu verteidigen. Wir Jugendlichen wurden aufgefordert mitzukämpfen. Das war 1945. Die amerikanische Front kam immer näher. Dieser Aufruf war für die Fünfzehnjährigen freiwillig. Glücklicherweise war ich nicht so dumm, mich dafür begeistern zu lassen. Ich bin mit meiner Mutter am späten Abend in den Keller gegangen – und am frühen Morgen standen schon die wohlgenährten Amerikaner auf dem Rochlitzer Marktplatz und verteilten Schokolade an die Kinder. Ich habe dann viele von diesen Fünfzehnjährigen gesehen, die inzwischen in amerikanische Gefangenschaft geraten waren und in Rochlitz auf dem Marktplatz standen und nun mit unbekanntem Schicksal vermutlich in die Gefangenenlager verschwanden.

Am Tage zuvor hatte ich noch die Verteidigungslinien und Schützengräben angesehen, die vor Rochlitz gebaut worden waren, um dem amerikanischen Angriff standzuhalten. Das war alles rührend hilflos. Mich regte es damals richtig auf,

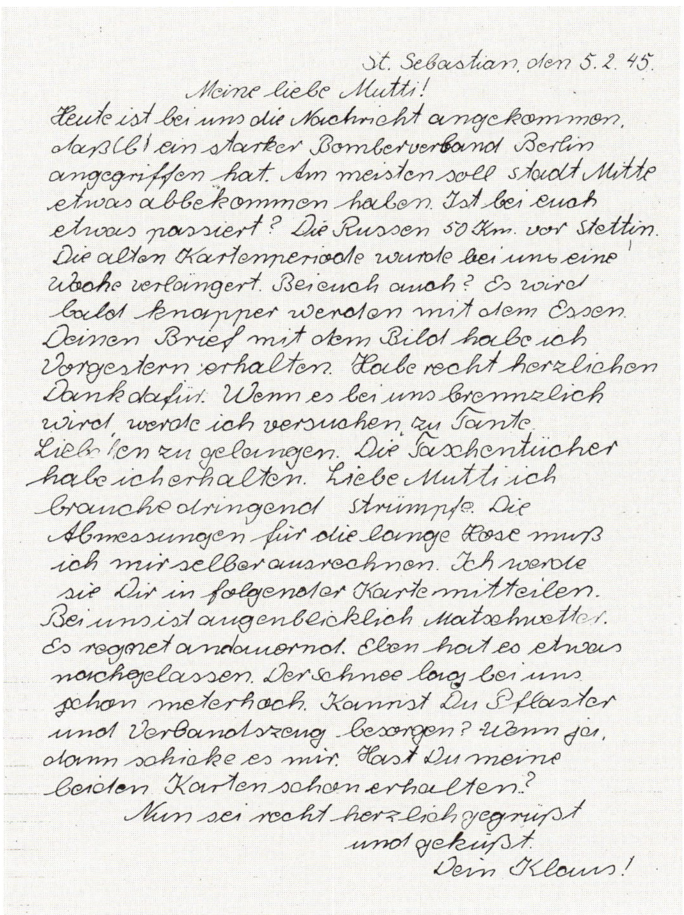

St. Sebastian, den 5.2.45.
Meine liebe Mutti!
Heute ist bei uns die Nachricht angekommen, daß(B) ein starker Bomberverband Berlin angegriffen hat. Am meisten soll Stadt Mitte etwas abbekommen haben. Ist bei euch etwas passiert? Die Russen 50 Km. vor Stettin. Die alten Kartenperiode wurde bei uns eine Woche verlängert. Bei euch auch? Es wird bald knapper werden mit dem Essen. Deinen Brief mit dem Bild habe ich Vorgestern erhalten. Habe recht herzlichen Dank dafür. Wenn es bei uns brenzlich wird, werde ich versuchen, zu Tante Liebchen zu gelangen. Die Taschentücher habe ich erhalten. Liebe Mutti ich brauche dringend Strümpfe. Die Abmessungen für die lange Hose muß ich mir selber ausrechnen. Ich werde sie Dir in folgender Karte mitteilen. Bei uns ist augenblicklich Matschwetter. Es regnet andauernd. Eben hat es etwas nachgelassen. Der Schnee lag bei uns schon meterhoch. Kannst Du Pflaster und Verbandszeug besorgen? Wenn ja, dann schicke es mir. Hast Du meine beiden Karten schon erhalten?
Nun sei recht herzlich gegrüßt
und geküßt.
Dein Klaus!

Brief aus dem KLV-Lager in St. Sebastian (Steiermark)

Flucht aus einem KLV-Lager vor der nahenden sowjetischen Armee

und ich brüllte die Soldaten an, was das solle, die Stadt würde noch sinnlos zerschossen, wenn sie hier kämpfen wollten. Die Soldaten, alles schon ältere, gemütliche Familienväter, die regten sich überhaupt nicht darüber auf. Im Gegenteil, sie sagten: «Junge, was schreist du hier rum? Mach nich so 'n Ärger, sonst fällt es noch auf! Wir sind doch heute nacht alle weg, hier passiert nichts mehr, hier findet kein Kampf mehr statt. Wir wollen alle heim zu Muttern. Bloß am Tag stehen wir hier noch so ein bißchen in den Schützengräben.»

Gertraud S., geboren 1911.

Kurz nachdem mein Mann Anfang 1945 zum Volkssturm geholt worden war, machte ich mich mit einem Treck vom Wartheland in Richtung Berlin auf. In Berlin angekommen, meldete ich mich bei der Schulverwaltung. Die haben mich aber wieder weggeschickt: Es gäbe keinen Unterricht mehr.

Viele Schulen waren zerstört. Die Schulen an der Lauenburger Straße und an der Elisenstraße hatten gehörig was abgekriegt. Die Schule an der Rothenburgstraße wurde als Lazarett genutzt. Ich kann mich gar nicht erinnern, daß ich Kinder auf der Straße gesehen hätte.

Wir verbrachten die meiste Zeit im Luftschutzkeller. Unser Nachbarhaus wurde getroffen. Es brannte. Wir haben geholfen, um zu retten, was noch zu retten war. Ich ging in irgendeine Wohnung, und ich machte mich daran, die Betten runterzuholen. Der Mann, dem die Wohnung gehörte, schnauzte mich an, ich solle gefälligst die Betten liegen lassen, er wolle seine Bücher retten. «Wollen Sie heute nacht auf Ihren Büchern schlafen?» habe ich geantwortet und schmiß trotz seines Protestes die Matratzen aus dem Fenster. Der Sohn meiner Kusine wurde noch zur Flak geholt. Es hat uns sehr bewegt, daß er mit seinen 16 Jahren noch eingezogen wurde. Sein Klassenkamerad ist neben ihm gefallen.

Die letzten Wochen wagten wir uns nicht mehr raus. Wir saßen im Keller. Dort hörten wir im Radio die Rede von Goebbels zu Führers Geburtstag: «Berlin bleibt deutsch ...»

Als wir aus dem Keller wieder rauskrochen, war das Schrecklichste, daß an einem Laternenpfahl ein junger Soldat aufgeknüpft war. Auf einem Schild stand, daß er desertieren wollte. Vor unserem Haus fanden wir eine SS-Uniform. Ein Hausbewohner hat sie schleunigst gegriffen, in einen Herd geworfen und angezündet.

Viele Berliner verbrachten die letzten Kriegsmonate überwiegend im Luftschutzkeller

Vorzeitig entlassene Mittelschüler als Luftwaffenhelfer – zwei von ihnen (1. u. 3. v. r.) fielen im Krieg, ein dritter kam ins KZ

Unterricht findet nicht mehr statt

Auf der letzten Seite der Ausgabe vom April/Juni 1944 teilte die Schriftleitung der Zeitschrift «Weltanschauung und Schule», herausgegeben von Alfred Baeumler, «Dienstleiter beim Beauftragten des Führers für die Überwachung der gesamten geistigen und weltanschaulichen Schulung und Erziehung der NSDAP», ihren Lesern mit:

«Im Zuge der Maßnahmen für die Durchführung des totalen Krieges stellt unsere Zeitschrift bis auf weiteres ihr Erscheinen ein. Sie hofft, nach dem Siege die Verbindung mit ihren Lesern in alter Weise wieder aufnehmen zu können.»

Im gleichen Zeitraum gab die Berliner Schulverwaltung bekannt, daß alle Berliner Volksschulen aus der Stadt verlegt worden seien. Das bedeutete allerdings nicht, daß auch die Mehrzahl der Berliner Schüler und Schülerinnen ihren Schulen gefolgt war. Frau Lucia K., Jahrgang 1931, erinnert sich:

«Wir waren in Berlin geblieben. Obwohl kein Unterricht mehr stattfand, war es selbstverständlich, daß wir morgens um acht in die Schule kamen; bei Fliegeralarm brauchten wir erst um zehn Uhr hin. Aber was heißt das, wenn man erst um sechs Uhr ins Bett gekommen, dreimal in der Nacht wegen Alarm aufgestanden ist! Ich war nur noch müde. In der Schule sind wir zu Arbeiten eingeteilt worden. Die Schule mußte sauber gemacht werden, Milchpulver besorgt oder gekocht werden. Alles war sehr praxisbezogen, man konnte was machen. Ich fand es viel besser als Unterricht, gelitten habe ich nicht darunter.

Die Lehrer waren im Volkssturm. Sie traten in der Schule gar nicht mehr in Erscheinung. Alles wurde vom BDM und von der Frauenschaft geleitet. Unsere Schule war ein Massenlager. Wir haben Flüchtlinge versorgt. Sie waren ja lange unterwegs gewesen, und ihnen mußte geholfen werden. Es kamen manche total gebrochen an und manche mit einem fanatischen Durchhaltevermögen. Es war chaotisch. Es gab kein Licht und keine Heizung. Wir teilten lauwarmen Tee aus Blechkannen aus oder eine warme Wassersuppe. Decken wurden verteilt, Fenster mit Pappe zugenagelt. Ich bin mit meinen Schulkameraden durch die Gegend gefahren, um die Flüchtlinge in Häusern unterzubringen. Ich habe geklingelt und gesagt: ‹Wir kommen von den Jungmädel und bringen Flüchtlinge.› Man mußte ja angeben, wieviel Raum man hatte, und dann wurde bestimmt, ob man jemanden aufnehmen mußte. Die Leute waren zurückhaltend: ‹Kommen Sie bitte.› Das war alles, niemand kam den Flüchtlingen entgegen. Ich hätte mich erleichtert gefühlt, wenn jemand gesagt hätte: ‹Ach, Sie arme Frau, nun kommen Sie doch erst mal rein.›

In der Schule waren die Klos restlos verstopft oder eingefroren. Es war kalt und dunkel. Überall kauerten Menschen in totaler Passivität, die das absolut nicht mehr mitbekamen. Sie konnten nicht mal mehr weinen. Ich habe manchmal noch die (Jungmädel-)Uniform angehabt. Einmal hörte ich, wie jemand sagte: ‹Die Kinder verstehen das immer noch nicht.› Das war auf mich und meine Klassenkameradinnen gemünzt. Aber ich glaube, wir fanden es unheimlich gut, daß wir als Kinder helfen konnten, wirklich sichtbar helfen konnten. Bloß Nachtdienst durften wir nicht machen, der war den Älteren vorbehalten. Aber wir waren dort bis weit in den Abend

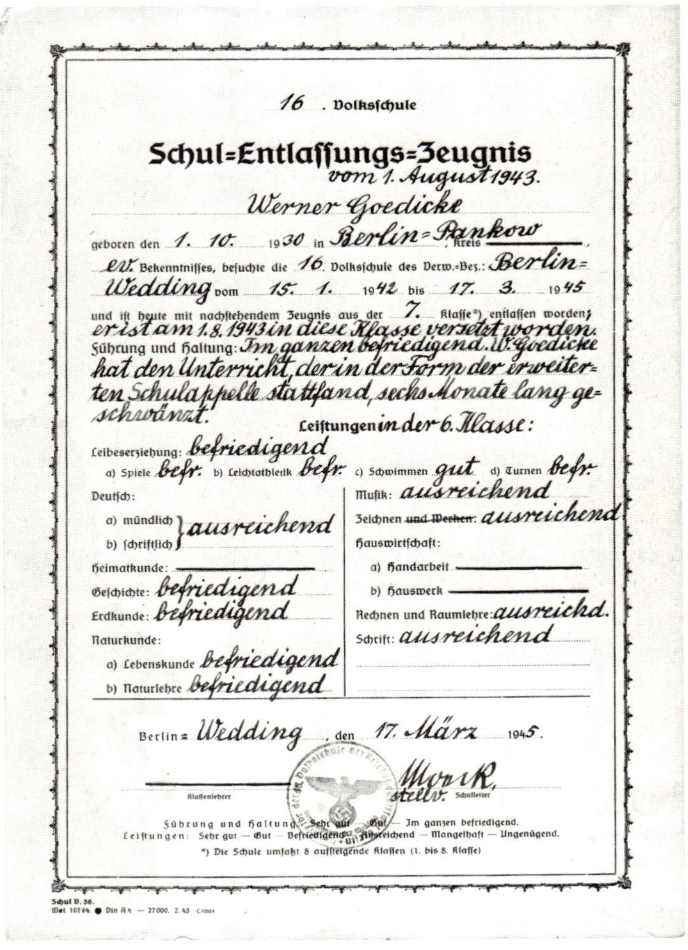

16. Volksschule

Schul-Entlassungs-Zeugnis
vom 1. August 1943.

Werner Goedicke

geboren den 1. 10. 1930 in Berlin-Pankow, Kreis ——,
ev. Bekenntnisses, besuchte die 16. Volksschule des Verw.-Bez.: Berlin-Wedding vom 15. 1. 1942 bis 17. 3. 1945
und ist heute mit nachstehendem Zeugnis aus der 7. Klasse*) entlassen worden; er ist am 1.8.1943 in diese Klasse versetzt worden.
Führung und Haltung: Im ganzen befriedigend. W. Goedicke hat den Unterricht, der in der Form der erweiterten Schulappelle stattfand, sechs Monate lang geschwänzt.

Leistungen in der 6. Klasse:

Leibeserziehung: befriedigend
a) Spiele befr. b) Leichtathletik befr. c) Schwimmen gut d) Turnen befr.

Deutsch:
a) mündlich } ausreichend
b) schriftlich }
Heimatkunde: ——
Geschichte: befriedigend
Erdkunde: befriedigend
Naturkunde:
a) Lebenskunde befriedigend
b) Naturlehre befriedigend

Musik: ausreichend
Zeichnen ~~und Werken~~: ausreichend
Hauswirtschaft:
a) Handarbeit ——
b) Hauswerk ——
Rechnen und Raumlehre: ausreichd.
Schrift: ausreichend

Berlin-Wedding, den 17. März 1945.

Klassenlehrer —— Morik, stellv. Schulleiter

Führung und Haltung: Sehr gut — Gut — Im ganzen befriedigend.
Leistungen: Sehr gut — Gut — Befriedigend — Ausreichend — Mangelhaft — Ungenügend.
*) Die Schule umfaßt 8 aufsteigende Klassen (1. bis 8. Klasse)

Schul V. 56.
Mat. 10764. Din A4. — 27000. 2.43 C/0664

Wenige Wochen vor dem Ende: Hitler dekoriert «kampferprobte Hitlerjungen»

hinein, immer wieder und jeden Tag und viele Wochen lang.»

In der Chronik der 86. Schule wurde in diesen Monaten neben zunehmenden Kriegsbeschädigungen registriert, daß die in Berlin verbliebenen Schüler sich jeden zweiten Tag zu politischen Appellen in der Schule einfinden mußten, faktisch aber «der Besuch unregelmäßig» war, die «Disziplin sich schnell lockerte».

Um die Jahreswende 1944/45 wurden auch viele der in «nicht luftgefährdete Gebiete» verlegten Berliner Schulen aufgelöst. Frau S., geboren 1911, berichtet:

«Mein Mann, er war auch Lehrer, wurde im Januar zum Volkssturm geholt. Ich bin am nächsten Morgen mit der Bahn zur Kreislehrertagung gefahren. Bei der Ankunft traf ich auf dem Bahnhof meinen Mann mit seiner Truppe, die sollten an die Ostfront, in Zivil, mit einer Armbinde. Gewehre hatten sie gekriegt, aber keine Munition. Auf der Kreislehrertagung bekamen wir Anweisungen für die Evakuierung. Ich habe dann in den nächsten Tagen die Bücher von den Kindern eingesammelt und die Schulbücherei in Ordnung gebracht, Unterricht war kaum noch. Am 20. Januar ging der Treck nach Berlin los. In Berlin habe ich mich bei der Schulverwaltung gemeldet. Die haben mich aber wieder weggeschickt: Es gäbe keinen Unterricht mehr.»

Lagerschulen, die ihre Arbeit fortführten, mußten im Frühjahr 1945 die Schulentlassenen nach Berlin schicken, wo die Volksschulabsolventen in den «totalen Krieg» eingereiht werden sollten. Noch in den letzten Kriegsmonaten wurden in Berlin Tausende fünfzehnjähriger HJ-Mitglieder zur Abwehr sowjetischer Panzer eingesetzt. Am 20. März dekorierte Hitler im Garten der Reichskanzlei Jugendliche, die zum Teil erst zwölf Jahre alt waren, mit dem Eisernen Kreuz, um den «Durchhaltewillen» der Jugend zu stärken.

Am 2. Mai 1945 unterzeichnete General Weidling die Kapitulationsurkunde für Berlin. Von den 608 Schulgebäuden des Jahres 1938 waren 316 zerstört.

Nicht Rechnen, Deutsch oder Zeichnen, sondern die Organisation des Überlebens stand in den letzten Kriegsmonaten auf dem Stundenplan der Berliner Volksschüler. «Im Kriege erst», hatte 1943 der Jugendfunktionär Müller in der Zeitschrift des Reichsjugendführers, «Das Junge Deutschland», geschrieben, gewinnt die Jugend «ihr eigentliches Gesicht». Er läßt «die Charakterzüge der Jugend mit aller wünschenswerten Klarheit in Erscheinung treten ... Wie die Dinge im einzelnen auch liegen, sicher ist, daß der Krieg und die eingeschränkte Erziehungsaufsicht, die er zur Folge hat, die fortschreitende Gesundung der Jugend nicht aufhalten kann.» (Sonderveröffentlichung Nr. 3, S. 9)

Welches Gesicht, welche Charakterzüge zeigte die Jugend? In welche Richtung ging ihre «fortschreitende Gesundung»? Trug der Versuch des totalen Zugriffs unter den Bedingungen «eingeschränkter Erziehungsaufsicht» die gewünschten Früchte? Eine bündige Antwort auf diese Fragen ist nicht möglich, quantifizierbare Daten liegen nicht vor. Antworten geben die nachfolgenden Erinnerungsausschnitte.

Günter G., geboren im Dezember 1932, Jungvolk-Mitglied:

«Ich war furchtbar sauer, daß ich nicht zum Volkssturm durfte, weil ich erst zwölf Jahre alt war. Die Vierzehnjährigen durften schon, ich nicht. Ich wollte damals auch den Krieg noch gewinnen. Ich glaubte an Hitler und an den Endsieg. Die nationalsozialistische Einstellung hatte ich übernommen. Obwohl ich selbst keinen vollständigen Ariernachweis hatte, glaubte ich, wir seien Herrenmenschen.»

Elisabeth Bertelsmann, Lehrerin, geboren 1907:

«Als ich wieder (aus Berlin) im Lager Mallnitz angekommen war, wurde ich natürlich ausgefragt nach allem, was ich gesehen hätte. Den Kindern erzählte ich nicht viel davon, aber im Kolleginnenkreis berichtete ich, was ich gesehen hatte, und daß der Krieg wohl kaum durch eine Wunderwaffe in kurzer Zeit siegreich beendet sein würde.» Die Lagermädelführerin «meldete mich bei der HJ als ‹Defätistin›. Ein junger HJ-Führer ließ mich zu einer Aussprache kommen, das heißt, er sprach, ich hatte zu gehorchen. Er habe gerade vor ein paar Tagen ‹in die Menge geknallt›, die sich in einen Flüchtlingszug zu drängen versuchte, und mich könne er auch einfach umlegen, da ich den Endsieg gefährde. Er wolle noch einmal milde sein und mich nur aus dem KLV hinauswerfen. So mußte ich es erleben, daß ich nicht mehr in unser Haus, nicht mehr unterrichten durfte, und die Kinder durften mich auf der Straße nicht mehr grüßen. Das war Mitte April 1945.» (Mitteilungen & Materialien Nr. 17/18 der Arbeitsgruppe Pädagogisches Museum, S. 101)

Lucia K., Jahrgang 1931:

«Die beiden älteren Jungs, die ich bei den Flüchtlingstrecks kennengelernt hatte, waren sehr verschieden. Der eine sagte: ‹Wir sehen uns bestimmt wieder.› Der andere, der war deprimiert – so würde ich das heute sagen. Der war ruhig, der war enttäuscht. Er mußte einfach festgestellt haben, daß es zu Ende geht. Der eine sagte ganz selbstverständlich und selbstbewußt ‹Heil Hitler!›. (...)

Unser Haus lag am Sportplatz, unmittelbar an der Autobahnabfahrt. Alles, was von der Autobahn runterkam, der ganze Rückzug des Heeres, lag in der Tannenschonung um den Sportplatz. Die Häuser wurden alle beschlagnahmt. Nur weil wir so viele Kinder waren und meine Mutter eine so starke Frau war, konnten wir bleiben. Somit kamen auch viele junge SS-Leute zu uns, die kamen einfach rein. Ich weiß noch, daß so ein blonder junger SS-Mann kam und vom totalen Endsieg sprach. Als er unseren Hausaltar sah, machte er abfällige Bemerkungen. Da sagte meine Mutter: ‹Mein Sohn ist irgendwo, ich weiß nicht wo, aber ich hoffe, daß er einen Menschen findet, der mit ihm spricht, so wie ich mit Ihnen spreche, Sie könnten mein Sohn sein. Ich kann nur für Sie beten.› Ich weiß noch, wie er sagt: ‹Heil Hitler, der Endsieg ist gewiß!› und geht. Ein anderer, der akzeptierte meine Mutter und sagte: ‹Ich weiß, Sie sorgen sich um mich. Um mich brauchen Sie sich nicht zu sorgen.› Und er zeigte ihr eine (Gift-)Ampulle.»

«Volksgrenadier» mit dem EK II, 1945

Das gesellschaftliche Leben im Nationalsozialismus «unterhalb» der großen Partei- und Staatsaktionen, der Schulalltag «hinter» den Lehrplänen, Erlassen usw. war ein Miteinander und Nebeneinander von Zustimmung, Konformität, Anpassung, Terror, Widerstand, Mißstimmung und Rückzug. Bestandteile dieser unterschiedlichen Handlungs- und Denkmuster waren auch innerhalb des Verhaltensrepertoires einer Person anzutreffen: Mißbilligung der Zerstörung jüdischer Geschäfte und Jubel über die Besetzung Frankreichs, Konsens mit den terroristischen «Ordnungs»maßnahmen, Dissens über die Zurückdrängung des Einflusses der Eltern zugunsten der Hitler-Jugend. Unpolitische Menschen konnten, da der Faschismus nahezu alle Bereiche des gesellschaftlichen Lebens politisierte und somit auch die Privatsphäre häufig in den Anspruchsbereich des Regimes geriet, wider ihren Willen in Konflikt mit dem System kommen. Bislang «normales» Alltagsverhalten konnte in den Bereich des «abweichenden Verhaltens» geraten.

Angesichts der Widersprüchlichkeit des Alltags ist generalisierenden und typisierenden Aussagen über «den» Alltag im allgemeinen oder «den» Schulalltag im besonderen mit Vorsicht zu begegnen. Mit gebotener Zurückhaltung möchten wir die in den Erlebnisberichten geschilderten Verhaltensweisen als typische – nicht unbedingt repräsentative – Erscheinungen des Spektrums von Erziehungsresultaten bezeichnen. Angst, Hilflosigkeit, Apathie und fanatischer Durchhaltewille, Aufopferung für den Führer, unerschütterliche Glaube an den «Endsieg» markieren zwei äußere Eckpunkte, zugleich Kehrseiten ein und derselben Medaille faschistischer Erziehung zur ideologischen Subjektivität.

Ideologische Subjektivierung, die freiwillige Übernahme und das aktive Leben fremdgesetzter Ziele und Werte, die den eigenen Interessen zuwiderlaufen, und deren Resultat, die ideologische Subjektivität, ist nichts spezifisch Faschistisches. Ideologische Vergesellschaftung kennzeichnet vielmehr jede Klassengesellschaft, jede Gesellschaftsordnung, in der die Menschen von der gemeinschaftlichen Kontrolle über ihre gesellschaftlichen Lebensbedingungen ausgeschlossen sind und eine von der Gesellschaft entfremdete Macht über der Gesellschaft, der Staat, das gesellschaftliche Leben reguliert (vgl. dazu ausführlicher: Theorien über Ideologie. Argument-Sonderband 40. 1979). Selbstlose Opferbereitschaft bis zum Tode, bedingungsloser Glaube an eine Sache, Unterordnung unter eine höhere Instanz oder bestimmte (Grund-) Werte waren gleichfalls kein Spezifikum des Nazismus. So glaubten Generationen zuvor statt an den Führer an den Kaiser und zogen für das «heilige Vaterland» in den Krieg. Auch der Rassismus und andere Elemente nationalsozialistischer Ideologie hatten in Deutschland Tradition. Georg Lukács bezeichnete aus diesem Grunde den deutschen Faschismus als «eklektische Synthese aller reaktionären Tendenzen» (Die Zerstörung der Vernunft. Werke Bd. 9. Neuwied, Berlin 1962, S. 622). Wie der Faschismus nicht die gesellschaftlichen Herrschaftsverhältnisse veränderte, sondern die Herrschafts*sicherung* auf eine neue – terroristische – Grundlage stellte, so war er auch keine Revolution des Ideologischen, sondern eine *im* Ideologischen.[1] Er veränderte die Bedingungen und Mittel der Organisation ideologischer Subjektivität. Im Kapitel über den «Umbau» der Schule haben wir diesen Faschisierungsprozeß des Ideologischen für den Erziehungsbereich als militaristische Formierung und Verstärkung traditioneller autoritärer und repressiver ideologischer Elemente charakterisiert. Zugleich versuchten wir zu verdeutlichen, daß ideologische Subjektivierung nicht einfach ein Propaganda-Ergebnis war. Die faschistische Erziehungspraxis, vor allem in der Hitler-Jugend, organisierte Betätigungs- und Erfahrungsfelder, die ideologische Bewußtseinsformen hervorbrachten bzw. für die NS-Ideologie einen Resonanzboden schufen. Der Alltag der Jugendlichen war keineswegs durchgängig nur reglementiert, militarisiert oder öde: Das Jugendalter wurde praktisch aufgewertet, die Mitgliedschaft in der Hitler-Jugend bot die Möglichkeit, gegenüber Elternhaus und Schule selbständiger aufzutreten. Unzählige Funktionen mit Verantwortung, Weisungsbefugnissen und Macht wurden zugeteilt und wahrgenommen; Schülern wurden Aufgaben gestellt, die das Gefühl vermittelten, jeder einzelne werde gebraucht. Damit konnten Teilhabe an der Macht, Bedeutsamkeit der eigenen Person und Sinnhaftigkeit des Tuns erlebt werden. In diesen Tätigkeiten, in dieser Machtausübung vollzog sich, wie gezeigt, die aktive und freiwillige Einordnung in das NS-System. Dessen Propaganda wurde auf der Grundlage ideologischer Praxen wie beispielsweise die eines geführten Führers, eines fremdbestimmten Inhabers repressiver Machtbefugnisse wirksam. Die faschistischen Verhältnisse, der Entzug der Kompetenz, über seine gesellschaftliche Lebenssituation selbst zu bestimmen, konnten so als selbstgewollte Verhältnisse, Fremdbestimmung als Selbstbestimmung gelebt werden. In die gleiche Richtung wirkten

- die Vereinfachung sozialer Beziehungen durch eindeutige Vorgaben, was als richtig und was als falsch anzusehen war. Sie erübrigten, sich Auseinandersetzungen zu stellen, entlasteten also von den Schwierigkeiten des Aufbaus einer selbständigen Identität;
- die staatlich anerkannte Möglichkeit, sich vor Entwicklungskonflikten in den «Dienst an der Sache» zu flüchten;
- die Möglichkeit, als Funktionsträger private Interessen durchzusetzen und individuelle Abneigungen als politische auszuleben.

Die Übernahme nationalsozialistischer Wertorientierungen bzw. Verhaltensmuster läßt sich nicht auf naturgegebene Charaktereigenschaften oder ein faschistisches Potential im Menschen zurückführen. Sie ist vielmehr als Versuch zu begreifen, die Ohnmacht und Ungesichertheit der individuellen Existenz – die für den Kapitalismus typisch sind und im Faschismus eine extreme Zuspitzung erfuhren – zu überwinden. Der Faschismus war und ist kein Mentalitätsproblem. Er zerschlug alle gesellschaftlichen Einrichtungen, die ermöglichten, längerfristige, über die unmittelbare Existenzsicherung hinausgehende Interessen zu verfolgen. Nicht eine bestimmte psychische Veranlagung, sondern die durch die faschistische Organisation der kapitalistischen Gesellschaft forcierte Orientierung auf ein kurzfristiges «Durchkommen» verankerte die herrschenden Denk- und Verhaltensmuster; sie führte dazu, daß diese als Mittel der Selbst- und Lebensdeutung des einzelnen verwertbar werden und dem eigenen Verhalten Sinn und Rechtfertigung vermitteln konnten.

1 Der deutsche Faschismus war eine der Antworten auf *das* Problem bürgerlicher Herrschaft seit der Novemberrevolution 1918: die Sozialismusdrohung. Die politische und ökonomische Rekonstruktion der kapitalistischen Herrschaftsverhältnisse in der krisengeschüttelten Weimarer Republik war nicht ohne Massenbewegung – etwa als Militärdiktatur –, sondern nur über die Mobilisierung und Radikalisierung breiter Bevölkerungsteile, vor allem des Mittelstandes, zu erreichen. Im Kampf gegen die parlamentarische Demokratie mußten die Nationalsozialisten daher radikale, populistische Ziele formulieren und zugleich sicherstellen, daß diese Ziele nicht mit sozialistischen Perspektiven identifiziert wurden. Mobilisierung der Massen und Neutralisierung demokratischer, sozialistischer Tendenzen kennzeichnen den spezifischen Charakter des Faschistischen. Aus dieser Verbindung erklärt sich der Stellenwert beispielsweise des Rassismus und Antisemitismus. Sie waren Mittel, um antikapitalistische Tendenzen zu neutralisieren. Rasse trat in der Nazi-Propaganda an die Stelle von Klassen; die Volksgemeinschaft konstituierte der Gegensatz zum Jüdischen.

Die Aufrechterhaltung der Grenzen zwischen populistischer Mobilisierung und sozialistischen Tendenzen war nach dem Machtantritt der NSDAP ohne Gewalt nicht möglich, zumal der Nationalsozialismus die Mehrheit der Arbeiterklasse nicht als Basis gewinnen konnte (vgl. ausführlicher bei E. Laclau: Faschismus und Ideologie. In: Ders.: Politik und Ideologie im Marxismus. Berlin 1981, S. 73–123).

Günstige Anknüpfungspunkte für die Übernahme ihrer Ideologie fanden die Nationalsozialisten genügend vor. Gerade in Deutschland herrschte ein ausgeprägter Mangel an Erfahrung mit praktizierter Demokratie. Die politische Demokratie der Weimarer Republik war in erster Linie Resultat des militärischen Zusammenbruchs der Hohenzollern-Dynastie, kein Ausdruck eines allgemeinen Volkswillens gewesen. Das obrigkeitsstaatliche Denken setzte sich daher in breiten Kreisen ebenso ungebrochen fort wie eine autoritäre, eine Erziehung zum Untertanen. Aus der Haltung heraus, von «oben» alle, auch die für die eigene Existenz wichtigen Entscheidungen zu erwarten, statt selbständig abzuwägen und zu handeln, setzten viele in der ökonomischen, politischen und ideologischen Krise der Weimarer Republik, die von den ideologischen Subjekten auch als persönliche Krise erlebt wurde, auf einen neuen Führer, der mit allen Unsicherheiten Schluß macht, Ordnung schafft, Zucht, Autorität und eindeutige Maßstäbe wieder zur Geltung bringt. Die Verzweiflung des ideologischen Subjekts war das «sozialpsychologische Verbindungsglied zwischen dem Nationalsozialismus und den breiten Massen» (Lukács, a. a. O., S. 78).

Als gegen Kriegsende die Auflösung der nationalsozialistischen Herrschaft voranschritt, waren Hilflosigkeit und Apathie, die Unfähigkeit, selbständig Entscheidungen zu treffen, die eine, der verbissene Einsatz für den «Endsieg» die andere Seite des NS-Erziehungseinflusses, der Zehntausende von Jugendlichen das Leben kostete.

Beide Verhaltensmuster waren, wie betont, Extrempole einer breiten Skala von Erziehungsresultaten. Zwischen ihnen lag beispielsweise die spontane Hilfsbereitschaft von Lucia K., ihre Betroffenheit über die «Volksgenossen», die Flüchtlingen nur notgedrungen halfen, mit der keineswegs eine Oppositionshaltung verbunden war. Die Vorstellung von einer «Generation im Gleichschritt» ist ein Trugbild, das NS-Propagandafotos für die Wirklichkeit nimmt. Kindheit und Jugend waren auch im Faschismus nicht vom Regime total erfaßt, sie waren Kindheit und Jugend mit Pubertätsproblemen, Pickeln, heimlichem Onanieren und Rauchen, erstem Liebeskummer. Die zwölf Jahre des «Tausendjährigen Reiches» bildeten keine einheitliche Sozialisationsgrundlage. Wer 1933 schon sechs Jahre eine Sammelschule besucht hatte, erlebte sie anders als diejenigen, die erst 1934 eingeschult wurden; wer bis 1936 in der Hitler-Jugend war, konnte an einem attraktiveren Verbandsleben teilnehmen als der «Pimpf» oder das «Jungmädel», die die Hitler-Jugend in der Kriegszeit nur als staatliche Zwangsorganisation erlebten. Alter, Erfahrungshintergrund, Elternhaus, politische, kulturelle oder religiöse Traditionen, die jeweiligen Schulverhältnisse und andere Faktoren variierten in einem solchen Maße, daß von einem einzigen generationstypischen allgemeinen Erziehungsresultat nicht gesprochen werden kann. In den Jugend- und Kindheitserfahrungen sind Momente der Zustimmung und Ablehnung nicht eindeutig voneinander zu trennen. Wie für den Alltag nicht das Schwarz-Weiß, sondern eher das Grau-in-Grau, nicht die totale Begeisterung, sondern eher der Rückzug in das Privatleben, in dem man sich einrichtete (und aus dessen Perspektive man über den faschistischen Terror hinwegsah), bezeichnend war, so bildeten Schulzeit, Kindheit und Jugend keinen einheitlichen Prozeß, das Schülerleben war keineswegs für alle ein, wie der zweite Reichsjugendführer Axmann es sich wünschte, «Weg zum Führer».

Wenn auch dem nationalsozialistischen Erziehungssystem keine exklusiven Wirkungen auf die Entwicklung der Kinder und Jugendlichen zugeschrieben werden können, wenn zwar nicht von einem einheitlichen Erziehungs*resultat* ausgegangen werden kann, so gab es doch generationsspezifische Er-

fahrungen. Zum Erfahrungsrepertoire der NS-Zeit gehörte, daß
- Gewalt «legitim»,
- der Krieg «normal» war,
- das (Faust-)«Recht» des Stärkeren zählte,
- man hart gegen sich und andere zu sein habe.

Erlebt wurde, daß
- Kommunikation in den Strukturen von Befehl und Gehorsam verlief,
- Haltung wichtiger war als Einsicht,
- Nachfragen und Kritisieren verboten war,
- fremde, ungewohnte kulturelle Muster («Neger»musik, «entartete» Kunst, «hier geht es zu wie in einer Judenschule») abgewertet und verächtlich gemacht wurden.

Eine eher unterschätzte Zahl Jugendlicher stand dem NS-System zwar ablehnend gegenüber, doch eine öffentliche Diskussion abweichender Auffassungen war nicht möglich. Andere als die herrschenden Ansichten konnten daher nicht für die gesamte Jugendgeneration zur (Denk-)Erfahrung werden. Im Bewußtsein der meisten Jugendlichen, die sich nicht völlig mit dem System identifizierten, blieben Momente der Kritik und der Zustimmung nebeneinander bestehen. Angesichts der systematischen Zerstörung gesellschaftlicher Zusammenhänge und Verantwortlichkeiten, der Auflösung kultureller Lebenswelten, die zu einer Verarmung des individuellen Handlungsraums führte, stand der einzelne Schüler beim Bemühen um Einsicht vor einer schwierigen Aufgabe. Die von den meisten Erwachsenen als *die* Lebenspraxis vorgelebte Beschränkung des Wahrnehmungshorizontes auf die Organisation des alltäglichen Privatlebens erschwerte es zudem ungemein, gegen die herrschenden eigene Denk- und Handlungsmuster zu entwickeln.

Nachhaltiges Resultat war die Verdrängung bzw. ein Mangel an Erfahrungen
- im Umgang mit konkurrierenden Deutungsmustern,
- mit experimentellen Lösungsversuchen für gesellschaftliche Probleme,
- mit dem legitimen Ausprobieren unterschiedlicher Verhaltensweisen (und nicht auf autoritäre Stützidentitäten zurückzugreifen),
- mit der «Buntheit» von Lebensentwürfen umzugehen (statt sich auf hilflose Widerspruchsabwehr – «jetzt wird es mir aber zu bunt» – zurückzuziehen).

Diese Erfahrungsdefizite führten nicht zu einheitlichen Haltungen, sondern wurden abhängig von den jeweiligen schichtspezifischen kulturellen Lebenszusammenhängen und anderer Faktoren unterschiedlich verarbeitet. Gleichwohl wirkten sie in einem solchen Maße nach dem Ende des Faschismus fort, daß beispielsweise nach 1945 ein Slogan wie «keine Experimente» großen Zuspruch erfuhr, daß es selbst noch 1969 als Fortschritt gewertet werden mußte, als ein – jahrelang wegen seines antifaschistischen Engagements angefeindeter – Bundeskanzler aufforderte, in der Bundesrepublik «mehr Demokratie zu *wagen*».

Übersicht: Schule in den letzten Kriegsmonaten (1945)

Januar
Einberufung nach vier bis fünf Jahren höherer Schule.

März
20.3. Hitler dekoriert im Garten der Reichskanzlei zwanzig Jungen (darunter Zwölfjährige), die sich im «Kampf ausgezeichnet» haben, mit dem Eisernen Kreuz: Die Jugend soll erneut für den Abwehrkampf mobilisiert werden. 5000 HJ-Jungen, zum Teil noch im «Pimpfen»-Alter, stehen in Berlin offiziell unter Waffen.

April
Schließung aller noch vorhandenen Schulen Berlins.

Juni
11.6. Der neugebildete Berliner Magistrat erläßt «vorläufige Richtlinien für die Wiedereröffnung des Schulwesens».

Vorläufige Richtlinien für die Wiedereröffnung des Schulwesens

1. Der Magistrat der Stadt Berlin ist nach den Weisungen der Besatzungsbehörde die einzige gesetzgebende Körperschaft für die Organisierung, Verwaltung und Leitung des gesamten Schulwesens der Stadt Berlin. Die Stadtverwaltung stellt augenblicklich die höchste deutsche Behörde im Bereich von Berlin dar. Für das Bestehen aller übrigen Reichs- und Landesbehörden ist keine Rechtsgrundlage mehr vorhanden. Alle Rechts- und Aufsichtsbefugnisse der bisherigen staatlichen Schulverwaltung sind auf den Magistrat der Stadt Berlin übergegangen.

2. Die Naziherrschaft hat das gesamte Schulwesen von der Hilfsschule bis zur Universität völlig in den Dienst der faschistischen Parteipolitik, der Kriegsvorbereitung, des Rassenhasses und der chauvinistischen Verhetzung gestellt. Sofort nach dem Machtantritt Hitlers wurden alle fortschrittlichen, freiheitlichen Lehrer aus den Schulen gemaßregelt, z. T. in Zuchthäusern und Konzentrationslagern zugrunde gerichtet. Ein anderer Teil der Lehrer verließ, um der geistigen Folterung durch den Nazismus zu entgehen, freiwillig die Schulen. Das gesamte Lehrmaterial wurde mit dem Ungeist der faschistischen Rassen- und Kriegshetze, Geschichtsfälschungen und Entstellungen unumstrittener wissenschaftlicher Forschungsergebnisse durchsetzt. Dazu kam militärischer Drill und die von der Hitler-Jugend gezüchtete Mißachtung alles wirklichen Wissens, das nur durch ernstes Studium erworben wird. Zu diesem tiefen geistigen und moralischen Verfall des deutschen Schulwesens kam durch die 5½ Jahre Krieg noch die Zerstörung der materiellen Grundlage hinzu, der Schulgebäude, ihrer Einrichtungen und des Lehrmaterials.

3. Angesichts dieser Lage kann von einer sofortigen Aufnahme eines geregelten Schulbetriebes in Berlin nicht die Rede sein. Jede Überstürzung kann sich direkt schädlich auswirken, zu einer Begünstigung weiterer faschistischer Verseuchung der Jugend und des verbrecherischen Treibens fanatischer Nazilehrer und Hitler-Jugend-Führer beitragen, die unmündigen Kinder für ihre feigen Anschläge und Brandstiftungen mißbrauchen.

4. Zugleich muß der weiteren Verwahrlosung der Kinder Einhalt geboten werden. Sie müssen von der Straße weg und unter den erzieherischen Einfluß antifaschistischer Lehrkräfte gebracht werden.

Zu diesem Zweck sind folgende Maßnahmen notwendig:

A. Volksschulen

a) Es sind sofort alle unter der Naziherrschaft gemaßregelten Lehrer festzustellen und nach Überprüfung ihrer weiteren Haltung heranzuziehen.

b) Alle aktiven Mitglieder der Nazipartei, SS, SA, NSKK und der Frauenschaft sind sofort aus jeder Tätigkeit an den Schulen zu entfernen. Zu dem Zwecke sind durch jede Lehrkraft Fragebogen nebst einem kurzen Lebenslauf einzureichen. Das gleiche gilt für Lehrkräfte, die sich in Wort, Schrift und Handlungen besonders in nationalsozialistisch-militaristischem Sinne hervorgetan haben. Indessen können solche Lehrkräfte, die charakterlich einwandfrei sind und deren bisheriges dienstliches und außerdienstliches Verhalten dafür bürgt, daß sie sich ohne Vorbehalt auf die Ziele des neuen Staates umstellen, wieder eingestellt werden. Entsprechende Anträge sind an das zentrale Schulamt durch die Bezirksschulämter nebst einer stichhaltigen Begründung zu richten. Evtl. sind Bürgen namhaft zu machen. Ein strenger Maßstab ist anzulegen. Schüler der bisherigen Lehrerbildungsanstalten sind nach deren Auflösung grundsätzlich von einer weiteren Ausbildung und Einstellung als Lehrer ausgeschlossen. Die Entscheidung in obigen Angelegenheiten liegt beim zentralen Schulamt der Stadt Berlin.

c) Das nach dieser Sichtung verbleibende Lehrer- und das übrige Schulpersonal bedarf ebenfalls der Überprüfung nach seiner Haltung gegenüber dem Hitlersystem.

d) Registrierung sämtlicher Kinder in den Schulen. Bei dieser Gelegenheit muß auch festgestellt werden, welche Kinder aktive Jungvolkführer waren, nicht um sie darunter leiden zu lassen, sondern um sie stillschweigend beobachten und überwachen zu können.

e) Heranziehung geeigneter Antifaschisten ohne pädagogische Vorbildung als Hilfslehrer, die teils gemeinsam mit erfahrenen alten Lehrern tätig sein werden, teils durch besondere Kurse für ihre neuen Aufgaben geschult werden.

Die Vorarbeiten sind auch für die Erfassung eines *vorläufigen* Schulbetriebes notwendig. Wo Schulen ohne diese vorbereitenden Maßnahmen eröffnet wurden, sind diese sofort nachzuholen.

5. Der vorläufige Schulbetrieb in den Volksschulen soll umfassen:

a) Einsatz der Lehrer, des Verwaltungspersonals und der älteren Kinder zu Aufräumungs- und Instandsetzungsarbeiten an Schulgebäuden, Schulhöfen und -gärten zur Sicherung des vorhandenen Lehrmaterials, Einziehung der alten Lehrbücher zur Entfernung aller faschistischen Bilder und Embleme. Dafür muß die Arbeitsfreude der Kinder geweckt werden; zugleich muß den Kinder dabei der erste Aufklärungsunterricht erteilt werden. (Schuld an diesen Ruinen und Zerstörungen ist Hitler!) Darüber lassen sich auch sehr gut Aufsätze und Diktate schreiben.

b) Beschäftigung der Kinder mit Gartenarbeiten, Einrichtung von Gartenarbeitsschulen. Auch das verbinden mit Aufklärungsarbeit. Die Kinder können sehr gut Propagandisten des Gedankens werden, daß zur Sicherung der Ernährung die Bebauung jedes Fleckchens brauchbarer Erde notwendig ist.

c) Regelmäßige Spiele, besonders für die Jüngeren, und Sportübungen, Wanderungen, auch Besichtigungen besonders wichtiger zerstörter Gebäude und Anlagen, um den Kinder durch entsprechende Erläuterungen Hitlers Verbrechen bewußt zu machen.

Vorführungen von russischen Kinderfilmen, einwandfreien Lehrfilmen (für die noch eine Liste empfehlenswerter Lehrfilme und Bildserien herausgegeben wird), Einführung eines Kinderfunks beim Berliner Sender.

d) Unterricht in den Grundfächern (Lesen, Rechnen, Schreiben) ohne Lehrbücher. Für das Lesen dürfen vorläufig außer den Werken der Klassiker der deutschen Literatur nur die Zeitungen, die seit dem Zusammenbruch des Hitlersystems erscheinen, verwendet werden.

e) Der Lehrkörper zusammen mit Vertretern der Bezirksvolksbildungsabteilungen werden möglichst nach den ersten Wochen des provisorischen Unterrichts Beratungen mit antifaschistischen *Eltern* über ihre Erfahrungen durchführen.

6. Um die Erfahrungen dieser ersten Arbeiten zu sammeln und zu verarbeiten, hat die Volksbildungsabteilung in den Bezirken Lehrer*beratungen* durchzuführen. Sie haben zugleich durch Vorlesung und Vorträge der antifaschistischen Orientierung der Lehrer zu dienen. (Den Themenplan für die Vorträge hat die Volksbildungsabteilung auszuarbeiten.)

7. Die Volksbildungsabteilung hat sofort Richtlinien für den künftigen Unterricht in folgenden Fächern auszuarbeiten: Deutsch, Geschichte, Geographie, Völkerkunde und Biologie. Hand in Hand muß die Vorbereitung neuer Lehrbücher gehen, die vorerst als Lesebogen erscheinen können, um später zu Lehrbüchern zusammengeheftet zu werden.

8. Allen Eltern steht es frei, ihren Kindern Religionsunterricht erteilen zu lassen. Er ist als zusätzliche oder Eckstunde von den von den Kirchengemeinschaften damit beauftragten Geistlichen oder Lehrern zu erteilen.

9. Beim zentralen Magistrat der Stadt Berlin ist die Abteilung für Volksbildung eingerichtet. Als Unterabteilung besteht das Schulamt der Stadt Berlin. Um eine Einheitlichkeit in der Gesamtverwaltung zu gewährleisten, wird gebeten, den gleichen Aufbau auch bei den Bezirksverwaltungen durchzuführen. Also: Bezirksamt 7, Abt. Volksbildung, Schulamt.

Berlin, den 11. Juni 1945

Der Magistrat der Stadt Berlin
Abt. für Volksbildung
Schulamt
Schulze

(Verordnungsblatt der Stadt Berlin, Nr. 3, 25. Juli 1945)

Rolf Nemitz

Was man von der Volksschule im Nationalsozialismus über die «normale Schule» lernen könnte

Die Fragestellung: Schule, Politik, Wissen

Die Volksschule im Nationalsozialismus und die «normale Schule»

Wie wir die Schule im Nationalsozialismus begreifen, hängt davon ab, welches Bild wir von der Schule im allgemeinen haben. Denn offenbar ist es unmöglich, die Veränderungen im Schulwesen zu analysieren, ohne sie auf einen anderen Zustand zu beziehen: auf die «gewöhnliche», die «normale» Schule in einer parlamentarischen Demokratie. Aber was ist das für ein Normalzustand? Wir stehen in Gefahr, ihn zu verherrlichen, wenn wir uns mit der Nazischule befassen: im Vergleich dazu erscheint die «gewöhnliche» Schule immer in sehr günstigem Licht. Die Frage ist also, wie können wir unsere Kritikfähigkeit gegenüber dem heutigen Schulwesen beibehalten, wenn wir über die Schule im Nationalsozialismus sprechen? Beim Versuch, dieses Problem zu lösen, finden wir uns sogleich in eine entgegengesetzte Schwierigkeit verwikkelt: jetzt besteht die Gefahr darin, keinen Unterschied mehr machen zu können und die Schule in der parlamentarischen Demokratie und die im Nazideutschland für eins zu erklären. Wenn wir die Schule im Nationalsozialismus untersuchen, muß also auch unser «Hintergrundverständnis» der nichtnationalsozialistischen Schule diskutiert werden. Und wenn wir in der Erkenntnis der Nazirealität vorankommen wollen, so liegt meines Erachtens die Hauptaufgabe gegenwärtig darin, diesen Hintergrund nach vorne zu holen. Ich werde im folgenden deswegen nicht direkt der Frage nachgehen: *Was ist die Volksschule im Nationalsozialismus?* Ich habe diese Frage vielmehr ersetzt durch eine andere:

- *Welche Anstöße gibt uns die Volksschule im Nationalsozialismus für die Entwicklung einer allgemeinen Theorie der Schule?*

Eine solche Formulierung hat, so «theoretisch» sie klingt, einen ganz praktisch-politischen Sinn. Sie enthält nämlich die stillschweigende Voraussetzung, daß ein Maßstab für die Qualität einer Schultheorie ihre Fähigkeit ist, den Faschismus mit zu begreifen. Er darf nicht als etwas völlig anderes, von außen Kommendes erscheinen, das der Schule prinzipiell fremd ist. Denn wenn wir uns die Sache so zurechtlegen würden, dann würde uns die Schultheorie niemals in die Lage versetzen, schon im «normalen» Schulgeschehen faschistische Tendenzen – falls es sie gibt – aufzuspüren. Und das freilich scheint mir das wichtigste zu sein, wenn wir uns mit der Schule im Nationalsozialismus befassen: wir haben die Chance, aus solcher Beschäftigung zu lernen, unseren heutigen Schulalltag in einer *antifaschistischen Perspektive* zu betrachten. Das Bild, das wir uns von unserer Schule machen, müßte dafür so beschaffen sein, daß es frühzeitig auf die Strukturen und Elemente aufmerksam macht, die für die Schule im Nationalsozialismus bestimmend wurden. Wir könnten lernen, einen neuen Blick auf die Schule zu werfen; anders als wir es vielleicht gewohnt sind und anders als Pädagogik, Geschichte der Erziehung und Schulsoziologie es uns im allgemeinen vermittelt haben.

Zerstörung von Pädagogik durch Politik?

So viel auch bisher über Schule und Erziehung im Nationalsozialismus geschrieben worden ist – Versuche zur Entwicklung einer Theorie der Schule im Nationalsozialismus gibt es nur wenige. Für die wichtigsten Versuche in dieser Richtung halte ich zwei Arbeiten: das Buch von Elke Nyssen «Schule im Nationalsozialismus», und die Arbeit «Nationalsozialistische Machtausübung im Erziehungsfeld und ihre Wirkungen auf die junge Generation», die Harald Scholtz für die Fernuniversität Hagen 1981 geschrieben hat. Scholtz' Untersuchung ist außergewöhnlich als Versuch, historische Beschreibung zu verbinden mit dem Begreifen der Wirkungsweise des Nazismus, und sie enthält eine Fülle von Einsichten in den Zusammenhang von Schule und Nationalsozialismus. Die Schwäche dieser Arbeit betrifft meines Erachtens die Rahmenkonstruktion, das allgemeine Licht, in das alle Einzelheiten getaucht werden. Scholtz' Grundgedanke, auf dem die meisten Argumentationen aufruhen, ist der *Gegensatz von Pädagogik und Politik*. Pädagogik, Erziehung ist für Scholtz etwas «Unverfügbares», also der Politik fremd Gegenüberstehendes. Die Nazis führten seiner Meinung nach das Erziehungssystem in die größte Krise in der deutschen Geschichte, weil sie – diese Unverfügbarkeit ignorierend – ein Primat der Politik über die Pädagogik errichteten. Es geht mir in diesem Zusammenhang nicht um den *Inhalt* dieser These, sondern um die *Bauweise der Theorie*. Sie basiert auf der Annahme, daß Politik und Pädagogik zwei getrennte Realitätsbereiche sind, die miteinander wie zwei Staaten in Beziehung stehen: Sie unterhalten Außenbeziehungen, die im Normalfall immer wieder zu Spannungen führen können, die aber im Fall des

Nazismus zur Eroberung und damit zur teilweisen Zerstörung des Reichs der Pädagogik durch das Reich der Politik geführt haben. Die Probleme einer solchen Darstellungsweise bestehen meines Erachtens darin, daß damit Erziehung als etwas prinzipiell Unpolitisches erscheint. Ich werde in diesem Beitrag dagegen die These zu begründen versuchen, daß das Politische kein eigener *Bereich* gegenüber dem Bereich des Pädagogischen ist, sondern eine bestimmte *Dimension* des Pädagogischen. Die Volksschule im Nationalsozialismus ist also nicht durch *mehr* Politik beeinflußt gewesen als vorher, sie war auch vorher «politisch», die *Form des Politischen* in diesem Bereich veränderte sich jedoch.

Die praktische Bedeutung dieser noch sehr abstrakt formulierten These wird klarer werden, wenn man die Frage nach der antifaschistischen Perspektive stellt. Geht man vom Gegensatz von Pädagogik und Politik aus, dann ist der wirksamste Stützpunkt im Erziehungsbereich gegen den Nazismus «das Pädagogische», und die wirksamste antifaschistische Strategie die Verteidigung des Pädagogischen gegen das Politische. Aus meiner These würde hingegen folgen, daß auch das scheinbar rein pädagogische Verhalten leicht vom Nazismus vereinnahmt werden konnte und daß es deshalb notwendig ist, die politischen Dimensionen des Pädagogischen ans Licht zu holen und politische Alternativen im Bereich der Erziehung zu entwickeln. Dies wird aber nur dann sinnvoll, wenn wir uns darüber im klaren sind, was wir mit «Pädagogik» und «Politik» meinen bzw. mit dem «Pädagogischen» und dem «Politischen». Meine erste Hauptthese, die ich in diesem Beitrag entwickeln möchte, lautet:

- *Der erste Anstoß, den uns die Volksschule im Nationalsozialismus für die Entwicklung einer allgemeinen Theorie der Schule gibt, besteht darin, das Verhältnis von Pädagogik und Politik zu klären. Hierbei müssen wir mit der Vorstellung brechen, Pädagogik und Politik seien zwei getrennte Bereiche. Wir müssen Politik als eine Dimension pädagogischer Prozesse begreifen.*

Ideologie auf Kosten von Wissen?

In Nyssens Untersuchung steht ein anderes Begriffspaar im Zentrum. Sie nimmt an, daß die Schule durch verschiedene Funktionen charakterisiert werden kann. Zu den wichtigsten gehören die Funktionen der *Qualifizierung* und der *Integration.* Unter Qualifizierung versteht sie die Vermittlung von Fertigkeiten und Kenntnissen, die zur Ausübung von Arbeit und zur Teilhabe am gesellschaftlichen Leben erforderlich sind. Integration soll bedeuten die Reproduktion von Normen, Werten und Interpretationsmustern zur Sicherung von Herrschaftsverhältnissen. Für die Schule im Nationalsozialismus sei entscheidend der Gegensatz zwischen diesen beiden Funktionen. Die Entwicklung von Qualifikationen könne die Schüler in die Lage versetzen, gesellschaftliche Strukturen zu durchschauen, was die Integrationsfunktion von Schule gefährden könne. Im Nationalsozialismus habe man zunächst versucht, die Integrationsfunktion auf Kosten der Qualifikationsfunktion zu entwickeln; dies habe aber im Gegensatz zu den Anforderungen des Produktionssektors gestanden, so daß die Qualifizierungsfunktion kurz vor Beginn des Zweiten Weltkriegs wieder in den Vordergrund gerückt sei.

Auch hier will ich nicht auf den Inhalt, sondern auf die Bauweise dieser These eingehen. Sie setzt einen Gegensatz zwischen Integration und Qualifizierung voraus – aber mit welchem Recht? Gerade im Nazismus finden wir viele Beispiele, wie eine produktionsbezogene Qualifizierung verbunden werden kann mit der Integration in das System, etwa die von der Hitler-Jugend veranstalteten Berufswettkämpfe. Der Gegensatz Integration–Qualifizierung wird plausibel, wenn man ihn, wie Nyssen, als Ausdruck eines ihm selbst zugrunde liegenden Gegensatzes auffaßt: Hinter dem soziologischen Begriffspaar Qualifizierung–Integration steht ein «philosophisches»: Rationalität–Irrationalität. Der Schlußsatz ihrer Untersuchung lautet:

«Aus dem Widerstreit beider Funktionen, eine irrationalistische und äußerst inhumane Ideologie und gleichzeitig rationales Wissen und Fertigkeiten zu vermitteln, ergibt sich die spezifische Widersprüchlichkeit der Schule im Nationalsozialismus.» (S. 143)

Wie bei Scholtz «Pädagogik» und «Politik» «letzte Begriffe» sind – also Begriffe, mit denen gearbeitet wird, die aber selbst nicht Gegenstand der Untersuchung sind –, haben «Qualifizierung» (rationales Wissen, Fertigkeiten) und «Integration» (irrationale, inhumane Ideologie) bei Nyssen einen gewissermaßen axiomatischen Charakter. Und wieder bestreite ich, daß es sich hier um einen sinnvollen Gegensatz handelt. Meines Erachtens ist sogenanntes rationales Wissen mit einer sogenannten irrationalen Ideologie durchaus vereinbar. Ich werde die These zu entwickeln versuchen, daß das «Wissen» selbst eine Integrationsfunktion haben kann, eine Form ideologischer Vergesellschaftung sein kann, und daß die Kritik der Nazis am «Wissen» nicht nur seiner «rationalen» Seite galt, sondern hauptsächlich seiner ideologischen, integrativen Seite: an die Stelle einer Form ideologischer gesellschaftlicher Integration über «Wissen» setzten sie eine andere Form gesellschaftlicher Integration, die sie selbst als Verhältnis von «Führer», «Gefolgschaft» und «Ausmerze» bezeichneten. Meine zweite Hauptthese lautet also:

- *Der zweite Anstoß, den uns die Volksschule im Nationalsozialismus für die Entwicklung einer allgemeinen Theorie der Schule gibt, besteht darin, das Verhältnis von Qualifikation (bzw. Wissen) zu Integration (bzw. Ideologie) zu klären. Hierbei müssen wir mit der Vorstellung brechen, daß Qualifikation (bzw. Wissen) im Gegensatz zu Integration (bzw. Ideologie) steht. Wir müssen vielmehr «Wissen» als eine Form von Integration (bzw. ideologischer Vergesellschaftung) begreifen, die mit anderen Integrationsformen konkurriert.*

Die folgenden Überlegungen gliedern sich in zwei Teile. Im ersten wird die Stellung der Schule in der Gesellschaft insgesamt untersucht, als Voraussetzung, um das Verhältnis von Pädagogik und Politik genauer bestimmen zu können. Der zweite Teil beschäftigt sich mit der internen Schulstruktur und den Mechanismen, die die Einordnung in ein Herrschaftssystem bewirken. Ziele dieses Teils ist es, mehr Klarheit über das Verhältnis von Wissen (Qualifikationen) und Ideologie (Integration) zu gewinnen. Im ersten Teil will ich zunächst zu zeigen versuchen, daß wir bedeutsame Vorgänge im Nationalsozialismus erfassen können, wenn wir zwei Funktionen der Schule unterscheiden: ihren Beitrag zur Reproduktion eines Herrschaftssystems und ihren Beitrag zur Reproduktion eines Systems von Bereichen. Anschließend behandle ich die Frage, wie man den Bereich der Schule selbst bestimmen kann. Meine These ist hier, daß wir den Bereich der Schule nur bestimmen können durch die Kompetenzabgrenzungen zu anderen Bereichen.

Schulfunktionen – Zum Verhältnis von Schule und Politik

Der Beitrag der Schule zur Reproduktion einer Struktur von Herrschaftsverhältnissen

Es ist offenkundig, daß uns viele Vorgänge um die Schule im Nationalsozialismus entgehen würden, wenn wir ihren Beitrag zur Reproduktion von Herrschaft auf die *Klassenfrage* beschränken würden. Gewiß gibt dies einen entscheidenden Aspekt für die Analyse ab; aber das Erstaunliche ist hier am ehesten der «konservative» Charakter der nationalsozialistischen Schule. Der wichtigste schulische Mechanismus zur Reproduktion der Klassenverhältnisse wird weitgehend beibehalten: die Dreigliedrigkeit des Schulsystems. Auffälliger sind die Maßnahmen der Nazis im Hinblick auf den Beitrag der Schule zur Reproduktion eines anderen Herrschaftsverhältnisses: des *Geschlechterverhältnisses.* Die Ansätze zur Koedukation werden beseitigt, spezielle Frauenfächer werden verstärkt, ein Frauenbild, das die Frau auf die Familie festlegt, gewinnt die Oberhand gegenüber konkurrierenden Orientierungen. Aber auch diese Eingriffe nehmen sich relativ bescheiden aus, wenn man sie mit dem *rassistischen* Aspekt der Nazi-Schulpolitik vergleicht: der Weg führt von der Absonderung und Markierung jüdischer Mitschüler bis zu ihrer Verweisung aus dem staatlichen Schulsystem und und zum Verbot jüdischer Schulen. Wir werden diesen Vorgängen offenbar nur gerecht, wenn wir in Rechnung stellen, daß die Schule nicht ein bestimmtes Herrschaftsverhältnis reproduziert, sondern ein ganzes Bündel verschiedenartiger Herrschaftsverhältnisse: die Klassenunterdrückung, die Frauenunterdrückung, die Rassenunterdrückung. Daß der schulische Rassismus keineswegs eine exotische Angelegenheit des Nationalsozialismus ist, wird einem schnell klar, wenn man an die Kinder ausländischer Arbeitskräfte an unseren Schulen denkt. Ein solches Bündel verschiedener Herrschaftsverhältnisse nenne ich hier eine *«Struktur» von Herrschaftsverhältnissen.* Mit «Struktur» soll darauf verwiesen werden, daß die verschiedenen Unterdrückungsformen in einem Zusammenhang stehen, sich gegenseitig stützen oder blockieren. Wie das im einzelnen geschieht, ist weitgehend ein offenes Forschungsproblem; der Begriff «Struktur» ist in diesem Beitrag also ein uneingelöstes Versprechen, eine Suchfrage für weitere Analysen.

Haben wir mit der Formel Klassenunterdrückung/Sexismus/Rassismus wenigstens eine vollständige Liste der verschiedenen Herrschaftsformen? Offenbar nicht. Denn wie will man hier einordnen, wenn etwa die Macht der Lehrer gegenüber den Schülern durch Wiedereinführung der Prügelstrafe gestärkt wird? Diese wiedererworbene Gewaltkompetenz richtet sich gegen Kinder von Arbeitern und von Unternehmern, gegen Jungen und Mädchen, gegen Juden und «Arier» gleichermaßen. Es ist eine Gewalt von Lehrern gegen Schüler im allgemeinen. Das Problem ist, wie wir dieses Herrschaftsverhältnis zu begreifen haben. Die Natur dieses besonderen Herrschaftsverhältnisses wird klar, wenn wir die Frage beantworten, woher diese Macht der Lehrer über die Schüler kommt und was passieren würde, wenn die Schüler anfingen zurückzuschlagen: Es ist der Staat, der dem Lehrer die Kompetenz gibt, in seiner Eigenschaft als Staatsbeamter die jugendlichen Untertanen zu prügeln, wenn sie ungehorsam gewesen sind. Die gesamte Herrschaftsstruktur, zu deren Reproduktion die Schule im Nationalsozialismus einen Beitrag leistet, besteht also mindestens aus folgenden Herrschaftsverhältnissen:

- Klassenunterdrückung,
- Frauenunterdrückung,
- Rassenunterdrückung,
- Unterdrückung von Untertanen durch den Staat.

Nun erhielte man ein völlig falsches Bild von der Schule, wenn man sie einseitig als eine Unterdrückungsinstanz darstellen würde. Wie wir wissen, ist die Geschichte des Bildungswesens zugleich bestimmt durch die Versuche unterdrückter Gruppen, die Bildungsinstitutionen zu ihrer Befreiung zu nutzen. Das gilt für die Arbeiterbewegung – die von Anfang an auch eine Bildungsbewegung gewesen ist –, aber nicht weniger für die Frauenbewegung, die sich ja um die Forderungen nach Gleichberechtigung im Beruf und im Bildungsbereich formiert hat. Wer die Geschichte des Judentums auch nur oberflächlich kennt, wird wissen, daß der Schulunterricht hier eine besondere Rolle spielte und daß Bildung für die Emanzipation der Juden von großer Bedeutung war. Und schließlich ließe sich eine Geschichte der Schule auch unter dem Gesichtspunkt schreiben, wie hier Untertanen versucht haben, mehr Kompetenz gegenüber dem Staat zu gewinnen: Lehrer gegenüber der Verwaltungsspitze, Eltern gegenüber den Schulautoritäten und nicht zuletzt Kinder und Jugendliche gegenüber den Lehrern. Wir müssen also noch eine andere Liste aufstellen: Die Schule ist ein Feld von Kämpfen, in ihnen geht es um

- Befreiung von Klassenherrschaft,
- Befreiung von Männerherrschaft,
- Befreiung von rassischer Unterdrückung,
- Befreiung von staatlicher Unterdrückung.

Dies heißt aber auch, daß wir den wirklichen Vorgängen nicht gerecht werden, wenn wir die Frage so stellen, ob die Schule ein Ort der Unterdrückung *oder* der Befreiung für Arbeiter, Frauen, Juden und andere unterdrückte Rassen, Untertanen ist. Eine bestimmte Schulstruktur – etwa die der Weimarer Republik, wie die Nazis sie vorfanden – kann vielmehr zugleich eine Form von Befreiung *und* Unterdrückung sein – und das gilt bis heute. Unsere heutige Schulstruktur enthält zugleich Züge der Unterdrückung *und* der Befreiung von Arbeitern, Frauen, Türkenkindern usw.

Die Nazis greifen also nicht in ein bestimmtes Herrschaftsverhältnis ein, sondern in ein ganzes System von verschiedenen Herrschaftsverhältnissen, und diese verschiedenen Verhältnisse sind zugleich Formen von Unterdrückung und Befreiung. Es ist nun zu beobachten, daß die Nazis keineswegs überall einfach den Aspekt der Herrschaft verstärkten, also nicht einfach in allen diesen Herrschaftsverhältnissen diejenigen Strukturen abschafften, die der Befreiung der verschiedenen Gruppen dienlich sein konnten. Wie könnte man sonst den Ausbau des Systems beruflicher Bildung erklären? Wie die Stärkung der Macht von Schülern, soweit sie der Hitler-Jugend angehörten, gegen die Lehrer? Gewiß sind diese Prozesse nicht einfach «Befreiung», ja sie mögen sogar insgesamt die Unterdrückung verstärken. Aber dennoch gibt es hier einen bestimmten Kompetenzzuwachs. Es ist eine Art Befreiung in die Unterdrückung hinein. Ich werde dieses Phänomen im folgenden noch genauer untersuchen. An dieser Stelle ist zunächst nur soviel festzuhalten, daß wir uns «Befreiung» und «Unterdrückung» nicht in der Art eines Nullsummenspiels zu denken haben, wo jedes Mehr an Befreiung ein Weniger an Unterdrückung ergibt und umgekehrt. Wie wir genau das Verhältnis von Befreiung–Kompetenzzuwachs und Unterdrückung–Kompetenzentzug zu denken haben, ist vielmehr eine der wichtigsten Fragen für die Analyse der Schule im Nationalsozialismus.

Der Beitrag der Schule zur Reproduktion einer Struktur von Bereichen

Eine gängige Vorstellung von der Funktion der Schule sieht ungefähr so aus: Die Schule stellt vor allem Qualifikationen her, die im Produktionsbereich benötigt werden; außerdem vermittelt sie noch Züge einer allgemeinen Bildung, die für das gesellschaftliche Leben insgesamt brauchbar sein können. Wer die Vorgänge um die Schule im Nationalsozialismus betrachtet, wird feststellen, daß diese Vorstellung am Kern vorbeigeht. Gewissermaßen mit bloßem Auge läßt sich beobachten, daß zwei Funktionen der Schule verstärkt werden: die Vorbereitung der Jungen auf den Krieg und der Mädchen auf den Krieg (als Sanitäterinnen z. B.) und auf die Familie. Wenn wir die Schule ausschließlich auf die Produktion beziehen und ihren sonstigen Bezug zu anderen gesellschaftlichen Bereichen zu einem diffusen «gesellschaftlichen Leben» verflüchtigen, wird uns die ungeheure Bedeutung von Militär und Familie für die Schule auf ewig verschlossen bleiben. So wie wir in der Frage der Herrschaftsverhältnisse von vornherein von einem ganzen Bündel (einer «Struktur») von Herrschaftsverhältnissen ausgehen müssen, müssen wir auch beim Bezug der Schule auf andere gesellschaftliche Bereiche von einem Ensemble verschiedener Bereiche ausgehen. Die Schule leistet einen Beitrag zur Reproduktion mindestens folgender Bereiche: Ökonomie, Militär und Familie. Diese Bereiche sind von den verschiedenen Herrschaftsverhältnissen wohl zu unterscheiden. Im Militär beispielsweise finden wir – genau wie im Schulbereich – sämtliche Herrschaftsverhältnisse auf einmal: die Reproduktion von Klassenverhältnissen (etwa durch den privilegierten Zugang bestimmter sozialer Klassen zu höheren Offiziersstellen), Frauenunterdrückung (beispielsweise in Form eines Systems geschlechtlicher Arbeitsteilung: Frauen als Sanitäterinnen, Luftschutzhelferinnen), des Rassismus in allen seinen Formen sowie, allzu offensichtlich, die Unterdrückung von Untertanen durch Staatsbeamte. Kann man die Konzentration vieler Schultheorien auf das Verhältnis zwischen Schule und Ökonomie vielleicht damit erklären, daß dies die «normale» Beziehung darstellt, und daß erst die Nazis die Beziehung zu Militär und Familie in den Vordergrund gestellt haben? Daß diese Annahme für die Familie bis heute falsch ist – daß die Schule also nach wie vor einen massiven Beitrag zur Reproduktion des Bereichs «Familie» leistet –, sieht man schon, wenn man ein normales Grundschullesebuch aufschlägt, in dem die Bilder aus dem Leben einer idealen Mittelstandsfamilie bestimmend sind. Der Beitrag der Schule zur Reproduktion der Familie ist besonders eng mit der sexistischen Dimension der Schulstruktur verflochten; und da diese Seite des Schullebens von der Frauenbewegung zunehmend ans Licht geholt wird, schenke ich mir hier weitere Argumente.

Weniger leicht läßt sich die Frage nach dem Verhältnis von Schule und Militär beantworten, zumal es hierüber so gut wie keine historische Forschung gibt. Man würde es sich auch zu leicht machen, wenn man die Frage «militärischer Inhalte» in den Vordergrund stellte (die sich hinreichend finden lassen). Für gewichtiger halte ich das Problem, wie die Wechselbeziehung zwischen dem Militär und der Schule als Institution insgesamt im Laufe der Schulgeschichte ausgesehen haben. Meine These ist die, daß wir kaum ein Stück Schulgeschichte verstehen können, wenn wir die Beziehung zum Militär ausklammern. Da hier nicht der Platz ist, dies näher auszuführen, nur vier Hinweise:

- Die Geschichte der Schuldisziplin steht in engem Zusammenhang mit der Entwicklung militärischer Disziplin (ein gemeinsamer Ursprung sind die neustoisch inspirierten oranischen Heeresreformen).
- Die Geschichte des preußischen Gymnasiums ist eng verflochten mit der Geschichte des preußischen Militärstaates. (Daran erinnert heute noch das «Einjährige», ursprünglich die Ermäßigung der militärischen Dienstzeit bei bestimmtem Schulabschluß.)
- Die Entwicklung der Naturwissenschaften an den Schulen ist nicht nur durch die Anforderungen der Ökonomie, sondern auch durch die des Militärs bestimmt; das Militär als Apparat zur Entwicklung von Destruktivkräften ist – bis heute – von kaum zu überschätzender Bedeutung für die Entwicklung von Technik und Naturwissenschaften.
- Der Sportunterricht ist von seinem Ursprung her eine Art Zweigniederlassung des Militärs im Schulbetrieb.

Wenn wir also finden, daß in der Volksschule im Nationalsozialismus das Rechnen auf militärische Probleme bezogen wird, daß militärische Disziplinformen und Rituale (Flaggenehrung) eine Rolle spielen, daß der Sportunterricht militärische Züge hat und daß die Schulverweildauer entscheidend durch die Anforderungen des Militärs reguliert werden, dann ist das alles nichts Neues. Neu sind Verstärkungen, Umgewichtungen und ähnliches, nicht aber die Elemente selbst.

Der häufig anzutreffenden Reduktion schulischer Qualifikationen auf ihren Beitrag für die Ökonomie liegt ein vulgärmaterialistischer Fehlschluß zugrunde. Aus der (richtigen) Tatsache, daß alles gesellschaftliche Leben von der Produktion abhängig ist, wird der (falsche) Schluß gezogen, daß demnach jeder einzelne Bereich unmittelbar auf die Ökonomie bezogen ist. Tatsächlich gibt es wichtige Schulformen, die vor allem für den Staat ausbilden (das ist zum Beispiel eine wichtige Funktion des preußischen Gymnasiums gewesen) – wobei dieser Staat natürlich vom Mehrprodukt (in Form von Steuern und ähnlichen Abgaben) abhängig ist. Andererseits gibt es durchaus Schulformen mit unmittelbarem Bezug auf die Ökonomie. Aber das ist nicht die «eigentliche» Schulform, sondern eine besondere, eigens zu erklärende Form, die nicht einmal immer besonders überlebensfähig sein muß (vgl. Industrieschulen!).

In unserer Liste fehlt noch ein wichtiger Bereich, ohne den die Geschichte der Volksschule im Nationalsozialismus kaum zu verstehen wäre: die Kirche. Hintergrund ist hier die wechselnde Politik der Nazis gegenüber den beiden großen Kirchen. «Weltliche Schulen» werden abgeschafft, der Hitlergruß umrahmt Eingangs- und Ausgangsgebet und das Hitlerbild hängt nicht nur neben dem des Präsidenten Hindenburg, sondern in katholischen Schulen auch neben dem Kreuz. In Süddeutschland scheiterte der Versuch der Nazis, das Kreuz abzuhängen, am Widerstand der Eltern. Natürlich lernt man nicht beten, singen und was in der Bibel steht, um zu produzieren, und auch nicht für das gesellschaftliche Leben im allgemeinen. Sondern man lernt es, um ein qualifizierter Gläubiger zu werden, der an einem Gottesdienst teilnehmen kann und die Worte des Pfarrers bei Konfirmationen, Hochzeiten und Begräbnissen versteht. Die kirchliche Gemeindeschule, die den Schüler als «kirchenmündig» entläßt, gehört ja zu den wichtigsten Ursprüngen unseres Schulsystems, und bis heute haben die deutschen Schulen noch nicht alle Züge einer Qualifizierungsanstalt für «mündige Gläubige» restlos abgestreift.

Die wichtigsten Bereiche, die durch Vermittlung schulischer «Qualifikationen» reproduziert werden, sind demnach

- Ökonomie,
- Militär,
- Familie,
- Kirche.

Wir müssen die Schule im Nationalsozialismus von vornherein also in diesem Gesamtrahmen ansiedeln. Dabei ist keiner dieser Bereichsbezüge neu gegenüber der Weimarer Republik; Veränderungen vollziehen sich vielmehr in der Art, wie die Beziehung zu den verschiedenen Bereichen hergestellt wird, und im Verhältnis dieser verschiedenen Bereichsbezüge zueinander (wobei die Beziehungen zu sämtlichen vier Bereichen im Nationalsozialismus wiederum erheblichen Schwankungen unterliegen).

Die Schule – und auch die Volksschule im Nationalsozialismus – leistet also nicht nur Beiträge zur Reproduktion einzelner oder gar eines einzigen Bereichs, sondern sie trägt auch dazu bei, das *Verhältnis verschiedener Bereiche zueinander* zu reproduzieren (und zu transformieren). Wir müssen die Schule also in den Zusammenhang einer ganzen *Bereichsstruktur* stellen. Und wie der Zusammenhang zum System der verschiedenen Herrschaftsverhältnisse ist auch das Verhältnis der Schule zur Struktur der verschiedenen Bereiche eine offene Forschungsfrage. Ihre Beantwortung setzt eine Theorie der Gesellschaftsformation voraus (Gesellschaftsformation hier verstanden als bestimmte Anordnungen solcher Bereiche). Worauf ich im Rahmen dieses Beitrags nur aufmerksam machen kann, ist, daß wir viel zu kurz greifen, wenn wir uns einen oder einzelne Bereiche heraussuchen. Wir müssen – wenn wir vorankommen wollen beim Verständnis der Schule im Nationalsozialismus – nach ihrem Beitrag fragen zur Reproduktion einer Gesellschaftsformation. Die Stellung der Schule im Rahmen dieser Gesellschaftsformation ist insoweit durch die Ökonomie bestimmt, als die Ökonomie eine entscheidende Bedeutung für die *Gesamtstruktur* dieser Formation hat (insofern kann auch die «Entfernung» der Schule von der Ökonomie ökonomisch reguliert sein).

Die Definition des Bereichs «Schule» durch die Kompetenzabgrenzung zu anderen Bereichen

Ich habe bisher vorausgesetzt, daß der Begriff «Bereich» einen bestimmten Sinn besitzt: der Bereich der Ökonomie, des Militärs, der Familie, der Kirche, der Schule ... Aber was genau ist dieser Bereich Schule? Die Frage ist schwer zu vermitteln, weil es so selbstverständlich ist: Da ist zunächst das Schulgebäude, in das muß man hinein, dort nimmt man unter Kontrolle von Lehrern am Unterricht teil. Aber offenbar ist das Gebäude kein wesentlicher Bestandteil der Schule – zumindest im Nazismus finden wir eine Menge Schulunterricht außerhalb dieses Gebäudes, beispielsweise in der Erweiterten Kinderlandverschickung. Was eine «Schule» ist, scheint allgemein so selbstverständlich (und damit unklärbar) zu sein, daß es in den meisten Ländern auch keine Theorie der Schule gibt – die Bundesrepublik ist hier eine Ausnahme. Die wichtigsten Erklärungen sehen die Schule als einen Ort *institutionalisierten Lernens*. Aber ich fürchte, daß uns eine solche Art der Definition nicht viel weiterhilft. Auch eine Segelschule oder ein Karateinstitut ist ein Ort institutionalisierten Lernens. Oder, zum Nazismus zurückzukehren: auch die Hitler-Jugend ist ein Ort institutionalisierten Lernens. Hier lernt man beispielsweise Scheibenschießen, Segelfliegen, Orientierung im Gelände; man lernt Lieder singen (wie in der Schule), verschiedene Sportarten (wie in der Schule), eine bestimmte Version von Geschichtsschreibung (wie in der Schule). Aber kaum jemand wird behaupten, die Hitler-Jugend sei eine Schule. Zu erklären sind ja gerade die Gegensätze zwischen Hitler-Jugend und Schule. Ein Ausweg bietet sich an, wenn wir den Begriff «institutionalisiert» näher bestimmen. Die Schule ist eine *staatliche* Institution, die Hitler-Jugend eine Organisation der *Partei*. Ist Schule demnach ein Ort *staatlichen institutionalisierten Lernens*? Wenn wir nur auf die Volksschule im Nationalsozialismus schauen, könnte das so scheinen. Aber wir würden damit große Teile der Schulgeschichte zu einer Nicht-Schulgeschichte (weil nicht staatlichen Geschichte) erklären: etwa die kirchlichen Schulen oder die Privatschulen oder die Möglichkeit, daß Eltern sich in manchen Ländern zusammentun und ihre eigenen Schulen gründen. Aber selbst wenn wir uns auf die Schule im Nationalsozialismus beschränken, ist eine solche Definition zu eng. Was wir beobachten können, ist ja nicht einfach ein *staatliches Schulwesen*, sondern ein Schub in der *Verstaatlichung des Schulwesens* – die Beseitigung vieler Privatschulen. Und daneben haben wir den Aufstieg einer Art Parteischulwesen, etwa der Adolf-Hitler-Schulen unter Kontrolle der NSDAP und HJ. Wenn also eine Schule weder die einzige Form institutionalisierten Lernens ist noch gar zwangsläufig eine Form staatlich organisierten Lernens (nach dieser letzteren Definition müßte auch unser Militär eine Schule sein) – wie bestimmen wir dann den Bereich Schule, etwa um ihn von der Hitler-Jugend abgrenzen zu können?

Meine These lautet, daß wir es niemals schaffen werden, die Schule durch einen inneren Wesenskern (etwa «das Lernen» oder «den Staat») zu definieren. Wir müssen vielmehr von den «Definitionsversuchen» in der Wirklichkeit ausgehen. Definieren heißt abgrenzen. Ausgangspunkt, um den Bereich «Schule» zu bestimmen, sollten deshalb die realen Abgrenzungsaktivitäten sein, die fortwährend zwischen der Schule und anderen gesellschaftlichen Bereichen stattfinden. In den Untersuchungen über die Schule im deutschen Faschismus ist solchen Abgrenzungsaktivitäten besonders viel Aufmerksamkeit geschenkt worden. Das hängt zusammen mit einer Kritik an der Totalitarismus-These: Gegen die Auffassung vom Nationalsozialismus als einem «totalen», in sich geschlossenen, widerspruchsfrei von oben nach unten funktionierenden Herrschaftssystem haben vor allem Historiker die Konkurrenz der verschiedenen Instanzen betont und damit unterschiedliche und gegensätzliche Zielsetzungen und Strategien innerhalb des Herrschaftsapparats und innerhalb der faschistischen Massenbewegung. Im Bereich der Schule haben wir nicht nur Kompetenzauseinandersetzungen mit der HJ, sondern auch zwischen verschiedenen Ministerien, wir finden Ansprüche des Militärs, Eingriffsversuche von Stellen, die für Weltanschauung zuständig sind, den NS-Lehrerbund, die Kirchen, Eltern, Unternehmerverbände usw. Es dürfte schwerfallen, irgendeine nennenswerte Institution zu nennen, die nicht versucht, das schulische Geschehen zu beeinflussen. Aber natürlich ist das nichts für den Nazismus Spezifisches. Ohne weiteres ließe sich ein ähnliches Gerangel für die heutige Schule nachzeichnen. In diesen Auseinandersetzungen geht es um die Kompetenzen verschiedener anderer Bereiche im Bereich der Schule. Jede dieser Kompetenzen ist zugleich als eine Inkompetenz beschreibbar: Mitglieder der Hitler-Jugend brauchen an bestimmten Tagen keine Hausaufgaben zu machen – müssen es aber an anderen; sie brauchen an bestimmten Tagen nicht zur Schule – müssen es aber an anderen. Die Kirche darf das Kreuz neben dem Hitlerbild aufhängen – aber sie darf nicht das Monopol auf schulischen Wandschmuck erheben. Diese In-/Kompetenz-Strukturen und ihre Veränderungen können sämtliche Aspekte der Schulstruktur und des Schullebens einbeziehen. Es ist klar, daß neue Auseinandersetzungen um solche Kompetenzabgrenzungen beginnen, wenn eine neue riesige und schulnahe Institution wie die Hitler-Jugend entsteht. Aber falsch ist es, die Schule in den «normalen» Zeiten in einer parlamentarischen Demokratie für etwas autonom in sich Ruhendes zu halten und das «Gerangel» der verschiedenen Instanzen um die Schule für etwas Nazispezifisches. Neu ist auch hier wiederum das Gewicht verschiedener Instanzen – das Zurückdrängen des Elterneinflusses, die Verstärkung der staatlichen Kompetenz, nicht der permanente Streit um die Abgrenzung von Kompetenzen. Wir können daraus unter anderem lernen, die vorherrschende staatliche Kompetenz im Schulbereich nicht für etwas Selbstverständliches zu halten. Selbst wo – wie in der Nazizeit, aber auch in der Bundesrepublik und in Westberlin – der Staat die Übermacht hat, ist die Frage, wer in der Schule das Sagen hat, doch immer noch ein Feld gesellschaftlicher Auseinandersetzungen. Weder ist die Kompetenz des Staates total im Hinblick auf die einzelne staatliche Schule, noch umfaßt sie das gesamte Schulwesen. Das heißt, selbst wenn der Staat die vorherrschende Kompetenz im Schulbereich besitzt, ist auch diese nur im Verhältnis zu anderen Kompetenzen (Eltern, Jugendverbände, Kirche, Unternehmerverbände, Militär usw.) hinreichend beschreibbar.

Ein wichtiger Aspekt der vorherrschenden Staatskompetenz im Bereich der Schule wird übrigens während des Zweiten Weltkriegs deutlich. In dem Maße, in dem die Schule ein Staatsapparat im streng juristischen Sinne ist, kann sie zu einer allgemeinen Ressource für den Staat insgesamt werden. Dies setzt voraus, daß zu den staatlichen Kompetenzen im Schulbereich auch die Kompetenz zur «Umdefinition» der Schule gehört. Er kann dann aus einer Turnhalle einen Getreidespeicher oder ein Lazarett machen, aus einem Schulhof einen Fuhrpark. Er kann Lehrer in ihrer Eigenschaft als Staatsbeamte als Luftschutzwarte einsetzen und Schüler in ihrer Eigenschaft als Staatsuntertanen im Bereich der Schule für Sanitätsdienste. Eine solche Kompetenz zur Behandlung der Schule als eine allgemeine Staatsressource ist keineswegs etwas Faschismus- oder Kriegsspezifisches. Man denke nur an den Einsatz von Lehrern bei Volkszählungen.

Politik als Veränderung von Schulfunktionen

Nach meiner Auffassung kann uns die Schule im Nationalsozialismus also lehren, die Stellung der Schule in der Gesellschaft nach drei Arten von Verhältnissen hin zu durchleuchten:

- nach ihrem Beitrag zur Reproduktion einer Struktur von Herrschaftsverhältnissen,
- nach ihrem Beitrag zur Reproduktion einer Struktur von Bereichen,
- nach ihrer Definition als Bereich durch die In-/Kompetenz-Beziehungen zu anderen Bereichen.

Was haben wir nun damit für die Frage nach dem Verhältnis von Pädagogik und Politik gewonnen? Ich klammere hier die Frage aus, was unter Pädagogik zu verstehen ist, setze dafür den Bereich der Schule ein und frage also nach dem Verhältnis von Schule und Politik. Meine These lautet nun folgendermaßen:

- *Politik im Bereich der Schule ist nichts anderes als eine umstrittene Veränderung dieser drei (miteinander zusammenhängenden) gesellschaftlichen Beziehungen, also der*

Streit um die Veränderung des Beitrags zur Reproduktion einer Struktur von Herrschaftsverhältnissen, um die Veränderung des Beitrags zur Reproduktion einer Struktur von Bereichen und um die Veränderung der Definition des Bereichs «Schule» durch veränderte In-/Kompetenz-Beziehungen zu anderen Bereichen.

Da aber die Schule durch diese Verhältnisse selbst bestimmt ist, ist die Schule selbst politisch bestimmt. Zu erklären ist nicht, wie die Politik von außen zur Schule kommt, sondern wie es kommt, daß die Schule überhaupt als etwas Unpolitisches erscheinen kann: Wie entsteht der «Effekt des Unpolitischen»? Im Rahmen dieses Ansatzes sieht die Erklärung so aus: Der «Effekt des Unpolitischen» entsteht in dem Maße, wie diese verschiedenen sozialen Verhältnisse eine relative Stabilität gewinnen, sei es durch Kompromißbildungen, sei es durch Ausschalten von Gegnern. Die Reproduktionsfunktion der Schule für das Militär wird also dann als politisch sichtbar, wenn sie sich *verändert*; hat sie sich «eingespielt», erscheint sie als unpolitisch. Die Rassenunterdrükkung erscheint so lange als unpolitisch, wie sie in festgefahrenen Gleisen erfolgt – sie wird sichtbar als Politik, wenn sie *umstritten* wird. Die staatliche Hauptkompetenz im Schulbereich erscheint so lange nicht als Politik, wie nicht Kräfte auftreten, die diese Kompetenz zu beschneiden suchen.

Schulstrukturen – Zum Verhältnis von «Wissen» und ideologischer Vergesellschaftung

Bisher habe ich darzustellen versucht, was man meines Erachtens von der Schule im Nationalsozialismus über die Stellung der Schule in der Gesamtgesellschaft und über das Verhältnis von Schule und Politik lernen kann. Im zweiten Teil will ich mich näher mit dem «Inneren» der Schule auseinandersetzen. Wir wissen bis jetzt nur, wie dieses «Innere» im Gegensatz zum «Äußeren» hergestellt wird: in ständigen Auseinandersetzungen um Eingriffskompetenzen. Alle oben beschriebenen Sozialverhältnisse müssen sich letztlich in dieses «Schulinnere», das ich hier «Schulstruktur» nennen will, übersetzen: in eine bestimmte Sozialstruktur in den Schulen, in eine Gliederung des Schulsystems, in Unterrichtsstunden, Schulfeiern, Versetzungsmodalitäten usw. Dabei ist wichtig, daß wir uns mit der *gesamten* «Schulstruktur» befassen müssen, wenn wir beispielsweise die Rassenunterdrückung untersuchen wollen: Sie existiert in bestimmten Kompetenzen von Lehrern jüdischen Schülern gegenüber, in Abgrenzungen dieser Schüler gegenüber anderen, in eigenen schulischen Institutionen, in den Unterrichtsinhalten, in den Feierstunden usw. Die «Schulstruktur» insgesamt ist also das Material, in dem die verschiedenen sozialen Verhältnisse realisiert werden. Sie kann entziffert werden als eine «Verdichtung» dieser drei Typen von Sozialbeziehungen (Reproduktion einer Struktur von Herrschaftsverhältnissen und einer Struktur von Bereichen, Abgrenzung gegenüber anderen Bereichen). In dieser «Schulstruktur» spielt das, was «Wissen» genannt wird, offenbar eine zentrale Rolle. Ich will im folgenden versuchen, einige Gesichtspunkte auszuarbeiten, die wir von der Volksschule im Nationalsozialismus für die Analyse der Schulstruktur im allgemeinen gewinnen können und dabei dem Verhältnis von «Wissen» und «Ideologie» besondere Aufmerksamkeit schenken.

Schulverhältnisse

Unter *Schulverhältnissen* verstehe ich diejenigen sozialen Verhältnisse, die Menschen miteinander eingehen, wenn sie im Bereich der Schule tätig sind: als Lehrer, Schüler, Sekretärinnen, Hausmeister usw. Der Dreh- und Angelpunkt der Schulverhältnisse sind die Verhältnisse zwischen Lehrern und Schülern; aber für die Beschreibung der Vorgänge im Nationalsozialismus müssen wir noch zwei andere Formen von Schulverhältnissen Aufmerksamkeit schenken: den Verhältnissen der Lehrer untereinander und den Verhältnissen der Schüler untereinander. Wir können kurz von Lehrerverhältnissen, Schülerverhältnissen und Schüler-Lehrer-Verhältnissen sprechen. In der Nazizeit werden im Volksschulbereich alle drei Verhältnisse verändert – selten in der Weise, daß etwas prinzipiell Neues entsteht, meist in Form von Verschiebungen, Umgewichtungen, Verstärkungen und Abschwächungen.

Gegen Ansätze zu einer Demokratisierung der *Lehrerverhältnisse* wird die Alleinverantwortlichkeit der Schulleiter wiederhergestellt. Man sieht an diesem Beispiel, daß die Lehrerverhältnisse nicht zu verstehen sind, wenn nicht ihre Einbindung in den gesamten Apparat der Schulverwaltung berücksichtigt wird. Denn verantwortlich ist der Schulleiter gegenüber übergeordneten Stellen. Ein zweiter Aspekt der Lehrerverhältnisse folgt aus der Gewichtung der verschiedenen Schularten zueinander. Zwar verbessert sich die finanzielle Lage der Volksschullehrer nicht, aber sie gewinnen mehr Einfluß gegenüber den «Philologen» im NS-Lehrerbund. Die Lehrer, denen in bezug auf das schulische Gesamtgeschehen als «Kollegen» ein Stück Kompetenz entzogen wird, erhalten gewissermaßen im Austausch dafür in bezug auf die Schüler einen Kompetenzzuwachs: zumindest rechtlich ändert sich mit der Wiedereinführung der Prügelstrafe das *Lehrer-Schüler-Verhältnis*. Das heißt, selbst wenn sich im Prügelverhalten der Lehrer faktisch seit dem Verbot nichts geändert haben sollte, hatten die Schüler doch andere Möglichkeiten, sich dagegen zur Wehr zu setzen. Andererseits haben Schüler, soweit sie Mitglieder der Hitler-Jugend sind, jetzt ein Stück mehr Macht gegen Lehrer. Es gibt also einen Machtzuwachs auf beiden Seiten, was heißt, daß die Konflikte zwischen Schülern und Lehrern schärfere Formen annehmen können.

Besonders einschneidend sind die Veränderungen in den *Schülerverhältnissen:* Während die Trennung nach sozialen Klassen, wie sie durch das dreigliedrige Schulsystem geleistet wird, weitgehend unverändert bleibt, wird die Geschlechtertrennung verschärft, zumindest in Großstädten mit ausgebauten Schulen. Am schärfsten sind die Einschnitte hinsichtlich Rassentrennung, wobei ich hier unter «Rasse» sowohl ethnische Gruppen wie Juden, Sinti und Roma verstehe, als auch die von den Nazis als rassisch minderwertig verfolgten «körperlich und geistig Behinderten». (Rassistische Züge hat selbst noch diese gängige Formulierung: mit welchem Recht sehen wir körperliche und geistige Behinderungen überhaupt als eine Einheit? Und mit welchem Recht werden sehr verschiedene Störungen unter dem Sammelbegriff «geistige Behinderungen» zusammengefaßt?) Die Markierung und Abtrennung dieser Gruppen wird entscheidend verschärft und die Ausrottung systematisch vorbereitet. Auch die Lehrerverhältnisse werden durch Kompetenzeinschränkungen und Kompetenzentzug für Juden bestimmt. Es wäre interessant, mehr darüber zu wissen, wie sich die Verhältnisse zwischen Frauen und Männern im Lehrberuf verändert haben. Bis heute gibt es ja eine scharfe geschlechtliche Arbeitsteilung unter den Lehrern, sowohl nach Fächern und Schularten als auch nach Positionen in der Schulhierarchie.

Es ist insgesamt erstaunlich, wie unmittelbar die verschiedenen Herrschaftsverhältnisse (Klassen, Geschlechter, Rassen, Staat/Untertanen) als Trennungen im Schulbereich reproduziert werden. Denn schließlich wurde allenthalben die «Volksgemeinschaft» propagiert, was zwar Herstellung und die Unterdrückung von «rassisch Minderwertigen» bedeutete, aber zugleich das Versprechen, die Klassengegensätze aufzuheben und an die Stelle des herkömmlichen Verhältnisses zwischen Staat und Untertanen ein neues Verhältnis zu setzen: das zwischen «Führern» und «Gefolgschaft». Darin liegt meines Erachtens genau der Konflikt zwischen den unterschiedlichen Vergesellschaftungsformen der Schule und des Nazismus. Von hier aus ist die Kritik der Nazis an «Bildung» und «Wissen» zu verstehen, nicht etwa von einer eigentümlichen «Wissens-» oder «Bildungsfeindschaft» oder von einer besonderen «Irrationalität» der nazistischen Weltanschauung her.

Führungsbildung in den Schulverhältnissen

Das Verhältnis zwischen Schule und HJ wird von Baldur von Schirach, dem obersten HJ-Führer, folgendermaßen charakterisiert:

«Die Schule ist die Erziehung von oben, die HJ die von unten.» (Zit. n. Nyssen 1979, S. 62)

Er bezeichnet die Erziehung in der Schule als «bereitgestellte Führung», die in der HJ als «Selbstführung». Hieran ist zunächst wichtig, daß die Schule vom Standpunkt der HJ aus selbst unter dem Gesichtspunkt der *Führungsbildung* betrachtet und abgegrenzt wird, und nicht etwa als Institution des *Wissens* oder der *Bildung*. Ich denke, daß wir von Baldur von Schirach zunächst einmal – um den Konflikt zwischen Schule und HJ zu verstehen – lernen müssen, die *Schulverhältnisse als Formen von Führungsbildung zu untersuchen.* Was ist «Erziehung von oben», und was ist «Erziehung von unten»? Ich habe die Führungsbildungsprozesse in der HJ und ähnlichen Organisationen in einem früheren Aufsatz ausführlicher untersucht und fasse das Ergebnis hier nur kurz zusammen (vgl. Nemitz 1980). Die Nazis selbst bezeichnen die Führungsbildungsprozesse in der HJ als «Selbstführungsprinzip» und propagieren die Parole «Jugend muß von Jugend geführt werden». Die faktischen Führungsbildungsprozesse kann man als «Führungsbildung von unten nach oben nach unten» kennzeichnen: permanent werden Situationen geschaffen, in denen Gruppen Probleme lösen müssen, für die sie auf besondere Leistungen der einzelnen angewiesen sind, also auf die «Führungsbildung von unten», von der Baldur von Schirach spricht. Was er mit seiner Formulierung verschweigt, ist die Tatsache, daß diese Führungsbildung von unten in eine Organisation hinein erfolgt, die hierarchisch von oben nach unten strukturiert ist. Die Hitler-Jugend ist also so organisiert, daß die Mitglieder ihre Fähigkeiten auf eine Weise entwickeln, die sie selbst von unten in eine hierarchische Befehlsstruktur hineinpreßt und, je aktiver sie die Probleme in ihrer Gruppe zu lösen verstehen, um so mehr an der Herrschaft über diese Gruppe teilhaben läßt. Wenn auch die oberen Ränge der HJ meist von Erwachsenen (oft von Lehrern) besetzt waren, so gab es doch auf den unteren Führungsebenen eine große Anzahl von Jugendlichen in Führungsfunktionen und damit eine Teilhabe an staatlich gestützter Macht, wie sie in der Geschichte selten zu finden sein dürfte. Das «Führungsverhältnis» zwischen Lehrern und Schülern hat demgegenüber eine völlig andere Struktur. Der Lehrer geht nicht aus Auseinandersetzungen innerhalb der Schülerschaft hervor. Er kommt prinzipiell von außen und wird – im staatlichen Schulbereich – «von oben», vom Staat über die Schüler gesetzt. Gemeinsam ist Schule und Hitler-Jugend, daß es ein «Oben» gibt, eine höhere Instanz, die die Kompetenz hat, Personen mit «Führungsaufgaben» zu betrauen. Der Unterschied liegt in der Rekrutierungsweise, ob die «Führer» aus den Kreisen der Jugendlichen selbst hervorgehen oder aus anderen Bereichen kommen. Von Schirachs Kennzeichnung der schulischen Erziehung als «von oben» und als «bereitgestellte Führung» gibt also ein wesentliches Merkmal der Schulverhältnisse wieder, während er für die HJ das existierende «von oben», die umgreifende Kompetenz einer höheren Macht leugnet und die Vorgänge auf (die tatsächlich vorhandene) Dimension der Führungsbildung «von unten», der «Selbstführung» reduziert. Wenn wir verstehen wollen, wie die Integrationsprozesse im Nationalsozialismus abliefen, dann müssen wir uns mit dieser Aktivität «von unten» befassen, mit der Menschen sich selbst den übergeordneten Mächten «von oben» unterstellen; die Inhalte der nationalsozialistischen Weltanschauung hatten demgegenüber eine sehr viel geringere Bedeutung. Wir können von Schirachs Darstellung des Verhältnisses von Schule und HJ also folgendermaßen übersetzen: Die Schule steht deswegen der Integration von Menschen in das nazistische Herrschaftssystem entgegen, weil sie die Prozesse der aktiven Selbstunterstellung unter die übergeordneten Mächte blockiert, vor allem dadurch, daß die «Führer» – die Lehrer – nicht aus Führungsbildungsprozessen unter den Jugendlichen «von unten» in die Herrschaftsstruktur «hochgedrückt» werden, sondern extern rekrutiert und durch die Staatsmacht «von oben» eingesetzt werden. Für die Integration im Nationalsozialismus ist demnach von großer Bedeutung, daß potentiell jeder – es sei denn, er gehört zu den «rassisch Minderwertigen» – ein «Führer» werden kann, auch beispielsweise ein zwölfjähriger Junge oder ein zwölfjähriges Mädchen. Natürlich finden wir solche Führungsbildungsprozesse «von unten» auch in der Schule: innerhalb der Schüler- und innerhalb der Lehrerverhältnisse. Aber das Zentrum dieser Institution, die Schüler-Lehrer-Verhältnisse, sind eben durch den Ausschluß dieser Möglichkeit gekennzeichnet. Diese Unzugänglichkeit von Lehrerkompetenzen für Schüler gibt den Gemeinschaftsbildungsprozessen in Schulklassen eine gefährliche Dynamik. Folgen wir noch einmal den Überlegungen des Reichsjugendführers:

«Die Schuld an der Unordnung der Klasse trifft den Lehrer ... Es geht nicht gegen die Ehre der Klasse, wenn ein Schüler den Lehrer belügt, sondern die Klasse kennt heute nur eine Ehre: Unbedingter Zusammenhalt gegen den Lehrer als Feind und kompromißloser Kampf gegen jeden Verräter der Klassengemeinschaft. Es ist dies nichts anderes als eine natürliche Reaktion auf die dauernde Beaufsichtigung und Gängelung, zu der der Lehrer verpflichtet ist.» (Zit. S. 199 im vorliegenden Band)

Man verschenkt meines Erachtens einige Möglichkeiten, die Stellung der Schule im Nationalsozialismus genauer zu begreifen, wenn man dieses Zitat ausschließlich als eine Herabsetzung der Schule durch die Hitler-Jugend lesen und auf Beispiele verweisen würde, wo der Lehrer von der Klasse keineswegs als «Feind», sondern vielmehr als «Freund» aufgefaßt wird. Gewiß hat auch der Verweis auf die dauernde Beaufsichtigung und Gängelung durch Lehrer wenig Aussagekraft, wenn man den Unterschied zur Hitler-Jugend herausarbeiten will, denn dauernde Beaufsichtigung und Gängelung gab es auch dort. Für interessanter halte ich einen versteckten Gegensatz zwischen dieser Äußerung Baldur von Schirachs und derjenigen, die ich weiter oben zitiert habe. Denn wenn es Formen der Gemeinschaftsbildung in der Schulklasse gegen den Lehrer gibt, dann existieren auch in der Schulklasse Formen der Führungsbildung «von unten», wie jeder sich aus seinen eigenen Schulerfahrungen in Erinnerung rufen mag. Die erste Behauptung, nur in der HJ gebe es solche Prozesse, ist also empirisch nicht haltbar. Der entscheidende Punkt jedoch, auf den von Schirach uns hier versteckt aufmerksam macht, ist folgender: Formen der Gemeinschafts- und Führungsbildung in Schulklassen haben in vielen Fällen eine Dynamik «gegen oben», gegen den Lehrer als Feind. Die Gemeinschafts- und Führungsbildung in der HJ hat dagegen eine Dynamik, durch die das «Oben» gerade bestätigt wird. Die HJ ist so aufgebaut, daß genau dienigen, die in der Klasse den «unbedingten Zusammenhalt gegen den Lehrer als Feind» organisieren könnten, in der HJ zu denjenigen werden können, die als HJ-Führer den Zusammenhalt der Gruppe organisieren, mit Unterstützung von oben und zur Unterordnung der Gruppe unter die übergeordneten Mächte.

Wenn die Nazis die Prügelstrafe wiedereinführen, so mögen sie damit vielleicht die aktive Selbstunterstellung von *Lehrern* unter die Naziherrschaft befördern; für die Schüler-Lehrer-Verhältnisse hat eine solche Maßnahme aber den entgegengesetzten Effekt: Sie sät Feindschaft zwischen Lehrern und Schülern und unterstützt damit unfreiwillig die Formen der Gemeinschafts- und Führungsbildung unter Schülern, mit denen sie sich der Staatsmacht nicht aktiv unterordnen, sondern widersetzen. Wenn wir diese Überlegungen für die Analyse der Schule im allgemeinen fruchtbar machen wollen, haben wir damit folgenden Gesichtspunkt für die Untersuchung von Schulverhältnissen gewonnen:

- *Welche Dynamik hat die Entwicklung kollektiver Kompetenzen und individueller Beiträge zum Aufbau kollektiver Kompetenzen im Schulbereich (also welche Dynamik hat das, was die Nazis als «Gemeinschaftsbildung» und «Führungsbildung» bezeichnen)? Führt diese Dynamik zur aktiven Selbstunterstellung unter die übergeordnete Staatsmacht (ideologische Vergesellschaftung) oder zum Widerstand?*

Wenn wir den Blick über die Volksschule im Nationalsozialismus hinaus auf andere schulische Prozesse richten, finden wir eine ganze Reihe von Aktivitäten, um die existierende Form der schulischen Führungsbildung «von oben» durch den Führungsbildungstyp «von unten nach oben nach unten» zu ersetzen, wie er für den Nazismus typisch ist: zum Beispiel die Versuche, in Schulungslagern einen neuen Lehrertyp zu schaffen, den «HJ-Lehrer» (unter Aufnahme reformpädagogischer Ansätze etwa vom «Lehrer als Kamerad»). Vielleicht war auch die Senkung des Alters von neuen Volksschullehrern in dieser Richtung wirksam. Aber all dies sind Charaktermodellierungsversuche (angesichts des hohen Durchschnittsalters der Volksschullehrer ein schwieriges Unternehmen), keine entscheidenden Veränderungen der Kompetenzverhältnisse zwischen Lehrern und Schülern. Im Rahmen der «Erweiterten Kinderlandverschickung» gibt es Formen der Übernahme von Lehrerfunktionen durch HJ-Führer; vielleicht findet man hier am ehesten die Ansätze zur Herstellung eines neuen Führungs- und Gemeinschaftsbildungsprozesses im Lehrer-Schüler-Verhältnis.

«Wissen» als Effekt der Schulverhältnisse

Aber warum artikuliert die HJ ihren Gegensatz zur Schule immer wieder als Kritik am «Wissen» und als Herabsetzung des «Wissens» gegenüber dem «Charakter»? An diesem Punkt besteht eine Gefahr darin, die Argumente der HJ wörtlich zu nehmen und nur die Positionen umzukehren, so daß wir einfach *für* statt *gegen* Wissen sind. Wir nehmen uns damit die Möglichkeit zu fragen, was es mit diesem «Wissen» auf sich hat. Wird nicht auch in der HJ «Wissen» vermittelt? Was unterscheidet das Gedicht, das man in der Schule aufsagen muß, von einem Gedicht, das man in der HJ auswendig lernt? Wo liegt der Unterschied zwischen dem Vortrag des HJ-Fähnleinführers über die nationale Vergangenheit und dem Lehrervortrag im Geschichtsunterricht? Und warum sollte der Werkunterricht in der Schule eine ordentliche Qualifizierung für die Produktion sein, der Flugmodellbau in der HJ hingegen reine Ideologievermittlung? Ich glaube, daß man nicht allzuviel von der Attraktivität begreift, die die HJ für viele besaß, wenn man übersieht, daß hier in großem Maßstab Lernprozesse organisiert, daß «Wissen» und Fertigkeiten erworben und Qualifikationen für verschiedene Bereiche der Gesellschaft vermittelt wurden. Natürlich wurde in manchen schulischen Fächern «Wissen» erworben, das in der HJ keine große Rolle spielte, etwa im Rechenunterricht. Aber es bleibt nicht viel von der Schule übrig, wenn wir sie genau auf das «Wissen» reduzieren, das sie von der HJ unterscheidet. Vor allem aber richtet sich die starke Kritik der HJ nicht gegen das Lernen von mathematischen Formeln, sondern sehr viel allgemeiner gegen die Überbetonung des «Wissens». Wir müssen also danach fragen, was das schulische «Wissen» von dem «Wissen» unterscheidet, das in der HJ vermittelt wurde. Meine These lautet: Der Unterschied liegt nicht in bestimmten Inhalten, sondern in unterschiedlichen sozialen Verhältnissen und Praxen von Schule und HJ. Einige Beispiele für die Verwandlung bestimmter Kenntnisse in «Wissen» und anderer in «Nichtwissen»: Ein Lied, das Kinder auf der Straße beim Spielen singen, wird gemeinhin vom Standpunkt der Schule aus nicht als «Wissen» betrachtet. Wenn dieses Lied jedoch ins Lesebuch aufgenommen wird und auswendig gelernt oder interpretiert werden muß, verwandelt es sich in einen Teil des schulischen «Wissens». Manche Lehrer machen im Rechenunterricht folgende Beobachtung: Wenn sie die Aufgabe stellen, beispielsweise 22 durch 4 zu teilen, wissen viele Schüler keine Lösung. Aber wenn sie ihnen 22 DM geben mit dem Auftrag, dieses Geld gerecht auf vier Personen aufzuteilen, ist das für viele Schüler ein Kinderspiel. «Wissen» die Schüler, wie man 22 durch 4 teilt oder nicht? Und warum ist «333 bei Issus Keilerei» ein Wissen – aber nicht, wann die Bundesrepublik Deutschland zum letztenmal eine Fußballweltmeisterschaft gewonnen hat? (Und auch hier kann man sich leicht einen Sportunterricht mit schriftlichen Tests vorstellen, bei denen solche unter Jugendlichen weit verbreiteten Kenntnisse plötzlich zum schulischen «Wissen» würden.)

Wir stoßen also auf einen Mechanismus, durch den die Beherrschung bestimmter Kenntnisse und Fähigkeiten als «Wissen» definiert wird, während andere Kenntnisse und Fähigkeiten als «Nichtwissen» gelten. Die Schule hat vielleicht kein Definitionsmonopol für das, was «Wissen» ist, aber doch eine beherrschende Definitionsmacht. Und sie definiert bestimmte Kenntnisse dadurch als «Wissen», daß sie diese in die schulischen Praxen einbaut: in den Unterricht, in Prüfungen, in Lehrbücher, in Hausaufgaben usw. Aber nicht alles, was in Lehrbüchern steht oder im Unterricht gesagt wird, ist «Wissen». Zum Wissen werden bestimmte Kenntnisse und Fähigkeiten erst in einem bestimmten Lehrer-Schüler-Verhältnis; dann nämlich, *wenn der Lehrer den Erwerb bestimmter Kenntnisse und Fähigkeiten durch die Schüler im Rahmen schulischer Praxen überprüft.* Erst jetzt wird an diese Kenntnisse und Fähigkeiten vom Lehrer die Frage gestellt: Hat sie der Schüler oder nicht? Hierbei besitzt der Lehrer die Kompetenz – und das ist eine seiner entscheidenden Kompetenzen –, letztlich zu bestimmen, ob «Wissen» vorliegt oder nicht.

Demnach wäre der Gegenstand der HJ-Kritik an der Schule nicht *das Wissen* – so als ob es «das Wissen» als einen festen Gegenstand gäbe wie eine Tasse oder ein Füllfederhalter –, sondern der *Wissens-Effekt*, den das Spiel der schulischen Praxen und Verhältnisse bestimmten Kenntnissen und Fähigkeiten verleiht. Denn in dem Mechanismus, der den «Wissens-Effekt» erzeugt, nimmt die Unzugänglichkeit von Lehrerkompetenzen für die Schüler eine Schlüsselstellung ein: kraft seiner Ausbildung und Stellung ist der Lehrer bemächtigt, An- oder Abwesenheit von «Wissen» festzustellen. Wieviel die Schüler auch immer wissen mögen, dieses «Wissen über das Wissen» ist ihnen entzogen. Die Definitionskompetenz über das «Wissen» von Schülern erfolgt «von oben» – die Schüler mögen ganz andere Vorstellungen haben und sie im heutigen Schulwesen vielleicht sogar artikulieren dürfen; aber die letzte Entscheidung erfolgt nicht «horizontal», sondern «vertikal».

Schulisch vermittelte soziale Gegensätze: Gebildete/Ungebildete, Jugendliche/Erwachsene

Anders als das Klassen-, Geschlechter- oder Rassenverhältnis ist das Lehrer-Schüler-Verhältnis schulspezifisch. Im verstaatlichten Schulwesen ist es eine Ausprägungsform des Verhältnisses von Staatsmacht und Untertanen oder heute von Staatsmacht und «Staatsbürgern». Aber die Kritik der HJ richtete sich nicht nur gegen diese Form schulisch vermittelter Sozialverhältnisse, sondern noch gegen zwei weitere Formen, die ich hier wenigstens kurz streifen will: gegen den Gegensatz «Gebildete–Ungebildete» und gegen den Gegensatz «Jugendliche–Erwachsene». Auch das Verhältnis von *Gebildeten und Ungebildeten* ist ein Führungsbildungsprozeß. Mit dem italienischen Marxisten Antonio Gramsci können wir die «Gebildeten» als eine bestimmte Form von «Intellektuellen» bezeichnen; «Intellektueller» zu sein bedeutet dabei nicht, ein besonders intimes Verhältnis zu Büchern zu haben, sondern eine bestimmte gesellschaftliche Funktion wahrzunehmen, nämlich den Zusammenhalt einer Gesellschaft zu organisieren. Die «Gebildeten» sind also nur eine Form von «Intellektuellen», nämlich solche, die sich wesentlich durch den Bezug auf ein bestimmtes Bildungswesen definieren. Der Naziausdruck für «Intellektuelle» ist «Führer», denn die vielen Hunderttausende kleiner Führer in den verschiedenen Organisationen haben diese eine Hauptaufgabe: den Zusammenhalt, die Integration der Gesellschaft zu organisieren. Wenn die Nazis immer wieder die «Gebildeten» angreifen, dann hat dies sowenig mit einer prinzipiellen Bildungsfeindlichkeit zu tun wie im Fall der Schule mit einer prinzipiellen Wissensfeindlichkeit. Es geht nicht einfach um «Inhalte». Bildungsgüter, von Goethe bis zu Stefan George und von Beethoven bis zu Carl Orff, spielen vielmehr eine große Rolle für die Stabilisierung der Naziherrschaft. Die Kritik an den «Gebildeten» gilt vielmehr einer bestimmten Form der Herausbildung von Intellektuellen bzw. der Führungsbildung, der die Nazis eine andere Form entgegensetzten. Der Intellektuellentyp des «Gebildeten» (der damals schon im Schwinden war, aber vor allem im Schulwesen noch eine starke Stellung hatte) zeichnet sich durch eine Kluft zwischen dem «ungebildeten Volk» und den «Gebildeten» aus. Diese Kluft stand im Gegensatz zu der Form, wie die Nazis die «Oberen» und die «Unteren» zusammenzubringen versuchten, nämlich zu jenen Führungsbildungsprozessen «von unten nach oben nach unten», in denen jeder ein potentieller «Führer» ist und die dem Nazismus den Charakter einer Massenbewegung verleiht (vgl. Nemitz 1980).

Auch der Gegensatz von *Jugendlichen und Erwachsenen* ist heute im wesentlichen ein Effekt des Bildungswesens. Natürlich nicht, wenn man «alt» und «jung» als biologische Merkmale begreift, sondern nur dann, wenn man vom «sozialen Alter» spricht. Die Schule ist dann eine der wichtigsten Institutionen zur Verwandlung von biologischen Altersunterschieden in soziale Altersgruppen, in «Kindheit», «Jugend» und «Erwachsensein». «Noch jung» sein heißt in diesem Zusammenhang, in einer Entfernung zum sogenannten «realen Leben» zu stehen, vor allem dadurch, daß der Schulbesuch gewöhnlich mit dem Ausschluß aus den Bereichen der Ökonomie, des Staates und der «Kulturgesellschaft» verbunden ist, sowie dadurch, daß den «Jugendlichen» gewöhnlich das Recht entzogen ist, eine Familie zu gründen. «Erwachsensein» heißt dann im Kern, die Schule zu verlassen und in die Bereiche von Ökonomie, Staat, Familie(ngründung) und «Kulturgesellschaft» einzutreten. «Jugendlicher» zu sein ist also mit gravierenden Inkompetenzen im Bereich von Ökonomie, Staat, Familie und «Kulturgesellschaft» verbunden. Für die Stabilisierung ihrer Herrschaft setzten die Nazis nicht zuletzt auf die Unterstützung der Jugend. Sie eröffneten den Jugendlichen eine Reihe von Handlungsmöglichkeiten im Bereich von Ökonomie, Staat und «Kultur», die ihnen bis dahin verschlossen waren. Die Jugendlichen befreiten sich gewissermaßen in die Herrschaftsverhältnisse in Ökonomie und Politik hinein. Überall findet man daher bei den Nazis die Betonung von «jung» und «Jugend». Sie griffen dabei viele Elemente der Jugendbewegung auf und formten sie um. Auch hierbei stand der traditionelle Lehrer im Wege, als Hüter desjenigen Bereichs, der so eng mit der Herstellung der umfassenden Unzuständigkeit von Jugendlichen verbunden ist, der also die «Jugendlichen» gegenüber den «Erwachsenen» als «unreif» konstituiert.

Die Kritik der HJ an den Lehrern hat also meines Erachtens kaum etwas mit einer prinzipiellen Wissens- oder Bildungsfeindlichkeit zu tun. Sie ist erklärbar, wenn man zwei große Veränderungen berücksichtigt:

– eine veränderte Form der Herstellung von «Führung» und von «Intellektuellen»,
– eine Veränderung in der Stellung der Jugend im Verhältnis zu anderen gesellschaftlichen Bereichen als der Schule.

Man muß bei dieser Lehrer-Kritik übrigens im Auge behalten, daß die Nazis in manchen Bereichen auf die Lehrer angewiesen waren. Vor allem auf dem Lande waren die Volksschullehrer wichtige Stützpunkte des Nationalsozialismus im Kampf gegen die Kirche, gewissermaßen die «organischen Intellektuellen des Nationalsozialismus auf dem Dorfe» (Nemitz 1980, S. 148). Vielleicht spielte hierbei auch eine Rolle, daß «Jugend» auf dem Lande etwas anderes war und ist als in der Stadt. Die weitgehende Kompetenzeinschränkung auf schulische Praxen war auf dem Dorf, aufgrund der Einbindung von Jugendlichen in die Ökonomie, nicht so weit fortgeschritten. Bedeutete dies, daß hier wesentliche Grundlagen für die Mobilisierung der Jugend fehlten? Mußte der Lehrer deshalb Funktionen übernehmen, die in den Städten die HJ wahrnahm (oft war er ja auf dem Land HJ-Führer)?

Schulische Formen der Subjektbildung

Wenn man die Volksschule im Nationalsozialismus betrachtet, fallen einem bestimmte Ereignisse auf, an die wir zunächst kaum denken, wenn von der Schule die Rede ist: Schulfeiern, Fahnenappelle, Hitlergruß, Hitlerbilder, das Sammeln von Knochen und Altpapier. Wieder einmal ist keine dieser Formen nazispezifisch: Schulfeiern gibt es von den Jesuitenkollegs bis zur Gesamtschule; Fahnenappelle finden wir auch in den Schulen der DDR, das Hitlerbild ersetzte das Porträt von Friedrich Ebert, der Hitlergruß hat seine Vorläufer in anderen Begrüßungsritualen, beispielsweise dem Aufstehen, wenn der Lehrer das Klassenzimmer betritt. Und wie unsere Väter und Mütter für die Kriegsindustrie gesammelt haben, so sind wir später als Schüler mit den Sammelbüchsen der Kriegsgräberfürsorge von Haus zu Haus gezogen. Nur dann, wenn man die «normale» Schule auf den Unterricht reduziert, erscheint die Nazizeit als Eindringen schulfremder Elemente. Tatsächlich aber gibt es auch heute nicht «die» schulische Praxis, «den» Unterricht, sondern ein ganzes Ensemble verschiedenartiger schulischer Praxen. Hierbei überwiegen die Unterrichtspraxen, aber das gilt für den Nationalsozialismus genauso wie für die Bundesrepublik Deutschland. Und wenn für das Verständnis des Nationalsozialismus die Untersuchung von nicht-unterrichtlichen Praxen aufschlußreich ist, warum sollte das nicht auch für die Schulen in der Weimarer Republik oder im heutigen Westberlin gelten? Wenn wir die Schule untersuchen, dann haben wir es also mit einer Reihe verschiedenartiger Praxen, einem Ensemble schulischer Praxen zu tun, von denen der Unterricht nur eine (besonders wichtige) Form ist. Aufschlußreicher als die einen oder die anderen Formen für vernachlässigenswert zu erklären, scheint es mir zu sein, nach dem *Verhältnis* dieser verschiedenen Praxen zueinander zu fragen, nach ihrer *Anordnung*. Wir können dann Verschiebungen im Gewicht der einzelnen Formen feststellen, auch neue Formen (wenn es sie gibt) und Widersprüche.

Das Material aus der Schulgeschichte des Nationalsozialismus legt es nahe, mindestens drei Hauptformen schulischer Praxen zu unterscheiden: solche Praxen, die wir als Unterricht bezeichnen; dann Aktivitäten wie Schulfeiern und Fahnenehrungen; und schließlich die Tätigkeiten von Schülern und Lehrern als Altmaterialsammler, Sanitäter, Luftschutzwarte usw. Genausowenig wie das schulische «Wissen» können wir den Unterricht durch bestimmte Inhalte charakterisieren. Prinzipiell kann alles zum Unterrichtsgegenstand werden (wobei die Grenzziehung zwischen dem, was zum «Stoff» werden darf und muß, und dem, was nicht, häufig hart umkämpft ist, zum Beispiel bei der Sexualkunde). Zum «Unterricht» werden bestimmte Praxen durch eine bestimmte Sozialform, nämlich durch das Verhältnis von Lehrern und Schülern. Wenn ein Schüler in der Pause dasselbe noch einmal erklärt, was der Lehrer vorher mitzuteilen versucht hat, handelt es sich sofort nicht mehr um «Unterricht». Auch bei Schulfeiern und Flaggenappellen sind es Lehrer und Schüler, die aktiv sind. Eine Schulfeier kann aus lauter Elementen bestehen, die Bestandteile des normalen Unterrichts sind: ein Lehrervortrag, das Aufsagen von Gedichten durch Schüler, das Spielen des Schulorchesters. Der Unterschied besteht im unterschiedlichen Produkt. Das Ergebnis des Unterrichts sind «gute» und «schlechte» Schüler, wie sie durch den Lehrer definiert werden. Aber was ist das «Ergebnis» einer Schulfeier? In einer Schulfeier stellt sich eine Schule als ein Subjekt dar. Aus den vielen einzelnen Schülern, Lehrern, Klassen, Fächern wird ein Schulganzes hergestellt. Dieses Schulganze, die *Schule als Subjekt*, existiert aber nur im Verlauf der Feier, es ist nicht hinterher in ablösbarer Form vorhanden (so wie das Ergebnis der meisten Arbeitsprozesse). Wir haben solche Praxen, in denen sich bestimmte Subjekte (wie «die Schule») darstellen und in diesem Darstellungsvorgang zu einem Subjekt werden, im Projekt Ideologie-Theorie als *performative Akte* bezeichnet. Sie spielen für die ideologische Vergesellschaftung im Nazismus eine bedeutende Rolle. Das Subjekt, das in diesen «performativen Akten» dargestellt und produziert wird, ist im Nazi-Deutschland die «Volksgemeinschaft», die keine Klassen kennt, einem Führer unterstellt ist und sich gegen das «Gegenvolk» der Juden abgrenzt.

Wenn wir das Sammelnoder die Aktivitäten von Schülern als Sanitätshelfer betrachten, haben wir eine dritte Form vor uns. Ganz offenkundig handelt es sich nicht um das Unterrichtsverhältnis zwischen Schülern und Lehrern und auch nicht um die Selbstdarstellung der Schule als Subjekt. Auch hier können wir uns Sammeln oder Krankenpflege in Unterrichtsform denken. Charakteristisch ist wieder weniger der konkrete Inhalt dieser Tätigkeit, als daß Schüler als «Sammler» den Bereich der Schule verlassen, allerdings ohne damit ihre Identität als Schüler völlig zu verlieren. Denn sie werden *als Schüler* rekrutiert, nach Schulbezirken eingeteilt usw. «Schüler sein» oder «Lehrer sein» wird hier zu einer *allgemeinen Ressource zur Mobilisierung von Staatsbürgern durch andere Bereiche* staatlicher oder außerstaatlicher Natur. Wir können demnach diese drei schulischen Praxisformen unterscheiden nach dem *Subjekt*, das in diesen Formen jeweils konstituiert wird:

- Unterricht: Konstituierung von *Schülersubjekten* durch *Lehrersubjekte*,
- Schulfeiern, Flaggenehrungen: Konstituierung der *Schule als Subjekt*,
- Sammeln, Sanitätsdienste: Konstituierung von *Schülern und Lehrern als Staatsbürger*.

Im Zusammenhang der vorhergehenden Überlegungen dürfte einleuchtend sein, warum die Formen, in denen die Schule als Subjekt und Schüler und Lehrer als Staatsbürger konstituiert werden, in der NS-Zeit so stark an Gewicht zunehmen: Sie sind nicht durch den Gegensatz von Lehrern und Schülern bestimmt; die Form von Führungsbildung «von unten nach oben nach unten», des selbsttätigen Hocharbeitens in die Unterstellung unter übergeordnete Mächte sind hier nicht so blockiert wie im Schulunterricht.

Praxisformen im Unterricht

Es ist keineswegs so, daß die Nazis den Unterricht völlig «links» liegen ließen. Neuer Lehrstoff wurde eingeführt (Rassenkunde), Stundentafeln wurden geändert (wenn auch minimal: Zunahme des Sportunterrichts), Lesebücher und Rechenbücher umgearbeitet und neu herausgebracht, Leistungen in Fächern, die früher weniger Gewicht hatten (wie Sport), wurden aufgewertet. Dabei haben diese verschiedenen Vorgänge meines Erachtens jedoch sehr unterschiedliche *Wirkungsweisen*. Es empfiehlt sich, wenn man die Wirkungsweisen solcher Eingriffe untersuchen will, sie nicht global als «Ideologisierung des Unterrichts» oder ähnlich abzubilden, sondern danach zu fragen, wie sie jeweils in unterrichtliche Praxen eingreifen. Im Rechenunterricht bekommen die Schüler unter anderem folgende Aufgabe gestellt:

«Auf Kosten der Bezirks- und Landesfürsorgeverbände waren 1936 untergebracht: in Anstalten für Geisteskranke usw.: 209032; in Blinden-, Taubstummen- und Krüppelanstalten: 37628. Die Zahl der Verpflegungstage 1936 für beide betrug 60530575.

a) Berechne die Gesamtzahl der Geisteskranken, der Blinden, Taubstummen und Krüppel! b) Nimm die täglichen Lebenshaltungskosten mit 4,50 RM an! Wie hoch ist dann die Jahresausgabe der Bezirks- und Landesfürsorgeverbände?» (Vgl. S. 111 in diesem Band)

Was lernen Schüler, wenn sie lernen, diese Aufgabe zu lösen? Meines Erachtens ist das Entscheidende weniger, daß ihnen gewissermaßen nebenher Rassismus eingeflößt wird. Es ist schwer, über die tatsächliche Wirksamkeit des Inhalts solcher «Einkleidungen» Genaues auszusagen. Für gewichtiger und überprüfbarer halte ich, daß sie, um diese Aufgabe lösen zu können, gerade gezwungen sind, vom Text weitgehend *abzusehen*, ihn eben als eine *Einkleidung* zu behandeln, die man abstreifen muß, um das Problem in eine bearbeitbare, rechnerische Formulierung zu bringen. Was immer also Kinder von solchen Einkleidungen halten mögen – um die Aufgabe zu lösen, sind sie gezwungen, diese Einkleidung als etwas Nebensächliches zu behandeln und den rein rechnerischen Vorgang für das Wesentliche zu nehmen. Das Aufgabenarrangement hat hier eine *technokratische Struktur*: die gesellschaftliche Wirklichkeit muß reduziert werden auf ein mathematisch-technisches Problem. Wir wissen, daß dieser Technokratismus für den Massenmord an den Juden genauso verantwortlich gewesen ist wie eine manifest rassistische Ideologie. Mindestens so gefährlich wie der Rassismus war das Absehen vom Rassismus: der technokratische Reduktionismus.

Ganz anders stellt sich die Aufgabenstruktur dar, wenn die

Schüler etwa im Deutschunterricht eine Erzählung interpretieren sollen und ihnen dafür ein rassistisches Interpretationsmuster nahegelegt wird (vgl. S. 103 f. in diesem Band). Wenn man auch in diesem Falle nicht vom *Inhalt* ausgeht, sondern von der *Struktur der Tätigkeit*, handelt es sich um ein entgegengesetztes Problem wie im Fall der Rechenaufgabe. Um die Rechenaufgabe zu lösen, muß man den Rassismus als *Einkleidung entfernen*. Um die Interpretationsaufgabe lösen zu können, muß man den Rassismus als *Wesen des Textes hinzufügen*. Der Text muß als bloßer Ausdruck eines zugrundeliegenden rassistischen Wesens dargestellt werden. Aus den eigenen Unterrichtserfahrungen werden die meisten wissen, daß solche Interpretationsaufgaben viele Schüler in erhebliche Schwierigkeiten stürzen – wie sollen sie denn so genau wissen, «was der Dichter gemeint hat»? Es sind oft ganz unterschiedliche Schüler, die den rechnerisch-technischen Problemtyp bewältigen und diejenigen, die für den interpretatorischen Problemtyp Lösungen finden, mit denen die Lehrer zufrieden sind, denn es handelt sich um Aufgaben ganz unterschiedlicher Art. Sie verlangen sehr verschiedene Fähigkeiten, und der Rassismus hat in ihnen eine grundverschiedene Stellung. Geht man von der «Interpretationsnot» von Schülern aus und der – anders als im Rechenunterricht – starken Abhängigkeit von willkürlichen Lehrerentscheidungen, dann kann man vermuten, daß die rassistischen Interpretationsmuster – was immer sie auch von ihnen halten mochten – viele Schüler zunächst einmal von einer großen Sorge entlastet haben: der «Interpretationsnot». Ohne genauere Forschungen kann man nicht sagen, ob rassistische Interpretationsmuster im Unterricht mehr zur Übernahme rassistischer Einstellungen geführt haben oder zu einer zynisch instrumentellen Einstellung (wie sie bis heute, auf andere Weltanschauungen bezogen, im Unterricht anzutreffen sein dürfte). Selbst bei einer rein instrumentellen Einstellung wird das Interpretationsproblem in gewissem Sinne «demokratisiert», es hängt weniger von «Begabung» ab, ob man so etwas kann oder nicht. Für die Herausbildung von «Gebildeten» spielt die Interpretationsbegabung aber eine große Rolle. Das leichter verfügbare rassistische Raster könnte dazu beigetragen haben, dem «Interpretieren» etwas von seinem elitären Charakter zu nehmen.

Ein ganz anderer Problemtyp liegt wiederum im Sportunterricht vor. Seine Leistung für den Nazismus dürfte darin bestanden haben, militärische Auseinandersetzungen in körperliche Herausforderungen zu verwandeln (angesichts der hochtechnisierten Armeen des Zweiten Weltkriegs keineswegs ein selbstverständlicher Vorgang).

Die verschiedenen Praxisarten im Unterricht liefern also ganz verschiedene Mittel für die aktive Selbstunterstellung unter die Naziherrschaft. Die Liste, die das Material vorläufig nahelegt, enthält mindestens folgende Elemente und Leistungsaspekte:

- rechnerisch-technische Praxen: Technokratisierung,
- interpretatorische Praxen: Entlastung von «Interpretationsnot»,
- sportliche Praxen: Transformation militärischer Auseinandersetzungen in körperliche Herausforderungen.

Solche Praxen sind keineswegs mit «Fächern» gleichzusetzen; auch im Sportunterricht können rechnerisch-technische oder interpretatorische Praxen vorkommen; der Deutschunterricht ist durchsetzt von dem handwerklichen Problem der Schönschrift. Diese verschiedenen Praxen unterschieden sich durch unterschiedliche Formen der Problemdefinition, der Lösungsstrategien und der Definition von Ergebnissen. Der integrative Effekt solcher Praxen ergibt sich durch die Form ihrer Eingliederung in umfassende Zusammenhänge: der Sport wird in den Krieg eingebaut, das technische Problemlösen in die Organisation von Massenmordfabriken, das Interpretieren in die alltäglichen Führungsaufgaben als HJ-Führer oder BDM-Führerin.

Literaturhinweise

Nyssen, Elke: Schule im Nationalsozialismus. Heidelberg 1979

Scholtz, Harald: Nationalsozialistische Machtausübung im Erziehungsfeld und ihre Wirkungen auf die junge Generation. Studieneinheit für die Fernuniversität Hagen. 3 Teile. Hagen 1981

Ich beziehe mich in meinem Beitrag in einigen Teilen auf eine frühere Untersuchung:

Nemitz, Rolf: Die Erziehung des faschistischen Subjekts. In: Projekt Ideologie-Theorie: Faschismus und Ideologie 1. Argument Sonderband 60, 1980, S. 147–179

Diese Analyse stand im Forschungszusammenhang des Projekts Ideologie-Theorie. Auch in dem hier vorgelegten Beitrag stütze ich mich, vor allem was die Faschismustheorie und die Ideologietheorie angeht, auf die Arbeiten dieses Forschungsprojekts:

Projekt Ideologie-Theorie: Theorien über Ideologie: Argument Sonderband 40, 1979

Projekt Ideologie-Theorie: Faschismus und Ideologie. Argument Sonderband 60 (Bd. 1) 1980; Argument Sonderband 62 (Bd. 2) 1980 (Bd. 3 erscheint 1983)

Die Überlegungen zu Herrschaftsverhältnissen, Bereichen und Politik sind beeinflußt durch:

Bowles, Samuel/Gintis, Herbert: Die Heterogenität von Macht. Das Argument, Jg. 25, H. 140 (1983), S. 494–507

Anregend zur Konstituierung von «Wissen» in der Schule ist der Aufsatz:

Bernstein, Basil: Über Klassifikation und Rahmung pädagogisch vermittelten Wissens. In: Ders.: Beiträge zu einer Theorie des pädagogischen Prozesses. Frankfurt/Main 1977, S. 125–162
Eine Untersuchung über Schülerwiderstand, die jede Verherrlichung vermeidet, und zugleich eine der wichtigsten Analysen schulischer Prozesse ist:
Willis, Paul: Spaß am Widerstand. Frankfurt/Main 1979
Eine gründliche historische Analyse der Unterrichtsform liefert:
Petrat, Gerhardt: Schulunterricht. Seine Sozialgeschichte in Deutschland 1750 bis 1850. München 1979

Hilde Schramm

Antifaschistische Erziehung. Erfahrungen und Perspektiven

Es ist sicher nur auf den ersten Blick richtig, Desinteresse oder Provokation von Schülern als Ergebnis quantitativer Übersättigung mit dem Thema Faschismus zu deuten, wie dies häufig geschieht. Viele Beispiele von Klassen, die mit anhaltendem Interesse das Thema mehrmals, zum Teil in verschiedenen Fächern oder kontinuierlich über einen längeren Zeitraum bearbeiteten, belegen dies. Allerdings scheint sich die generelle Abwehr gegen schulisches Lernen beim Thema Faschismus besonders schnell zu entwickeln. Das ist verständlich; denn eine Kritik am Faschismus ist voller Versprechungen hinsichtlich demokratischer Teilhabe und erfüllter Lebensformen, die sich, um glaubwürdig zu sein, gerade im Unterricht zu diesem Thema niederschlagen müßten.

Praktische Folgerungen aus der Einsicht, daß gerade beim Thema Faschismus demokratische Unterrichtsinhalte und demokratische Unterrichtsformen sich wechselseitig verstärken müssen, sind in den letzten Jahren vielerorts gezogen worden. Ich beziehe mich im folgenden vor allem auf die in dem Band «Wider das Vergessen» (hg. von der GEW Berlin, 1981) zusammengestellten Erfahrungen von Berliner Lehrerinnen und Lehrern sowie auf die publizierten Auszüge aus Schülerarbeiten, die im Rahmen des «Schülerwettbewerbs Deutsche Geschichte» 1981 zum Thema «Alltag im Nationalsozialismus – Vom Ende der Weimarer Republik bis zum Zweiten Weltkrieg» entstanden (Galinski, Herbert, Lachauer, 1982; Galinski, Lachauer, 1982).

Erwartungen von Schülern und Lehrern

1979/80 habe ich 43 Lehrerinnen und Lehrer, die ich als besonders engagiert in der Auseinandersetzung mit der NS-Vergangenheit und als selbstkritisch gegenüber ihrem Unterricht kannte oder die mir als solche genannt worden waren, über ihre Unterrichtserfahrungen mit dem Thema Faschismus befragt (Schramm, 1981). Aus ihren Erfahrungsberichten geht hervor, daß dieses Thema in der Erwartung der Schüler und der Lehrer nicht ein Thema wie jedes andere ist. Die von mir befragten Lehrerinnen und Lehrer berichteten fast übereinstimmend, daß die Schüler besonders in den siebten und achten Klassen großes Interesse äußern, über die NS-Vergangenheit zu arbeiten; ein Interesse, das häufig auf später vertröstet wird.

Dieses Hinausschieben und die Enttäuschung der Schüler über eine noch so gut geplante «traditionelle» Unterrichtseinheit am Ende der Mittelstufe wurden von den Lehrern als eine Ursache von Desinteresse und Provokationen genannt. Darüber hinaus fühlen sich Schüler bisweilen von der Betroffenheit der Lehrenden, die nicht ihre Betroffenheit ist, überfordert. Die wechselseitige Enttäuschung der Erwartungen und die Überforderung werden in dem folgenden Ausschnitt aus einem Interview mit einer Gesamtschullehrerin als ein sich aufschaukelnder Prozeß geschildert:

«Es ist ja so, daß die Schüler meistens Jahre vorher immer sagen: ‹Wann machen wir endlich mal das Thema im Unterricht?› Und wenn's dann drankommt, sind sie auch in den ersten Tagen dabei. Dann schlafft das Interesse unheimlich schnell ab, weil sie merken, das ist genau derselbe Unterricht wie sonst auch, und das wird alles so theoretisch aufgearbeitet ... Und wenn sie dann noch vor Konflikten mit dem Lehrer gestanden haben, dann nützen sie das tatsächlich auch aus, um ihn zu verletzen oder zu provozieren. Und damit können sie's auch ... die irren Erwartungen, die wir haben, und die irren Erwartungen, die sie haben. Und dann merken sie gleich: Der Lehrer kriegt eine ganz andere Stimme. Das ist jetzt für den unheimlich wichtig. Das können sie wieder nicht einschätzen, warum die Stimme jetzt auf einmal so ... vibriert. Dann hauen sie schnell ab, oder das schlägt schnell um. Also sie fühlen sich einfach überfordert. (...) Du willst alles erklären und bist dann wieder enttäuscht, daß die das nicht wollen. Also sind sie wieder sauer, weil sie merken, wie engagiert du bist. Dann bist du wieder sauer auf die Schüler. Das schaukelt sich hoch. Und nachher stehst du da mit der Unterrichtseinheit. Und die Schüler haben eine Abwehr, und du hast eine Abwehr.

Jetzt meine ich, daß es wichtig ist, daß man keine zu hohen Erwartungen hat, sondern sich sagt, Kampf gegen Faschismus ist überhaupt nicht beschränkt auf diese Unterrichtseinheit, sondern ist wirklich eine alltägliche Sache. (...) Man muß davon wegkommen als Lehrer, dieses Gefühl zu haben, ich muß die Schüler nach dieser Unterrichtseinheit überzeugt haben. Wenn man davon wegkommt, dann steht man auch nicht mehr so verkrampft da und hat nicht mehr das Gefühl, ich bin jetzt dafür verantwortlich, daß sie als Antifaschisten sozusagen rauskommen.» (Schramm, 1981, S. 32)

Aus diesen und ähnlichen Beobachtungen und Überlegungen haben Lehrerinnen und Lehrer die Konsequenz gezogen – und damit ermutigende Erfahrungen gemacht –, immer wieder Anlässe und Fragen zum Thema «Faschismus» aufzugreifen und immer nur so weit zu verfolgen, wie die Schülerinnen und Schüler es wollen und die Auseinandersetzung mit dem Gegenstand aktiv tragen. Die in der neunten bzw. zehnten Klasse vorgeschriebene Unterrichtseinheit ist dann nur noch Abschluß einer längeren Beschäftigung mit dem deutschen Faschismus und beiderseits nicht mehr mit überhöhten Erwartungen belastet.

Ambivalentes Schülerinteresse

Alle Formen der Vermittlung, die im Unterricht eine Abwehr der Schülerinnen und Schüler gegen ein Sachgebiet verringern oder erst gar nicht aufkommen lassen, sind gerade beim Thema Faschismus wichtig, da die Schüler hier besonders sensibel auf die Unterrichtsgestaltung reagieren. Unerläßlich ist es beispielsweise, die Vorkenntnisse der Schüler einzubeziehen. Dabei werden allerdings auch Interessen und Phantasien geäußert, mit denen viele Lehrer schwer umgehen können: Interesse an der Biographie Hitlers, das dem Bestreben, eine Personalisierung der Geschichte zu vermeiden, entgegensteht; oder Interesse an und Kenntnisse in Militärstrategie und Waffentechnik, verbunden mit der Tendenz, einer Diskussion der Kriegsziele und -folgen auszuweichen; oder Interesse an ideologieträchtigen, «ungereinigten» Originaldokumenten, von denen Lehrer befürchten, es könnte von ihnen nach wie vor eine Verführung ausgehen. Lehrer berichten zudem über Neugier auf außergewöhnliche und spannungsreiche Ereignisse, über Allmachtsphantasien, über die Anziehungskraft von Grausamkeiten. Fast immer stehen die Erwartungen der Lernenden einer chronologischen Unterrichtsplanung entgegen, die zunächst von den Entstehungsbedingungen des Faschismus ausgehen möchte, vor allem auch von den ökonomischen. Die Jugendlichen projizieren ihre Ängste und Wünsche auf die Vergangenheit, solange sie diese nicht in der Gegenwart bearbeiten können:

«Die Mittelklassen-Schüler wollen ihr Selbstbewußtsein ausbilden – also identifizieren sie sich mit dem Führer, sofern der Geschichtsunterricht nicht auf andere Weise zur Ausbildung des Selbstbewußtseins beiträgt. Die Schüler möchten gerne auf dem Motorrad durch die Gegend rasen – also erscheint ihnen an der NS-Historie der Autobahnbau besonders wichtig, es sei denn, der Geschichtsunterricht verstünde sich darauf, auf andere Weise zur Steigerung des Lebensgefühls der Schüler beizutragen. Die Schüler interessieren sich für sexuelle Vorgänge – also sind sie neugierig auf Hitlers Beziehungen zu Frauen oder auf ‹Lebensborn›-Histörchen, wenn der Geschichtsunterricht nicht auf andere Weise der Entkrampfung und Vertiefung der Kommunikation zwischen den Geschlechtern dient. Die Schüler haben Angst vor Arbeitslosigkeit: also erscheint es ihnen vor allem wichtig, daß ‹Hitler die Arbeitslosigkeit beseitigte›, solange der Geschichtsunterricht nicht diese Lebensangst und ihre Lösungsmöglichkeiten thematisiert.» (Radkau, zitiert in: Paul, 1979, S. 190f)

In dem Maße, wie die Subjektivität der Schüler nicht in den Unterricht eingehen darf, wird sie zum Störfaktor. Sie setzt sich «hinterrücks in einer nicht gewünschten Richtung durch» (Paul, 1979, S. 190). Die Frage ist allerdings, ob und wie weit die heutige Schule mit einseitiger Belohnung kurzfristiger Gedächtnisleistungen, mit Selektion, Benotung und Fachlehrerprinzip überhaupt Raum läßt für die Einbeziehung der Schülersubjektivität. In dem Zitat von Radkau fällt auf, daß er die Öffnung für die Lebensprobleme der Jugendlichen ausdrücklich dem Geschichtsunterricht zuweist. Vermutlich ist mitgedacht, daß auch die anderen Fächer die Wünsche und Ängste der Schüler ernst nehmen. Damit werden aber die Schwierigkeiten, diese Forderung praktisch zu verwirklichen, nicht geringer.

Verordnete Betroffenheit

Neben einem Geschichtsunterricht, der primär auf Wissensvermittlung abzielt, steht ein Unterricht, durch den sich die Schüler moralisch erdrückt fühlen. Es ist schwer zu sagen, was von den Jugendlichen im einzelnen als «verordneter Antifaschismus» in der Schule erlebt wird und zu Gegenreaktionen führen kann, seien es Desinteresse, Provokationen oder gar die Entstehung bzw. Verfestigung von inhaltlichen Gegenpositionen. Sicher liegt eine wichtige Ursache in der generellen Schwierigkeit, die sich aus der Verschulung des Lernens ergibt. Beim Thema «Faschismus» tritt zur erhöhten Sensibilität der Schüler gegenüber dem Auseinanderfallen von Inhalt und Form des Unterrichts die Schwierigkeit hinzu, in schulischen Situationen Gefühle zuzulassen. Gerade bei diesem Thema werden oft Emotionen geweckt, die im anschließenden Mathematik- oder Sportunterricht schnell wieder weggedrängt werden müssen. Es ist verständlich, daß dieses von außen verfügte «Umschalten» leicht zu Abstumpfung oder Protest der Schüler führt.

Diese allgemeine Erklärung muß ergänzt werden durch Überlegungen, die die biographische Ferne der heutigen Jugendlichen zur NS-Vergangenheit einbeziehen. Sie muß die Tatsache berücksichtigen, daß diese Schüler auf Lehrer und Lehrerinnen treffen, deren politische Sozialisation häufig durch eine streitbare und oft auch leidvolle Auseinandersetzung mit der Rolle ihrer Eltern im Faschismus geprägt ist:

«Die jetzige Schülergeneration ist die erste, die keinen besonderen Bezug zu diesem Thema hat, die nicht in der Kontinuität der Faschismusdebatte steht, die weder einen Zugang zur Verdrängung und Tabuisierung des Nationalsozialismus hat, noch zur Entlarvung und Schuldzuweisung in diesem Zusammenhang. Ihr Verhältnis zur deutschen Zeitgeschichte ist vielfältig gebrochen – umstellt und aufgefordert von einer Faschismusdebatte, die nicht die ihre ist und dennoch mit moralischen Erwartungen und Forderungen an sie herantritt. Die Zumutung eines ‹besonderen› Verhältnisses zu diesem Thema, die ultimative Aufforderung zur Betroffenheit, zur Adaption eines moralisch gefestigten Standpunktes a priori tritt vielen Jugendlichen heute als Verordnung einer offiziellen, autoritativen Institution gegenüber, auf die unsicher reagiert wird.» (Herbert, 1983, S. 16)

Die Beteiligung an der Erforschung der Alltags- und Lokalgeschichte des Faschismus – oder zumindest die Übernahme von Anregungen aus dieser Forschungsrichtung – ist für Lehrer und Schüler eine Chance, einen neuen *gemeinsamen* Zugang zum historischen Faschismus und seiner Bedeutung für die Gegenwart zu finden. Diese Fragerichtung kann die zeitliche und räumliche Ferne des historischen Faschismus für die Schüler verringern und bei Lehrern dazu beitragen, feststehende Bewertungen und Einordnungen aller Phänomene aufzulösen. Die Schüler entdecken über Dokumente und Gespräche mit Menschen, die die NS-Zeit miterlebt haben, mit Erstaunen, «daß es den Nationalsozialismus wirklich gegeben hat» (Herbert, 1983, S. 21) – und zwar nicht irgendwo, sondern genau da, wo sie heute leben. So kann ein Gefühl für die historische Nähe des Faschismus entstehen, die nicht vergleichbar ist der Ferne anderer historischer Epochen und Ereignisse. Sowohl durch die Verdrängungen der fünfziger Jahre durch das vorrangige Interesse an Faschismustheorien, insbesondere den Entstehungsbedingungen des Faschismus, und durch die Konzentration auf die Pole Terror und Widerstand seit Mitte der sechziger Jahre waren die vielschichtigen Erscheinungsformen der faschistischen Wirklichkeit und die Breite der damaligen Verhaltensmöglichkeiten ausgeblendet. Im Prozeß, diese erkennen und verstehen zu wollen, sind sowohl die Schüler als auch die Lehrer *Lernende*.

Bei Untersuchungen, die sich mit dem Alltag des Faschismus beschäftigen, wird Betroffenheit nicht durch Medien ausgelöst, die kein emotionales Ausweichen erlauben. Diese erzeugen neben Hilflosigkeit leicht Schuldgefühle bei den Schülern, weil ihre Anteilnahme an den mitgeteilten Sachverhalten allemal unangemessen bleibt. Betroffenheit kann vielmehr für den einzelnen an unterschiedlichen Stellen langsam entstehen, in dem Maße, wie Leid, aber auch Selbsttäuschung oder Schuld einzelner Menschen nachvollziehbar werden – nachvollziehbar in dem Sinne, daß Überheblichkeit aufgrund der Nähe zu eigenen Verhaltensdispositionen nicht aufkommt. Die Nachvollziehbarkeit wird begleitet von dem Entsetzen darüber, daß diese Verhaltensweisen in der zugespitzten Krise des Kapitalismus, im Faschismus, mit unmenschlichen Folgen lebensbestimmend werden konnten. Betroffenheit entsteht hier durch selbständiges, entdeckendes Lernen, da das Ausmaß der emotionalen und kognitiven Auseinandersetzung von den Jugendlichen selbst bestimmt werden kann. Dieses selbständige Entdecken von Zusammenhängen ist selbstverständlich nicht auf lokalhistorische Projekte beschränkt.

Antifaschistische Projekte

Es ist sicher nicht zufällig und auch nicht durch das Auftreten von Rechtstendenzen unter Jugendlichen hinreichend zu erklären, daß sich Ende der siebziger Jahre die Kritik am schulischen Lernen gerade an der Vermittlung des Themas «Faschismus» konkretisierte. Ein Ergebnis dieser Auseinandersetzungen waren die in einem bisher nicht gekannten Ausmaß durchgeführten lokalhistorischen und andere Projekte. In Berlin fanden an vielen Schulen Projekttage zum Thema «Faschismus» statt.[1] Neben Ausstellungen mit Schülerarbeiten wurde eine Vielzahl anderer Formen der Auseinandersetzung mit dem Faschismus vorgestellt, die nach Einschätzung der meisten Lehrer engagierter abliefen als im Regelunterricht. Lehrer ohne theaterpädagogische Erfahrungen entdeckten über das Engagement und den Einfallsreichtum ihrer Schüler die Möglichkeiten, die im darstellenden Spiel stecken. Teils schrieben die Schüler Szenen selbst, teils suchten sie sich Stücke zur Umsetzung aus. Ein Oberstufenkurs führte unter Einbeziehung von Verfremdungselementen ein faschistisches Propagandastück, abgedruckt in der nationalsozialistischen Schülerzeitschrift «Hilf mit», auf. Das einfache, aber wirksame Mittel, Arbeitsergebnisse in Form eine Ton-Dia-Schau anderen Schülern mitzuteilen, wurde ausprobiert. An die alte pädagogische Erfahrung, nach der Schüler verschiedener Altersstufen einander mit Gewinn Zusammenhänge vermitteln können, wurde angeknüpft. Gestaltpädagogische Ansätze flossen ein in den Versuch, historisch zurückliegende Situationen und Verhaltensweisen nachzuempfinden. Das Erstaunen über die eigene unsinnige Gehorsamsbereitschaft in einer simulierten Entscheidungssituation führte zur Problematisierung gegenwärtiger Verhaltensdispositionen. In mehreren lokalhistorischen Untersuchungen, zum Teil schon von Schülern des siebten und achten Jahrgangs durchgeführt, wurde

1 Das genannte Buch der GEW Berlin «Wider das Vergessen» enthält eine Auswertung dieses Versuchs, die Auseinandersetzung mit dem Faschismus ein Stück weit zu entschulen (Deiters u. a., 1981), sowie eine größere Anzahl kürzerer Berichte über Projekte, die in den Fächern Geschichte, Deutsch, Politische Weltkunde, aber auch in den Naturwissenschaften und in Mathematik durchgeführt wurden.

die raum-zeitliche Distanz zur NS-Vergangenheit verringert. Berichte über Gedenkstättenbesuche sowie über Reisen nach Israel und Polen wurden ausgetauscht.

Ich habe keine Projektinhalte, sondern Projektmethoden skizziert. Das wichtigste Ergebnis der Projekttage war nämlich die Erfahrung, daß viele Schülerinnen und Schüler zu einer Auseinandersetzung mit dem Faschismus angeregt werden, wenn ihnen die Verantwortung für ihre Lernprozesse nicht abgenommen wird, wenn sie mehr Selbstbewußtsein im Hinblick auf ihre Fähigkeiten entwickeln können und sich ein öffentliches Interesse für ihre Arbeitsergebnisse herstellen läßt.

Als diese Projekttage sich auszubreiten und andere Themen einzuschließen begannen, wurde in Berlin – wie andernorts – ihre Durchführung erschwert. Inzwischen muß die veranstaltende Schule mindestens vierzehn Tage vor dem Projekttag eine genaue organisatorische und didaktische Planung – unter Angabe aller Lernziele, begründet durch den Rahmenplan, und aller Medien, selbst aller Texte, die verwendet werden sollen – dem Senator für Schulwesen zur Genehmigung vorlegen. Ganz abgesehen von der Zusatzarbeit, die diese Auflage bedeutet, reduziert allein der frühe Planungsabschluß die Eigentätigkeit der Schüler so weit, daß vom ursprünglichen Projektgedanken wenig übrigbleibt. Weder von Ausstellungen, die wesentlich von Schülern vorbereitet werden, noch von Aufführungen oder anderen produktorientierten Schülerarbeiten kann man erwarten, daß sie zwei Wochen vor einem Projekttag fertiggestellt sind. Sie entfallen also in der Regel schon allein deshalb, weil sie inhaltlich und formal nicht rechtzeitig beschrieben werden können.

Neben den frühen Planungsabschluß mit seinen einengenden methodischen Folgen tritt die inhaltliche Zensur. Diese schlug sich in zum Teil grotesken Präzisierungsgeboten nieder. So sollte der bekannte Friedensforscher und Vizepräsident der Freien Universität, Ulrich Albrecht, den Inhalt seines geplanten Vortrages in der Scharfenberg-Schule in Berlin-Reinickendorf vorher bekanntgeben. Zwei Vertretern der Vereinigung der Verfolgten des Naziregimes (VVN) wurde untersagt, neben Widerstandskämpfern anderer Verbände an der Fichtenberg-Oberschule in Berlin-Steglitz zu sprechen. Bei diesen Erschwernissen wundert es kaum, daß der Elan, mit dem die Projekttage 1979/80 begonnen wurden, stark nachgelassen hat.

Daß gleichwohl das Thema «Faschismus» nach wie vor viele Jugendliche zu eigenständiger und freiwilliger Arbeit anregen kann, zeigt die Beteiligung am Schülerwettbewerb um den Preis des Bundespräsidenten. Mit mehr als 12000 Jugendlichen hatte die Zahl der Teilnehmer und Teilnehmerinnen sich gegenüber früheren Wettbewerbsthemen nahezu verdreifacht. Zumindest die publizierten Projektergebnisse beeindrucken in mehrfacher Hinsicht: durch die Arbeitsintensität, die sich in ihnen manifestiert; durch die öffentliche Auseinandersetzung mit der weitgehend verdrängten lokalen NS-Vergangenheit, die die Schüler mit ihren Arbeiten besonders in kleinen Städten und Gemeinden auslösten; durch die einfühlsame und rücksichtsvolle Befragung älterer Menschen, und zwar nicht nur der ehemaligen Regimegegner. Immer wieder stößt man zudem auf Schülerarbeiten, die zwar durch den Wettbewerb angeregt, dann jedoch davon unabhängig über einen längeren Zeitraum zu Ende geführt wurden.[2]

Diese Wettbewerbsarbeiten sind mit den Ergebnissen von Projekttagen an Schulen schwer zu vergleichen. Sie sind häufig von einem Schüler oder einer kleinen Gruppe verfaßt, selten von ganzen Schulklassen oder Kursen. Die Schüler arbeiteten weitgehend unabhängig vom Unterricht. Zumindest die publizierten Arbeiten setzen Maßstäbe, die die Gefahr mit sich bringen, auf andere Schüler abschreckend zu wirken. Es muß also weiterhin überlegt werden, wie die Anregungen, die von solchen außergewöhnlichen Schülerarbeiten ausgehen, in den Schulalltag, zu dem ich auch die Projekttage zähle, einzubeziehen sind.

Erkundungen zur NS-Vergangenheit der eigenen Schule

Unter den Schülerprojekten sind diejenigen besonders interessant, die sich mit der Geschichte der eigenen Schule auseinandersetzen. Bei meinen Interviews hoben die Lehrerinnen und Lehrer hervor, daß der Themenkomplex «Jugend, Erziehung, Schule» von den Schülern am häufigsten ausgesucht wurde, wenn sie bei Gruppenarbeiten, Referaten oder bei der Festlegung von Schwerpunkten die Themen selbst bestimmen konnten (Schramm, 1981, S. 75). Die Nähe des Themas zur eigenen Lebensphase gibt hierfür sicher den Ausschlag. Unter den Einsendungen des Schülerwettbewerbs kristallisierte sich der gleiche Schwerpunkt heraus. Während die anderen Themen weit streuen, forschte ein Viertel aller Teilnehmer über die Situation von Jugendlichen an ihrem Heimatort. Aus einer Auswertung von Ulla Lachauer (1983), die als wissenschaftliche Mitarbeiterin beim Schülerwettbewerb alle Arbeiten kennt, geht hervor, daß innerhalb dieses Schwerpunktes sich das Thema «Schule» als ergiebiger für eine Bearbei-

2 Ich verweise hier beispielhaft auf die Broschüre einer ehemaligen Gymnasialklasse und ihres Lehrers, G. Liszkowski: Geschichte eines Außenlagers, KZ-Sasel, herausgegeben von der Schulleitung des Gymnasiums Hamburg-Oberalster (1981).

tung erwies als das Thema «Hitler-Jugend». Bei letzterem gelangten die Schüler bei den Quellen nur selten über eine Unmenge von Propagandamaterial, das keine lokalhistorisch relevanten Aufschlüsse gab, hinaus. Für das Thema «Schule» konnte sich die Aufmerksamkeit dagegen auf konkrete Vorfälle, festgehalten in den Schulakten und Chroniken, richten. Bei den Interviews zeigten sich ähnliche Unterschiede:

«Von der Sache her waren die Befragungen zum HJ-Leben meist deutlich weniger ergiebig als zu anderen Themen. Zum einen verführte die Annahme von der prinzipiellen Aussagefähigkeit aller über 50jährigen häufig zur Wahllosigkeit beim Aussuchen der Gesprächspartner oder auch zu oberflächlichen Massenumfragen ... nur wenige Schüler nutzten die Möglichkeiten, auch Eltern, Lehrer oder geistliche Erzieher zu befragen. Aus beidem resultierte wohl die besonders hohe Diffusität und zum Teil auch Banalität vieler Gespräche, die noch dadurch erhöht wurde, daß die Schüler ihrerseits oft auf einen groben Gesprächsplan verzichteten. Das Ergebnis war ein ‹historischer small talk›. Bei der Untersuchung einer einzelnen Schule war dagegen der Kreis der Interviewpartner von vornherein eingegrenzt, schloß noch lebende Lehrer und Geistliche mit ein, und man konnte deren Aussagen viel gezielter auf vorhandenes schriftliches Quellenmaterial beziehen.» (Lachauer, 1983, S. 40f)

Es spricht also einiges dafür, Schulklassen zur Erforschung der Geschichte ihrer eigenen Schule anzuregen. Aus Berlin sind mir fünf veröffentlichte Projekte zur Schule in der NS-Zeit bekannt[3], aus anderen Orten weitere Arbeiten[4]. Die Schüler arbeiteten mit unterschiedlichen Quellen. Am häufigsten verwendet wurden die Jahresberichte oder Schulchroniken, die an allen Schulen geführt werden mußten. Diese enthalten unter anderem Angaben über Zu- und Abgänge von Lehrern und Schülern, über Schulfeiern und Ansprachen. Hinzugenommen wurden Erlasse und Anordnungen der Schulbehörden sowie der Briefwechsel zwischen Schulleitung und Schulaufsicht bzw. Eltern. Eine unterschiedlich große Bedeutung besaßen die Interviews mit ehemaligen Schülern und Schülerinnen, die zum Teil private Erinnerungsstücke zur Verfügung stellten. Die offiziellen Dokumente wurden entweder in der Schule selbst gefunden oder an einer zentralen Stelle. In Berlin zum Beispiel liegen die Jahresberichte der meisten Gymnasien im Archiv des Pädagogischen Zentrums. Dort stehen auch die Amtsblätter des Reichsministeriums für Wissenschaft, Erziehung und Volksbildung.

Schon diese Materialgrundlage reichte aus, um eine spannende Ausstellung zu gestalten oder eine Broschüre zur NS-Geschichte der eigenen Schule herauszugeben. Sicher ist es günstig, wenn sich in einer Schule oder in einem Archiv zusätzliche Unterlagen – etwa Abiturarbeiten, Klassenbücher, Festschriften, Lebensläufe – finden, Bedingung für eine sinnvolle Arbeit über die eigene Schule sind sie aber nicht: Aus den Jahresberichten bzw. Chroniken gehen bereits wichtige Fakten hervor wie zum Beispiel die Suspendierung eines Schulleiters und die kommissarische Einsetzung eines neuen noch im Jahre 1933 oder die Entlassung von Lehrerinnen und Lehrern. Rückschlüsse auf die politische Zusammensetzung des Kollegiums vor und nach 1933 können aus ihnen also gezogen werden. Zum Teil haben Schüler die Biographie und das weitere Schicksal eines oder mehrerer aus politischen Gründen suspendierter Lehrer verfolgt. Die Informationen über die Abgänge von Schülerinnen und Schülern können Anhaltspunkte über rassische und politische Verfolgungen geben. Auch hier waren Versuche, das Schicksal solcher Schüler zu erkunden, zum Teil erfolgreich. Angaben über schulfreie Tage und den Grund des Unterrichtsausfalls (zum Beispiel: das Ergebnis der Abstimmung im Saargebiet 1935), Themen der Ansprachen bei Schulfeiern bieten genügend Anregungsstoff, um Elementen der NS-Ideologie und den Versuchen, sie in der Schule zu verankern, mit Hilfe von Literatur aus der Zeit (Schulbücher, Anweisungen für Schulfeiern, Richtlinien für einzelne Fächer usw.) nachzugehen.

Zweifellos ist es auch erstrebenswert, die offiziellen Schulakten, die Sprachregelungen des Regimes übernahmen, mit den Erinnerungen ehemaliger Schüler und Schülerinnen zu konfrontieren, die konfliktreiche und brüchige Ereignisse und Verhaltensweisen im Schulalltag aufzeigen können. Dabei muß allerdings die Gefahr berücksichtigt werden, daß nicht selten ehemalige Schüler ihre Schulzeit als weitgehend frei von politischer Indoktrination und Unterdrückung beschreiben. Wenn die heutigen Schüler nicht bereits genügend

3 Eine kurze Beschreibung dieser Projekte findet sich in dem Band «Wider das Vergessen» (1981, S. 248–61). Fünf Schüler der Berliner Schadow-Schule haben eine Broschüre «Zwischen Anpassung und Widerstand, Schadow-Schule 1933–1945» zusammengestellt. Mit der Erforschung der Geschichte des Kant-Gymnasiums in Berlin befaßt sich eine Arbeitsgemeinschaft dieser Schule.

4 Auszüge aus der Arbeit von Klaus van Eickels über das bischöfliche Internatsgymnasium «Collegium Augustinianum Gaesdonck» bei Kleve und aus der Arbeit von Robert Möhle über ein humanistisches Gymnasium in Mainz sind abgedruckt in dem Band «Nazis und Nachbarn» (1982, S. 75–105); weitere Ausschnitte der genannten Arbeiten finden sich in dem Band «Alltag im Nationalsozialismus 1933–1939» (1982, S. 154–163 u. 212–221). Die von einem Leistungskurs Geschichte am Gymnasium Uhlenhorst-Barmbek (Hamburg 1980) erstellte Broschüre zu der Ausstellung «Krieg und Faschismus in Barmbek» enthält einen Abschnitt über «Schule im Faschismus» (S. 19–24).

32 ehemalige Schüler der Gerhart-Hauptmann-Realschule in Kassel veröffentlichten zusammen mit ihrem Lehrer das Taschenbuch «Schule im Dritten Reich – Erziehung zum Tod?» (München 1983).

Kenntnisse über die NS-Zeit haben, auf die sie diese Erinnerungen kritisch beziehen können, wenn sie positive Schilderungen nicht aufgrund vorgängiger Informationen über leidvolle Ausgrenzungen von Schülern relativieren können, kann ein Lehrer nur noch schwer korrigierend gegen den starken Eindruck der Erzählungen ankommen. Die Äußerungen zweier ansonsten durchaus kritischer Schüler verdeutlichen diese Schwierigkeit:

«Mit dem Vorurteil, daß die NS-Zeit nur Schlechtes der Schule und den Schülern brachte, sollte man vorsichtig sein, denn ehemalige Schülerinnen der LBO (Lily-Braun-Oberschule; d. Verf.), die die Zeit miterlebt haben, urteilen über die Situation der damaligen Zeit nicht negativ; sie begrüßen sie eher. Auch hier wurde auf der Ausstellung größtenteils fast nur das Negative zum Vorschein gebracht. Bei der Aufstellung der einzelnen Informationsquellen fehlte also die Objektivität.» (Brombacher, 1981, S. 251)

Die Gefahr der Beschönigung der Schul- oder HJ-Erfahrungen hat mehrere Gründe. Hier trifft die Neigung, die eigene Kindheit und Jugend zu idealisieren, mit der Tendenz zusammen, erlittene und zugefügte Demütigungen zu verdrängen. Bei Kindern oder Jugendlichen ist die Fähigkeit noch wenig ausgebildet, Erlebnisse zusammen mit dem «heimlichen Lehrplan», der über diese vermittelt wird, zu sehen. Die Erinnerung kann dann die beabsichtigten überindividuellen Prägungen nicht festhalten, weil diese in der Situation selbst nicht bewußt wurden. Gerade die NS-Pädagogik machte es zudem dem einzelnen schwer, ihre spezifische Verbindung von reformpädagogischen Elementen mit der menschenverachtenden Propagierung von Feindbildern und Kampfbereitschaft zu durchschauen. Es ist deshalb notwendig, in der Klasse die Gefahr der Ausblendung von Realitätsausschnitten und der Beschönigung der eigenen Kindheit und Jugend zu besprechen, bevor Gespräche mit ehemaligen Schülern und Schülerinnen stattfinden.

Die unkritische Übernahme von Interviewaussagen ist eine der möglichen Formen, in der sich der Widerspruch auflöst zwischen den Aussagen von sogenannten Zeitzeugen und dem Bild der totalen Indienstnahme der Jugend, das in den Schulbüchern vermittelt wird. Ulla Lachauer beschreibt die Schwierigkeiten der Schüler, die sich aus der Unterschiedlichkeit der Informationen ergeben, folgendermaßen:

«Die Schüler sahen sich in einer Zwickmühle. Die Version der Zeitgenossen klang zwar, insbesondere was deren Gründe zum (begeisterten) Mitmachen anging, plausibel, das nachträgliche Beharren auf dem ‹normalen›, ‹unpolitischen› oder sogar partiell ‹vorbildlichen› Charakter der nationalsozialistischen Jugenderziehung weckte jedoch starke sachliche und moralische Zweifel. Die Version der Schulbücher war dagegen sachlich und moralisch eindeutig, stimmte aber mit den Befunden der Interviews und auch vieler schriftlicher Quellen nicht überein. Nur wenige Schüler sahen dieses Dilemma in voller Schärfe, nur wenige konnten sich daraus befreien und neue Deutungsmuster entwickeln. Die meisten nahmen, teils naiv, teils mit Unbehagen, bei den Interpretationen der Schulbücher Zuflucht und suchten nach Belegen für die totalitäre Durchdringung des Erziehungswesens. Ein typisches Beispiel: Von fünf aufgefundenen Schulbüchern aus der Mitte der dreißiger Jahre wurden nur die zwei zur Argumentation herangezogen, die auffällig nationalsozialistische Passagen enthielten. Die Ungereimtheiten der Interviews wurden in den Anhang verbannt.» (Lachauer, 1983, S. 40)

Die «neuen Deutungsmuster», die zu entwickeln wären, müßten sowohl die Schulbücher wie die Berichte der damaligen Schüler hinterfragen. Dabei würde hinter einem Bündel von zum Teil in sich widersprüchlichen Zielen und terroristischen Elementen der NS-Jugenderziehung eine Normalität sichtbar, deren Funktion gerade darin bestand, die Zustimmung weiter Teile der Jugend zum NS-Regime zu sichern.

Gegenwartsbezug einer antifaschistischen Pädagogik

Wie für die Behandlung aller historischen Themen, so gilt auch für die Bearbeitung des Faschismus, daß Fragen aus der Gegenwart gewonnen werden müssen. Lehrerinnen und Lehrer haben vorbereitend oder parallel zum Unterricht über den deutschen Faschismus Themen wie die gegenwärtige Wirtschaftskrise, Jugendarbeitslosigkeit, Militarisierung, Feindbilder, gesellschaftliche Ungleichheit von Mann und Frau aufgegriffen. Dabei wurden Kontinuitäten und Brüche, Parallelen und Unterschiede herausgearbeitet. Diesen Fragestellungen bzw. Vergleichsgesichtspunkten zu gegenwärtig ungelösten Problemen, die in der Vergangenheit das Aufkommen des Faschismus begünstigten, haftet gleichwohl etwas Beliebiges an. Ins Zentrum der Auseinandersetzung mit der NS-Vergangenheit und zugleich der Gegenwart trifft dagegen die Erkenntnis, daß der deutsche Faschismus die Vorgeschichte der Bundesrepublik ist.

Diese Vorgeschichte wurde mit der Gründung der Bundesrepublik offiziell abgeschnitten. Sie galt als überwunden und konnte gerade deshalb im Alltag um so wirkungsvoller weiterleben. Das Sichtbarmachen dieses Weiterlebens und die Suche nach den Ursachen für die Kontinuitätslinien können eine tiefe Beunruhigung über die Gegenwart erzeugen. Ulrich Herbert schreibt über Lernprozesse der Teilnehmer am Schülerwettbewerb:

«Also scheint der Gewinn der Erfahrungen bei diesem Schülerwettbewerb für die politische Bildung auch gar nicht allein in historischen Parallelen Damals–Heute oder im Erkennen von personellen Kontinuitätslinien von NS-Größen in der Gegenwart der Bundesrepublik zu liegen, sondern auch darin, daß diejenigen, die sich mit dem Alltag im Nationalsozialismus beschäftigen, eine historische Gesellschaft zu Gesicht bekommen, deren Umgangsformen und Lebensweisen sehr nahe, sehr vertraut wirken, sich in vielem kaum unterscheiden von der Lebenswelt des Betrachters. Daß aus dem Schoße dieser unauffälligen und ordentlichen Gesellschaft der Faschismus kroch, daß die Massenmörder, die Mitläufer, die Täter und die Opfer aussahen, sich verhielten, lebten ‹wie normale Leute›, das ist der Gegenwartsbezug, der sich aus den Untersuchungen der Schüler aufdrängt: die ordinäre Durchschnittlichkeit, die deshalb so erschreckt, weil sie zeigt, wie nah uns der Faschismus ist.» (Herbert, 1982, S. 27f)

Dieses «unsichtbare» Weiterleben des Faschismus in der Gegenwart wurde unter anderem möglich, weil nach 1945 seine sichtbaren Spuren weitgehend getilgt wurden. Im folgenden skizziere ich einige Ansätze und Erfahrungen, die zeigen, wie Jugendliche und Pädagogen gegenwärtig versuchen, diese Spuren wieder in die Erinnerung zurückzuholen. Dabei ist die Auseinandersetzung mit dem Faschismus immer zugleich eine Auseinandersetzung mit dessen Rezeption, die ihrerseits Teil der Geschichte der Bundesrepublik ist.

In vielen Bezirken, Städten und Gemeinden werden gegenwärtig antifaschistische Stadtrundfahrten, Ortsbegehungen und Stadtspiele durchgeführt. Mir liegt das Begleitmaterial von über 30 solcher Initiativen vor; es dokumentiert aber nur einen Bruchteil der genannten Aktivitäten. Viele Jugendliche haben bereits an angeleiteten Stadt- bzw. Ortserkundungen teilgenommen. Dabei sind sie an zahlreichen Stationen auf das späte oder unterlassene Gedenken an die Opfer des deutschen Faschismus und auf Verdrängungen der lokalen NS-Vergangenheit gestoßen.

Gerade weil die Beschäftigung mit der NS-Vergangenheit für die Jugendlichen heute nicht mehr tabuisiert ist, trifft die Spurentilgung nach 1945 und später auf produktives Unverständnis: «Neben den Augenzeugenberichten ist es der Skandal des öffentlichen Umgangs mit den Relikten der nationalsozialistischen Vergangenheit, der sich am nachhaltigsten im Bewußtsein der Teilnehmer festsetzt und als Lernprovokation wirkt.» So lautet die Einschätzung von Gerhard Paul (1981, S. 83), der maßgeblich die alternative Stadtrundfahrt in Saarbrücken entwickelt und viele Gruppen betreut hat. In Saarbrücken wurde 1955 die Johanna-Kirchner-Straße, nach Kriegsende nach einer Sozialdemokratin benannt, die bis 1935 als Reichsemigrantin in Saarbrücken lebte und später als Widerstandskämpferin in Berlin hingerichtet wurde, wieder in Bülowstraße zurückbenannt. Die Straße, die den Namen des Vorsitzenden der SPD Saar zwischen 1928 und 1935 (Max Braun) trug, heißt seit 1955 wieder Großherzog-Friedrich-Straße. In Berlin-Reinickendorf erhielten schon 1947/48 vier Straßen, die 1946 nach Widerstandskämpfern aus der Industrie benannt worden waren, wieder ihre früheren Namen. Der Widerstand in der Industrie ist auch in anderen Städten ein besonders wenig beachteter Teil des Arbeiterwiderstandes. Der Hamburger Landesjugendring erinnert auf seiner Stadtrundfahrt an folgende Spurentilgung: «Für die 11 von den Nazis ermordeten Kollegen errichteten die Arbeiter von Blohm & Voß nach der Befreiung eine Gedenktafel. Sie ‹verschwand› in der Zeit des Kalten Krieges und ist seitdem nicht wieder erneuert worden.»[5] Bei der Bezirksrundfahrt in Berlin-Neukölln ist für Jugendliche der Besuch des versteckten Grabes von Werner Seelenbinder, nach dem das Neuköllner Sportstadion 1945 zunächst benannt wurde, besonders eindrucksvoll. Seine Biographie – Arbeitersportler, Kommunist, Mitglied der Olympiamannschaft 1936, illegale Arbeit, getarnt durch seine Kontakte und Auslandsreisen als Sportler, Hinrichtung 1944 – enthält viele Identifikationsmomente für Jugendliche.

Nach diesen Beispielen bewußter Spurentilgung in der Bundesrepublik ist es fast überflüssig, darauf hinzuweisen, daß an den Widerstand der örtlichen KPD- und SPD-Mitglieder kaum erinnert wird. Auch fehlen Erinnerungen an die Zwangsarbeiter und KZ-Häftlinge, die in Außenlagern mitten in der Stadt untergebracht waren und in der örtlichen Industrie arbeiten mußten. So beklagt ein Ehrenmal des Siemens-Konzerns in Berlin den «Heldentod» seiner im Krieg gefallenen Mitarbeiter. Die deportierten Juden, die doch auch zur «Siemens-Familie» gehörten, oder die Zwangsarbeiter sind in das Gedenken nicht eingeschlossen.[6] Andere Personen, wie «Zigeuner», Mitglieder religiöser Sekten, körperlich oder geistig Behinderte finden so gut wie nirgends Erwähnung.

Wenn Tafeln oder andere Erinnerungszeichen zu finden sind, ist es aufschlußreich für die Geschichte der Bundesrepublik, von wem sie stammen und auf wessen Initiative sie angebracht wurden. Selbst für die zerstörten Synagogen wurden in der Regel Gedenktafeln – meist klein und unscheinbar – erst in den siebziger Jahren angebracht. Daß die Inschriften häufig mehr verschleiern als aufdecken, somit selbst wieder Ausdruck der schwierigen Vergangenheitsauseinandersetzung sind, kann auf Stadterkundungen erkannt werden. Von einer Synagoge in Berlin-Wilmersdorf heißt es auf der Ge-

5 Aus der Begleitbroschüre «Nazi-Terror und Widerstand in Hamburg – eine alternative Stadtrundfahrt» des Hamburger Landesjugendrings, S. 19.

6 Das «Ehrenmal» ist eine Station der Stadtrundfahrt des Landesjugendrings Berlin.

denktafel, sie sei «aus Unverstand zerstört» worden. Die Deportation der Juden wird auf einer Gedenktafel für die Synagoge in der Levetzowstraße (Berlin-Tiergarten) umschrieben mit «ihr letzter Weg». In der Regel werden weder die Täter noch die Ursachen benannt, die zur Verfolgung oder zu einem Terrorakt führten. Als eine Flucht in die Anonymität ist es auch zu werten, daß kaum je die Opfer namentlich genannt werden, auch dort nicht, wo es möglich wäre.

In mehreren lokalhistorischen Projekten sind Schüler auf neuere Festschriften, Chroniken, Broschüren des Verkehrsamts, Wanderführer usw. gestoßen, in denen die NS-Vergangenheit eines Ortes oder eines Gebäudes ausgespart oder verharmlost wird. So mußten die beiden Realschüler, die über die «Reichskristallnacht» in Telgte, einem kleinen Wallfahrtsort in der Nähe von Münster, forschten, feststellen, daß «viele gar nicht wußten, daß es überhaupt eine Judengemeinde in Telgte gegeben hat» (Galinski, Herbert, Lachauer, 1982, S. 290). In der offiziellen Stadtgeschichte von 1974 entdeckten sie nur einen kleinen – durch Auslassungen geradezu geschichtsverfälschenden – Abschnitt zur NS-Zeit (ebd., S. 288). Andere Schüler erlebten ähnliche Überraschungen und haben zum Teil versucht, eine Änderung der Darstellung zu erreichen.

Das Verdrängen der NS-Vergangenheit bezog sich bis vor kurzem nicht nur auf die allgemeine Orts- und Stadtgeschichte, sondern auch auf die Stätten des Terrors. Das Konzentrationslager «Oberer Kuhberg» bei Ulm, das Jugend-Konzentrationslager in Moringen, das Konzentrations- und Arbeitslager im ehemaligen Kloster Breitenau bei Kassel und viele andere wurden erst in den letzten Jahren wieder bekannt. So kann Detlef Garbe in der Einleitung zu dem Buch «Die vergessenen KZs?» schreiben, es sei «weniger ein Buch über die Zeit von 1933–1945, mehr eine Chronik des Schweigens danach und eine Dokumentation über die vielerorts beginnende Aufklärung» (1983, S. 24).

Herbert Hölte, der viele jugendliche Besuchergruppen im Dokumentenhaus auf dem Gelände des ehemaligen Konzentrationslagers Hamburg-Neuengamme betreut hat, beschreibt das Erstaunen der Jugendlichen über die Geschichte des Lagers von der Zeit des Nationalsozialismus bis heute:

«Sie stellen fest, daß etwas fehlt, was ihnen für ihr Begreifen wichtig erscheint, und verweisen damit auf die Art der Vergangenheitsbewältigung in Deutschland nach dem Krieg. Dieser Umgang mit der Vergangenheit bekommt für die Schüler eine aktuelle Bedeutung, wenn sie – wie es meistens geschieht – völlig ratlos danach fragen, warum auf dem Gelände des Konzentrationslagers heute ausgerechnet eine Jugendstrafvollzugsanstalt eingerichtet ist.» (Hölte, 1982, S. 8)

Diese und andere Beispiele verweisen darauf, daß die Auseinandersetzung mit dem Faschismus in Deutschland von 1933–1945 immer auch eine Aufforderung an die Gestaltung der Gegenwart enthält.

Literatur

Brombacher, Horst: Ein lokales Projekt: Die Lily-Braun-Oberschule während der Zeit des Faschismus. In: GEW Berlin (Hg.): Wider das Vergessen. Antifaschistische Erziehung in der Schule. Erfahrungen, Projekte, Anregungen. Frankfurt/Main 1981, S. 248–252

Deiters, Dietmar, u. a.: Planung, Durchführung und Einschätzung von Antifaschistischen Projekttagen an Berliner Schulen. In: GEW Berlin (Hg.): Wider das Vergessen. Frankfurt/Main 1981, S. 115–143

Galinski, Dieter; Herbert, Ulrich; Lachauer, Ulla (Hg.): Nazis und Nachbarn. Schüler erforschen den Alltag im Nationalsozialismus. Reinbek bei Hamburg 1982

Galinski, Dieter; Lachauer, Ulla (Hg.): Alltag im Nationalsozialismus 1933–1939. Jahrbuch zum Schülerwettbewerb Deutsche Geschichte um den Preis des Bundespräsidenten. Braunschweig 1982

Garbe, Detlef (Hg.): Die vergessenen KZs? Gedenkstätten für die Opfer des NS-Terrors in der Bundesrepublik. Bornheim-Merten 1983

Herbert, Ulrich: Vor der eigenen Tür. Bemerkungen zur Erforschung der Alltagsgeschichte des Nationalsozialismus. In: Nazis und Nachbarn, Reinbek bei Hamburg 1982, S. 9–33

Herbert, Ulrich: Faschismuserfahrungen und politisches Lernen – über die Schwierigkeiten im Umgang mit der Vorgeschichte der Gegenwart. Vervielf. Manuskript 1983

Hölte, Herbert: Aktualisierte Geschichte. Über die Arbeit mit Jugendlichen im Dokumentenhaus KZ Neuengamme. Hg. vom Museumspädagogischen Dienst Hamburg. Hamburg 1982

Lachauer, Ulla: Hart wie Krupp-Stahl? In: Demokratische Erziehung, H. 1, 1983, S. 38–44

Paul, Gerhard: Grenzen und Möglichkeiten politischer Bildung im Kampf gegen den jugendlichen Rechtsextremismus. In: Paul, Gerhard; Schoßig, Bernhard (Hg.): Jugend und Neofaschismus. Provokation oder Identifikation? Frankfurt/Main 1979, S. 178–209

Paul, Gerhard: Stadtrundfahrten – Beispiel Saarbrücken. In: Hafeneger, Benno; Paul, Gerhard; Schoßig, Bernhard (Hg.): Dem Faschismus das Wasser abgraben. München 1981, S. 69–87

Schramm, Hilde: Faschismus als Unterrichtsthema. Anregungen und Schwierigkeiten – Auswertung von Interviews mit Lehrerinnen und Lehrern. In: GEW Berlin (Hg.): Wider das Vergessen. Frankfurt/Main 1981, S. 30–82

Thomas Schmid

2033 – Ein Rückblick

> Zeitalter sind nur Zeitalter; das Ende der Zeiten sind sie nicht. (Derek Taylor)

Fast niemand will Krieg. Dennoch ist ein größerer und furchtbarerer Krieg als alle bisherigen wenn zwar nicht vorstellbar, so doch möglich geworden. Als die nationalsozialistische Herrschaft niedergeschlagen war, herrschte die Einigkeit des guten Willens: Nie wieder Krieg! Nie wieder Haß, kein gewaltsames Lösen von Problemen. Doch der gute Wille trug nicht weit. Warum blieb er, den fast alle teilen, so ohnmächtig? Warum prallte er an der Wirklichkeit ab, was machen die Propagandisten dieses guten Willens falsch?

Ein Blick in die Geschichte des Nationalsozialismus könnte weiterhelfen. Oft entstehen Katastrophen als falsche Antworten auf richtige Fragen. Als die Industrialisierung sich durchsetzte, zerstörte das alte Sicherheiten und Bindungen, schuf aber kaum neue. Der Wirbel des Fortschritts erzeugte einen Mangel an Orientierung, die Leute fühlten sich nun erst recht nicht mehr als das, was sie noch nie waren: Herr ihres Lebens. Die Kälte der Moderne schuf emotionale Defizite.

Der Nationalsozialismus war *auch* eine Antwort darauf. Ein gut Teil seiner Stärke lag darin, daß er sich erfolgreich als Alternative zur Entzauberung der Welt darstellen konnte. Es gelang ihm tatsächlich in gewissem Maße, den Geist der Gemeinschaft zu verbreiten, Wärme zu suggerieren. In Wahrheit war das Ganze ein barbarisches Unternehmen: Es war die Gemeinschaft der Underdogs, derer, die von großer Angst getrieben waren und diese in ein gnadenloses Ressentiment gegen alles Abweichende umsetzten. Es war die eingeigelte Gemeinschaft derer, die außen nur Feinde wittern – und diese schließlich auch angreifen. Ein altes Modell: ungelöste eigene Probleme aggressiv nach außen wenden.

Die dabei verwandte Methode wird auch heute noch praktiziert: Wärme und Gemeinschaft sind staatlich geschaffen und abgesegnet. Der Staat nahm die Bedürfnisse von Menschen zum Anlaß, seine eigene Position zu stärken. Die Gemeinschaft, die der Nationalsozialismus förderte, war hierarchisch gegliedert, nach oben ausgerichtet. Das Bedürfnis nach weniger Zentralgewalt wurde zentral versorgt. Hier wird ein immer noch vorhandenes Dilemma sichtbar: Die moderne Industriegesellschaft schafft Probleme, es regt sich Widerstand – und dieser mündet in Forderungen an die staatlichen Zentralinstanzen. Solcher Widerstand neigt dazu, sich selber zu entmachten. Er bewirkt das Gegenteil von dem, was er wollte: Er stärkt gerade nicht die Leute, sondern die Gesamtheit der Apparate, die für Verwaltung, Versorgung und Fürsorge zuständig sind. Er fördert die Verstaatlichung und gerade nicht die so notwendige Entstaatlichung. Er enteignet die Menschen ihrer Fähigkeiten. Er reicht alles nach oben, statt es bewußt unten zu lassen, statt die untere Entscheidungskompetenz zu stärken. Die Kälte des Sozialstaats ist kein Problem, das mit noch mehr Sozialstaat lösbar wäre.

Wenn der gute Wille gegen den Krieg das nicht beachtet, wird er kaum Chancen haben. Als bloßer Wille für einen Frieden, der nur als Nichtkrieg gedacht ist, fehlt ihm der Inhalt. Er enthält keine Angaben darüber, wozu der Frieden zu nutzen sei: keine positiven Vorstellungen von einer besseren Gesellschaft. Der Friedenswunsch, der im Windschatten der großen Bombe von ihrer Beschwörung lebt, bleibt ein negativer, zuletzt ohnmächtiger Wunsch. Frieden als Abwesenheit von Krieg: Gerade auf Grund seiner inhaltlichen Leere ist dieser Wunsch geeignet, sich mit der puren Angst, mit Nachtmahren vollzusaugen. Im Gewande des Lebenswunsches drückt er oft insgeheim eine große Verzweiflung, fast eine Art Todessehnsucht aus. Es ist kein Zufall, daß gerade in der Bewegung derer, die für den Frieden eintreten, die allerschlimmsten Szenarios unserer Zukunft gehandelt werden, daß vielen die schlimmstmögliche Zukunft als die plausibelste erscheint: Bunkermentalität.

*

Jemand blickt im Jahre 2033 auf ein gerade vergangenes halbes Jahrhundert zurück: Da bietet sich – will man die törichte Süßlichkeit unkonkreter Utopien meiden – natürlich vor allem die Schwärze und die Finsternis an. Damit überhaupt jemand zurückschauen kann, blieb der Erdball zwar erhalten, doch die Erde ist wieder wüst und leer, sie hat das atomare oder ein anderes Inferno hinter sich. Wenige haben überlebt, sie sitzen – wie nicht anders zu erwarten – in Bunkern. Da es eine Zukunft für sie nicht mehr gibt, rätseln sie über die Vergangenheit: Warum mußte es so kommen?

Und seltsam: *dazu* fällt ihnen sehr viel ein. Zwar ist nun alles zerstört, an Auswege und anderes ist nicht mehr zu denken – aber eines funktioniert noch bestens: das öde Denken in Zwangsläufigkeiten. Bunkermentalität. Fast macht es schon wieder Spaß, das Ende der Geschichte der Welt so fugenlos, so ganz ohne Rückstände erklären zu können. Wenigstens diese eine Sicherheit: die merkwürdig heitere Gewißheit, daß die Katastrophe nicht grundlos kam. Als einem ein erklärendes Bild einfällt, wird es im Bunker geradezu munter: Er spricht davon, daß die Geschichte wohl so etwas wie eine abschüssige Ebene gewesen sein müsse. Wir rutschten, wie auf seifigen Brettern, einfach dem Abgrund entgegen, es gab keinen Halt, konnte ihn gar nicht geben. Nun, wo der Rahmen einer Erklärung gefunden ist, wird das Gespräch lebendig. Aus möglicher Schuld sind alle entlassen, man kann gefahrlos ins Detail gehen.

Nein, natürlich hatten sie das alle nicht gewollt, im Gegenteil. Immer schon waren sie beunruhigt, einige von ihnen hatten sogar große Übung darin gehabt, den entfesselten Wahnsinn von Rüstungs- und anderer Technologie zu geißeln. Aber es war eine ohnmächtige Klage. Das 20. Jahrhundert schien wenig Kräfte zu bergen, die einen Ausweg hätten finden können. Es gab eigentlich immer nur das andere: den Haß und die Vernichtung, die keiner wollte, an der alle aber mitwirkten. Es war ein geschlossener, unheilvoller Kreis. Und die Kritik daran wurde immer zur Prophezeiung, die sich selbst erfüllte. Stets gab es tausend Gründe für das Schlechte und kaum welche für den Ausweg. Auch die Kritik blieb im Innern des Molochs, zu selten hatte man versucht, einen selbstbewußten Schritt nach draußen zu setzen. Die anklagende Beschwörung des Untergangs hatte nichts freigesetzt, sie hatte gelähmt. Sie war keine neue, sondern die ganz alte Melodie. Vielleicht so: In der Angst waren die meisten vereint; und in gewisser Weise lebten die Leute im Schatten der drohenden Katastrophe, zuweilen sogar von ihr. Bis zur wirklichen Katastrophe wurde es ein immer kleinerer Schritt. Irgendwann wurde er dann getan.

*

Ich möchte die Bunkerrunde hier verlassen. Sie interessiert mich nicht; sie entspringt einer verbarrikadierten Phantasie, die kaum weniger verrückt ist als das, was sie angreift. Fünfzig Jahre nach 1933 ist eine noch größere Katastrophe als die damalige sehr «real» geworden. Auch wenn es kitschig klingt: nicht durch die Beschwörung des Todes, sondern die des Lebens mag sie zu verhindern sein. Mit dumpfem Optimismus hat das nichts zu tun. Lange gab es den Glauben, die verworrene Geschichte der Menschen steuere doch auf ein gutes Ziel zu: Wie auf einen Schlag sei die Menschheit mit ihrer Geschichte versöhnt, und das Ausharren, Hoffen und Herunterschlucken habe sich gelohnt. Heute sieht es eher so aus, als könnte die Menschheit mit einem Schlag ausgelöscht werden. Da bergen die kleinen Hoffnungen eine große Gefahr; daß es so schlimm schon nicht kommen werde, daß man dem Gleichgewicht des Schreckens (der nicht nur ein militärischer ist) die Zügel der Verhandlungsvernunft anlegen müsse, daß wir mit dem Spatzen in der Hand zufrieden sein sollen: das ist heute eine gemeingefährliche Rede. Denn sie greift den Mechanismus der Zerstörung nicht an, sie predigt das unsinnige Leben am Rande der Katastrophe. Sie öffnet keine Türen, sie läßt uns drin. Auch der reformierte Irrsinn bleibt Irrsinn.

Es muß da schon etwas anderes her: Die Hoffnung und das Begehren können gar nicht groß genug sein – so groß, daß sie den Verwaltern des alten Gleichgewichts gänzlich «unrealistisch» erscheinen müssen. Immer konkretere Hoffnungen müßten auf den Weg gesetzt werden. Wie sie das wurden, erzählt – im Rückblick aus dem Jahr 2033 – das folgende. An Ungereimtheiten und auch allzu Allgemeinem wird es dabei nicht mangeln; das kommt von der Bodenhaftung, die die Verhältnisse heute immer noch erzwingen.

*

Es begann zu einer Zeit, in der viel von einer ominösen «Wende» die Rede war; und es war auch eine Wende, doch eine ganz andere. Wie alle großen Umbrüche setzte sie ganz unscheinbar ein, man merkte es am Anfang gar nicht, das war das Schlimmste. Auf große Angriffe waren die Machthaber gut gerüstet; das Gleichgewicht des Schreckens verkauften sie als Vernunft, und sie waren in der Lage, die Angriffe darauf wirksam zurückzuschlagen. Über Jahre gab es große Kämpfe («Massenkämpfe» nannte man es) gegen die Bombe in allen Lagern. Es war ein ungleicher Kampf, die Eigner der Bomben waren besser gerüstet. Vor allem aber ließen sie sich nicht das Monopol auf den Schrecken nehmen: Er sollte bleiben, was er schon immer war, eine Produktivkraft der Entwicklung. So reichten sich die Machthaber über alle Grenzen und Unterschiede hinweg lieber die Hand und beschlossen, in ihrem jeweiligen Herrschaftsbereich alles zu unternehmen, was geeignet sein könnte, die Logik der Unvernunft als Vernunft erscheinen zu lassen. Da kamen ihnen die Differenzen, die sie untereinander hatten, sehr gelegen: Es war nützlich, daß jener Unterschied, der «Ost-West-Konflikt» genannt wurde, als ein inhaltlicher erschien – ganz so, als hätten beide Lager wirklich etwas gegeneinander. Das band Kräfte; die Propagandaapparate gaben sich größte Mühe, die nicht vorhandenen Unterschiede zu betonen und die Übereinkunft zu verschweigen. Das lenkte vom Irrsinn, der beide Lager auszeichnete, ab und gab ihm einen Anstrich von Sinn.

Nicht, daß die Gegner der Bombe das nicht allmählich durchschaut hätten; sie sagten es immer offener. Aber sie scheuten sich, in das bereitstehende Messer zu rennen: Wie gesagt, die Gewaltapparate waren stärker. Und hätten sich beide Lager gegen die Unvernunft der Vernunft verbündet, wäre das Blutbad wohl unvermeidlich gewesen.

So trat eine seltsame Stille ein, die die Machthaber viel zu spät beunruhigte. Die Leute schienen hinzunehmen, daß an dieser Pokerrunde nichts zu gewinnen war. Sie akzeptierten auf einmal, daß sie unrecht hatten; sie gaben offen zu, daß ihre Suche nach einer Welt ohne Bomben unvernünftig sei. Die Machthaber – auf alles, nur nicht auf das gefaßt – waren zwar anfangs verwirrt und auch enttäuscht, denn sie schienen einen liebgewordenen Feind verloren zu haben. Dann aber setzten sich bei ihnen die Kräfte durch, die schon immer den friedhofsruhigen Sonnenstaat wollten: Von der Rüstung und allen anderen Arten der Zerstörung ließen sie natürlich nicht, aber nach innen – an der Propagandafront – gaben sie das Zeichen zur Entwarnung. Die Warnungen, die vor allem von der Gewerkschaft der Polizei kamen, dieser Friede sei trügerisch und hinter ihm verberge sich eine schreckliche neue Gefahr, wurden in den Wind geschlagen.

Vom Ende her, von heute aus gesehen waren diese Warnungen nur zu berechtigt. Die Machthaber hatten nicht mit einer sehr weitblickenden List der Leute gerechnet – eine List, die von Anfang an das Zerbröckeln des Staates im Auge hatte. Gefährlich war sie, weil sie dies Ziel nie offen aussprach: Dann nämlich hätte man damit umgehen können. Andererseits wurde es auch nicht direkt verschwiegen, es wurde – das war das Schlimmste – einfach praktiziert. Eine seltsame Parole tauchte allerorten auf: «Gebt dem Staate, was des Staates ist.» Anfangs vermutete man dahinter noch eine durchsichtige Propaganda der Anarchisten – gemeint sei die alte böse Lust: den Staat zerschlagen! Obwohl man sich viel Mühe gab (vor allem auf seiten der Polizei und ihrer Gewerkschaft), diese Interpretation durchzusetzen und die entsprechenden Täter dingfest zu machen, blieb das Ganze doch ein Schlag ins Wasser, von bekannter Subversion keine Spur. Im Gegenteil, wo – was merkwürdigerweise selten geschah – die sanfte Parole einmal erläutert wurde, da war sie ganz ernst und ganz wörtlich gemeint. Staat und Industrie, so hieß es, seien durchaus in der Lage, die Dinge vernünftig einzurichten: Die Realität der Atomkraftwerke, der Massenproduktion, des Autobahnbaus, der Verstaatlichung des Sozialen sei außerordentlich beeindruckend, eine reife Leistung. Irrationales berge das alles nicht, eins ergebe sich ganz folgerichtig aus dem anderen. Es sei durchaus folgerichtig, Äpfel 300 Kilometer zu ihrem Verpackungsort zu transportieren und dann wieder zurückzuschaffen, schließlich schaffe das Arbeitsplätze. Es sei keiner Rüstungsfirma zu verdenken, daß sie die Waffen, die sie bauen kann, auch baut. Es sei ganz folgerichtig, Probleme so zu lösen, daß neue, größere Probleme entstehen, damit man diese dann auch wieder lösen kann: Nicht nur, daß das alles immer wieder Arbeitsplätze schaffe, es diene vielmehr auch auf glücklichste Weise der Vernunft, die schon immer darin ihre Stärke erwiesen habe, daß sie das Schlechte meistere.

Gebt dem Staate, was des Staates ist: Viel zu spät begriffen Machthaber und Öffentlichkeit, daß die Lüge dieses wahren Satzes darin lag, daß er nur die halbe Wahrheit war und daß er die andere verschwieg, unterschlug. Dies aus Prinzip: das geht den Staat nichts an. Die freundliche Geste gegenüber dem Staat drückte doch eine ganz ungeheuerliche Ferne zum Staat aus, ein Ohne-mich. Der zweite Teil des Satzes hieß: «... aber es geht uns nichts an, es ist nicht unsere Sache.» Hinter diesem Satz stand lange Erfahrung: Wendet sich das Begehren nach Glück, nach einem anderen Leben an den Staat, so bekommt es die Argumente aus den Händen geschlagen; es sei nicht vernünftig, darauf zu bestehen. Die expansive Vernunft – in sich sehr wohl stimmig – erwies sich als Käfig. Zwar hatte es lange gedauert, aber schließlich begriffen die Leute: Wenn man seine Wünsche nimmt und sie oben vorträgt, erscheinen sie – die eben noch über die Maßen plausibel waren – dort als unvernünftig, als irrational. Das Problem lag in der Verstaatlichung der Vernunft und der Wünsche. Sie entschiedener, massenhafter und kämpferischer vor die Instanzen tragen, würde daran nichts ändern: Immer würde das die Kompetenz des Staates stärken und die der Leute schwächen. So begannen sie auf unscheinbare Weise mit dem, was später «Entstaatlichung» genannt wurde. Sie machten die Probleme wieder zu ihren Problemen.

Zukünftige Historiker werden ermitteln, wie aus dieser *Haltung* allmählich *Wirklichkeit* wurde. Denn anfangs tat sich an der Oberfläche recht wenig. Untergründig war indes so etwas wie eine Umwertung der Werte im Gange. Man brach die Dinge aus ihrem monströsen Zusammenhang, in dem sie zu Recht so waren, wie sie waren, heraus, stellte sie auf den Boden und besah sie neu. Da verloren sie sehr schnell ihre Vernünftigkeit. Vor allem den Sachzwängen ging es an den Kragen. Die früheren Versuche der Befreiung hatten darunter gelitten, daß sie das alte System der Sachzwänge durch ein neues ersetzen wollten: statt der alten eine neue Maschine. Nun aber geriet der Sachzwang selber ins Zwielicht: Jeder Sachzwang ist in der Kette von Sachzwängen ganz vernünftig. Für sich betrachtet aber wirkt er ärmlich: Er ist die Wirklichkeit gewordene Angst vor Neuem. Auf das Neue aber hatten die Leute Lust und Hunger bekommen: Wie, wenn es ohne Bomben ginge? Wie, wenn Leben und Arbeiten möglich wären, ohne daß die Oberfläche der Erde ruiniert wird? Wie, wenn es ein Ende damit hätte, daß Arbeitszeit gestohlene Lebenszeit ist? Die Fragen, die nun wieder (und anfangs eher verdeckt) aufkamen, waren sehr einfach; gerade das wurde ihnen vorgeworfen: das zerschneide den verwikkelten gordischen Knoten des Fortschritts, öffne der schrecklichen Vereinfachung Tür und Tor. Die Stärke der Leute bestand darin, daß sie auf den einfachen Fragen bestanden und sie immer wieder aufwarfen.

Die Machthaber sprachen von einem Virus: Immer mehr Menschen sahen die Welt mit ganz anderen Augen als bisher und stellten – wie es hieß – alles auf den Kopf. Die Leute begannen, den Verhältnissen die Realität abzusprechen. Eine

Zeitlang machten sich die Medien noch darüber lustig: Von sektenhafter Willkür, von endzeitlichem Irrationalismus und vor allem von Welt- und Realitätsflucht war die Rede. Früher hatte so etwas immer gezogen, die Angegriffenen mühten sich schnell, zu beweisen, daß sie keineswegs auf der Flucht, sondern ganz da waren. Anders diesmal; kaum jemand erregte sich über die Anwürfe, eher selbstverständlich als verstockt blieb man dabei: Zwar gebe es Raketen und Bomben wirklich, aber real seien sie damit noch lange nicht. Zwar sei es möglich, den Reichtum des einen, kleineren Teils der Welt durch die Armut des anderen, größeren zu sichern, aber ein Sachzwang sei es nicht. Zwar sei es möglich, die Arbeit der Menschen so einzurichten, daß sie fast niemandem Spaß macht, aber das sei doch außerordentlich unsinnig. Als einer, der entschlossen für weniger Raketen eintrat, vor gar keinen aber eine unaussprechliche Angst hatte, einwarf, man könne die Raketen und die Unvernunft überhaupt schließlich nicht hinweglächeln, wurde ihm erwidert: das vielleicht nicht, doch es sei sehr wichtig (und schön), Raketen und Unvernunft so lächerlich wie möglich zu machen. Da habe sich etwas breitgemacht, besetze – so und so im militärischen Sinne des Wortes – die Wirklichkeit und führe sich auf, als sei das die einzige Möglichkeit, die Welt und die Gesellschaften einzurichten. Seine Realität habe es daher, *daß* es sich breitgemacht hat. Was da für Wirklichkeit ausgegeben werde, verstelle – mit einer endlosen Kette von Sachzwängen – den Blick auf andere Wirklichkeiten. Tausend Möglichkeiten gebe es, das Leben einzurichten – und die eine, heute übliche sei eine besonders unsinnige. 27 Millionen Autos gebe es zweifellos wirklich; das ändere aber nichts daran, daß sie ganz und gar irreal sind. Aus dem Blickwinkel einer Geschichte, die stets Mittel und Zweck verkehrt hat, die immer verrückte, von Bedürfnissen wegführende Geschichte war – mit anderen Worten: aus dem Blickwinkel einer barbarischen und lastenden Vergangenheit gesehen, seien 27 Millionen Autos über die Maßen real. Schaue man aber aus einer anderen Zukunft zurück, dann wirkten diese Autos seltsam irreal, wie Phantome. Ja, man sei entschlossen, die Dinge «aus dem Zusammenhang zu reißen»: Dieser gibt ihnen Sinn und Recht; nimmt man ihn aber weg, schaut man mit fremdem Blick, dann nehmen die Dinge Züge außerordentlicher Ärmlichkeit an. 27 Millionen Autos: das soll das Ziel gewesen sein? Im übrigen sei man dabei, mit den ersten fünf der tausend anderen Möglichkeiten zu beginnen: nicht eine nach der andern, sondern alle fünf gleichzeitig, vielleicht auch sechs oder sieben, da habe man keinen rechten Überblick, eine zentrale Instanz fehle ja, und man sei sich in einem ganz einig, daß sich verschiedene Wege gegenseitig das Existenzrecht nicht streitig machen sollen, das zumindest sei aus der Geschichte zu lernen.

*

Eine der fünf, sechs, sieben Möglichkeiten sei hier näher beschrieben; sie war, wie alle anderen, von einem ebenso großen wie einfachen Gedanken getragen und betrat die Welt sehr langsam und vorsichtig, geraume Zeit sogar unmerklich. Es geht um die Arbeit. Seit Urgedenken galt sie als Übel, als ein Fluch, ganz so, wie es im Alten Testament verheißen war. Daß sich diese Last gelockert hätte, davon konnte keine Rede sein. Tausende von Jahren war gearbeitet worden, ohne daß das die Mühsal verringert hätte. In diesem Sinne – sagte man nun – war dies ganze Arbeiten sinnlos, kontraproduktiv. Einen Sprung, aber wieder einen zum Schlechten, brachte die Neuzeit: Sie verallgemeinerte die Arbeit, überzog die ganze Gesellschaft damit, räucherte – zum Beispiel Karl Marx hat das gut beschrieben – die renitenten Löcher der Arbeitsscheuen aus. Eine Einengung mehr, abermals Möglichkeiten, die aus der Geschichte gelöscht wurden: die Lebenszeit geriet nun unter den Takt der Arbeitszeit, noch deutlicher als früher thronte die Arbeit über dem Leben und erdrückte es. Leben, um zu arbeiten. Die Arbeit wurde das eiserne Band, das die Gesellschaft zusammenhielt und zusammenzog. Ein Leben, in dem die Arbeit nur unter anderem eine Rolle spielt, war gar nicht mehr vorstellbar, war etwas, vor dem man sich eher fürchtete, als daß man es herbeisehnte. Der Moderne war es gelungen, arbeitsfreie Zeit zu entleeren, zu entwerten – und zugleich der Arbeitszeit einen fremden Wert, der nicht weniger leer war, aufzuzwingen.

Doch das war noch längst nicht alles. Hinzu kam ein ungeheurer Fortschritt der Produktivität, der es erlaubte, viel mehr in viel weniger Zeit herzustellen. Für den fremden Blick, den die Machthaber und ihre Medien gerne «naiv» nannten, eine eindeutige Sache: So kann man also die Mühsal der Arbeit verringern, Arbeit in Tätigkeit und verordnetes Leben in Leben übergehen lassen. Davon konnte indes keine Rede sein; nichts wurde gelockert – der sinnstiftende Charakter der Arbeit wurde sogar noch hochgehalten, als die alte Arbeit schon knapper zu werden begann. So kam es zu einer außerordentlichen Absurdität: Einerseits schleuderten Produktivitätszuwachs und Rationalisierung immer mehr Menschen aus dem Arbeiten heraus, es gab für sie nichts mehr zu tun; andererseits waren die Probleme, die der arbeitsame Mensch eben durch seine rastlose Arbeit aufgeworfen hatte, inzwischen riesengroß geworden (man nannte das damals die «ökologische Krise» und meinte damit zu Anfang die knapper werdenden Ressourcen, die Zerstörung der «Umwelt» und ähnliches; später faßte man das Problem etwas weiter und meinte damit etwa auch die Massenmenschhaltung in großen Fabriken und Büros oder die ökologische Krise der Seele). Mit anderen Worten: die alte Arbeit, die immer schon ein Unheil war und inzwischen Unheil in größtem Maßstab anrichtete, drohte Mangelware zu werden, es war nicht mehr möglich, alle an irgendeine Stelle zu stecken, wo sie am Programm der Zerstörung mitwirken konnten; und neue Arbeit hätte es nun zur Genüge gegeben: die Gesamtheit aller Anstrengungen, einen Ausweg aus der sich anbahnenden Katastrophe zu suchen. Für die Hinausgeschleuderten hätte es also reichlich zu tun gegeben: Tätigkeiten, die gewiß mehr als Last gewesen wären.

Natürlich gab es Stimmen, die das forderten. Die Machthaber aber blieben bei ihrer in sich schlüssigen Logik und schalten die Kritiker der ökonomischen Unvernunft. So kam es zu etwas Merkwürdigem: Obwohl alle (die Machthaber eingeschlossen) ganz genau wußten, daß es nie mehr möglich sein würde, alle mit alter Arbeit zu versorgen, wurde weiterhin so getan, als sei es möglich: des Kaisers neue Kleider. Und man ließ sich diese unsichtbaren Kleider auch eine Menge kosten; die weiterhin Arbeitenden mußten die Hinausgeworfenen mitfinanzieren. Und alle zusammen sollten sie an den Sinn des ganzen Unternehmens glauben: Die einen sollten ihr Heil in noch rationellerer Arbeit suchen – in einer Arbeit also, die zum Schleudersitz werden mußte; die anderen, deren Leben – gemessen an den Wertmaßstäben der Arbeitsgesellschaft – restlos entwertet war, sollten heiteren Gesichts vom Segen der Arbeit, die über kurz oder lang gewiß zurückkehre, träumen und künden. Es war eine durch und durch verrückte Situation, in der – wie viele sagten – ein beträchtliches Potential an barbarischster Gewalt steckte; schon einmal war ja, vor genau hundert Jahren, das Fehlen von Arbeit im Innern zum Anlaß genommen worden, ein riesiges Werk der Zerstörung nach außen in Gang zu setzen.

Es kann heute für erwiesen gelten, daß die Machthaber damals darauf, auf den großen befreienden Schlag nach außen, nicht setzten (einige Historiker sprechen in diesem Zusammenhang von der zivilisatorischen Bedeutung des Gleichgewichts des Schreckens). Ebenso kann es aber für erwiesen gelten, daß sie es – die Unhaltbarkeit der Lage sehr wohl ahnend – auf kleinere und größere Kämpfe sehr wohl ankommen lassen wollten: Gerne hätten sie den Zorn der Leute ohnmächtig belassen. Schon gab es Planspiele, wie den eruptiven Ausbrüchen der Arbeitslosen zu begegnen sei: Sie sollten von der Frage nach dem Sinn des Ganzen abgelenkt und gegen die Arbeitenden gerichtet werden. Dabei wäre es gewiß zu Ausschreitungen und Zerstörungen gekommen, aber das wäre nur nützlich gewesen; es hätte die Zahl der für Arbeit in Frage Kommenden gesenkt und über den Umweg der Zerstörungen neue Arbeitsaufgaben geschaffen. Das reinigende Gewitter des begrenzten inneren Kriegs sozusagen. Wie die Mehrzahl ihrer Kritiker setzten auch die Herrschenden auf die unverwüstliche Kraft des Ressentiments und eines Aufbegehrens, das immer daran gewöhnt war, die eigene Kraft gegen sich selber zu richten.

Doch diesmal hatten sie die Rechnung ohne den Wirt gemacht. Es ist heute schwer, das Ganze zu rekonstruieren, aber es muß auch damit zu tun gehabt haben, daß die ungeheuerliche Absurdität der Situation immer handgreiflicher wurde. Wohl gab es – auf seiten der Arbeitslosen – viel Zorn und Verzweiflung, wohl gab es – auf seiten der noch Arbeitenden – viel Wut, die das Gewand des Neids anzog. Aber das kam nicht mehr so recht heraus, oft – so berichten Augenzeugen – erstickte es in einem Gelächter, das ein für die Feuilletonspalten einer klugen allgemeinen Zeitung schreibender Söldner düster ahnend «homerisch» nannte. Zuerst hielt man es nur für das, was es *auch* war: für Galgenhumor. Beunruhigend war von Anfang an ein Umstand, der gerade in diesem Land überraschend war: die Leute wandten sich nicht mehr an die da oben – weder bittend noch angreifend. Der – positive wie negative – Fluß von unten nach oben, von der Basis an die Zentrale war irgendwie unterbrochen. Von Funkstille war die Rede und davon, daß die größte Gefahr offensichtlich im Nichtverhalten der Leute lauere. Die Interviewer von Allensbach (einem Institut, das dafür da war, den Leuten das Geständnis abzuringen, daß es so, wie es war, gut sei) kamen zunehmend mit Fragebögen zurück, die die Grenzen der Computer deutlich machten, die zum Aushorchen geschaffen wurden; es reichte nicht mal mehr zu Trendmeldungen; bei den Fragen, die wissen wollten, welche Maßnahmen der Befragte/die Befragte von der Regierung erwarte, wurde mit zunehmender Frechheit «weiß nicht» angekreuzt.

Die klügeren der Soziologen hatten bald eine Erklärung: Es handle sich um eine moderne («postindustrielle», so der Fachausdruck) Variante des Klassenkampfdenkens: um die Strategie der Verweigerung; und schon schien alles wieder handhabbar – Verweigerung bekämpft man durch ein gestaffeltes System von Versprechungen, Anreizen, Partizipationen: Man muß einen – wie auch immer hohlen – Sinn stiften. Und hier wurde ein bekannter Techniker des Ersatzsinns tätig, der für eine gemäßigt alternative Innenausstattung der Macht plädierte: So viel Neusinn wie nötig, so wenig Alternativen wie möglich. Öffentlich plädierte er dafür, den verstockt Schweigenden Anreize zu bieten, damit sie endlich wieder – argumentativ, kommunizierend! – redeten.

Aber auch er hatte wieder einmal die Rechnung ohne den Wirt gemacht: Während er noch an Strategien bastelte, die Leute aus der stummen Reserve zu holen, kamen diese selber hervor und machten Vorschläge, von denen niemand wußte, was von ihnen zu halten sei. Bis zur Selbstverleugnung waren sie bemüht und partizipatorisch, aber sie stimmten die Machthaber nicht so recht froh. Einmal deswegen, weil sich die da unten überhaupt in das große Geschäft der Arbeitsplanung einmischten; vor allem aber deswegen, weil man nicht so recht wußte, ob das alles ernst gemeint sei oder nicht, mehr noch: den Machthabern schwante, es könne beides zugleich sein. Auch der Ton, in dem die Vorschläge vorgetragen wurden, störte: Ihm fehlte sowohl die Eilfertigkeit des Bittstellers wie die Aufgeregtheit des weltverbessernden Eiferers; vielmehr klang da so etwas wie Mitleid mit den Herrschenden durch, diese Vorschläge sprachen irgendwie aus einem Jenseits, in dem für die Machthaber kein rechter Platz mehr sein könnte. Es waren Vorschläge an die Betreiber eines aussterbenden Gewerbes: Durchschläge, die man – um die Form zu wahren – an den ausgedienten Souverän schickt, deren Original aber von den (um in einer klapprigen alten Sprache zu reden) Betroffenen besprochen wird. Es hatte etwas von: «Zu Ihrer Kenntnisnahme teilen wir Ihnen hiermit mit ...»

Was wurde vorgeschlagen? Zunächst ganz einfach die Effektivierung des Widersinns. Man habe großes Verständnis dafür, daß angesichts der immensen gegenwärtigen und erst recht zukünftigen wirtschaftlichen Schwierigkeiten eine Hauptaufgabe in der konsequent weiterzutreibenden Rationalisierung aller Arbeitsgänge bestehe. Daher hätten sich noch Arbeitende und Arbeitslose – der staatlichen wie industriellen Finanzschwäche eingedenk – kostenlos zusammengetan, um Projekte zur Förderung der Ersetzung von menschlicher Arbeitskraft auszuhecken. Man sei zwar erst am Anfang, das Ganze verspreche aber großen Erfolg: Bisher seien Rationalisierungen ja immer nur gegen die Beteiligten durchzusetzen gewesen; das große Wissen, das in langer Zeit in Arbeit mit der Maschine und gegen sie erworben worden sei, all das Basiswissen, das an konkrete Menschen gebunden ist, konnte bei den bisherigen Rationalisierungsschüben nie genutzt werden, Rationalisierung sei ja immer ein Mittel gewesen, die Nester des individuellen Wissens, das an Menschen aus Fleisch und Blut gebunden ist, zu zerstören und statt dessen die funktionale Rationalität einer Produktion durchzusetzen, die den Menschen als *solchen* nicht mehr braucht. Nun sei es doch aber unzweifelhaft so, daß der kundige Saboteur der beste Kenner der Materie ist: Zwar sei sein Wissen ein negatives, aber es sei zugleich von der allergrößten Konkretion. Bisherige Sprünge des Fortschritts waren immer bedacht, den Saboteur zu entmachten; das sei zwar mehr oder minder gelungen, habe aber die Brut der Saboteure ins Halbdunkel der Renitenz getrieben. Nun aber habe man eine Einsicht in die Not der Rationalisierer und biete die Mitarbeit an: Das verborgene Wissen der Sabotage und Subversion biete man ganz offen an, damit aus wenigen Arbeitsplätzen noch weniger Arbeitsplätze würden.

Den Machthabern hätte solche Rede gelegen kommen müssen: waren sie doch ein Beweis für das, was sie immer schon predigten, daß nämlich das alte Klassenkampfdenken überholt sei. Aber eine so rechte Freude über diese Einsicht wollte sich nicht einstellen: Schließlich lebte die Rhetorik gegen den Klassenkampf ja auch von einer Rhetorik für den Klassenkampf. Und wieder war es das schon oben erwähnte Problem: Diese offene Zustimmung war gewiß nur der erste Teil des Satzes, dessen zweiter Teil verborgen blieb. Das Furchtbare an all dieser unerwarteten Offenheit: der Mensch ist unberechenbar wie der Mensch.

Doch so recht war nichts dagegen zu unternehmen: Alle ökonomische Vernunft hatten die Vorschläge auf ihrer Seite. Die unbedenklicheren Kreise (früher hatte man sie die «fortschrittlicheren» genannt) der Industrie konnten sich ihnen nicht verwehren. Heute weiß man, daß sie sich damit das eigene Grab schaufelten. Ganz geblendet von zu schnellen Gewinnen, die zu erwarten waren, übersahen sie den großen Haken an der Sache: Denen, die da Vorschläge machten, war dieser beiläufige Gewinn ganz und gar gleichgültig, ihnen ging es um ganz anderes. Sie sprachen davon nicht, aber sie setzten es durch: Viel zu spät erst begriffen die Herren, daß es nicht mehr ihre Partie war, die da gespielt wurde.

Es muß da einen geheimen Plan gegeben haben. Jedenfalls hatte das Plädoyer für das scheinbar besinnungslose Rationalisieren noch eine andere Seite: So widersinnig es klingt, es war von einem ganz und gar eigensinnigen Beharren auf dem Gebrauchswert getragen. Man weiß nicht mehr genau, wie es so epidemisch schnell Verbreitung finden konnte; jedenfalls galten die Maßstäbe ökonomischer Vernunft nicht mehr. Es setzte ein großes – die Machthaber nannten es: «luxuriöses» – Experimentieren ein. Die Mitteilsameren antworteten auf die Frage nach dem Sinn ihres Treibens nicht ohne List, man wolle die sogenannte Chance der technologischen Freisetzung nutzen. Das Beunruhigende lag darin, daß die Konturen der Arbeit immer undeutlicher wurden, immer mehr war von «Tätigkeit» die Rede, sogar von «Basteln». Irgendwie flossen die Erfahrungen aus dem gefährlichen Zwischenreich der Schattenwirtschaft auch mit ein. Die Geschäftigkeit war groß, ein Ziel aber nicht so recht sichtbar.

Das änderte sich, als auf einmal von einem «Vertrag», von einem «Pakt» gesprochen wurde, den Arbeitende und Arbeitslose geschlossen hätten. Anfangs machten sich einige darüber noch lustig, zeugte das Ganze doch von einer Toleranz, die solchen Leuten noch nie zuzutrauen war. Es klang ja auch ziemlich pathetisch: Man sehe keinen Sinn mehr darin, daß sich die beiden Lager bekämpfen oder gegenseitig blokkieren, besser sei die gemeinsame Suche nach einem Ausweg. Ein erster Schritt sei die Einführung einer negativen Einkommenssteuer; sie wurde – in Anbetracht einer noch fehlenden anderen Sprache – so beschrieben: «Wer Einkommen hat, zahlt ab einer gewissen Grenze (progressive) Einkommenssteuer. Wenn das Einkommen unter die Grenze sinkt, zahlt man negative Steuern, das heißt, man bezieht eine Unterstützung, und zwar eine um so größere, je geringer das Einkommen, bis bei einem Einkommen von Null die negative Einkommenssteuer die Höhe einer existenzsichernden Rente annimmt. Die Steuer könnte nach dem Lebensalter differenziert werden, um es für Jüngere attraktiver zu machen, sich wenigstens vorübergehend der industriellen Arbeit auszusetzen.» Das war eigentlich gar nicht sehr viel, aber doch auch ungeheuer viel. Wenig: Es setzte ja nur fort, was ohnehin schon Wirklichkeit war – daß die Arbeitenden die anderen bezahlen. Viel: Es bezog Arbeitende und Arbeitslose aufeinander, aber ganz anders als bisher; mit dem garantierten Mindesteinkommen wurde der Arbeitslosigkeit der Fluch genommen: *Nach* dem Mindesteinkommen kann endlich die Frage nach der Tätigkeit ohne Nötigung und Erpressung gestellt werden.

Und noch eines war sehr wichtig: Zwar war das Ganze noch eine zentrale Maßnahme, aber die Entstaatlichung war in ihr listig angelegt. Die Probleme zwischen Arbeitenden und Arbeitslosen: das konnten nun wieder Probleme werden, die die Leute *untereinander* ausmachten. Die Leute machten die Probleme, denen sie gegenüberstanden, wieder zu ihren eigenen Problemen, sie holten sie von oben herunter und stellten sie unter ihresgleichen. Und nach neuesten Forschungen muß selbst die Zentralität, die Staatlichkeit der negativen Einkommenssteuer bezweifelt werden: Es kann sehr wohl so gewesen sein, daß sich da gewitzte Vertreter einer durchaus staatsfeindlichen Computertechnologie ein schlaues Regulierungs-, Ausgleichs- und Auszahlungssystem ausgedacht hatten, das den Staat gleich von Anfang an überging: Wir müssen leider draußen bleiben!

Nicht, daß es nun keine Spannungen, keinen Streit mehr gegeben hätte. Aber das Streiten hatte doch viel von seiner Bedrohlichkeit verloren, es zielte nicht mehr darauf, dem anderen seine Weise, zu leben und die Dinge anzugehen, streitig zu machen.

Der Rest der Geschichte ist schnell erzählt. Eine kurze Weile versuchten die schlaueren der Machthaber noch, die neue Entwicklung für sich zu nutzen: hie ein straff organisiertes industrielles Zentrum, so militärisch wie eh und je – dort das große Feld der frei (und wenig kostenintensiv) Forschenden und Experimentierenden. Aber ein letztes Mal hatten sie die Rechnung ohne den Wirt gemacht: Ihr System – sie nannten es «dual» – ließ sich einfach nicht durchsetzen. Denn längst hatten sich die beiden Bereiche überschnitten und überlagert, es gab einen regen – auch personellen – Wechselverkehr in beide Richtungen. Der Filz zwischen Arbeitenden und anderen wurde so groß, daß nichts mehr zu entwirren war. Keiner war mehr an irgendeinem Platz dingfest zu machen, die Machthaber – auslaufende Modelle – nannten es nur deswegen «Chaos», weil sie nicht in der Lage waren, die komplexe Ordnung dieser Entwicklung zu begreifen. Längst war von Arbeit fast nur noch am Rande die Rede; gleichwohl gab es sehr viel zu tun: Riesige Unternehmungen wurden entflochten, andere verschwanden ganz, das Spiel erfuhr eine große Aufwertung, es entstanden kleine Einheiten, die mit modernster Technologie Erstaunliches zuwege brachten, und vor allem entdeckte man die Lust an der gescheiten Lösung von Problemen, von deren Existenz man Jahre zuvor noch überhaupt nichts gewußt hatte. Es war wie das Öffnen von Schleusen: Ein ungeheures Wissen, das sich über Jahrtausende angesammelt hatte und – der Umstände halber – lieber verdeckt und im Untergrund geblieben war, trat nun nach draußen, da es nicht mehr befürchten mußte, an seiner eigenen Entwertung zu arbeiten. Die Machthaber – natürlich schon lange keine mehr – gaben auf: Sie waren überflüssig, und das Irreale war sehr real geworden. Und das betraf nicht nur die Arbeit.

Schule, Kindheit, Jugend und Alltag im Nationalsozialismus

Literaturhinweise

Die folgenden Literaturhinweise streben keine Vollständigkeit an. Im Vordergrund stehen, von einigen Hinweisen auf Quellen(sammlungen) abgesehen, neuere Veröffentlichungen, die aufgrund ihrer sozial- bzw. alltagsgeschichtlichen Orientierung – nach unserer Auffassung – zum Verständnis der Realgeschichte der (Volks-)Schule und ihres gesellschaftlichen Umfeldes, von Kindheit und Jugend im Dritten Reich nützlich sind (und aus denen wir selbst viel gelernt haben). Es fehlen daher auch die üblicherweise als «Standardliteratur» bezeichneten Titel, die sich überwiegend mit Gesetzen und programmatischen Äußerungen der Nationalsozialisten auseinandersetzen und dabei diese schon für die Realität selbst nehmen, Veröffentlichungen, die von einem totalen Führerstaat ausgehen und Kinder und Jugendliche lediglich als passive Objekte von Indoktrination darstellen. Daß nur wenige Titel zur *Volksschule* angeführt werden, ist Ausdruck des unterentwickelten Forschungsstandes.

Wichtigste Fundstelle für amtliche *Gesetze und Verordnungen* über das Schulwesen ist das Amtsblatt des Reichserziehungsministeriums für Wissenschaft, Erziehung und Volksbildung: Deutsche Wissenschaft, Erziehungs- und Volksbildung. Berlin. Solche Amtsblätter erschienen auch für die einzelnen Länder und Regierungsbezirke.

Amtliche Quellen über die Volksschule hat bis 1940 zusammengestellt: A. Kluger (Hg.): Die Deutsche Volksschule im Großdeutschen Reich. Berlin 1940.

Gleichfalls eine Fülle von Gesetzen, Verordnungen usw. enthält die faktenreiche, analytisch eher dürftige Monographie von Ottwilm Ottweiler: Die Volksschule im Nationalsozialismus. Weinheim, Basel 1979.

Einen Überblick über die verschiedensten *Bereiche organisierter Bildung und Erziehung* – unter anderem: Volksschule, Lehrerbildung, Hochschule, Erwachsenenbildung, Reichsarbeitsdienst für weibliche Jugendliche, Berufsausbildung, Schulwesen im besetzten Österreich und Polen – geben die beiden von Manfred Heinemann herausgegebenen Bände: Erziehung und Schulung im Dritten Reich. Stuttgart 1980.

Wichtige Dokumente zum Verhältnis *Staat, Gesellschaft und Schule* in der Weimarer Republik und im Dritten Reich enthält der Quellenband, den Berthold Michael und Heinz-Hermann Schepp herausgegeben haben: Politik und Schule von der Französischen Revolution bis zur Gegenwart. Bd. 2: Von der Weimarer Republik bis zur BRD/DDR. Frankfurt/Main 1974.

Bleiben die zuvor genannten Titel oberhalb der Ebene des *Schul-* bzw. *Unterrichtsalltags*, so ist dieser ausdrücklich Gegenstand in dem Aufsatz von Wilfried Breyvogel, Thomas Lohmann: Schulalltag im Nationalsozialismus. In: D. Peukert, J. Reulecke (Hg.): Die Reihen fast geschlossen. Beiträge zur Geschichte des Alltags im Nationalsozialismus. Wuppertal 1981, S. 199–221.

Eine Fallstudie über ein Göttinger Gymnasium legte vor: Ulrich Popplow: Schulalltag im Dritten Reich. Aus Politik und Zeitgeschichte. Beilage zur Wochenzeitung «Das Parlament», Bd. 18 (1980), S. 33–69.

Die Veränderungen, die sich nach 1933 in einem Mainzer Gymnasium vollzogen, untersuchte im Zusammenhang mit dem Schülerwettbewerb «Deutsche Geschichte» zum Thema «Alltag im Nationalsozialismus» der Schüler Robert Möhle: Das Adam-Karillon-Gymnasium zu Mainz. Schule, HJ und Elternhaus. In: D. Galinski, U. Herbert, U. Lachauer (Hg.): Nazis und Nachbarn. Schüler erforschen den Alltag im Nationalsozialismus. Reinbek 1982, S. 93–105.

Über Schule und Alltag Berliner Arbeiterkinder informieren zahlreiche Beiträge in: Arbeitsgruppe Pädagogisches Museum (Hg.): Hilfe Schule. Ein Bilder-Lese-Buch über Schule und Alltag. Berlin 1981.

Mit der sozialen Lage und dem politischen Bewußtsein der *Lehrer* bzw. *Lehrerverbände* in der Weimarer Republik und im Dritten Reich setzen sich folgende Arbeiten auseinander: Rainer Bölling: Volksschullehrer und Politik. Der Deutsche Lehrerverein 1918–1933. Göttingen 1978. Wilfried Breyvogel: Lehrer zwischen Weimarer Republik und Faschismus. Gesellschaft und Schule, H. 1/2, 1974, S. 3–88.

Der NSLB ist Thema der gleichnamigen Monographie von Willi Feiten: Der Nationalsozialistische Lehrerbund. Entwicklung und Organisation. Weinheim, Basel 1981.

Fortschrittliche Lehrer stehen im Mittelpunkt bei Hildegard Feidel-Mertz, Herrmann Schnorbach: Lehrer in der Emigration. Der Verband deutscher Lehreremigranten (1933–39) im Traditionszusammenhang der demokratischen Lehrerbewegung. Weinheim, Basel 1981.

Eine Sozialgeschichte der *Jugend* im Dritten Reich steht noch immer aus. Eine wichtige Vorarbeit ist die – frühere Veröffentlichungen zusammenfassende – Arbeit von Arno Klönne: Jugend im Dritten Reich. Die Hitler-Jugend und ihre Gegner. Düsseldorf 1982.

Die Geschichte der Hitler-Jugend wird in vielen Fällen noch immer als Geschichte der Hitlerjungen geschrieben. Mit der *weiblichen Hitler-Jugend* beschäftigt sich Martin Klaus: Mädchen in der Hitlerjugend. Köln 1980.

Lokalgeschichtlich orientiert sind drei Arbeiten von Schülern und Schülerinnen, die in dem bereits genannten Band «Nazis und Nachbarn» enthalten sind: Uta Bischoff u. a.: Jungvolk in Dahn. S. 45–59. Arbeitsgruppe «Geschichtliche Landeskunde» der St.-Ursula-Schule Geisenheim: Die Hitlerjugend von Rüdesheim am Rhein. S. 60–74. Klaus van Eikkels: Hitlerjugend und «Neudeutschland» auf der Gaesdonck. S. 75–92.

Die Beziehung zwischen *Hitler-Jugend und Schule* ist Thema des Aufsatzes von Michael Kater: Hitlerjugend und Schule. Historische Zeitschrift Bd. 225 (1979), H. 3, S. 572–623.

Über die unterschiedlichen Formen von *Jugendprotest* informiert Arno Klönne: Jugendprotest und Jugendopposition. In: M. Broszat, E. Fröhlich, A. Grossmann (Hg.): Bayern in der NS-Zeit. Bd. IV. München, Wien 1981, S. 527–620.

Der Protest jugendlicher Arbeiter im Dritten Reich steht im Vordergrund bei Detlev Peukert: Die Edelweißpiraten. Köln 1980.

Wie sich nonkonformes Verhalten Jugendlicher aus der Sicht der Nationalsozialisten darstellte, darüber gibt ein von Arno Klönne herausgegebener und eingeleiteter Nachdruck aus dem Jahre 1941 Auskunft: Kriminalität und Gefährdung der Jugend. Lagebericht bis zum Stande vom 1. Januar 1941. Herausgegeben vom Jugendführer des Deutschen Reiches. Nachdruck. Münster 1981.

Aus der Vielzahl der veröffentlichten *Kindheits-* und *Jugenderinnerungen* an die Zeit des Nationalsozialismus sind nur wenige uneingeschränkt zu empfehlen. In jedem Falle lesenswert sind die Erinnerungen von Peter Brückner: Das Abseits als sicherer Ort. Kindheit und Jugend zwischen 1933 und 1945. Berlin 1982. Sehr eindringlich sind die Schilderungen aus der Schul- bzw. Jugendzeit der Jüdin Inge Deutschkron: Ich trug den gelben Stern. Köln 1978. Nachdrücklich zu empfehlen ist die autobiographische Erzählung von Alfred Andersch: Der Vater eines Mörders. Zürich 1980, in der am Beispiel einer Unterrichtsstunde im Jahre 1928, die durch die Unterrichtsvisite des Direktors (dem Vater des späteren Reichsführer-SS) geprägt ist, ein überaus plastischer Eindruck von der Vereinbarkeit von traditionellem Schulhumanismus und faschistoider Unterrichtspraxis vermittelt wird.

Die vorliegenden Versuche, einen *theoretischen Erklärungsrahmen* für die schulische und außerschulische Erziehung im Dritten Reich zu entwickeln, sind noch immer unbefriedigend. In der Literatur dominieren, meist orientiert an einer idealisierten Vorstellung von Bildung und Erziehung, «Indoktrinations»- oder «Verführungs»-Theoreme, die bei aller Unterschiedlichkeit im einzelnen gemeinsam haben, daß in ihnen die Schüler und Schülerinnen, die Kinder und Jugendlichen lediglich als Erziehungsobjekte eines übermächtigen – unpädagogischen – Erziehungssystems vorkommen. Für eine Theorie der Erziehung im Nationalsozialismus anregende – allerdings den ökonomischen Zusammenhang vernachlässigende – Überlegungen, auf die auch der vorliegende Band zurückgreift, enthält der Aufsatz von Rolf Nemitz: Die Erziehung des faschistischen Subjekts. In: Faschismus und Ideologie 1. Argument-Sonderband 60. 1980, S. 147–179.

Die Zahl der Publikationen über das *Alltagsleben* im Nationalsozialismus nimmt beständig zu. Zum Teil wird allerdings, gerade in aufwendigen Bildbänden aus jüngster Zeit, Nazi-Propaganda als realer Alltag ausgegeben. Frei von solchen Oberflächlichkeiten sind die informativen Beiträge in dem oben bereits angeführten Sammelband, den Detlev Peukert und Jürgen Reulecke herausgegeben haben: Die Reihen fast geschlossen. Beiträge zur Geschichte des Alltags unterm Nationalsozialismus. Wuppertal 1981.

Alltagsgeschichtsschreibung und Theoriebildung enger miteinander zu verbinden versucht Detlev Peukert: Volksgenossen und Gemeinschaftsfremde. Anpassung, Ausmerze und Aufbegehren unter dem Nationalsozialismus. Köln 1982.

Über Alltag und Politik – unter anderem auch im Bereich Schule – informieren aus sozialdemokratischer Sicht die Berichte von Zeitzeugen, die von der Exil-SPD herausgegeben wurden: Deutschland-Berichte der sozialdemokratischen Partei Deutschlands (SoPaDe) 1934–1940. Hg. von K. Behnken. 7 Bde. Frankfurt/Main 1980.

Mit dem irreführenden Untertitel «Alltag im Faschismus» erschien als Lizenzausgabe eines DDR-Verlages: Heinz Bergschicker: Deutsche Chronik 1933–1945. Berlin 1983. Die Chronik enthält eine Fülle von Fakten, Dokumenten und Bildern aus der Zeit des Faschismus, vor allem aus dem Bereich der sogenannten großen Politik; der gewöhnliche Alltag wird dagegen nur knapp behandelt.

Mehr oder minder ausführlich behandelt die Mehrzahl der zuvor angeführten Titel auch den großen und kleinen *Widerstand* gegen das NS-System. Wir führen daher zu diesem Thema nur eine Veröffentlichung aus jüngster Zeit an, die über die Bundeszentrale bzw. die Landeszentralen für politische Bildung kostenlos erhältlich ist: Richard Löwenthal, Patrik von zur Mühlen (Hg.): Widerstand und Verweigerung in Deutschland 1933 bis 1945. Bonn 1982. Der Sammelband enthält eine Auswahlbibliographie über den Widerstand von Kommunisten, Sozialdemokraten, Jugendlichen, Christen und anderen Nazi-Gegnern sowie über den Widerstand in Konzentrationslagern und im besetzten Europa.

Ferner sei verwiesen auf die vor allem für Lehrer der Sekundarstufe II gedachte Bibliographie von Hans-Jochen Markmann: Der Deutsche Widerstand gegen den Nationalsozialismus. Literatur zur fachwissenschaftlichen und fachdidaktischen Rezeption. Berlin: Pädagogisches Zentrum 1981.

Die Autorinnen und Autoren

Gesine Asmus, geboren 1943, Kunsthistorikerin; lebt als freie Autorin in Berlin; Mitglied der Arbeitsgruppe Pädagogisches Museum.

Norbert Franck, geboren 1950, Dr. phil.; lebt, lernt und lehrt in Berlin; Mitglied der Arbeitsgruppe Pädagogisches Museum.

Andreas Hallbauer, geboren 1950, Diplompädagoge; Arbeitsschwerpunkte: Friedens-, Außenpolitik und Sozialpsychologie; Mitglied der Arbeitsgruppe Pädagogisches Museum.

Rolf Nemitz, geboren 1948, M. A.; Redakteur der Zeitschrift «Das Argument», Mitglied im Projekt «Automation und Qualifikation» und im Projekt «Ideologie – Theorie»; Arbeitsschwerpunkte: Schule und Ideologie, Automationsarbeit.

Thomas Schmid, geboren 1945; Lektor bei einem Berliner Verlag, Redakteur der Zeitschrift «Freibeuter».

Hilde Schramm, geboren 1936, Dr. phil.; Privatdozentin der Erziehungswissenschaft an der TU Berlin; Arbeitsschwerpunkte: Antifaschistische Erziehung, Unterrichtsprojekte, Frauenforschung.

Bildnachweise

Die Numerierung der Abbildungen auf einer Seite läuft grundsätzlich von links nach rechts und von oben nach unten.

Bildarchiv Preußischer Kulturbesitz: 11, 14.1, 17.1, 18.3, 19.1, 20.1, 20.2, 23.2, 27.1, 32.2, 70.1, 70.5, 71.2, 71.4, 71.5, 73.4, 75.2, 75.4, 85, 143.2, 166, 171.2, 192, 225.1

Ullstein Bilderdienst: Titelfoto, 13.3, 15.1, 16.1, 17.2, 21.1, 59, 141, 143.1, 55.1, 157.2, 157.3, 158, 173.2, 178, 182, 186, 189, 190.1, 191.1, 191.2, 191.3, 230, 231

Bundesarchiv Koblenz: 28.1, 29.2, 78.1, 79.1, 155.3, 156.1, 161.1, 170.5, 184, 185.1, 185.2, 185.3, 202, 220.1, 224.3

Landesbildstelle Berlin: 15.3, 18.1, 22.4, 23.1, 23.3, 24, 28.3, 42, 71.1, 109.1, 142, 155.2, 156.3, 157.4

Heimatarchiv Reinickendorf: 145, 169, 193.2, 194.1, 194.2, 194.3, 195.1, 195.2, 195.3, 207

Archiv der deutschen Jugendbewegung, Burg Ludwigstein: 65.1, 65.2, 65.3, 70.6, 75.3, 95, 152, 153, 161.2

Archiv der sozialen Demokratie, Bonn: 19.2, 60, 147, 160.2, 163.1, 163.2, 193.1, 224.1, 224.2

Allgemeiner Deutscher Nachrichtendienst, Berlin (DDR): 155.4, 156.4, 160.1, 164, 165, 222

Archiv für Kunst und Geschichte, Berlin: Rückentitel, 88, 225.2

Photothek Berlin: 32.1, 55.3

AEG-Firmenarchiv, Braunschweig: 19.3

Heimatarchiv Schöneberg: 69

Privatfotos haben uns freundlicherweise zum Abdruck überlassen:
– Dieter Claessens, Berlin
– Ilse Feddern-Bollensdorf, Berlin
– Horst Häker, Berlin
– Diethart Krebs, Berlin
– Arno Klönne, Paderborn
– Fritz Sotschek, Berlin
– Hildegard Westhäuser, Berlin